U0941168

城市地区机械化隧道工程设计方法及施工控制

Vittorio Guglielmetti, Piergiorgio Grasso,Ashraf Mahtab & Shulin Xu 著

中铁西南科学研究院有限公司
中铁十二局集团有限公司 译

中国铁道出版社

2009年·北京

北京市版权局著作权合同登记号:01-2009-3726

图书在版编目(CIP)数据

城市地区机械化隧道工程设计方法及施工控制/(英)古利耶梅提(Guglielmetti,V.)等;中铁西南科学研究院有限公司,中铁十二局集团有限公司译.
—北京:中国铁道出版社,2009.7
ISBN 978-7-113-10198-5

Ⅰ.城… Ⅱ.①古…②中…③中… Ⅲ.①城市-隧道工程-设计②城市-隧道工程-施工管理 Ⅳ.U45

中国版本图书馆 CIP 数据核字(2009)第 121012 号

书　　名: 城市地区机械化隧道工程设计方法及施工控制
作　　者: Vittorio Guglielmetti, Piergiorgio Grasso, Ashraf Mahtab & Shulin Xu 著
中铁西南科学研究院有限公司, 中铁十二局集团有限公司 译

责任编辑: 江新锡　徐　艳　　**电话:** 010-51873018　　**电子信箱:** jxinxi@sohu. com
编辑助理: 陶赛赛
封面设计: 余佳玲
责任校对: 张玉华
责任印制: 李　佳

出版发行: 中国铁道出版社 (北京市宣武区右安门西街 8 号, 100054)
网　　址: http://www. tdpress. com
印　　刷: 北京盛通印刷股份有限公司
版　　次: 2009 年 7 月第 1 版　2009 年 7 月第 1 次印刷
开　　本: 787 mm×1 092 mm　1/16　印张: 30　字数: 611 千
印　　数: 1~1 500 册
书　　号: ISBN 978-7-113-10198-5/TU・1042
定　　价: 150.00 元

GEODATA——岩土工程咨询公司

www.geodata.it

本书是由编辑人员和GEODATA S.p.A.公司总裁、首席工程师Piergiorgio Grasso先生共同构思，并由以下成员所组成的GEODATA编辑组共同编撰完成。

主要撰稿人

Giuseppe Astore, Giampiero Carrieri, Elena Chiriotti, Piergiorgio Grasso, Vittorio Guglielmetti, Ashraf Mahtab, Moreno Pescara, Giordano Russo, Achille Sorlini, Luca Soldo, Shulin Xu.

撰稿人

Alessandro Corsi, Riccardo Enrione, Simone Eandi, Vincenza Floria, Gianluca Gulino, Daniele Nebbia, Pierluigi Nionelli, Antonio Raschilla, Luca Repetto, Marica Romano, Alberto Tuninetti, Federico Valdemarin.

附　件

“合同与施工”专题报告特邀意大利科摩市ENGLAW/LADINIABAU的工程博士Gianni Alberto Arrigoni 编著。

审稿专家

我们对以下专家所作的努力和提出的宝贵意见致以万分的感谢：

ITA现任主席Harvey Parker博士；

ITA前任主席，意大利都灵理工大学Sebastiano Pelizza教授；

意大利都灵理工大学Daniele Peila教授。

致　谢

编者对Reza Osgoui 先生在文稿校对和参考文献整理中所提供的帮助表示感谢。

原序言一

城市地区隧道概念的新理解

随着深埋长大隧道工程数量的大幅度增加，施工难度越来越大，隧道及地下工程界在采用TBM掘进隧道方面获得了广泛和深层次的经验。

在城市地区，随着生活质量的不断提高，已经越来越意识到需要维持和保护人类环境。因人类存在所带来的种种限制条件无疑会增加施工难度并提出一系列的挑战，因此迫切需要采取科学、睿智的方法面对这些限制条件。

现今，从世界范围内城市隧道掘进中的一系列事故所获得的宝贵经验使我们认识到隧道掘进机并不是一种为了提高掘进速度而将常规掘进方法的多种操作模式结合起来并能克服所有（或者是大部分）已知困难和不确定因素的全自动机械化工具。相反，隧道掘进机和将要挖掘的隧道构成了一种微妙的、敏感的统一体，对此需要采用新的方法进行管理、合理的组织，并通过对隧道、机械以及环境进行统一研究和设计的方式给予技术支撑。

特别值得一提的是，所有已知的与人口稠密城区隧道工程相关的主要风险因素包括：易受风险影响的房地产和服务设施，不良地层条件，地下水的存在及其造成的影响，以及相对于开挖直径较小的埋深。

本书的重点是城市地区的隧道工程问题。作者所进行的分析和提出的建议不仅仅是针对隧道开挖机械，更为重要的是针对掘进机械正确操作、排水、开挖面稳定性和隧道断面成形方面新的特殊技术，以达到沉陷风险最小化的目的。因此，本书所关注的实际问题在于识别、评估以及管理这些风险。

基于此，我认为本书不同于一般性文章的特别之处在于促使相关人员将城市地区隧道机械化施工看作为一个复杂的系统工程，需要实际或假设的确定条件：针对浅埋隧道进行的初步调查必须提供详尽的信息；科学的设计应做到不将问题留到施工过程中去解决；可靠和正确的机械装备能够对付预知的潜在紧急情况；具有资质的监理人员和技术人员按照计划进行施工管理。在这点上，我们尝试委托都灵理工大学举办为期一年的“隧道工程与隧道掘进机”培训班。

总而言之，这本书令人爱不释手的原因有很多，在这里我想强调以下几点：

1. 本书针对城市地区隧道工程概念提出了新的理解，将风险对策放在了首位，这样就为那些在城市隧道工程中可能遭受损坏或坍塌事件打击的决策者们提供了一种可靠的方法，以帮助他们作出合理和明晰的选择。

2. 本书对隧道掘进机的使用者和操作者来说是非常有用的，因为他们的职责是使掘进机械以最大工作效率运行，所以他们必须意识到对于随之发生的风险应该进行良好的评估、预测并使风险最小化。本书对那些我们尝试向之灌输“在科学上保持谦虚”观念（自我批评永远是不够的）的学生同样非常有益，他们必须尽快地从所能获得的经验中吸取教训。

3. 我欣赏这本书的另一个重要原因是，此书是由经验丰富的技术人员编写的，他们通过亲身经历的具体工程实例阐述了风险发生的根源，如何处理和克服这些风险以及如何在未来避免这些风险。

在隧道行业中，对危险情况的再分析要比从毫无阻碍的工作中获取荣耀更有益！

Sebastiano Pelizza

意大利都灵理工大学隧道工程学教授

国际隧道协会前任主席（1995～1998）

原序言二

风险管理原则的创造性应用

如果没有基础设施建设，城市就不能获得可持续发展。在很多情况下，隧道是众多基础设施中的最佳选择。因此，在困难和拥挤的城市环境中修建隧道的需求在目前以及将来都非常巨大。城市环境下的种种限制条件不但会使隧道建设具有非常高的挑战性，而且还提出了非常苛刻的实施要求以最大程度地降低对公众、公用设施、建筑物以及环境的影响。

幸运的是，作者富有成效地编写了这本书，书中阐述了现今在城市地区设计和修建隧道所需的特殊方法和相关要求。除了一些短小文章以及会议论文外，目前很少有关于这一重要专题的文献资料，而这些短小文章和会议论文的篇幅有限，不足以详细展开阐述。因此本书的广泛性和全面性使得读者能够详尽地分享作者在该领域的丰富经验和创新成果，而这是其他资料不能达到的。

作者所提出的数据和方法涉及指南、实用的经验法则及复杂的计算机分析，并且毫无保留地提供了在设计、分析、施工和管理方面的经验以及对今后发展趋势的看法。因此，本书不仅传授了经验知识，同时也提供了对当前快速发展的技术水平的展望和创新方向。

作者在书中提出的要点是以参考文献和工程案例来加以论证的，给读者提供了一些实用和常识性的实例。

本书的主要议题之一是风险管理原则的创造性应用并使之系统地贯穿于每个项目的规划、设计及施工过程中。作者提出了一种连续的、充分的以及详细的风险评估原则，通过这些原则可以实际而且实用的方式将项目的各个阶段和各种任务互相联系起来。

岩土工程的不确定性、可施工性、管理、健康以及安全问题，再加上风险的规避和残余风险的接受等都是基于常识以实用的方式来介绍的。同时给出了一些实例和指导方针，而不是一些抽象观念。

虽然本书主要是论述大直径隧道有关风险系统管理的原则和方法论，但也可应用于城市环境下其他隧道和地下空间的修建。

再次对作者无私地让大家分享其经验表示感谢。

Harvey W. Parker

Harvey Parker & Associates有限公司总裁

国际隧道协会主席

序言一

大量的工程实践表明，因地质和水文地质等条件的复杂性及地质勘察技术、现场条件等的限制，隧道工程，尤其是城市隧道工程存在着众多的不确定性以及较高的风险。

近年来，城市隧道工程大多采用机械化开挖。虽然机械化开挖具有安全、快捷等优点，但工业化的开挖技术并不能完全消除隧道工程潜在的固有风险，因人为因素或非人为因素导致发生的工程事故给国家和人民生命财产造成了巨大的损失。所留下的深刻教训促使隧道科技工作者应深入研究：为什么会发生这些事故？如何预先掌握事故发生的可能性和概率？如何在规划、设计、施工阶段采取措施，减小事故发生的可能性以及事故发生后的损失程度？

隧道及地下工程风险管理研究已引起国际隧道界的高度重视。2003年9月英国隧道协会和英国保险协会组织编写了《隧道工程风险管理联合规则》，2004年国际隧道协会出版了《隧道工程风险管理指南》。我国也于2004年11月成立了中国土木工程学会隧道及地下工程分会风险管理专业委员会，2007年10月出版了《铁路隧道风险评估与管理暂行规定》等。与此同时，一些隧道及地下工程已经开始进行风险研究和风险管理工作。

本书作者积多年城市隧道工程研究、实践经验，提出了贯穿城市隧道工程规划、设计、施工各阶段的风险识别、风险量化、风险减缓的方法和措施，具有很强的实践性和指导性，值得我国隧道技术人员学习和借鉴。他山之石，可以攻玉，希望本书的翻译出版，能够进一步促进我国隧道及地下工程的风险管理研究，进一步提高管理部门、设计部门和施工单位的风险管理意识和水平，确保隧道工程安全建设。

2009年5月

序言二

城市地下空间的开发和应用由来已久。随着人们生活质量的提高和拥挤的城市环境要求，越来越显现其重要性和急迫性。我国改革开放三十年来，城市建设发展突飞猛进，日新月异。地下空间的开发和利用已成为城市开拓空间的首选。

今天，我国隧道及地下工程由传统的矿山法施工转向机械法开挖有了重大突破。由于机械开挖具有安全、可靠、快速的优势，其已成为众多城市隧道及地下工程的首选，特别是在不适宜采用矿山法建造隧道及地下工程的城市环境中。目前某些城市在进行隧道机械化开挖过程中发生了不应发生的事故，给人民的生命财产带来了不应有的损失。究其原因有三：一是对地质、水文地质条件及风险研究认识不够；二是引进技术应用与实际有异；三是业主、设计、施工等各方合作不够紧密。

本书是国际著名隧道工程咨询公司Geodata S.P.A主席迦苏·皮亚佐治奥与二十多位工程师、地质学者，经过二十多年合作研究的成果。作者对城市机械化隧道工程风险识别、风险量化、风险评估、风险防范等作了详尽阐述，特别是针对风险提出了业主、设计、施工等各方的相应责任及应采取的对策措施。本书由中铁西南科学研究院有限公司和中铁十二局集团有限公司组织人员进行翻译、校对和统稿。本书中文版的出版将有助于学习、借鉴国外的先进经验和实用成果，探讨研究适合我国城市机械化隧道工程的设计及施工控制方法，为我国城市地下工程开发利用和发展提供值得借鉴的风险管理原则和方法。

钱七虎

2009年5月

译者的话

随着中国国民经济的健康持续发展，城市化进程的进一步加快，一些特大城市正在规划或修建城市轨道交通工程。据不完全统计，“十一五”期间，全国特大城市的地铁和轻轨通车里程将超过1 500 km，投资总额约6 000亿元。另外有30多个城市正在进行轨道交通的前期工作，总规划里程超过5 000 km，总投资估算超过8 000亿元，北京、上海、广州每年更是以30~50 km的速度来延伸其轨道交通线路的长度，中国城市轨道交通建设无疑进入了高峰期。

在城市地区修建隧道工程，面临诸多限制条件和风险。城市地区高楼林立，人口众多，地质条件复杂，隧道修建将不可避免地影响到社会、经济等各个方面。因此隧道施工安全问题应引起各方高度重视。

本书由意大利资深专家在自身实践基础上总结、提出了一套贯穿工程始终的风险识别、风险降低方法及相应措施。本书内容丰富、资料翔实、图文并茂，在一定程度上展现了国外在隧道工程，特别是城市机械化隧道工程风险防范方面的先进理念和最新科技水平。

本书由中铁西南科学研究院有限公司王彬、兰利敏、王华、洪代玲、谢甍翻译，严金秀研究员审校，中铁十二局集团有限公司王法岭副总工程师、姚永勤副总工程师、邢利军高级工程师统稿。本书翻译过程中，得到了王梦恕院士、钱七虎院士的热情关心和帮助，并为本书撰写了序言。在本书翻译、编辑、出版过程中，中铁十二局集团有限公司给与了大力的支持和帮助，使本书最终得以付梓，在此对上述人员的大力支持和热情帮助表示由衷的感谢！

尽管我们已为全书翻译付出了艰辛的努力，但因文化差异，时间仓促，难免有误，敬请专家和读者批评、指正。

中铁西南科学研究院有限公司

中铁十二局集团有限公司

2009年5月

前　言

最近20年，城市对隧道机械化开挖的需求日益增大，尤其是在全球扩张的背景下修建了大量的地下铁路隧道以及城市道路隧道。

与城市地区隧道施工相关的危险包括不良地质、高地下水位、浅埋（通常是接近可行性的极限）以及由隧道开挖引起的地表沉降所造成的对隧道上方既有建筑物和设施的潜在破坏。

为了控制隧道开挖面和隧道拱顶的稳定性以及最大限度地降低地表沉降，已经开发了一些特殊的技术。为了达到预定的目标而对这些技术的应用则要求使用本书所提出的方法，此方法称为PAT（隧道掘进计划），并且是以图1所示的风险管理原理为基础的。

风险管理计划（RMP）是隧道掘进计划（PAT）的重要组成部分，它包括以下几个步骤：

- 风险识别。
- 风险量化。
- 对所识别风险的初步应对（减缓措施，包括选择正确的设计–施工方案）。
- 残余风险评估。
- 残余风险对策的初步确定。

关于机械化隧道工程的问题在很多文章中都进行了阐述，但是很少有专著对此进行探讨，而且，城市地区的机械化隧道掘进还没有得到足够的重视。本书将填补这方面的空白。

按照本书的编排构架，最先涉及的是城市地区隧道施工一般都具有高风险这个事实，这些风险可能对建筑物和/或人类造成潜在的损害。因此，必须对这些风险进行识别、评估和管理。

换句话说，在进行隧道设计和施工之前首先需要识别与开挖过程（地质、设计、施工）相关的所有潜在危险以及评估它们发生的可能性和潜在后果（影响和损害）。第二步则决定是否要对所识别的风险采取缓解措施。如果缓解是必须的，那么最后一步就要制定相应对策，以便能在施工过程中启动这些预案。

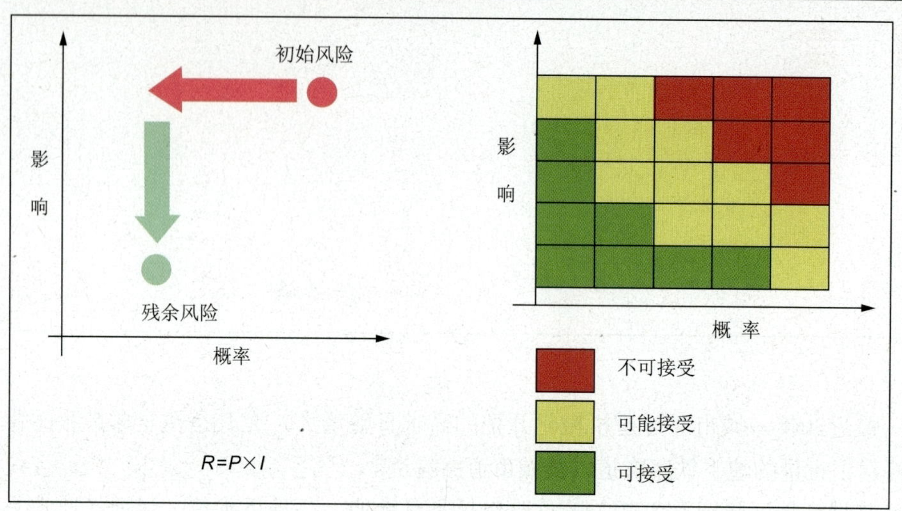

图1 风险管理原理

风险管理计划的应用要求采用概率方法来进行设计，并且应核查最终的设计方案。如果需要的话，还应在实施过程中运用PAT方法对其进行优化（图2）。PAT是一种“动态”方法，允许在已施工段所获结果的基础上对待建隧道段的设计和施工控制参数进行变更。

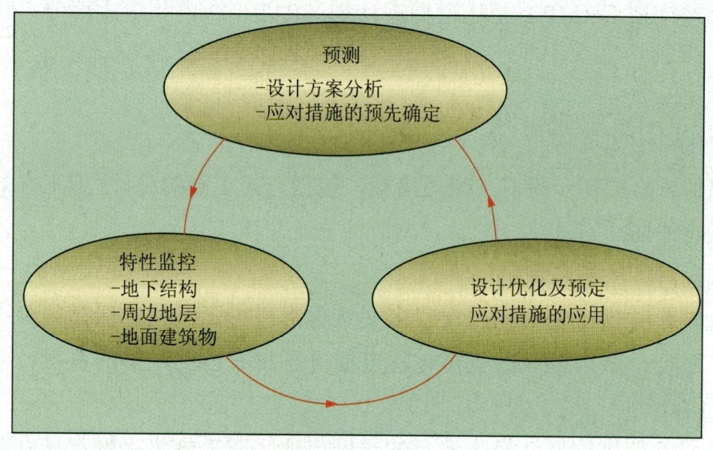

图2 PAT原理

书中还阐述了可以通过实时监控系统、GIS（地理信息系统）平台和互联网来促进PAT的有效应用，以达到合同各方交流信息的目的。所有监控数据，包括来自隧道掘进机可编程序逻辑控制器（PLC）以及安装在结构、地层和建筑物上各种仪器的数据均按照它们发生的位置和时间存储在数据库中。

这个数据库就像“飞行记录器”一样，它不仅有助于在飞机坠毁之后对事故原因的调查，而且还可以进行主动的和连续的控制和干预以避免飞机坠毁。

本书是GEODATA S.p.A.公司20多位工程师和地质技术人员通力合作的成果，同时也是GEODATA S.p.A.公司在岩土工程学领域重要活动的体现。岩土工程学毫无疑问是一门综合的学科，它需要对不同的技能进行有效的整合才能成功。

在拥挤的城市环境中的地下结构工程必须基于以下假设，那就是其主要的输入参数几乎都是不确定的：地层特性的岩土和地质力学判释，隧道结构和周围环境之间相互影响的评估，施工变量和市场因素，以及所建地下结构最终使用者的意见和反应。

我们认为隧道的"设计"是一个以概率为基础的"反复"行为，必须包括：（1）与通过施工逐步揭示的实际情况进行比较。（2）通过动态和连续的设计过程（实施、监控、检查以及设计优化），按照"不断变化的"实际情况修正初始设计方案以及调整设计图，直到工程完工，此时才应是设计工作结束的时候。

由此得出这样的结论：施工，尤其是施工过程的控制，也应被视为是隧道设计的重要组成部分。

不确定性和风险作为现实问题要求现代人学会去接受它，还要求现代的设计者和承包商在风险的基础上通过对潜在事件以及危险的逻辑分析和管理去不断地面对它。

本书向隧道设计人员提出的建议是：勇敢地面对风险、了解风险、量化风险和降低风险，换句话说，就是通过设计、施工过程中的监控，根据最佳实践经验控制施工作业和修正设计等来管理风险。

本书由8个章节、7个附录以及1个专题报告组成。

第1章指出了城市隧道工程所要面对的挑战，重点说明了与"设计方法"相关的内容，这也是本书的内容范围。

第2章介绍了风险管理理论，认为城市项目必须进行风险管理，并阐述了隧道掘进计划（PAT）。

第3章的重点是工程布局和线路设计，对此要特别考虑环境要求以及隧道沿线既有的种种限制条件，包括隧道掘进机后勤服务方面的特殊问题。

第4章介绍了开挖方法的正确选择，以应对根据风险管理计划（RMP）识别和评估的风险。本章强调指出了在城市环境下作业的机械应是具有多种特性的独特机械，因此可以将其归类为"城市隧道掘进机"，或简称为"城市机械"。机械的正确选型（包括配备恰当的设备）是保证项目成功的重要因素。因此，从风险分析意义上讲，机械的正确选型应该被认为是控制开挖所诱发沉降（或工作面失稳或者坍塌）的初步风险减缓措施之一。

第5章的主题是隧道设计，分为以下4个部分：

- 研究隧道开挖可能对隧道上方和周围建筑物及其他结构所造成的影响后果，确定需要的应对措施，包括地层处理以及既有结构加固；
- 开挖工作面支撑压力的设计，这是确保维持稳定性要求的重要因素（但不是唯一的）；

- 永久衬砌的设计，永久衬砌由预制混凝土管片组成；
- 衬砌外缘面和已开挖隧道断面间盾尾空隙的注浆设计。

第6章主要是开挖控制系统的研究，为此要采取实际的和恰当的“二级应对措施”以进一步抑制残余风险。本章6.1节介绍的是PAT实施程序。6.2和6.3节分别介绍了泥水盾构和土压平衡盾构使用中的事故预防措施。6.4节介绍了监控系统，所记录的数据应收集及集成于GIS-WEB平台中，使得合同参与各方都能够读取所有的信息。

第7章的主题是健康和安全，这是设计和施工控制行为的重要组成部分，而且在城市隧道工程中不能忽略，即使近几年在这方面已经取得了很重要的成就。从阿尔卑斯山大型隧道工程建设开始，当时统计的伤亡事故发生率是10件/km，到了20世纪80年代则下降到了1件/km的水平，而今天减少到了0.1件/km的水平。遗憾的是，没有关于事故的准确统计数字，但正如前面说列举的，其下降趋势是勿庸置疑的。无论如何，我们都不应该降低警戒标准，因为现在我们不但可以挽救人们的生命，防止隧道作业人员受伤，还可以通过对安全措施的高度重视来提高作业人员的生活质量以及工作环境的质量。

第8章列举了生动的工程案例，介绍了作者近年在城市机械化隧道工程中所获得的最重要的经验。通过应用和逐步完善现代化技术手段（如PAT，即施工作业的设计和控制），解决了城市环境下隧道掘进和开挖面支撑方面的各种困难。

附录1根据ITA（国际隧道协会）的分类，对隧道掘进机进行了概述。附录2简要介绍了欧洲、北美以及日本的隧道掘进机制造商的概况。附录3较为详细地介绍了针对地质、水文地质和土工技术参数的现场及实验室测试方法，这些测试方法将被应用于工程的各个阶段。附录4总结了工作面支撑压力的计算方法，这在5.2节中进行了论述。附录5给出了风险管理计划的实例，此实例是以巴黎EOLE工程项目中RER的E线施工和圣彼德堡地铁1号线施工经验为基础。这两个项目都在第8章中进行了总结。附录6描述了使用土压平衡盾构进行隧道掘进的典型程序实例，该实例是以波尔图、都灵以及博罗尼亚等项目经验为基础的，在8.6节中也对此进行了讨论。附录7概述了在意大利城市环境中完成的机械化隧道工程案例。

最后，我们认为将“业主”或“雇主”与“施工方”或“承包商”维系在一起的合同问题应该在城市隧道工程设计—施工—控制的反复互动过程中承担非常重要的角色。但是，我们没有这方面的知识积累，因此我们邀请了独立咨询师——Gianni Alberto Arrigoni工程博士为此撰写了“专题报告”。Arrigoni博士作为工程师和合同专家拥有丰富的国际隧道工程管理经验，他接受了我们的邀请，撰写了关于城市地区机械化隧道工程“合同与施工”的专题报告。

Piergiorgio Grasso

意大利都灵Geodata S.p.A 公司总裁、首席工程师

目　录

第1章

绪论：城市隧道工程及面临的挑战

1.1 机　　遇

目前，在世界的许多城市中密布着稠密的交通网络、公用设施网络、居民住宅及工业建筑，几百万人都生活、工作在这些大型城市非常拥挤的空间中。众多研究（Ray，1998年）表明，城市人口预计将会急剧膨胀，在今后50年时间里，许多城市将由小型发展到中型，由中型发展到大型，由大型发展到特大型。

这样的发展趋势始终要求对有限的城市空间资源进行合理配置并重新分配各种城市功能，包括已有及新出现的城市功能。国际隧协现任主席Harvey Parker在里斯本召开的国际隧道及地下工程研讨会上的主题报告中对由世界人口和规划要求所提出的挑战进行了很好的总结（Parker，2006年）。正如20世纪世界范围内城市发展所表明的那样，为了解决需求（基础设施、服务设施）和供给（有限的城市空间）之间的长期矛盾，规划师、政治家、建筑师及工程师已经考虑开发似乎看不见的资源——地下空间。

事实上，在城市地区创建地下空间历来已久，主要用于交通要道（街道、地铁和铁路）及公用设施（给排水管道）。现在所创建的地下空间则用于储藏、安全防御、商业、地下电站及其他各种用途。在国际隧协2002年出版的名为《为何走向地下》一书中详尽地阐述了走向地下的理由。这本书指出“无论什么类型的城市地下结构”，其所有的目的在于解放地面空间用于更为重要的人类需求，改善城市的居住条件。在城市之间的连接线路中，长隧道被认定是合理的，因为可以缩短时间、减少费用（较短的旅程和较低的能耗），安全性最高，环境影响最小。

2003年Assis对世界范围内地下结构需求增长的前景进行了分析，其中研究的一个重点是地下结构的施工方法。在今后大规模开发和利用地下空间方面，诸如交通（地铁、公路、道路、铁路等基础设施）、公用设施（给排水管、通信管道、供热管道）和安全防御（防洪）等典型城市功能，构成了前景光明的地下空间利用契机。将这些城市功能转入地下的另外一个重要原因是减少其视觉影响，减小噪声污染，保留地面环境。除此之外，针对各种结构进行的地下开发，隧道是一种必不可少的结构，不管它采用何种开挖技术。

根据Pelizza的观点（1996）："走向地下并不是一种责任，而是在众多解决方案中的一种合理选择，受社会和经济多种因素的综合影响，地下工程的完善将会改善人们的生活质量。""在人口越来越多的这个世界里，地下空间的利用将肯定是一种保持或改善与人类需求相适应的生活质量的最为有用的手段之一。"

城市地区对隧道需求的不断增长，反过来又能最有效地推动隧道工程技术，特别是机械化开挖技术的发展。对于后者，关于任何条件下快速、安全开挖技术的持续研究已极大地扩大了隧道施工的可行范围。例如，图1.1所示为目前世界上最大的土压平衡（EPB）盾构。

图1.1　目前世界上最大的土压平衡盾构（截止到2007年）

注：用于马德里Calle 30项目的15.2 m直径的海瑞克S—300型盾构。

事实上，机械化开挖技术经过30年的巨大发展，现在已经能够在浅埋、软弱地层及地下水位以下的情况下快速开挖隧道，与此同时地层沉降达到最小化，对城市中心区域的地面活动的影响也不明显。

与传统开挖技术相比较，城市隧道工程采用机械化开挖技术的显著增加主要是基于以下优点：

- 作业环境像"工厂"，而不像"矿山"，作业人员的工作舒适性和安全性更高。
- 通过所有作业工序（开挖、衬砌、运输、出渣等）的自动化使施工循环达到快速化和工业化，从而缩短工期。
- 可对主要施工参数进行监测、监控，如开挖渣土的数量、施加在开挖面上的支撑压力、超挖量、隧道周边围岩位移、地面沉降等。

- 噪声低，粉尘扩散较小，对地下水位的影响最小。
- 采用预制管片进行隧道衬砌，便于控制施工进度，提高工程质量。
- 总费用一般低于传统开挖方法的费用。

另外，在一些特殊情况下，一些令人期望的基础设施，如从历史悠久的市中心下穿过的铁路线，除非采用机械化开挖，否则根本不可能设计建于城市区，因为机械开挖可以更好地控制其中所包含的一系列高风险。

观察发现，除了普遍作为城市新型地下公用设施网络工程的微型隧道（2~3 m直径）外，机械化盾构主要用来修建包括轻轨、地铁系统的交通基础设施。

对于机械开挖在其他交通工程中的应用，虽然目前使用较少，但今后肯定会产生巨大效益。机械化开挖方法主要运用于城市公路隧道和绕城公路的修建，当然其前提条件是隧道足够长，采用机械化施工是合理的。近期一些此类重要工程包括：莫斯科环城公路工程，采用一台14.2 m直径的TBM开挖一座2.2 km长的隧道；马德里M－30工程，采用2台截止到2007年为止世界上最大的15.2 m直径TBM开挖一座3.6 km长的双孔隧道。

甚至在供水管道领域，采用TBM开挖大直径的集水隧洞也越来越普遍。例如，巴黎1.9 km长的Ivry-Masséna隧洞（TIMA）是欧洲最大、最深的雨水蓄积隧洞，采用一台7.9 m直径的TBM进行开挖。

另外还有其他重要的多重功能城市隧道，如吉隆坡的SMART工程（图1.2），既作为分流交通的公路隧道，也作为市中心防洪的雨水引流管道（工程详细情况见第8.5节）。该工程13 km长的隧洞采用2台13.3 m直径的TBM开挖。

还应指出的是，在城市地区采用机械化法开挖供气和污水处理管线的需求也与日俱增。

总的来说，在城市地区采用机械法开挖隧道的势头还在不断增强。其原因是，从理论上讲，地面上的任何线形的基础设施很容易建在地下，或许还可降低寿命周期成本。

图1.2　吉隆坡的SMART工程

1.2 城市隧道工程所面临的特殊挑战

在城市地区开发基础设施及相关的地下空间必须特别满足可持续发展的要求：业主、规划人员、设计人员、施工人员所面临的挑战是既要面对现在，又要面向未来修建这些基础设施。应采取的做法是尽可能小地减少对城市活动的影响，与此同时还要确保项目开发的质量、安全、工期、费用等方面目标的实现。

与郊区开敞空间中的隧道工程相比较，城市隧道工程具有以下重大特征和限制条件：

- 隧道的布置与隧道的最终用途和功能密切相关。因此，尽管在三维空间规划上似乎具有“地形自由性”，其实有许多的约束条件限制了线路的走向。结果是常常不可避免地与地面建筑、地下公用设施和其他既有地下结构发生冲突。
- 所必需的现场调查可能因无法得到许可或者地面被占用而受到限制。
- 城市隧道工程因功能和费用方面的原因一般是在浅埋条件下修建，导致产生一系列有关地质、地层等方面的影响后果。
- 浅层地质常常是由松散土、冲积土、人工填土构成。不良地层条件是隧道设计和施工控制的关键因素。
- 对于预留地下设施的地下浅层，应对隧道施工诱发沉降所造成的危害风险加以识别和确定。如果需要的话，应随后进行改移和永久性重新安置。
- 世界许多城市都具有悠久的历史，因此在地下浅层可能有文物古迹，应进行考古工作并加以处理，特别是在设计隧道的进入通道或服务竖井时。
- 即使采取最严格的施工控制措施，浅埋城市隧道工程也常常会引起地面沉降。沉降大小是多种相关因素共同作用的结果：地层好坏、隧道施工时地层性能的变化、隧道开挖面的控制情况、施工时隧道断面的稳定性、地下水的存在及水文地质情况等。
- 必须准确评估正常情况和异常情况下建筑物和公用设施对于隧道施工引起沉降的反应，即要考虑所有可能的情况。
- 必须尽最大的努力，尽可能减少异常情况（过大沉降和/或坍塌）的出现。
- 必须仔细分析和小心解决影响地面生活的问题，其解决方案应能得到公众的认可而不至于造成大的干扰。这依赖于制定适宜的临时交通分流计划、正确规划施工现场区域、特别注意控制粉尘和噪声污染以及特别关注安全问题。
- 需要制定一个广泛、充分的岩土、结构、环境监测计划，这不仅需要投入大量资金，也要投入额外的人力。
- 城市隧道工程一般与战略性基础设施项目的实施有关，具有较高的政治关联性。项目的政策制定者、投资部门和公众均要求针对费用和工期制定明确的项目预算。

最后，公众的意见可能会对项目开发产生较大的影响，这是因为工程项目实际上就建在居民的住地范围内，因此，应以正确的方式保持与公众的沟通，提供机会倾听公众的意见并把公众的意见落实到项目中。另外应尽最大的努力，始终确保公众的安全，这样工程项目才能得到公众的认可，并最大限度地减少因可能不利的公众意见而造成的巨大负面影响。

1.3　通向成功的正确方法

对于隧道的设计和施工来说，正常情况下的基本目标是确保在预算范围和工期、费用限制条件范围内建好工程，确保工程长期稳定和坚固耐用，确保工程符合技术规范和业主的要求。这些目标确实非常重要，但对于城市隧道工程还远远不够。在城市环境中还需要考虑一系列常常影响设计方案和施工方法的特殊的要素和因素（参见第1.2节）。这些要素的存在要求对以下原则给予特别注意：

- 尽可能少地破坏地面及建筑环境的整体性。
- 必须考虑所有的既有结构和地下服务设施，如污水系统和超大型结构。
- 必须遵守设计规定的地面沉降极限值，它是地层类型、既有条件（易损系数）及所用施工技术共同作用的结果。
- 应绝对避免发生隧道开挖面坍塌事故，因为事故可能导致财产和/或人员受损、受害。

事实上，在郊区而不是在房屋密集区的隧道坍塌事故，最严重的情况是导致隧道停工，停工长短取决于为恢复现状和达到复工条件而采取的对应措施所需的时间，这也是无论如何都应避免发生的一种灾害。但是，在人口稠密的城区发生隧道坍塌事故会对公众的看法产生非常严重的影响，在极端情况下可能导致财产和人员受损、受害，在有人员死亡的最坏情况下甚至会使项目中断数月或者数年。很明显，在不能完全避免这些灾害时应通过选择替代方案最大限度地降低与这些灾害相关的风险。

为对城市隧道工程的风险进行正确管理，在设计阶段需要考虑以下关键要素：

- 具有确定（即识别和量化）项目风险并针对基础设施构想提出符合风险降低要求的技术方案和工艺方法的经验。
- 具有独特的、系统的及连贯的分析和管理项目整个设计过程风险的方式、方法。
- 具有简化决策程序的分析和创新性工具，例如为相关专家提供随时登录所收集的监测－测量数据和调查结果的工具。

显而易见，针对风险的最初对策是选择合适的施工方法。鉴于过去几十年所取得的巨大技术进步，机械化盾构隧道施工方法可使施工变得可行，同时可以最大限度减少不希望出现的干扰现象。尽管机械化的盾构隧道施工方法是一种现代化的先进技术，但并不是一种无风险的技术，因此不能忽视潜在风险。

当然也有认为风险分析方法对克服困难或无法预料的地质条件至关重要的情况。这种风险分析方法的必要性（及应用）通过葡萄牙波尔图地铁施工实例（图1.3及第8.3节）得到了验证。在该实例中，不能忽略在Ⅱ级花岗岩层中可能遇到富水的裂隙和松散土的潜在风险，因此最大限度降低地面不稳定这一风险（即使在花岗岩层中）的正确方法就是对开挖面施加支撑压力。

图1.3 正在波尔图地铁工程施工的其中一台土压平衡盾构：8.7 m直径的海瑞克TBM

一般而言，针对城区隧道施工进行风险分析得出的逻辑推理结果会认为，即使采取了适宜的措施将不良事件（如在某一结构物或十字路口下面发生塌陷和冒顶坍塌这样的事故）的出现概率降到非常低的水平，但所造成的危害仍然可以使相应的残余风险水平变得绝对不能接受。因此，采取额外的预防减灾措施也是非常重要的，如加固结构基础和/或临时关闭受影响区域的交通。

国际隧道界如今一致认同，风险管理是所有隧道工程，特别是城市机械化隧道工程得以成功的关键因素（Parker，2006年）。事实上，“风险分析和管理”已经成为国际隧协会议议程中一个老生常谈的话题，涉及到风险识别、分析、减小以及风险管理最佳实践等方面的指南、程序和模型（ITA，2006年；ITA，2004年；Grasso等，2002年；Reilly等，1999年）。

如第8章所述，在过去10年里，作者在不同城市机械化隧道工程中提出并采用了“风险管理计划”（RMP）概念。正如在前言中所提及的，实施风险管理计划已经成为通向成功的正确方法，将在以下章节中详细阐述这一方法。

1.4 机械化隧道工程简史

1.4.1 第一台掘进机械

如图1.4所示，不知疲倦的蠕虫形状的软体动物学名叫船蛆（Teredo Navalis）。

也许不会把它认为是机械开挖法的鼻祖，但机械开挖法至少是受到了它的启发。

一直到19世纪初叶，在城市地区修建隧道可能采用以下两种不同的方法：

- 明挖回填法。
- 在开挖洞室采用木支撑和随即采用石砌的隧道开挖法。

这些开挖方法曾成功地运用在黏结性及非黏结性的地层中，以及有少量地下水的孔隙或裂隙地层中，但从未真正用在地下水位以下修建隧道。

通过观察令人恐惧的船蛆用坚硬的颚进行挖掘并用排泄物来封闭孔洞这一现象，Marc Isambard Brunel先生受到启发并由此发明了后来在伦敦泰晤士河水下隧道修建中首次采用的开挖技术（图1.5）。

图1.4 船蛆正在挖掘和衬砌它的“隧道”

图1.5 Brunel盾构在泰晤士河下的作业情景（右图，Mathewson等，2006年）

注：泰晤士河底隧道至今仍是东伦敦地铁线的一部分（左图）。

在水位以下修建隧道的最初想法其实是由Brunel先生于1806年提出的，目的是为了在圣彼得堡的涅瓦河（Neva）下修建隧道，因为冬季时来自Lagoda湖的冰块年复一年地严重损害了一座墩桥。但Brunel最终提交的是悬索桥的修建方案。直到1818年他才第一次为他的“盾构开挖机械”发明申请了专利。

当1825年开始开挖泰晤士河水下隧道时，他的专利技术得到了应用的机会。1825～1828年间采用一台盾构进行了首次尝试性开挖。但施工中发现并不合适，于是撤走并换了一台矩形盾构进行掘进。

Stack（1982年）对用于第二次尝试（1835～1843）的这台矩形盾构进行了这样的描述：它是由铸铁制成，包含12个网格，每个网格宽约1 m，分成上、中、下3个格室，每个网格可独立移动（图1.6）。

整个盾构宽11.43 m，高6.78 m，长2.74 m。凿子状插板或滑板安装在每个网格的上部和下部并向前滑动，以开挖和支承盾构前方地层。

通过螺旋千斤顶顶推已完工的圬工衬砌实现盾构的向前移动。每个网格通过14或15块水平护板支撑其所在部位的隧道掌子面，并通过一对螺旋千斤顶保持前进状态。

12个网格中每次只前进一个网格，交替前进，每个网格的行程不超过15 cm。盾构的最快进尺达到4.3 m/周。

在Brunel盾构成功运用之后，许多发明家提出了改进和革新建议，以提高掘进效率、安全性及对付掌子面涌水的能力。其中值得一提的是：

- S.Dunn（1849年），他首次申请了作为一个整体向前掘进的盾构专利。
- P.W.Barlow（1864年），他提出了重要的建议：地层和隧道结构之间的空隙可以通过注入或流入水泥浆来加以充填。

A.E.Beach（1826～1896年）和J.H.Greathead（1844~1896年）最终于同一年（1869年）实际建造和使用了包含上述建议的盾构，所不同的是Beach盾构用于纽约的Broadway气动式铁路隧道，Greathead盾构则用于英国的新泰晤士河隧道。

特别是J.H.Greathead，采用2.18 m外径的圆形盾构在泰晤士河下开挖了一条402 m长的新隧道。这座隧道的开挖没有遇到特别大的困难，因为其中的黏土层透水性低，能够确保盾构安全掘进而不会出现涌水问题。隧洞支护，首次采用了环形钢管片替代木支撑。Greathead盾构成为以后建造的大多数盾构的原型（图1.7）。

图1.6　首次用于泰晤士河水下隧道的Brunel盾构系统（伦敦，1825～1843年）

注：工人可在每个格室内安全作业（图右侧）。

图1.7　摄于20世纪初的Greathead盾构

注：该盾构从19世纪晚期开始掘进隧道，图片显示了盾构的圆形形状和支承隧道边墙的环形金属支架。

后来针对盾构掘进机所作的改进主要集中于两个方面：开挖面的支护和更加工业化的作业程序。

机械化开挖方法发展到今天的结果是能够更快速地开挖隧道，确保工人的安全并最大限度地降低对环境的影响。

1.4.2　压缩空气的引入

尽管Brunel盾构获得了成功运用，但没有很好地解决涌水控制问题，直到引入了压缩空气。

这一开挖面支撑技术首次成功运用于安特卫普码头隧道（1879年）和纽约哈德逊（Hudson）河隧道（1880年）。

特别是在1880年试图借助沉箱和压缩空气挖掘哈德逊河隧道的尝试失败后（图1.8），B.Baker和J.H.Greathead先生建议将压缩空气与盾构技术结合起来，以支撑开挖面和隧道断面（图1.9）。这一重要改进使得能够在1891年中期（因经济原因工程停工）成功掘进了1 130 m的隧道段并在随后几年时间里成功掘进了多座隧道。

但是还需要作进一步的改进：在压缩空气下进行作业会有十分严重的问题，因为整座隧道都必须保持在加压条件下。这些问题主要涉及：

- 工人的健康问题，因为他们必须在加压下的隧道前段和大气压下的隧道后段之间频繁活动和快速来回走动。
- 在大直径隧道中该方法的运用效果不明显，因为均一的压缩空气压力与不均一的开挖面支撑压力（其压力随深度加大而增大）是不相适应的。

直到20世纪50年代末才找到一种创新的解决方法，即采用一种高密度的介质支撑开挖面，由此诞生了现代的泥水盾构和土压平衡盾构。

图1.8 1880年用于纽约哈德逊河隧道施工的压缩空气技术示意（Burr，1885年）

图1.9 在纽约哈德逊河下的粉沙层中进行掘进作业的Greathead压气盾构

注：该图示出了所隐含的圆形形状、环形钢管片以及盾构挤压前部掘进（Scientific Americsn，1980）。

1.4.3 首例机械化开挖工程

许多年来，开挖和出渣作业都是由人工采用丁字镐和铲子来完成，由此反映出当时的隧道施工是一个既不安全又缓慢的过程。在经过许多工程师多年的努力之后，最终于1876年找到了一种机械化施工方法，使其能够应用盾构像工业化生产一样进行隧道施工。

这方面的首个专利由J.Dickinson和G.Brunton于1876年获得，这是第一台真正的机械化盾构。后来F.O.Brown于1886年 、J.H.Greathead 于1887~1889年、J.J.Robbins于1893年对其作了进一步的改进。

J.Price于1896～1897年最终将第一台机械化掘进机变成了现实并用于中央伦敦区铁路线的开挖（图1.10）。

根据Stack（1982年）的描述，Price盾构有一个包含4条轮幅的切削刀盘，在轮幅上安装有切削刀具或刮板，用以挖掘和收集松散渣土。刮板的作用是将渣土铲起来，使其能够借助重力沿滑槽将渣土倾倒在渣车上。

成功的改进使盾构更加可靠和有效，达到了55 m/周的掘进速率，这一掘进速率是在查令十字和汉普斯蒂铁路线（Charing Cross and Hampstead Railway Line）施工中获得的。

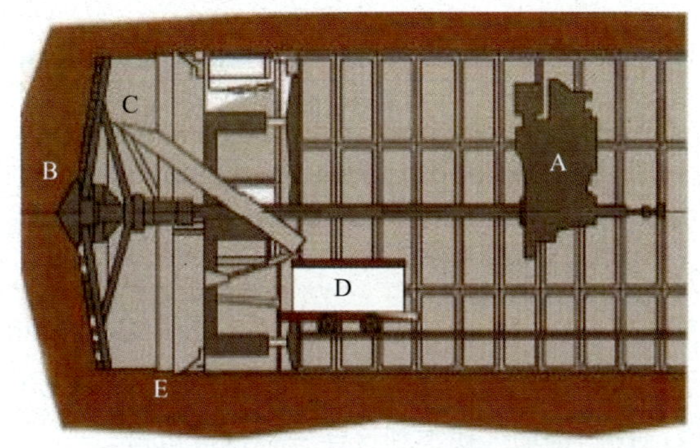

A	驱动马达
B	刀盘
C	溜渣槽
D	渣车
E	盾壳

图1.10　从Greathead盾构样机发展而来的Price盾构

注：首次采用电动机机械驱动的刀盘。

1.4.4　现代化的革新

从Greathead的机械化盾构样机开始，沿着两条主要的途径（即针对硬岩和软弱地层）对这类隧道掘进机进行了不断革新，并很快发展到了目前成熟的掘进机类型的水平。

最初的硬岩掘进机只有开敞型，即没有盾壳且隧道临时支护，采用与传统施工方法相同的临时支护技术。这之后，为了更好地对付非均质地层，在一些硬岩掘进机上增配了护盾。最初只是增配了单个护盾（要求使用管片衬砌以提供推力），然后又增加了一个护盾，由此而来诞生了所谓的双护盾掘进机（根据开挖所遇到的岩层条件，既可以在设置管片衬砌也可以在不设管片衬砌的条件下进行掘进）。这三种类型的掘进机目前均在使用，其选择主要取决于隧道沿线的地层条件。

软岩掘进机即是历史上的盾构机，经过快速革新和发展，目前的盾构机能够向开挖面提供主动支撑，以便更好地控制地面沉降过大及开挖面坍塌的风险并将其降到最低水平。

按照国际隧协的分类体系，在附录1中对目前使用的所有类型的TBM进行了简要说明。

对于一些特殊类型的现代化掘进机，很难将其划入某一明确类别中，因为这些特殊的掘进机常常是针对非常敏感的环境和非均质地层而专门设计和建造的。事实上，这类TBM既装有软岩掘进机用以控制沉降和坍塌风险的设施，同时又装有切削硬岩所必要的工具。这类特殊掘进机的第一个实例是用于巴黎EOLE隧道开挖的泥水盾构（参见第8.1节），该隧道穿越砂、泥灰岩和石灰岩。另一个重要的实例是用于波尔图地铁的土压平衡盾构（参见第8.2节），该盾构开挖的地层包括从残积土到波尔图破碎的新鲜花岗岩。

本书所述的掘进机械本质上也是这种特殊类型的TBM，我们称之为“城市掘进机”，因为它们是针对敏感的城市环境专门设计的。这类掘进机的基本要求将在第4章中加以阐述。

1.5 本书适用范围

第1.4节所述的机械化开挖方法简要发展历程表明，人们迫切希望寻求一种更能适合困难条件，与此同时能提供更高安全性的开挖工具。事实上，自Lord Brunel首次提出修建隧道下穿圣彼得堡涅瓦河的想法（1806年）历经两个世纪后以及自Greathead先生发明第一台泥水盾构样机（1874年）历经130年后，如今我们仍在寻求一种“完美”的掘进机械，即使我们下意识地知道，我们将永远找不到这样一种掘进机械。

尽管如此，在看似毫无希望地追求完美的过程中，仍然持续不断地取得了在安全、速度和开挖成本等方面的重要进展。另外，随着在实际经历中获得的每一次新进展，通过引入新的技术扩大了老技术的“使用范围”或者说使老的技术又向前迈进了一步，从而使掘进机的直径更大，能够在更加困难的条件下进行开挖作业。

对此可以这样认为，即众多极具想象力的工程如今能够凭借所取得的巨大技术进步进行修建和运营（Parker，2006年）。相应地，隧道及地下空间的规划现在也可以更加大胆和超前，因为在规划阶段及规划结束后新的技术将会得到进一步开发，将会对工程的可行性产生积极的影响。如今，技术的发展可谓日新月异，规划者及决策者面临巨大的机会和挑战，以确保其规划的隧道或地下空间方案处在或超前于修建时的技术水平。

促进技术进步所带来的巨大益处表明，我们不但不应停止对“完美”掘进机械的追求，而且在机械化隧道工程领域还需要持续地进行运用研究和基础研究。因此编辑现有的技术信息并在本书中提出 “城市掘进机械”这一概念的目的之一是根据目前和今后的研究需求及城市的可持续发展，在开辟地下空间资源时以此来促进更有创新性的想法产生。

正如第2章和第3章所阐述的一样，城市隧道工程取得成功的前提条件是要正确了解城市环境，而城市环境是由密集的地面基础设施、地上及地下公用设施、人工填土和自然地质介质构成。对于前三者，一定程度上可以收集相关资料且相对容易进行调查，而后者，即自然地质是最难认识的。由于不同城市环境中地层的起源和变迁是迥然不同的，没有两种自然的沉积层在物理特性和性能方面是完全一致的。确如Peck所明智指出的那样（1969年），对于工程的特性不能进行规定，而只能是进行调查和确定，并在基础工程、洞室（隧道或沟槽）或其他土木工程可能遇到的物理条件下对此加以克服。没有两种工作是完全一样的，然而设计者必须对具有安全性和经济性要求的工程进行设计和施工监督。这就是编写此书的另外一个重要目的，即让今后城市隧道工程业主知道，对于城市隧道项目来说什么是正确的方法、方法论及相应适用范围等，并向他们提供一个核查表（在合适的情况下），使他们能够期望从市场寻求提供最佳的工程服务。由此而来，本书另外一个主要目的是在21世纪初对机械化开挖技术现状进行广泛深入的探讨，并着重指出有关机械化城市隧道工程设计和施工控制方面的方法。

正如前面所强调的，在分析城市隧道修建所面临的挑战时，处理这类问题的唯一正确方法是对所包含的风险进行严格和全面的分析。可以预期的是，开挖方法的选择必然会倾向于采用对开挖面进行加压支撑的盾构掘进机，而且所选择的开挖方法理应是针对所识别的工程中的大多数风险而构成的“初步对策”。后面的情况也表明，只有依靠一系列操作程序（“二级对策”）对隧道施工工序实施严格的监测计划和控制机制，才有可能确保工程获得成功。

在本书的后面章节将详细论述所有这些内容，并最终归结到这样一个结论，即开挖方法的选择、旨在改进和/或优化设计方案的施工监测及施工控制均是应进行统一管理的整个过程的组成元素。图1.11为城市隧道强令性施工方法的关键步骤流程图。

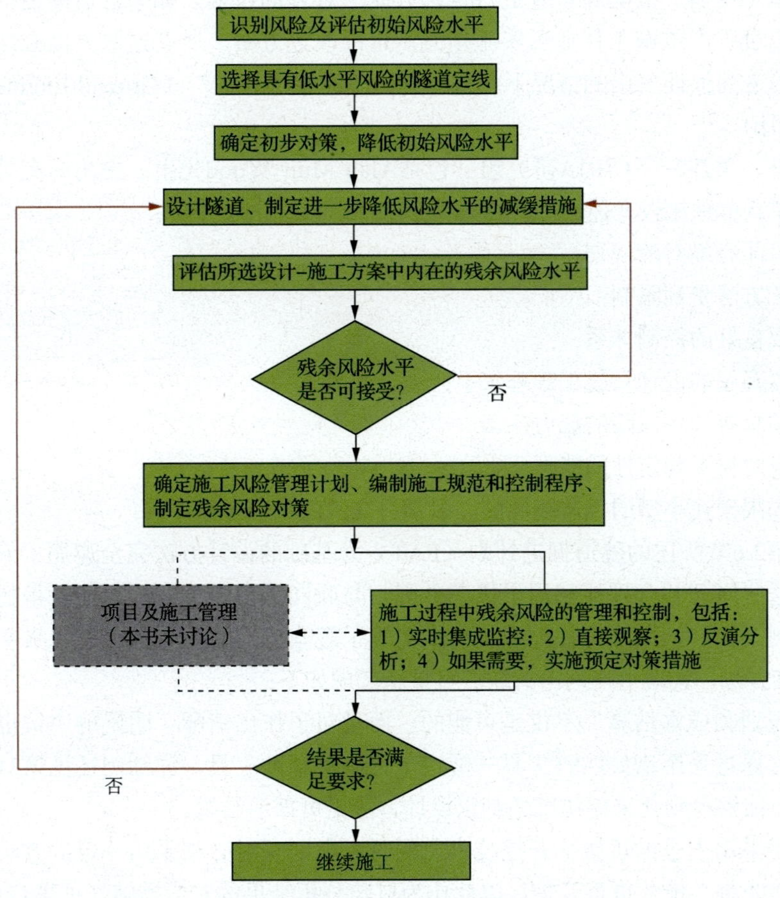

图1.11　城市隧道强令性施工方法的关键步骤

有人可能认为，这种管理方法是老的“动态设计”（design as you go）方法的另外一种版本。该方法主张，在实施补救性措施过程中或之后，设计方案应具有足够的灵活性（这当然是正确的）。这一理念显然对于所有大型基础设施工程都是有效的，但总的来说，主要是运用于地下工程或岩土工程，在这些工程中所输入的数据一般都有很高的不确定性，而这样的情况绝大部分是由于对所要开挖或者所要“对付”的地层特性缺乏很好的认识。

当存在不确定性以及一些可能无法预测的情况时，设计者可能会因此而过于谨慎，从而要针对最不利的情况或者最差的岩土参数值进行检算（如果没有综合这两种最不利的情况），并针对整个项目采用“最坏情况下设计”。然而，最坏情况下设计可能只是工程的某些部分才真正需要。

同样，可以将所提倡的方法与所谓的“观察法”进行比较，后者是由Ralph Peck于1969年命名的，其原理与“预先确定的设计方法”截然不同。

回想一下CIRIA有关观察法的定义（1979年）是非常有益的，其定义是：“对设计、施工控制、监测和审查进行连续、统一管理的过程，如果合适的话，能够在施工作业过程中或施工作业后实施预先制定的改进方案。所有这些方面必须是完善的，目的是在保证安全的情况下获得更大的总体经济效益”（Ground Engineering，1998年5月）。

另外，关注一下CIRIA研究组（包括Alan Muir Wood先生）提出的有关“观察法”的缺点也是比较有趣的：

- 不可能有绝对的规划；
- 施工方法受到限制；
- 需要良好的控制体系；
- 需要高超的设计及施工管理水平；
- 必须具有处理风险的能力；
- 具有对付不确定性的能力；
- 只局限于在小型的、非线性的、多学科交叉的场合运用。

以第2.6节所述的隧道掘进计划（PAT）为基础的设计方法完全遵循了前面段落阐述的这些原理并合理地利用了概率准则，与此同时借助于目前所能获得的概率分析、监测、控制、风险管理等现代技术消除了观察法的大部分局限性。事实上，借助于PAT方法，针对上述列出的缺点可重新考虑如下：

- “规划和成本估算”不仅是可能的，而且对于作出清醒、明确的决策也是必要的，通过采用诸如DAT工具（隧道工程决策辅助工具，详细阐述见第3章和第5章）能够得到比采用传统的判定设计方法更可靠的结果。
- 由于采用先进的机械化开挖技术，同时考虑到有时必须采用一定的方法，例如以“闭胸”模式进行开挖，以此作为风险分析结果的对应措施（见第4章），因此“施工方法受到限制”的问题将不再存在。

- “需要良好的控制体系”、“需要高超的设计及施工管理水平”、“必须具有处理风险的能力”、“具有对付不确定性的能力”等方面均构成城市隧道工程获得成功所不可或缺的条件。毕竟，唯有这些方面达到要求，工程才可能取得成功（工期和费用方面）（见第5章和第6章）。
- 本方法不是“仅受限制地运用”，而是可以“无限制地使用”。的确，工程的规模越大、复杂度越高，越适于采用本书所提出的方法进行管理（见第8章），以确保隧道作业顺利进行，不至于对周围环境造成任何损害。

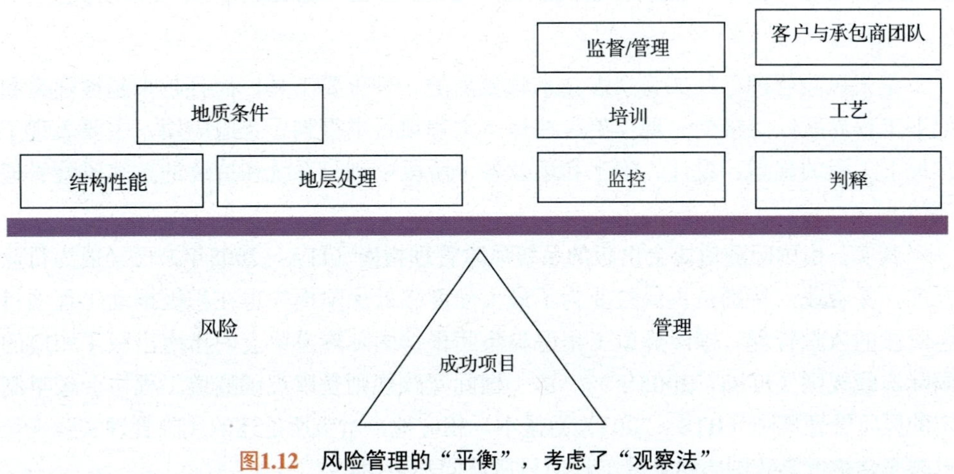

图1.12　风险管理的“平衡”，考虑了“观察法”的不稳定平衡（Ground Engineeinr，1998年5月）

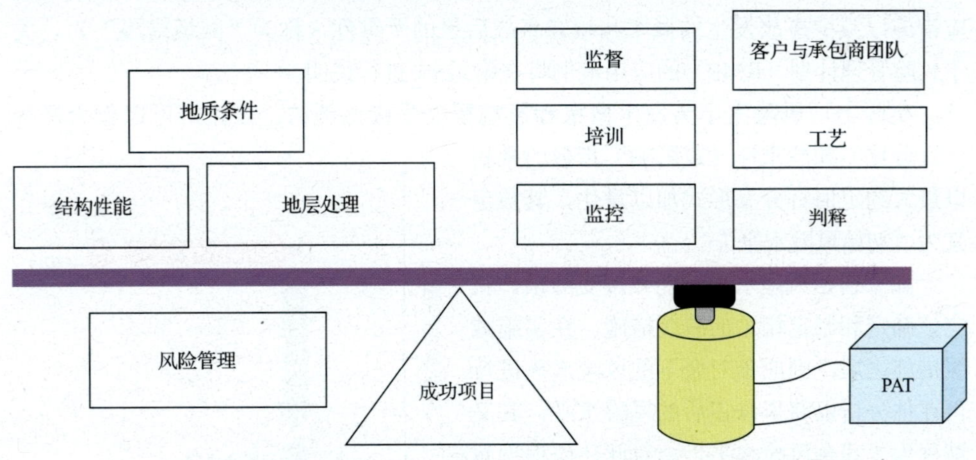

图1.13　项目实施过程的“主动稳定”，借助于“隧道掘进计划”（PAT）

本书的目的在于论证本章节所介绍以及图1.12、图1.13所示出的内容，阐述控制技术和设计－施工方案的不断修正方法（PAT）如何有助于主动“稳定”平衡，而在观察法中被称为不稳定。

第2章

初始风险：定义、分析及管理

正式风险管理已经成为众多技术领域内的一种重要工具，而且越来越被隧道和地下工程界所广泛接受。现今更是在地下工程项目中得到了普遍应用，主要表现于在地下工程的规划、设计、施工和运营各个阶段中进行系统和持续的正式风险管理评估。

其实，由国际隧道协会出版的系统风险管理指南（ITA，2005年）已经成为行业标准。保险业，特别是再保险业为了最大限度降低保险损失也在积极推动工程项目各阶段的风险管理。国际隧道工程保险集团根据国际隧道协会的指南出版了相应的国际实践规则（ITIG，2006年），这一国际实践规则是以英国隧道工程协会较早制定的风险管理规则（BTS，2003）为蓝本。相应地，本节所论述的风险管理实践规程也越来越被世界范围内的众多工程项目所认同和采用。

简单来说，风险管理方法包括识别和列出与隧道工程活动相关的潜在危险，确定每种危险的发生概率，赋予危害后果以相应的严重性指数。下一步则需要制定对应措施以减少事故发生的概率和减轻事故后果的严重性（称为“减缓措施”）。关于风险管理计划（RMP）的应用范例将在附录5中进行说明。

实际上，风险大小与发生概率和影响程度是成比例的，该比例可以作为概率（百分比）和严重性（或影响）指数的乘积以最大约定值百分率形式加以量化，其被定义为“初始风险水平”。

如果初始风险水平不能被接受的话，就应该确定和制定相关的减缓措施。在实施减缓措施之后，则应该对余下的风险水平进行再评估分析以获得修正后的风险水平，其又被称为“残余风险水平”，对此还应根据减少或完全消除残余风险所需的“总体成本”来核查其作为最大风险水平的可接受性。图2.1是图2.2（b）的简化形式，图2.1说明了初始风险和残余风险之间的关系。

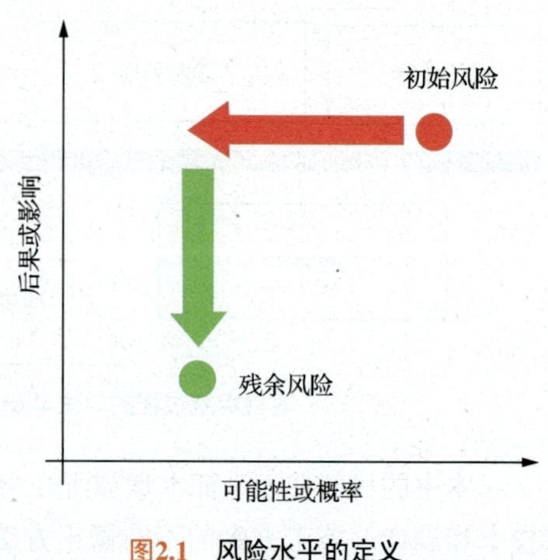

图2.1　风险水平的定义

2.1 基本定义

风险管理计划（RMP）的一项原则是要求对基本术语进行明确定义以避免产生歧义（Chiriotti 等，2003年）。本节所使用的多个术语定义如下：

- “危险”指的是一种有可能引起潜在损害的情况。在安全、时间以及成本方面，每种危险与发生概率（可能性）P以及影响（或结果，或严重性）I有关。
- 与所识别危险相关的风险R被定义为概率与影响的乘积（R=PI），称为“初始风险”（图2.2）。
- “基于实际项目的风险可接受性”是一套标准，以此确定在工程的设计和/或施工阶段是否能够承受一定程度的初始风险或者必须通过具体的减缓措施来减小其风险水平。
- “减缓措施”是指在工程项目各个阶段系统实施的一套预定的措施，以此按照概率准则通过影响风险概率及影响程度来减轻每种不可接受的初始风险。
- 减缓措施实施后仍然留存的风险被称为“残余风险”（图2.1，图2.2b）。残余风险指的是可接受的风险水平。
- “关键参数”指的是对残余风险起决定作用并能控制残余风险的一些因素。
- “对策”是指在设计阶段确定的措施。如果关键参数达到预定的临界值，则要根据预定的触发标准在施工过程中实施这些应急措施。

对于危险而言我们很难消除它们，但我们可以识别它们，而且能够（应该）减轻由它们造成的风险。

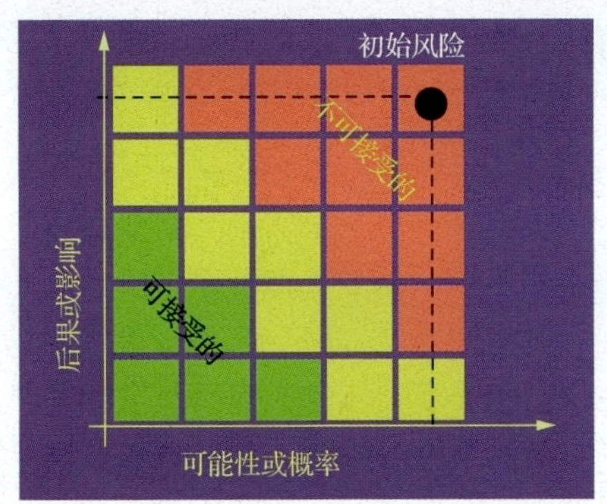

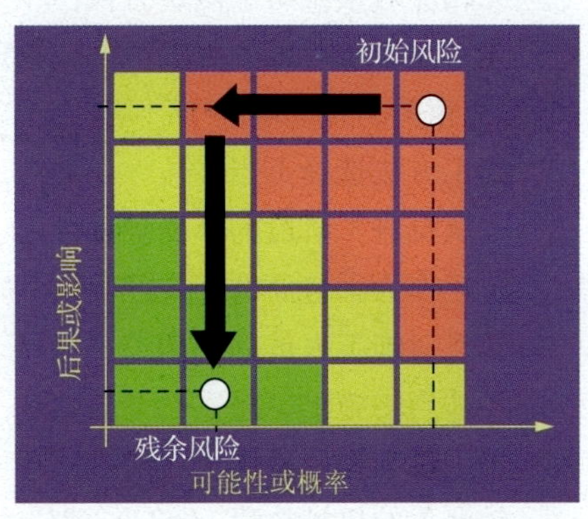

图2.2 初始风险和残余风险值

2.2 城市机械化隧道工程初始风险源

本书提到的与城市机械化隧道工程相关的风险的主要来源涉及地质、水文地质、设计以及施工等方面（Chiriotti 等，2003年）。

- 与地质及水文地质相关的风险取决于：
  - 设计和/施工阶段的有限土工调查（见附录3的土工技术调查详述）；
  - 现场不可进入；
  - 不适宜的现场试验和/或实验室试验；
  - 未充分了解岩体 / 土壤特性；
  - 未充分了解岩体 / 土壤对隧道掘进的响应；
  - 未充分了解地面破坏的特殊机理；
  - 施工过程中缺少系统的开挖面素描图；
  - 施工过程中缺少经过检验和修正的地质及水文地质模型；
  - 现场条件与设计中的预测条件不符。
- 与设计相关的风险取决于：
  - 设计者不具备足够的经验；
  - 对潜在风险的分析不充分；
  - 对作用于衬砌上的荷载条件评估不充分；
  - 所建议方案的可操作性不足或难以实现；
  - 缺乏灵活的适应实际地层条件的设计方案；
  - 预测地面沉降及评估既有建筑物/设施潜在损害的方法不当；
  - 对掘进机关键参数操作范围的确定不恰当；
  - 不恰当的监控系统或数据读取频率；
  - 监控参数缺少预定的临界值；
  - 无相应对策或对策制定有误；
  - 无启动应急对策的触发标准或制定有误。
- 与施工相关的风险取决于：
  - 施工方法选择不当；
  - “试掘进”阶段的不良管理；
  - 缺乏作为承包商的相关经验；
  - 缺乏对施工人员的培训；
  - 不适当的施工工序；
  - 掘进机与地层条件不匹配；
  - 较严重的机械故障；
  - 后勤保障不充分；
  - 不适当的工作面支撑压力；
  - 尾部空隙注浆不充分；
  - 缺乏对掘进参数的控制、核查以及分析；
  - 工作面前方探测不充分；
  - 出现不稳定的情况；

- 盾构机性能和工况不够理想；
- 实际的地层—掘进机械相互作用特性与理论值有偏差。

虽然以上所列举的情况并不完整，但是却对理应加以考虑的变量因素的复杂性有了一个大致的了解，由此应高度重视风险管理工作的必要性，作为第一步首先要通过全面的检查清单理清这些风险因素，以持续、始终如一地进行风险管理。

2.3 风险分析与管理：风险管理计划

城市机械化隧道工程与一系列的风险有关，其中主要的风险一般来自于与地质、水文地质条件以及施工条件或其参数相关的不确定因素及危险，再加上需要特别注意的由政治和/或公众舆论的影响所引起的风险。这些风险的形成可能在时间、成本、安全以及环境等方面对工程的效果产生负面影响。

风险管理计划（RMP）是一种健全、明晰的风险管理方法，由明确规定的风险管理步骤和管理工具组成。针对工程项目实施风险管理计划的目的是确保将所有的风险减轻到可接受的水平并对风险进行最有效的控制。风险管理计划的制定应以以下4个基本原则为基础（Grasso等，2002年；Chiriotti 等，2003年）：

- 风险的识别：
  - 确定项目的目的和要求；
  - 制定业主对于不确定性程度和风险接受水平方面的限度；
  - 通过编制涵盖项目所涉学科和各个阶段的风险记录卡（即潜在危险和相关初始风险的完整列表）对工程的相关特点进行分析并对风险进行识别。
- 风险的量化：
  - 对于每种识别的危险，明确其潜在原因，通过评价发生概率及对工程的影响来评估其所存在的风险；
  - 如果使用定性评估方法（工程判定）则可以初步评定工程相对于不同类型风险的易损性，如果使用定量方法，例如概率分析方法来确定概率P和影响程度I，则可以进行更可靠的评定；
  - 按照影响程度对所识别的风险进行排序，并挑选出需要在以后加以考虑及不可接受的风险。
- 风险应对措施的制定：
  - 如果某种风险是无法避免的，那么就必须通过一些应对措施来减轻它的危害：通过设计和/或施工和/或设备安装方法等方面的措施来减轻初始风险。
  - 在减缓措施已经实施的情况下，还必须对风险进行再评估以量化残余风险。对此需要考虑这样一个事实，即在实施减缓措施以后，残余风险的管理职责也许会发生变化。
  - 进行全面及系统的沟通和/或进一步减轻残余风险。

- 风险应对措施的监控：
  - 确认施工和设备安装程序是适当的，并按照设计阶段制定的策略实施这些工作，以减轻初始风险。
  - 制定在施工、设备安装和测试期间内能够有效管理残余风险的控制计划。这意味着必须确定控制质量、安全以及施工进度的关键参数/指标，并提出相关的监控方案（即设备的类型和安设位置、读取频率、警告和报警限值等）。
  - 制定一个施工期间超出报警限值时必须实施的全面的对策计划。同时还要准备一套应急方案来应对极端危险情况的发生。

图2.3说明了风险管理计划实施步骤的逻辑顺序。

风险管理计划的启动保证了及时识别和解决潜在风险问题。因此，应尽可能快地实施风险管理计划，并将风险管理计划融入到工程的各个阶段中，从概念设计到项目的开发一直延伸到工程的勘察、设计以及施工各个阶段。其目的是将工程中每个阶段所识别的所有风险都降低到尽可能低的水平上，并采取预防措施减轻施工过程中的风险。

作为一个逻辑性的结论，风险管理计划本身是一个动态的过程，需要在整个工程中不断地运用、更新、完善以及交流。因此，保证风险记录卡的定时和系统更新是此方法成功应用的基本要素之一。

风险管理的实施应综合不同的技术观点并涉及合同各方：业主、项目管理者、监理、承包商、专家以及设计者。

项目风险也取决于对工程接口的管理。事实上，城市机械化隧道一般来说是与大型基础设施工程相关的，如地铁、城市铁路、雨水输送管道，以及用于市政、排污或路政的服务管道。所以，工程项目包含了不同的规定，归结为一点，即是在预算范围内保质且准时地将最终的工程成果交付使用（即减轻所有对达到最终工程目标具有潜在影响的风险水平）。确保实现这一目标并促进风险管理计划顺利实施的方法就是在集中化的设计管理组织结构中设立“现场协调小组”（GPC）（Grasso等，2007年），其目的是在设计与施工中确定、管理以及协调各种规定/行为之间的相互关系，防止相互阻碍现象和问题的出现以及找出冲突的解决方法。现场协调小组可以由业主来确定或由设计者来创建。现场协调小组的职责是：保证工程进展的整体性、连贯性，解决各种规定的接口问题，选择及管理风险解决方法。

在现场协调小组内部设置的“交流平台”，并不仅仅是专家们见面和交流的一个场所，而且还是所有施工人员分享工作方法的一种表现形式。交流平台是启动和协调风险管理计划的正确地点，例如对工程风险记录卡的初始编制。

最后，需要强调的是，当实施风险管理计划时，应该记住以下几点要素：

- 没有无风险的施工项目。风险可以被管理、最小化、分担、转移或被简单地接受，但是却不能被忽略不管（Michael Letham，1994年及2001年在Clayton所做的报告）。

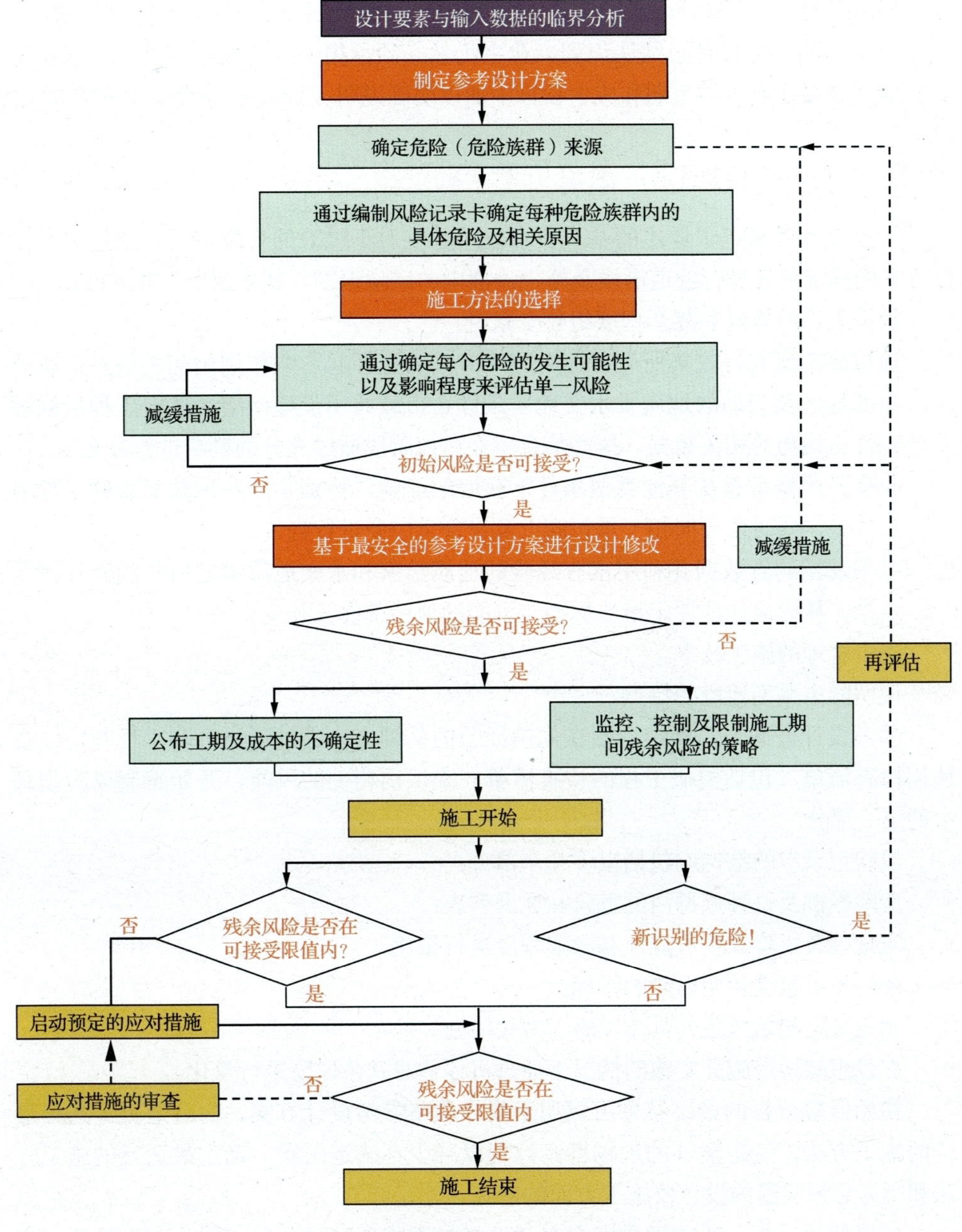

图2.3 风险管理计划实施步骤的逻辑顺序

- 实际上，并不能完全避免和减轻与地下工程相关的所有风险。
- 事实上，风险管理不能消除工程中的所有风险。
- 对每种风险来说，需要确定其可接受的水平。
- 风险管理计划应该完全融入到项目进展的所有阶段中。
- 风险管理计划是一个动态的过程：在工程的各个阶段必须不断地修正初始风险，

同时提出针对已知残余风险的具体控制策略，并对残余风险进行系统的再评估。

- 业主和项目管理者必须认识到，业主仍然必须承担一定的风险。这一“残余风险”必须在业主的工期和成本预算中加以明确说明（Thompson 等，1992年）。

2.3.1 初始风险的识别：风险记录卡的使用

一旦设计者确定了业主的基本要求以及业主对于风险的容限，则要通过参考设计方案的确定事先进行隧道沿线及施工过程中的风险识别，其涉及以下几方面：

- 根据工程的规模和复杂程度组建专家组。
- 通过案头研究，收集所有可能对施工方法的选择起影响作用的相关信息：所公布的地区及当地的地质及水文地质条件、市政共用设施网络、已定工程沿线敏感性结构物的相关数据。这些信息应在后面阶段通过充分的勘测进行补充。
- 收集并严格审查从其他类似条件下获取的经验，特别是那些风险显著的工程项目经验，同时还要向相关承包商以及设备供应商进行咨询。
- 收集现场调查数据并利用富有经验的地质学家和水文地质学家所作的野外测量结果，从而最佳地评定地质模型、可能的地层条件及其变化情况。
- 确定合理的施工技术。
- 说明隧道典型地段的特点。

参考设计方案一经确定，则在先前经验的基础上，通过研讨会和工程判定以及使用检查清单（包括类似工程的检查清单）来识别相关的风险，开始编制风险记录卡的第一部分。

风险记录卡的结构应包括以下几个部分：

- 危险族群及每种族群内的危险和原因列表；
- 对危险及风险发生可能性和影响程度进行量化；
- 确定不可接受初始风险的指标；
- 制定减轻初始风险的具体策略（减缓措施）；
- 在设想减缓措施已实施的情况下通过再评估对残余风险进行量化。

初始风险分析的最终结果可以用于指导调整参考设计方案，为隧道掘进选择最佳的施工方法，制定额外的现场勘测计划以减少不确定因素，确定最适宜的施工方法和所有必须实施的设计及施工方面的措施。

如果使用适当，风险记录卡会有效地指导工程项目的开展，因为它有助于制定有关工程的战略决策以及遵循所提出的有关组织机构、勘察、设计和/或施工等方面的措施方案，以减轻所识别的风险。

为了列举出危险族群，需要考虑的一点是：城市地区地下基础设施的土建工程设计意味着应从实际的数据出发，通过施工将宏伟的计划转变为现实。因此，危险族群应从两个相互关联的方面来加以考虑：设计输入参数和施工方法。图2.4 和图2.5中给出了风险记录卡结构的例子，这些记录卡并不十分详尽，但是在有关实际数据和施工方法的不同危险族群内对每种危险进行了识别。

在实际数据和输入参数中，危险族群可能涉及到地质、水文地质、岩土力学、水力学、公用设施、建筑物、环境、道路条件等。对每个族群来说，可以通过与项目关键参与者进行交流和/或集体讨论的方式列出其特有的危险。图2.4给出了所确定的与地质、水文地质和岩土力学有关的危险列表。

对于所选择的施工方法（例如土压平衡盾构），危险族群可能与地质、机器启动、掘进、施工工序、衬砌、盾尾空隙注浆、挖掘结束后掘进机的拆卸、市区内掘进机的运输和人为因素等有关。图2.5给出了所确定的与掘进模式和管片衬砌相关的危险列表。

危险的原因可能是其固有的或者是与调查、设计和/或施工期间未能正确处理的各个方面有关。表2.1列出了所确定的危险原因。

通过集体讨论将全面列出潜在危险情况，这些危险情况需要加以量化（即相关风险的量化），并需在设计阶段中提出这些危险情况的应对措施（通过合适的设计方案或对随后施工阶段的设计规定）。

由经验得出这样的规则，即风险记录卡应该在项目实施过程中不断地得到更新，并应利用风险记录卡对风险政策及残余风险可接受性进行交流沟通和讨论。

2.3.2　初始风险：风险定性分析

风险分析可以是定性和定量的，但是在项目的早期阶段常用的是风险定性分析。当数据的特性和范围对于统计分析来说不够充分时，以及当数据统计分析不能确定具体的问题时（比如断层位置或异常地层），风险定性分析就显得非常必要了。

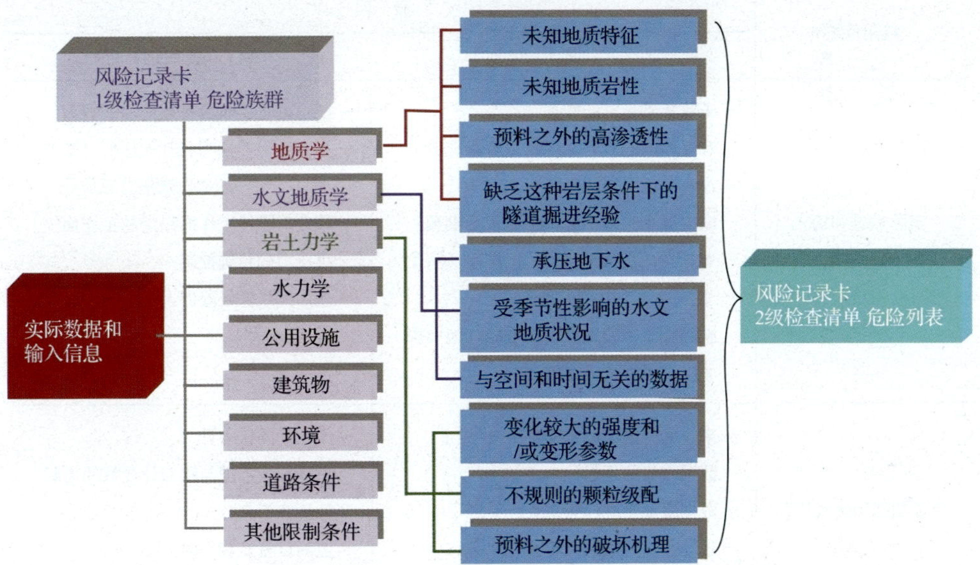

图2.4　城市机械化隧道工程的风险记录举例：关于实际数据和输入信息的1级检查清单（危险族群）及确定的第一组危险（2级检查清单）

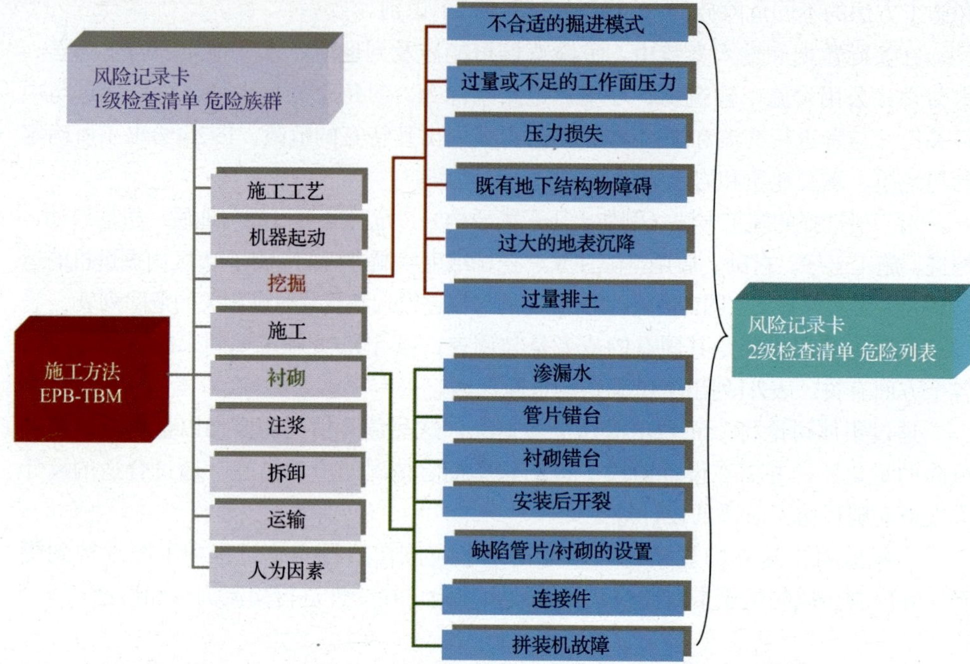

图2.5 城市机械化隧道工程风险记录举例：关于施工方法的1级检查清单（危险族群）及确定的第二组危险（2级检查清单）

表2.1 城市机械化隧道工程中有关输入参数信息和施工方法的危险及其原因简表

<table>
<tr><th rowspan="2">危险族群</th><th colspan="2">原　因</th></tr>
<tr><th>设计</th><th>施工（机械化）</th></tr>
<tr><td>实际数据和输入信息地质</td><td>— 未收集到足够的数据
— 有经验的地质学家现场工作不充分
— 没有当地专家的参与
— 缺少减小当地不确定性的现场勘测
— 缺乏施工前对地质模型的检验（钻孔并安装地中监测设备）
— 缺乏施工中的地质模型检验（超前探测，工作面地质素描）</td><td>— 隧道掘进机不具备超前探测能力
— 在刀盘保养期间和其他任何可能的时候，工作面地质素描非系统化
— 缺乏对维持工作面稳定的工作面支撑压力的精确控制
— 使用无足够经验的人员</td></tr>
<tr><td>实际数据和输入信息水文地质</td><td>— 未收集到足够的数据
— 数据收集的延迟
— 数据组对于统计无意义
— 现场和实验室测试不充分
— 未完全理解与隧道掘进相关的地层破坏机理</td><td>— 无充足的压力计
— 对降雨量数据与压力计读数的关联性研究不充分
— 监测设备安装延误
— 未安装监测设备</td></tr>
</table>

续上表

危险族群	原　因	
	设计	施工（机械化）
实际数据和输入信息 岩土力学	— 未收集到足够的数据 — 数据组对于统计无意义 — 现场和实验室测试不充分 — 未进行足够的确定地层所有特性的试验 — 设计仅采用平均参数 — 未完全理解与隧道掘进相关的地层破坏机理	— 缺乏对开挖渣土材料的控制 — 缺乏隧道工作面岩土工程条件与掘进机工作参数的关联性
施工方法 （EPB-TBM） 掘进	— 未规定工作面的压力操作范围 — 采用不适当的方法计算工作面的压力操作范围 — 缺乏对掘进模式的规定 — 未规定按照所遇到的地层条件对施工中工作面压力和掘进模式进行验证 — 具有潜在干扰性的结构物相关数据收集不充分	— 缺乏对关键掘进参数的自动控制 — 工作面压力超出规定范围 — 掘进模式与规定方案不一致 — 缺少施工中验证掘进模式和工作面压力的程序 — 预料之外的引起压力损失的地层特性 — 使用无足够经验的人员
施工方法 （EPB-BM） 衬砌	— 管片加筋不够 — 不适当的衬垫或其抗压强度小 — 在确定管片尺寸时对荷载条件考虑不充分 —在确定管片尺寸时未考虑到危险情况	— 缺乏对管片制作的质量控制 — 缺乏施工中的质量控制 — 缺乏维护保养 —安装有缺陷 — 在管片运输过程中和现场存储及装卸时存在有缺陷 — 使用无足够经验的人员

定性分析的过程是从风险识别开始的，其目的是对初始风险作出评估。

风险记录卡将所确定的危险与发生概率及可能结果造成的影响结合起来，包括其对健康和安全、成本和工期预算以及项目开发潜在影响的初步近似值。

采用定性尺度来确定概率（P）和影响（I），定性尺度是根据典型工程的要求和限制条件制定的。图2.6给出了波尔图地铁项目的运用实例。通过与项目重要参与者及专家的交流以及项目团队和专家的集体研讨，使用工程判定法来确定定性尺度以及危险的发生概率（P）和影响（I）。

概率的定性描述要与工程持续时间和相关条件相联系，其造成的影响可从以下几方面进行评定：健康、安全以及施工期间的环境影响；工期拖延；可预测的额外成本；开发期内的健康、安全和环境影响；关于影响的定性评定标准要适合工程的独有特征，同时也可以由多重标准综合而成。

在图2.6给出的例子中，采用3个标准来评估影响力：（1）施工期内的健康、安全以及环境影响；（2）经济影响（附加安全措施所产生的额外成本）；（3）开发期内的健康、安全以及环境影响。通过确定概率P和影响I，风险R被定义为这两者的乘积。因此，施工、经济以及运营方面的风险必须分别进行评估（见图2.7）。风险尺度（或风险矩阵）的分级范围是1~25，其与估算的风险水平有关（从无关的到不可接受的，见图2.7），更重要的是与项目具体的可接受标准有关（低 = 可接受的；中 = 需进一步分析以确定是否可以接受或需要将之减轻；高 = 需要减轻）。这样就可以对风险进行排序，从中选出哪些风险需要减轻，哪些风险是可以接受的。

	分 级	描 述	说 明
概率	1	罕见的	大约1/1 000
	2	可能性极小的	大约1/100
	3	偶然的	大约1/10
	4	很有可能的	发生的可能性很大
	5	时常发生的	预期会发生的

	分级	施工期内的健康、安全和环境风险	经济风险（实施安全措施的成本）	运营期内的健康、安全和环境风险（假设100年使用寿命）
影响	1	轻度受伤 / 轻度不便。工人可以继续工作。短期、局部性损害	ʃ10 k 额外成本	轻度受伤 / 轻度不便。工人可以继续工作。短期、局部性损害
	2	轻度受伤。工人需要急救处理。停止作业。中期、局部 / 地区性损害	ʃ100 k 额外成本	轻度受伤。工人需要急救处理。停止作业。中期、局部 / 地区性损害
	3	需要上报 / 损耗时间的受伤和疾病。长期、局部 / 地区性损害	工期延迟几星期。工程成本增加 ʃ1 Ms	需要上报 / 损耗时间的受伤和疾病。长期、局部 / 地区性损害
	4	具有长期影响的严重受伤和疾病。长期、广泛性损害	工期延迟几个月。工程成本增加 ʃ10 Ms	对城市造成大的影响。铁路关闭至少24 h
	5	死亡。永久的广泛性损害	可能导致工程的停止	死亡。永久的广泛性损害

图2.6 事故概率及影响的定性尺度例子

另外，也可以将不同种类风险（参考图2.9，“施工”C_1；“经济”C_2；“运营和长期安全”C_3）所造成的影响相加得出总体影响$I = I（C_1）+I（C_2）+I（C_3）$。这样就可以得到一个唯一的风险矩阵，如图2.8所示。

图2.9给出了一个风险记录表例子。在确定危险以后，风险记录表被用来追踪每个危险的具体风险分析。例如，针对“隧道开挖 – 掘进机操作 – 地层损失”这一危险设定一个代码，然后，通过列出原因以及定性描述在施工、经济和运营方面的

影响结果来对此加以说明。在*P*和*I*的具体定性尺度的基础上对初始风险进行量化，如果初始风险是不可接受的，那么就必须列出在设计和施工阶段将要实施的减缓措施，其目的是为了减小概率和/或影响。然后对*P*和*I*进行再次评估，并假设缓减解施是适当的，这样就可以得到残余风险的定性评估。

风险记录表还可以增添其他额外的信息，例如初始风险和残余风险的责任人（有时候，在减缓措施实施后，风险的责任人可能发生改变）或者针对残余风险的额外成本预算。对于后者，即使是通过工程评价得出相关信息，其成本仍然存在不确定性，如图2.3所建议的。

风险定性分析的主要优点是，能够以一种清晰、一致和共享的方式对参考设计方案进行适当的调整。风险定性分析通常是建立在设计人员的丰富经验之上，这些设计人员系统地分析每一个细节以创建全面的措施列表，此列表可以使参考设计方案成为最可靠的参考设计方案。

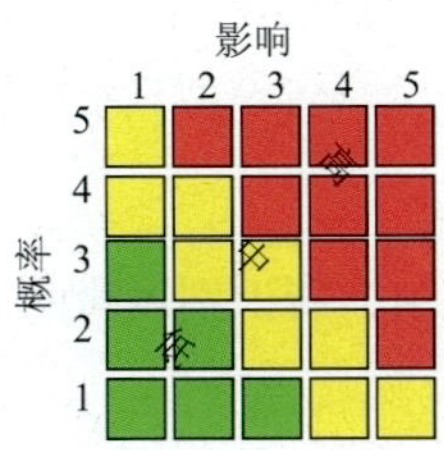

分级尺度	风险等级	必须采取的行动
17-25	不可接受	风险被减轻之前施工不会启动。如果不能减轻风险，具有项目被停止的风险
13-16	重大	风险被减轻之前施工不会启动。具有风险的解决方法，但需要使用额外的资源
9-12	较高	直到应对措施得到实施时，施工才能启动和继续
5-8	较小	工程常遭受延误。需要考虑将成本最优化的解决方法
1-4	无关的	无

	等级	健康和安全风险	经济风险	施工风险
风险	低	检查有没有可以通过设计修改消除的进一步风险，继续进行设计	根据风险严重性，寻求可供选择的办法和进行成本评估，有利的减缓措施	
	中	考虑替代的设计或施工方法 如果替代方案是不可用的，就必须采取指定的预防措施 在风险记录表中列出残余危险	将风险评估信息向上级管理者、受影响的当事人和第三方汇报	
	高	寻求替代的解决方案 如果替代方案是不可用的，就必须采取指定的预防措施，以及通知上级管理者和计划主管 在风险记录表中列出残余危险	在风险记录表中列出残余危险	

图2.7　与事件相关的风险定性尺度举例

概率	5	0-15	20-30	35-45	50-60	65-75
	4	0-12	16-24	28-36	40-48	52-60
	3	0-9	12-18	21-27	30-36	39-45
	2	0-6	8-12	14-18	20-24	26-30
	1	0-3	4-6	7-9	10-12	13-15
		0-3	4-6	7-9	10-12	13-15
		影响				

图2.8 $I=I(C_1)+I(C_2)+I(C_3)$ 的风险矩阵和可接受标准

注：见图2.9中的附加说明。

不管怎样，风险定性分析不足以实现风险管理计划的目标。事实上，风险定性分析无法回答以下几个问题：

- 在已识别的风险基础上，项目成本和工期预算的可靠性如何？
- 残余风险对于项目成本和工期的影响有多大？
- 如何能从以下两个方面进行不同项目比选方案的定量比较：（1）所识别风险的管理有效性；（2）对潜在成本超支和工期延迟影响的降低性。

机械化隧道工程的风险记录表	
代码：TUN01	危险：地层损失
描述	
地层损失导致过度地表沉降	
原因	结果（影响I）
超挖 工作面压力不足 不当的刀盘转速 预料外的地层特性 操作人员对开挖条件变化的反应延误	C_1—施工（工期、健康和安全） 主要施工问题涉及到可能的长期停工和给第三方带来的损害。 C_2—经济（成本） 维修对成本造成中级影响；撤离、所诱发的损害和灾害对成本造成严重影响。 C_3—运营和长期安全 运营期内存在一些枝节问题
初始风险的评估	
C_1 3 + C_2 4 + C_3 1 = I 8 × P 5 = R 40 注：不可接受的初始风险 责任人：承包商	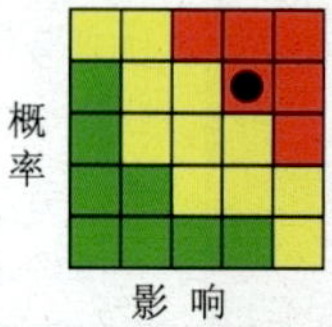 概率 影响
减缓措施	

设计阶段	施工阶段
沿隧道剖面计算掘进机关键参数的操作范围，计算结果供掘进机操作人员使用 规定掘进机的操作程序 地面沉降和对建筑物损害的预报 设计合理的岩土和结构监控系统（工程、地层和建筑物） 在施工中不断修正设计中的预测	掘进机施工程序的实施 对掘进机操作人员进行培训 对控制掘进机工作的关键参数实施自动报警 为掘进机配备自动化系统，以在停机安装管片时能够保持工作面压力 对掘进机实施远程监控 运行GIS系统以收集和交叉检查监控数据及掘进机数据 自动分析施工和监控数据
残余风险的评估	
C_1 6 + C_2 6 + C_3 1 = I 3 × P 2 = R 9 减缓措施：制定应急方案 责任人：承包商	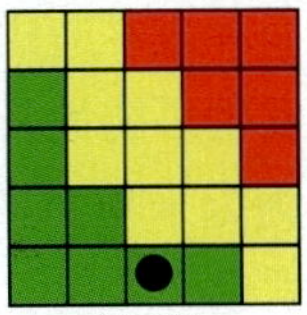 概率 影响
残余影响所产生的成本	小于1 000 000
残余概率	小于10%

图2.9　追踪风险识别以及风险定性分析的风险记录表举例

为了给出以上几个问题的有效答案，在风险管理计划中还必须进行风险定量分析。

2.3.3　初始风险：风险定量分析

风险定量分析意味着对危险或风险的概率和影响进行定量评估以取代定性风险评价。

统计学可以确定某一事件的概率分布，包括离散分布（例如泊松分布）和连续分布（例如高斯分布、对数或指数分布）。

概率描述了某一变量的不确定性水平。在城市机械化隧道工程领域，可以将概率的概念应用于大部分的工程输入变量中，如岩土参数、参数状态的空间序列（例如沿隧道剖面从A点到B点再到C点的岩性改变）、施工循环时间以及出现不利情况的离散现象（未知的地层特性、隧道工作面的不稳定、事故等）。

因此，可以对有关地层特性、施工变量以及不可预知事件的数据进行统计学处理，并针对每个变量确定其最适当的概率分布函数。例如，地层的无侧限抗压强度以及变形模量可以通过高斯曲线分布来表示，节理间距可以通过负的指数分布来进行很好的描述，而一个简单的三角形分布可以表示在预定条件下单个施工循环的持续时间或成本。

从地质和岩土工程或岩土力学的观点出发，可以采用概率特征概念来定义概率性的地质剖面，由此使得与“地质”方面相关的不确定水平的可视化成为可能。其主要优点是与传统的工程地质剖面相比较，地质不确定性得到了明确的考虑，而传统的工程地质剖面仅是一种最佳的推测，表示的是隧道沿线最可能出现的地质条件（即基于地质学家经验的可能性预测）。在城市隧道中，地质剖面不会对隧道管片衬砌的计算造成重大影响，这是因为在浅埋情况下确定管片尺寸所考虑的荷载条件一般来说是整个覆盖层厚度。但不管怎样，地质剖面还是要影响其他很多方面：作用于隧道工作面上的侧限压力、盾尾环形空隙的注浆压力、沉降趋势、沉降槽的宽度、刀具的磨损、推进速度、掘进程序不能及时适应隧道工作面地质突变时有可能发生的超挖和崩塌（见第6章）。最后，地质剖面还可以影响工期和成本。所以，可以编制一个概率性的地质剖面，以引入工期和成本影响方面的“变量”概念。

对危险所造成的影响进行量化主要是从不同方面（例如施工、保养、运营）量化其对项目工期和成本造成的后果。更确切地说，就是量化一个潜在危险事件E（这个危险事件的发生可能性是由概率P来表示的）是如何对最佳预算的工程基本成本造成影响的。因为未来项目的成本或工期预算包含大量的不确定因素（风险），因此这些不确定因素也必须包含在成本预算过程中。

由于一些输入参数（例如地质和施工方面）可能发生变化，因此项目工期和进度计划存在着自然波动，而且风险事件的发生会造成项目工期延长和成本增加的影响。鉴于此，成本预算必须通过一种逻辑和结构性的程序包含所期望的（或预知的）变量以及风险（即对不确定因素的估计）。这样就可以定义“估计成本范围”（图2.10）。

“估计成本范围”由3个部分构成（Grasso 等，2006年）：

- “正常成本”，也就是最佳估算的基本成本，是根据最安全的参考设计方案以“工程数量表”为基础计算出来的。
- “变量”是与预计的地层及施工参数变化相一致的。
- 每种已识别残余风险的累计成本。

在城市机械化隧道工程中，不可接受的残余风险可能是由工作面不稳定所引起的。造成工作面不稳定的原因是，在采用复合掘进模式情况下，当工作面上的地质条件发生变化时没有及时启动闭胸的掘进模式，或者是因人为因素没有施加足够的工作面压力。

“成本变量”并不是直接计算所得，它是根据概率剖面对施工过程进行模拟（工期的相关数值）而获得的总成本减去正常成本得到的。对此可以使用蒙特卡洛抽样法从各种参数分布中抽取用于特殊模拟的数值。所进行的模拟还要考虑在隧道沿线每种特殊岩土条件下施工工期和成本的概率分布。

另外，选择正确的方法来评估个别的残余风险也是很重要的。有以下两种可行的方法：

- 单独分析任何一种风险，不评定其发生概率，累计每个风险的评估影响效果，从而得出项目结果的最大和最小值。很明显，这是一种可能会夸大项目总风险的简化方法。
- 将概率应用到风险中并考虑风险之间的相互依存性。特别是在城市区域，“风险相互依存性”还应该包括对因政治和社会影响增大导致的反复的离散事件的负面结果（影响）进行评价。为此，指数函数可以用来表示因公众负面意见增大而导致的反复事件对工期和成本增加所造成的影响。

2.4 针对风险情况进行设计

从概念设计到后续的施工，设计者都应能管理与地质、水文地质、荷载条件、施工方法以及地面和地下的物理和环境影响相关的所有设计风险。

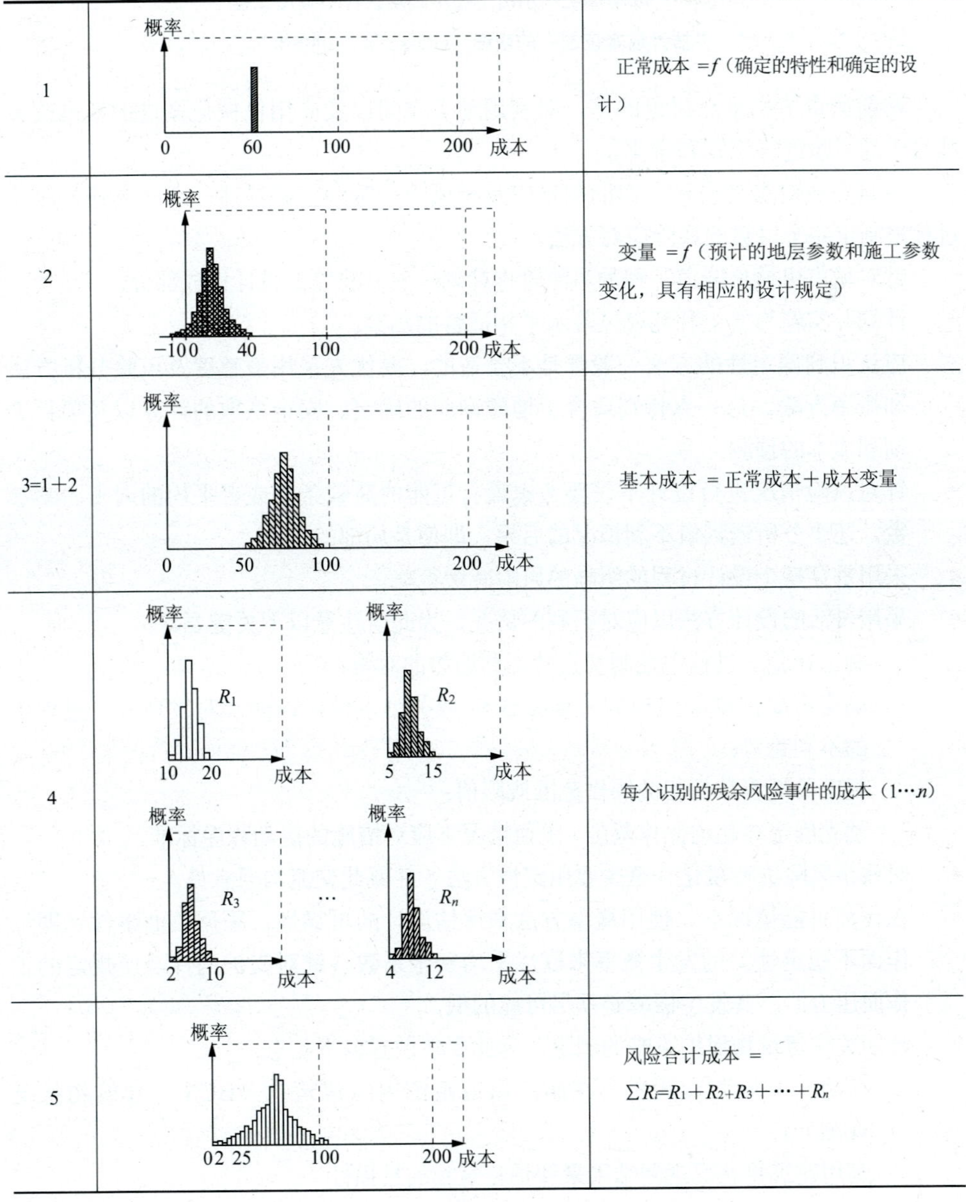

续上表

6=3+5	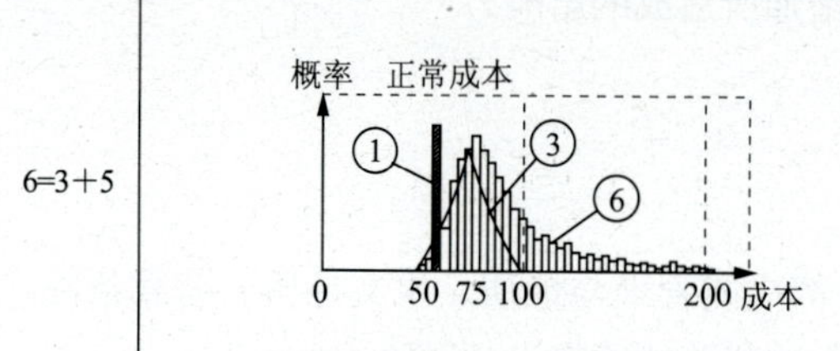	估计成本范围= 基本成本+风险合计成本

图2.10 成本模型，示出了在不确定条件下隧道工程“估计成本范围”的明细（Grasso 等，2006年）

在前面章节中重点讨论的是，对利用地下空间以及应用机械化掘进的城市改造项目中的风险进行识别和量化。

一旦完成对参考设计方案的制定以及对风险来源的正确描述，就必须通过设计过程来制定一个可靠的风险应对方法。

针对城市机械化隧道工程的风险管理计划一般需要以下设计构成部分：

- 计划并实施与岩土和环境风险水平相适合的勘察。
- 应认识到确定性的方法一般都是不合适的，要优先采用敏感度及风险分析方法和概率方法。这一点特别适合于地质剖面的确定、安全系数的计算以及项目工期和成本的预测。
- 针对风险情况进行设计不仅要考虑最有可能的荷载条件或者平均的岩土力学参数，还要分析遇到最不利情况的后果，即使是局部的。
- 采用贯穿整个设计过程的明晰的风险减缓策略。
- 采用灵活的设计方法以应对不利的情况，为此应注意以下关键要素：
  - 制定在施工过程中控制和扭转不利趋势的对策；
  - 确定需要控制和监控的关键参数和/或关键事件，以便及时发现施工过程中的不利趋势；
  - 规定关键参数的相关操作范围或限值；
  - 预先确定在超出操作范围 / 限值情况下应对措施的启动程序标准。
- 对残余风险进行量化（至少要用定性方法）并就此交流沟通意见。
- 在任何可能情况下，使用概率方法来评估设计的可靠性：采用负面事件（即工作面不稳定性）的发生概率来取代平均安全系数（针对支护构件及所规定的工作面压力），其发生概率必须尽可能的低。
- 特别关注建筑物保护策略的制定，为此要求做到以下几点：
  - 在施工开始前观测所有在施工影响范围内的建筑物（BCS – 建筑物状况观测）；
  - 利用建筑物状况观测结果来评估建筑物的易损性；

- 为工程建立一个具体的损坏分级系统；
- 针对每栋建筑物进行沉降敏感性分析，确定它们对隧道开挖诱发沉降的承受性；
- 将所有建筑物归入不同的风险类别；
- 找出具有风险、需要加以保护的建筑物并制定相关的减缓措施；
- 确定在施工中需要观测和特别监控的建筑物；
- 制定有效的监控计划；
- 不管是否有损坏，均要在施工后实施建筑物状况观测；
- 收集、整理相关数据并保存在一个动态－关系型数据库中，供全体人员使用。

如果采用适当的开挖方法，对相关人员的能力进行培训，建立和实施施工过程的指导程序、关键事件的控制程序，并运用预定的正确行动计划应对所有潜在异常情况，那么风险管理计划将获得最佳结果。在风险管理计划的构架内，设计者在施工阶段担负有两个重要的任务：

- 与掘进机生产商和承包商进行互动交流，为科技创新提供新的思路，其目的是为了在各种地质条件下保证施工安全和提高掘进效率。
- 通过施工过程中的观测和监控来验证设计假定，利用施工反馈信息修正设计假定以符合实际遇到的情况并从成本上进行设计优化。

图2.11～图2.16示出了根据风险情况进行设计及对初始风险和残余风险进行追踪和交流沟通的一个例子。该示例涉及的是TBM隧道管片衬砌的设计。

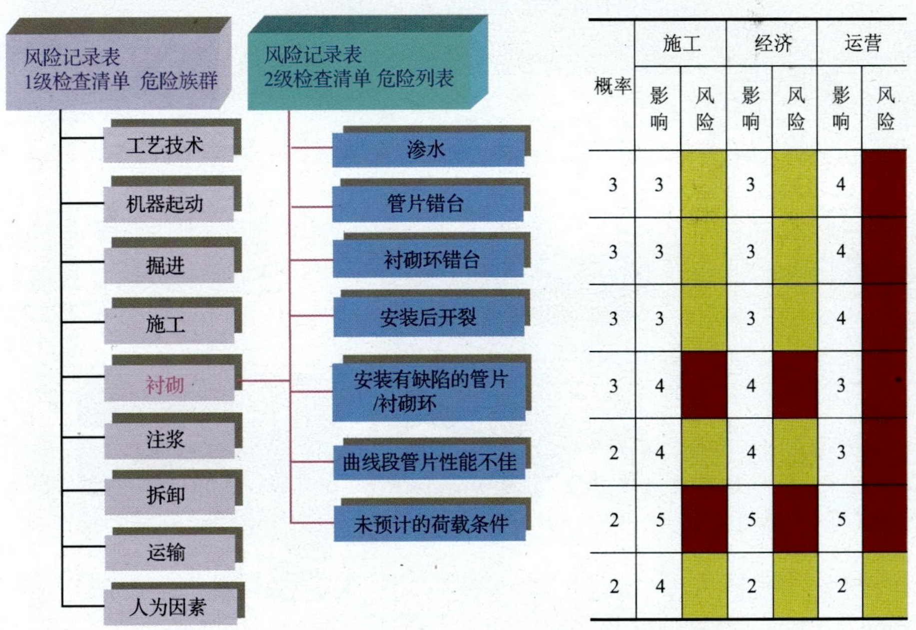

概率	施工		经济		运营	
	影响	风险	影响	风险	影响	风险
3	3		3		4	
3	3		3		4	
3	3		3		4	
3	4		4		3	
2	4		4		3	
2	5		5		5	
2	4		2		2	

图2.11　应对风险的隧道衬砌设计：初始风险的评定

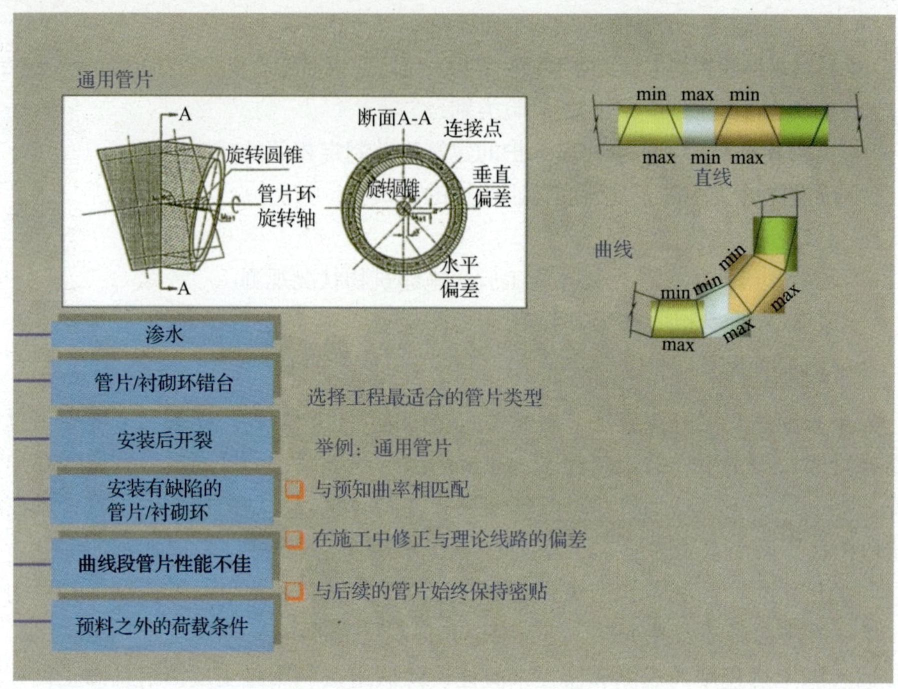

图2.12 应对风险的隧道衬砌设计：减轻几何风险的措施

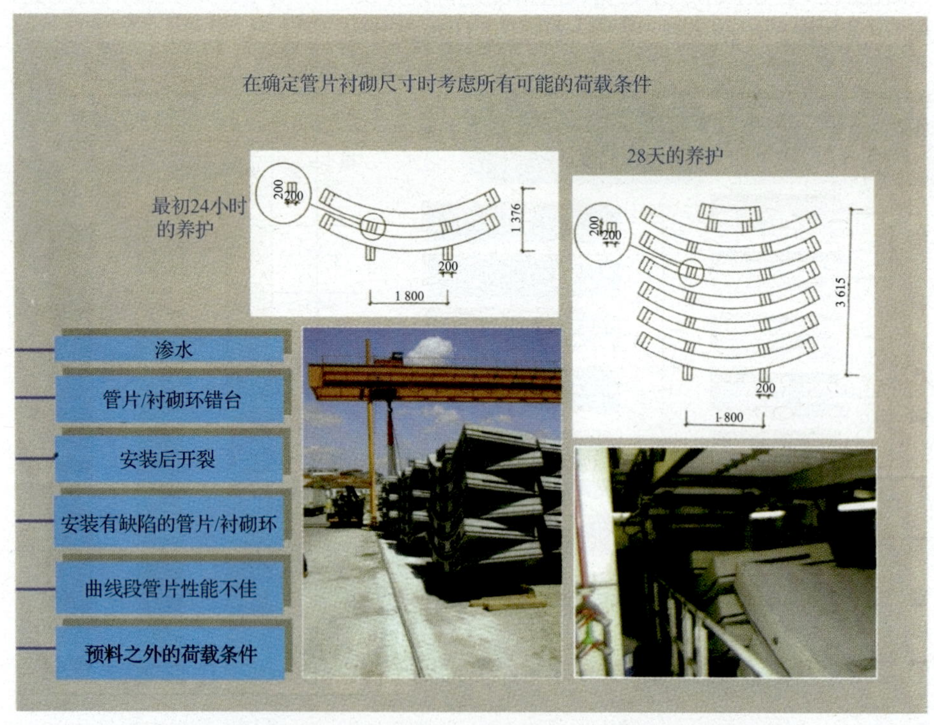

图2.13 应对风险的隧道衬砌设计：减轻预料外普通荷载条件风险的措施

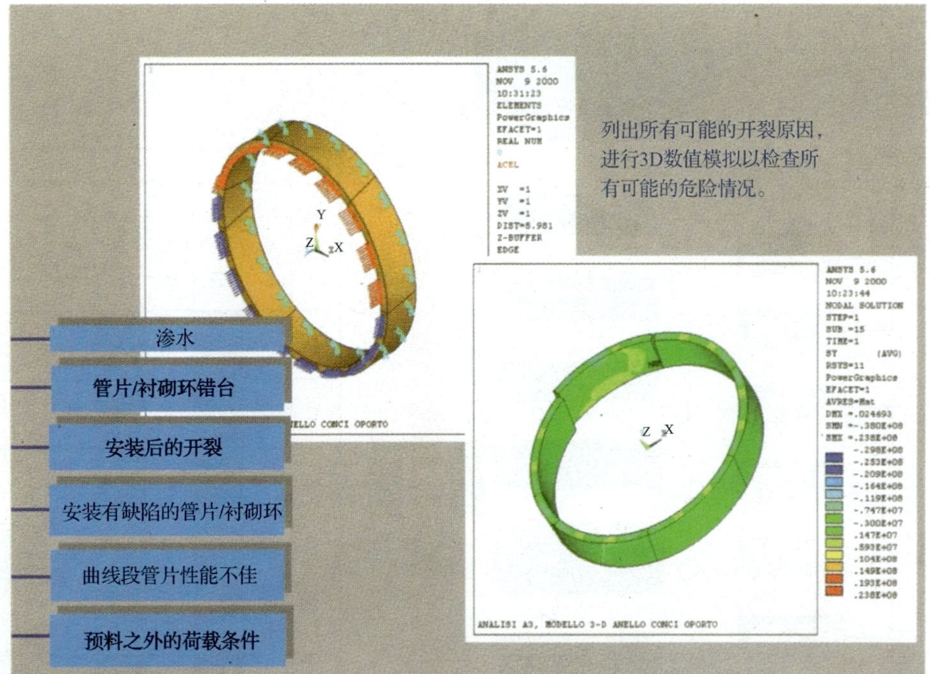

图2.14　应对风险的隧道衬砌设计：减轻导致异常荷载条件、开裂和缺陷等危险情况风险的措施

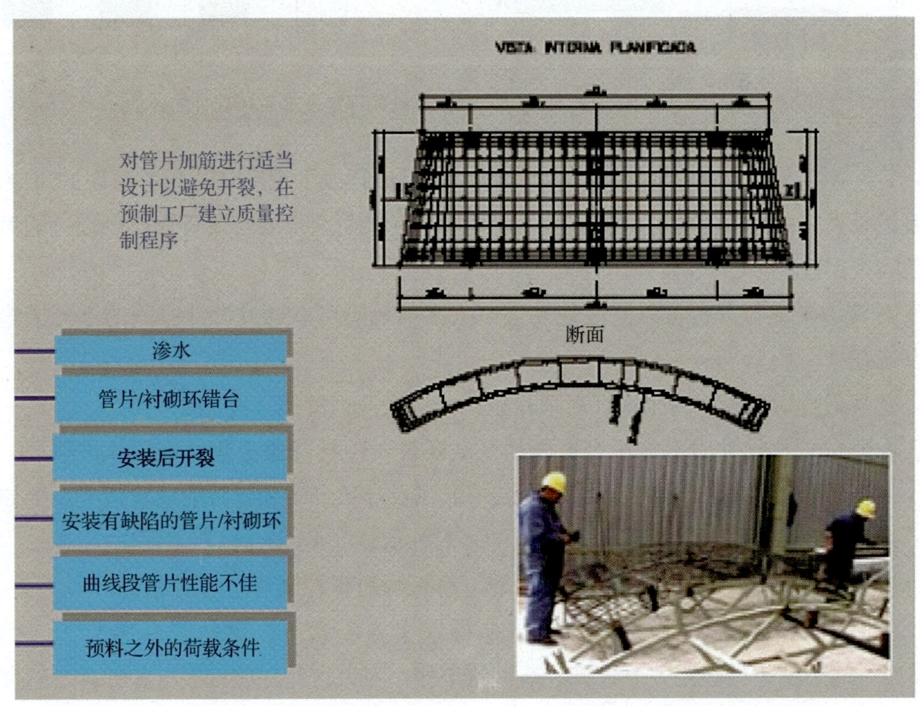

图2.15　应对风险的隧道衬砌设计：减轻开裂风险的措施

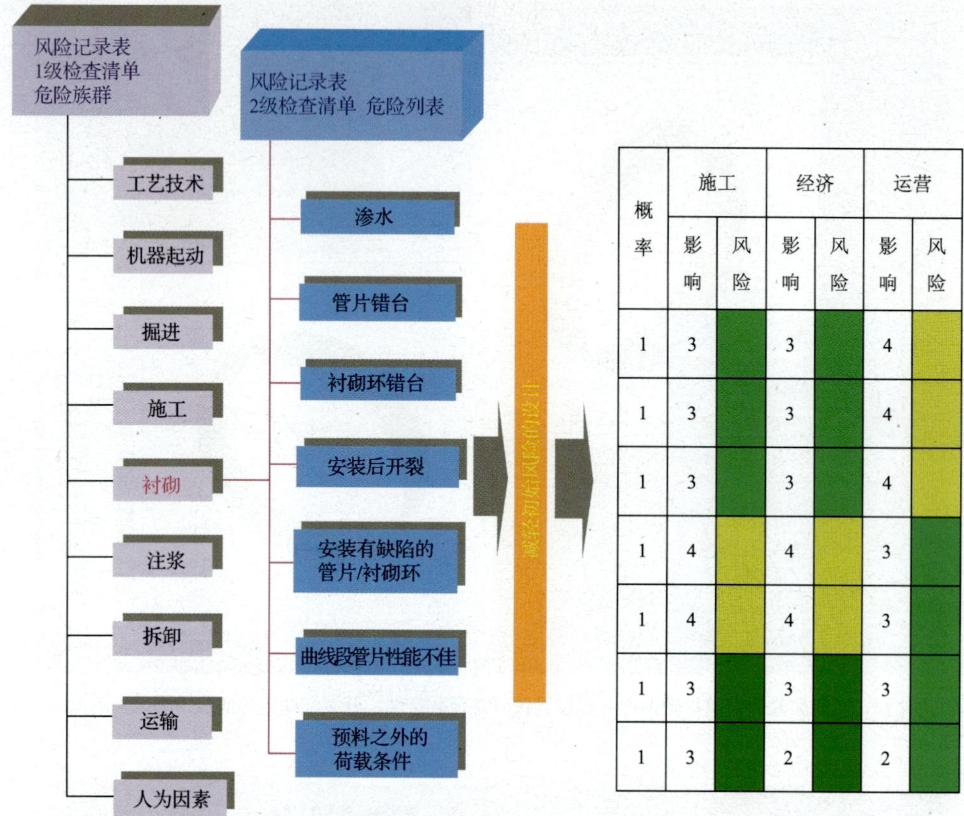

概率	施工		经济		运营	
	影响	风险	影响	风险	影响	风险
1	3		3		4	
1	3		3		4	
1	3		3		4	
1	4		4		3	
1	4		4		3	
1	3		3		3	
1	3		2		2	

图2.16　应对风险的隧道衬砌设计、残余风险的评定及其可接受性的评估

针对本实例涉及的管片衬砌设计及施工，可进行以下观察（适当考虑图2.5中的风险记录表）：图2.11列出了根据上一章节所述标准而获得的有关管片衬砌设计的潜在危险及定性评估的风险。

对其结果进行分析可以清楚地知道，大多数风险可以通过设计阶段的不同措施得以减轻：

- 选择最合适的管片衬砌（针对项目定线）以及几何特征（图2.12）；
- 在确定管片尺寸时考虑所有可能的荷载条件，包括普通荷载（不同养护阶段，见图2.13，脱模、存储、运输、安装等）以及导致开裂和异常的危险情况，例如由液压千斤顶或连接器错误所造成的不对称荷载（见图2.14）；
- 确定合适的钢筋数量以及在预制厂建立合适的质量控制程序（图2.15）。

一旦所有减缓潜在初始风险的措施得以实施，就可以评估残余风险了（图2.16）。这是设计过程的一个简单、基本的步骤，因为它允许项目参与者针对依然存在的风险进行交流沟通并确定是否接受这些风险或者需要采取措施进一步减轻这些风险（举例来说，增加钢筋数量或改善衬砌环拼装工艺和程序）。

2.5　运用隧道决策辅助系统（DAT）在设计阶段对工期延误和成本超支风险进行量化

DAT系统（隧道决策辅助系统）是一种对隧道或隧道网络施工的可能工期及成本范围进行概率估算的软件，该软件考虑了地质和施工变量的变化性和不确定性以及残余风险带来的影响，而这些影响可能导致沿隧道轴线的某一特定施工段工程进度减缓或停止的情况。

隧道决策辅助系统是由美国麻省理工学院（MIT）以及后期参与的瑞士联邦理工学院（EPFL）于20世纪80年代开发的，该系统自20世纪90年代早期开始由Geodata公司运用于多个工程项目中（徐书林等，1996年；爱因斯坦等，1998年）。

隧道决策辅助系统根据概率性地质剖面（第2.3.3节中定义的）所提出的施工顺序来模拟隧道施工循环，针对每一次完整的模拟过程和重大的运行概率是随机变化的。

该系统的运行本质上就是对任意的某些过程进行计算机模拟。通过对施工过程的模拟会生成关于总工期和总成本的统计信息。通过这些信息可以获得平均期望值、最小期望值和最大期望值。顾名思义，使用随机数发生器来模拟一个随机过程。

DAT系统具有的一个独特特点是能对工程比选方案的优劣进行比较评估（针对隧道定线的不同施工方案和施工方法），评估这些比选方案是否能够在规定的或可接受的工期和成本范围内管理岩土力学和施工方面的不确定性因素。

DAT系统包含两种相互关联的模拟模型：地质模型和施工模型。

在地质模型中，对隧道施工会造成影响且其参数–状态组合能够确定围岩等级的所有相关“地质变量”（地质、水文地质、岩土工程/岩土力学）都以概率的形式输入到程序中。

使用者（设计者）的任务是识别和定义那些参数以及它们可能的状态。此定义中的不确定性是通过指出参数设定值中的变化来表现的，或者是通过在某一特定区段内可能的参数状态发生概率来得以体现的。

根据隧道沿线的围岩级别，概率剖面生成过程由以下几个步骤组成：

- 将隧道定线细分为具有相似地质条件的均质区段。这些区段的可变长度可以用三角形分布加以定义。
- 对每个均质区段来说，决定开挖方法和支护措施的地质参数是根据这些参数的可能状态来确定的。按照类似于定义岩土剖面的方法将地质变量组织到多种输入矩阵中。定义岩土剖面，也就是一个里程接着一个里程地定义所有影响隧道施工的地质条件。

- 在一均质区段内的地质条件变化是用马尔可夫过程来模拟的。对于每个参数都给出了平均状态范围和过渡矩阵（沿隧道定线的参数状态也可以赋予确定值）。
- 采用类似于定义岩土类别的方法，将不同的参数状态结合起来，以定义同质的围岩等级，而这是与不同的施工方法相关联的。
- 举例来说，如果将地下水压力、高强度耐磨岩石或不稳定的不连续土壤认定为影响因素的话，则需要定义它们的可能状态，包括这些可能状态的结合对在随后的施工模型中模拟的每个开挖阶段的影响。
- 施工模型由两个主要部分组成：
- 第一部分涉及的是施工方法，这一部分可以按照施工步来模拟施工循环。在这种情况中，通过基本施工指标的统计分布将变量引入到模型中。举例来说，基本施工指标是通常由工程实例和价格分析得到的掘进速度和单位成本。
- 第二部分指的是隧道网络，可以定义项目各个隧道工段的施工顺序。例如，采用传统开挖方法从地铁的两个相邻车站开始相向进行隧道掘进。

在地质模型和施工模型中，参数的变化是由从均匀分布、三角分布以及有界三角分布中选出的自定义分布函数来描述的。在均匀分布中，对于任意值来说变量总是具有相同的概率。在三角分布中必须给出最小值、最可能值（众数）以及最大值，并认为三角形的总面积必须等于1（因为参数的发生总概率必须是100%）。在有界三角分布中，三角形的最小和最大边界概率是大于零的。

图2.17中描述了隧道决策辅助系统模拟的示意过程。

施工模拟是基于蒙特卡洛随机取样法的，而且是一个循环接着一个循环按照通过概率确定的围岩等级剖面进行模拟的。针对一个剖面的所有区域重复进行模拟程序，然后合计达到与剖面相一致的最终成本和工期值以及工期–成本散布图中的某一点（图2.18）。针对由地质模型生成的每一个概率剖面也要重复这一模拟过程。因此，为了获得统计上的显著结果，往往需要进行200~1 000次的模拟。

这样，隧道决策辅助系统的输出结果是一种成本和工期的概率分布，如工期–成本散布图所示。散布图中点的分布以显式形式表现了不确定性和 / 或残余风险对施工成本和工期的影响。

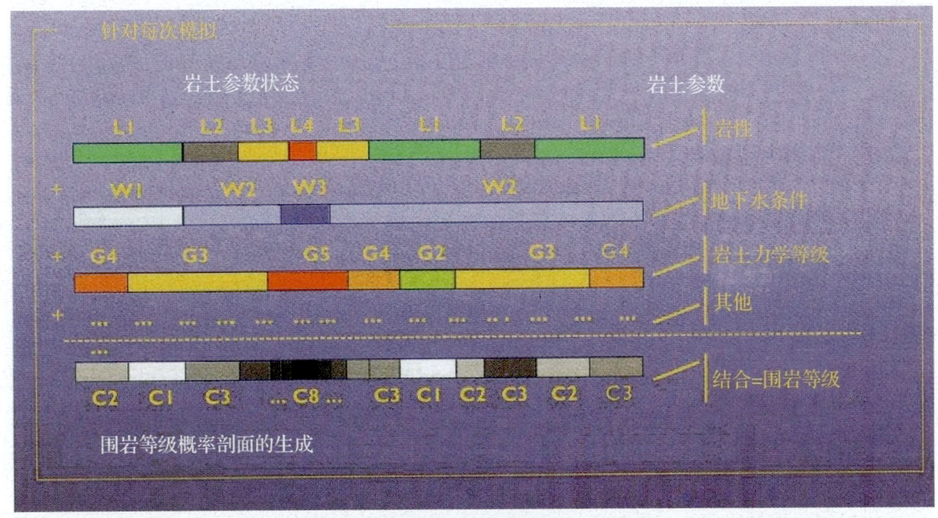

(a) 生成围岩等级剖面

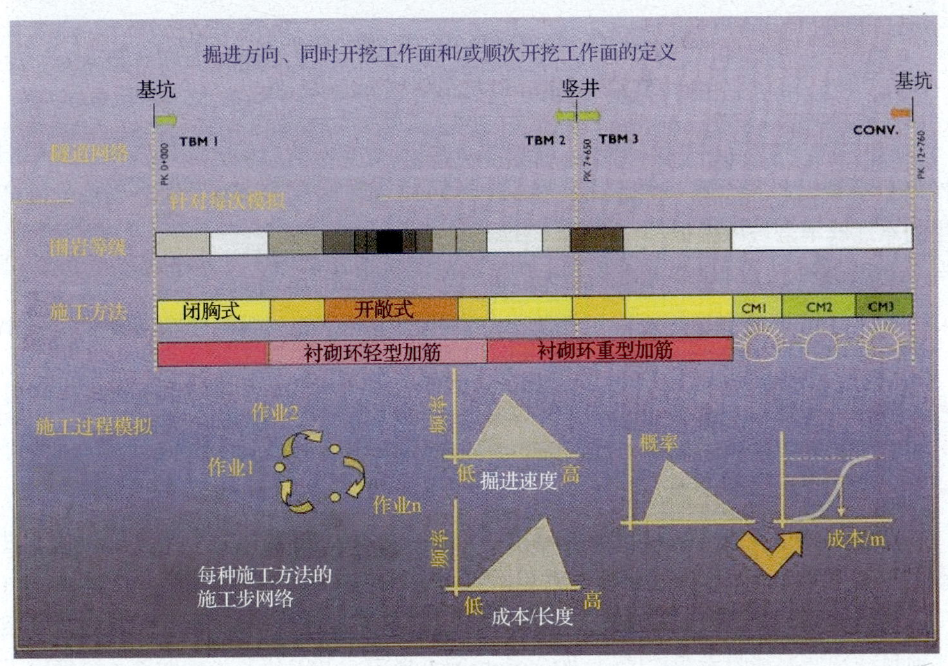

(b) 模拟在一特殊围岩等级剖面中采用与之相应的施工方法的施工过程

图2.17　隧道决策辅助系统模拟过程示意

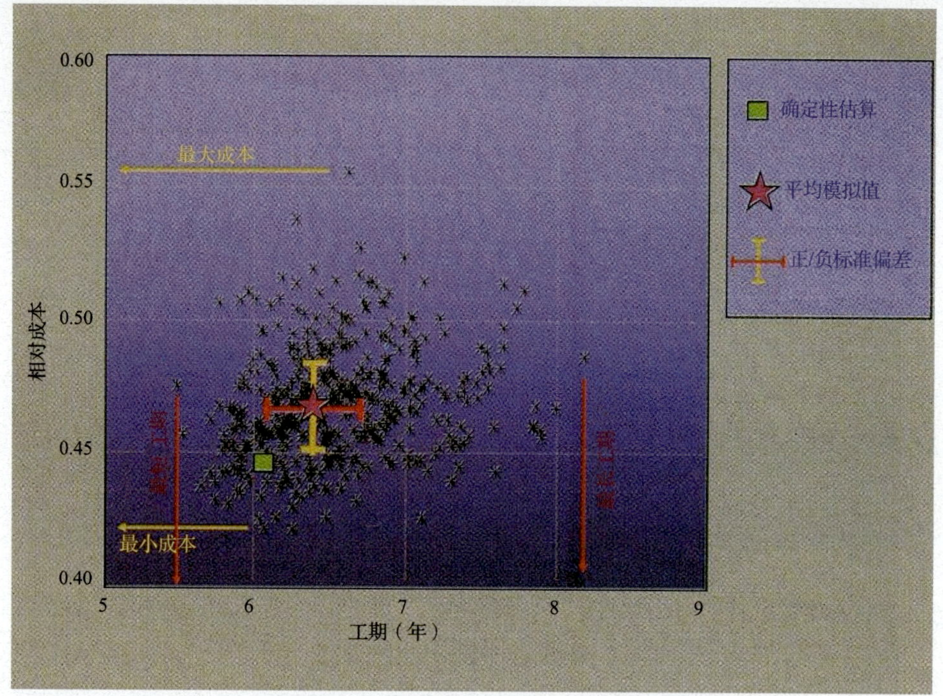

图2.18 项目参考设计方案所确定的工期及成本估算与引入地质和施工变量后确定的工期及成本估算之间的比较

设计者所预计的导致隧道停工和/或其他重大事故的潜在危险的发生概率可用泊松分布来表示，其影响（对于工期和成本）可用指数函数来表示。所有确定危险产生的累计成本是可以模拟和添加的（图2.19）。

在城市隧道工程中隧道决策辅助系统的应用领域包括：

- 在考虑由地质和施工不确定性所引起变化的情况下对项目总工期以及相关成本进行评估。
- 模拟危险情况（残余风险）及其对项目工期和成本的影响。
- 在考虑预定的风险容许限度下所需的勘探数据的精确度（见图2.20（a））。
- 比较项目方案（见图2.20（b））。

在城市隧道工程中，隧道决策辅助系统可以用于线路设计的早期阶段和施工过程中。下面列举两个隧道决策辅助系统的应用实例。

隧道决策辅助系统于2000年至2001年在波尔图地铁项目中得到了成功的应用（项目详细情况请参看第8.3节，及Chiriotti等人报告，2003年），借助该系统确定了最佳的“赶工”方案，以挽回地铁C线区间隧道（2.3 km）和S线区间隧道（4.0 km）土建工程8个月的工期延误（超出了33个月的总工期）。最初是计划使用同一台土压平衡盾构，首先从C线开始由东向西掘进Campanha车站与Trindade 车站之间的区段，然后将盾构拆卸并转运到Salgueiros引道处进行重新安装，并由北向南掘进整条S线，直到Sao Bento 车站。

在C线掘进了最初的几百米之后，因承包商的准备工作造成了工期延误，加之在试掘进阶段盾构机和操作人员遇到了一些严重技术难题，所有这些情况都表明不可能在合同规定限期内完成隧道的掘进，这使得隧道工程成为整个工程顺利完成的关键所在。选择有效的替代方案迫在眉睫。

除了“不采取任何措施”的基本方案（方案0.1，图2.21）之外，确定了3种替代方案：（1）在沿线的某些地方进行地层预固结，以允许盾构机在开敞模式中快速掘进。在80%的情况中固结作用是有效（无事故），而在剩下的20%的情况中有可能发生事故（方案1.1，图2.21）。（2）采用常规钻爆法开挖其中的两个区段，缩短盾构机的掘进长度（方案2.1，图2.21）。（3）采购第二台盾构机，两台盾构机采用闭胸模式掘进这两座隧道（方案3.1，图2.21）。

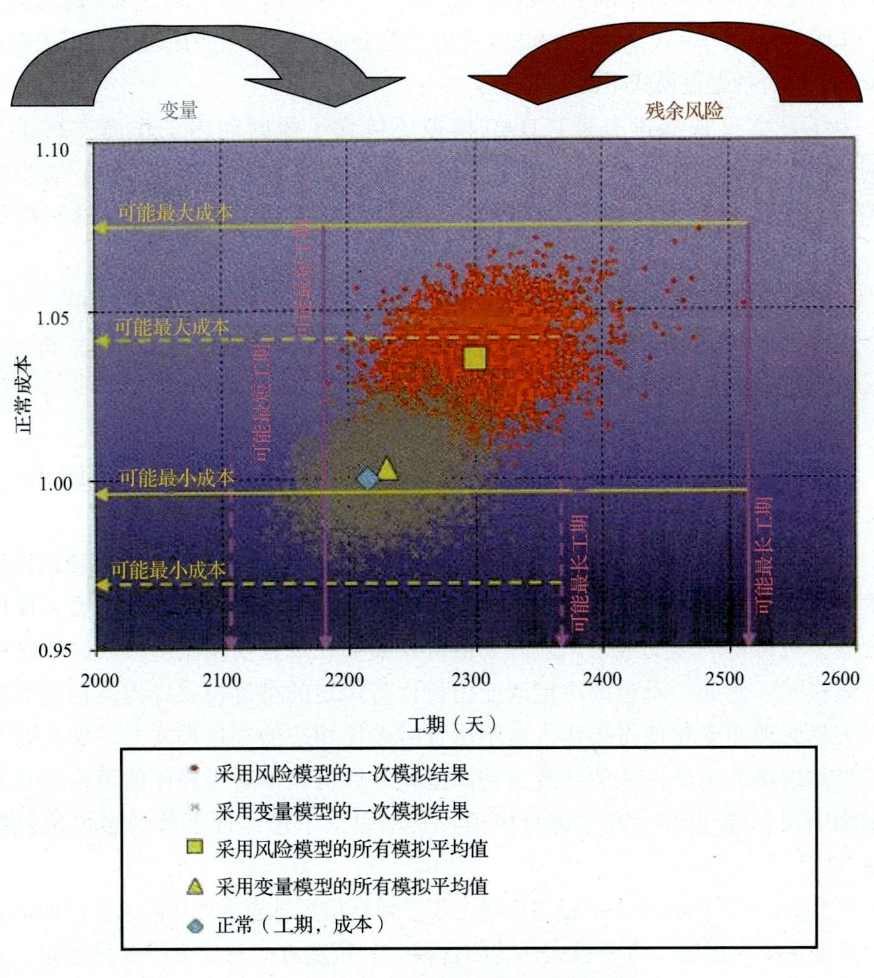

图2.19　针对参考设计方案的组合模型举例

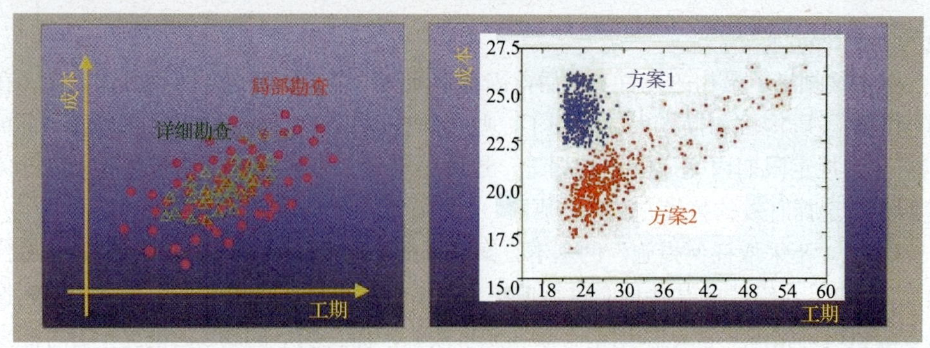

（a）运用DAT评定不充分的地质勘查对工期和成本所带来的影响

（b）根据工期和成本估算的可靠性来比较两种可选择设计方案的有效性（Chiriotti等,2003年）

图2.20　两种设计方案有效性的比较

在岩土力学模型的基础上，根据掘进模式（开敞式、工作面不加压的闭胸式以及工作面加压的闭胸式）将C线和S线隧道线路分成多个均质的区段。采用三角概率分布来表示每种掘进模式下的掘进速度。

为了真实反映掘进过程，DAT模拟还包含了短时间内工作面支撑压力不当的情况（例如，施工队对隧道工作面上的突然地质变化反应迟钝，缺少工作面超前钻孔，压力不合适，超挖等）。通过结合以下几方面获得了这种模拟结果：

- 对于均质区段内的每种掘进模式，以不太保守方式进行盾构掘进的概率；
- 对于每种不太保守的方式，导致事故发生的概率以及事故类型分布（长、中、短，根据解决事故所需时间）；
- 对于每种事故，所引起的延迟持续时间的三角分布。

同样，盾构机不同辅助作业的持续时间也是用三角分布来表示的。运用上述步骤将持续时间变化不定的残余风险引入掘进速度降低概率中。

DAT分析结果表明，从风险、时间和成本方面（图2.22）看，方案3是最佳的技术方案，通过以闭胸模式（即土舱完全充满改良渣土并充分施加压力）操作这两台盾构机可将坍塌的残余风险降到最低。如果在规定使用闭胸模式的情况中使用开敞模式（例如，承包商决定改变由设计者规定的掘进模式以提高掘进效率，或者突然的地质变化使得操作人员不能及时采用相应的掘进模式），那么就有过度沉降和坍塌的风险，从而导致工期的拖延。盾构机不适当操作的风险以及所带来的影响可以通过DAT程序进行模拟，其中引入了连续性事故的指数延迟效应（图2.23）。

图2.23示出了因操作人员错误选择土压平衡盾构掘进模式或对隧道工作面地质条件突然变化反应迟缓（敞开模式代替闭合模式）所造成的意外事件对最终完工期限的影响。

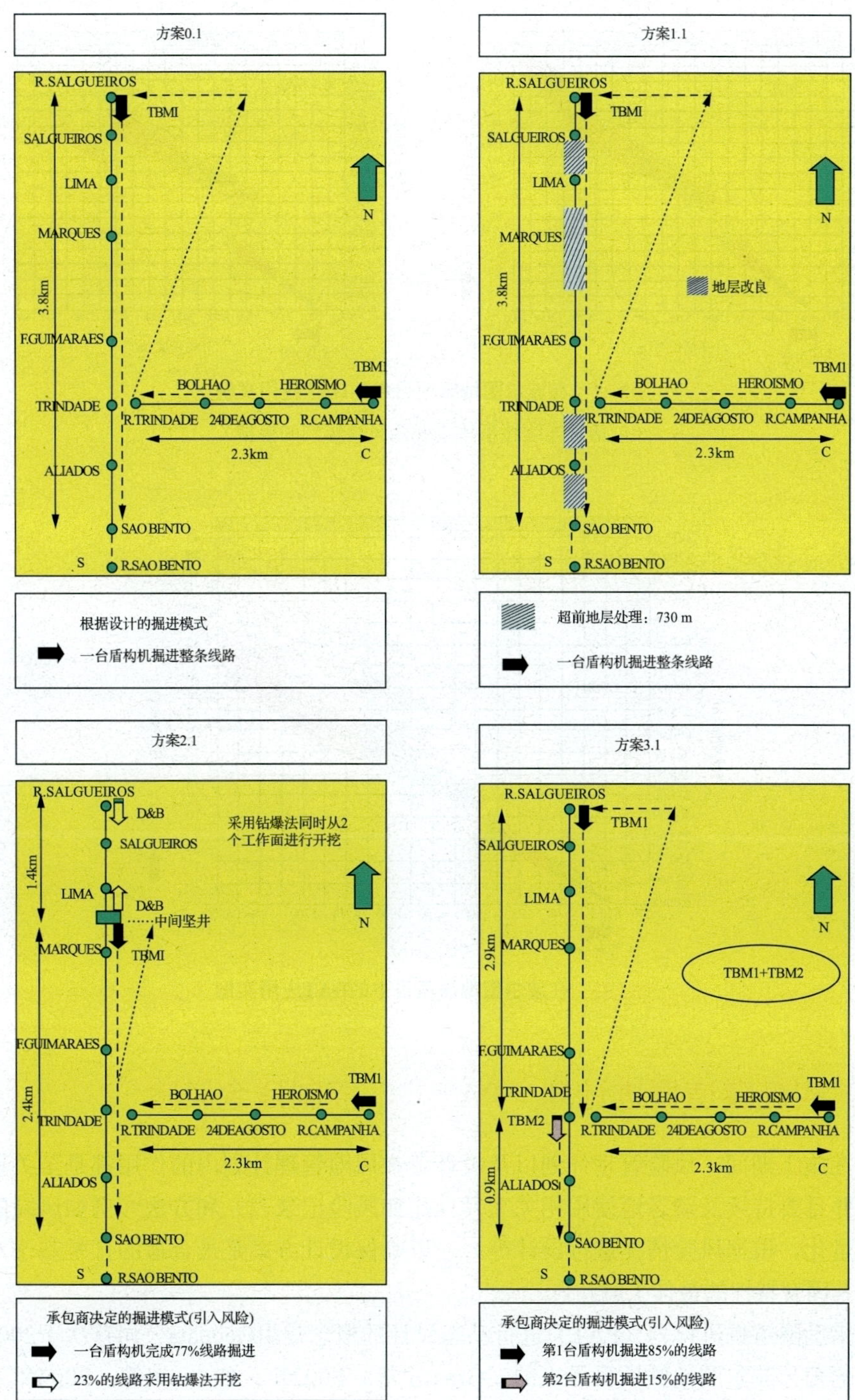

D&B =钻爆开挖方法

图2.21　所考虑的隧道掘进比选方案，从中选择最佳方案以挽回波尔图地铁项目土建工程8个月的工期延误（Geodata，2000-2001）

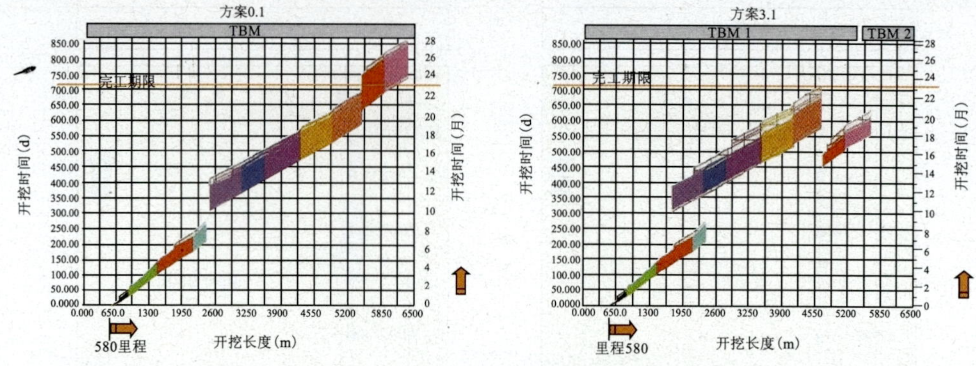

图2.22　在波尔图地铁项目中的DAT应用实例

（包括对连续性事故或残余风险影响的模拟）

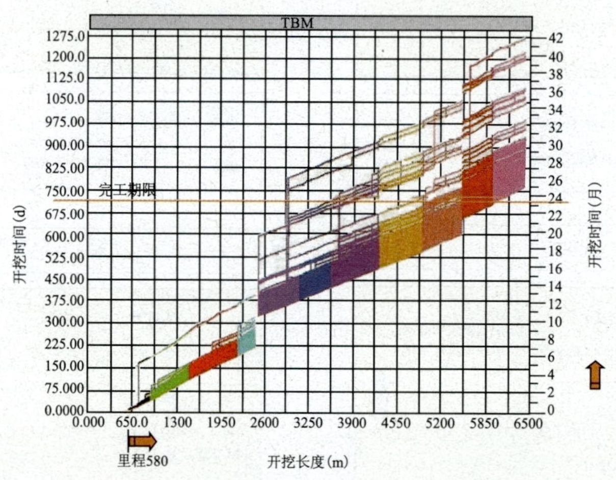

图2.23　在波尔图地铁项目中的DAT应用实例

2.6　实施隧道掘进计划（PAT），控制残余风险

在施工期间，风险管理计划以及设计者在风险管理计划内的作用都是至关重要的，并且要持续及动态地使用相关工具（比如风险记录表）和方法（例如风险的识别和量化，根据风险情况进行设计等），以确保设计方案是最合适的且是基于对地层及其固有特性的最佳了解。

借助隧道掘进计划（PAT）进行动态设计的概念是由Geodata公司首次于2001年针对葡萄牙波尔图地铁项目提出的（Grasso 等，2002年；Chiriotti等，2004年）。PAT是一种实时修订的文件系统，将设计与施工动态地联系起来，便于进行残余风险管理。事实上，PAT是设计者－承包商－工程师团队在施工过程中不断修正风险情况和相应减缓措施的一种低成本且易于实施的实用方法。

在每开挖200~500 m隧道区段之前应制定（或修改）PAT，它总结了设计和施工两方面的要求以达到安全操作的目的。PAT的制定基于初步设计文件的内容、先前PAT实施段的施工信息反馈以及新的输入数据。

使用一种跨学科的方法来更新对初始风险的识别并通过以下方面措施来保持对残余风险的控制：

- 收集、分析和处理与先前开挖段相关的盾构机数据及监控数据；
- 收集、分析和处理可能对局部地质-水文地质参考模型造成影响的新数据；
- 收集、分析和处理压力计数据和降雨量数据，以便确定是否需要调整设计文件规定的工作面压力操作范围；
- 核查建筑物的最新状况观测结果以及既有干扰物的相关信息；
- 核查监测仪器的设置需求或其读取频率；
- 核查盾构机性能方面的要求。

然后利用这些信息来获取对参考模型的最佳预测以及用图表和简报的形式对以下操作规程进行总结：

- 需要增加额外的加固作业或减少预先规定的加固作业；
- 隧道工作面上及覆盖层中最可能的地质条件；
- 最可能的水文地质条件和测压管水位；
- 监测仪器的位置（隧道内、地中、地表、建筑物和公用设施上）；
- 监测阀值一览表；
- 所有预知监测设备的读取频率；
- 盾构机关键参数的操作范围：每环的排土量、排土材料的表观密度、工作面支撑压力和尾部孔隙注浆压力；
- 超前探测孔的钻凿频率和位置；
- 有关盾构机掘进的特殊要求：在敏感建筑物下不能出现停机现象，在盾壳周围注入膨润土以减小敏感建筑物下敏感地层的几何体积损失；
- 从盾构机接近建筑物一直到沉降稳定为止的敏感建筑物目视检查要求；
- 紧急情况下的临时撤离要求。

PAT对现场的操作人员和技术人员大有帮助，因为所有的相关信息都得到了更新并汇总在简要的文件中，而不是分散在不同的设计文件中。

在经过业主讨论和同意以后就将PAT文件交给施工团队，在这一点上，PAT就是隧道掘进的实时指导文件。利用PAT可以每天根据实时监控数据进一步修改关键参数并对决策给予支持。

这样，所有各方都确信施工的进行是一个受控的过程。

第3章

选择低风险的隧道定线

3.1 概　　述

在任何的城市环境修建新隧道均是一项宏大的任务，常常需要耗资几亿美元且耗时几年时间。如果业主和施工方均缺乏实施大型及复杂工程的经验，且存在第2章所述的诸多不确定性和风险，那么工程施工就可能非常困难并富有挑战性。

选择低风险的定线是在城市隧道项目开发的早期阶段，通常是在初步设计阶段作出的决定。这其实是本书针对城市隧道施工所提出的指令性方法（图1.11）中排在识别风险及确定初始风险水平之后的第二个关键步骤。

与其在施工过程中坐等麻烦的到来，还不如及早选择低风险的隧道定线，这遵循的是古印第安人“先见之明”的哲学观。诚然，在施工过程出现灾害和不良影响结果时，我们拥有如RMP这样的现代化工具来处理这些灾害并对造成的影响结果进行管理，但是，如果能够通过正确地选择定线来完全避免大多数的高水平风险，那么这种做法肯定是更加方便和经济。可以相信的是，业主不仅仅要审查咨询公司和承包商是否具有在施工工程中管理风险的能力，而且更为重要的是要审查他们是否具有选择正确的设计－施工方案以此避免中等～高水平风险的能力。只要可能，选择低风险的定线就是为工程的成功奠定了坚实的基础，铺筑了一条通向成功的坦途。

选择低风险定线的工作包括：（1）作为线路比选研究的一部分，对所研究的交通走廊进行广泛深入的案头研究；（2）识别和确定所研究的交通走廊范围内每一种定线方案的初始风险水平；（3）在与初步设计保持一致的方式下建立起比较各种定线比选方案的结构性框架；（4）决定其固有风险低的最佳定线并摒弃所有那些可能不会有积极结果的定线方案。选线结束后将证明：基于所选线路的工程在技术上是可行的，同时对于工程业主及作为工程最终用户的纳税人来说在经济上是赢利的。

一般在项目前期阶段，即初步设计阶段之前确定所建议研究的交通走廊，其包含了所有值得进一步研究的、具有可行性的定线。与时间、空间相关的交通走廊参数应足够多，以便能够评估因隧道施工和运营可能造成的直接影响，同时应便于确定比较全面的研究范围，以便能够更为详细地调查有关项目实施造成的环境及社会一经济影响。

与选择低风险定线相关的基本信息一般包括：

- 所研究区域，特别是前期研究建议的包含所有定线方案的交通走廊的测绘图；
- 航拍照片及卫星照片；
- 地质图、土壤数据及相关报告；
- 气象数据、降雨量数据及水文地质报告；
- 早先的设计方案和报告；
- 公用设施记录册，包括既有或规划的公用设施线路位置；
- 建筑物的相关信息；
- 土地利用信息；
- 规划建议，包括战略性的和地方性的发展规划；
- 当前的基础设施项目信息；
- 社会一经济数据，如人口、旅游业、收入、交通便捷性及所有权性质；
- 交通数据（及地铁项目中的乘客数据）；
- 施工费用；
- 设计标准或其他相关作业标准；
- 针对基本用途，世界范围内的相关数据；
- 环保标准和数据；
- 历史及考古方面的数据；
- 项目发起人和/或业主及当地施工单位的类似工程经历。

针对上述数据类别，应由项目业主，如果需要的话在咨询公司的协助下，搜集所能获得的数据和数据源，以便选择最佳定线及后续的项目开发研究。

评估各种定线比选方案的特殊手段是“头脑风暴法”。在大多数通过一系列探讨会形式进行的脑力激荡中应注意以下几方面：

- 确保所有各方的参与。
- 研究各种定线方案的出发点应是事先制定的概念设计和/或可行性研究。但在选择低风险定线时应不受早期研究中所采用的任何参数的限制。
- 参与脑力激荡的人员最初不应考虑有关费用、影响、可行性等方面的详细问题，这样会限制自己的思维与思考，这些问题可在稍后的最终选择过程中加以考虑，即主要是以定性的方式分析初始风险水平。
- 为便于分析和比较这些定线方案，应采用合适的CAD系统绘制这些供比选的定线，理想的话要附上岩土参数并按照1：5 000或更高的比例绘制平面图和剖面图。
- 在研究选线的过程中隧道工程专家及系统设计专家的建议将是最重要的。在进行岩土技术方面的案头研究时专家可以帮助获得足够的信息，可以在定线、埋深、车站位置（对于地铁工程）、隧道施工方法、概算及价值工程考量等方面做出有益的贡献。

- 在项目的实施过程中，文物古迹的存在是一个较高的风险因素。因此，从项目初期就应把重点放在这一方面，考古专家的建议对于成功选择定线也是非常重要的。
- 应获取足够的环境方面的信息，以有助于研究待比选的定线，以及后续的、更为详细的研究工作不会对选线的基础或者推行所选定线方案的决定产生疑问。

下面章节将从风险分析及管理的角度详细探讨那些可能对城市隧道最佳定线的选择产生重大影响的关键因素。

3.2 城市隧道的总体布局

城市地区地下基础设施的设计不仅需要作战略性的城市规划和城市化的选择，而且还要深入地进行风险分析和经济分析。为此可能要做多年的工作，并且可能长期存在争议。

在可行性研究过程中，重要的一点是确定基础性选择的范围，就隧道结构设计而言可以追溯到以下几方面：

- 选择参考水平定线，对此可以理解为一条走廊，包含基础设施及其服务设施和/或与城市其他功能区的相连部分。
- 选择垂直定线，考虑所建基础设施的预期用途、地质及岩土方面的限制条件。
- 基础设施与城市规划和城市改造方面的整体性，这决定了其与中心居住区的关系。
- 在众多所能获得的技术中选择最符合最终用户需求的技术体系。
- 选择最能反映功能要求和安全要求的基础设施结构（如单洞或双洞）。

从这些借助于比较分析的多重性标准而作出的基础性选择出发，通过确定一般性特征因素开始对土木结构进行具体的工程设计，如：

- 地质、岩土及水文地质研究；
- 环境研究；
- 定线几何尺寸；
- 典型断面设计；
- 施工对城市环境的影响评估；
- 减小危害结果的方法研究。

3.3 定线的限制条件和具体功能要求

3.3.1 概　　述

与环境的关系及隧道开挖方法很大程度上会影响定线（水平的和垂直的）的确

定，由此产生的限制条件与城外地面结构有很大差别并且常常是更为重要。因此隧道通常是基础设施项目的控制性工程。

在这里主要探讨对不同类型基础设施均有效的几个特殊方面并给出一些指导性原则。不过，对于在城市地区采用机械法开挖的任何线性基础设施的定线来说，有一些特征是共通的，特别是：

（1）将所设计的基础设施置于其中的垂直线路的深度通常为30～40 m，为此需要从考古、地质、岩土技术及结构等方面详尽、足够准确地了解垂直定线中及几米深度以下范围内的地层情况及特性。

（2）大型的中心城市常常位于冲积平原上，地下水位非常高，因此几乎注定总是要在困难的条件下进行线路开挖。

（3）不管是何种地质条件，重要的是隧道埋深的选择要避免与考古层、公用设施、邻近及上覆设施的基础发生冲突。在任何情况下，隧道埋深至少应是隧道开挖直径的1.5～2倍，以便能够有效地控制和处理开挖面的稳定性。显而易见，通过寻求岩土技术参数更佳的岩层，良好的围岩特性将允许优化隧道垂直定线选择。

（4）无论采用哪种施工方法，都不可避免地会干扰城市日常活动。因此，在一系列决定中的关键问题之一是所选择的设计－施工方案不仅可以降低不受欢迎的干扰程度，而且还可以最大限度地缩短可以避免的那些干扰活动的持续时间。换句话说，工程的设想方案应确保施工的连续性，并最大限度地减少所有可能减缓施工进度的干扰事件。

（5）因此，从项目的早期规划阶段起就应优先考虑采用机械化施工方法，特别是TBM法来开挖隧道，因为机械法隧道工程是一个工业化的开挖过程，能够获得显著的掘进速率并因此缩短工期。

（6）虽然机械化开挖是最安全和最可靠的开挖技术，但也有一些显著的刚性条件（断面尺寸、曲线半径、施工进度计划及场地限制等）可能会限制设计及施工方案的选择。另外，解决这些问题是一件棘手的事情，而对于如横通道、停车带及站台的扩挖、大型连接洞室等功能性要求来说又常常是必需的。

（7）机械化隧道工程的作业场地是复杂，甚至是麻烦的。这是一个非常重要的限制条件，由此可能建议将作业场地由市中心转移到郊区。TBM的始发应尽可能的便捷，而且可能的话应在水平直线上及在易于开挖的地层中开始TBM掘进作业。这就提供了一个实质上没有任何风险的机会，借此可以利用机载的复杂仪器来调整TBM的性能，并简化为确保所期望的掘进效率而制定可靠的开挖程序所必需的“试掘进过程”。

（8）由于TBM的刚性特征，对水平曲线及竖曲线的曲率半径限制较小。这是由以下因素决定的：（a）掘进机械的类型；（b）预制衬砌的特性；（c）开挖直径。这样的极限值应与隧道系统功能的相应极限值相当。大多数情况下，TBM对于施工的限制（针对曲率半径）是最严格的。一般来说，曲线半径越小，相应的超挖越大，即不稳定的风险水平就越大。

（9）线路的纵坡也可能构成设计的一个限制条件，给后勤工作（出渣和管片运输）带来诸多困难，即使城市基础设施的坡度值并不是特别高（一般低于3%，特殊情况5%～6%）。

3.3.2 交通基础设施

3.3.2.1 典型断面

正确设计隧道定线显然是城市地区地下基础设施项目开发中的首要步骤，因为它是针对一系列有时相互矛盾的各种决策变数进行深思熟虑的结果。例如，对于以下3种类型的基础设施具有不同的设计要求：

（1）功能型及交通运输型，由所采用的技术系统决定。

（2）城镇规划型，由车站和/或隧道进出口及与既有和未来基础设施的连接通道的最终位置所决定。

（3）施工及工艺技术型，由开挖方法及相对于洞室尺寸的掘进机效率所决定。

定线参数和断面几何尺寸的确定应与上述3种类型的基础设施所决定的几何形状特征相符合。

图3.1总结性地示出了所选的一些交通系统类型的主要功能特征，包括隧道直径的相对范围。

在确定标定断面，即功能所要求的、典型的内空断面的“包络线”时，系统设计者将重点集中于避免任何侵入“包络线”的情况。为从标定断面过渡到开挖断面（选择TBM直径所必需的），隧道设计者需要确定最终衬砌层的厚度及衬砌外层与开挖断面之间空隙的厚度（详细情况请参阅第5.3节）。衬砌的厚度取决于当地的地层条件和开挖直径本身，但任何情况下不得小于25～30 cm，而环形空隙是技术上不可避免的空间，在城市隧道中应尽可能地减小（10～15 cm）。

机械化开挖断面肯定是一个圆形，唯一可变的是直径的尺寸。如图3.1所示，圆形断面的尺寸变化极大，主要取决于隧道在所建交通系统（公路、铁路、地铁）中的用途。总的来说，隧道断面的最小尺寸是由以下因素决定的：

- 在曲线段中所有交通工具的横向尺寸；
- 结构及荷载的不对称性；
- 车辆通过曲线段时的状态；
- 交通道路或铁路轨道在曲线段的几何结构；
- 设备、系统、安全及维护等方面的功能性布置；
- 净空限界和安全限界；

- 可能的、今后的道床改建。

对于严格导向的交通系统，断面尺寸还取决于：

- 交通工具的结构，包括铁轨和交通车辆之间的相互作用；
- 作为车速函数的轨道间距（针对双线隧道）。

对于公路，断面尺寸还取决于：

- 车道的宽度和数量；
- 可能扩大的曲率半径；
- 侧边停车带或紧急停车带的宽度。

因此，从以下观点看需要确保空间免受障碍物的影响：

- 设计；
- 维护；
- 交通工具的特征；
- 荷载及交通工具上的荷载分布。

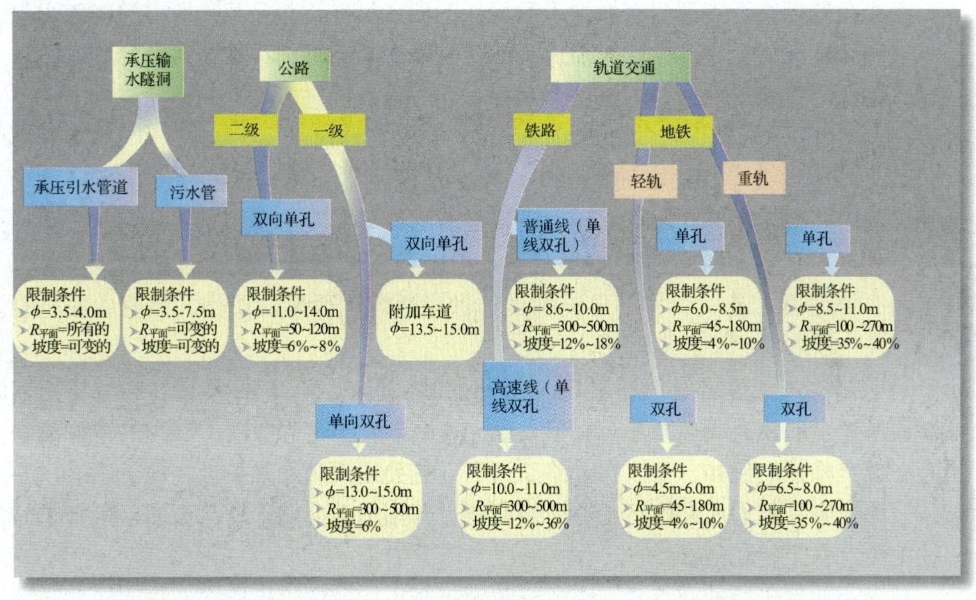

图3.1　典型的交通系统及相应的隧道直径范围（2006年的现有限制条件）

3.3.2.2　城市道路和公路

公路隧道的开挖直径较铁路隧道的直径大得多，这是因为公路始终至少有两条车道和人行道（图3.2）。采用TBM意味着，与传统法相比每米隧道要开挖更多的地层（作为直径平方的函数，其差值随直径的加大而增大）。由于成本较高，以及针对公路交通功能性要求制作适宜直径的掘进机械存在困难，这些因素使得机械化开挖方法的竞争力较小。

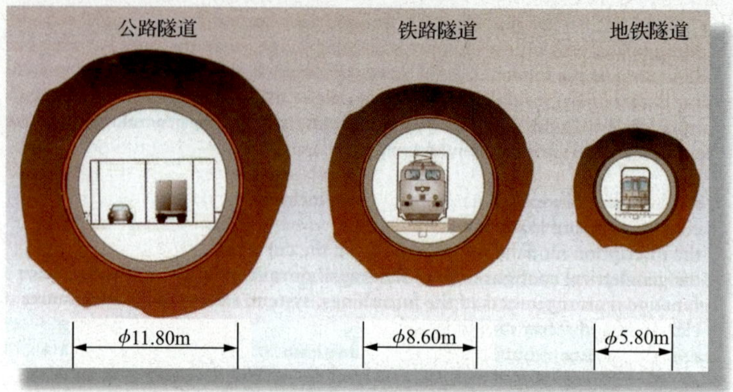

图3.2 城市公路隧道和铁路隧道的尺寸比较

正如第1章所述，大型城市日益增长的关于公路交通机动性和流动性的需求使得更有必要修建长的城市隧道，作为繁忙交通区域的绕行道路或者高速公路干道的穿城道路。

各个公路网络管理部门有效地采用了新的参考标准，而且几乎所有的国家均引入了这些新标准以提高：①性能要求；②安全水平；③不同类型公路的标准化要求（如铁路部门所做的一样）。这三个因素，加之隧道掘进机技术的不断进步（甚至针对特大断面），使得大量的隧道可以采用TBM进行修建。

另外一个需要考虑的方面是，与铁路交通情况不一样，圆形断面也可以成功地加以利用（包括顶部和底部），以设置必需的设备和安全防护构件。对于公路隧道，这些防护构件以前仅需要较小断面，但随着安全标准的提高以及需要设置更多未与公路紧密相连的设备（电缆廊道、逃生通道、通风、信号、照明、安全设施），现在越来越要求更大的断面。

所有这些都允许更好地利用TBM所开挖的圆形断面，以抵消比实际需要更大的断面所产生的较高成本。甚至对于大直径的城市公路隧道来说，TBM的单位成本也正在逐步降低。例如，可以在公路路面下设置公用设施和维护设施地下廊道，并能从公路很容易地进入到地下廊道，由此通过利用地下公路干道从而使一条真正的“技术性走廊”变为现实。

从最小曲率半径的观点看，需要修建越来越小的曲线以还原交通的流畅性和满足能见度的要求，这一要求也有利于城市公路采用机械化开挖技术。

总的来说，正确的说法是，除了有显著的技术困难和初期投资成本较高外，公路隧道比任何其他地下基础设施都更要求利用地下空间。不仅是在公路交通领域，而且还包括城市环境和城市服务功能的实施方面，公路隧道的修建是巨大的技术创新及城市变化的首要助推器。

3.3.2.3 普通铁路和高速铁路线

在城市地区采用机械开挖法修建铁路隧道也越来越普遍，其原因在于：将既有线转入到地下；创建直接的地下货运线和快速客运铁路连接线；修建既有铁路复线；改建既有线，实现与市中心新的、直接的高速连接。

在选择机械开挖法中主要的限制条件之一是隧道定线的曲率半径，而且最小半径会随着线路类型、设计时速以及车辆在曲线段的匹配条件而变化。对于较低设计时速（60～80 km），曲率半径也常常不应小于250 m。该值接近于采用TBM修建单线隧道（8～9 m直径）的极限值，而对于双线隧道（13～14 m直径）的修建则比较困难。

就铁路来说，各个国家已经统一了针对不同类型铁路系统可能的典型断面几何特征和功能特征的确定标准。

对于典型内空断面的确定，任何情况下都需要考虑空气动力、维护和安全等方面的标准。另一个需要考虑的重要方面是隧道轮廓的极限值，最后还需要考虑隧道的施工误差。与传统开挖方法相比，这一点对于机械开挖方法尤为重要，因为铁路交通系统是一种严格导向的交通系统。

采用机械开挖法修建的低速单线铁路隧道的典型断面示于图3.3，断面的内径约为8m。目前，这种简单的典型断面的尺寸在各个国家是不相同的，在某些情况下甚至差别巨大。为此，国际铁路组织正在努力促成标准化，而且因安全原因越来越倾向于采用双孔单线隧道的形式，以避免两股轨道同时陷入灾难、事故或火灾中。

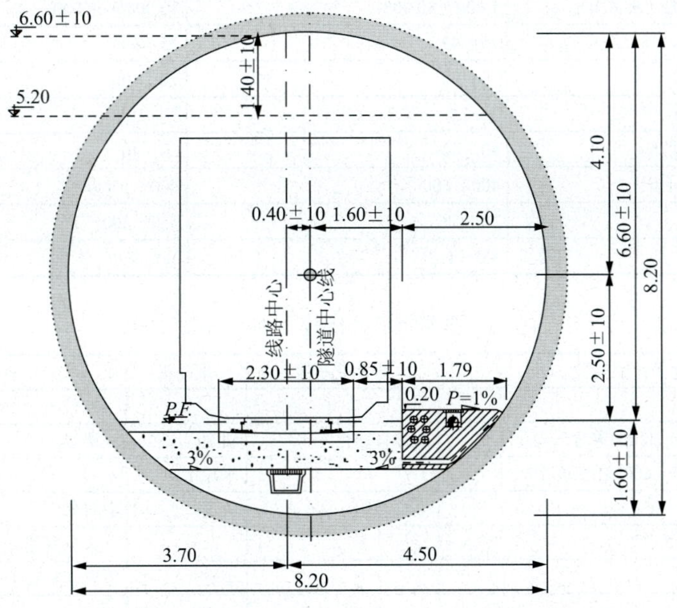

图3.3 单线铁路隧道的一个典型内空断面示例（Italferr，2004）（图中允许偏差单位为mm，其余为m）

3.2.3.4 地下铁路线

作为城外铁路线的延续，第一条地下铁路线修建于19世纪的下半叶。这些交通系统的作用是：

- 缩短郊区和市中心之间的距离，在这里距离的概念不是指“空间”方面，而是指“时间”方面。
- 提升已经特别饱和的交通走廊沿线的运输能力。
- 实现铁路网（国家层面上）和城市交通网的整合。

根据功能性及尺寸方面的标准，地下铁路系统（也称为地铁系统）常常分为“重轨”或“轻轨”形式。

表3.1示出了这两种系统典型的系统设计参数和相关的度量值，表3.2则比较了这两种系统的车辆特征。

公路和铁路基础设施的不同管理部门已经建立了规范化（codified）的几何结构标准，不同于此，地铁系统的内空断面尺寸基本上取决于所采用的车辆尺寸，而车辆尺寸则根据市场上现有的车辆类型和型号具有的很大差别。在世界范围内，重轨地铁系统的车辆尺寸平均值约为2.65 m，而轻轨系统的车辆尺寸平均值要小得多，对于VAL系统则为2.08 m（法国的奥利地铁、里尔地铁和雷恩地铁及意大利的都灵地铁）。

表3.1 典型的系统设计参数汇总

系统特征	轻轨铁路	传统的地下轨道交通
车辆/列车的乘客数	250～500	500～2 000
系统典型运载能力（乘客/h）	1 000～30 000	10 000～60 000
运行速度（km/h）	15～45	25～60
最高速度（km/h）	70～90	70～100
宽度（双线）（m）	5～7.5	5～8.0
最大通车频率（辆/h）	40～60	20～40
车站之间的距离（m）	400～600	900～1 800
最小半径（m）	10～50	150～300
最大坡度（%）	5.0～15.0	3.0～5.0

表3.2 车辆特征的比较（Malavasi，2005）

地下铁道类型	自动化程度	滚动面	实例
轻轨			
运载能力：≤15～20 000乘客/h/每一方向	部分自动化	轨道	汉诺威
载客能力：≤300～400座位/每列车		车轮	—
列车长度：<50～60 m	全自动化	轨道	温哥华
			（天空列车）
		车轮	雷恩（VAL）
重轨			
运载能力：>15～20 000乘客/h/每一方向	部分自动化	轨道	雅典（2、3号线）
载客能力：>300～400座位/每列车			赫尔辛基（所有线）
列车长度：>50～60 m			华盛顿特区（所有线）
		车轮	—
	全自动化	轨道	纽伦堡（3号线）
		车轮	巴黎（METEOR）

3.3.2.5　铁路线及车站的结构构造

地铁系统的线路结构选择必然与车站站台的选择相关联。由于隧道施工和车站施工之间存在着重要的相互限制性，就设计内容和施工作业计划而言，这对于结构的总成本具有战略性的重要意义。

取决于区间隧道结构的选择（单孔双线隧道或者双孔单线隧道），相应有6种形式的车站结构。图3.4示出了4种结构形式的例子，这4种结构形式在世界各地得到了成功运用。但也应注意到，因各种原因有时在同一条地铁线路中采用了不同的结构形式。正如该图所示，隧道最终直径（亦即TBM的直径）受站台结构选择的决定。

勿庸置疑，选择适宜的区间隧道－车站结构是在地铁开发初期阶段（通常是在技术可研阶段）必须作出的基本设计决定，而且将成为整条定线详细勘定的限制条件。通过运用一整套决策工具，如风险分析、多重标准分析、决策树及成本－效益分析等可以作出这一决定。除了其他方面外，任何情况下决策标准都应包括最少占用地下空间和最小破坏环境的要求。

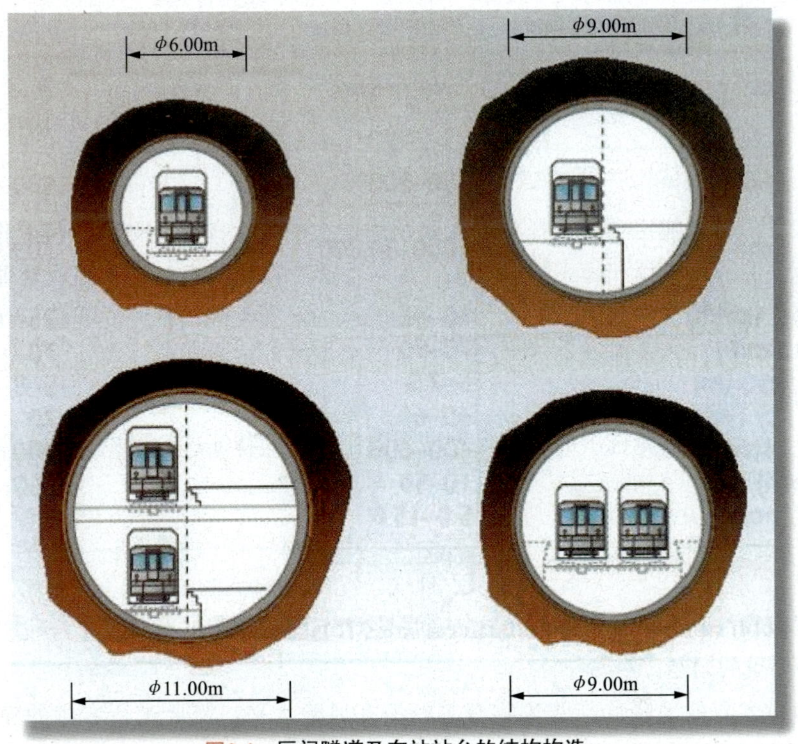

图3.4　区间隧道及车站站台的结构构造

3.3.2.6　单孔双线隧道结构：具有相对低风险水平的典型方案

在给定的一系列边界条件（地质、考古及地面限制方面）下，单孔隧道结构对于基础设施及铁路设施来说都有一定的优越性：

- 仅修建一条孔洞的较大自由性使得能够更好地选择城市街道下面的线路。
- 采用单一的一条孔洞，轨道之间的连接是直接的，不需要修建连接横通道。而连接横通道的修建是比较困难的，且可能对正常的通风气流及紧急情况的处理带来负面影响。
- 与双孔隧道方案相比较，单孔双线隧道方案影响的地面区域较小，因此消除了因两孔之间可能的土工技术方面的相互影响而产生的风险。
- 可以较容易地选择线路，因此便于在对于城市不十分重要的位置处，如在主广场设置车站，从而为地下施工提供了作业场地。
- 区间隧道下穿建筑物的数量通常会减少。
- 区间隧道具有连通性，因为隧道可以直接穿过车站。
- 但是该方案并不是十分完美的，也存在一些缺点：
- 隧道直径相对较大，因此出于稳定性原因可能需要选择一条较深的垂直定线。
- 需要修建更深的，因而成本可能更高的车站。
- 在一条轨道上出现的列车故障，可能会导致整条线路停运。

3.4 相对于隧道线路的选择，城市环境的限制条件及独特的特征

在针对城市隧道项目选择隧道线路及确定水平和垂直定线时，所存在的限制条件可能会给隧道设计和施工带来灾害。如果不能在项目开发初期正确地处理这些问题，那么在进行正确及适宜的设计时应考虑这些限制条件。最终的线路设计常常是在满足功能性、技术性要求及减少或避免因限制条件可能造成的潜在干扰之间进行折衷的产物。

下面章节将对所选出的一组典型城市限制条件的特征进行讨论并对相应解决办法给予评价。

3.4.1 建筑物和基础设施

建筑物的确是一种普遍的干扰因素，在确定城市隧道水平及垂直定线时可能会带来最严重的问题。

为最大限度地降低与建筑物有关的潜在风险水平，需要进行专门的建筑物状态观测（BCS）及建筑物风险确定（BRA）。在第5.1节将详细讨论BCS、BRA的程序。

在早期的定线确定阶段，通过详细的案头研究常常是足以收集相关信息的。所收集的交通走廊内每栋建筑物的关键信息应包括：

- 预定用途；
- 结构特征及保持状态；
- 基础类型和深度；
- 是否有多层地下室；
- 建筑物基础之下地层的土工技术特征。

这些数据应绘制在专题地图和/或断面图上，以便很容易地看清这些数据以及快速评定其与各种隧道定线比选方案之间存在的冲突。

诸如深基础、地下楼层这样的因素构成了物理障碍，以至于有时只有通过变更垂直定线来避开这些障碍物。一些特别建筑物具有特殊用途和历史/考古方面的重要性，要想使业主或公众认同隧道必须下穿这些特别建筑结构的做法可能会非常困难。因此，从社会学观点看，隧道下穿一座医院或一座13世纪的教堂可能要比下穿一座10层的建筑物更加复杂。

直接发生冲突的主要危险是深桩基。在这种情况中，重要的是要尽可能准确地确定桩基的几何结构并首先寻求水平及垂直方向的定线。

其他一些重要的干扰因素常常与地上及地下的既有基础设施相关，如：

- 地下通道、大型公路干道；
- 地铁系统线路；
- 铁路线路；
- 停车场；
- 供水管道/隧洞；
- 污水管道。

对于隧道线路的确定，这些干扰因素构成了一组刚性的限制条件，其解决办法是将新建隧道转移到不同的水平面上（见图3.5）。

大城市的交通拥挤导致大量利用地下停车场，这会给城市隧道的开挖带来显著的问题，其原因在于停车场的深度较深（如超过3层的地下停车场或筒仓形停车场）及其挡墙常常采用多排锚索加以锚固。而后者会极大地扩大既有结构的干扰区域（图3.6）。

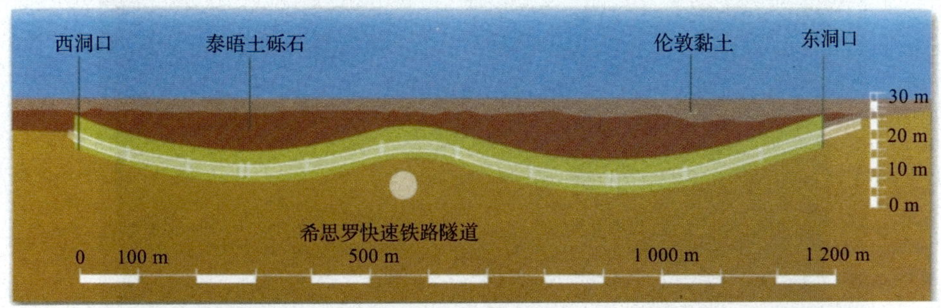

图3.5　希思罗公路隧道：预计的标高变化，以便上穿希思罗快速铁路隧道

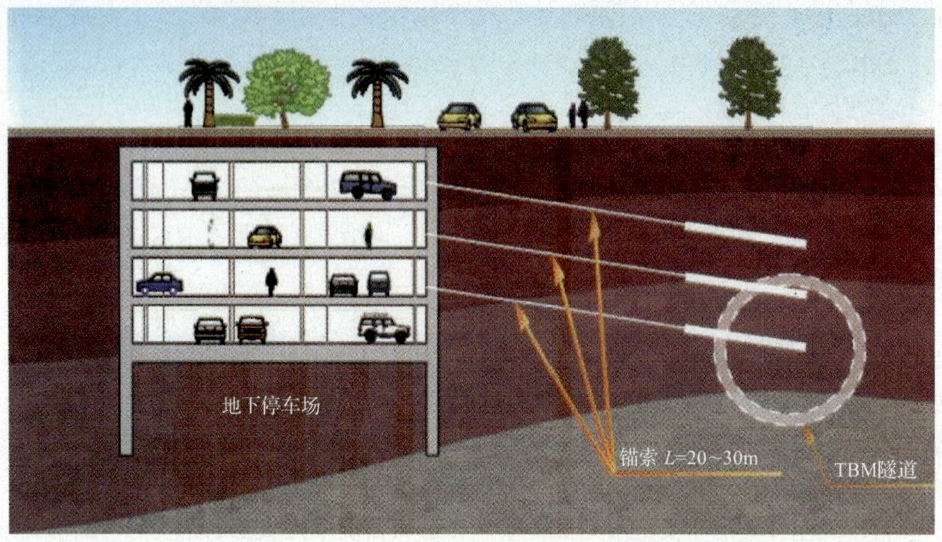

图3.6 地下停车场和所要修建的隧道之间可能存在的干扰因素

在这种情况下，首要问题是在初期设计阶段即辨识和避开这些干扰因素，因为机械化开挖方法很难应付未预见到的障碍物。在施工过程中，如果遇到这类干扰情况，将不可避免地导致施工延误，为此在规划阶段即应避开这种风险。

线路的要求常常使得隧道必须在净空缩小的情况下下穿基础设施或地下停车场。在这种情况下，只有对既有结构实施诸如地层处理（图3.7）、结构基础加固（图3.8）等保护措施后，才有可能从结构下面穿过。

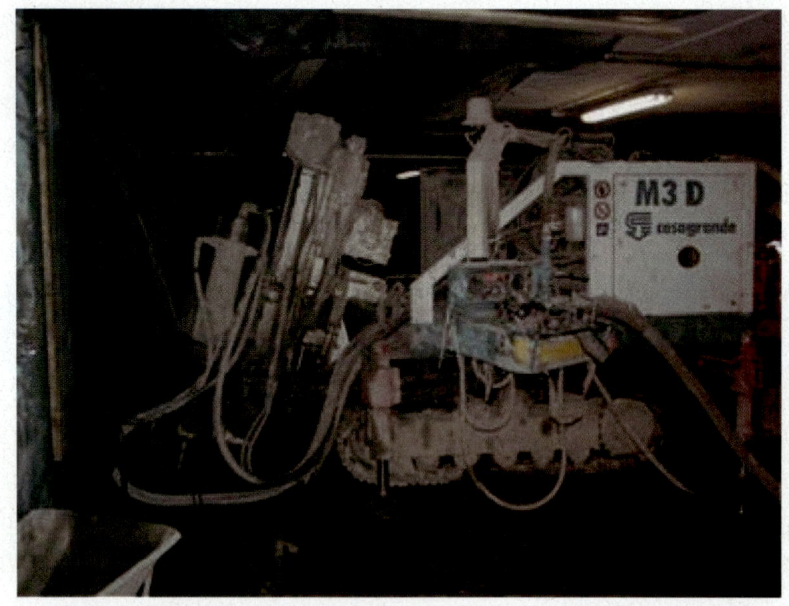

图3.7 在地铁线路施工中通过注浆进行地层处理，以允许TBM下穿一座地下停车场

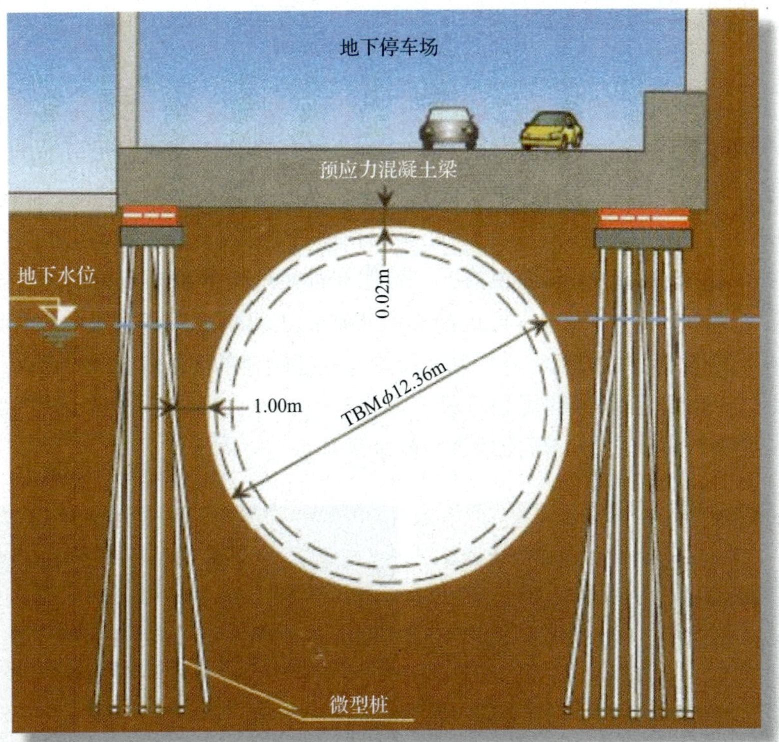

图3.8 苏黎世Zimmerberg隧道——对TBM下穿的地下停车场进行基础加固

3.4.2 公用设施

公用设施是指在城市环境中设置于地下的公共服务网络（参见第5.1节）。重要的公用设施包括：无压管道（污水管和供水管）、压力管道（煤气、地区性供热、渡槽）、电力网络、通信管线。

隧道及车站进入通道（地铁线路情况下）的修建可能直接与这些公用设施发生冲突或者间接地影响到这些公用设施。在某些情况中，现场勘探钻孔或地层注浆钻孔的钻凿甚至会冲击到公用设施，从而导致其受损。因此，同建筑物的情况一样，必须从初期选线阶段即进行专门的公用设施调查及风险分析，以最大限度地降低与所选定线相关的潜在风险水平。

为收集必需的基本信息，第一步工作是进行绘图研究和记录所在区域所有共用设施网络的信息。值得注意的是，许多城市都在基于时常更新和易于存取的WEB/GIS平台建立集中化的数字档案，借此能够快捷地为城市隧道的初步设计假定提供基本信息。

3.4.3 既有的历史性建筑结构

与既有的具有历史价值的重要建筑发生冲突并不仅涉及如罗马、雅典这样的古城，而且也涉及从考古观点看其地下土层情况未能得到很好研究和了解的城市。

关于历史－考古发掘，不仅需要考虑古代的文物遗迹，而且还要考虑地下通道、蓄水池和废井等。后三种因素对于TBM开挖隧道来说可能是最危险的，类似于污水系统的情况一样，可能会导致TBM腔室快速且不能控制的排空渣土情况。这种灾害不仅影响到隧道的稳定性，而且还影响到周围地层及地面结构的稳定性。

如果在施工前确定存在冲突情况，就像在都灵地铁系统开挖中的Cittadella隧道情况一样（图3.9），那么可以通过简单但非常有效的办法，即采取对所有地下通道进行加固和临时填土的措施，确保既有结构及在建隧道的安全性。

不过，在城市项目初期规划阶段，最为有效的方式是与文物保护部门紧密合作并选择与文物古迹发生冲突可能性最小的水平及垂直方向定线。

图3.9　在都灵地铁系统开挖中对Cittadella隧道采取保护措施

3.4.4　市民在项目开发中的参与

在城市环境修建大型隧道可能会改变城市的许多建筑，至少在施工作业期间会是这样。在这种情况下，多数居民会因缺乏了解情况而采取“避邻”（Not In My Yard）的态度。为避免居民产生这种态度，有必要在设计阶段及施工阶段与居民进行广泛、及时的沟通。缺乏沟通可能会演变成为项目的一个潜在灾害，导致工期延误和费用超支。

现在，如果不听取那些居住在可能受施工影响区域的居民的要求，不可能在人口稠密区修建建筑结构。显而易见，不可能满足每个人的要求，但肯定可以在项目实施方和不得不忍受施工影响的居民之间达成妥协。图3.10示出了城市隧道开挖造成建筑物损坏的两个例子。

隧道线路的确定常常是在当地社区协助及每位邻居要求之下共同作用的结果，而在设计初期阶段不可能完全了解居民的要求。因此应尽最大的努力，以最大限度地减少受影响的人数。

一旦确定了最佳的定线，需要评定相关的残余风险水平并实施风险管理计划（RMP，见第2章），以正确地管理所辨识的残余风险。风险管理计划的相关方面应传达给有关公众，并应确保针对这些公众已制定了适宜的对策，以保护甚至是只遭受低风险的那些房产。

（a）悉尼Lane Cove隧道

（b）伦敦希思罗特快铁路隧道

图3.10　城市隧道开挖对既有建筑结构造成的损坏

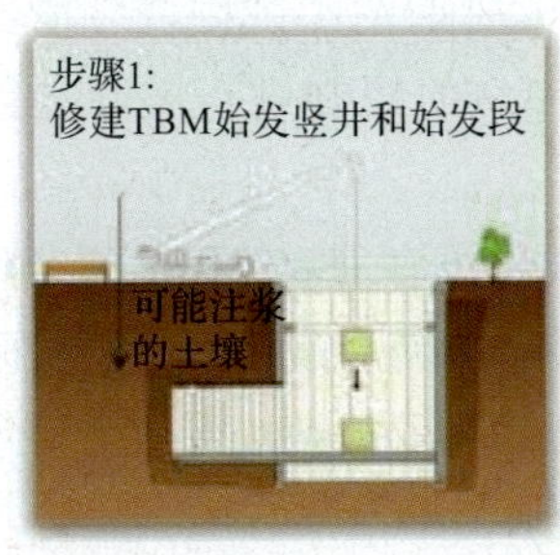

图3.11　TBM从始发竖井开始掘进的典型步骤

3.5　起点和终点、盾构的始发竖井和接收竖井、后勤作业场地

城市隧道最佳定线的选择应考虑隧道起点和终点位置、TBM始发竖井和接收竖井的位置以及支持工业化施工工序的后勤作业场地所需的巨大空间。事实上，总是需要将TBM始发竖井的位置考虑在明确划定的、历史文化中心之外、与良好公路系统相连的区域内。

根据所选TBM的类型，后勤作业场地面积大小变化相当大，其差别与两种城市掘进机——土压平衡盾构（EPB）或泥水盾构（SS）/水力盾构（HS）不同的出渣管理方法有关。

在采用泥水盾构或水力盾构的情况下，主要的限制条件是要寻找泥水分离设备的安置场地。根据效率要求，分离设备的尺寸是有变化的。例如，对于1 000～1 500 m^3/h的平均分离效率，分离设备所需场地大小可能为2 500～3 000 m^2。

在采用土压平衡盾构的情况下，不存在泥水分离以便循环利用膨润土的问题。但是，为了避免渣土过于流动造成很难运到渣场的问题，有时可能需要在作业场地预计设置渣土冲洗（muck-washing）设备。

在地铁工程中，TBM始发和拆卸洞室常常包含在尽头车站内（TBM掘进路段），以最大限度降低对地面空间的占用。在其他情况下，则需要修建特别的竖井，其内空尺寸大小明显是由TBM的大小和组装及拆卸作业所需空间大小决定。

最后要强调的是，最佳隧道定线的选择应考虑所选TBM掘进的初始区段的特殊设计需求。初始区段通常有200～250 m长，构成了所谓的“试掘进”段。在试掘进段所有的TBM作业人员将针对开挖工序和TBM的控制进行实际操作训练。

TBM常常是在覆盖层厚度最小的条件下开始掘进，而且没有采取保护措施，同时因为空间有限而没有完全布置后配套设备，因此，初始区段将会遭遇到一些实质的操作困难，加之缺乏实际经验及不可避免地对机器进行最初的检验，可能会导致一系列风险的产生，造成施工进度长时间的缓慢或停滞不前。

事实上，所获经验表明，在城市采用机械化掘进过程中大多数的事故（超挖、坍塌、对既有建筑结构的损坏等）及进度延误都集中在试掘进区段。

因此应特别注意初始区段的定线选择，应选用固有风险水平低的方案并要特别避免穿越敏感干扰点（建筑物、公用设施等）。无论在什么情况下，如果地面约束条件限制了线路设计方案的变更，那么不可避免地要事先对整个试掘进段采取系统的地层处理措施，直至TBM达到“处于掌控的掘进状态”，即所有程序都经过了测试且程序操作十分有效。

3.6 TBM掘进区间隧道和车站施工之间的关系

在城市铁路隧道中，车站施工与TBM掘进区间隧道之间的关系和相互影响是相辅相成的。车站可以是TBM的出发点或结束点（竖井），因此重视上一章节有关TBM后勤服务场地的考虑是比较重要的。

除了终点车站可以作为TBM掘进的始发点及到达点之外，所有的中间车站还要经历TBM的过站，因此应特别关注两种不同过站方式的作业方案：

- “空过”，此时车站已经修建，至少是已经完成开挖作业和主体结构。
- “实过”，此时车站空间还没有进行开挖。

一般最常用的TBM过站方法是“空过”方式，在地下线路设计阶段常常能对此进行预先规定。不过，近年在机械化掘进作业中的经验和技术进步表明，一旦开挖作业步入正轨，掘进处于掌控状态且所有监测程序全部启动，则在任何地质情况下所能达到的平均掘进速率会非常高。对于地下线路来说，某些情况下车站施工可能比隧道开挖更为关键。

事实上，在地下线路施工中可能会出现隧道施工超前于下一邻近车站施工的情况。在这种情况下，当设计方案已特别针对TBM过站（空过）时间进行了预计，这时候只有降低隧道掘进速度。最不利时，TBM不得不在车站前停下来，因为车站还没有为TBM的通过完全准备好。

为此必须不顾一切地避免这种可能性的发生，不仅仅是因为存在施工进度延误的风险，而是因为隧道安全问题：可能恰好在建筑物下或者公路下面停下来的TBM要比工作中的TBM更危险。

经验表明，采用传统方法修建车站造成的施工延误风险要比明挖回填法的高得多，因此暗挖车站可能更容易导致TBM延迟过站。为此，在针对区间隧道和车站施工形式选择定线时应优先考虑采用明挖回填法修建车站，以尽可能地降低施工风险。

3.7 小　　结

对可能极大影响优选定线选择的一些关键因素所进行的广泛研究可以当作一个检查清单，通过将此检查清单运用于具体项目中可以为优先选择具有低风险水平（实质上）的决策奠定一个必要的基础。

为此，一般要基于多重标准进行广泛的方案筛选，以放弃那些因具有高灾害风险水平不值得进一步详细评估和研究的定线方案。正如第2章所简要阐述的那样，半定量化的多重标准分析可以借助于定量的决策工具，如DAT得到进一步的证实。对于被排除的每一个方案，主要的排除原因应是论据充分、显而易见且可追溯的。可接受的排除原因包括：灾害具有巨大的负面影响，而且在政策、环境、费用、工期、寿命一周期成本及运营因素方面具有高风险水平。

在任何情况下都需要针对在研究选线方案的项目开发初期阶段所建议的走廊进行广泛的案头研究。案头研究的目标是：

- 在所能获得的相关信息、航拍及卫星照片和现场调查的基础上，初步确定走廊范围内土壤、岩石、水文、水文地质及地震方面的特性。
- 为比选定线的重新确定、评估和费用预算过程提供岩土方面的输入值。
- 为随后的现场调查制定策略及所要求的调查范围，目的在于全面了解隧道修建区域内的城市环境。

所有这些目标将有助于确保针对选线研究进行调查的范围和程度是适宜的，并确保随后更为详细的调查毫无疑问地成为选线决定的概念性基础。

最后，通过本章所进行的广泛分析可以证实，“先见之明”并不仅仅是一种哲学观，而且是城市隧道项目开发中一种切实可行和必须采用的技术方法。

第4章

初始风险的初步对策："城市掘进机"及其基本特征

4.1　重大决策的制定原则

正如前言、第1.5节所述及第2章深度分析的那样，本书的重点之一是利用一种设计、施工方法，最大限度地降低城市隧道施工过程中的风险。根据这种方法，开发城市隧道的第一步是从早期规划、设计阶段开始即对所讨论的项目进行风险分析，并考虑所有的特别是与施工相关的潜在危害。

可以这样认为，正确选择施工方法是降低所辩识的初始风险水平的初步措施。

目前已成为强制性要求的是，地下设施的修建必须保护其所穿越的环境，确保邻近地面、设施和周围环境不受负面影响。因此，卓越的、能够最小限度干扰公众的施工技术是地下工程业界树立良好形象的必要条件（Parker，2006年）。特别是对于城市隧道施工，在城市环境中要求采用特殊方法和程序以应对以下这些主要问题、限制条件和挑战：

- 地面（公路或其他设施）沉降现象及其极限值。
- 与公用设施发生冲突。
- 与既有建筑物基础发生冲突。
- 在考虑其稠度（如超流动性）、污染物（开挖面改良剂的衍生物）含量情况下的渣土处理。
- 与开挖控制参数（开挖面压力、排土量、回填注浆量及压力）有关的外部监测（楼房、地面、地层）：
  - 地层对于隧道开挖的预计变形响应的相关监测仪器类型。
  - 检测仪器的位置、间距、警告及报警值、读取频率的确定。
  - 数据收集的类型（人工和/或自动）和监测数据的反馈时间，以便与TBM性能数据进行对照比较和反分析。
- TBM开挖前局部地层改良的需求（如果有的话）。
- 局部地层进一步改良的需求（如果有的话），与TBM掘进同步进行（局部地层处理和/或从预制衬砌进行二次回填注浆）。在浅埋深情况下，从地面进行这些处理可能会比从隧道内进行处理更好些，以免干扰掘进循环。但地面处理具有干扰和妨碍地面环境的缺点。

- 作业场地空间需求，特别要考虑需要进出洞的TBM尺寸大小。

本节所讨论的机械化开挖方法在理论和实践上均能面对这些挑战并最大限度地降低风险，因此应是城市隧道工程的首选。

如果选择了机械化开挖方案，那么从风险管理的观点看，下一步的工作将是从众多的机型中选择“特别的”、“理想的”掘进机械，以应付所给定工程中的潜在问题。这可以再次被视为是有效的“初步风险减缓措施”。不过，显而易见的是，针对所给定的工程选择一台特别的掘进机械也隐含着巨大的风险（或残余风险）水平。当在未采取特殊预防措施下进行掘进时，那么不稳定的风险显然是最高的。通过选择具有开挖面支撑的TBM可以减小这种风险水平，但不会总是达到可以接受的风险水平。重要的是要记住，没有哪种开挖方法本质上是无风险的，机械开挖方法也不例外。因此，除了初始风险之外还必须确定和管理残余风险。

另外应认识到，因其存在一些缺点，选择使用机械化开挖方法也需要“付出代价”：

- 掘进机的组装和始发需要有大的地面及地下空间，而在城市不会总是很容易地找到这样大的空间。
- 考虑到地下空间的要求和/或限制条件，掘进机固定的圆形开挖断面并不总是最优的。
- 考虑到要支承推进力（例如，纵向油缸顶在衬砌管片上以便顶推护盾式TBM），隧道衬砌尺寸可能是超大的。
- 要求详细了解所开挖地层的岩土特性：可能的干扰物（地面或地下的），特别是隧道标高范围内的所有基础的位置、几何尺寸、结构特征，这些干扰物可能因历史原因导致产生具有严重后果的事故。

隧道界共同的经验（英国隧道协会闭胸式掘进机工作组的近期报告，2005年；国际隧协风险管理公开讨论会，2006年，韩国首尔）表明，选择正确的方法，包括正确的及特殊的掘进机械是获得成功的必要条件，但这还不够，还要求有其他许多因素以确保机械化开挖取得全面成功。这些额外的关键因素包括：

- 需要对机器本身进行详细设计，包括正确的衬砌尺寸并要格外重视机器的后勤保障工作。错误的设计或施工方法可能造成出现不可接受的情况，如地表沉降过大、掘进速率受限制、预制混凝土管片受损、结构的防水性不够。
- 相关经验和知识对于机器在技术和经济方面的有效性是至关重要的。事实上，所有的利益各方都需要尽力参与到项目中：
    - 业主需要制定和采用一套选择承包商和设计方的标准。
    - 设计方必须准备好所有必需的已知元素，以便正确开展工作和进行适当的调查。设计者还必须知晓隧道掘进机的技术现状，并与承包商通力合作，针对所确定的问题选择最佳解决办法。

- 机器制造商必须有效地整合机械工程的需求并考虑隧道施工相关问题。另外在土木工程师和机械工程师之间应长期进行经验交流，包括不断完善现场经验。
- 承包商必须始终小心谨慎地操作所选择的掘进机械，不能漏过任何细节并应通过持续的开挖控制来处理这些细节，以便实现正确的、安全的掘进速率。
- 承包商必须使用经验丰富且训练有素的作业人员。

- 必须强调的是，所谓具有"魔力"的开挖方法和TBM是不存在的，任何类型的TBM都要求有一套严格的使用控制系统。被视作为"第二步风险减缓措施"的这种方法，即在TBM操作中运用严格的控制系统，应能将残余的施工风险最大限度地真正降低到可以接受的水平。因此，真正的残余风险（参见第3、6章）可以另外定义为负责风险降低和/或管理的决策者们（业主、承包商、设计者或由上述利益各方组建的"风险管理委员会"）所能接受的一级残余风险水平。
- 如果残余风险水平仍然太高（即不可接受），则必须采取额外的减缓措施（如地层处理）。

为对上述基本概念加以概括，初步应对所识别风险的宏观决策制定原则应包括：

- 所有各方参与人员都应对城市隧道设计－施工方法的选择提出指导性意见。
- 如果可能的人身、财产损害对风险评估的影响极大，以至于即使其发生概率极低，也使得相关风险仍然维持不可接受水平，那么就应预先制定第二步和/或额外的风险减缓措施。
- 地层（始终是主要的危险源）的相关特性应成为设计－施工方法初步选择的指导性基础条件。但应通过施工期间的现场勘察、土工技术监测和数据判读来核查和验证地层特性。
- 在现场调查及根据风险管理进行结果判定的相关信息基础上，选择正确的开挖方法即是所识别初始风险的"初步对应措施"。
- 如果选择机械化开挖方法，则常常需要预先确定是否使用开挖面加压支撑的掘进机。
- 对于采取初步对策后残余的风险，应采取与初始风险相同的方式进行分析并通过实施第二步风险减缓措施进行管理。特别是应采用严格的开挖工序控制系统。

4.2　通常的解决办法："城市掘进机"

根据前面章节所讨论的原则，在特别重视相应要求（或规定）的情况下，针对城市环境考虑采用隧道掘进机作为特种机械，即所谓的"城市掘进机"是非常有益的。

事实上，无论地质、水文地质、岩土工程条件如何，城市隧道工程始终不可避免地会存在一定程度的不确定性。初步现场调查的准确性、现场调查的不断修订，如施工期间对地层土工技术特性的核查等，对于将地表沉降过大和/或开挖面坍塌（参见第2章）等风险水平降至零是远远不够的。其结果是，为了能够在最安全的条件下进行作业，并通过严格的风险管理将主要风险降至最小水平，必要的前提条件是：（1）只能采用可提供开挖面支撑压力的掘进机械进行城市环境中的机械化开挖；（2）对于存在既有建筑物（可能有人居住）的所有区段，掘进机应采用“闭胸式”进行掘进作业。

应该指出的是，在“开敞式”和“闭胸式”两种模式之间进行选择并不局限于土压平衡盾构（详细情况参见第4.3、4.4节）。事实上，“开敞式”的定义指的是采用配有“开挖面支撑”设施的掘进机械，但对于某些隧道区段，实际操作时并没有对开挖面施加支撑压力。在采用土压平衡盾构时，通过维持全部空仓或部分空仓并且不施加压力且将压力控制在隧道顶部下方靠上位置，也可以获得这样的开挖模式。对于水力盾构，以类似的方式，通过在土舱前后隔板中将膨润土浆液位维持在相同高度并且不对腔室上部进行增压而能得到相同的开挖模式。在这种情况下，位于土舱下部的膨润土浆仅起着调节渣土和便于出渣的作用。

这种操作模式显然不会影响开挖面支撑或地表沉降控制。另外，在“开敞式”情况下所获得的相关信息不能给排土量的最终控制提供任何有用的指标，因为在土舱的满仓度未知的情况下，仅仅通过出仓渣土量的测量不能评估理论上的入仓渣土量。

回顾已建成的城市隧道项目可以发现，一起严重的事故或一系列小的事故总会造成后续的停工，这是不值得惊讶的事。不过，重新审视整个施工过程则可发现，在以后的施工期间不会发生任何进一步的事故。为取得这样一个好的结果，并不需要对设计或施工方法作根本的改变。相反，严格执行针对安全施工而设计的操作程序是最佳的解决办法。由此自然会产生这样的疑问：难道不能从一开始就以这种正确的方法来操纵机器从而避免发生令人痛苦及损失巨大的事故吗？

作者当然并不想断言，本书所提出的方法就能保证避免事故的发生。相反，作者已多次声明并不存在任何无风险的方法。作者只是想强调，通过正确操作机器肯定随时都能够采取所有可能的事故预防措施。

由此可以列出以下的初步解决办法：

- 选择城市掘进机；
- 严格执行开挖控制程序及安全程序（将在第6章详细加以阐述）。

城市掘进机首先是一台配有开挖面支撑工具的机器（水力盾构或土压平衡盾构），同时也是一台满足以下章节所阐述的一些最低要求的掘进机械。

4.3 "城市掘进机"的主要部件

本节主要是提出一种检查清单，以便根据实际工程的详细情况为承包商和制造商制定最低技术要求。

对于城市掘进机的特殊要求是：

- 开挖工序（包括维修保养和渣土处理）。
- 开挖面支撑压力控制设施。
- 参数的交叉控制系统。
- 开挖面前方的超前钻探。
- 地层处理。
- 导向。
- 作业工人的安全。

这些要求反过来应对主要的、通常的机器部件的设计起决定作用。

与用于其他环境中的机器相比，需要重点强调的是，应针对工程项目特别设计、制造及小心使用能满足上述要求的部件。下面将详细论述这样的一些部件，其中的功能原理分别参见第4.3节（论述了两种常用机型）、第6.2节和第6.3节（列举了机器的操作控制系统）。

4.3.1 开挖工序所必需的部件

4.3.1.1 刀盘（转速、扭矩、开口率）

刀盘的转速应根据所要开挖的岩土类别加以调整，以相应地调整扭矩（针对可以获得的一定功率，地层越软，转速越低，扭矩就越高）并因此利用可以获得的最大扭矩。

TBM应能通过液压或变频电机实现刀盘转速和扭矩（主驱动）的连续变化。对于非均质地层中的TBM掘进，这是一种通常的实际做法。但对于城市环境，任何情况下都必需采用具有这种功能的掘进机。

在给定的隧道定线上，某些区段可能是含有较多黏土和淤泥的土壤。这些土壤可能呈现出所谓的"黏性特征"，由此会显著地降低掘进进尺，而且在有些情况下甚至会导致隧道掘进完全停止。当产生这样的疑虑时，最为适宜的是从TBM的选型和设计的初期阶段即深入地研究这一问题。其原因在于，这种黏性特征可能会极大地影响到刀盘构造的设计（开口率），而且一般还会影响从土舱到第一节输送皮带的出渣路径（在采用土压平衡盾构时）。另外，它还会较大地影响到提供给刀盘的扭矩大小，特别是对于土压平衡盾构。

基于天然含水量W_n、塑限W_p和塑性指数I_p，可以有一种简单、有效的确定开挖地层黏性的方法。

如果满足以下公式，则地层应具有黏性特征：

$$W_n/W_p \geq 1.0 和 I_p \geq 0.25$$

泥水盾构（SS）、水力盾构（HS）始终要使用膨润土浆，土压平衡盾构（EPBS）也常常要使用膨润土浆，而在有膨润土浆的情况下这种黏性（对于TBM作业非常危险）非常明显。在任何情况下发生渣土循环系统的堵塞都是非常危险的，以至于土舱（图4.4）的设计应有利于渣土从其上部循环到下部。因此土舱中部的开口应大于其外围部的开口。这种特征是非常重要的，因为在土舱的中部转速是最低的。在获得的几乎所有的特别是有关于黏性渣土料的经验中都曾注意到，刀盘的堵塞发生于中部。因此，刀盘的这一部分是设计的重点区域，以避免在黏性岩土中掘进时发生堵塞。在这一区域，刀盘的切向速度相当低，因此所开挖下的渣土扩散和移动得非常缓慢。这种渣土料的低速流动导致在刀盘前部发生堵塞，以至堵塞越来越大直到掘进完全受阻。较大的中心开口设计也限制了刀盘结构的磨损速度，同时增加了渣土料的流速。

这些现象增大了对刀盘扭矩和推力的需求，而且可能严重限制TBM的掘进速率。对此提出的建议是，除了正确设计刀盘外，还应认真研究并实施向刀盘前部或土舱注入添加剂的措施。

4.3.1.2 主驱动（密封）

主驱动是TBM最重要的机械部件之一。在闭胸式掘进机中，主轴承有可能被土舱中的加压泥浆所污染。因此，在土舱加压的情况下必须提供特殊的主驱动密封装置：

- 主轴承必须通过唇形密封加以保护。重要的是要核实在轴承环的内外部分别设置两排唇形密封（每排4个或5个）。
- 唇形密封的设计必须要事先确定特殊的油/油脂润滑系统，以确保对轴承的全面保护。
- 自动密封油脂系统能够确保开挖过程中的密封性能。该系统通过持续的油脂流动来保护密封装置并保证润滑的总体可靠性。

4.3.1.3 排渣系统

渣土运输系统（泥水盾构的泵送系统及土压平衡盾构的螺旋输送机和皮带输送机）必须正确加以设计和确定尺寸，以避免吸入区发生堵塞。

事实上，在掘进含有各种泥浆的黏性土壤时存在关闭吸入区和/或刀盘开口的趋势，由此会造成渣土循环路径的堵塞。

正好相反，在粗的冲积地层或软弱岩层中，孤石的存在会产生渣土循环问题。如果孤石的数量和尺寸较大，泥水盾构允许在泵送管的进渣闸门前设置碎石机。当然，在土压平衡盾构中这种做法是不可能的，因为密实的渣土会立即堵塞碎石机。在土压平衡盾构中孤石将通过输送机的螺杆，因此其最大允许尺寸取决于螺旋罩的直径、斜度及中央竖井的直径。否则，应通过在刀盘轮幅之间设置格栅将孤石挡在土舱的外面。

4.3.1.4 维修保养

最为敏感的维修保养作业是检查刀盘上切削刀具的情况及更换刀具。这些作业是在气压条件下在土舱中进行的。

出于这一原因，每台“城市掘进机”必须配备一个或多个“高压仓”（或“人闸”），以允许进行维修作业（甚至是在地下水位以下或者开挖面不稳定的情况下），另外还应配备一个“料闸”，以允许人员和材料通过密封和加压的闸门。

人闸必须是“双舱室”且位于盾构主体的上部。其中的一个舱室是主舱室，允许人员从盾构进入土舱。第二个舱室是紧急用舱室，在土舱中的作业人员受伤时允许安全人员进入土舱或主舱室中。主舱室应配备当地有关压气作业规定所要求的所有供给网路和标准设施。

4.3.2 开挖面及拱部稳定性控制措施

4.3.2.1 压力传感器

作为总的原则，闭胸式TBM配有布置在隔板上的压力传感器，如图4.1所示（土压平衡盾构）：

- 2只位于上部（拱部压力）；
- 2只位于轴线高程（平均压力）；
- 2只位于下部（最大压力）。

不过，对于水力盾构，气压传感器则设置在气囊中，而在隔板上设置2只泥水压力传感器是足够的，因为压力分布类似于静水压力分布。

压力测量结果将在TBM操纵室的屏幕上显示出来，使得操作人员能够特别针对拱部的稳定性来控制开挖面封闭压力及涌水。

其他土压传感器应沿螺旋输送机的套筒进行设置（至少应在螺杆两端各设一个），以向操作人员显示沿螺杆的压力下降情况及探测渣土流动性的变化。

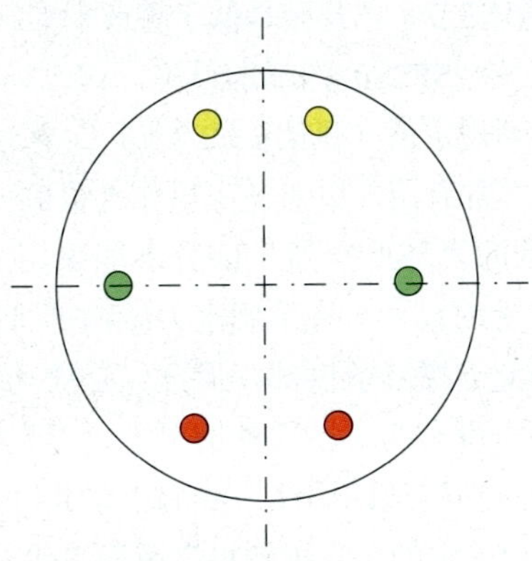

图4.1 压力传感器在土压平衡盾构隔板中的位置

4.3.2.2 干燥渣土排出量的测量

目前的技术允许对排土量进行准确的测量（在采用水力盾构的情况下从泵送系统起通过分离设备进行测量；在采用土压平衡盾构的情况下从螺选输送机起进行测量），以便对排土量和实际挖土量进行比较。

在“城市掘进机”中，这些测量作业和相关计量设备都是强制性的。在采用泥水盾构的情况下，在进浆管和出浆管上都必须设置流量计和比重计。在采用土压平衡盾构的情况下，设置在皮带输送机上的计量设备可以直接显示排土量。

所有这些测量仪器应能很容易地进行校准。校准作业应定期及经常进行（对于土压平衡盾构的计量器甚至应每天或每班进行校准）。

在操纵室里，一特制屏幕应显示出挖土量和排土量之间的对比情况（见第6章图6.2（a）和6.2（b））。

4.2.3.3 泡沫及泥水注浆

土压平衡技术的运用要求应能够注射泡沫（由拌和水、起泡剂、压缩空气共同生成），以改进土舱中开挖渣土的流动性及降低渗透性。

泡沫的注入量（及质量）取决于开挖前所要处理的地层类别。因此十分重要的是，发泡系统应具有精细的剂量调节设备并且可以添加聚合物和其他添加剂（见第6.3节）。

水力盾构技术是基于使用膨润土浆，现在也能够在膨润土浆中添加聚合物以改进泥水的质量及其渗入地层的性能。

4.3.2.4 膨润土浆注入土舱和盾构周围

开挖面支撑压力必须始终维持在最低水平（计算的“警戒水平”）之上。在采用水力盾构的情况下，通过泥水流入土舱及气囊增压相结合的方法可以确保这一点。在正常掘进及停止掘进（衬砌、组装、维修及停机等）时均可维持气囊增压状态。在采用土压平衡盾构时，应注意这个问题，即当掘进循环结束以及在随后的整个停机阶段，开挖面支撑压力有减小的趋势（见第6.3节），甚至是低于警戒水平。出于这一原因，建议设置称之为第二级开挖面支撑系统（SFSS）的辅助设施，该设施可以将膨润土浆注入到土舱中，并将压力重新调整回到规定值（见第6.3.2.2节）。自动化SFSS（见第8.3节 波尔图地铁）的设置也显示出其非常有用，以避免由操作人员进行人工干预。

土压平衡盾构机体周围的“环形空隙”部分不能采用灰浆进行回填注浆，因为这会使摩擦力增大至不可接受的水平。在采用水力盾构进行掘进的情况中，一般也采用膨润土浆回填环形缝，以此支撑隧道拱部，但这仅是被动支撑。而对于土压平衡盾构，这种被动支撑效应是完全没有的。在这种情况下，近来的一些经验（马德里、巴塞罗那、波尔图）表明，通过在隧道四周注入膨润土浆并维持一定的压力（与土舱中的压力基本持平），可以获得一定的“支撑效果”及润滑效果，从而降低摩擦力。

但是，为了能够利用膨润土注浆作为主动支撑，还应深入研究这一课题。2002

年，曾向欧盟委员会提交了一项名为"TBM自我支撑"的研究、开发项目以寻求资助，但最终没有结果。2003年在阿姆斯特丹召开的国际隧协大会上曾介绍了这种TBM原理（徐书林等，2003年）。

4.3.2.5　安全闸门

在土压平衡前盾隔板的下部必须设置安全闸门，在螺旋输送机回转进行维修时可以关闭此安全闸门。该闸门能够完全封闭土舱，避免维修保养中泥水涌入。

在采用水力盾构的情况下，泥水回路中的旁通阀起着同样的作用，即将土舱与隧道其他部分进行隔离，而且如果需要的话，例如在降低泥水密度的"泥水循环"阶段还可以起到不破坏土舱压力平衡的作用。

4.3.2.6　盾尾密封系统

尾盾应配置至少3排盾尾密封钢丝刷，并在两排钢丝刷之间注入盾尾密封油脂以确保高度的水密性。事实上，如果仅设置两道钢丝刷，那么只能获得一个油脂密封腔，这不足以防止泥浆和/或注浆浆液的流入，对于城市工程项目，其相应的风险水平太高。

4.3.3　开挖参数交叉控制系统

4.3.3.1　数据记录仪

在TBM上绝对需要设置一台数据记录仪，以监测、记录和控制开挖参数，特别是必须设置以下传感器/设施以便进行相关检查（见第6.2、6.3节）。

- 土舱（土压平衡盾构的螺旋输送机）中的压力传感器。在水力盾构的情况下，对于气压测量是不够的，因此应在隔板上设置差不多2只泥水压力传感器。在土压平衡盾构的情况下，通过利用压力差值可以很容易地计算表观密度。表观密度可用作为表示土舱中开挖渣土充填度的指标，因此应实时显示在TBM操纵室中的控制面板上（见第6.3.2节）。
- 测量排土数量的重量计和体积测量计（土压平衡盾构中的刻度尺和/或体积扫描仪；水力盾构中泥水容量/密度综合测量仪器）。
- TBM所有的机械参数计量器：刀盘转速、贯入速率，土压平衡盾构的螺旋输送机的转速，水力盾构中的进浆流量和密度及出浆流量和密度，掘进刀盘的扭矩，用于TBM前进的千斤顶顶推压力。
- 注浆压力传感器和流量计，以监测管片背后充填砂浆的灌注情况。

4.3.3.2　网络连接

为使所有项目参与者能够实时知晓洞内和地面发生的情况，必须结合开挖参数的控制，实施一整套地表沉降和地中位移监测系统。通过与网络连接的计算机化的地理信息系统（GIS，见第6.4节），所有参与者应能获得所有相关数据。

4.3.4 超前钻孔

按照本书所述标准和原理进行的城市地区机械化开挖应充分了解土工技术情况，这一点非常重要。另外还应在初期阶段进行城市地区的所有现场调查，该阶段一般比较容易进入到所要调查的现场（埋深相对较低、场地敞露并可进入），否则，应在施工期间从隧道内部进行这种地质调查作业。对于后者，可通过取芯钻孔、不取样但记录钻孔参数的超前钻探或者连续的地球物理预测方法（地震法、电磁法等）进行开挖面前方的地层勘测。当从建筑物或其他既有结构下面穿过时，建议作为补充调查从TBM内部进行地层勘测，以提高对特别敏感区域中所要开挖地层的了解。关于地层调查的详细阐述可参见附录3和“闭胸式”掘进机工作组报告（BTS，2005年）。

为探测开挖前方的周围地层，TBM应设计成能够通过配置的紧凑型钻机进行规定的、向外倾角为10°～15° 的钻孔作业。在需要时，应能够在钻杆上装配特殊的探测器以直接探测原始的岩土材料特性。

在某些特定的情况中，例如存在岩溶现象（在巴黎、吉隆坡的工程中曾遇到这种情况），那么仅仅了解周围地层可能是不够的。在这些情况中，需要了解开挖断面的地层特性。因此，TBM应设计成能够通过刀盘进行开挖断面的钻孔作业。为此必须在刀盘上确定与隔板上的孔口相对应的特殊位置，而且钻机应配置防喷涌装置，以避免压力损失和/或泥水损失。

就连续探测系统而言，不管是电法、磁法还是地震法，近年来都取得了较大的进步。针对所给定的情况选择最佳技术的相关指南可参见其他文献（如“闭胸式”掘进机工作组报告，BTS，2005年）。在这里只是想强调，所有这些系统都需要进行现场及地中校准，以确保所进行的判读是有意义的。

当在开挖面前方进行钻孔作业时，需要格外小心，以防止钻孔器材的掉落，否则，在刀盘随后穿越开挖断面时可能会损坏刀盘。对此，安全的解决办法是使用铝制钻杆。

4.3.5 地层改良

如果能够成功实施而不会干扰到公众，那么显然应该从地面进行地层改良。不过，隧道沿线的一些区域或者地方有时需要在施工前实施风险减缓措施，以保护既有结构。而这些区域和地方不可能完全从地面进入。在这种情况下，就需要从隧道内部实施干预措施。但是从隧道内部采取干预措施并不像从地面实施干预措施那样有效，对此应该是很容易理解的，因为在已经十分拥挤的空间存在许多的限制条件。因此可以钻凿的钻孔数量是有限的，而且管棚始终是向外倾斜的，并快速地扩散到隧道周围地层中。简而言之，对于进行地层处理的钻孔布置形式，设计阶段并没有多少选择的余地。另外，开挖面处的一些重大干预措施只能借助于特殊设备进行，其改良作业始终相当危险。

如果不能从TBM进行系统及有效的地层处理，那么就必须采用其他系统，如为此特别准备的能够相对容易进行钻孔和注浆作业的进入竖井或巷道。在一些工程实例（如"Nodo di Bologna高速铁路"，见第8.6节）中已经成功地从地面进行定向及倾斜的钻孔作业。

预先确定用于探测钻孔的设备对于地层处理也是非常有用的。用于从地面灌注水泥或硅粉混合物的常用机具也可用于隧道内。在某些特定情况中，需要灌注特殊浆料（如树脂和/或聚氨脂等膨胀性材料），以便解决防水问题或者临时充填已经确定的或施工期间产生的空洞。

4.3.6　TBM的导向

先进的导向系统也可用于城市环境，即使是城市隧道的曲率半径因定线限制而常常在最小值水平（见第3章）。

所谓的"通用环"通常被用作为城市环境中护盾式TBM掘进隧道的衬砌，而且针对从最小设计半径到无穷大半径（即直线）的任何隧道半径，这些管片环理论上都是适用的（见第5.3节）。先进的导向系统可以帮助确定管片环的拼装顺序，以获得所规定的半径。

为此建议使用高精准的导向系统和相应软件，因为它们被视为是一台"理想的城市掘进机"所不可或缺的装备，其目的在于：

- 确保TBM沿设计定线进行掘进并以精确的方式对开挖隧道进行衬砌。
- 允许纠正定线误差（不可能完全避免），使其维持在规定的衬砌类型及盾构/衬砌管片耦合所容许的极限值内。
- 最大限度地降低拼装及顶推阶段破坏和/或损坏管片的风险。

4.3.7　安　　全

在这里，安全是指机器内及隧道内的作业人员安全。第7章将详细阐述健康与安全问题。

在大多数情况下，具有EC认证标志的机器可以满足安全要求（见第7章）。但是，有时常常需要根据核查委员会的建议进行调整。各个国家有时甚至是各个地区所要求的具体调整内容是不一样的。但是始终不能缺少以下部件：

（1）掘 进 机 内

- 操纵室中的控制监视器。
- 单人操作时管片拼装机的控制板。
- 防止人员与活动部件，如输送机皮带等接触的保护装置。
- 挽救土舱内受伤者的设备（特别的吊索、担架上的绳索）。
- 救援箱。
- TBM后配套处的紧急用机车。

- 主要机械部件（液压马达和电动机）上的灭火设备。
- 开挖面上的甲烷（CH_4）传感器，O_2、CO、CO_2浓度测量计。
- 管片运送车辆的端部缓冲装置（或阻尼器）。

（2）列 车 上

- 自动制动的车辆。
- 司机室内用于后视的无线控制摄像机和监视器。
- 封闭的司机室。
- 特殊封闭的人员运送车辆。
- 机车配置灭火器（至少是手持式）。

（3）隧 道 内

- 步行平台。
- 紧急站（如果隧道超过1 000 m，每500 m设置1个）。
- 灭火器。
- 紧急照明灯具。
- 轨道转换点或双股轨道（洞内空间允许的情况下）。

（4）洞 门 处

- 作业人员和参观者的进洞检查设施。
- 紧急用高压仓。
- 担架起降设备。
- 配有应急设备的安全间（防护衣、呼吸设备等）。
- 具有担架托架的应急车辆。
- 调度室、列车和TBM之间的通信系统。
- 隧道入口处列车缓冲装置（或阻尼器）。

4.4 泥水盾构和土压平衡盾构：功能原理及技术现状评述

目前有两种机型可以满足前面章节所述的技术要求：泥水盾构或水力盾构以及土压平衡盾构。

对于泥水盾构和土压平衡盾构的选择，常常不能基于地层类别、不同岩性的粒径分布、地下水情况、地下水位及隧道埋深情况进行简单的先验性推理。所有这些参数对于盾构选型都是非常重要的，但是应根据具体项目的风险分析对其进行核查，具体问题具体分析。

为了进行正确选择，任何情况下都需要了解和充分认识这两种机型的特征。根据国际隧协第14工作组的分类表，在附录1中列出了对各种隧道掘进机的概述。本节的以下段落将更详细地说明特别用于城市地区的两种掘进机：泥水盾构（SS，见图4.2）和土压平衡盾构（EPBS）。

4.4.1 泥水盾构

4.4.1.1 工作原理

通过将加压膨润土浆泵送到开挖腔室中，泥水盾构能够对开挖面进行支撑。泥水实质上是由膨润土悬浮液构成，需要时可以添加一些添加剂。称为“土舱”的开挖腔室是开挖面和钢隔板（将土舱与TBM其余部分隔开）之间的一个空间，在此收集开挖渣土并与泥水进行混合。泵送系统的作用是通过管线向土舱供给新鲜泥水并从土舱排出渣土（图4.3）。

图4.2 直径14.2 m的海瑞克S—108型泥水盾构，用于汉堡易北河隧道的掘进

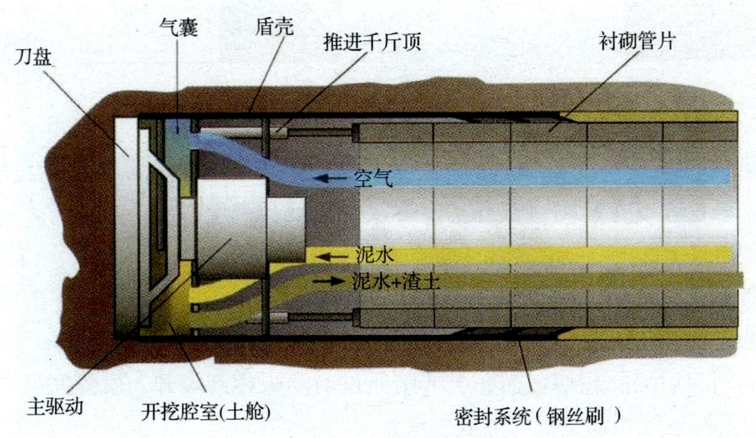

图4.3 水力盾构的工作原理

在泥水循环中通过进出浆量的平衡使得土舱中的泥水维持在一定压力之下。通过改变进浆量和/或出浆量可以控制开挖面支撑压力值。

在水力盾构的情况下，在第一道隔板后面补充设置了一道隔板，由此形成了一个空间或一个辅助腔室，其被分成了两个功能性隔间。气囊中的压缩空气可以将泥水顶推到土舱前面并使其维持在一定压力之下，这样就可以控制泥水压力。而气泡对于土舱中不可避免的压力波动还起着补充的“减振器”的作用（图4.3）。

4.4.1.2 关键参数

对于“泥水盾构”和“水力盾构”，其开挖面和隧道拱部的稳定性原理是相同的。不过，水力盾构因采用了气囊而更加的复杂，因此仅针对水力盾构进行详细阐述。据了解，这是唯一在欧洲在使用的泥水盾构形式，如“复合盾构”或“膨润土＋空气”等变化形式。

实际上，“水力盾构”的名字可以追溯到20世纪70年代末由Weyss、Freitag发明并由 Bade和Theelen建造的掘进机。后来，奥地利的Voest Alpine公司从Bade那里购买了这种机器的名称和技术。遗憾的是，在为巴黎EOLE项目及罗马地铁项目（A线延长段）建造了两台机器后，Voest Alpine公司于1995年左右退出了市场。不过，“水力盾构”这个术语现在已成为了一个通用名称。

水力盾构的工作原理示于图4.4。

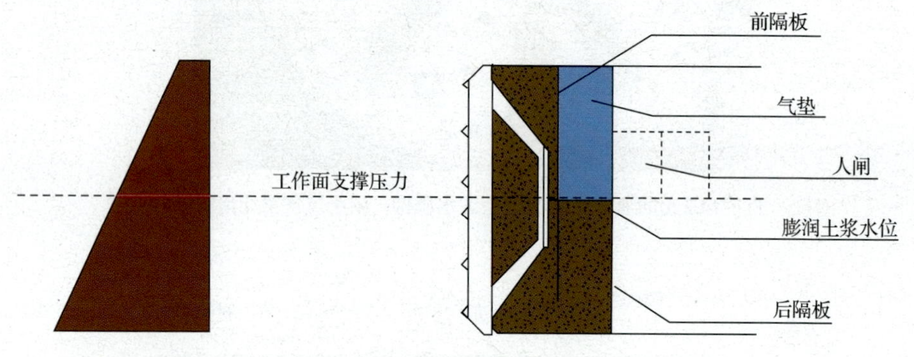

图4.4 水力盾构的示意

如第5.2节所指出的，施加给开挖面的压力取决于地层压力和静水压力（如果有的话）。开挖面支撑压力一部分是由泥水（根据其密度产生静水压力）提供的，一部分则是通过上面的气囊在泥水上施加空气压力提供的。

施加压力的机理如下所述。通过一隔板（图4.4中的后隔板）将土舱与隧道分隔开。通过前隔板将腔室分成两个隔间。刀盘所处的前隔间充满泥水。在腔室的下部，前隔间与后隔间相连，而在上部则通过前隔板相互隔开。后隔间只在下部充填泥水，上部则送入压缩空气（形成气囊）。

通过自动阀门系统进行调节的压缩空气进出管及膨润土浆的进出管都位于后隔

板中。膨润土浆的进出管也起着输送开挖渣土的作用。

在典型的"泥水盾构"中，压力控制是通过泥水进出流量的平衡而获得的。如果开挖量低于注入的泥水量，则更多的渣土将堆积在土舱中，因此压力会随之增高。

在水力盾构中，腔室中的压力控制是通过控制气囊上的压力而获得的：压缩空气顶推着泥水进入前面腔室中，并因此施加所要求的压力。另外，气囊还发挥着补偿的作用或者起着减缓压力波动的作用：借助于释压阀，通过降低气囊中的气压从而自动降低过大的泥水压力。而压力损失则要求送入新的压缩空气，由此重新构建系统的平衡。

该系统看似简单、有效，但实际上操作上有困难。对此将在后面进行详细阐述，以便更好地理解这种机理，更好地控制和管理该系统。

使用这种类型的TBM，开挖面压力的计算是最基本的，对于考虑泥水的流变性则是非常重要的，而泥水的流变性取决于地层特性、泥水材料的组分（水及膨润土）和聚合物等添加剂。控制稳定性参数的另一个基本因素是后腔室中泥水的液位（或者是空气和泥水之间分隔线的水平面）。

除了其在开挖前方施行主动压力的主要作用外，泥水的冷却和润滑作用对于掘进循环也是有益的。

4.4.1.3　泥水特性

正如前面所述，泥水盾构的原理是向土舱中的泥水施加适当的压力，该压力由此被传递到开挖面，以获得尽可能接近相对于原始应力的压力计算值。

压力的正确使用与"泥水－地层"系统的正确反应紧密相关。压力将泥水挤入地层孔隙中，排出一部分固体物，并由此形成一层泥膜（称为"滤饼"），这样就可以将所施加的压力正确分布在整个开挖面上。泥水的贯入深度和滤饼的厚度取决于所施加的压力、地层和泥水的粒径、与泥水颗粒表面活性有关的动电势、泥水流变性、水文地质条件（主要是地下水中的含盐量）等因素。相关限制条件是静水压特性和力学特性，前者在细颗粒粒径和有些黏性的地层中普遍存在，而当黏性较小或为零时后者则很普遍，因为单个颗粒需要分别支撑（相互独立）。

滤饼还有助于开挖腔室中的维修作业。当土舱空仓进行维修作业时，滤饼能使压缩空气压力（代替液体压力）作用在开挖面前方，同时还能避免漏气。

开挖渣土的处理是通过泵出泥水进行的，因此必须确保（1）管径应与所要求的保证足够输送速率的容积保持一致；（2）在从盾构到分离及处理站的管道中泥水不能发生颗粒沉淀。在分离及处理站，粗颗粒将从细颗粒和液体中分离出来，使得能够将分离出来的渣料送到渣场并重新循环使用膨润土浆。为此应特别关注泥水特性，以便进行上述的分离和处理作业。根据多个工程实例的经验，建议采用加有不同含量（类型和/或数量）添加剂的膨润土浆，以更好地抵抗地层及水中用以形成泥水混合物的污染剂，同时也能改善设备的分离性能。

泥水质量的主要控制参数已熟知（Milligan，2001），但是其控制必须特别精确，因为由水和膨润土混合而成的最初泥水在经过适当的水合作用后会被开挖渣土（地层、来自于地下水位以下的水、城市地区地层及水中的化学物质）所污染。

表观黏度Vd以厘泊（cp）为单位采用FANN黏度计进行测量，有以下公式：

$$V_d=F_{600}/2\ (cp). \tag{4.1}$$

式中F_{600}为600 rpm时的黏度。

塑性黏度V_p是600 r/min时的黏度和300 r/min时的黏度之间的差值，即：

$$V_p=F_{600}-F_{300}\ (cp) \tag{4.2}$$

“屈服值”定义为：

$$Y_v=0.96\cdot(F_{300}\cdot V_p)\ (Pa) \tag{4.3}$$

该公式给出了泥水进入地层的贯入阻力量值（EPS，2006）。

“滤液”被定义为从泥水中穿过滤饼的液体，采用特殊的实验室试验进行测量，表征泥水进入地层的贯入性。

另外还需要连续测量进出泥水的浓度。输送设备特别是分离设备的正常机能主要取决于这一参数。实践经验表明，在出浆管线中泥水浓度不应超过12.5 kN/m^3，这是因为初始浓度在10.2～10.3 kN/m^{3}左右。

如上所述，“泥水”实际上应是一种液体，其特性处在纯膨润土浆的特性及每次开挖循环结束时膨润土浆－岩土混合物的特性范围内。因此，如果需要的话，特别是如果探测到基准值发生较大及突然的变化，那么甚至是在同一开挖循环中也应多次重复进行这些测量作业。

这些程序是相当复杂的，因而应是专家特别研究的课题。这里只是应注意：与开挖面接触的泥水具有渗入地层的趋势（在压力下），为此地层起着过滤层的作用。泥水能够渗入到地层一定的深度，而渗入深度取决于所施加的压力、孔隙的反作用力以及地层和泥水的物理特性。渗入过程中沉积的固体部分构成了“滤饼”，即是将支撑压力传递到开挖面的有效元素，而液体部分则四下分散开来。

这些成分之间的微妙平衡（取决于“滤液”特性值和屈服值）构成了泥水盾构正确工作的必要条件，其反过来控制着对开挖面的支撑。

4.4.1.4 各种类型的滤饼

了解滤饼的类型和功能是极其重要的。过厚的滤饼并不利于稳定，而过薄的泥膜将会使开挖面支撑缺少有效性。另外，必须避免过多的水渗入到地层，因为这有助于可能的黏土膨胀（如果有的话）并因孔隙压力增大而降低有效性。

根据粒径可以将滤饼分为两种类型：（1）针对细颗粒地层的膜饼；（2）针对较粗颗粒地层的渗透性泥膜。在前一种情况中，土颗粒间的力普遍存在，特别是颗粒的吸引力因动电势而成为其重量的重要部分。通过膜饼增大压力不会特别影响到泥水的贯入度，因为膜饼成为开挖面上的一个连续障碍物。但渗透性泥膜确实对压力变化更加敏感，而且在多数情况下压力增大将会导致泥水重新开始流入地层。

在其中任何一种情况下，开挖面上的性能都有很大的差异。"膜饼"确实更有利于单个颗粒的细微稳定性，因为它能提供更均匀的压力分布并给予一种人工形成的黏性，这对于无黏性地层极为重要。另一方面，因为泥水渗入的障碍较小，渗透性泥膜的厚度更大。这种作用是非常重要的，因为开挖面切削是一个不断演变的系统，通过刀盘的转动连续不断地切削地层，而一部分泥膜也被连续地切削下来（图4.5）。

4.4.1.5　泥水的成分和添加剂

膨润土是泥水的基本成分。膨润土和蒙脱石的术语常用来定义天然的黏性矿物质，其主要属于富含钠、钙、钾的蒙脱石组。由于其化学构成和微细结构，这些矿物质具有极大的吸水性。

区分膨润土类型的有用工具是活性指数，其被定义为塑性指数和黏土所占比例之间的关系。活性指数越大，膨润土中含钠蒙脱石的比例越高。用于泥水中的最佳膨润土主要是由含钠蒙脱石构成（比例超过90%）。商业化的含钠膨润土一般通过用钠离子替代钙离子而获得。无论如何，市场上的膨润土质量不尽相同，因此在泥水盾构的机械化开挖领域，膨润土的利用可能要求添加少量的聚合物，目的在于达到最佳性能。

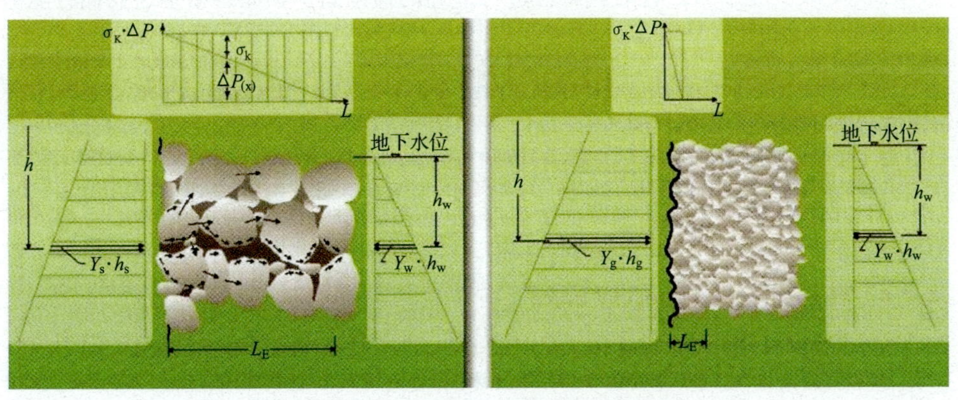

图4.5　滤饼的构造：两种类型的滤饼

膨润土浆是按规定的比例由水和膨润土粉末混合而成，以获得所要求的流变性。混合物必须在容器中经历至少12 h的化合作用以获得最佳性能。其配合比一般是在30～60 kg/m^3。如果水的含量（按重量计算）大于5%，那么膨润土的触变性可使其形成一种凝胶体（Milligan，2001年）。

为改善泥水质量，可以添加不同类型的聚合物。在渗透性大的天然地层中，建议使用聚合物。聚合物能够降低泥水的贯入性及其扩散性，从而能够更容易、更有效地形成滤饼。通过引入长链分子可以改善泥水的流变性，长链分子起着加筋纤维网的作用，能够保留下膨润土颗粒，在岩土颗粒之间构成一座“桥梁”。

在管线中泥水必须具有所规定的流速，从而不会消耗过多的膨润土粉末，降低对管道和输送泵的磨损及无沉积现象。但是，在流动中断的情况下可能会发生材料的沉积，引起管道系统堵塞的风险。为最大限度降低这种风险，甚至是在开挖工序停止时也可通过旁通阀继续维持泥水循环，保证泥水在管道中有一定的流速。另外，可以在膨润土浆中添加一些特殊的添加剂，以控制其黏度及易于泥水在管道中的流动。

聚合物还可用于其他目的。例如，在含盐量高的地层中，建议使用特殊的聚合物，降低泥水对盐所造成污染的敏感性。在黏土较多的土壤中，使用聚合物可以减少黏土的分散并在较长时间内维持泥水的机能。如果黏土的天然含量高，那么只有将水和聚合物进行混合才足以形成泥水。

4.4.1.6 膨润土浆处理及分离站

处理站的用途是制备、储存和控制泥水。混合物是在高剪力搅拌机中进行制备。所制备的混合物一般比较浓稠，然后进行化合作用并在送到进料箱之前稀释到规定的浓度。

对于水化箱、储料箱及进料箱，必须按照处理站的输出效率确定其适宜的尺寸，以避免缺少泥水料。在对其特性进行适当的监测后，在储料箱中还要储存从分离设备回收的泥水。

每个处理站必须配置附属实验室，以监控密度、黏度、屈服值、过滤的材料、滤饼厚度等确定膨润土浆质量的所有参数。该实验室也要服务于下面所述的分离站。

除了尺寸大小外，处理站的分离设施部分与针对地下连续墙开挖或者利用膨润土浆钻孔而进行膨润土浆制备所需的设施部分基本相同。下面的工程实例给出了泥水处理站的一些特征：巴黎EOLE项目和圣·彼德堡地铁项目（开挖直径7.40 m）配置了标定输出功率为1 200 m^3/h的泥水泵送站；吉隆坡SMART项目的开挖直径11.30 m，要求配置功率为2 500 m^3/h的泥水站。在巴黎、吉隆坡的项目中，由于石灰石岩层存在岩溶现象曾常遭受到多达800～1 000 m^3/h的泥水损失，这样的数量足以招致在新鲜泥水供给和开挖面压力控制方面产生灾害性事故。

泵入泥水并排出液态渣料的泵送系统是“水力盾构”的一个主要构件，因为整个系统的效能取决于其尺寸大小。

上面已提及到了一些典型的泵送数字：针对隧道断面、泥水处理及分离站的位置而必要的泵头尺寸决定着泥水站所必要的功率。对于吉隆坡SMART项目（直径11.30 m，见8.5节），泥水站配有6台各为600 kW的泵，其总的电功率相当于TBM运转所必需的功率。

管线直径必须考虑最小流速，以避免悬浮液中的固体物沉积，这会引起管线系统堵塞和出现故障。具有代表性的是，流速不应低于0.5～0.7 m/s，并根据大于1.0 m/s的标定流速确定泥水站的规模大小。固体颗粒粒径及其在混合物中的数量也对确定流速起着重要作用。

分离站是水力盾构系统最重要的部分之一，常常构成平均掘进速率的决定性因素，同样，如果没有正确设计和确定分离设备的尺寸大小，又常常可以降低TBM掘进速率，甚至造成TBM停止掘进。（图4.6、图4.7）。确定分离设备尺寸所必需的因素包括在输送系统中循环的材料数量（取决于开挖直径、所要求的TBM最大掘进速率）、开挖渣土的粒径特别是＜0.5 μ 的超细颗粒含量，超细颗粒含量是分离设备尺寸的决定性因素。

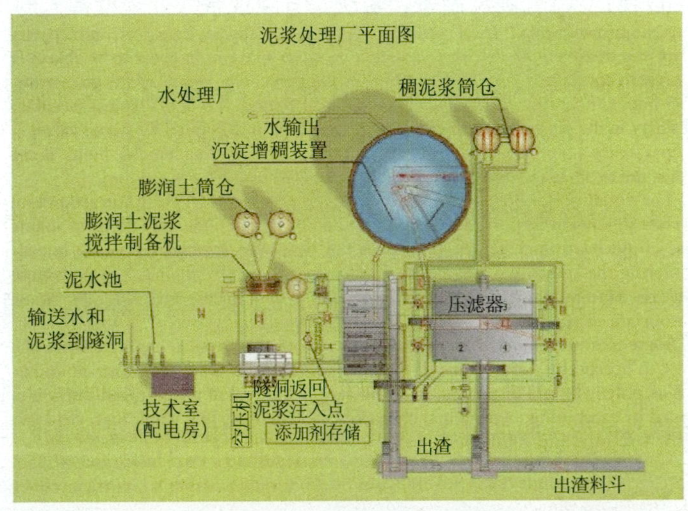

图4.6 **EOLE项目的分离站布置示意**（第8.1节）

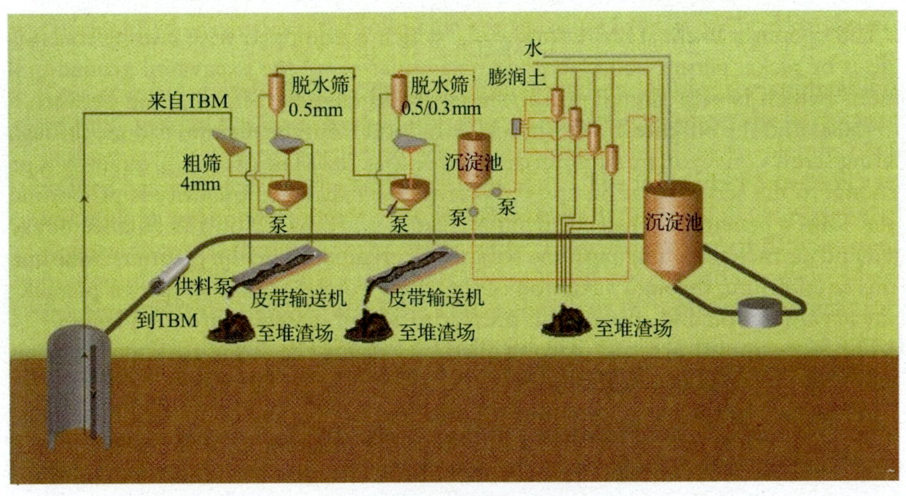

图4.7 泥水处理站的典型部件

分离站一般是由3部分构成，以实现以下功能：

- 使用振动筛分离粗颗粒部分（>4～6 mm）；
- 使用一级或多级旋流器分离细颗粒部分（>0.3～0.5 mm），旋流器通过离心效应将固体物从液体中分离出来；
- 使用特殊设备，如离心机、压带机、压滤机分离超细颗粒部分（>50 μ）。

通过添加新的膨润土，剩余部分与水一起重新得到再利用。

最近几年，因复杂及难于管理和校正，离心机的使用已经越来越少，但分离设备第3部分的最终选择取决于所开挖渣土特别是超细颗粒的粒径。

即使对问题进行简要分析，也建议要尽可能了解所要分离的开挖渣土，掌握所有相关信息，以便：（1）确定制备、输送、分离设备（处理设备）的尺寸；（2）确定能够应对意外情况的安全边界。超细颗粒的比例仅增加几个百分点也会破坏设备的性能，这使得强制要求浆液只在管道中循环，不进入到土舱（通过旁通阀），仅对超细颗粒部分进行分离并将泥水密度降低到可接受极限的范围内。由此开挖作业将停止，平均掘进速率将降低。

用于制备泥浆的水及地下水的质量也极为重要。如果在溶解液中出现含钙的盐和或含镁的盐，那么这些物质对于膨润土悬浮液可能具有絮凝效应，阻碍或改变悬浮液的触变作用。因此需要了解水的化学成分，如果需要的话，应使用适宜的化学添加剂进行调整。

常常需要进行一些处理，以通过添加一些新的膨润土或诸如聚合物、pH消散剂、稳定剂等添加剂来使泥水物理性能恢复循环再利用可以接受的水平。

4.4.2 土压平衡盾构

4.4.2.1 工作原理

土压平衡盾构的原理是利用TBM的推进和向前移动来维持开挖面压力，通过利用土舱中开挖下的、积聚的并加压的渣土施加开挖面支撑压力。

TBM刀盘配有切削刀具，如盘形滚刀或尖镐，其上的开口允许将渣土积聚在土舱（非常类似于泥水盾构的腔室，即在刀盘和隔板之间的隔室）中。从土舱进行排土则通过旋转的螺旋输送机或阿基米德螺旋泵（涡杆）进行。取土量与螺旋输送机转速成比例，而挖土量与TBM贯入率成比例。由此在土舱中形成基于挖土量和取土量（平衡体积）的动态平衡。通过改变螺杆转速来调整这种平衡可以使渣土积聚在土舱中并增压。

开挖面支撑压力通过螺杆转速的改变加以控制，而螺杆转速取决于TBM贯入率。

除了排土和控制开挖面支撑压力的基本功能外，螺旋输送机（图4.8）还可以通过沿螺杆形成所谓的“土塞”使土舱中的压力从最高值（腔室底部）下降到大气压值（出料闸门）。

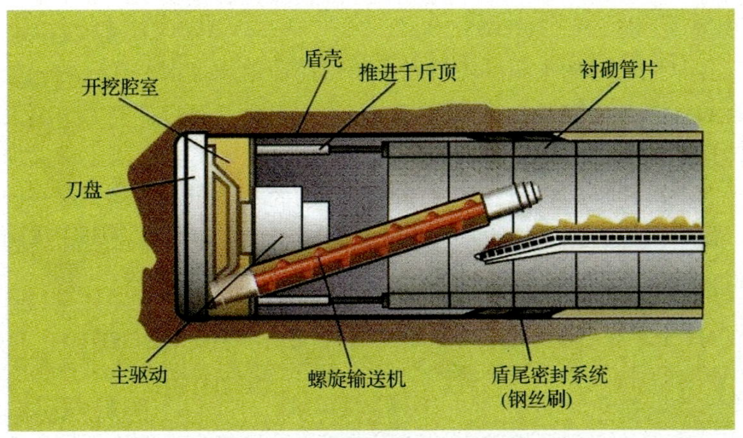

图4.8　土压平衡盾构的工作原理

作用在后盾内已拼装衬砌管片上的纵向顶推油缸向盾构和隔板施加推力，然后将压力传递到地层，该压力必须足以进行掘进、抵消盾构上的摩擦力并提供所需的开挖面支撑压力。

4.4.2.2　地质和土工技术方面

关于何种地层最适合于土压平衡盾构掘进的问题已经成为众多专家争论的话题，特别是关于掘进的便易性和岩土材料的最佳改良等问题。在选择和管理土压平衡盾构时应详细分析以下几方面：

（1）地层类别（黏性、具有磨擦力及脆性岩石）。一旦验证了土压平衡盾构的适用性之后，地层类别将影响机器的性能及渣土的正确改良（在土舱中），而这反过来又影响开挖面的稳定性。在细颗粒含量低于10%的地层中，使用土压平衡盾构是不适宜的。

（2）透水性及水位位置。在透水性小于10^{-5} m/s及水头小于3 bar的地层中，土压平衡盾构的使用是最佳的。如果透水性较高，加入土舱和螺旋输送机中的改良剂的类型和数量将相应改变。

（3）与隧道断面有关的不均质岩层、层理、不连续带（土压平衡盾构处在混合断面中）。

（4）孤石的比例、最大尺寸、硬度和耐磨性（如果有的话）。机械的磨损、破裂和孤石通过刀盘进入土舱及通过螺旋输送机进入弃渣处理场的可能性，这些问题都十分重要。开口的最大宽度（刀盘面积的百分比）、螺旋输送机的直径和斜度都与所预计的孤石的最大直径有关。

（5）具有高化学反应性的矿物质的比例（如重黏土组），其可能影响对开挖渣料的改良及可能产生黏性特性。

（6）渣土的最终用途和处理。

4.4.2.3 地层改良

由水（在早期型号的土压平衡盾构中使用的简单添加剂）和天然岩土材料混合形成的渣料并不总是能够以持续、均衡的方式并在不消耗过多动力情况下将规定的支撑压力传递到前面的最佳介质。出于这一原因，常常需要往渣土中添加一些改良剂，以便主动改良地层的物理特性。这些改良剂的主要用途是确保对开挖面支撑压力的控制，便于在螺旋输送机中形成“土塞”，最大限度降低刀盘扭矩和切削刀具的磨损（Vinai等，2007）。

改良剂的类型有多种：泥水、泡沫、填充料、聚合物及其他类型。改良剂的选择取决于其物理、化学特性和所开挖地层的类别。有时，混合使用多种类型的改良剂比使用单一改良剂更为有用。

改良剂可直接输入到开挖腔室的前面或螺旋输送机中。无论如何，这些改良剂必须易于处理、完全无毒且可生物降解，即环保。

膨润土浆

在机械化隧道工程中，膨润土浆在泥水盾构中用得最多。不过，如果泥浆加入到开挖腔室中能够提高开挖渣土的塑性并降低其透水性，那么土压平衡盾构也可能或要求使用泥浆。在第6章中详细阐述了停机时膨润土浆通过主动控制开挖面支撑压力所起的重要作用。

泡　沫

泡沫是一种含有表面活性剂（起泡剂）的特殊液体的物理状态。在溶液中空气分散，以至于泡沫膨胀，由液膜包围空气，从而形成气泡。气泡的内压力大于大气压，气泡压力与气泡大小和气泡液膜的强度有关。在干泡沫中层厚相当有限，气泡不是球形，而是以多面体形状（几乎像十二面体）链接在一起，气泡之间近乎平面（Milligan，2001，图4.9）。气泡的特性是由发泡率（*FER*）、气泡体积与原液体体积之间的关系、发泡剂在液体中的浓度所决定。控制改良有效性的另外一个重要参数是泡沫注入率（*FIR*），即注入泡沫体积与改良土体体积之比。

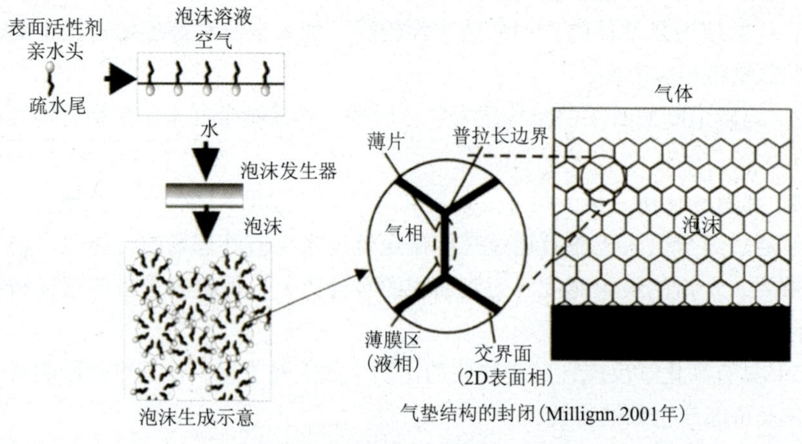

图4.9　泡沫作用原理（Milligan，2001年）

在土压平衡盾构中使用泡沫时，重要的是要知道在土舱和螺旋输送机内开挖土－泡沫混合物中泡沫持续保留时间，在这一时间段内，可能的泡沫消散将会导致发生开挖面支撑压力降低及排土塑性降低的问题。

泡沫的稳定性取决于气泡的大小、均匀性及液膜的抵抗力。气泡应尽可能小和均匀。在气泡大小可变的泡沫中，较大的气泡具有"捕获"较小气泡的趋势，可能导致泡沫的快速消散（Milligan，2001年）。

根据地层类别和所要达到的目的，具有不同类型的泡沫。以下列举出其中三种泡沫：

- A型：高度分散性，能够松解特别是黏性土的分子键。
- B型：一般用于砂质土层中。
- C型：具有较高的稳定性，能够保持地层的黏性和不透水性。

表征泡沫控制性和稳定性的主要因素是：

- 泡沫浓度因数（*CF*）：泡沫浓度因数（0.5%～5%）极大地受到地层中总水量的影响（考虑了开挖中注入的水及天然地下水）。

$$CF=100m_s/m_f$$

式中　*CF*——泡沫（表面张力活性剂）在水中的浓度；

m_s——溶液中发泡剂的质量；

m_f——溶液的质量。

- 发泡率（*FER*）：在工作压力下泡沫体积（V_f）与原溶液体积（V_F）之间的比率，一般范围在10～30。

$$FER=V_f/V_F$$

- 泡沫注入率（*FIR*）：其变化范围在10%～80%，一般是在30%～60%。该参数极大地受到地下水的影响。

$$FIR=100V_f/V_s$$

式中——V_s为开挖渣土的原始体积（V_f同上）。

评价泡沫特性可通过各种试验进行。虽然很难在实验室试验中模拟开挖过程中实际发生的情况，但实验室结果可用作为进一步调整泡沫特性的出发点，以改进其功能性。

最近，都灵理工大学隧道和地下空间中心（TUSC）实施了一项关于泡沫改良对各种土体影响的研究项目（2006年），开发了螺旋输送机试验装置，能够在一类似于土压平衡土舱的腔室中施加相对较高的压力，以研究土压平衡盾构中改良渣土的性能（Vinai等，2007）。

聚合物

聚合物与泡沫一起结合使用适于作为改良剂。根据其浓度，聚合物可以用作为渣土黏度的改良剂，以改善土舱中渣土有关黏度的性能。聚合物的其他优点包括降低胶结性地层的黏性、提高泡沫的稳定性。如果浓度在1%～3%，则聚合物具有将较大颗粒黏合成小土块的趋势。与自由流动的细颗粒相比，渣土处理装置可以更容易地处理这些土块（Babendererde，1998年，图4.10）。

聚合物是由众多单体连接在一起的相当大和长的分子链。均聚体是由作为基本单位的单体聚合而成的。共聚物是由两个或多个不同单体聚合而成的。聚合物可以不同的形式存在，其取决于聚合物链的长度、聚合物链之间是否存在连接及其特征、是否存在结构分子组。

如果开挖渣土需要干燥，则可添加能吸水的聚合物，以正确处理输送过程中的渣土。如果处理条件允许，采用石灰石或水泥可以更经济地达到同样的结果。

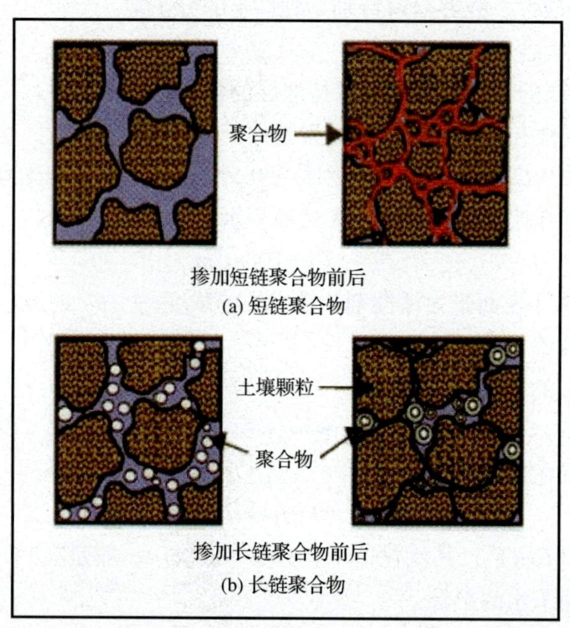

图4.10　聚合物的作用原理（Babendererde，1998）

填充料

填充料主要是细砂或碾细的石灰石，具有改进粒径分布（天然地层所具特性）的作用，使开挖腔室中的渣土更具非均质性。

开挖面支撑压力由进入土舱时经过适当改良的渣土所提供，因此重要的因素是土舱中渣土的粒径分布，而不是天然土体的粒径分布。这意味着，为了正确、均匀地混合能将压力传递到开挖面的土体，必须考虑开挖行为的“压碎”作用，因为与原始状态相比这会增加细颗粒的数量，另外还应考虑改良剂的作用（例如，使用聚合物可以改变粒径分布）。

在某些情况下，使用填充料（如碾碎的细粒径石灰石）十分必要，以便通过补偿原有地层所缺少的这些细颗粒来改良地层质量和调节土舱中的粒径分布。为了获得土舱中渣土的较好级配及螺旋输送机中良好的水密性，具有超细粒径（<0.06 mm）

的细颗粒含量规定必须大于10%。另外含水量必须维持在塑限和液限之间。

例如，在都灵地铁1号线5标段的开挖过程中采用了石灰石填充料。为此，相对于采用泡沫和聚合物改良地层的方法，进行了实验室研究，结果表明应优先采用石灰石填充料（具有易于获取、低廉和避免环境污染的优点）。添加物由石灰石填充料和聚合物构成并在洞外的工厂进行制备，通过搅拌车运送最终混合物并通过泡沫注射管直接注入到开挖面，对此阶段过程采用土压平衡盾构上的PLC进行监控。

其他改良剂

降低黏土质地层膨胀性的方法是通过改变构成黏土的特殊矿物离子，将既有地层改良成低吸水性的材料。膨胀性黏土包含大量的蒙脱石，而低活性黏土则主要是由伊利石和高岭石构成。添加氯化钾即是一种降低膨胀性的有效方法。诸如木素磺酸盐、合成磷酸盐等添加剂可用来消释或稀释膨润土浆。各种油料也可用于增加膨润土浆的润滑性（Milligan，2001年）。

4.4.2.4　改良地层的检测方法

为了优化地层处理，以达到所要求的结果，需要了解改良剂对地层的改良作用，这一点非常重要。为此可进行如下所述的试验：

- 泡沫渗入试验。该试验的目的在于确定刀盘之外泡沫所能注入的深度。获得一个最佳值是非常重要的，因为除了浪费大之外，过度渗透还不能保证支撑开挖面所要求的压力梯度。相反，泡沫渗透过少则不足以抵抗水压作用。在本试验中，在压力之下将泡沫挤压渗入到装在一圆筒内的土样中，对于土样同样施加水的反作用力以模拟地层存在水的情况，由此测定泡沫渗入地层的性能。
- 坍落度实验。该试验的目的在于通过塌落度评估土舱中改良渣土的塑性，具有在混凝土材料领域作为标准使用的优点。Quebaud等人（1998年）建议采用大约12cm的坍落度作为标准以获得土舱内良好的塑性。Vinal等人（2007年）则建议采用坍落度值作为地层改良良好的标志。
- 剪切试验。该试验（Quebaud等人，1998年）包括将土样平摊在钢台上并用一连串的刀片剪切土样，与此同时测量剪切这一动作所需能量。然后通过添加泡沫（或其他改良剂）重复进行这一试验并记录下所需能量的相应减少值。
- 可压缩性试验。改良渣土的可压缩性也是需要考虑的一个因素，以便准确地控制进入土舱的渣土实际特性。为此采用与贯入度仪试验类似的圆筒器皿。
- 摩擦试验。该试验的目的在于检测改良土和金属表面之间的摩擦力，以根据所用改良剂的类型评估在接触面上所消耗的能量。

4.4.2.5　出渣及运渣

在使用土压平衡盾构时，排土的第一步是通过螺旋输送机将渣土从土舱排出。螺旋输送机起着一个“土塞”的作用，使得在出渣时螺旋输送机内的压力已经降到大气压水平。如果开挖腔室中渣土的渗透性超过了所要求的极限值且隧道处在地下水位之下，那么加压的地下水就可能通过螺旋输送机涌入到隧道内。螺旋输送机具有灌注改良剂的功能，从而降低了渗透性，避免加压水的涌出。由于螺旋输送机中的渣土量是有限的，因此对于开挖渣土性能的改变，改良是一种快速且有效的方法。渣土一旦出了螺旋输送机，就可以采用各种交通工具，如皮带输送机、卡车、列车将渣土运送到地面（并最终到达渣场）。

4.5 选择水力盾构和土压平衡盾构所要考虑的一些因素

现已明了，城市掘进机仅可能是水力盾构或者是土压平衡盾构。在这两种机型之间的最终选择取决于实际工程的独特特征。但是，不同制造商制造的不同类型的机器具有不同特征，即使它们都是水力盾构和土压平衡盾构，这就使选型更加困难。

在众多的文章、研讨会或大会中都已讨论了在这两种机型之间进行最终选择的问题，以至于可以成为一本专著的主题（例如，《Boucliers Pressurises—Boue ou Pression de Terre?》，1997CEIFICI论文集）。

无论如何，选型的标准主要是包括以下所总结的并将在后面章节进一步阐述的一系列因素：

- 适用范围（地层类别）；
- 开挖刀头或刀盘；
- 盾尾注浆；
- 控制系统；
- 渣土处理。

4.5.1 适用范围

许多作者都对泥水盾构（SS）和土压平衡盾构（EPBS）适用范围这一话题感兴趣，他们倾向于将地层分为两类：一类是泥水盾构很容易掘进的地层，另一类是土压平衡盾构很容易掘进的地层，其中有一些地层条件是相同的。

这样的划分常常是通过在标准图中比较所要开挖的各种土壤类别的粒径分布来进行的，所区别的因素是土壤中细颗粒土的含量。

在选择正确的机型时，需要考虑一些与这两种不同机型典型工作原理有关的理论问题：

- 水力盾构通过在泥浆和渣土之间形成一个“滤饼”来施加开挖面支撑压力。渣土的渗透性越大，滤饼的形成就越困难。因此必须针对开挖面中地层的粒径设定上限，这与渗透性有着严格的关系，同时颗粒粒径越小，分离设备工作就越困难。因此，仅从作业观点看还必须设定粒径下限。

- 土压平衡盾构利用所切削的渣土直接向开挖面施加支撑压力，但在开挖密度大于14 kN/m^3的坚硬地层时，单单"压力"这个词就很难理解。如果土舱中的渣土料是一种"浆糊"或"高浓度泥浆"，或者通过黏土－水混合物能够转换成"浆糊"或"高浓度泥浆"，那么就可以控制开挖面支撑压力。如果仅仅有土－水混合物是不够的，那么就必须在开挖渣土中添加其他别的东西，以改良其特性（见4.3.2.3节及8.4节中的实例）。

另外，对于EPB功能最为重要的事情之一是在螺旋输送机（塞子）中创建一个压力梯度，以便将土舱底部的压力值从实际值降低到出渣闸门处的零值，从而避免可能的涌水现象发生。只有当送入螺旋输送机的渣土具有可接受的成分和渗透性时，才有可能实现这一点。

如果不进行改良，那么在地层相对松软和有少量（5%～10%）细颗粒存在的情况下土压平衡盾构的使用就有问题，而在渗透性高至非常高的地层中泥水盾构的使用也会有一些问题。在有孤石（其尺寸和数量过大而难于通过机器处理）存在的情况下这两种掘进机都会有问题。

近期的实例（即都灵地铁项目）表明，通过适当地添加一些填充物和/或添加剂，土压平衡盾构甚至可以有效地运用于超出其理论适用范围之外的地层中。例如，在粗颗粒土壤中通过添加诸如膨润土或极细砂等填充物可以解决沿螺旋输送机压力消散问题。在其他类型的土壤中则可能要求大量使用其他改良剂，如聚合物、水和泡沫。因此可以说，通过适当的添加剂，土压平衡盾构可以运用于众多类别的土层中（图4.11）。但是，大量使用添加剂存在与成本相关的经济性限制，对此需要加以考虑。

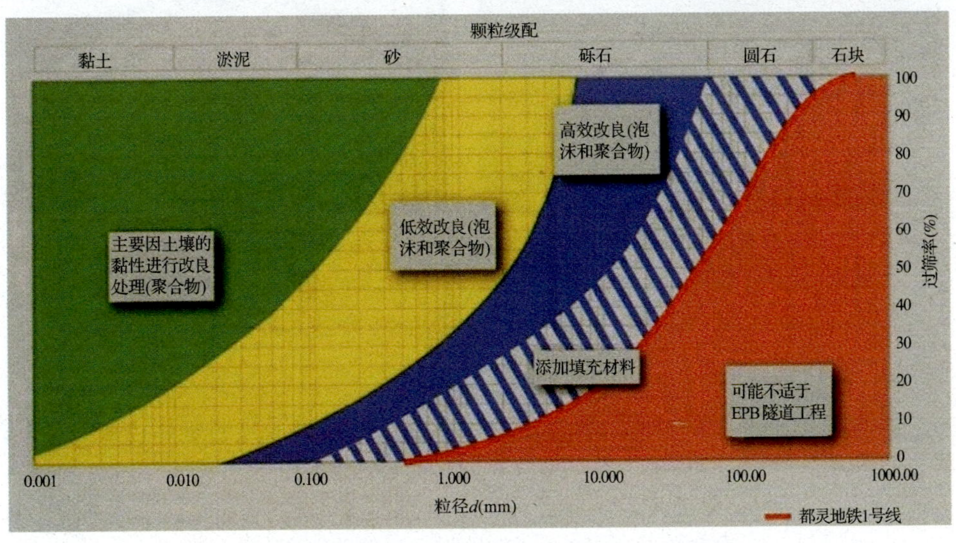

图4.11 泥水盾构和土压平衡盾构的适用范围及各种改良技术

4.5.2 刀盘和切削工具

最近几年，现代化的刀盘已成为研究和开发的对象，以优化其性能和局限性或者简化维修保养作业。

在给定的行程和转速条件下，切削工具在刀盘上的位置和结构影响着切土效率。刀盘上的开口面积与开挖断面之间的比率直接影响着刀盘前方的力学支撑性能及开挖面支撑压力的控制。对于泥水盾构或水力盾构，刀盘的开口率常常超过50%（图4.12（a）），而土压平衡盾构的开口率在20%～35%（图4.12（b））。事实上，在水力盾构中滤饼的形成需要泥浆与开挖面的紧密接触。相反，土压平衡盾构的支撑效应是基于土舱中渣土的压力差。这就要求泥水盾构的刀盘结构应轻于土压平衡盾构的刀盘结构。开口率越大，所能安装的切削刀具的数量就越少。

刀盘切削通过孤石的性能得到了极大的改善，其目的在于避免工人进入开挖腔室人工搬运机器不能处理的过大石块（BTS，2005）。但是这种情况是针对存在许多孤石尺寸接近于机器所能允许的最大极限情况，在泥水盾构中可以设置碎石机，在土压平衡盾构中则不能设置碎石机。

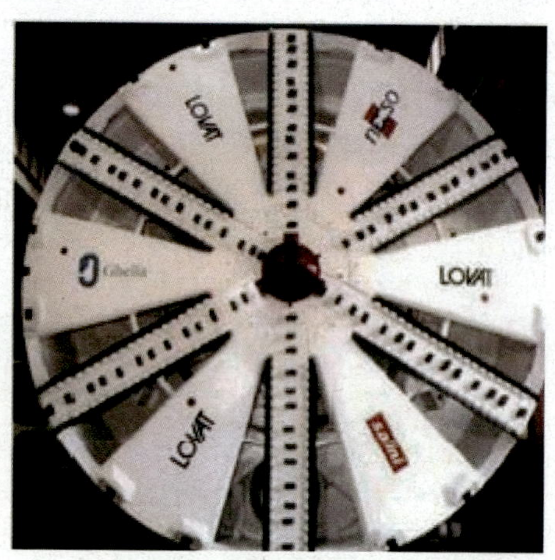

图4.12 （a）在罗马使用的Voest Alpine HDS 925泥水盾构（见附录7） （b）在博洛尼亚使用的Lovat RME-370SE土压平衡盾构（见8.6节）

4.5.3 盾尾空隙（环形缝）注浆

泥水盾构和土压平衡盾构所开挖的城市隧道的衬砌由预制管片构成（见5.3节），管片是在每一掘进循环结束时在尾盾内进行拼装的，即在液压油缸施加顶推力的区域内。在已拼装的衬砌管片环之外，因以下3种主要因素而形成了环形缝（或盾尾空隙）：

- 易于前进所需的盾构圆锥形（其特征是前盾和后盾的直径有差异）；

- 盾构外弧面直径与在其内拼装的预制管片衬砌外弧面直径之间的差异（包括盾壳厚度和盾尾密封系统所需空间，见5.4节）；
- 机器通过曲线段所需的超挖部分。

为控制地表沉降、确保正确拼装管片并允许将地层荷载良好、均匀地传递到衬砌上，必须对环形缝进行充填。普遍的回填做法是由盾尾处的一系列管道通过适宜的喷嘴将加压水泥浆注入到缝隙中（图4.13）。衬垫系统（一般是三道钢丝刷）可以避免浆液从管片和盾壳之间的空隙中挤出。

另外可以直接通过管片进行注浆（第二步注浆）。注浆料是水泥、细颗粒、水和添加剂（增塑剂、缓凝剂等）的混合物。这些不同成分应按适宜的配比进行混合以达到设计规范所要求的注浆性能（详细情况参见第5.4节）。

在机械法隧道工程领域，公开讨论的话题是如何沿盾构本体填充开挖断面和盾壳外弧面之间的空隙（图4.13）。很明显，在泥水盾构中自然是由土舱中的加压膨润土浆来填充这一空隙。而在土压平衡盾构中，则只能是由一些泡沫、空气和水来填充这一空隙，但并不提供支撑作用。在一些工程项目中采用了一种特殊系统，通过压注膨润土浆来填充这一空隙，所施加的压力值则取决于开挖面支撑压力。不过，这一方法的实用性还未得到验证。这确实是今后试验和开发的一个重要领域，主要集中在寻求一种支撑盾构周围地层的方法。环形缝是无任何有效对策情况下可能发生沉降的最终源头。

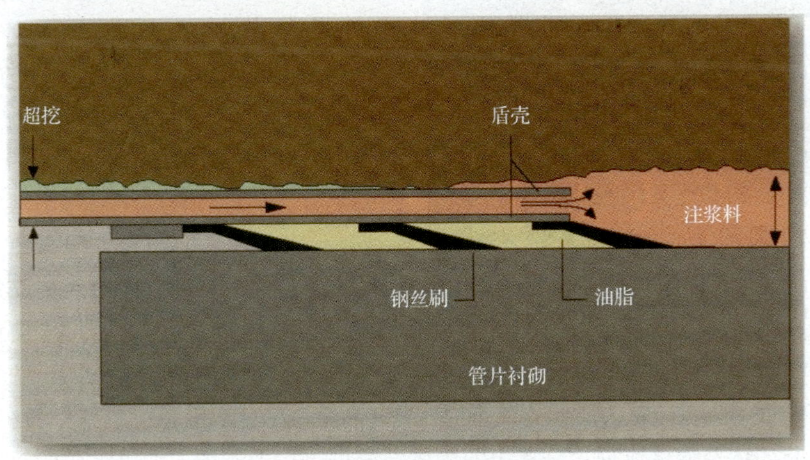

图4.13 盾尾缝隙的回填注浆

4.5.4 控制系统

计算机控制系统（数据记录仪）用于管理连续从TBM采集的众多数据流，向操作人员提供正确操纵机器所需信息（图4.14）。现代化的掘进机一般配备有从施工现场到地面工作站的直接联网系统，在工作站，受过训练的用户可以连续地登陆TBM

数据库。这样就能连续检测机器的性能并确定是否需要进行维修保养。采集在线反分析需要的所有数据也是非常有用的，以便实时调整开挖数据，处理潜在的危险情况并避免危险情况的发生。另外，在发生事故时，数据记录系统能够让人知道事故发生的原因。

泥水盾构和土压平衡盾构控制方法之间的具体差别将示于第6章中，并将详细阐述施工控制问题。以下是监测施工过程并控制开挖所需的基本参数（图表形式）：

- 开挖腔室中及沿螺旋输送机部分的压力；
- 挖土量及排土量；
- 环形缝中的注浆量及压力；
- 扭矩、行程、钻速、刀盘的掘进速度。

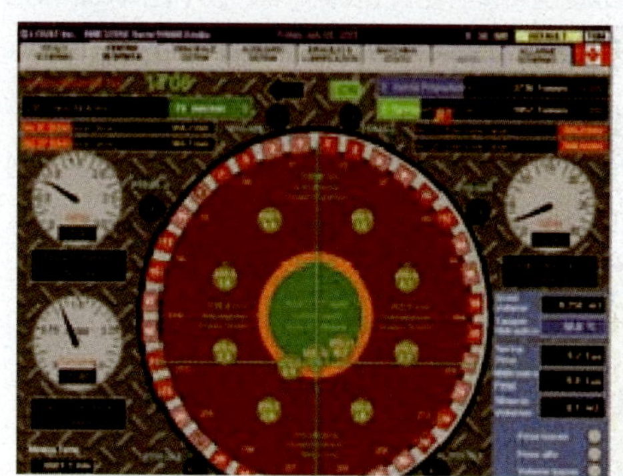

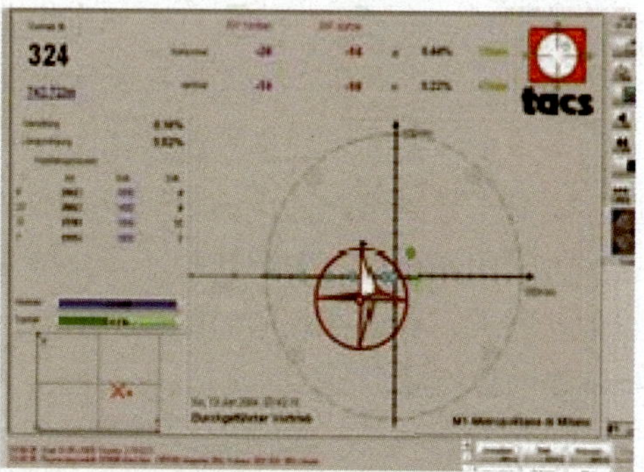

图4.14 土压平衡盾构中的控制面板（左）和导向屏幕（右）

4.5.5 渣土处理

水力盾构和土压平衡盾构出渣系统之间的主要差别是：在泥水盾构中是通过连接TBM土舱和地面分离设备的管路泵送水、膨润土、聚合物和渣土的混合液体来实现渣土的输送；在土压平衡盾构中渣土的输送则常常是通过列车或连续皮带输送机。在极少的、特殊的土压平衡盾构施工实例中，也通过将水加入到排土中从而借助于管线和泵送系统来实现渣土的输送。

在地面，来自于水力盾构的液态混合物将在特殊的分离设备（参见4.4.1.6节）中分离出其固体及液体成分。分离出的固体部分可以运到渣场。如果需要的话，可以通过在出渣循环中添加新鲜膨润土重复使用分离出的液体部分。

来自于土压平衡盾构的渣土则一般可以直接运到渣场，不作任何处理。在某些情况下，如果渣土的含水量较大，则需要在临时渣场通过特殊装置的旋转使渣土干燥。

从投资和开发两方面看，泵送系统、管线、分离设备等显然是开挖成本的额外增加部分。

4.5.6 在水力盾构和土压平衡盾构之间进行选择

在城市地区，水力盾构和土压平衡盾构的选择标准受到很多因素的影响，包括经济和环境方面的因素。但是，从开挖面稳定和沉降控制的观点看，这两种技术不得不视为是具有同等的水平。

直至2005年，使用土压平衡盾构的最关键点都涉及刀盘扭矩的力学极限值，该值是开挖直径立方的一个函数。最初，似乎不可能达到12 m直径的极限值。而现在，由海瑞克制造的15.20 m直径的土压平衡盾构在大约8个月的时间里就掘进了马德里的一座3.6 km的隧道（称为M30项目）。由三菱公司制造的第二台掘进机（15.10 m直径，图4.15）也完成了同一工程第二孔隧道的掘进，基本上平了海瑞克公司所创造的纪录。

图4.15 用于马德里Calle30 工程的15.10 m直径的三菱土压平衡盾构

如今，必须考虑开挖面支撑压力的极限值。土压平衡盾构已经运用于英法海峡隧道和Store-Belt工程中，隧道均处在水位以下，最大压力达到8 bar。泥水隧道也已用于Elba 隧道、Westerschelde隧道和圣·彼得堡地铁工程中，其最大压力达到6 bar。但这些压力上限值对于城市地区隧道工程来说并不具有十分重要的意义，因为在城市地区70 m的隧道埋深（像圣·彼得堡地铁工程一样）是非常罕见的。

不过，在紧急情况（如开挖面坍塌）下，这两种类型的掘进机的行为特征是完全不一样的：

（1）在泥水盾构中，坍塌的土体可能进入到土舱中取代膨润土浆并形成冒顶坍塌。即使施工过程处在控制之下，也不能采取任何措施避免这种情况，除了灌注一些膨胀性材料并希望及时获得四下流窜的"泥水泡"。

（2）在土压平衡盾构中，坍塌土体不可能进入到已经充满坚硬渣土的土舱中。如果施工进程处在控制之中，操作人员可以很容易地终止所有作业并请求项目经理介入以实施预定的对策，例如危险区域四周的地层处理。如果成功的话，这可以避免地面发生的严重后果。

机型的选择，明显是承包商的责任（除非业主已有其他规定）。承包商在选型时必须考虑工程项目的所有相关方面，自身的经验，设置分离设备的可能性，是否有必要拥有足够坚固、能掘进硬岩的刀盘，开挖面的最大支撑压力，土体的渗透性、细颗粒土的含量及所有其他设计方面的因素。

一旦作出决定后，真正重要的事情是，在经验丰富的管理团队的支持下，训练有素的TBM操作人员应在施工过程中实施全面的和集成的控制系统。其原因在于，“即使正确选择了机器，如果没有进行正确管理和操作控制，其糟糕情况无异于机型的错误选择”（BTS，2005年）。

第5章

隧道设计

5.1 隧道施工诱发沉降的预测、控制及其影响评估

5.1.1 隧道施工诱发沉降的基本概念

地层位移是隧道开挖、施工不可避免的结果。隧道开挖引起原位应力释放，其仅有部分受到隧道支护设置的限制。实际上，不可能瞬间形成一个空隙并提供无限刚性衬砌来进行准确填充。因此在隧道埋深处将出现一定程度的地层变形，这将触发一系列位移，导致地表出现沉降，随着隧道埋深的减小这种情况变得愈加明显。

沉降主要是由3个方面因素引起的：

（1）隧道开挖引起的短期（或立即）沉降，是以下各项因素综合影响的结果：隧道工作面稳定性、掘进速率、安装隧道衬砌所需时间、机械化开挖隧道中填充盾尾空隙所需时间。沿隧道轴线的立即沉降出现在隧道工作面前方一定距离处，当盾尾注浆硬化到足以抵制任何进一步径向位移时沉降中止。

（2）因隧道衬砌变形引起的沉降。它与浅埋、大直径隧道有关，但是在城市环境的机械化隧道工程中其影响很小，因为机械化城市隧道工程能很好地估计荷载，大的变形也能通过恰当设计的管片衬砌而轻松避免。

（3）因以下原因造成的长期沉降：①初始固结（一般在超孔隙压力消散期间出现在黏性或可压缩土壤中），②二次固结（一种土壤蠕动形式，其很大程度上受到土壤骨架屈服和压缩速率的控制）。

本节讨论的重点是隧道施工诱发的短期沉降。在开挖过程中，隧道周围未支护或部分支护的地层在应力释放时会向内移动，因此，挖出的岩土量总是高于完工洞室理论体积。这个额外的开挖量即为“体积损失”（或“地层损失”），采用引起松弛的单位掘进进尺来表示（即m^3/m）。换言之，体积损失/横截面面积×100即是常用的体积损失（V_L）表达式。

引起体积损失的位移大小取决于土壤类型、隧道掘进速率、隧道直径、开挖方法、临时初期支护形式及其刚度。

在机械化施工隧道的特定情况下，造成体积损失的各个因素为：

（1）隧道工作面的减压。盾构滚刀将泥土材料从隧道工作面挖下，在这个连续过程中，隧道工作面前方和周围影响区域的地层从工作面处挤出，引起工作面损失（图5.1（a））。

（2）便于盾构通过的前面隧道孔洞的轻微超挖。至少有两个因素导致盾构工作面的轻微超挖。首先，刀盘的直径稍大以减少盾壳被卡的机会，这通常通过焊接钢条或在盾壳外侧简单焊接一些“小齿球”得以实现。其次，盾构工作面超挖，便于盾构通过曲线段或仅按定线方向操纵盾构前进。当这些小齿球通过以后，地层便有机会向洞内径向移动（图5.1（b））。开挖周边地层可能会在盾壳上面形成完全的闭合（图5.1（c）），这取决于相对于掘进速率的土层变形速率。

（3）在盾构内安装直径稍小的衬砌，而且一般用灌浆料立即填充衬砌与地层之间的环状空隙。这样地层便有机会在衬砌之上进一步径向收敛，直到注浆完全填充空隙且足够坚硬以抵制土压为止，或者如果空隙没有恰当灌注的话。（图5.1（d））。

这两次径向位移之和（图5.1（b）和（c））被称为径向损失。工作面损失与径向损失之和构成了隧道开挖引起的体积损失V_L。

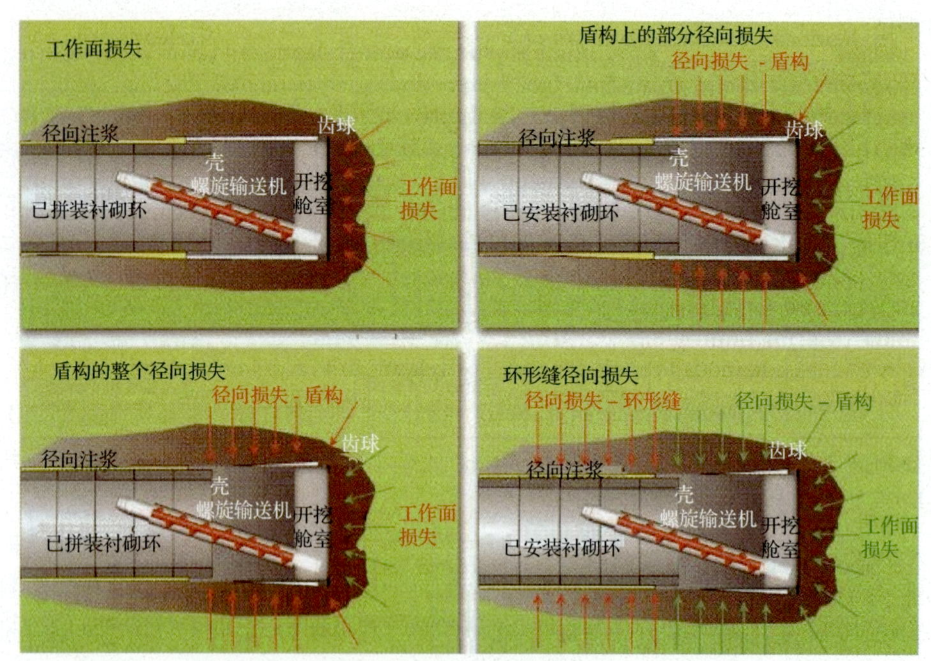

图5.1 造成体积损失的因素

通过恰当的TBM掘进程序可适当地控制工作面损失和径向损失。实际上，在机械化开挖隧道中，如果适当地对隧道工作面进行加压，工作面损失将非常有限，而且通过合适的注浆配比设计和定期维护注浆管线以避免堵塞并在适当压力下进行充分注浆可很容易地控制径向损失。

但是，对隧道工作面进行适当加压以防止工作面损失也要求深刻了解相对于隧道施工的地层潜在破坏机理，以便根据所遇地质条件、地下水位高度和隧道埋深确定施加在隧道工作面上的最佳工作压力分布范围。

表5.1概述了以葡萄牙波尔图地铁项目为例的破坏机理（详情参见第8.3节）。地铁的地下段施工位于人口密集区，上面大约有1 700座建筑物。地质条件（波尔图花岗岩构造）非常复杂，从残积土层到完好的、相当破碎的岩层，其特征是不规则地存在有岩芯、断层、结晶花岗岩脉和松散岩层，其多样性导致在较短距离内地层特性的迅速变化。残积土所体现出的局部亚稳定和可坍塌的结构可能对隧道工作面坍塌形成较大的潜在可能性，这取决于残积土的高孔隙率和低的黏结性。另外，如果地层没有得到充分支护或出现超挖，具有弹性-脆性-塑性的地层将导致地面不可预见地突然失稳。

因此，如果建立一个包括地质调查、研究、案头研究、计算方法和创新的综合实施程序，那么保持工作面稳定性是可能的（参见第5.2节）。

但是，有一个最小值V_L不能完全避免，即因盾构本身几何结构造成的径向损失。一旦知道TBM 的几何尺寸，便可轻松计算这部分的体积损失。如果为软弱地层，且预计在盾尾空隙注浆可以阻止地层位移之前盾构上方的开挖断面将完全松弛，那么盾构上方的整个径向体积损失可能会以沉降方式传递到地表。有时，相应的地表沉降可能引起对敏感建筑物的巨大损坏。如果是这种情况，必须采取补救措施（参见第5.1.7节）。

如前所述，隧道深度处的体积损失可以沉降方式将地层损失传递至地表。在大多数地层条件下，地表沉降槽的净体积（V_S）约等于隧道深度处的体积损失V_L。如果地层的响应为一恒定体积（即不排水的），那么这个关系式就是准确的。当隧道工程处于排水条件时，例如在密实砂层中，那么因膨胀原因，V_S一般会小于V_L（Cording 等，1975年），因此可粗略估算出$V_S=0.7V_L$。在松散粒状土层中或可坍塌岩土材料中，如果为负膨胀，那么V_S可能大于V_L。

表5.1 波尔图花岗岩构造中非传统的EPB-TBM 施工期间的不稳定性机理（Grasso 等，2003年）

机理	地质情况描述	典型情况	诱发因素
整体失稳	· 大的楔块脱离 · 工作面不稳定 · 开挖断面不稳定	· 破碎岩体 · 严重风化花岗岩 · 残积土 · 淋滤花岗岩	· 掘进期间工作面支撑不恰当 · 超挖 · 对工作面地质条件突然变化反应较慢

续上表

机理	地质情况描述	典型情况	诱发因素
局部失稳	·小楔块脱离 ·沿不连续面的风化花岗岩不稳定 ·较松散和/或淋滤的花岗岩囊不稳定	·破碎－非常破碎岩体 ·混合工作面地质条件 ·严重风化花岗岩 ·残积土 ·淋滤花岗岩	·错误的渣土改良处理 ·开挖下的和改良处理的渣土材料充填腔室不充分 ·人为干预期间压缩空气压力不足 ·采用常规现场调查难于预测非常松软的土层分布
管涌	·沿不连续面亚稳定的、松散及淋滤的风化花岗岩或残积土的液化或者岩体内的水力通道	·非常破碎的岩体。残积土和/或淋滤花岗岩填充在持久破碎岩体内 ·带囊穴的严重风化花岗岩和/或淋滤花岗岩	·内部冲蚀 ·水力和/或机械冲击 ·难于限制开挖腔室中的压力波动 ·开挖腔室与周围环境之间的水力梯度过大
逐步失稳	·隧道上方空隙的逐步扩散导致TBM通过后出现突然的脆性坍塌		·原有洞穴 ·超挖 ·尾部空隙的纵向注浆填充不充分

体积损失V_L的大小主要取决于地层类型和隧道开挖方法。最近采用闭胸式盾构机械化开挖的隧道工程（土压平衡盾构和泥水盾构）经验表明：在砂土层和砾石层可实现较高程度的沉降控制并有少量的体积损失（即$V_L< 0.5\%$），而在松软黏土层中，V_L范围介于1%～2%之间，未包括长期沉降。

根据Leblais 和Bochon报告（1991年），对于在深度22～52 m之间穿过密实细颗粒Fontainebleau 砂层的9.25 m直径隧道，其体积损失范围为0.2%～0.9%；当埋深很浅、拱顶仅在地表以下4.1～7.2 m时，观察发现其体积损失范围为0.8%～1.3%。在Ata的报告（1996年）中，开罗一位于中等－密实砂层中埋深约16 m、处在水位线以下、直径9.48 m的泥水盾构隧道体积损失范围为0.2%～1%，平均为0.5% 。

5.1.2 光地沉降预测理论

地表既有建筑物将改变地层位移的发展，而地层位移发展又取决于结构物距离隧道的远近，但在考虑既有结构物所增加的复杂性之前，了解隧道诱发的光地沉降发展是很重要的。

最近40年，许多研究者对隧道诱发沉降问题很感兴趣且发表了很多有名的评论文章（其中有Peck，1969年；Cording等，1991年；Leblais 等，1996、1997年；Attewell等，1982、1984年；Rankin，1988年；New等，1991年；Leblais 等，1995年）。

因此，关于光地沉降理论的讨论包含在许多可供参考的论文和书籍中。这里不是对理论进行重新讨论，表5.2～表5.5为均匀介质条件下针对单孔隧道的主要理论方法概况。

在双孔隧道情况下，沉降效应的叠加一般是可以接受的，即每孔隧道各自诱发的沉降按表5.2～表5.5中公式进行计算，两者相加得到总沉降值（图5.2（a））。

但是当隧道位于土层，且两座隧道的间距较小时（典型情况为两隧道轴线间距为两倍直径大小或小于两倍直径），第一座隧道的施工将明显影响土层条件：约束条件降低、应力释放、土壤强度参数降低。因此第二座隧道将穿过“不同的地层材料”进行掘进，而且第二座隧道诱发的沉降值一般更高。

在这种情况下，设计时应考虑第一座隧道开挖后出现潜在土壤软化的情况。因此，可利用如残积土参数进行第二座隧道诱发沉降评估。

表5.2 评估均匀介质条件下单孔隧道开挖导致光地位移的常用方法概述：地表沉降一般表达式（Attewell 和Woodman，1982年）

<table>
<tr>
<td>

问题陈述

沉降是一个3D 问题。

对以下方面进行评估可能很有意义：

－ 某一断面的横向沉降槽及其发展过程；

－ 沿隧道轴线或与隧道轴线平行的某一位置处的纵向沉降槽。

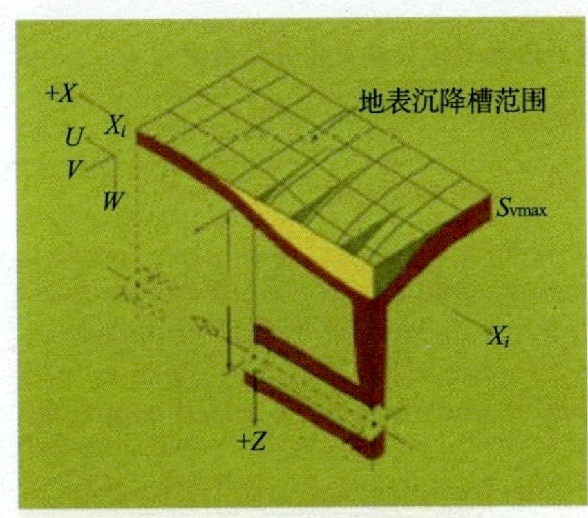

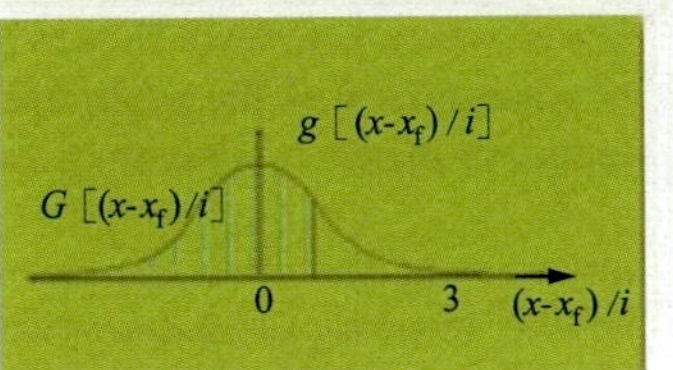

</td>
<td>

地表沉降一般表达式：

$$S=\frac{V_s}{\sqrt{2\pi}\cdot i}\bullet e^{-\frac{y^2}{2i^2}}\bullet\left\{G\left[\frac{x-x_i}{i}\right]-G\left[\frac{x-x_f}{i}\right]\right\}$$

式中：

S：某一点（x，y）上的地表垂直沉降（m）；

y：该点距隧道轴线距离（m）；

x：该点的纵向位置（m）；

V_s：每米隧道掘进的沉降槽体积（m^3/m），为隧道单位体积V的百分比V_L；

X_i：隧道初始位置或起始段（m）；

X_f：隧道工作面位置（m）；

i：沉降槽宽度参数，表示为：$i=kz_0$，其中k为一无量纲常数，取决于土壤类型，z_0为地表以下隧道轴线深度；

G：被定义为一个函数：

$$G(\alpha)=\frac{1}{\sqrt{2}}\cdot\int_{-\infty}^{\alpha}e^{-\frac{\alpha^2}{2}}\mathrm{d}\alpha$$

式中：

$\alpha=(x-x_i)/i$

$G(0)=0.5$，当$x=x_f$（隧道工作面上的某点）；

$G(I)=1.0$，当（$x-x_i$）→∞。

针对不同的（$x-x_i$）/i值计算G值，而且可从相应表格中获取

</td>
</tr>
</table>

一般建议进行数值模拟，以研究双孔隧道的相互作用并正确确定应力释放率和土壤参数的相应变化（图5.3）。问题一旦用数值方法得到解决，就能得到与通过数值方法预计的沉降槽更加拟合的参数V_L和k，通过半经验法和简单地叠加两座隧道产生的沉降效应可进行广泛的沉降预测，这里，两座隧道的V_L和k值是不同的（图5.2（b））。

表5.3　评估均匀介质条件下单孔隧道开挖导致光地位移的常用方法概述：横断面中沉降槽的推导表达式（Attewell 和Woodman，1982）

问题陈述	横向沉降槽
横向沉降槽 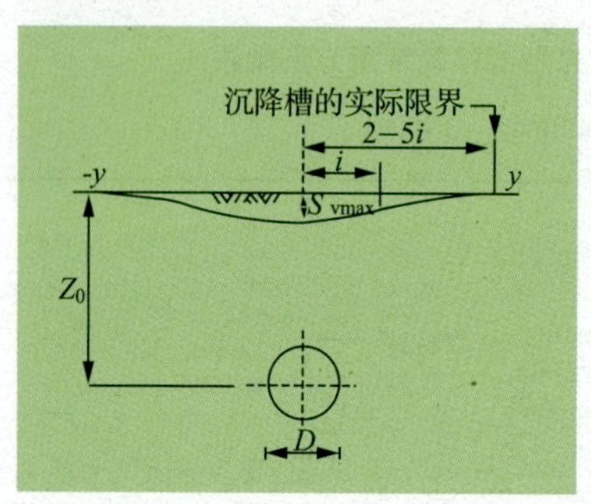 	如果横断面的x点位置具有以下特点：即$(x-x_i)/i>3$和$(x-x_f)/i<-3$，$G[(x-x_i)/i]=1$，$G[(x-x_f)/i]=0$（即横断面恰好在隧道工作面后面），那么表5.2中的一般表达式变成： $S=S_{\max}\exp\left(\frac{-y^2}{2i^2}\right)=\frac{v_L}{i\sqrt{2\pi}}\exp\left(\frac{-y^2}{2i^2}\right)$ 因此，Peck（1969）根据20个实例，推导出了表示“光地”长期沉降的半经验高斯曲线。它表示横断面中的沉降槽恰好位于隧道工作面后面，此处因隧道开挖已达到最大位移。

表5.4　评估均匀介质条件下单孔隧道开挖导致光地位移的常用方法概述：沿隧道轴线的沉降槽一般表达式（Attewell 和Woodman，1982）

问题陈述	沿隧道轴线的沉降槽
短期的纵向沉降槽 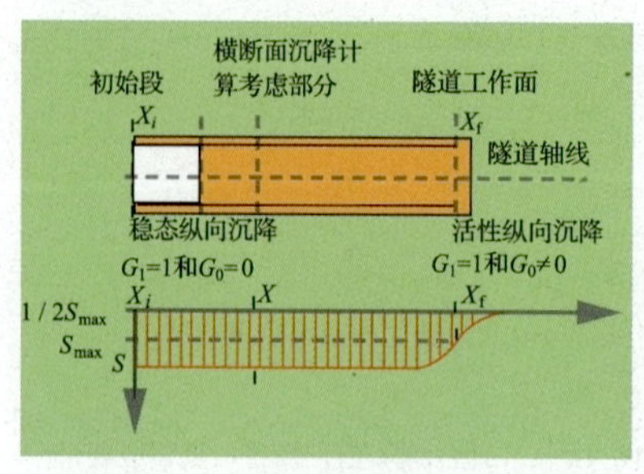 	根据一般方程式并假设y=0，得到： $S=\frac{V_s}{\sqrt{2\pi}\cdot i}\cdot\left\{G\left[\frac{x-x_i}{i}\right]-G\left[\frac{x-x}{i}\right]\right\}$ $=S_{\max}(G_1-G_2)$ 如果已知隧道起始位置x_i和隧道工作面位置x_F，那么就能计算出隧道工作面前方（$x>x_F$）或后面（$x<x_F$）不同点的垂直位移。 当G_1=1且$G_0\neq0$时，纵向位移为$S_{\max}$的一个百分比，其差$G_1-G_2<1$。

表5.5 评估均匀介质条件下单孔隧道开挖导致光地位移的常用方法概述：地表沉降一般表达式，Attewell 和Woodman（1982）

问题陈述	水平位移与应变
水平位移与水平应变 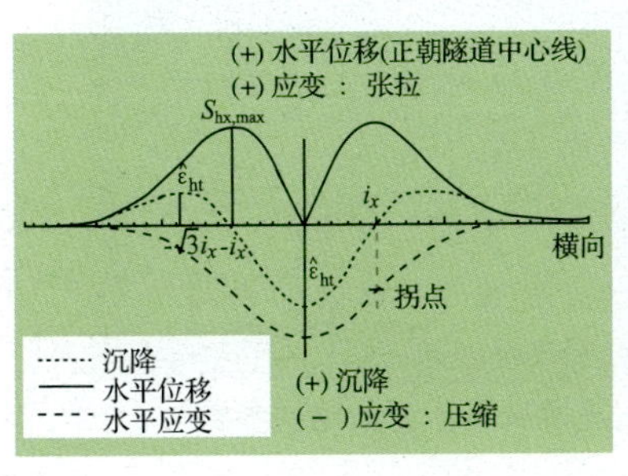	O’Reilly 和New（1982）提出了一种预计因隧道开挖引起地表水平位移的方法，它假设地表附近位移矢量方向是朝向隧道轴线。 $S_h=\frac{y}{z_0}S_v$ 或$S_h=S_v\frac{y}{z_0-z}$（针对地表以下区域） 地表水平应变通过推导S_h获得 $\varepsilon_h=\frac{dS_H}{dy}=\frac{S_{max}}{z_0}\cdot\left(1-\frac{y^2}{i^2}\right)\cdot e^{-\left(\frac{y^2}{2i^2}\right)}$ 最大水平位移出现在拐点处，而最大水平应变则出现在$y=0$（压缩）和$y=\sqrt{3}i$（张拉）时

表5.2～表5.5 对半经验沉降理论进行了简要概述，如果考虑了理论中的基本假设条件，那么它就具有使用方便和可靠性高的优点。

通常城市地区的隧道开挖将面临更为复杂的地质条件，例如黏性地层和无黏性材料以及非均质地层，因此半经验理论的可靠性降低了，但可在一定程度上克服其局限性（Selby，1988年）。

在匀质地层中，地层向隧道的位移量可传递到地表，但是因为在向上传递期间其具有水平扩散的趋势，所以其在各个方向的位移也就减小了。在隧道拱顶与地表的各层之间，沉降槽的形状是相近的，但S_{max}值和i值将随深度z值的不同而发生变化（图5.4（a））。各公式中的符号定义请参考表5.2。

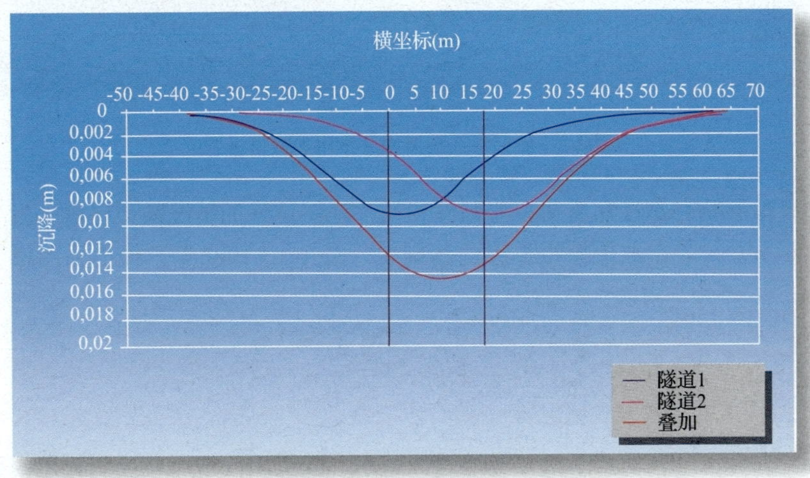

（a）隧道孔洞无相互作用和沉降效应叠加

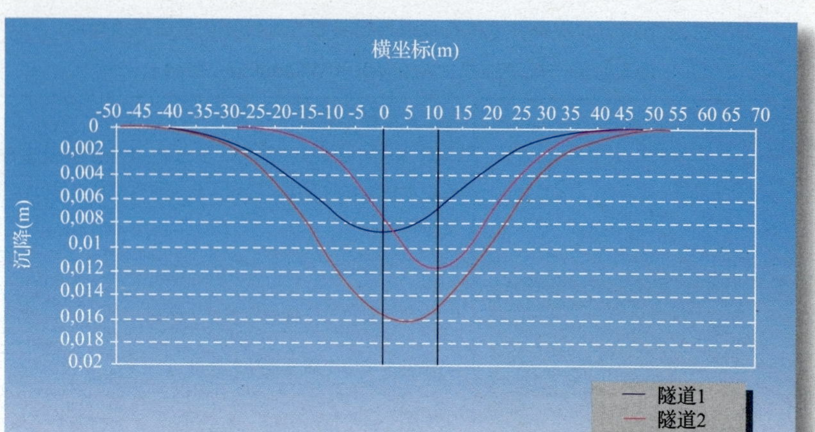

（b）隧道孔洞之间相互作用，开挖第一孔隧道后重新评估地层参数

图5.2 双孔隧道沉降预测

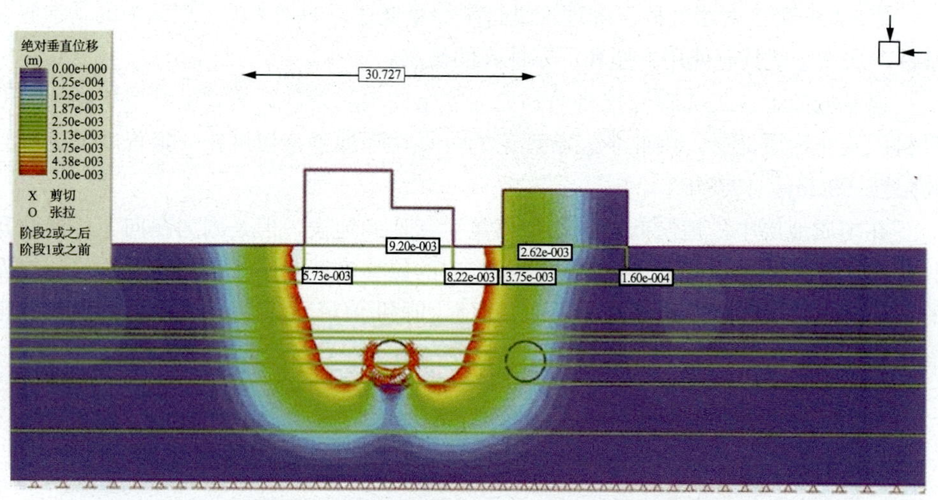

图5.3 研究双孔隧道相互作用的数值模型

如果地层既有黏性物质又有非黏性物质，地层位移的情况随地层顺序发生变化（图5.4（b））。在数值模拟校正的基础上，Selby（1988年）提出采用以下简化公式。

$$i=\sum_{1}^{n}k_n z_n \ , \quad k_{eq}=\frac{\sum_{1}^{n}k_n z_n}{z_0} \tag{5.1}$$

另一方面也可轻易推断出，隧道埋深越小，隧道周围地层在控制地层损失和传递至地表沉降方面的作用越大。因此，当隧道深度大于1.5D时，建议采用加权公式对k_{eq}进行评估，它考虑了紧靠隧道上方地层的主要影响（即紧靠隧道上方1.5直径厚度的地层，参见图5.5）。对1.5D范围内的地层，可得到一个加权值，λ>50%，其中λ值最初可通过数值分析获得，然后广泛用于半经验公式——方程（5.2）中，以便快速、简便地预测光地的沉降（Chiriotti等，2000年）。

$$k_{eq}\frac{(1-\lambda)\cdot(z_1k_1+z_2k_2+\cdots\cdots+z_mk_m)+\lambda\cdot(z_{m+1}k_{m+1}+\cdots\cdots+z_nk_n)}{(1-\lambda)\cdot(z_1+z_2+\cdots\cdots+z_m)+\lambda\cdot(z_{m+1}+\cdots\cdots+z_n)} \tag{5.2}$$

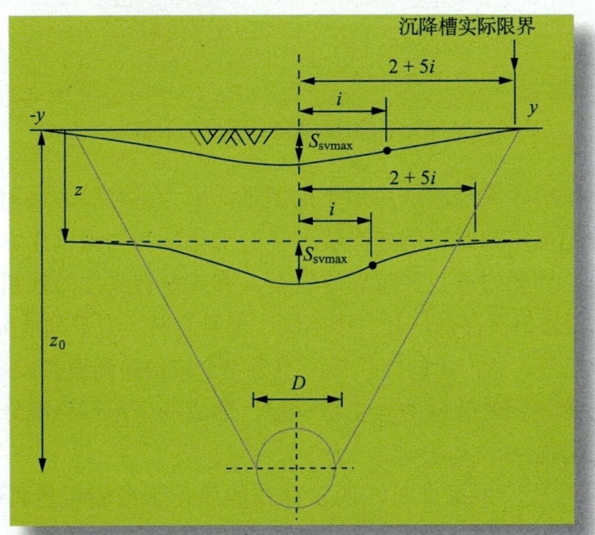

（a）在均质地层中

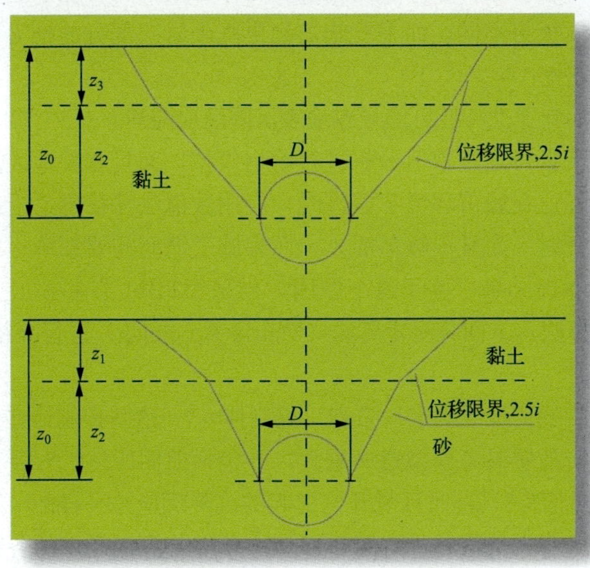

（b）在具有不同地层密度的成层地层中

图5.4 沉降向上传递到地表

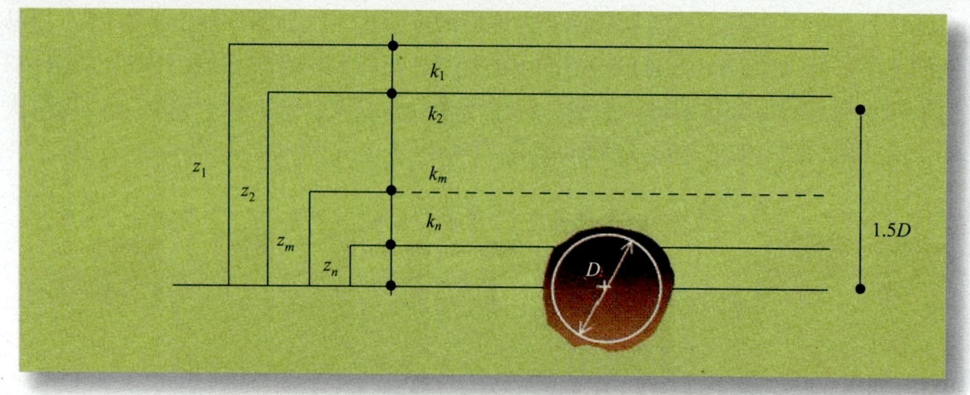

图5.5　埋深大于1.5*D*的成层地层中K_{eq}计算方法建议

当为非均质层时，半经验法应用更加困难，因为半经验方法固有的局限性变得越来越明显。情况确实如此，例如当隧道穿过受化学和物理风化影响的岩体时，其可能是完好岩体、软弱岩石、严重破碎岩石、有或没有黏性的残积土等的混合体。隧道四周的体积损失仍然存在，其大小不同。但是有时会有下列情况出现：

- 因部分岩体完好，所产生的体积损失不会完全被传递到地表；
- 体积损失会传递到最软弱的岩土材料层，形成一个不对称沉降槽，最大沉降偏离隧道轴线位置；
- 当隧道在岩石地层中掘进时，偶尔存在的风化带或断层也将引起潜在的沉降传递；
- 与位于土层中的匀质工作面不同，混合工作面条件将可能引起更大体积损失，因为岩石强度极为不同，而主要施加到更坚硬岩层部分的推力可能导致最软弱岩土部分的超挖；
- 岩体呈现出的弹脆性特性可能导致地表沉降反应滞后。

所有上述情况都可通过数值分析进行恰当模拟，而且相关地表沉降也可得到相应评估。但是当隧道在城市环境下掘进时，应用数值法评估隧道沿线的全部潜在危险情况可能会很费时（而且不够灵活），而在施工期间需要系统运用数值方法以快速提供沉降分析反馈结果。鉴于这个原因，当采用TBM 在非一般介质条件下掘进时需要采取其他方法。下面将对矩阵法（Matrix Approach）进行介绍（Chiriotti等，2001年）。

矩阵法包括沿隧道定线确定一系列“控制体”， 这些控制体在地质上和结构性上是匀质的，对于地质参考模型意义重大，并包括前面所述针对所有不同破坏机理的不利条件（参见表5.1），而且对开挖引起的沉降反应是一样的。通过利用相对于埋深条件的隧道工作面地质条件和工作面地质条件与埋深条件的各种结合情况，推导出表5.6和表5.7中的矩阵。每种确定的组合条件都与以下因素有关：（1）用于沉降预测的两个输入参数最可能的预计值（即体积损失VL和K这两个参数，表5.6）；

（2）沉降传递到地表的可能性（表5.7）。

V_L和K值的选择采用以下两个简单标准：（1）通过对TBM土舱内渣土材料进行适当加压确保工作面的稳定性；（2）定期进行尾部空隙的纵向注浆。在这种情况下，地层损失主要体现为盾构周围的地层松弛，对其可进行几何计算。假设相应理论值V_L为1%，那么V_L =1% 则与土-土工作面/埋深这种组合情况有关，而几乎与隧道周围地层的黏性没有关系。对于混合土工作面/埋深这种组合情况，在考虑可能因有限超挖引起一定工作面损失情况下，V_L值有所提高（例如达1.2%）。最后推导出其他所有组合情况。

表5.6 采用矩阵法评估TBM在非一般介质中掘进时的体积损失和参数*k*值实例（考虑了工作面地质条件和埋深条件的组合情况）

V_L及k值表		隧道工作面地质条件			
		（1）土质材料	（2）混合地质条件（土和岩体）	（3）断层和/或风化带	（4）非连续岩体和软弱岩体
埋深条件	（A）土质材料	隧道四周地层黏结力： C=0→V_L=1.0%，k=0.3 c>0→V_L=0.8%，k=0.5	隧道四周地层黏结力： C=0→V_L =1.2%，k=0.3 c>0→V_L=1.0%，k=0.5	隧道四周地层黏结力： C=0→V_L=1.0%，k=0.3 c>0→V_L=0.8%，k=0.5	隧道四周地层黏结力： C=0→V_L=0.8%，k=0.3 c>0→V_L=0.5%，k=0.5
	（B）混合地质条件（土和岩体）	V_L=0.5%～0.7%（*） 隧道四周地层黏结力： C=0→k=0.3 c>0→k=0.5	V_L=0.6%～0.8%（*） 隧道四周地层黏结力： C=0→k=0.3 c>0→k=0.5	V_L=0.5%～0.8%（*） k=0.5～0.7	V_L< 0.5% k=0.5～0.7
	（C）断层和/或风化带	V_L=0.4%～0.8%（*），（**） 黏结力（***）： C=0→k=0.3 c>0→k=0.5	V_L=0.5%～0.9%（*），（**） 黏结力（***）： C=0→k=0.3 c>0→k=0.5	V_L=0.6%～1.2%（*），（**） 黏结力（***）： C=0→k=0.3 c>0→k=0.5	V_L=0.4%～0.9%（**） k=0.5～0.7
	（D）非连续岩体和软弱岩体	V_L=0.3%～0.5% k=0.5～0.7	V_L=0.4%～0.6% k=0.5～0.7	V_L<0.4% k>0.7	V_L<0.2% k>0.7

注：（*）具有逐步失稳的潜在性（参见表5.1）；

（**）因倾斜软弱带缘故，隧道诱发的沉降效应可以向不同于垂直方向的各个方向进行传递；

（***）这里黏结力是指特殊材料的黏结力。

表5.7 采用矩阵法评估TBM在非一般介质中掘进时沉降传递至地表的可能性实例（考虑了工作面地质条件和埋深条件的组合情况）

沉降传递可能性		隧道工作面地质条件			
		（1）土质材料	（2）混合地质条件（土和岩体）	（3）断层和/或风化带	（4）非连续岩体和软弱岩体
埋深条件	（A）土质材料	高	高	高	中等－高
	（B）混合地质条件（土和岩体）	中等	中等	中等－低	低
	（C）断层和/或风化带	中等－高（*）	中等－高（*）	中等－高（*）	中等（*）
	（D）非连续岩体和软弱岩体	中等－低	低	无关	无关

注：（*）指不一定位于隧道拱顶上方的断层或风化带区域。

通过一系列的数值分析可对赋予不同工作面地质条件——埋深组合情况的V_L和k值进行初步检查，以校正矩阵中描述的初始情况。

矩阵法也用来表示理论沉降传递至地表的可能性，因为在非均质地层材料中，隧道开挖引起的正常体积损失并不总是对地表或既有结构物产生直接影响，这与在匀质介质中的情况有所不同。似然矩阵可初步对参考沉降在地表出现的可能性进行一个定性说明（表5.7）。

在这一点上，可利用矩阵对隧道沿线光地沉降及其可能性进行预测。在施工期间，PAT——隧道掘进计划（参见第2.6节）应时常对监测数据和实际记录的沉降值进行反分析，以修正矩阵法使其更适合所遇情况。

当施工中能获取监测数据时，似然矩阵中的定性说明可最终用F_V和F_K因数代替。这两个因数为乘数，源于根据隧道埋深估算的V_L和k值，可通过经验表示沉降槽在地表的实际传递情况。显然，在土-土工作面/埋深和软岩-软岩工作面/埋深这两种组合情况中，F_V 和F_K因数等于1，而在其他情况下则不等于1。当可能引发逐步失稳情况时，F_V值将大于1而F_K 值小于1；当混合地层条件可阻止大部分沉降被传递至地表或减少沉降传递时，F_V 值将小于1而F_K值将大于1。

这种方法的优点主要在于减少了所要求的数值分析和快速评估沉降的次数，而快速的沉降评估仍可以经验性、校正性和针对性方式采用半经验法进行。

此方法被成功应用于穿过波尔图花岗岩构造的波尔图地铁项目中（参见第8.3节），而且最近又应用在了罗马地层中，以初步进行罗马地铁新建D线的沉降预测和建筑物风险评估（持续时间：2006～2007年）。

半经验沉降理论（在表5.2～表5.5中有简单介绍）的另外一个局限性是纵向沉降

的计算方法。根据简化理论，大约50%的最大垂直沉降S_{max}出现在隧道工作面前方。这种假设特别适合传统法施工隧道，因为其总的地表沉降主要由隧道工作面前方变形引起，但它不能充分表征机械化隧道（水力盾构或土压平衡盾构）中纵向沉降的发展情况。

通过对台北松散粉砂和软弱黏土中一直径为6.05 m的土压平衡盾构上方中心线处的沉降观察（Mohr 等，1996年），可以发现大多数施工沉降都与盾尾空隙有关，沉降很少会出现在隧道工作面前方。Nomoto 等人（1995年）在对日本隧道工程观察中，也针对主要位于砂层和黏土层中的土压平衡盾构和泥水盾构隧道给出了类似的观察报告。观察发现：开罗一直径为9.48 m的泥水盾构所掘进隧道工作面正上方的预沉降范围为0.25～0.3S_{max}，该隧道位于中等－密实砂土中，上覆黏土，埋深约16 m（图5.6）。

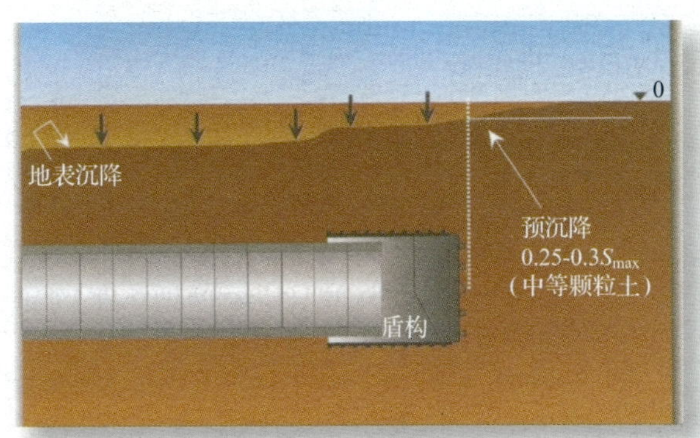

图5.6 机械化隧道工程中纵向沉降的发展

此预沉降范围与第8.3、8.4和8.6节中分别介绍的波尔图地铁、都灵地铁和博洛尼亚高速铁路线（Minguez 等，2005年）等一些近期工程实例情况相符。在这三个实例中，隧道工作面前方预沉降平均值达到最终沉降值的25%。

对于所有新建工程，这些实例数据都必须进行验证，并考虑地质情况和隧道掘进机特点两个方面。隧道工作面前方预沉降速率一旦被得到验证，此信息就对施工期间沉降趋势的确定非常重要。设计采用的沉降预计值可及时得到验证或调整，而且能提前发现潜在危险情况并采取措施，控制隧道诱发的变形和地表破坏。

5.1.3 预测隧道施工所诱发损坏风险的一般方法

对受隧道施工诱发沉降潜在影响的建筑物损坏风险进行评估主要包括两个方面：（1）建筑物状况勘察（BCS），检查隧道施工前、施工中和施工后的建筑物实际状况；（2）建筑物风险评估（BRA），在沉降预计值和结构物固有弱点基础上对预计的潜在损坏进行估计。

图5.7介绍了一般预测方法，并规定采取以下各步骤：

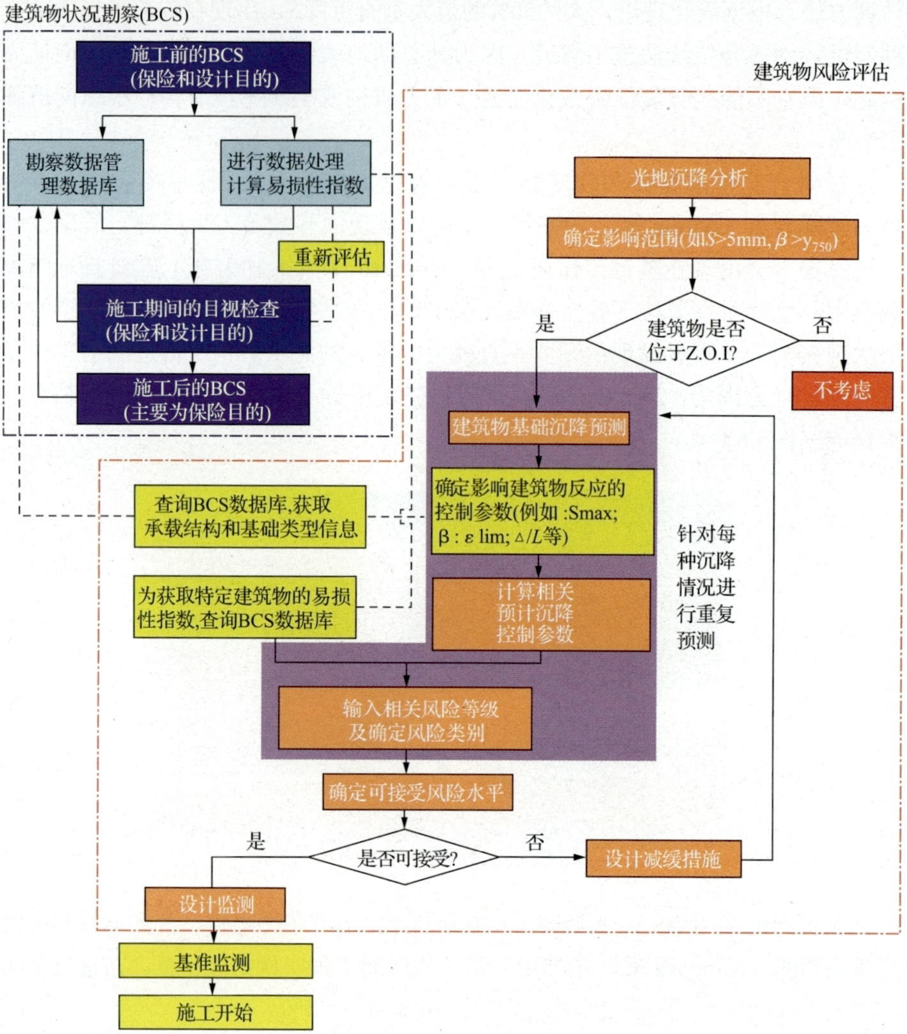

图5.7　BCS和BRA 工作流程示意图

- 确定控制参数，即那些控制建筑物对沉降作出反应的参数（图5.8）。
- 以控制参数假设值为基础，并根据项目所采用的特定损坏分类系统，确定沉降和隆起极限值的一般制定标准。
- 进行一般地层位移预测（光地位移），以确定施工影响区域（或控制区域），且必须对施工影响区域内的建筑物进行分析以确定其损坏风险（例如沉降值在5 mm范围内和1/750角变形等高线范围内的所有建筑物，或在隧道定线两侧一定距离处的所有建筑物）。
- 对控制区域内的每一栋建筑物进行沉降－敏感性分析（评估每座建筑物在出现任何可见损坏之前能承受多大的地层位移）并确定其对于沉降、角扭曲或变形等的最大允许值。

- 将沉降预测值与沉降敏感性分析结果相比较，然后将所有建筑物划分为不同的风险类别。
- 编写地层位移分析报告，说明预计的地层位移和相邻结构物及设施对其的反应情况，并要考虑地层条件、结构物布局、相邻结构物和共用设施的类型和施工方法。
- 挑选出处于危险状况并要求加以保护的建筑物。
- 确定施工期间需要观测和特殊监控的建筑物。
- 制定沉降－风险管理策略。
- 在动态和关联式的GIS数据库中储存和维护所有建筑物相关数据，供所涉各方使用。

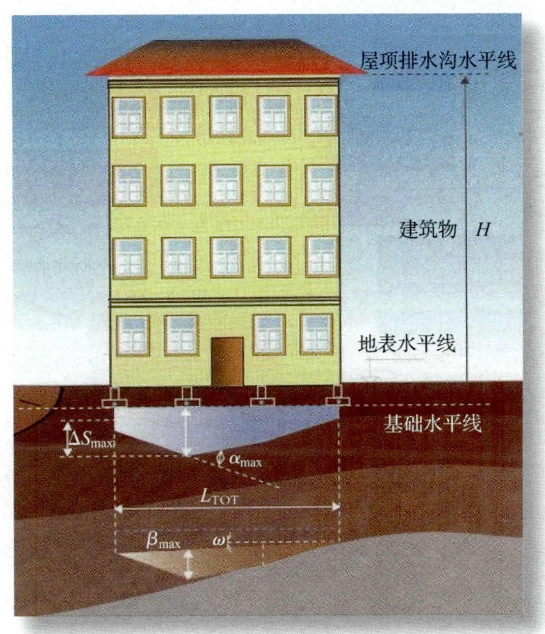

图5.8 决定建筑物沉降反应特性的控制参数（Burland等，1977年）

S_{max}：最大垂直沉降，ΔS_{max}：最大差动沉降或相对沉降；

α_{max}：最大角应变（为正时呈下曲（SAGGING），为负时呈上弯（HOGGING））；

β_{max}：最大角变形；ω：倾斜（超大结构刚体部分的转动或状况良好部分的转动）；

Δ_{max}：最大相对挠度（相对于距离为L的两基准点间连接直线的最大位移）。

5.1.4 建筑物状况勘察（BCS）

地下工程施工影响区域范围内所有建筑物和一些公用事业设施的状况勘察包括从勘察到绘制其缺陷图的几个不同阶段，即施工前、施工中和施工后的状况勘察。

为保护所有所涉各方，记录控制区域范围内所有结构物状况是种不错的做法，不管这些结构物预计有损坏/已出现或没出现损坏。也许有一些特别敏感或重要的建筑物，尽管按此分类标准明显没有风险，但是可能位于整个隧道活动影响区域内，因此要求进行状况勘察。另外，对建筑物状况勘察进行准确管理对于处理财产所有者提出的所有潜在索赔问题非常有用。

BCS包括收集有关建筑物历史信息并绘制一张建筑物缺陷图（施工前），此图将用于评估建筑物的薄弱点。

对于建筑物状况勘察应制定相关规定和工作程序，以及结构合理、连贯一致的数据收集格式，供在现场工作的结构工程师使用。

每一栋建筑物都有一个独一无二的参考编号，这对有关地产信息的控制和交流很重要。有关地产列表、建筑图和图片的所有相关信息都有一个独特的参考编号。这一过程便于通过数据库进行数据管理。

在施工前的勘察中，对于每一栋建筑物采取的行动主要集中在以下方面：

- 进行土籍调查，收集以下相关信息：建筑物年限、设计图纸、基础类型和深度、楼层数、支承结构类型、以前修理历史记录和额外增加的楼层。调查还将确定此建筑物是否被列入历史性或建筑性遗产名单中，名单上的建筑物为特别敏感建筑物。
- 对建筑物状况进行目测：根据其用途、裂缝观察和垂直度、缺陷列表和图片记录对建筑物的所有可见部分进行检查并提出报告。在对建筑物进行评定时，通常包括对地下室和屋顶进行检测并针对高风险结构物选择其中间楼层。在某些情况下，还要求检测基础的性质和状况。

图片所摄位置将记录在标准图表上，图表将标出缺陷位置。图片至少应包括：建筑物正面辨识图片、建筑物每一立面的图片、反映整体情况的内部图片、使用略图和文字描述不够充分的相关缺陷详细图片（例如建筑受潮区域、结构损坏或产生裂缝的明显标志和复合裂缝）。

在结构物、固定设备和配套装置检查期间发现的缺陷指的是这些相关缺陷，例如：建筑结构和构造的裂缝或移动/振动标志、有关结构和构造整体性损失的建筑物内部受潮标志以及针对开裂、位移或受潮进行的明显修补、补救工程。由于状况勘察主要是针对建筑物沉降反应评估，因此应将裂缝位置、方向、间距和存在的时间性以及潜在薄弱面的确认或可能改善结构特性的既有加强措施考虑进去。

在隧道施工前的勘察中，将裂缝大致分为以下几类：毛细裂缝（仅为裸眼可见）、最大2 mm的裂缝（小裂缝）、超过2 mm的裂缝（大裂缝）。

在施工期间，通常有必要记录其中间状况，编制一张最新的缺陷列表，包括内部和外部缺陷，并对记录有可见性损坏的每一建筑物编写一份比较报告。通常采用图片作为此类检查的补充。保留施工记录并定期、系统进行目测检查很重要。为确保建筑物损坏的正确归类，可能要求按适当间隔在隧道施工期间进行中间状况勘察。

施工前BCS 结果将被用于评估建筑物的易损性。易损性是取决于建筑物自身历史条件的一个固有特性，反映了建筑物状况与最佳及理想状况的差距。易损性越高，其在出现特定类型损坏前承受额外诱发变形的能力就越低。

可以用易损性指数*Iv* 来表示其易损性（Chiriotti 等，2000、2001年），它是通过工程判定法对BCS 期间收集到的信息进行分析推导而来的。下面给出了计算易损性指数的例子。

易损性指数计算举例，A 部分

项目名称		建筑物代码			页数
易损性指数计算（ Chiriotti 等，2001）		0001			1/2
	A．建筑物结构特性				
	特点	指数		假设值	
	A.1 水平结构部件				
	A.1.1 木结构	6		6	*x*
	A.1.2 钢筋混凝土	0			
	A.1.3 混合结构	3			
	A.2 垂直结构部件				
	A.2.1 圬工部件	6		6	*x*
	A.2.2 钢构件	0			
	A.2.3 钢筋混凝土构件	3			
	A.2.4 混合构件	4			
最大值25	A.3 基础一信息来源				
	A.3.1 直接信息（图纸，承包商）	0			
	A.3.2 间接信息（房产所有者、居住者的评估，与已知结构具有的类似性）	4		4	*x*
	A.4整修类型（如有整修）				
	A.4.1 未知	2			
	A.4.2 增大正面的开口（或支承墙）	6			
	A.4.3 采用原施工方法进行的改动	0			
	A.4.4采用新施工方法进行的修缮	3			
	A.4.5 加固（支承结构或基础）		5		
	A.4.6 增加楼层	4		4	*x*
	A.4.7 小型内部工程	0			
	整修工程状态（*）				
	A.4a 已完成或正在进行中	1	0	*x*	
	A.4b 已设计	0	1		
	A.5 有无地下室				
	A.5.1 无	0			
	A.5.2 有	3		3	*x*
				A部分总计	23

注：（*）校正系数。

	B.建筑物方向和位置					
	特点	指数		假设值		
	B.1方向	S.T	L.T	S.T	L.T	
	B.1.1 L1/L2<0.5	5	10	5	10	x
	B.1.2 0.5< L1< L2< 2	6	6			
	B.1.3 L1/ L2 >2	10	5			
	B.2 建筑群效应					
最大值25	B.2.1 独立建筑物类型A（L1，L2< 2D）	15				
	B.2.2独立建筑物类型B（L1，L2 >2D）	5				
	B.2.3独立建筑物类型C（L1<2D；L2 >2D）	10				
	B.2.4独立建筑物类型D（L1 >2D；L2<2D）	10				
	B.2.5 平行于隧道轴线的建筑群	0	7	0	7	x
	B.2.6垂直于隧道轴线的建筑群	7	0			
	B.3 位置（相对于隧道）系数乘以B1 和B2					
	B.3.1 x/D<1	1		1		x
	B.3.2 1< x/D<3	0.5				
	B.3.3 x/D>3	0				
		B部分总计		5	17	

易损性指数计算举例，B 部分

项目名称		建筑物代码		页数
易损性指数计算（ Chiriotti 等，2001）		0001		2/2
	C.建筑物功能特性			
	特点	指数	假设值	
最大值10	C.1 建筑物用途			
	C.1.1高度敏感建筑物（医院、带敏感设备装置的建筑物）	10	10	x
	C.1.2中度敏感性建筑物	5		
	C.1.3低敏感度建筑物（停车场、废弃建筑）	0		
		C部分总计	10	

最大值20	D.建筑物美观特点			
	特点	指数	假设值	
	D.1 历史/艺术性遗产			
	D.1.1 无	0		
	D.1.2 有	12	12	
	D.2 无承重墙的内部结构			
	D.2.1 木头	1	1	x
	D.2.2 砖	4		
	D.2.3 石膏板	3		
	D.2.4 铝制品和玻璃	2		
	D.3 外部装饰			
	D.3.1艺术性嵌入物	4	4	x
	D.3.2 普通性嵌入物	3		
	D.3.3 石膏	2		
	D.3.4 其他	1		
			D部分总计	17

最大值20	E.建筑物状态			
	特点	指数	假设值	
	E.1 总的目测状况			
	E.1.1 好	0		
	E.1.2 中等	4	4	x
	E.1.3 坏	8		
	E.2 周围区域沉降信号			
	E.2.1有	4	4	x
	E.2.2 无	0		
	E.3 裂缝			
	E.3.1主要裂缝和延伸形式	8		
	E.3.2 裂缝及其某些延伸形式	5	5	x
	E.3.3 独立小裂缝	3		
			E部分总计	13

图例

L_1：平行于隧道轴线方向的平均尺寸

L_2：垂直于隧道轴线方向的平均尺寸

S.T=短期

L.T=长期

x=建筑物距隧道轴线距离

D=隧道直径

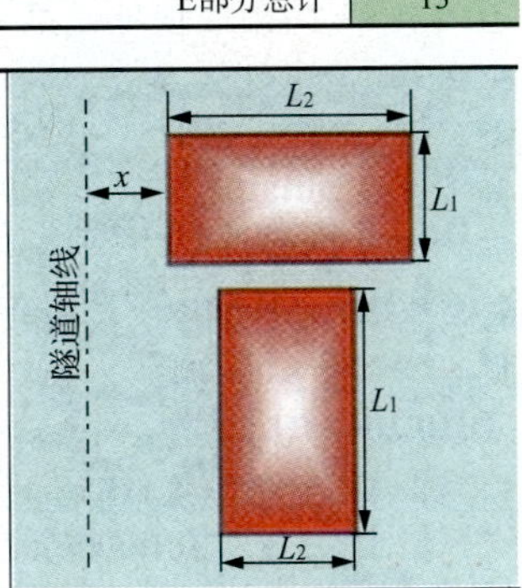

长期易损性指数	80
短期易损性指数	68

相关建筑物信息被系统输入表格中并分为几个大类（功能性、适用性、美学质量、支承结构和缺陷特点），其概括了影响建筑物不均匀沉降和变形敏感度的主要方面。

根据当地建筑和房地产业的施工质量，召开头脑风暴会议并采用工程判定法来确定其类别。

易损性指数I_V可分为5个类别，各个类别的敏感度不同，采用了1～100标准化等级的分类法（如同表5.8和表5.9中使用的一样）：0～20，可忽略；20～40，较低；40～60，轻度；60～80，中度；80～100，较高。

另外还要采用其他标准来调整I_V值，这些标准详细分为短期指数（I_{VST}）和长期指数（I_{Vlt}）（相对于建筑物的隧道定线），前者主要针对位于隧道中心线上方的建筑物。然后通过降低每种损坏类别的控制参数允许范围，并利用I_V值来调整现有损坏类别：与处于较好状况下低易损性建筑物相比，在一定沉降和变形情况下，易损性建筑物将遭受更大的损坏（较高风险类别）。

5.1.5 建筑物风险评估（BRA）

为建立专门的建筑物损坏类别系统，确定建筑物可能遭受的损坏形式是很重要的。以下为3种可接受的损坏类别：

（1）美观性损坏，其与结构物轻度裂缝有关，主要影响内墙和其表面材料。美观性损坏易于修补且一般而言重新装饰即可掩盖轻度裂缝。

（2）功能性损坏，其与建筑物部分的功能性或适用性损坏有关（例如门、窗可能被卡住，管线受损）或与建筑物内部敏感设施损失有关（例如对不均匀位移很敏感的精密仪器）。虽然建筑物结构整体性未受到影响，但是适用性的缺失可能会对建筑物及其相关活动造成商业和经济影响。

（3）结构性损坏，其与支承结构的开裂或过分变形有关，而且可能导致建筑物部分或全部垮塌。结构损坏有时可能会部分隐藏在终饰层后面，但是石灰粉刷材料和石膏可以很好地显示裂缝发展情况。

现有技术文献中的损坏类别都是基于损坏类型和数值范围这两个方面，并假设控制参数为外部因素诱发建筑物位移的结果（例如隧道工程）。根据其所指结构物的特定类型，损坏类别采用了不同的控制参数。

Burland 等在1977年提出的损坏类别（表5.8）主要适用于圬工结构和明挖基础，其是以与最大拉应变ε_{max}有关的挠曲比率Δ_{max}/L为基础（图5.8（a））。需要注意的是，尽管ε_{max}为主要控制参数，但是必须同时控制建筑物基础水平处的最大沉降，最大沉降应控制在250～350 mm以下（根据建筑物质量），以防止有关建筑物适用性的损坏。

表5.8　**Burland 等人提出的损坏类别**（1977）

损坏风险类别	严重程度	典型损坏描述	裂缝宽度（mm）	控制参数（拉伸应变）ε_{lim}（%）
0 美观性	可忽略不计	毛细裂纹	< 0.1	0～0.05
1 美观性	很轻	正常装饰中较容易处理的细裂纹。损坏一般限于内墙的表面装饰部分。仔细检查可能会发现内部砖体或圬工部分有一些裂缝	< 1.0	0.05～0.075
2 美观性	轻	裂缝易于填补。可能需要重新装饰。通过适当的内衬材料可掩盖反复产生的裂缝。裂缝可从外部看见而且需要进行部分重新勾缝以确保其水密性 门、窗可能轻微被卡	< 5.0	0.075～0.15
3 美观/功能性	中等	对此类裂缝，需要进一步凿开并用砖石进行修补。需对部分外层砖结构进行重新勾缝且可能部分替换。门、窗被卡。给排水管可能破裂。水密性通常被破坏	5～15（许多裂缝宽度大于3 mm）	0.15～0.3
4 功能/适用性	严重	大量的维修工作涉及部分墙体的拆除和替换，特别是门、窗以上部分。门、窗框架扭曲变形，地板明显隆起，一些梁失去了支承作用。给排水管被破坏	15～25（但取决于裂缝数量）	> 0.3
5 结构性	很严重	大修工作涉及部分或全部重建。梁失去支承作用，墙严重倾斜且需要支撑。窗户扭曲破损。具有不稳定危险性	> 25（但取决于裂缝数量）	

(a) 圬工建筑　　(b) 框架建筑

图5.9　遭受变形的各种承重结构可能的扭曲特性

Rankin 在1988年提出的损坏类别（表5.9）适用于具有独立基础或桩基的框架建筑，其桩间距过大不能产生群桩支承效应。建筑物损坏与独立基础间的不均匀沉降有关，而角变形β成为最相关的控制参数，同时也包括最大沉降S_{max}（图5.9（b））。

一般而言，第2类美观性损坏与第3类功能性损坏之间的阈值明显分属两大类原因。第2类或低于第2类的损坏为建筑物固有特性（石膏或混凝土收缩、热变化、固有弹性变形等）与地层不均匀位移相结合的产物。因此，这类损坏完全不取决于隧道施工所诱发的位移。另一方面，高于第2类的损坏必定与外部原因有关。

最后应指出：上述损坏分类对处于良好状况下的建筑物，即没有初始缺陷的建筑物有效，因此，应对分类法进行修订以适应具有相关缺陷的建筑物状况。损坏分类法的修订应以建筑物缺陷（或状况）勘察为基础（参见第5.1.3节）。

在波尔图地铁工程（第8.3节有介绍）中，通过用折减系数F_R去除控制参数来减小两种损坏类别系统中的控制参数范围（表5.8和表5.9），折减系数F_R范围为1.0～2.0（Chiriotti等），并与易损性指数I_V有关（表5.10和表5.11）。但是F_R值应根据不同项目具体确定。表10和表11示出了针对此项目进行修正后的损坏类别。应注意的是，当$0<I_V<20$时，折减系数为1.0，因此保留了最初的分类（表5.8和表5.9）。

观察发现，大部分被检查建筑物都具有这样的特点，即其I_V值可忽略不计或较低。因此，此方法不是过于保守，但可以确定所有具有极端敏感性或处于相对较差状况下的建筑物损坏类别。

表5.9 Rankin 建立的损坏类别（1988）

损坏风险类别	严重程度	典型损坏描述	控制参数	
			β_{max}	S_{max}（mm）
1 美观性	可忽略不计	不太可能有表面损坏	< 1/500	< 10
2 美观性	轻度	可能有表面损坏，不太可能有结构性影响	1/500～1/200	10～50
3 功能性	中等	预计建筑物表面损坏和刚性管线损坏	1/200～1/50	50～75
4 适用性和结构性	高	预计建筑物结构损坏和刚性管线损坏；其他管线可能损坏	> 1/50	> 75

波尔图地铁隧道工程中建立起来的建筑物状况勘察方法（BCS）和建筑物风险评估方法（BRA，参见第5.1.4节）于2000～2003年被业主用于建立最新标准，为所有车站设计者所采用。BCS-BRA法也得到了LNEC（Laboratorio Nacional de Engenheria

Civil，里斯本土木工程国家实验室）的认可。此方法自此在雅典地铁延伸线、以色列Tel Aviv地铁红色线和罗马地铁新建D线（处于研究阶段）中作为参考技术规范使用。

在建筑物基础水平处的沉降预测基础上，对控制区域内每一建筑物进行控制参数评估。为此采用了5.1.2节介绍的用于计算光地沉降的半经验法，其中z_0为相对于建筑物基础的隧道轴线深度。此简化方法以下列假设为基础：

- 将建筑物下的隧道问题考虑为二维；
- 建筑物按光地沉降槽形状进行变形；
- 不允许存在受损结构物可能改变其刚性及与地层相互作用的情况；
- 假设建筑物为长L、高H（基础深度与屋顶高度间距离）、泊松比为0.3的理想横梁，以计算拉伸应变。

因将建筑物与地层之间的相互作用问题考虑为二维，所以必须选择控制区域内每一建筑物的一系列计算段，其大多与隧道轴线平行和垂直（图5.10）。

表5.12概述了评估ε_{max}、S_{max}和β_{max}的各种分析法。这些方法对一定沉降条件下建筑物特性的初步评估特别有用。

作为结构基础深度处预计沉降槽（也称参考沉降情况）的结果，一旦计算出特定建筑的控制参数，便可确定预计的损坏类别。

但是，对于那些估计处于风险中的建筑物，要求进行更详细的计算并应加强数值模拟。

表5.10 利用波尔图地铁项目的易损性指数I_V 修正Burland 损坏类别

损坏类别	建筑物易损性指数I_V									
	忽略不计		低		轻度		中度		高	
	$0< I_V <20$		$20< I_V<40$		$40<I_V<60$		$60<I_V<80$		$80<I_V<100$	
	折减系数F_R									
	F_R=1.0		F_R=1.25		F_R=1.50		F_R=1.75		F_R=2.0	
	控制参数									
	ε_{lim}（%）		ε_{lim}（%）		ε_{lim}（%）		ε_{lim}（%）		ε_{lim}（%）	
	min.	max.	min.	max.	min.	max.	min.	max.	min.	max.
0	0.000	0.050	0.000	0.040	0.000	0.033	0.000	0.029	0.000	0.025
1	0.050	0.075	0.040	0.060	0.033	0.050	0.029	0.043	0.025	0.038
2	0.075	0.150	0.060	0.120	0.050	0.100	0.043	0.860	0.038	0.075
3	0.150	0.300	0.120	0.240	0.100	0.200	0.860	0.171	0.075	0.150
4～5	>0.300		> 0.240		> 0.200		>0.171		> 0.150	

表5.11 利用波尔图地铁项目的易损性指数I_V修正Rankin 损坏类别

损坏类别	建筑物易损性指数I_V									
	忽略不计		低		轻度		中度		高	
	$0<I_V<20$		$20<I_V<40$		$40<I_V<60$		$60<I_V<80$		$80<I_V<100$	
	折减系数F_R									
	F_R=1.0		F_R=1.25		F_R=1.50		F_R=1.75		F_R=2.0	
	控制参数									
	S_{max}（mm）	β_{max}	S_{max}（mm）	β_{max}	S_{max}（mm）	β_{max}	S_{max}（mm）	β_{max}	S_{max}（mm）	β_{max}
1	<10	<1/500	<8	<1/625	<6.7	<1/750	<5.7	<1/875	<5	<1/1000
2	10～50	1/500～1/200	8～40	1/625～1/250	6.7～33	1/750 1/300	5.7～28.5	1/875～1/350	5～25	1/1000～1/400
3	50～75	1/200～1/50	40～60	1/250～1/63	33～50	1/300～1/75	28.5～43	1/350～1/88	25～37.5	1/400～1/100
4	>75	>1/50	>60	>1/63	>50	>1/75	>43	>1/88	>37.5	>1/100

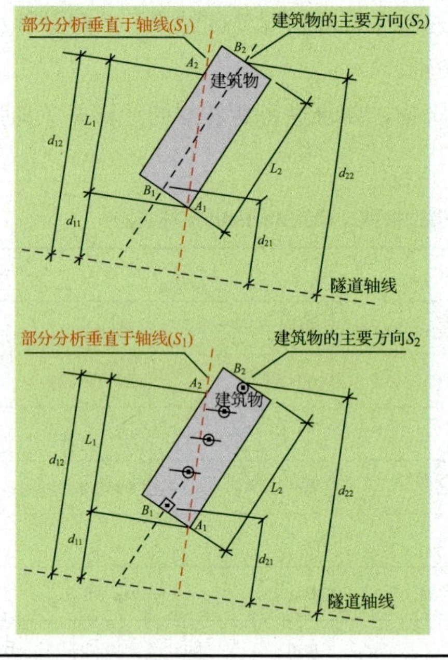

明挖基础

至少沿两个方向计算控制参数

一方向S_1，垂直于隧道中心线，截取建筑物平面上或穿过最靠近隧道轴线的建筑物周边拐角处的最长段部分（L_1）；

一方向S_2，与建筑物主轴线一致，沿L_2段进行分析

因此，分别沿A_1-A_2和B_1-B_2段进行计算。

独立基础

沿相同的S_1和S_2方向计算控制参数，但是是在独立基础位置处（S_1）或是独立基础在所计算段上的投影处（S_2）进行计算。

图5.10 控制区内建筑物计算部分举例

建筑物风险情况一旦得以评估，一般仅有较少比例的建筑物被划为最高损坏类别（>3），以至于理论上要求在隧道施工前采取减缓措施。但是，用于初期风险评估的BRA法比较保守，因为它们忽略了建筑物－土壤间的相互作用和建筑物刚性对光地沉降槽的改善作用。

因此，对被划入最高损坏类别的建筑物，建议进行额外详细分析，以确认BRA

初步结果。这包括详细的2D和/或3D数值模拟，这些模型能恰当地模拟土壤－结构相互作用。

5.1.6　公用设施风险评估

公用设施施工前的状态评估存在实际困难，而且对其年限、类型、可能损坏的风险和安全性进行评估可能将决定是否需要排除位移造成的影响或能接受此类位移的影响作用。

O′ Rourke 和 Trautmann（1982年）确定了管道变形的两种边界模型（图5.11）：①完全柔性模型（沿沉降槽产生弯曲和挠曲应变，它可能导致破裂或过分变形），②带挠性接头的完全刚性模型（各个刚性管段加之接头处的转动和轴向滑移将导致渗漏或管段脱离。）。管线性能取决于：历史条件和既有条件、管道和土壤的相对刚性、所有接头的位移性、所有接头相对于位移断面形状的位置和土壤/回填物与管道间的抗剪性。

表5.12　**BRA中用于计算主控制参数的分析法汇总**

<table>
<tr>
<td>
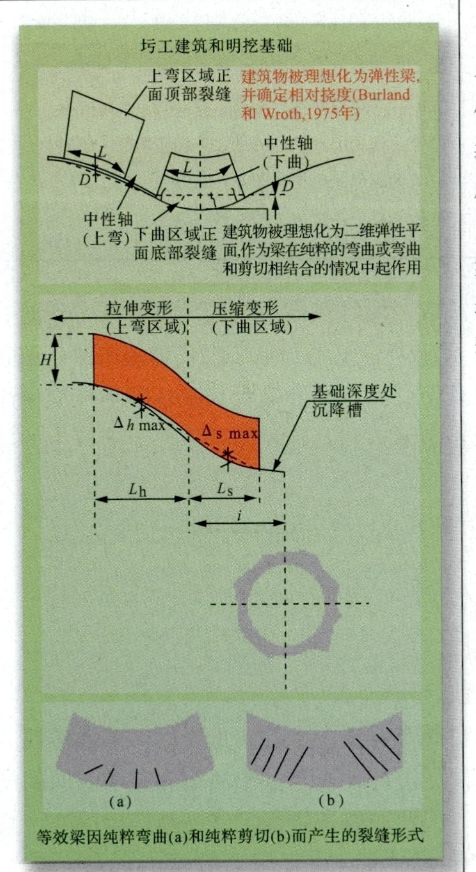

等效梁因纯粹弯曲(a)和纯粹剪切(b)而产生的裂缝形式
</td>
<td>
Burland 和Wroth（1974年）提出建筑损坏可能与拉伸应变有关，为弯曲拉伸应变（ε_b）与剪切拉伸应变（ε_d，对角应变）之间的最大值。他们认为基础的刚性和抗拉强度一般足以防止地层水平拉伸应变被传递至上部结构。

Boscardin 和Cording（1989年）重点说明了相关案例，而此处情况不属这样的案例。他们提出了改进方案，通过简单地增加弯曲应变（ε_b）和剪切应变（ε_d），而将水平拉伸应变ε_h考虑进去。

$$\varepsilon_{max}=\max(\varepsilon_{bt},\ \varepsilon_{dt})$$

$$\varepsilon_{bt}=\varepsilon_h+\varepsilon_{bmax}$$

$$\varepsilon_{dt}=0.35\varepsilon_h+\sqrt{(0.65\varepsilon_h)^2+\varepsilon_{d\,max}}$$

ε_h通过推导S_H得出。

$-i<y<i$→压缩ε_h

$y<-i$；$y>i$→拉伸ε_h

推导出ε_b和ε_d表达式，为挠曲比率Δ/L的函数：
</td>
</tr>
</table>

续上表

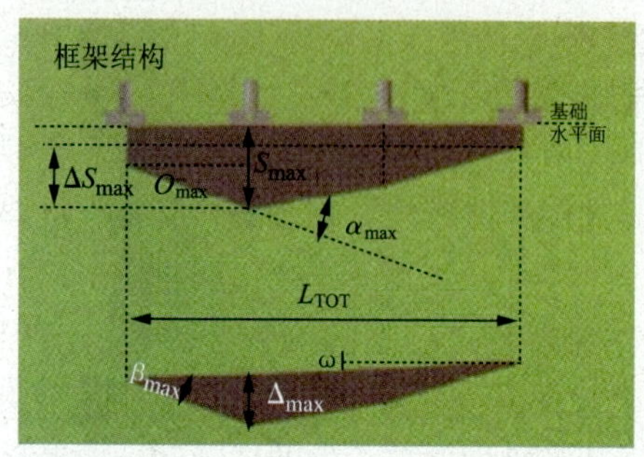 图中符号含义， 请参见图5.7	$\frac{\Delta}{L}=\left\{\frac{L}{12t}+\frac{3I}{2tLH}\cdot\frac{E}{G}\right\}\varepsilon b_{max}$ $\frac{\Delta}{L}=\left\{1+\frac{HL^2}{18I}\cdot\frac{G}{E}\right\}\varepsilon b_{max}$ 式中： L：在沉降槽上弯区或下曲区中的建筑物长度 H：建筑物高度 t：上弯区或下曲区最外缘长度（t=H/2，下曲区域；t=H，上弯区域） E，G：建筑物弹性模量和剪切模量（E/G=2.6，圬工建筑；E/G=12.6，框架建筑） I：作为梁作用的建筑物惯性矩（I=$H$3/12，下曲区域；I=$H$3/3，上弯区域） S_{max}和β_{max}的计算与纯粹的几何考虑有关。第一步采用半经验法计算沉降槽，然后采取以下步骤： 一沿计算段计算每一基础位置处的垂直沉降S； 一确定整个上部结构的刚性体旋转角度（倾斜）； 一考虑相邻的两个基础点并确定相关β值； 一作为最大计算值，确定S_{max}和β_{max}

大部分旧的主水管和气管都由灰铸铁制成，而且在城市地区，这些可占到既有系统的90%以上。灰铸铁是一种脆性材料，其破坏应变明显低于现代球墨铸铁、钢管或塑料管所能承受的应变。因铸铁水管更易于受到位移影响且其破坏限制标准更严格，因此对其进行了大量的研究，以便针对因隧道和其他相邻开挖作业而产生的位移提出设计标准。

针对铸铁主水管的特性，提出以下指导性建议（O′ Rourke等）：

- 接头允许滑动=25 mm；
- 允许转动=0.5%～1.0%；
- 直径小于200 mm的管线应具有相对挠性；
- 直径大于200 mm的管线应具有相对刚性。

许多研究都重点强调了应变发展过程对既有铸铁主水管的重要性。多数铸铁主水管都是旧的，其安装通常是在较坏的条件下进行，而且关于回填和基槽方面的规定标准不高。管线安装后可能已发生变形，因此旧铸铁管线可能已经产生应变，且已达到危险水平，不能再承受隧道诱发的进一步变形。

针对这一问题，O′ Rourke 和Trautmann （1982年）采用经验法推导出铸铁管直径与沉降槽坡度极限值之间的一个试验性关系式，超过该值就可能发生损坏：

$S_{max}/i_y=0.012$，针对$D>200$ mm的相对刚性管（即β_{max} 1/140），

或$S_{max}/i_y=0.02\sim0.04$，针对$D<200$ mm的相对柔性管（即1/80～1/40最大值）。

但是此关系式数据库非常有限，而且在有把握使用该关系式前要求有其他额外信息。

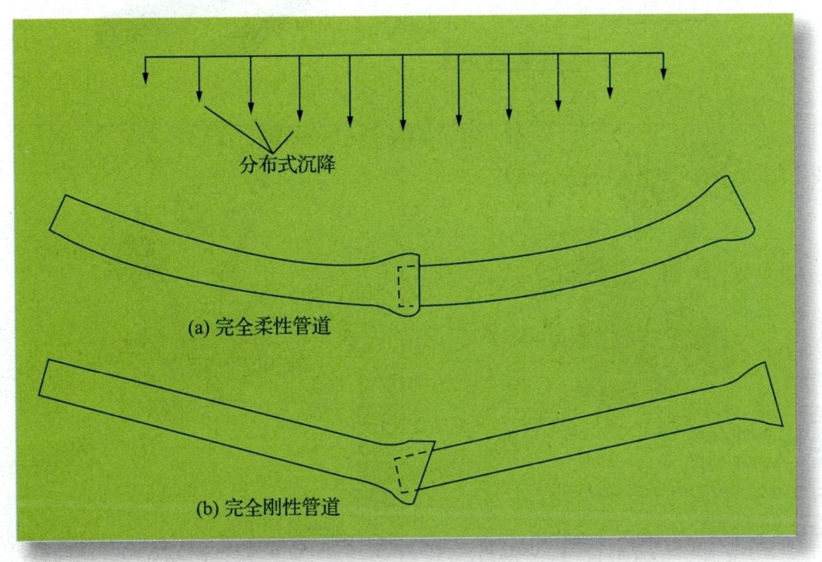

图5.11 管道变形边界模型（O′ Rourke 等，1982）

Attewell 和Taylor针对部分平行于隧道或部分垂直于隧道的带刚性接头的地下管线提出了一综合性的评估隧道开挖所诱发位移的方法（1984年），Bracegilder 等则提出了评估隧道开挖诱发铸铁管线潜在损坏的方法（1996年）。

通常不要求对管线进行常规的仪器监测。如果对隧道施工期间管线性能和安全性还存一些疑虑的话，通常可通过在设计过程中采取积极措施和保守方法消除这些疑虑。

5.1.7 风险评估结果说明

根据BCS和BRA 分析结果，控制区内所有建筑物都将按其预计损坏类别进行归类。

当采用GIS（动态和关联式的）数据库存储和管理BCS和BRA过程中各阶段的所有数据时，可轻松获得关于预计沉降、建筑物类型、其承重结构和基础、易损性指数分布和损坏类别的示意图（图5.12）。

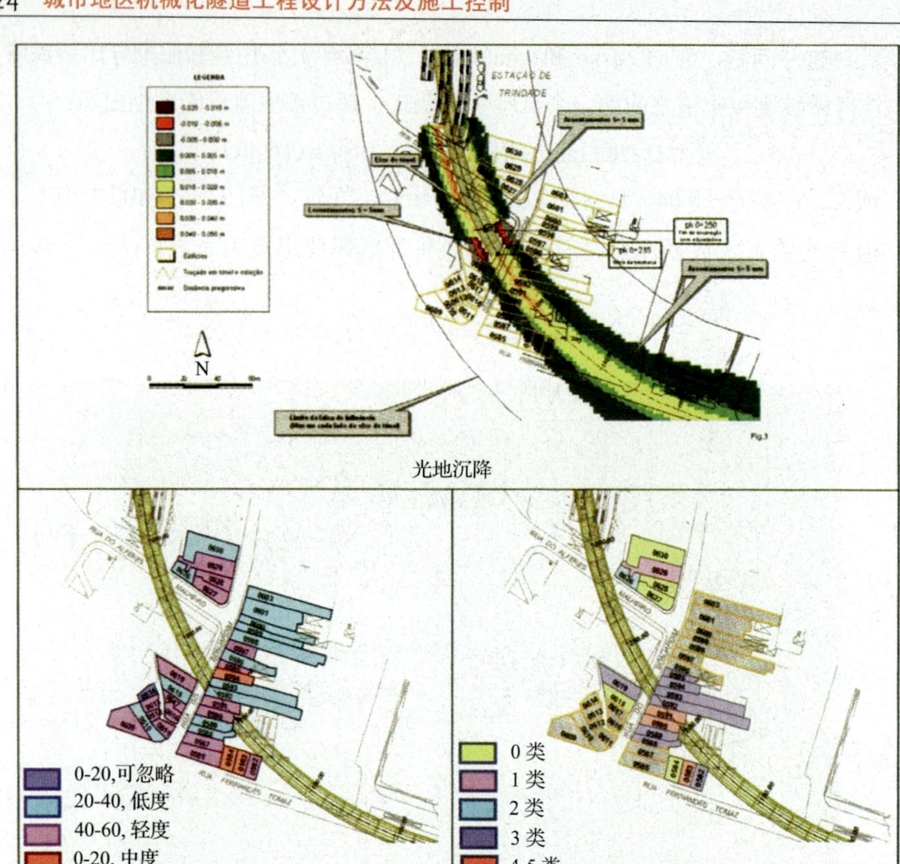

图5.12　借助于管理BCS和BRA数据的GSI系统获得的示意地图

针对风险情况的设计原理（第3.3.1节中有说明）也适用于BRA。通常，通过在V_L参考值中加入一预计变量（一般为±0.2%）而获得潜在体积损失，并在考虑潜在体积损失范围的情况下可确定潜在损坏风险的不同情况。此变量是指考虑了一些较小残余风险（例如特别具挑战性的混合隧道工作面条件、其中的一根盾尾空隙注浆管线临时堵塞、有限时间内工作面支撑压力的局部下降等），但不包括任何超挖造成的影响，因为BRA的假设条件之一是隧道以一种控制方式进行开挖，因此避免了超挖风险。

5.1.8　风险评估结果的利用和预计初始风险的降低

在项目初期可利用BRA初步结果进行评估是否需进行特别研究，以降低盾构机超挖造成的体积损失（即所谓的“生理性体积损失”）。根据掘进机和地层质量，这种由地层松弛造成的沉降可能引起严重的损坏。

一般而言，如果此类损坏情况占建筑物损坏情况的40%～50%以上，那么在盾构机制造前直接干预其设计就显得非常重要。其中一种改进方法就是减小其长度以降低相应的、不可避免的体积损失，例如在阿姆斯特丹南北地铁线中对这类减缓措施进行了研究（Van Hasselt 等，1999年）。另外，如果生理性体积损失造成的沉降仅危及一定数量的建筑物（比如最高20%），那么需确定TBM 操作程序和地层和/或建筑物改良处理等减缓措施且必须制定建筑物保护政策。

实施建筑物保护政策意味着将对策的实施与预计的各种损坏类别联系起来。建筑物保护政策应包括制定预计在隧道开挖前实施的全部减缓措施，通过对有关初始风险可能性和影响采取对应措施以将初始损坏降低在可接受的风险等级范围内。

因此，必须制定对策以降低处于风险的建筑物损坏风险（减缓措施），控制影响区内所有建筑物的残余风险（初步对策）。

建筑物保护政策将根据建筑物类型而有所变化且应在以下关键因素基础上作出决定：估计的风险类别、建筑物商业价值、建筑物历史价值、建筑物用途、占用情况、实施减缓措施的成本与不采取任何措施（以及疏散措施）的成本等。表5.13给出了建筑物保护政策实例（Chiriotti等，2000年）。需要注意的是，此仅为一个实例，因此还应针对各个项目具体研究其保护政策。

降低严重损坏可能性的现有减缓措施分为以下4大类，图5.13对其进行了说明：

（1）通过加强结构来提高建筑物承受额外应力和所诱发沉降的能力，从而改变其对隧道影响作用的响应能力，包括对建筑物进行内、外支撑或基础加固。基础加固主要形式包括传统的混凝土块，并通过大直径注浆桩和微型桩进行基础加固，形成连接柱基基础的钢筋混凝土梁，并且采用千斤顶系统。

传统混凝土块施作方式是在基础下面进行小段开挖，并浇筑一块新的混凝土地基，其最大深度位于原基础水平位以下2～3 m处。采用注浆加固可改善明挖基础，主要包括以下方面：

①压实注浆（即将稠硬灰浆注入粒状土壤中以填充孔隙并使注浆孔周围材料变得密实），以便改善原基础下方的地层质量。

②在改良地层下方进行柱状旋喷注浆以便进一步加固基础。如果工程附近的建筑物荷载被转移到隧道影响区下方，那么可能需要大直径桩以实现整体基础托换。基础托换作业仅可从外部进行施作，然后通过悬臂式桩帽与建筑物基础相连，以传递荷载。

因此，要求可完全进入到建筑物周边范围。采用小型钻机可从地下室区域直接安装微型桩。荷载传递机理是这样实现的：穿越既有基础施作次垂直微型桩，然后将其与基础相连。而且，土体内小间距微型桩方案也可加固土壤。千斤顶系统可与桩基托换结合使用以便进行调整，使其在荷载传递期间和传递之后，或者是在利用既有基础且通过部分或全部拆除上部结构来调整建筑物位移时对支承系统性能进行补偿。

（2）大大降低因盾构隧道施工所诱发沉降的可能性，以防止沉降朝建筑物基础方向发展。这包括在建筑物基础与隧道之间安设物理屏障，此屏障在结构上不与建筑物基础相连，因此没有直接的荷载传递。其目的是使沉降槽形状变得平滑，从而降低对保护建筑相邻区域的影响。屏障一般包括固结和/或加固地层，例如注浆幕墙、旋喷桩、微型桩或这几个系统的组合。如果从地表进行，此屏障可为接近垂直，如果从专门开挖的服务竖井处或相邻建筑最深地下室处进行，此屏障可为接近水平状态。

（3）大大降低可能导致沉降的体积损失的可能性。包括采用最合适的固结技术，在隧道开挖前对隧道拱顶或整个隧道断面周围地层进行固结处理（参见图5.13）。但是，针对TBM 掘进制定特别方案对降低过度体积损失发生也非常有用。除了工作面支撑压力和尾部空隙注浆控制步骤外，也可规定在隧道定线的一定位置处沿盾构壳体进行膨润土注浆，以防止盾尾上面开挖断面的完全松弛，从而将地层损失降至最小。针对周末休假或维修作业，应合理安排TBM停机，以避免在关键位置的长时间停机。

（4）沉降补偿。这可通过千斤顶技术（见上）或补偿注浆（图5.14）来实现。补偿注浆的目的是为了在建筑基础与隧道拱顶之间的地层区域形成一个刚性的固结土“枕垫”，这样隧道周围地层的松弛作用不仅不会被全部传递到建筑物（盾壳效应），而且可以通过向“枕垫”内注浆实现有控制的基础隆起，以在位置和范围大小方面平衡隧道施工所诱发的沉降。补偿注浆技术的成功应用取决于对地层和建筑物位移的准确实时监测、准确确定注浆时间以及对注浆数量和位置的准确控制。对于隧道开挖，必须提前安装好监测系统和注浆管，以便有时间进行准备工作。通常分为3个注浆阶段：TBM通过前注浆，目的是加固地层；TBM 通过期间注浆，是对过度沉降进行补偿；TBM通过后注浆，在需要时再次压实地层。

地层枕垫的加固可采用压密（渗透）注浆和劈裂注浆相结合的方法。渗透注浆的目的是为了改善地层的强度和渗透性，使得在后续压注时浆液能渗入土壤的孔隙中，从而导致大块土层不会产生位移。劈裂注浆是在足够压力下将少量黏性浆液压入到已压实地层中，形成网状裂缝，从而沿着这些裂缝实现地层的再压缩。

当枕垫达到合适压实水平时，如果需要的话，在进一步进行劈裂注浆（claquage）时建筑物开始对此产生反应，由此可产生处于良好控制下的局部位移。通常在TBM 通过前，不仅对地层进行加固以至建筑物对于额外劈裂注浆（claquage）会产生反应，而且还要形成相当于预计沉降的控制性隆起，这样（在隧道开挖期间）沉降将通过隆起而得到补偿，补偿注浆量也将降低。

表5.13　建筑物保护政策概要（包括假设情况所考虑的关键因素）

概括建筑物保护政策所考虑因素

损坏（类别和类型）	商业居住价值				历史性或敏感性		发生损坏可能性（**）				对策等级（*）			
	M/H	M/L	是	否	是	否	H	M	L	I	A	B	C	D
0/1 美观（***）					×				×	×	■			
	n.c	n.c	n.c	n.c（***）	×		×	×				■		
						×	×	×	×	×	–	–	–	–
2 美观（*****）	n.c	n.c	n.c	n.c	×		×	×	×	×		■		
						×	×	×	×	×	■			
3 初始功能损坏	n.c	n.c	n.c	n.c	×				×	×		■		
	n.c	n.c	n.c	n.c	×		×	×					■	
	n.c	n.c	×			×			×	×		■		
	n.c	n.c	×			×	×	×					■	
	n.c	n.c		×		×			×	×	■			
	n.c	n.c		×		×	×	×				■		
	n.c	n.c	n.c	n.c	×				×	×			■	
	n.c	n.c	n.c	n.c	×		×	×						■
功能性和服务性受到严重影响	×		×			×			×	×			■	
	×		×			×	×	×						■
	×			×		×			×	×		■		
	×			×		×	×	×					■	
		×	n.c	n.c		×			×	×		■		
		×	n.c	n.c		×	×	×					■	
4/5 结构	n.c	n.c	n.c	n.c	×		×	×	×	×				■
	×		×			×	×	×	×	×				
				×		×			×	×			■	
				×		×	×	×						■
		×	×			×	×	×	×	×				
				×		×			×	×		■		
				×		×	×	×					■	

注：M/H=中度～高度；M/L=中度到较低；H=高；M=中度；L=低；I=无关。

（*）对策等级：

A 基本监测方案。

B 在基本监测方案中增加额外仪器，以便在要求时能获得详细的位移量测值。

C 详细的监测方案，如要求，还包括实时监测。隧道开挖期间的目测和BCS 记录（例如建筑物后面20 m与前方50 m之间的隧道工作面）。没有预先制定施工前的保护措施，但是必须制定对策以便出现不利趋势时及时采取行动。在某些情况下，建筑物附近必须有用于紧急支护系统的材料。在处理破裂建筑物时，由于存在潜在功能或结构损坏情况，外部保护措施（例如脚手架）必须到位而且人行道将转移到对面人行道上。

D 施工前必须实施减缓措施。详细监测方案，需要时还可包括实时监测。隧道开挖期间的目测和BCS记录（例如建筑物后面20 m与前方50 m之间的隧道工作面）。

(**) 如果使用矩阵法。

(***) 因建筑物正常寿命周期引起的损坏，与隧道施工无关。

(****) n.c=没有考虑制定决策。

(*****) 潜在的与外部因素（包括TBM隧道）有关的美观损坏。

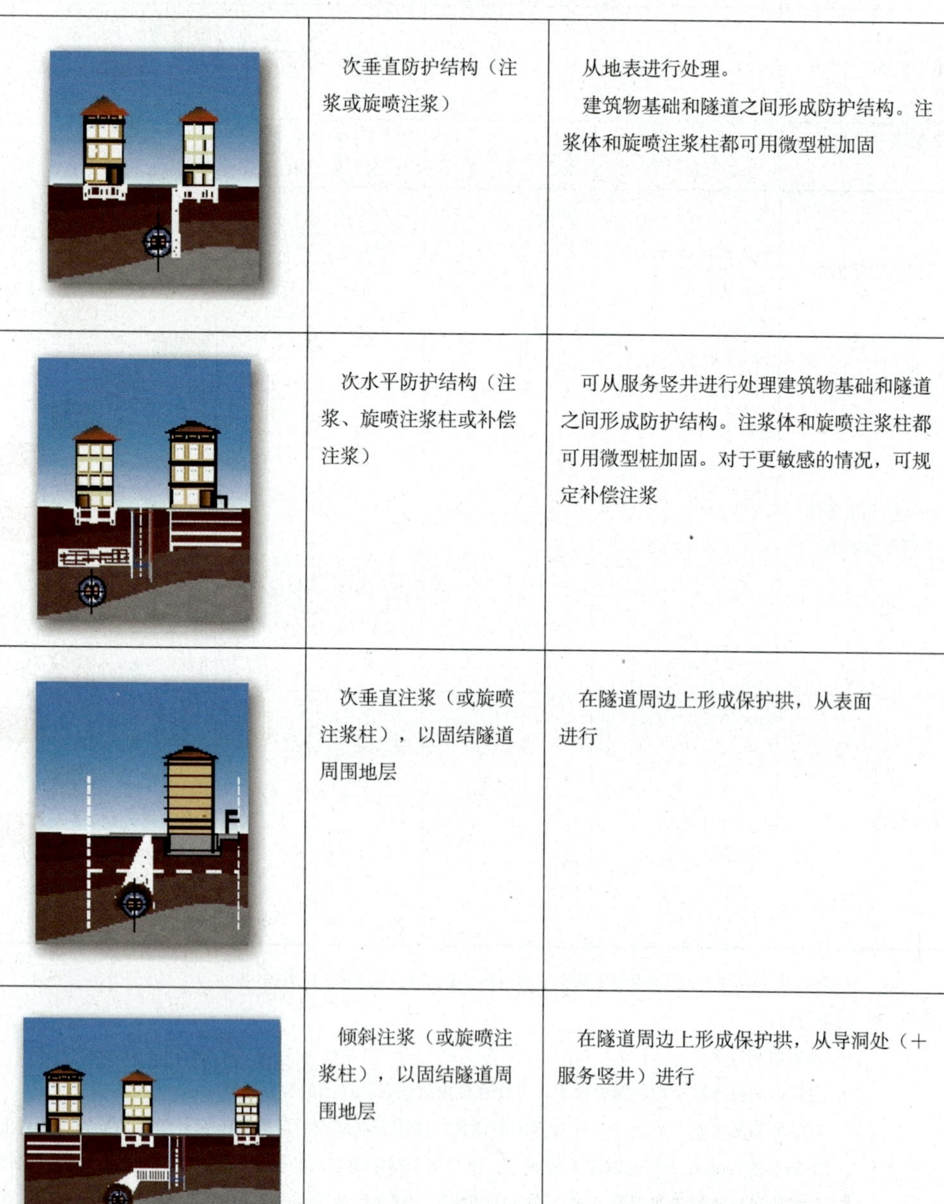

	次垂直防护结构（注浆或旋喷注浆）	从地表进行处理。 建筑物基础和隧道之间形成防护结构。注浆体和旋喷注浆柱都可用微型桩加固
	次水平防护结构（注浆、旋喷注浆柱或补偿注浆）	可从服务竖井进行处理建筑物基础和隧道之间形成防护结构。注浆体和旋喷注浆柱都可用微型桩加固。对于更敏感的情况，可规定补偿注浆
	次垂直注浆（或旋喷注浆柱），以固结隧道周围地层	在隧道周边上形成保护拱，从表面进行
	倾斜注浆（或旋喷注浆柱），以固结隧道周围地层	在隧道周边上形成保护拱，从导洞处（＋服务竖井）进行

图5.13 都灵地铁减缓措施：四种不同干预措施类型

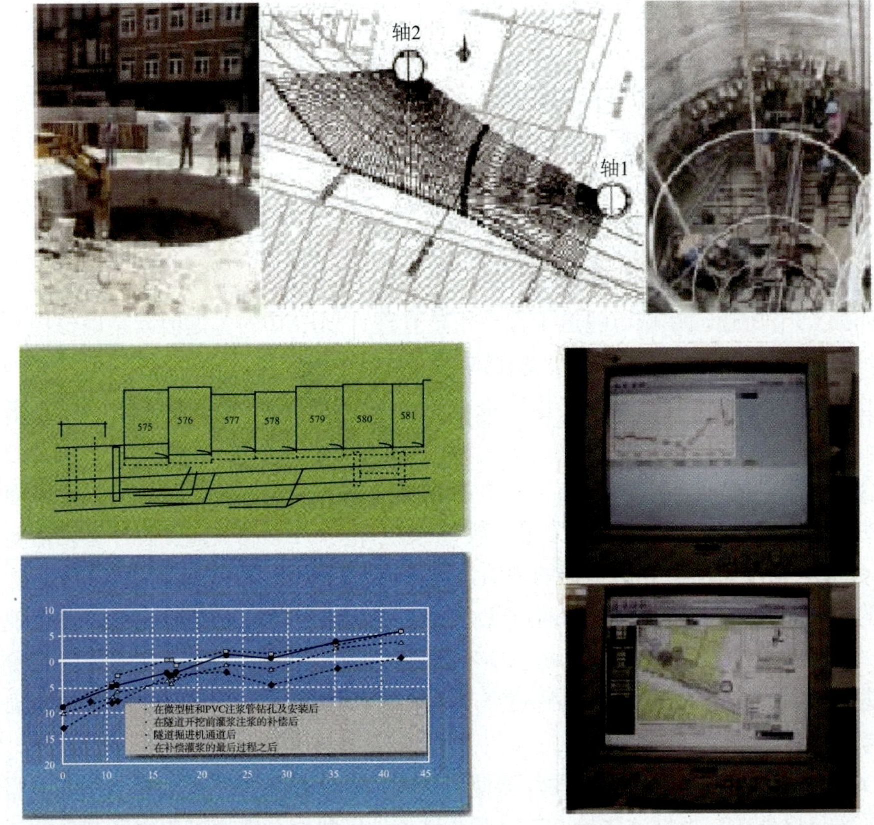

注：在C线隧道最终区段的浅埋区域和局部可垮塌的残积土中实施补偿注浆；采用GIS 系统对实时监测进行管理并对隧道施工前、施工中和施工后的补偿注浆进行指导（Chiriotti 等，2005年）。

图5.14　波尔图地铁工程

减缓措施设计一般包括以下方面：

- 典型保护措施的制定，包括必要的计算和显示其典型布局的图纸；
- 制定相关工程的全套技术规范；
- 针对处于危险、预计需采取保护措施的每一座建筑物编写简短报告，从提高安全性和降低风险方面证明减缓措施的有效性，同时，在适当的时候也可通过数值模拟加以验证；
- 确定典型监测计划方案。

最后，应制定隧道施工期间建筑物系统目测的规定。用于目测检查过程中发现不正常情况的检查清单至少应包括以下记录：新裂缝、既有裂缝扩大（裂缝的发展）、裂缝的形式、圬工结构中的块体位移、覆盖材料的位移（例如瓷砖）、近期的石膏滑落、门窗和管线情况、地板变形、墙变形和地下室及屋顶状况。

减小潜在损坏负面影响的减缓措施还包括从建筑物中疏散人员或收购建筑物。

对此必须从成本和社会影响方面认真估计其优势和劣势。如果建筑物先前已损毁，拆除也是一个有效方案。

采取直接减缓措施的成本通常必须与更为彻底的解决方案成本和意义进行权衡比较，更为彻底的解决方案包括不采取任何行动，采用观察方法并在出现损坏和索赔时进行处理。

5.1.9 控制残余风险的监测设计

如第3.3节所述，在城市隧道工程中风险管理计划RMP的关键因素是确保控制计划得以落实，以控制施工期间、设备安装期间和最终测试期间的残余风险。

监测系统设计包括目测、工作记录、TBM 参数判释，是控制计划的核心部分之一。

合适的监测系统设计意味着：（1）必须挑选出有关设计假设验证、残余风险辨识、安全状况和工程质量确认的关键参数和/或指标；（2）相关监测程序必须落实到位；（3）必须规定所有相关指标的阈值，以便在发现趋势不正常时启动对策。

监测是动态设计法的基础，通过此方法，对设计假设进行系统检查，通过现场控制，预先确定对策以便应对不同于参考条件的情况。而且，对已开挖部分的参考条件进行系统反分析以与实际情况相符，并根据实际情况对后面拟开挖隧道段预测的参考条件进行修正（图5.15）。

Dunnicliffe 提出了一种合理的仪器使用法（1988、1992年），包括一张基本监测计划各部分检查单，根据这张检查单以及在城市地区机械化隧道工程中所获最近及最新经验，可确定综合且有效监测系统设计的以下方面情况（Chiriotti 等，2000年）：

- 确定项目条件：地质、地形、土工技术特性、地下水条件和附近建筑物及服务设施状况；
- 确定仪器使用目的；
- 选择监测变量；
- 选择仪器；
- 确定所要求的额外观察值；
- 选择仪器位置；
- 选择数据读取类型；
- 预测可能的特性，以得到可能反应范围并确定施工和/安全性控制阈值；
- 根据监测范围列出每一仪器特定用途表；
- 制定仪器规范；
- 确定读取次数；
- 分配任务和确认责任；
- 有效管理监测结果。

最后，合理的仪器使用法还必须包括对设计的监测系统和仪器位置以及阈值进行校准。在对地层损失范围和某一隧道可能出现的位移情况进行估计后，在项目初期对其进行仔细验证并对具有代表性地层条件区域进行重点监测是一个很好的方法。通常，在隧道开挖初期将伴随出现所谓的“试掘进”，因为在一方便的露天场所进行校准不可能产生太多的费用。

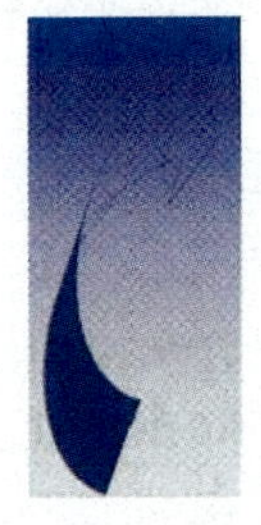

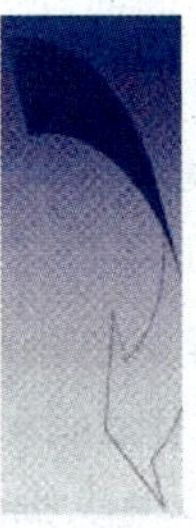

图5.15 观察方法：动态设计法基本概念和监测作用

5.1.10 施工前的对策制定及其启动机制

在土工技术工程中，特别是城市地区隧道工程中，针对复杂的相互作用变量、安全性、时间和成本限制作出有效反应要求拥有一个整体的设计和施工步骤方案。观察法可从根本上满足这些要求（参见图5.15），它以以下策略为基础（Grasso 等，1999年）：

- 对最可能出现的条件和最不利偏差进行估计；
- 建立特性的工作假设条件，在最可能出现的设计条件下进行预测；
- 确定和选择施工期间观察的关键参数，了解项目最关键方面；
- 确定最合适的仪器和逐点预计每一关键参数值的最佳方法；
- 在设计阶段，模拟可能出现的危险情况，针对以工作假设条件为基础的预测值可能与观察发现值存在明显偏差的情况，确定潜在适用的措施或设计改进方案（即对策）；
- 预先确定对策的启动程序，适当考虑时间这一因素。

启动程序通常与每一控制关键参数预先确定的注意限值或报警阈值有关。在超过阈值的情况下必须启动相关对策。

在机械化城市隧道中，当其超过注意阈值时，通常采取的对策为增加读取次数，以判断是否按预计轨迹接近报警阈值，或通过潜在的关键发展趋势判断其是否很快将超过阈值。同时，一般要求对TBM 参数进行详细研究（参见第6节）。

当达到报警阈值且可能超过报警阈值时，必须在监测、目测和TBM数据的基础上对设计假设进行全面研究，同时采取阻止危险情况的对策措施。对策内容包括：

- 修改TBM掘进参数的操作范围；
- 改进改良剂以对EPB掘进机开挖腔室中的渣土材料进行更好的加压；
- 在隧道工作面前方进行额外探测并从地表增加钻孔数以检查地质和水文地质条件；
- 支撑建筑物甚至从建筑物中撤离；
- 在所预先规定的地方及时进行补偿注浆或采用千斤顶系统；
- TBM停止工作并实施固结作业，使开挖重新具有安全性。

对策的选择必须根据情况的严重程度进行。

5.2 工作面支撑压力设计

5.2.1 隧道工作面稳定性分析方法研究

隧道工作面稳定性是选择城市地区软岩隧道开挖方法的关键因素之一。

当采用TBM掘进时，工作面支撑压力的评估在设计和施工阶段都是一个关键部分。但是没有专门的建议或技术规范作为一般性设计指导。目前，通常采用不同方法来评估工作面稳定性条件和所要求的工作面支撑压力。

为达到盾构掘进所需稳定性条件并满足城市环境下隧道开挖期间的其他优先要求，要求对工作面压力设计值进行估计，包括：

- 控制地表沉降和保存既有结构物护；
- 保持水文－地质条件平衡。

除了对5.1节中讨论的隧道诱发沉降进行预计和控制外，本节的重点是与隧道工作面处挤压和变形有关的沉降分量。

工作面压力设计必须采用顺序分析，首先验证开挖工作面平衡条件，其次是确定完全控制变形发展和涌水的稳定措施。

工作面稳定性分析法包括：

- 解析法：（a）以极限平衡法（LEM）为基础；（b）以土压理论为基础（参见5.2.2.1节）。
- 数值法：二维和三维数值法（第5.2.2.2节中有详细叙述）。

表5.14为数值法和解析法的特点比较。

“总体平衡压力”这一术语涉及评估的稳定压力对于工作面支撑和地表沉降的影响效果。

以下观察可列入表5.14：

- 考虑到开挖洞室与土壤间相互作用的极大复杂性，从理论上讲仅3D 数值分析才能提供可靠、完整的开挖影响结果和所需稳定压力。

- 在横断面和纵断面中采用2D数值分析，会提供不同的视角。只有在纵断面情况下才可能模拟（采用合理的近似法）工作面应变特性和评估所施加压力的影响。
- 在土工技术条件不确定的情况下，采用极限平衡法是有效的，因为其应用相对比较简单，而且易于进行敏感性和/或概率分析。但是不能提供地表沉降量。
- 这种采用平衡—极限状态或土压理论的方法仅对确定所施加的水平理论压力值有用，施加理论压力值的目的是让土壤保持在变形限值内（体现了一组主动或被动极限状态特点）。

三维数值分析似乎为所需模拟提供了最大可能性。但是采用相对简单的模拟具有实际使用价值，特别是在初始设计阶段和施工期间，它可快速模拟开挖条件。一般而言，最好是结合各种方法，并根据设计阶段及其复杂性赋予每种方法不同的重要性。

表5.14 各种分析法比较

分析	施工过程模拟	工作面稳定性	屈服带的发展	沉降分析	工作面稳定压力	总体平衡压力
3D数值	是	是**	是	是	是	是
2D数值T* L*	否 （是）	否 是**	是 是	否*** （是）	否 是	否 （是）
极限平衡法	否	是	否	否	是	否
土压理论	否	否	否	否	是	（是）

注：* T、L=横断面、纵断面；**工作面稳定性通过沉降测量确定；

*** “否”，因为在这种情况下不能模拟施加到工作面的压力对沉降的影响；“是”或“否”表示每种方法对于表头所示类别所能提供结果的能力；“是”仅指近似评估值。

5.2.2 工作面支撑压力计算方法

下面章节详细阐述了隧道工作面稳定性分析方法。第5.2.2.1节对基于极限平衡理论的解析法进行了讨论。第5.2.2.2节则对数值方法的运用进行了阐述。

5.2.2.1 解析法

采用解析的方法可分为两大类：

- 总体极限平衡法，LEM；
- 极限分析应力法，LASM。

总体极限平衡法一般包括：

- 关键破坏面的反复确定；
- 沿破坏面的应力分布假设；
- 将其作为一刚性体，采用土壤总体平衡方程进行问题解析。

极限分析应力法（LASM）主要是进行应力分析，以从静态和动态的观点分别提供上限和/或下限边界解。

这里需强调，此类方法与系统的平衡极限压力定义是一致的，因此也是为了实现设计目标。此外，在选择土工技术参数时对合适安全系数的假设也特别重要。

安全系数方面将在以后进行讨论，即在对熟悉的解析法进行简要审查后，这些解析法的应用取决于地层的土工技术特点。例如，在黏性饱和土壤中，采用可分析不排水剪切强度的方法是比较恰当的（Broms等，1967年）。

表5.15列出了估算工作面支撑压力的解析法的主要特点。有关所有这些方法的参考文献列在本书参考文献目录中。其他详细情况列于附录4中。

解析法提供了一种有用的设计方法，但是还不能完全评估隧道周围地层和地表的长期应力特性，解析法同时也可作为验证数值分析结果的补充方法。

5.2.2.2 数值法

（1）2D数值分析

2D数值分析给出了不同的结果，这取决于是采用横断面还是纵断面。当采用垂直于隧道轴线的断面时（横断面），能通过分析得到屈服区和应变发展情况，但是不能获得工作面稳定性情况。

表5.15 估算工作面支撑压力的解析法

模型/方法	分析类型*		破坏面	破坏标准
1. Horn模型（Horn，1961年）	GE	3D	线形（楔块＋筒仓）	—
2. Murayama 法（Murayama，1966年）	GE	2D	螺旋对数型	MC
3. Broms & Bennemark 法（Broms等，1967年）	GE	2D	未确定	TR
4. Atkinson &Potts 法（Atkinson 等，1977年）	st	2D	未确定	MC
5. Davis 法（Davis 等，1980年）	st	2D	未确定	TR
6. Krause 法（Krause 等，1987年）	GE	2D－3D	圆形	MC
7. Mohkam 法（Mohkam 等，1984、1985、1989年）	GE	2D－3D	螺旋对数型＋圆柱体状	MC
8. Leca & Dormieux 法（Leca 等，1990年）	st		未确定	MC
9. Jancsecz & Steiner 法（Jancsecz 等，1994年）	GE	3D	线形（楔块＋筒仓）	MC
10. Anognostou & Kovari 法（Anognostou 等，1994、1996年）	GE	3D	线形（楔块＋筒仓）	MC
11. W.Broere 法（Broere，2001年）	GE	3D	线形（楔块＋筒仓）	MC
12. Caquot 法（Caquot，1956年），由C.Carranza-Torres 采用（Carranza-Torres，2004年）	st	3D	未确定	MC－HB

注：*GE=总体平衡，st=应力法；2D、3D=从2维、3维数值分析推导而来的解析式；MC=Mohr-Coulomb；TR=Tresca; HB=Hoek-Brown。

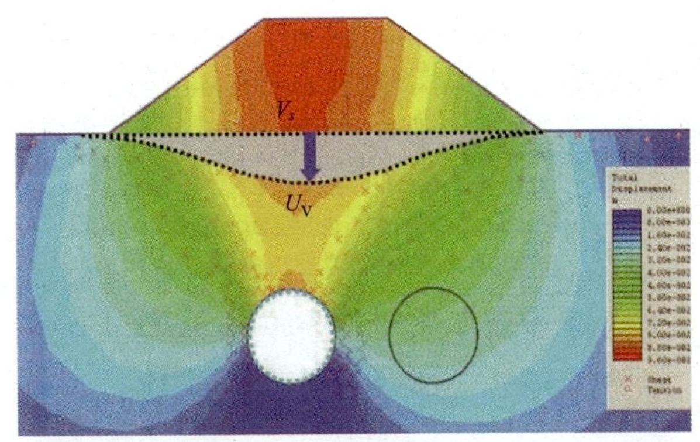

V_s=体积损失
U_V=垂直位移
X=屈服点

图5.16 显示屈服区和沉降曲线的2D数值模拟举例（利用一横断面）

图5.16示出了在一横断面中采用2D 数值分析的例子。根据此分析推导出的地表沉降可轻松地与监测实际值进行比较。如果需要，还可将沉降值转换为隧道水平处的体积损失并与相应的设计假设值相比较。

但是，如前所述，这类2D 模拟并没给出有关工作面挤压和稳定性方面信息。利用隧道纵断面可合理模拟整个施工过程中隧道工作面的应力-应变发展情况。在某些情况下，可采用2D数值分析（参见图5.17）量化应力释放对工作面周围区域和地表上方位移的影响过程。

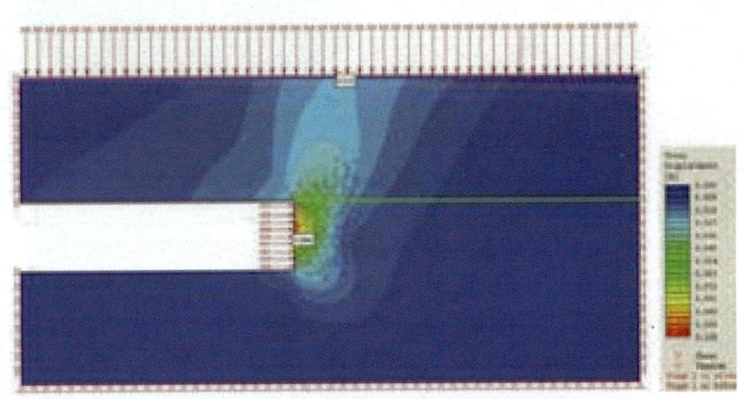

图5.17 采用纵断面的2D数值模型例子

（2）3D 数值分析

3D 数值分析是一种更为完善的工具，可以模拟施工和验证工作面稳定性条件和沉降。

但是，在软件适宜性和模型结构选择上还存在一些不确定性（即模型网格的设计、模型尺寸、物理参数输入值、边界限制和正确的施工阶段模拟等）。

显然3D模拟需要耗费较多精力且比较费时，模型构架和计算运行这两方面都是这样。而且，结果反映出了输入参数的不确定性和可变性。为了更好地利用3D分析，有必要进行敏感性分析以验证输入参数的变化对相关输出值的影响。

超出这些基本限制外，3D数值分析仍然是模拟复杂情况不可或缺的方法，例如两相邻隧道的开挖、对某些特别重要结构物的干扰和不同设计假设方案间的比较。

图5.18 给出了一个3D模型例子，它采用ITASCA 的FLAC3D 编码程序，所模拟的是两相邻隧道的施工计划（直径约9.4 m），采用土压平衡盾构进行掘进。该隧道为博洛尼亚新城市铁路枢纽，是米兰—那不勒斯高速铁路连线的一部分（参见第8.6节）。

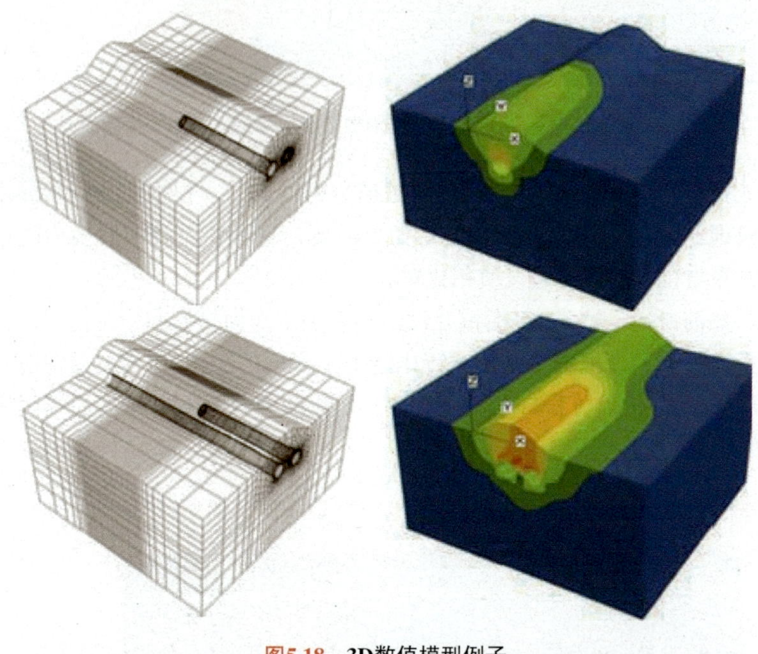

图5.18 3D数值模型例子

5.2.2.3 平衡条件和最佳掘进方式

显然，如果工作面可能出现坍塌或其相对变形意味着严重沉降或造成严重干扰，那么有必要对工作面进行充分支撑或施加稳定压力。而且，在城市地区，支撑压力应保证安全掘进，即没有风险，消除所有不确定性和可能的参数变化性。鉴于坍塌所具有的潜在巨大影响，即使发生事故的可能性很小，但也可能造成极大风险，因此，支撑压力不应低于预先确定的安全标准。

考虑到有发生工作面失稳的潜在可能性，所以土压平衡盾构（EPBS）和泥水盾构（SS）操作之间有一些差异。

Nishitake也指出（1990年），在采用土压平衡盾构时，如果土舱被开挖渣土适当充填（即达到最大密度），那么不可能用别的材料代替被压缩的渣土。因此，没有材料可进入TBM“土舱”（或“作业腔室”），而且在工作面有潜在失稳可能性时，也不会出现坍塌情况。但是，当这些条件不是全部满足时，就可能产生错误的安全感。如果忽略这些迹象，有可能出现持续的不利的地层损失，在最糟糕的情况下，会导致冒顶坍塌（BTS，2005年）。

当采用泥水盾构掘进时，只要形成了泥膜和泥饼而且施加了适当的工作面压力，就能达到相应的安全条件。否则，如果隧道工作面出现较重和/或较大的颗粒土，而且压力不当，就不能保证一个安全和稳定的状态，地层就可能塌入到TBM土舱中，代替膨润土泥浆，并向上传递至地表（Kovari等，2003年）。

第6.2和6.3节中分别介绍了泥水盾构和土压平衡盾构这两种不同操作模式，其评估所需稳定压力的要求也有所不同。如Anagnostou & Kovari 所指出的那样（1994年），当使用泥水盾构时，稳定压力可为由泥浆传递至成型泥饼的总压力。当使用土压平衡盾构时，应区分工作腔室中的流体压力和有效压力（参见附录4）。

在任何情况下，工作面支撑压力评估都不是一件简单的事情，因此更好地关注以下几方面是非常有用的：

- 盾构掘进平衡条件；
- 稳定压力的选择考虑；
- 实际施工限制条件；
- 开挖期间进行设计调整的重要性。

（1）掘进平衡条件

这部分主要讨论土压平衡盾构，但主要结论也应用于泥水盾构。如第4节和第6节所述，土压平衡盾构在一腔室前面采用刀盘工作，而这个腔室被开挖下的渣土完全充填。采用螺旋输送机将开挖舱室中的渣土以一定的控制方式进行出渣，它控制开挖渣土材料压力并为开挖面提供土压平衡。

通过平衡盾构掘进速率（与开挖量成正比）与排土速率来控制工作面压力，而排土速率与螺旋输送机转速成正比。

当土舱中的渣土达到向工作面施加主动压力所需的最大密度且螺旋输送机排土量等于刀盘的理论挖土量时，即达到平衡条件。显然，如果要在土舱中加入添加剂以便于出渣，那么在计算螺旋输送机排土量时应考虑添加剂量。在这种情况下，由土压平衡盾构刀盘施加的压力将等于静土压，而且刀盘前面的地层仍然保持在弹性区域内。

以上观察也得到了实验室试验的确认，简述如下。

（2）实验室研究

最近，AFTES公布了法国国家级科研项目“Eupalinos 2000”的综合研究结果（2001年），其研究主题是“非均质地层中的机械化开挖”和“土压平衡盾构”。特别是如Russo所报道的（2003年），在这里讨论其子课题B1：“土压的约束控制：简化模型的试验室研究”，是很有意思的。

实验室试验中采用的土压平衡盾构模型（比例1：10）和两种不同的刀盘分别在图5.19和5.20中示出。

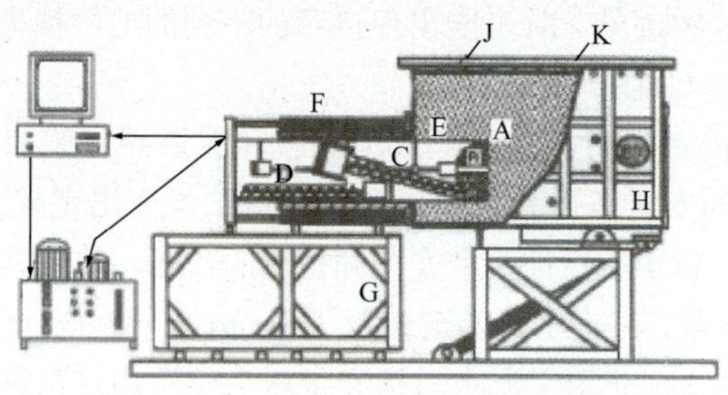

图5.19 实验室试验中使用的EPBS模型

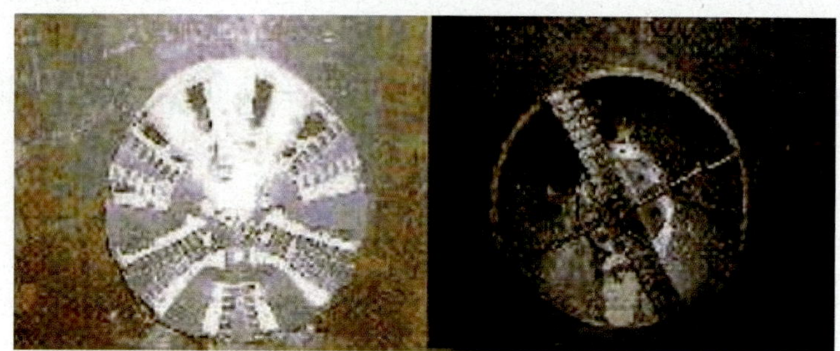

图5.20 实验室试验中使用的多种刀盘

这些试验模拟了在无黏性、干燥土壤中的开挖情况（摩擦角φ=33°、容重γ_d=13～17 kN/m³ 的细砂），连续监测了在土压平衡盾构模型土舱中和围岩中的压力以及在地表诱发的变形和沉降。

根据对上述“Eupalinos 2000”法国国家级科研项目B1子课题下11个报告的研究，得出以下意见：

- 实际上，采用两个控制参数便可控制掘进机的掘进：（1）螺旋输送机实际排土量与理论量之间的比率R；（2）开挖地层中的压力。前一参数R对掘进而言是关键因素。
- 当R=1时，即达到理想的功能状态，此条件为平衡状态，且应在开始开挖时通过适当限制并避免前方地层塑性化的方式来实现（图5.21）。
- 如果排土量低于理论值（即R<1），那么地层将表现为被动状态，在工作面前方塑性区发展范围为几倍直径的长度，而且土舱中压力增大（图5.22）。
- 相反，当排土量高于理论值时（即R>1），地层进入主动状态，在刀盘和地表之间的区域将发生较大的垂直变形，而且土舱中压力下降。观察到这一点很重要，即如果R保持不变，就能暂时实现压力水平趋于恒定的趋势（即使R>1）（图5.23），但这种情况很危险，因为即使压力值保持恒定，过大排土仍在继续。
- 如前所述，仅仅是工作面支撑还不足以建立起实际安全开挖状态，因为存在压力波动和过大排土或过小排土情况。

- 试验数据表明：当达到平衡状态且舱室中压力比较稳定时，其最大或峰值范围为静土压力的0.9～1.1倍，而且，图5.21～图5.23表明其平均压力值接近主动土压值。

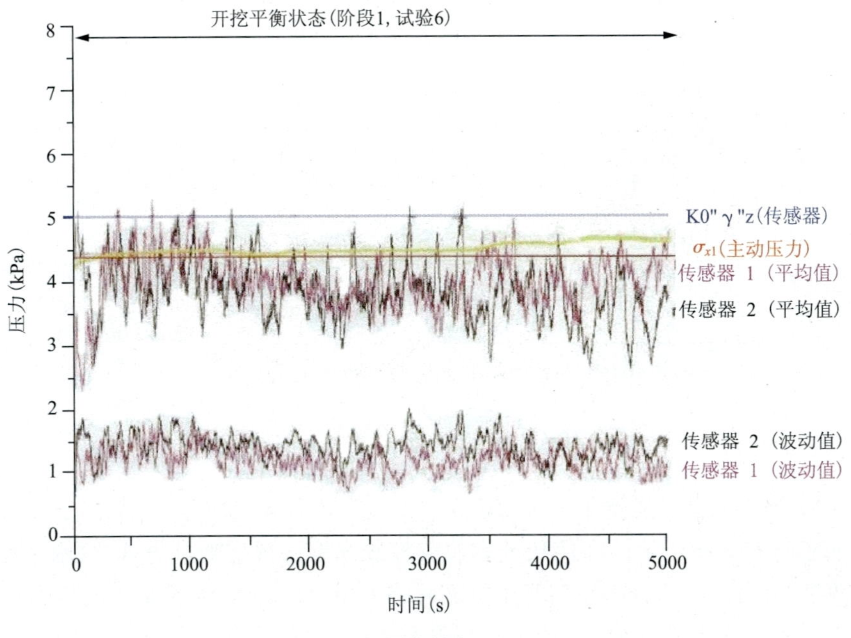

图5.21 平衡状态（R=1）

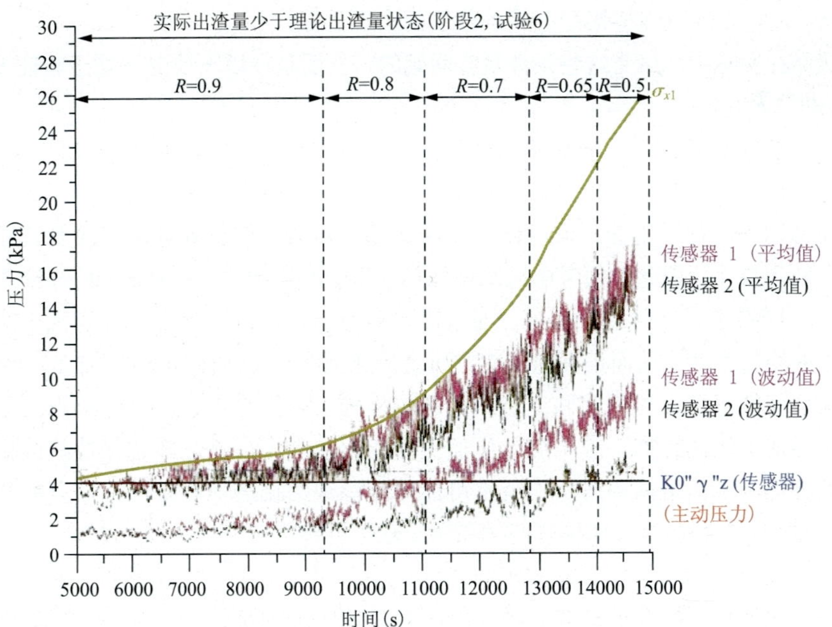

图5.22 过小排土（欠挖）状态（R<1）

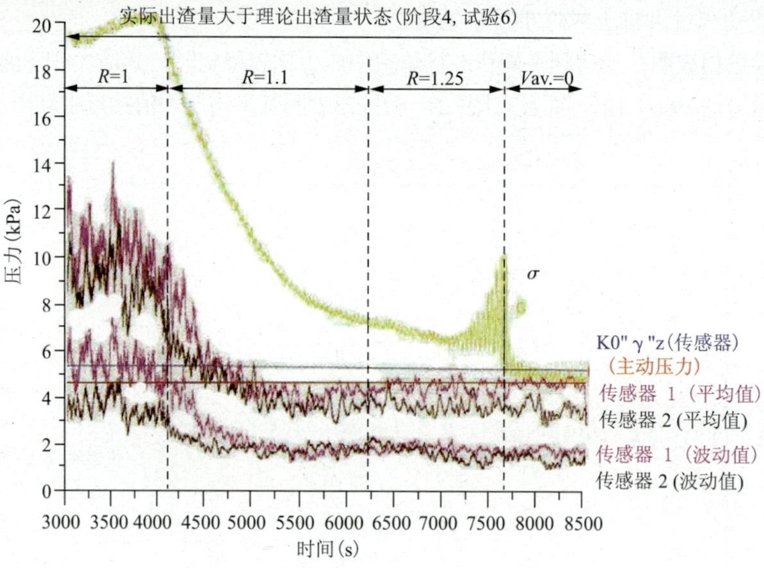

图5.23 过大排土（超挖）状态（$R>1$）

（3）最佳掘进方式概念

如实验室试验所示，即使从地表位移控制来看，最佳掘进方式（ORA）也将涉及两个条件：（1）开挖量与排土量之间的平衡；（2）工作腔室中的压力稳定条件。当这两个条件都具备时，通过土压平衡盾构进行工作面开挖所释放的压力应等于静土压σ_T。从其他的观点看，至少从理论上说，工作面压力的选择不应该是主要设计问题，但应是通过强迫接受上述条件从而实现目标。

然而在实际中，接受这些条件是有问题的，主要是在以下情况下难于验证重量—平衡条件（R=1）：

- 在复杂地质条件下，准确的地层原位密度通常是未知的，而且仅仅只能赋予其一个近似值。因此，开挖渣土重量的确定将不能顾及到所要求的精度。
- 通常用添加剂（泡沫、聚合体、膨润土等）对渣土进行处理，以改善其粒度情况和和易性。因此必须考虑这些添加剂的重量和影响（参见Herrenknecht 等人报告，1995年）。但是应注意，通常需要对渣土进行改良处理，以实现土舱中渣土的均匀条件，从而正确地将支撑压力传递至隧道工作面（参见第5.2.2.4节）。

在任何情况下，作为实验室结果的逻辑推理，可推导出另一个有意思的结论：如果向隧道工作面施加不等于静土压的支撑压力，则不可能达到和保持最佳掘进方式。换言之，土压平衡盾构操作者不可能保持稳定的掘进平衡条件，而且将被迫进行连续的关键参数调整（即掘进速率和螺旋输送机转速）。

采用土压平衡盾构施工的波尔图地铁新线工程便是实现最佳掘进方式条件的一个例证。此项目主要开挖参数的操作范围在设计中是固定的，且在开挖过程中不断得到调整和控制（Guglielmetti 等，2002年）。

表5.16 采用EPBS施工的波尔图地铁试验段主要特点

类 别	复杂条件：普遍为完全风化花岗岩（$W5$）和/或残积土（$W6$），局部为风化相对较轻的花岗岩（$W3/W4$）
土工技术条件	γ'=10～12kN/m^3；c' =0～20 kPa；φ' =30°～34° k_0=0.5（假设）；k=10^{-5}～10^{-7}m/s
几何条件	H=18.2 m；h_0=14.8 m；D=8.7 m；h_w=h_0－D=6.1 m

注：γ' =浮容重；c' =有效黏结力；φ' =有效摩擦角；k_0=静压系数；k=渗透系数；H=覆盖层厚度；h_0=隧道底部上方水头；D=开挖直径。

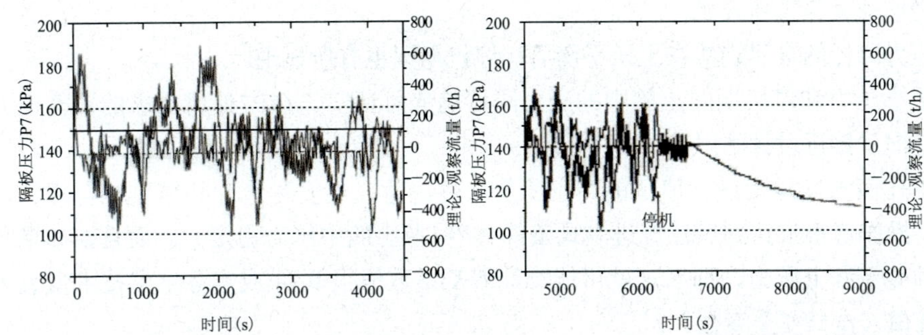

图5.24 隔板（P7）压力随时间的变化及螺旋输送机排土速率理论值与实际值之差

图5.24所示为具有表5.16所列土工技术和几何条件的一段隧道。以下是对图5.24的一些解释说明：

- 隔板上的传感器“P7”（7个传感器（P1～P7）之一）位于隧道拱顶以下约1 m处。
- 如果在拱顶（h_w=h_0－D=6.1 m）处进行量测，那么平衡渗流力的水压为：σ_w=61 kPa。
- 在水文地质平衡条件及最坏土工技术条件下，通过整体楔块分析法（Anagnostou-Kovari 法）推导出所要求的有效稳定压力σ'_T=21 kPa。应注意的是，此条件要求土舱中渣土密度必须达到一个最小的可接受值（在这种情况下，$\gamma_{渣土最小}$=14 kN/m^3）。
- 总压力应为：σ_T=61＋21=82 kPa。
- 考虑到安全性及对土舱中的压力波动，最终选择总压力平均值$\sigma_{T(P7)}$=120 kPa 作为基本参考值，160 kPa、100 kPa分别为其上、下限报警值。在这种情况下施加120 kPa总压力几乎相当于关于剪切参数值F_s=2的假设。在给定的渣土密度下，隧道仰拱处的压力为230 kPa。

图5.24示出了在隔板上（P7）记录的压力值和螺旋输送机理论排土量与实际值之差。在试验段（1.4 m长）开挖及盾构定位期间（图表的最后部分，为“停机”），每隔10 s收集一次数据。为此可得到以下观察发现：

- 工作面支撑压力（P7）不恒定，但是遵循正弦曲线发展轨迹。
- 这一特性似乎主要取决于机器操作者，通过其不断调整螺旋输送机转速以使压力保持在设计极限值范围内且开挖量与排土量保持平衡。
- 出于安全考虑，操作者必须以尽可能低的速度操作螺旋机，这样就可能观察到过少排土的总趋势。应注意的是，过少排土可能会迫使压力升高。
- 当操作者试图限制过度压力增长时，通过增大螺旋输送机的输送量（然后达到平衡状态，$R \to 1$），即可达到稳定且压力迅速降低。
- 最后，通过降低螺旋输送机转速，避免压力低于设计下限值。然后，类似的压力波动又将重新开始。
- 压力降低的自然趋势在土压平衡盾构停机期间也有所显现。
- 最小压力和停机期间土舱中的压力降低趋势可证实，在P7处所要求的平衡压力趋向于接近设计下限值。

工作面支撑压力设计值可能高于所要求理论值（或实际值）的结论是合理的，因此，操作者很难达到最佳掘进方式条件（R=1及土舱中压力稳定）。而且，如果实际值约等于静土压力，那么这就可能意味着K_0系数值很低和/或实际土工技术参数大于设计值（包括安全系数）。

由此得出的结论为：只有通过对多个参数（工作面支撑压力、排土量与开挖量的平衡、表观密度和第6章中所述其他参数）的交叉控制，才能实现正确、安全的TBM 操作。

5.2.2.4 工作面支撑压力选择

对于采用闭胸式盾构开挖的隧道，从使工作面变形最小和保持工作面稳定性的观点来看（Kanayasu 等，1995年；Reda，1994年），通常认为工作面支撑压力$\sigma_T=\sigma_{R0}$是最佳的。

如前所述，通过控制至少两个基本参数可自然达到此条件：工作面支撑压力和排土速率。但是，一般很难确定一个静土压的先验系数。

理论上，相对于σ_{R0}降低σ_T值显然增大了地表沉降的可接受风险水平，只有在允许塑性变形的情况下（即$\sigma_T \leqslant \sigma_{ka}$）才能这样。如前面观察到的一样，实际上此种情况发生在$R>1$（超挖）时，而且在有明显、持续超挖的情况下风险将增大。

另外，文章中反复说明（例如Reda，1994年），如果工作面支撑压力介于主动压力和静土压力之间（即$\sigma_{ka}<\sigma_T<\sigma_{k0}$），那么可充分控制开挖稳定性。如前所述，当地层向着刀盘方向或相反方向（即地层被土压平衡盾构挤压）产生塑性变形时，土压即变为主动或被动压力（图5.25）。

日本盾构隧道工程的合作研究者——Kanayasu等人（1995年）指出，在绝大多数情况下，可采用主动土压力作为工作面压力的最低容许值，但目前还没有用于确定工作面支撑压力设计值的明确规定。

有鉴于此，荷兰Center Onderground Bowen（COB）的Broere（2001年，见公式（5.3））在报告中提出了比主动压力略高的建议值：

$$\sigma_T = k_a \cdot \sigma'_v + \sigma_W + 20\text{kPa} \qquad (5.3)$$

式中σ'_v=有效垂直压力。

考虑到地层的“爆裂”风险，根据实用的经验法则，建议在隧道拱顶处测到的压力上限值通常应是总垂直压力，即$\sigma_{T(max)} < \sigma_v$。

但正如后面所观察的，还应考虑其他上限值。

有关日本土压平衡盾构采用的工作面压力举例见图5.25和表5.17。

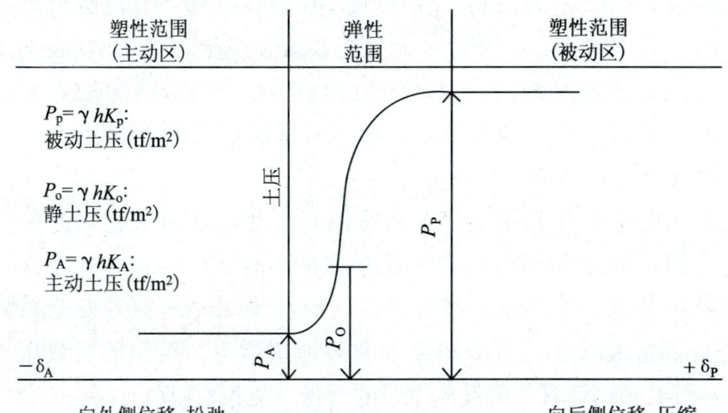

图5.25　土压与位移的相互关系（Reda，1994年）

表5.17　根据Broere（2001年）及Kanayasu（1995年）报告，日本土压平衡盾构和泥水盾构的工作面压力举例

机器类型	D（m）*	土壤类型	所采用的支撑压力
土压平衡盾构	7.45	软弱淤泥	静土压
	8.21	砂质土、黏土	静土压＋水压＋20 kPa
	5.54	细砂土	静土压＋水压＋波动压力
	4.93	砂质土、黏土	静土压＋30～50 kPa
	2.48	砾石、岩床、黏土	静土压＋水压
	7.78	砾石、黏土	主动土压＋水压
	7.35	软弱淤泥	静土压＋水压＋10 kPa
	5.86	软弱黏土	静土压＋水压＋20 kPa
泥水盾构	6.63	砾石	水压＋10～20 kPa
	7.04	黏土	静土压
	6.84	软弱黏土、冲积砂土	主动土压＋水压＋波动压力（20 kPa）
	7.45	砂质土、黏土、砾石	水压＋30 kPa
	10	砂质土、黏土、砾石	水压＋40～80 kPa
	7.45	砂质土	松散土压＋水压＋波动压力
	10.58	砂质土、黏土	主动土压＋水压＋波动压力（20 kPa）
	7.25	砂质土、砾石、软弱黏土	水压＋30 kPa

注：*D＝刀盘直径。

所获得的信息表明，在欧洲实践中，对于城市隧道（至少在浅埋情况下），作为σ_T最小值，静水压力（σ_w）通常是可以得到保证的，而对于地层推力则要增加一个增量（参见Leblais等，1996年；Guglielmetti等，2002年）。下面将简要介绍根据LEM分析法计算σ_T的一些实例。这些隧道是采用泥水盾构和土压平衡盾构开挖的。

- 圣彼得堡地铁（采用泥水盾构开挖）：在改造圣彼得堡地铁1号线时，基洛夫斯科—维堡斯卡亚区段的两座单线隧道就是在城市条件下修建深埋隧道的一个特殊例子（详见第8.2节）。隧道是采用7.4 m泥水盾构开挖的，开挖深度约65 m，最大水压达4.8 bar。通过将工作面压力限制在$\sigma_T=\sigma_w+1$范围内，开挖得到了合理控制。其中的第二个分量（此处是1 bar）包括了根据Anagnostou-Kovari法计算出的有效地层推力以及压力波动值（0.25 bar的测量值）。值得注意的是，在上述情况下，所施加的有效压力可能是在σ'_{ka}值的55%～65%范围内（见第8.2节）。
- 葡萄牙波尔图地铁（采用土压平衡盾构）：在前面章节已对波尔图地铁工程进行了介绍，其基础压力参考值是根据$\sigma_T=\sigma_w+0.6$bar进行计算的。式中第二分量是在考虑了最坏土工技术条件（$\sigma'_T=0.2$bar＋额外安全系数），并根据Anagnostou-Kovari法计算出来的有效地层推力。得出的有效压力实际上是Anagnostou-Kovari计算中假设$F_S=2$时的等量（见第8.3节）。
- 都灵地铁（采用土压平衡盾构）：为了开挖处在地下水位以上、直径为8 m的隧道，采用的设计压力为$\sigma_T=\sigma+0.3$ bar（式中σ是假设$F_S=2$并根据Anagnostou-Kovari法计算的），其目的是为了弥补土舱中可能的压力波动（见第8.4节）。
- 博洛尼亚（Bologna）新建地下铁路连接线（采用土压平衡盾构）：通过施加工作面压力σ_T，成功地控制了干燥条件下的地层沉降。σ_T值与$F_S=2$时采用Caquot/Carranza法所得到的值相符（见第8.6节）。

上述实例表明，如果σ_T是根据LEM分析结果进行确定的，则假定合理的安全系数F_S就非常重要。

5.2.2.5 安全系数（F_S）

在工作面支撑压力设计值中，增加安全系数F_S分量的不同方法既用于以剪切强度参数为基础的分析法，也用于直接以计算压力为基础的分析法中。这些方法的基本要素简要介绍如下：

- 根据典型方程$\tau=c/F_S+\sigma\cdot\tan\varphi/F_S$，采用$F_S$可降低剪切强度参数的波动幅度。例如，在Anagnostou-Kovari计算法中就采用了这种方法（表5.15中第10项）。根据由Garranza-Torres（2004年）（表5.15中第12项）将其结合于Caquot法（1965年）的强度折减法，F_S被定义为土壤的摩尔-库仑特性参数与极限平衡条件的临界值之比，即$F_S=c/c_{cr}=\tan\varphi/\tan\varphi_{cr}$。

- 对于“全泥膜”模型，Jancsecz、Steiner等（1994年）（表5.15中第9项）建议直接采用与计算的有效压力（E）和水压（W）相符的部分安全系数（分别为η_E和η_W）。表5.18中给出了参考文献中介绍的部分安全系数的一系列建议值。

表5.18 “全泥膜”模型中建议采用的部分安全系数

参考文献	η_E	η_W
Balthaus（1988年）	1.1～1.3	1
Jancsecz（1997年）*	≥1.1～1.75	1.05
Heinenord第二座隧道设计**	1.5	1.05
Botlek隧道设计***	1.7	1.05

注：*为防止土层爆裂，也建议采用安全系数η_B=1.1。

** Broere报告（2001年）；*** Maidle及Cordes报告（2003年）。

这里应强调的是有两个不同的安全系数：一个是F_S，它是由表5.18中的前两种方法推导而来的，直接涉及危险情况；另一个被称为“*f.s.*”，用于确定单一土工技术变量设计值（通常称作X）。

由此看来，前面章节所介绍的所有国际参考文献中包含了多个安全系数（*f.s.*），同时还考虑了最佳掘进方式概念。重要的是应修正这些安全系数，使其与实际土工技术参数值吻合，从而避免出现过于保守的情况。

正如Cherubini与Orr（1999年）建议的——与欧盟规范7（1993年）建议一致，确定某一参数设计值（包括*f.s.*值）的主要程序应包括以下所有步骤，这些步骤都涉及变量X的正态分布：

- 计算和/或最好是估计类属参数的统计平均数（X_μ）和变量系数（CV）。$CV=\delta/\mu$（δ=标准偏差，μ=平均数）；
- 确定合理的安全特性值（X_k）：如$X_k=X_\mu\times(1-CV/2)$；
- 通过将安全系数代入特性值求出设计值（X_p），即$X_p=X_k/f.s.$。

例如，在EC7（欧盟规范7）中，建议在确定不同特性的X_p时采用下列*fs*值（公式（5.4））：

$$c'\rightarrow1.6;\ \tan\varphi'\rightarrow1.25;\ c_\mu\rightarrow1.4 \tag{5.4}$$

然而，如若采用σ_{ka}或σ_{ko}计算稳定压力σ_T，上述通用方法也许过于保守。因此根据分析类型，比较合理的应是利用表5.19和图5.26中给出的对应关系来确定一个特定参考值。

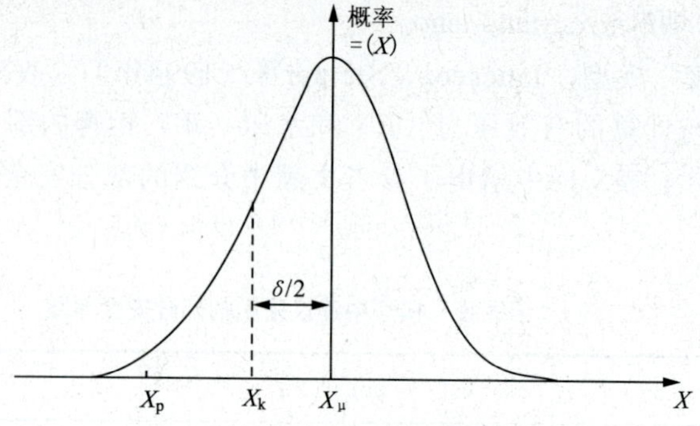

图5.26 对应关系示意图

表5.19 计算支撑压力采用的参考值

计算σ_T的基础参考值	计算采用的土工技术参数值
σ_{ko}	X_μ
σ_{ka}	X_k
$\sigma_{LEM\ (FS)}$	X_p

5.2.2.6 概率方法的应用

对于稳定性条件的确定性计算，一种优先的选择方法是采用概率法。这种方法可将全部土工技术参数变量和几何尺寸变量包含在稳定性计算中。目前普遍认可的方法是Monte Carlo法，可用于模拟输入数据（比如安全系数F_S）具有极大不确定性的现象。

通过这种方法可以计算某一特定条件的出现概率。例如，可以分析针对每个工作面压力的安全系数（F_S）分布情况并可使其概率低于目标值。作为可选方案，可以确定一个可接受的安全系数并针对不同工作面压力值显示出其低于该目标值的对应概率。

确定一个可接受安全系数的可选方法示于图5.27，该图涉及的是穿越黏性砂土层的博洛尼亚铁路隧道工程（见第8.6节）。图中针对两种覆盖层厚度（h=20 m、30 m）条件采用了Caquot解法。作为输入条件，受图中所列数值限制，剪切强度参数呈三角形分布。

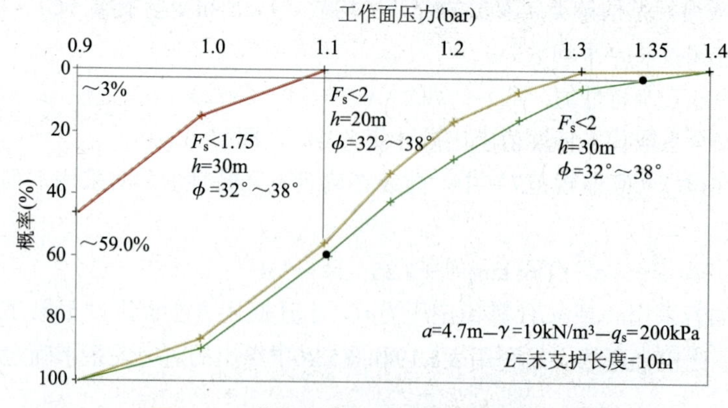

图5.27 工作面支撑压力与安全系数（F_S）概率

图5.27示出了在h=30 m时工作面压力与F_S<1.75的获得概率之间的相互关系，以及在h=30 m和20 m时，工作面压力与F_S<2的获得概率之间的相互关系。在这三种情况中，摩擦角介于32°～38°之间。

图中圆点线表示，在h=30 m时，采用σ_T＝1.1bar的支撑压力将导致F_S<2的概率较高（约59%）；而采用σ_T＝1.35 bar的支撑压力时，会使F_S<2的概率减至5%以下。

根据红线，当压力σ_T＝1.10 bar时，F_S<1.75的概率几乎为零。由此可得出，当压力值σ_T＝1.35 bar时，肯定可避免出现不稳定性概率（即F_S<1的情况）。这样可将该值作为进行进一步数值分析的合理初始值，以验证隧道周围塑性区以及诱发的地表沉降发展情况。

5.2.2.7 不同计算方法的比较

为了直观表现在隧道工作面施加不同支撑压力所产生的影响，可利用图5.28所示的图表。下面以博洛尼亚隧道工程（见第8.6节）为例，对采用不同分析方法（特别是F_S=2情况下的Caquot解法）得到的计算结果进行了比较，同时显示出了相关地层塑化发展情况，正如采用Rocscience的Phase2 程序（Rocscience，2007年）进行数值分析的那样。随着摩擦角（φ）值的增大，工作面压力持续下降。此外，从图5.28中可看出，工作面潜在稳定性条件是得以证实的：随着工作面压力持续降低，工作面稳定性条件将从弹性变形发展到完全坍塌。从静力角度看，施加与静土压（k_0）相等的工作面压力，可获得比较理想的稳定条件，静土压（k_0）被假定为工作面设计压力上限。

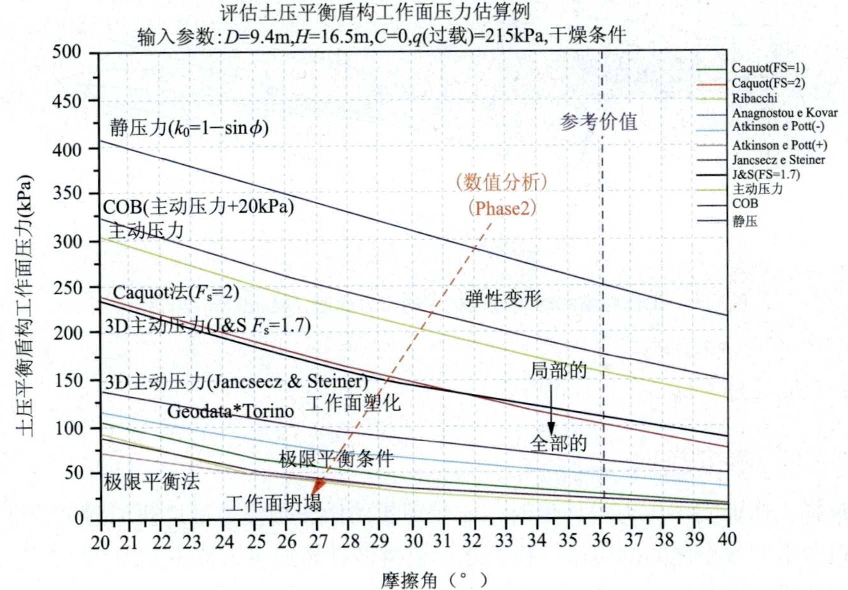

图5.28 （通过数值分析）**评估土压平衡盾构工作面压力和相应的塑性区扩展情况**（说明性的）

正如所预测的，数值分析证实了当$\sigma_T \leqslant \sigma_{ka}$时工作面上将出现屈服带。对所观察的示例情况，还得到了下列结果：

- 当$\sigma_T \approx 0.5\sigma_{ka}$时，塑性区可能会延伸到隧道拱顶水平面以上。
- 塑性区的大面积扩展与通过极限平衡法（F_S=1）获得的值相符合，这说明工作面接近坍塌。
- 采用Caquot法（F_S=2）以及Jancsecz 和Steiner法（F_S=1.7）得到的值可为限制隧道工作面塑性化扩展和控制地表沉降提供合理的参考值。值得注意的是，这些值差不多等于σ_{ka}的60%～65%。

例如，如果采用表5.19中的参考值，同时规定摩擦角特定值φ_μ=42°和φ_μ=40°，则根据图5.28推导出的工作面压力$\sigma_{ko(mod)} \approx$200kPa和$\sigma_{ka(mod)} \approx$130kPa。这些值与在采用F_S=2情况下，根据Caquot法和Jancsecz 法得到的值相差不大。

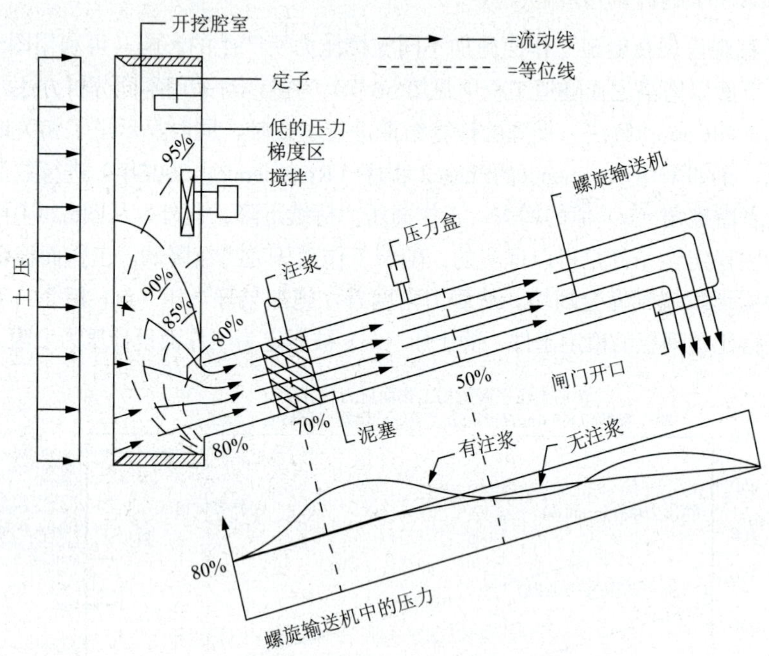

图5.29 工作腔室和螺旋输送机中的压力梯度（Maidl等，2003年）

5.2.3 施工阶段

5.2.3.1 施工限制

选择工作面支撑压力设计值时，比较理想的做法是应很好地协调隧道掘进机械安全性和生产效率之间的关系。换言之，应遵循计算的压力值不能限制或阻止TBM向前掘进这一原则。

例如，在土压平衡盾构掘进过程中所遇到的一系列操作问题，很可能就是由于所施加的有效支撑压力值太高而引起的，主要原因是：

- 隧道工作面上支撑压力分布不可控制；
- 刀盘驱动扭矩过大；
- 严重的刀具磨损；
- 渣土在螺旋输送机入口处产生成拱效应。

如果土舱中的渣土是黏性流体，则不会出现任何操作困难，因此Anagnostou-Kovari提出，土舱必须保持足够的水头。这既可通过在螺旋输送机出口处保持很高的测压管水头来达到，也可通过降低渣土渗透性来达到。

减少操作困难并同时改善侧限压力正确传递的最佳手段是，通过采用诸如泡沫和/或聚合物等改良剂正确处理开挖渣土材料。根据Maidl和 Cordes观点（2003年），如果土压平衡盾构在掘进时不使用改良剂，则侧限压力的控制就无法保证有一个稳定的隧道工作面。上述观点的依据是，在隧道工作面上的实际压力是不可知的，也不可能进行有效控制。实际上，正如Reda（1994年）指出的以及图5.29所示的，土舱和螺旋输送机中的压力梯度分布可能会使工作面上施加的压力和隔板上测得压力之间存在很大差异。

Borghi和Mayr（2006年）等参考伦敦经验，得到了同样的结果。此外，他们声称使用泡沫改良剂也会出现同样的问题，特别是在某些类别的地层中。他们建议在黏土中只采用水和聚合物，从而达到更稳定的压力控制。作者在参与的波尔图地铁与博洛尼亚铁路隧道项目中直接获得了这样的经验，即泡沫过多（因为泡沫中有气体成分）会导致土舱中压力控制失稳。

在所有这些情况中，最佳做法是减少气体成分，控制泡沫注入率（*FIR*）和泡沫膨胀率（*FER*），或只采用水和聚合物（见第6.3节）。

为了有效控制土舱工作面支撑压力，可引入“第二级工作面支撑系统”（见Babendererde等，2004年报告；Guglielmetti等，2002年报告）。该系统是将膨润土泥浆注入到土舱。采用少量的泥浆就足以控制压力值，从而使土舱充满稠密渣土材料。

Maidl和Cordes（2003年）提出了根据地层条件和掘进速度采用压力－体积控制方式注入泡沫的另一实例。他们在克服软弱黏性砂土层方面的经验表明，在考虑转矩和推力情况下可将侧限压力控制在2.5 bar左右。根据Maidl和Hintz（2003年）报告，这一限定条件主要是由土舱底部固体渣土成分的沉积所决定的，同时局部地方还施加了很高的有效侧限压力。然而，在掘进期间泡沫主要集中在土舱顶部并且在“掘进停止”期间会流出，从而使侧限压力下降至静水压力水平，或者下降为等于气体状泡沫压力的一个常数。

维修作业，尤其是更换切削刀具，必须进入到土舱，为此必须在进舱之前清空土舱并对其增压。由此产生了另外一种限制：进入压力舱并长时间停留在高压舱里会影响到工人的健康，而且要达到一定压力之上，所要求的增压和减压时间（按照当地健康与安全规定，见第7章前言）太长，以至作业循环时间不可接受。

鉴于上述施工限制，在考虑对地面产生负面影响的可承受的残余风险水平情况下必须在最佳工作面支撑压力（通常很高）和实际值之间采取折衷方案（见第5.1节）。

上述最佳方案的详细情况见第6章。

5.2.3.2 监测与调整

前面章节中介绍的情况可证实：（1）控制工作面稳定性和地表沉降较为复杂；（2）由于土工技术条件和施工不确定性产生高风险（涉及设计方案的选择）。在这种情况下，施工期间进行控制与监测非常重要，要求进行专门风险管理。关于这一问题已分别在第2章和第6章从理论和实际操作角度进行了讨论。

总之，从合理而保守的工作面支撑压力初始值开始，应在TBM试掘进阶段进行反复操作和验证。在此过程中应及时判定所施加工作面压力的影响作用及其对变化的敏感性。

目前，通过控制最佳掘进方式条件的关键参数可获得最稳定的掘进状况。

在城市环境下修建各种隧道的经验表明，必须了解所施加的工作面压力与TBM接近穿越监测段时所出现的预沉降之间的直接关系。例如，在黏性砂土中修建博洛尼亚隧道时，观察到的这一沉降分量是该段最后总沉降的20%～30%。

预沉降最后可能变成隧道水平面处的体积损失。利用预沉降可描述体积损失和工作面支撑压力或安全系数之间的相互关系如图5.30所示。

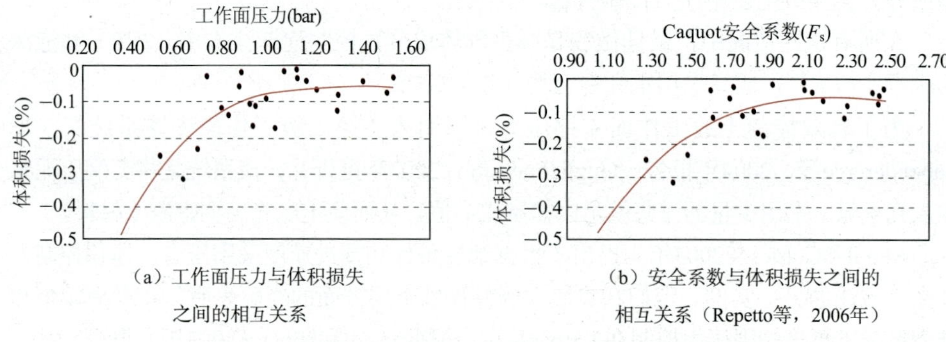

（a）工作面压力与体积损失之间的相互关系

（b）安全系数与体积损失之间的相互关系（Repetto等，2006年）

图5.30 在博洛尼亚隧道中当TBM穿越监测断面时的记录

图5.30表明，如果工作面压力高于1.1 bar，则初始体积损失低于0.1%，相应的安全系数F_s则大于1.9。上述结果与根据图5.27中所示的概率分析结果完全吻合。相应地，最终体积损失约为0.3%～0.5%。

此外，图5.30还表明，如果是软弱地层，在掘进机掘进期间，工作面支撑压力降低会导致极大的体积损失。

值得注意的是，体积损失计算未考虑沉降断面的实际形状。换言之，即使不同沉降断面（如宽平断面与窄凸断面）也可能导致相同的体积损失，但对结构物的潜在破坏实际上可能完全不同。体积损失与沉降之间的相互关系在第5.1

节中作了专门介绍。

5.2.4 结　论

计算工作面支撑压力σ_T是从不同角度进行的。确定σ_T的设计值是一项复杂的计算，为此需进行各种分析和比较，才能获得有关隧道标高处和地表处预计地层特性的全貌。

为了将详细的数值分析结果扩展至大量可能的参数组合情况，应补充采用分析法和数值法。在这种情况下，强烈推荐概率法，以纳入土工技术参数和施工参数的不确定性与变化性，同时将设计方案选择与可接受发生概率相互联系起来。

确定泥水盾构的工作面支撑压力不同于土压平衡盾构。在采用泥水盾构开挖的情况下，σ_T可通过总压力进行确定且较简单。在采用土压平衡盾构开挖的情况下，则应确定土舱流体压力和有效压力之差。

取决于土工技术特性、水文地质条件和掘进操作模式，应选择合适的分析方法并考虑所有相关现象（如土舱中的水和/或地层中支撑介质的过滤性、超孔隙水压等）。

为了进行各种分析，在确定土工技术参数变量的相关输入数据时，比较合理的应是结合各种安全系数（如表5.17中建议的，这些值分别为$X_\mu \rightarrow X_k \rightarrow X_p$）。

首先应针对试掘进阶段确定σ_T的合理安全值，同时通过控制最佳掘进方式（ORA）的两个关键参数达到稳定的操作条件：（1）使开挖量与排土量达到平衡；（2）土舱中的工作面支撑压力。此外还应注意，最佳掘进方式是受地层的实际土工技术特性控制的（而不会受到安全系数的影响）。

由于必须充分控制地表沉降，因此应视施工阶段情况，适当调整工作面支撑压力。

取决于几何条件、局部安全性和施工限制等，σ_T的确定应符合于不同设计目的，其包括了各种风险假设：（1）避免出现任何应力松弛；（2）容许极限条件范围内的变形；（3）将屈服带和相关地表沉降控制在允许范围内。因此，应相对于（1）原位静压力、（2）土壤的主动极限状态、（3）容许有一定屈服带和沉降的压力值（如根据LEM方法，采用合理的安全系数所得到的计算值）对所得到的σ_T值进行验证。

采用上述3种评估方法还可确定σ_T的可能变化范围，同时可确定一般掘进的上限和下限边界条件。σ_T（工作面支撑压力）的可能变化范围是进行隧道施工控制的关键因素之一，这将在第6章进行讨论。

此外还发现，某些施工限制要求采用工作面支撑压力上限值。但在任何情况下，为了防止地层出现爆裂，必须遵守$\sigma_T < \sigma_v$这一绝对限制条件。

5.3 预制混凝土管片衬砌的设计

对于城市环境中的隧道开挖，选择可以控制工作面压力的护盾式TBM掘进法，以及预制管片衬砌是世界各国都在采用的通用做法。

从衬砌角度看，采用预制管片具有许多优势：

- 与盾壳一起对开挖洞室提供连续支撑，以防止地表沉降扩大；
- 通过安设防渗衬砌，防止水流进入隧道；
- 保证开挖期间对TBM的纵向推力；
- 保证对TBM后配套系统的支撑；
- 从土木工程角度出发，缩短了“完工隧道”的交付时间，以及设备安装工程的准备时间。

最后，也不可忽视自然环境以及施工环境安全等方面的优势：

- 隧道施工人员与所开挖地层和地下水不发生直接接触；
- 在隧道专门区域安装衬砌支护，这里集中采用机械化作业，而且是在干净、整洁和被保护的工作环境中进行。

下面将分析现代预制管片衬砌类型，并重点介绍各组成部分和设计程序，包括从管片排列到施工细节，以及在城市环境运用该种技术的最佳实践情况。

5.3.1 管片衬砌的几何形状

在盾构内部拼装的预制衬砌是将称作管片的单元块根据所规定尺寸和形状，按照一定顺序排列而成（图5.31），它可保证：

（1）构筑永久的、临时的稳定衬砌，并考虑了全部可预见荷载；

（2）考虑隧道定线纵向连续性；

（3）在TBM尾部以及盾壳保护下进行快速安全地拼装。

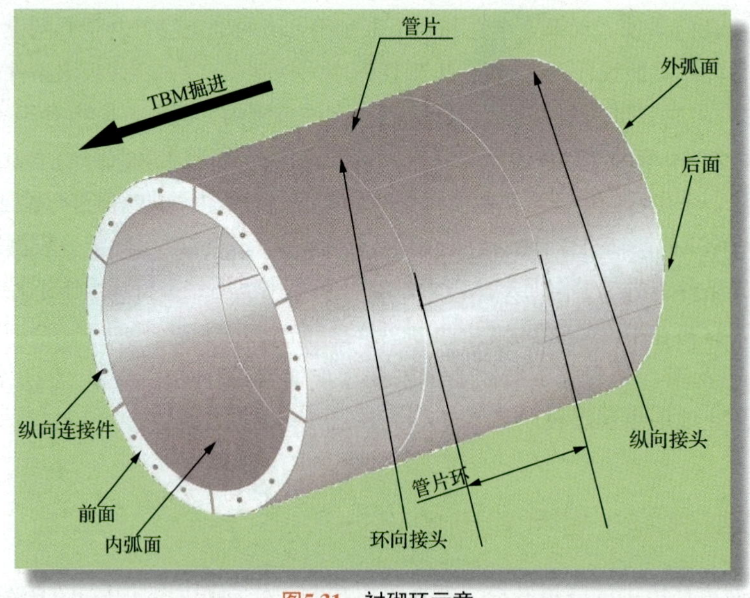

图5.31 衬砌环示意

5.3.1.1 衬砌环类型

从几何学观点出发，衬砌环就是具有平行表面和非平行表面的圆筒，如下面及图5.32作出的界定：

- 平行表面——直线衬砌环；
- 非平行表面——楔形、梯形衬砌环，楔形通用衬砌环。

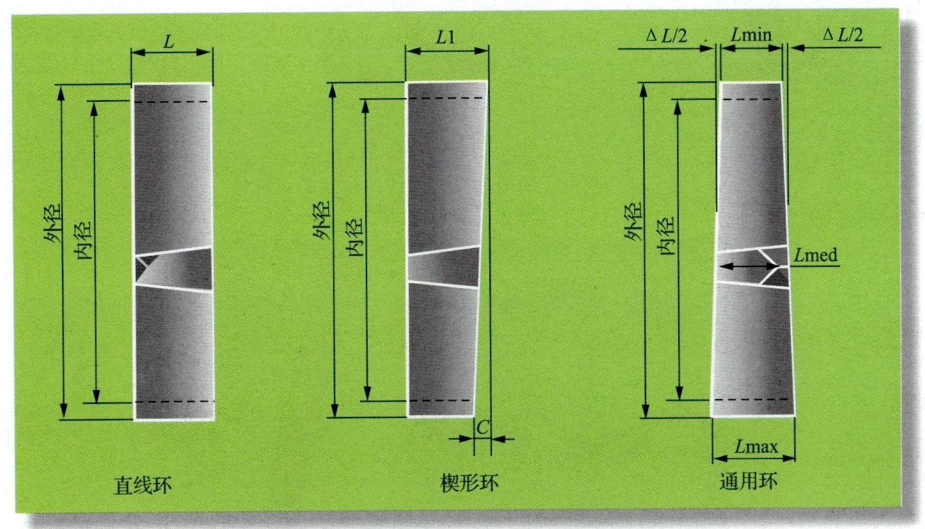

图5.32 不同类型衬砌环的几何形状

直线环和楔形环的差别仅仅是拼装时的用途不同，但这不影响衬砌环的功能。

直线环只用于隧道定线的直线部分，因此这些管片只能做成具有平直轴线的管段。而楔形、梯形环可使衬砌遵循预定的水平定线和纵剖面的曲率，并可纠正由TBM造起的其他意外偏离情况。

在开挖面处采用上述两种衬砌环意味着在考虑定线或TBM特殊几何条件的情况下必须采用“正确的”环。因此，在施工现场必须备有可用的型号正确的管片环。

目前趋势是，在隧道直线或曲线部分均系统采用通用环，这样可以遵循定线的水平或垂直方向而不采用其他特殊管片，还能纠正掘进期间因TBM造起的偏离情况。

决定衬砌环能够通用的几何特性是其锥度，即最大长度和最小长度之差。图5.33是通用环应用示意图。图5.34表明了同时遵循水平曲线（Rplan）和竖曲线（Ralt）的实际可能性。竖曲线的曲率半径通常比水平曲线的高一个数量级，因此，只能参照水平曲线半径。在两个半径的数量级相同的情况下，为确定通用环几何尺寸而要参照将两种曲线相结合所得到的半径值。

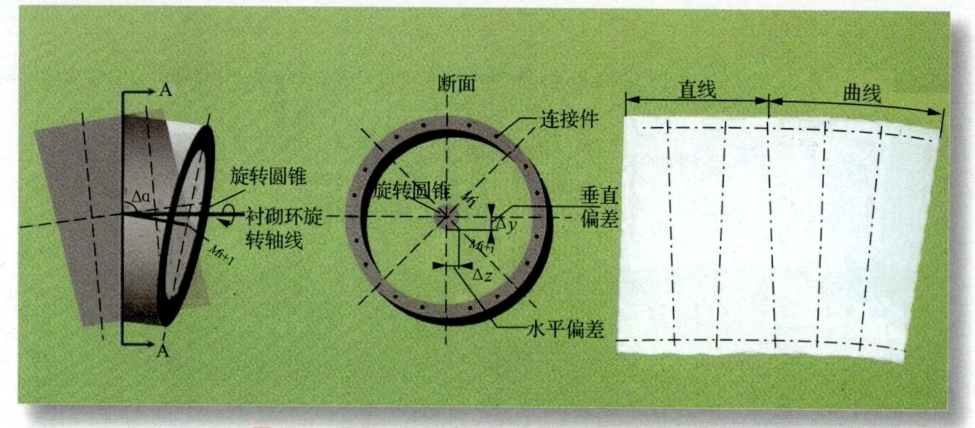

图5.33 通用环的概念及在曲线段拼装的可能性

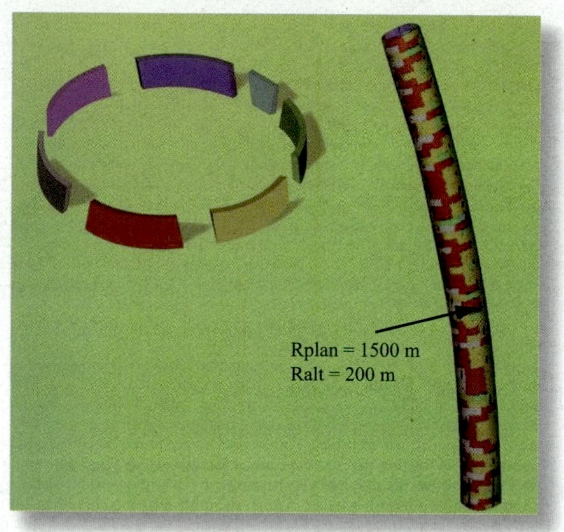

图5.34 在曲线段上通用环的拼装示意图

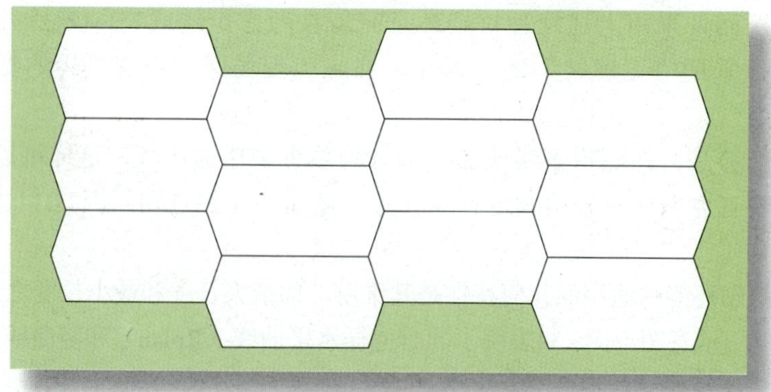

图5.35 采用六角形管片的衬砌环

具有特殊几何形状的通用环被称为“左转－右转”环。无论从哪种角度讲，它们都是真正的通用环并可理解成“成对的环”。这两种环的几何形状是相同的，但是左转环中管片布置与右转环中的管片布置完全是相反的，因此选择“左转－右转”环意味着允许沿定线采用直线布置的方式，而且可使封顶块始终在顶部。

为了使通用环布置成直线，必须相对于前一个环旋转180°。作为选择方案，可将封顶块（图5.36）布置在顶部和底部。采用左转环及右转环时，可始终使封顶块布置在顶部，因此可从底部往上构筑衬砌。

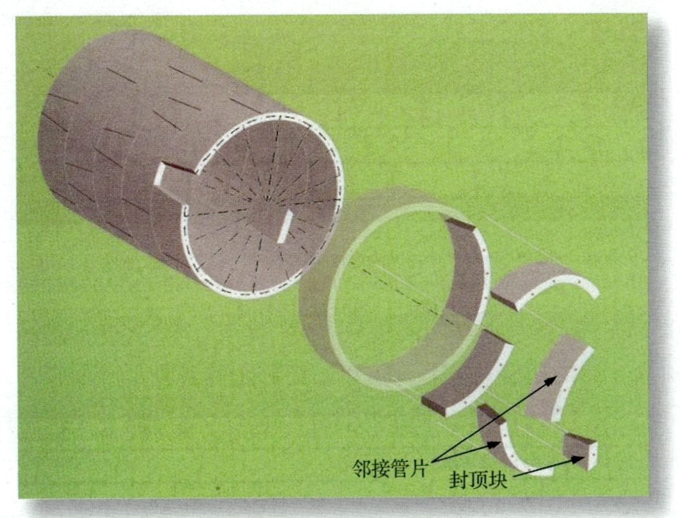

图5.36　衬砌环拼装过程

采用该系统必须要有两种衬砌环，如果曲线不多，则具有独特优势，而且其通用性主要在于可纠正不可避免的TBM掘进误差，即使是很小的误差。避免采用“左转－右转”环的方法之一是使封顶块不在顶部和底部，而是将其布置在环的一侧。

最后，应注意的是还有一种特殊的预制衬砌，被称为六角形管片（或蜂窝状管片），如图5.35所示。这种结构实际上不能拼装成一个真正的衬砌环，但是将相同管片重复排列，使之直接形成整体衬砌则比较容易。这种衬砌经常用于特定环境中，如在采用双护盾TBM修建的长大深埋隧道和水工隧洞中，不需控制工作面压力。由于它不能提供足够的水力密封性，因此很少在城市地区采用。也不能遵循曲线方向，除非是半径非常大的曲线，但这在上述情况下是不常见的。

5.3.1.2　管片类型

为了确定管片形状，必须检查在盾尾处的衬砌环拼装过程。每个环都是通过拼装机在TBM尾部进行拼装。拼装过程一般包括从第一块管片开始至封顶块拼装结束时为止，并且规定始终应采用封顶块，同时应将其布置在衬砌环邻接管片的侧边（图5.36）。

封顶块呈梯形状，最宽的一侧面向开挖前方，并且通常小于其他管片。为了安装封顶块，必须采用两个邻接管片，其倾斜面应与封顶块形状吻合。

对剩余部分，可采用图5.37所示的具有任意特殊几何形状的其他管片。与前面提到的六角形管片不同的是，其他管片全部是四边形（长方形、梯形、长菱形）。

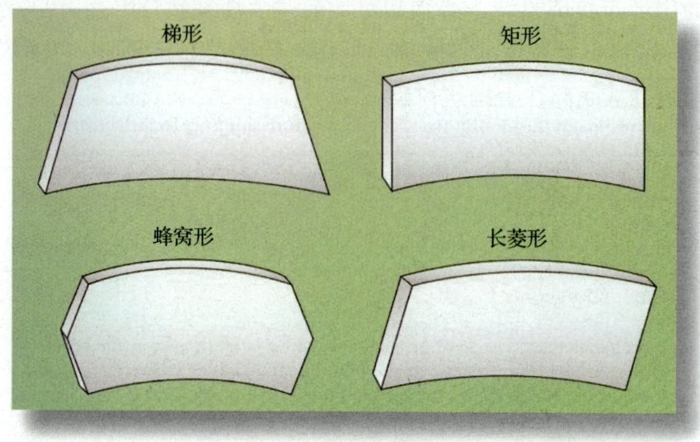

图5.37 管片几何形状

因此，前面介绍的所有衬砌环都可以采用可用的各种形状的管片。图5.38和图5.39所示的不同衬砌环轮廓是由不同形状管片组成的，这些管片是根据衬砌环内部的管片连接系统和衬砌环排列顺序而选择的。

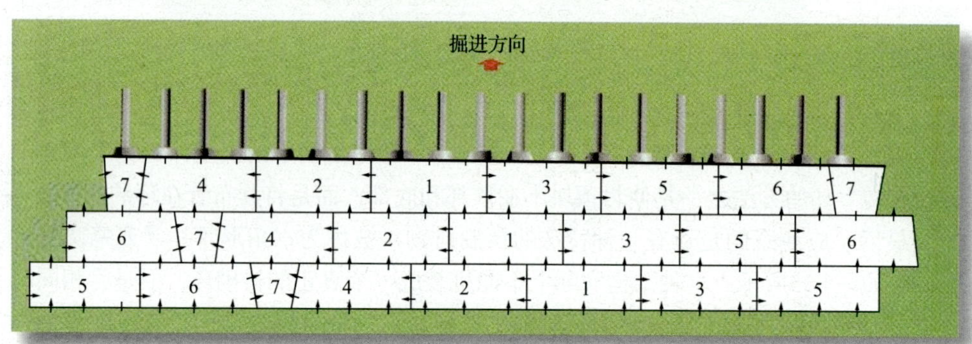

图5.38 由矩形管片构成的衬砌环轮廓（内侧展开图）

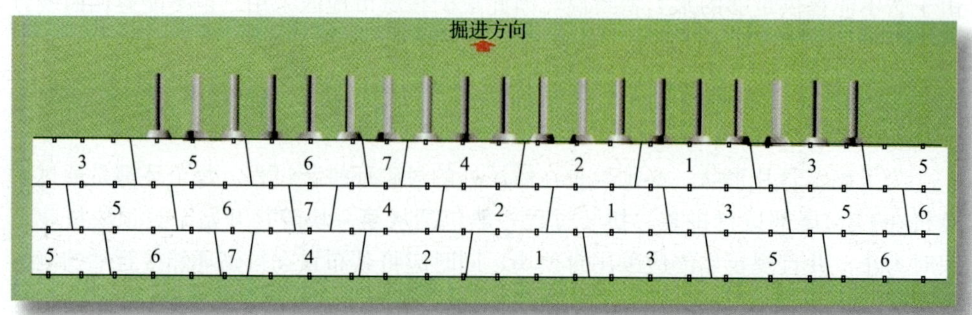

图5.39 由梯形管片构成的衬砌环轮廓（内侧展开图）

5.3.1.3 几何公差

由于需要对不同管片进行非常准确的连接才能构成衬砌环，同时应按照与定线相符的顺序布置各环才能形成整体隧道衬砌环，因此控制预制管片的几何公差非常重要，特别是在采用通用管片衬砌的机械化开挖隧道中。

相对误差数量级在0.1～1 mm之间，这取决于所研究的每节管片的特殊部分。直接在混凝土管片上进行误差值检测很困难，因此是在管片浇筑模具上间接进行测量。这些模具必须以钢结构通常采用的高精度进行设计和制造，同时模具内侧表面应采用机械工具进行打磨处理。在装运到施工现场以前应对模具的下列尺寸进行测量：

- 长度；
- 宽度；
- 平面度；
- 角距；
- 各种凹口深度。

直接对拼装衬砌环进行的几何测量，仅在管片制作开始阶段进行，在预制场将试生产的最初几组管片拼装成2～3个环，并一环接一环地叠放在平台上，这样就能足尺测量管片和衬砌环的实际尺寸并同相应设计值进行比较。此外，还可采用相同设备进行荷载试验，从而检测管片和拼装环的应力变形特性。

在进行最初的足尺检查以后，再在日常生产期间测量管片偏差，并根据浇筑频率即每天浇筑的管片数量定期对模具进行直接检测，而且检测到的尺寸应与在模具制造场地测量到的尺寸相同（前面已列出）。

最后，关于管片模具（以及管片）公差的标准技术规范见图5.40。

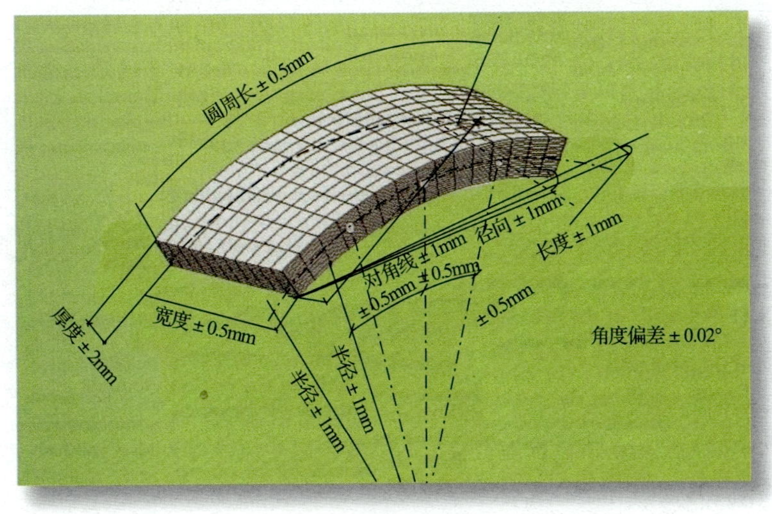

图5.40 管片模具公差

5.3.2 附　　件

进一步观察单块管片比初次看上去要复杂得多，它是由作为附件的不同元件组成的，并具有特殊的几何形状，以防止其断裂及容易拼装（图5.41）。

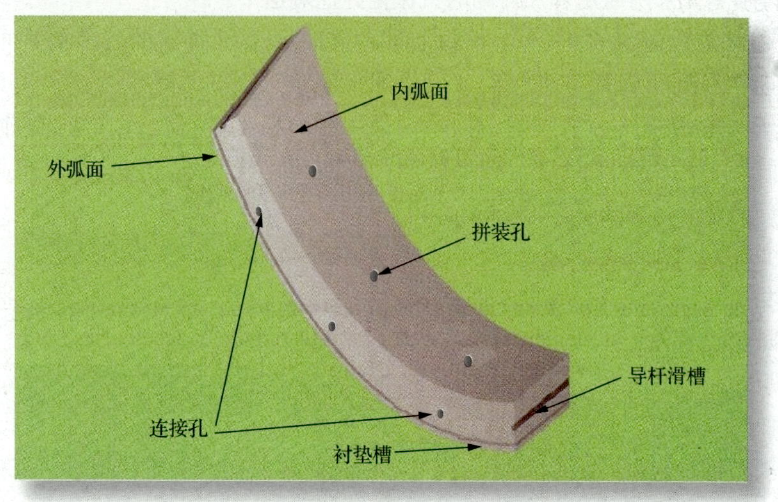

图5.41　完整的单块管片三维图

5.3.2.1　管片与衬砌环之间的连接

目前，管片与衬砌环之间的连接分为两类：

- 螺栓接头：首先将管片定位，然后插入螺栓并拧紧。
- 销钉接头：完全被覆盖及遮住，在装配期间插入到管片中，通过榫孔（燕尾状）插入上一装配环的管片内。

如采用螺栓接头，在模具施工时则比较费劲，因为必须在螺栓插入处预留插口和凹槽，同时还需要大量工作人员在隧道中插入螺栓。这种连接系统传统上用于矩形管片（见第5.3.3节），通常在环与环之间以及管片与管片之间采用这种螺栓连接系统。

螺栓本身是金属的，而内螺纹（如果有的话）一般是塑料。

图5.42示出了平直螺栓的典型插口系统。同时应注意下列几何尺寸方面的详细情况：

- 插口应足够大，以使螺栓头和风动扳钳容易插入；从螺栓轴线至插口壁的最小距离至少为60 mm。
- 插口的槽缝侧面至少应有1°的锥度。
- 管片中放置螺母的螺栓槽应有合适的锥度，以便螺栓打入隧道时又快又准。
- 螺栓轴应穿过管片中心线。
- 螺母端头与管片外弧面之间应有足够的距离，以便不与衬砌内的钢筋发生冲突，因此其距离至少应超出钢筋覆盖层厚度1.5～2.5 cm。

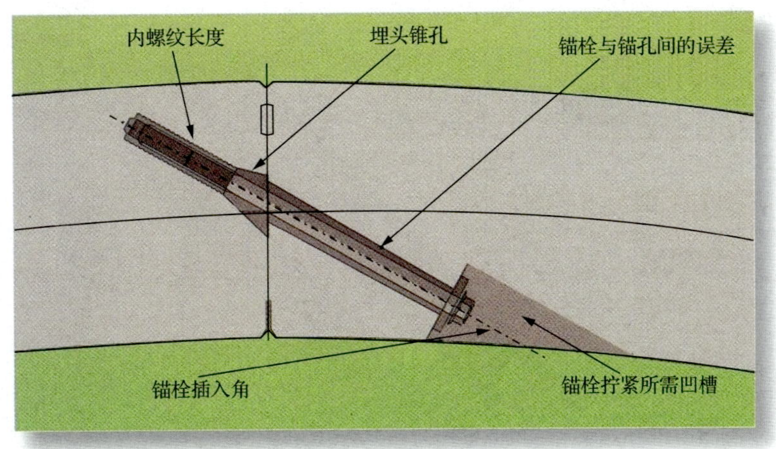

图5.42 单根螺栓的典型插口断面图

另外还有弯曲的螺栓接头，但采用得较少。有关平直螺栓的几何尺寸详解基本上也适合这一情况。

如采用销钉接头，则模具施工比较容易，而且隧道中的人力需求也不大，因为在管片定位后，插入工作是由拼装机自动完成。

如需要，销钉和螺母可用塑料制成，而有时其中为钢芯。图5.43是销钉的典型插口系统示意图。此处的销钉是放在相对于管片中间点的轴线上，有带螺母和不带螺母两种方法。采用不带螺母方法时，销钉是直接打入在混凝土上开凿的孔里。

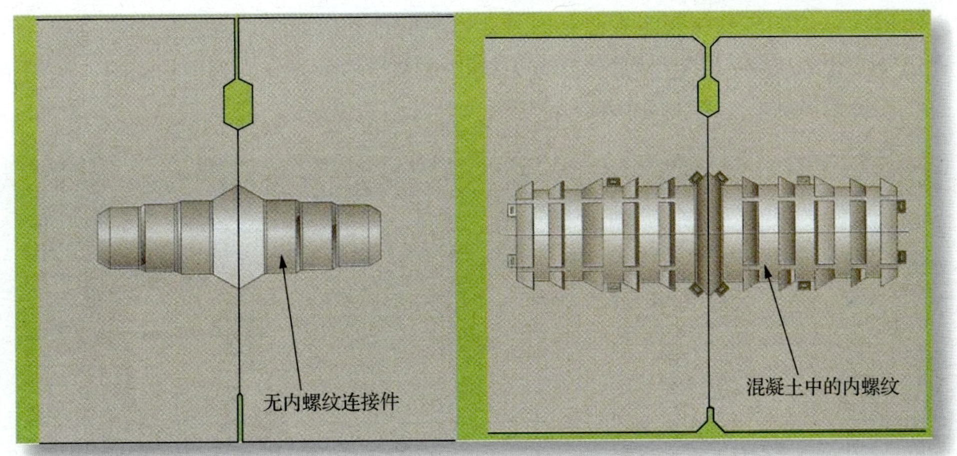

图5.43 单根塑料连接件（销钉）的典型插口断面

根据拼装的运动轨迹，该种连接仅仅是在环与环之间的插入，而在同一衬砌环的管片之间则采用导向杆（图5.44），拼装时它可将管片导入指定位置且起着剪切销的作用。

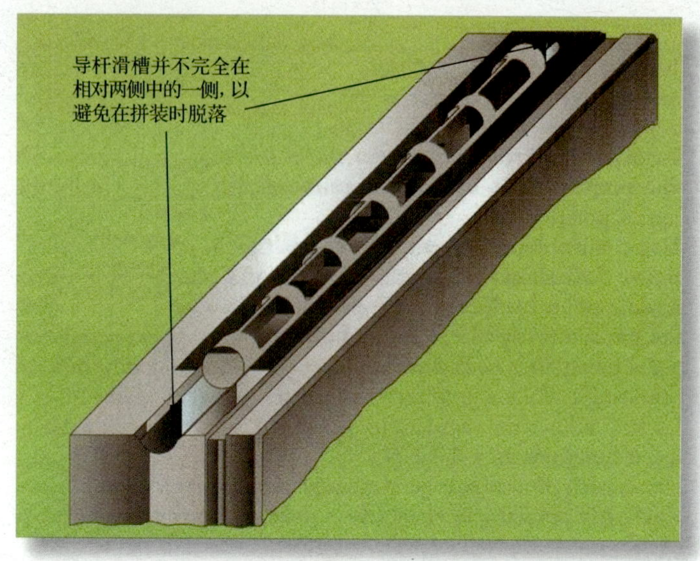

图5.44 导向杆几何图

销钉连接只能用于长菱形和/或梯形管片，以免衬砌环装配期间管片靠近时衬垫过早产生蠕动。

5.3.2.2 管片拼装系统

通过拼装系统吊起管片的方法分为两大类，即通过抽气的真空型及机械型。

因内弧面的倾斜，吸盘在吸住管片时会在吸盘和混凝土表面之间形成空隙，因此出于安全原因采用大型吸盘的真空系统被分成2～3个部分。为更加安全，采用了真空系统置于其上的两个居中的圆锥形插入件（图5.45）。

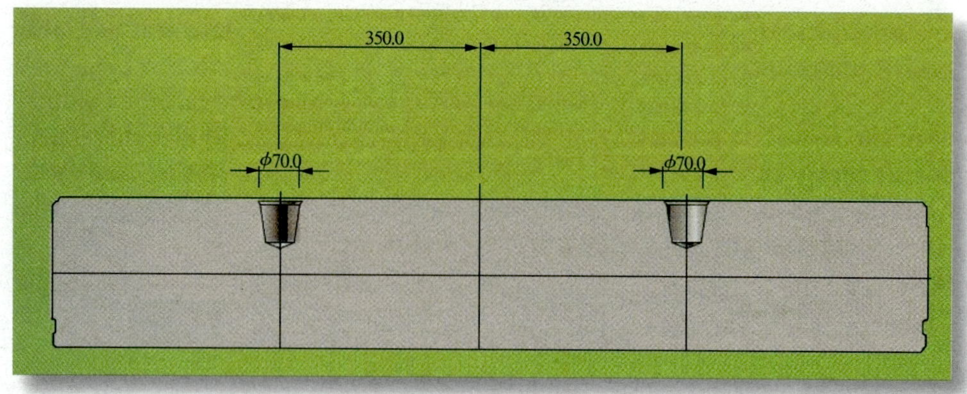

图5.45 真空系统的圆锥插入件

机械拼装系统包括了在管片中部可插入大螺钉的大节距螺钉内螺纹。螺钉为球形头而且很大，可通过工具系住螺钉。管片内弧面上的四根构件可阻止管片在吊装点周围旋转（图5.46）。

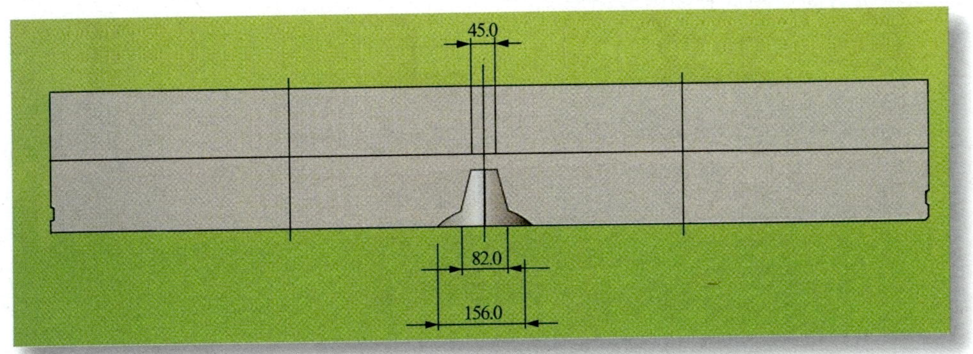

图5.46 拼装机的机械连接

5.3.2.3 防水系统

总的来说，衬砌环防水应通过下列要素得以保证，同时所有这些要素都同等重要：

- 混凝土和管片的总体质量应达到最佳，这就要求采用高强度混凝土且预制过程非常精确；
- 移动单块管片应采取保护措施，以避免产生裂隙，即便是潜在的裂隙；
- 密封材料的选择和定位；
- 衬砌环的准确拼装、管片校直，避免任何可能的损坏；
- 采用合适材料回填衬砌环空隙。

本节将研究采用密封材料（或衬垫）的接头防水系统。

密封材料是成对布置在所有管片各侧靠近外弧面附近的专门凹槽里，当管片拼装成环时密封材料会贴在一起。

目前主要有两种密封件：

- 压缩密封件：它们是相互挤压的，短时间里是通过连接件（无论管片还是衬砌环），长时间里是通过作用在衬砌环上的应力产生压缩。
- 压缩和膨胀密封件：基本原理与压缩密封件相同，不同的是在有水时，密封件的一部分产生物理膨胀，具有高压密封性能。这种密封件更精致，因此必须采取保护措施直至拼装成环，以防止发生不必要的膨胀，导致不能使用。

可采用的所有密封件都具有相似的几何形状，只是其宽度、高度以及所采用橡胶的硬度不同。密封件表面还可添加一层材料，以减少拼装期间密封件滑动所产生的摩擦力。

图5.47所示为一系列具有特定形状和尺寸的密封件。密封件的选择根据下列要素确定：

- 隧道用途；
- 期望的隧道寿命；
- 密封件将承受的最大和最小压力；
- 压力方向（即从外向内或相反）；
- 衬砌施工误差；
- 由于水、大气和纵向注浆产生的化学作用。

为了在实践中作出选择，必须了解此类密封件是如何工作的，同时需要判释生产商针对目录中的每种型材提供的各种图表。

图5.47 不同衬垫（或密封件）的典型形状

下面对不同施工阶段衬垫的机能作简要介绍（图5.48）。

- 拼装期间成对的密封件均产生移动。
- 两个密封件相互挤压、变形。
- 在拼装期间和TBM掘进引起的各加压阶段完成密封件的挤压，即由于推进千斤顶作用力很大，混凝土管片表面会发生接触。
- 一旦来自千斤顶的压力得到释放，密封件就会因弹性反作用而张开。这一动作会因螺钉或销钉而得以阻止。如果密封件尺寸合适，并与应承受的水压相符，则可以达到平衡条件。

图5.48 衬垫施工顺序

由生产商提供的示例图（图5.49、图5.50）示出了：

- 成对密封件反作用力和缝隙之间的关系；
- 具有各种强制偏移值的缝隙和密封件压力值之间的关系。

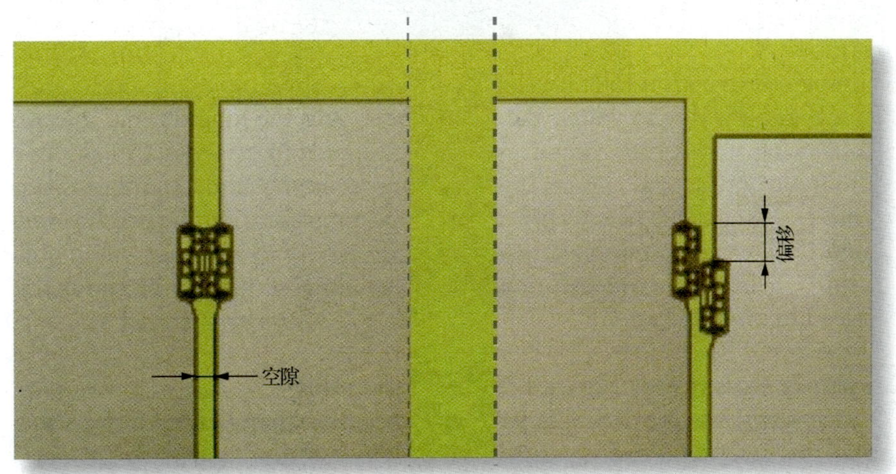

图5.49 缝隙和偏移的几何定义

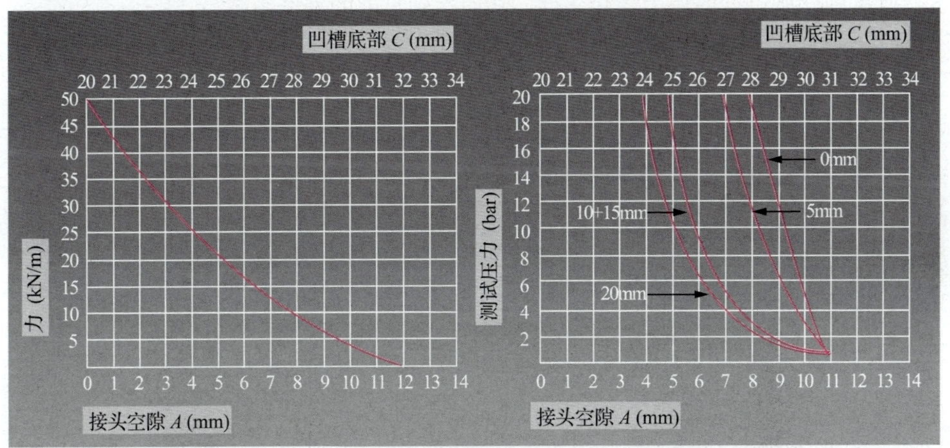

图5.50 在不同衬垫偏移值下缝隙－挤压力之间及缝隙－工作压力之间的关系示意图

缝隙被定义为成对密封件的挤压值，而偏移则是成对密封件的移位。缝隙和偏移越大，成对密封件的密封性能就越差（或压力就越小）。

严重的缝隙和/或偏移很可能是因衬砌环拼装缺陷造起的。事实上，密封条件决定了作为隧道参考值的可接受的极限值，由此可对管片及衬砌环的正确拼装进行判断。

描述成对衬垫功能的图表是由厂商提供的，而且是采用具有特殊几何形状的放置密封衬垫的凹槽在试验室绘制的。试验凹槽几何形状（图5.51）应由厂商确定，并应严格复制在管片上，只有这样才能保证所预见的成对衬垫正常工作，并证实为其选择所用的曲线。

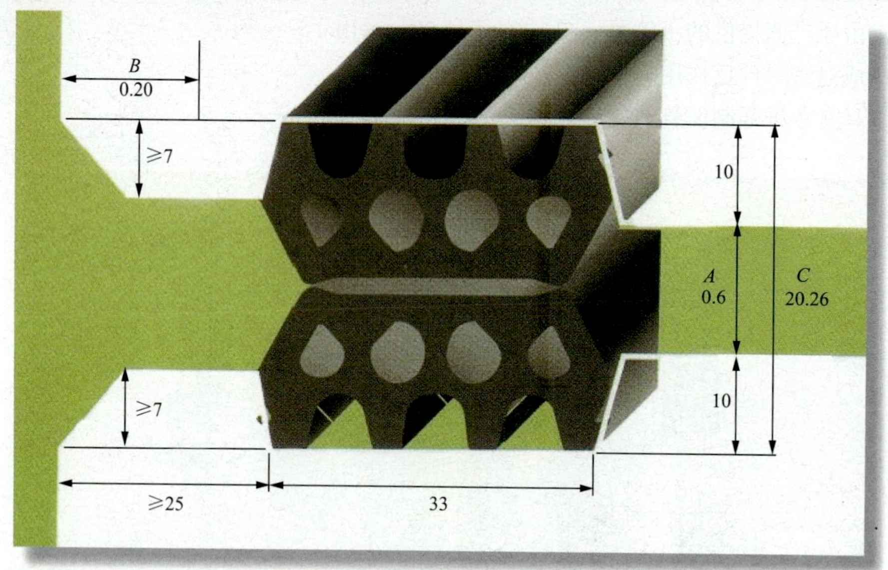

图5.51 衬垫凹槽特殊几何形状举例

最后，选择的前提条件是所研究的成对衬垫在出现最大缝隙和偏移值的情况下，应可确保所设计的压力密封条件，从而达到足够的安全系数。

5.3.2.4 推进压力分配构件

相邻衬砌环之间的荷载分配垫应位于相对应的管片一侧，使衬垫能够与推进千斤顶对接（图5.52）。荷载分配垫采用加劲的沥青材料制成，厚度为1.0～1.5 mm，可保证千斤顶和管片之间以及管片和相邻衬砌环之间在规定区域接触，衬砌的加筋分布在其四周边缘处。

图5.52 带荷载分配衬垫的管片

此外，还可将混凝土凸块布置在管片的这一侧，从而使管片插入已安装衬砌环管片侧面的凹口处，这样有助于拼装期间的管片对直。

5.3.2.5 管片边角的几何形状

管片边角极易受到破坏，有时甚至会受到严重毁坏。这不仅会造成美观缺陷，而且经常会影响管片功能，首先是接头防水效果下降。为此，与理论线条进行对比，管片的角和边始终有一些小的锯齿形。图5.53示出了通常在不同方向上形成的各种锥形角。

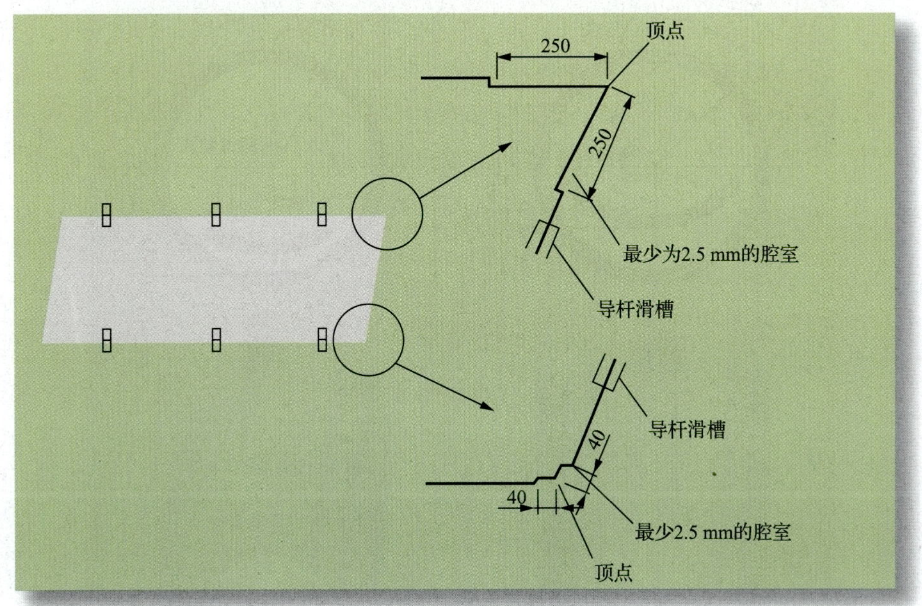

图5.53 管片边角上的倒角详图

5.3.2.6 管片编码

便于拼装期间工作人员操作的各种符号可置于管片内弧面及相应的模具内侧表面。通常可规定以下符号：

- 管片名称；
- 拼装期间使管片易于对直的标记（即纵向连接件）；
- 不与钢筋笼发生冲突的可能的钻孔轴线记号。

5.3.3 衬砌环的拼装

从广义上讲，拼装过程是从洞口提供管片开始，至衬砌环从TBM尾部脱出为止。管片通过轮式或轨道车辆运进隧道。车辆将管片运至后配套处，然后采用被称为管片送料器的系统吊起管片，将其放到盾构内的拼装机处。必须对管片到达顺序进行处理，使之与拼装顺序一致，因此，到达的第一块就是拼装的第一块。为了使这一过程容易操作，在管片标上字母和/或数字，从而确定装配顺序。

在隧道中移动管片时，由于其与后配套最大净宽相比尺寸较大，所以管片移动会受限制，反之亦然。图5.54清楚地示出了管片尺寸和可操作空间之间的限制。空间限制可使运送中管片的完整性处于危险状态，特别是对于中小型机械（开挖直径小于7 m）。管片还可通过拼装机进行运送，其内弧面应朝下（上部管片）或朝上（下部管片）。

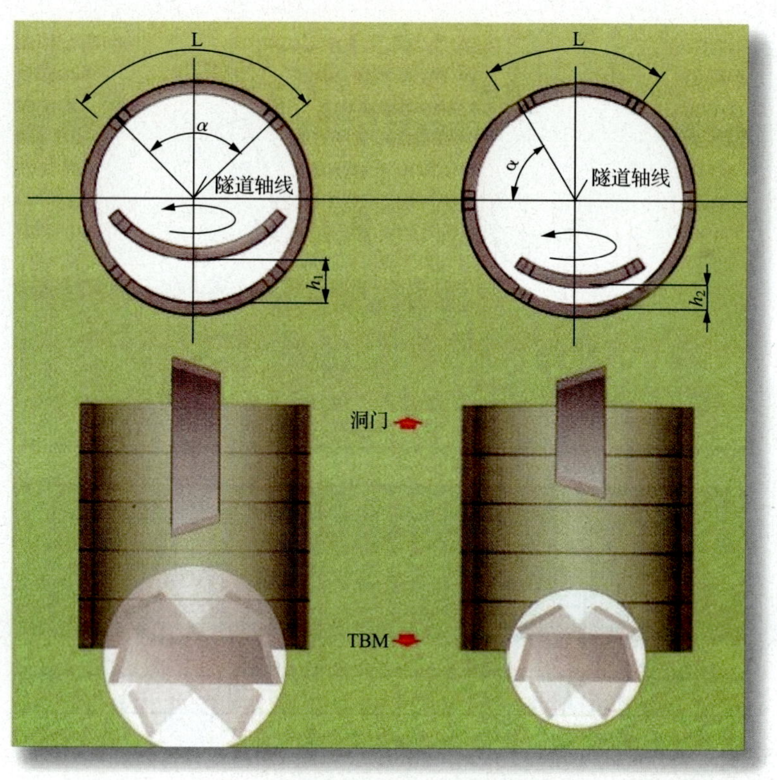

图5.54 在后配套内管片移动受到限制

图5.55 是安装衬砌环时各个管片的拼装图。简单地说，拼装完第一块管片以后，接着拼装其他管片：一块在右，一块在左，直至到达相对的拱顶部分，最后放置封顶块。在拼装期间需移走最少数量（必要数量）的千斤顶，以便于管片拼装。在衬砌环未完成以前，已定位管片的稳定性通过千斤顶和连接件/螺栓得以保证。这对工作人员而言存在安全隐患，因为在这个特殊阶段管片很可能突然掉下来。同时还发现，与前面相邻环之间的接头不同的是，同一环上两相邻管片之间的接头永远不可能在同一角度。衬砌如同一堵砖墙，其中的每块管片都是交错布置，以致不会出现纵向薄弱线，否则会象铰链一样，如果其数量较多，则会减弱结构强度。

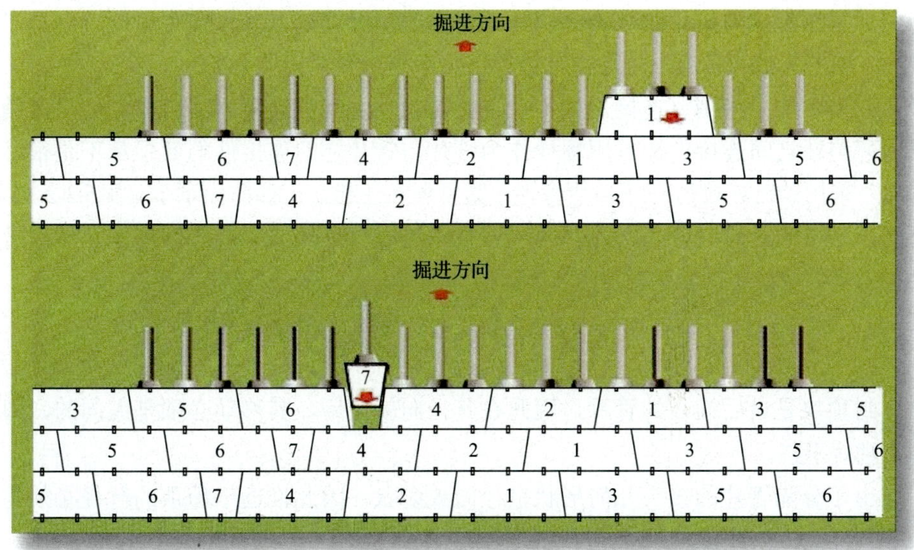

图5.55　拼装过程（数字表示管片拼装顺序）

对拼装进行详细分析后可以表明：（1）管片形状及其连接系统之间的相互关系；（2）盾构的压力活塞行路程与确保正确、安全地插入管片所要求的拱顶倾斜面倾度之间的某些几何限制。

5.3.3.1　标准管片的拼装

采用销钉连接（见5.3.2.1节，关于销钉和螺栓连接系统）时可以预见，管片在向衬砌环移动时已安装了直的连接件，因此管片的最后移动必须沿着衬砌环轴线方向，至少在最后的15～20 cm距离应是这样，这一距离与销钉凸出部分的长度吻合。在这种情况下，如采用矩形管片，密封件将沿着管片最后部分产生拖动，可能会遭到破坏或出现断裂。因此，在实践中采用梯形管片（图5.56）作为可选方案。

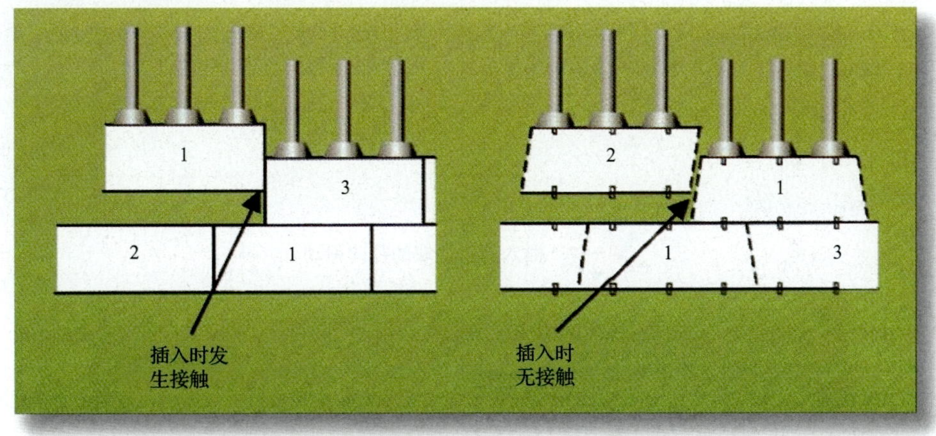

图5.56　在有连接件时需采用梯形管片

如采用螺栓连接，拼装期间管片移动主要呈圆周形，而且仅在纵向上的最后几公分发生上述情况。所以，在这种情况下采用矩形管片比较合适。

此外，如采用销钉连接，则不允许进行管片之间的连接。另一方面，采用销钉作为环与环之间连接件和采用螺栓作为管片与管片之间连接件的效果都不是很好。因此，采用销钉连接衬砌环必须将管片紧紧压在一起，正如前面章节（见5.3.2.1节）所述，这可通过导向杆来实现，同时还可通过因衬砌环曲率效应而使倾斜侧面进一步“闭塞”所产生的几何效应来实现。

5.3.3.2 装配封顶块

封顶块是最后插入的管片，因此在其径向就位后，其移动必须是纵向的，即与隧道轴线平行。

由于分隔管片的接头几何形状呈径向放射状，因此推近千斤顶的行程必须比最大管片的长度大，以留出空间便于封顶块拼装。

图5.57示出了插入封顶块所需的移动情况。图中还描述了封顶块的顶点可能与两侧邻接管片侧面碰撞的情况。为解决上述问题，必须研究管片侧面倾斜度和额外的活塞行程值：倾斜接头的倾角越大，额外活塞行程值就越小。封顶块的安插是一项非常精细的操作，因此操作人员的耐心和技能很重要。

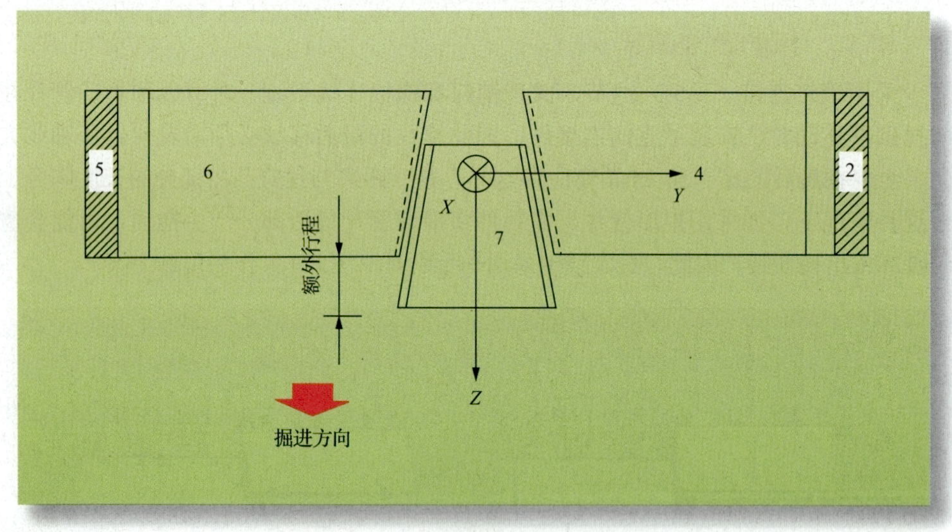

图5.57 插入前封顶块的径向移动

5.3.4 预先确定衬砌环几何尺寸

预先确定衬砌环的几何尺寸可以验证衬砌与所选择的TBM（现有的或新造的）是否匹配，并可确定下列参数：

- 厚度；
- 每环管片的长度和数量；
- 在采用通用环的情况下的锥度（或锥形）。

其参考标准分为两类：

- 关于设计和工程用途的标准，如隧道直径与定线等；
- 关于施工的标准，如优化开挖循环和管片定位、预制管片的总体尺寸和重量等。

在预先确定尺寸阶段所作的每项选择，均应在以后的更详细分析阶段进行确认。

5.3.4.1 衬砌环厚度

衬砌环厚度最初是通过经验值，尤其是文献中的数据进行确定。最有效的数据是图5.58中所列的AFTES建议值，并综合第8章所介绍的工程信息。

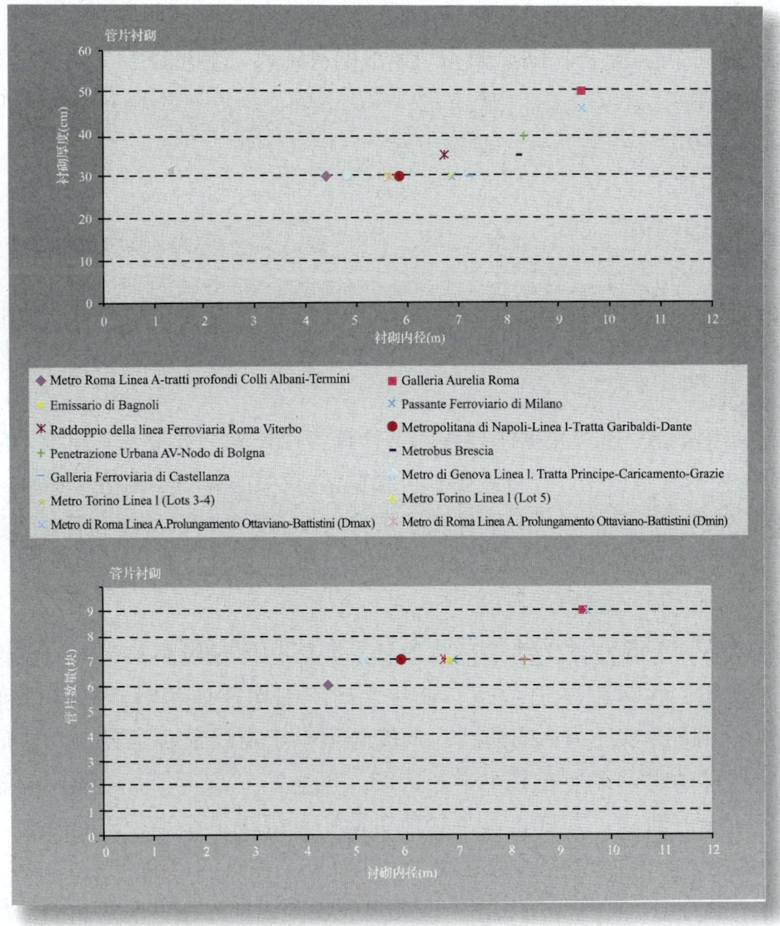

图5.58 内径与衬砌厚度及管片数量之间的关系

5.3.4.2 衬砌环长度和管片数量

衬砌环长度和管片数量根据下列要素进行选择：

- 如果衬砌环比较长，则需拼装的次数减少，但单个部件更笨重，也更不方便，且不适用于有许多小半径曲线的定线，不过可减少每米隧道的辅助构件数量；
- 若衬砌环管片数量较多，则其尺寸和重量减小，即使拼装时间和每米隧道辅助构件成本增加，而尺寸较大的管片在拼装移动时会增加受损风险。

在有小半径曲线的情况下，衬砌环的平均长度介于0.6～2.00 m之间，而对于城市公路隧道其典型值一般为1.2～1.7 m。

管片数量也可能直接与TBM压力系统，特别是压力千斤顶的数量有关。对此的指导性原则是应避免将千斤顶撑靴支撑在管片之间的接缝处，并确保纵向连接件数量与千斤顶撑靴数量相等（目的是使衬砌环的旋度与千斤顶撑靴数量相符）。

连接件数量可为：

- 普通管片——2～3个；
- 拱顶——0～1个。

假设选择6个标准管片＋1个封顶块组成的衬砌环，则在TBM上等间距布置的千斤顶撑靴数量为：

2×6＋1=13；

或 2×6 = 12；

或 3×6＋1=19；

或 3×6 =18。

无纵向连接件的封顶块应至少用螺栓与其他管片连接。这种封顶块的尺寸可根据两个邻接管片加以确定。而带连接件的封顶块，其延伸部分与连接件间的距离相等。

通过利用实例，还可根据“列线图”计算管片长度、数量及其厚度，使之成为进行首次选择的参考依据。“列线图”可根据第8章中的典型实例信息获得。

在图5.58的上、下图中，分别计算了作为内径函数的衬砌厚度和管片数量。

5.3.4.3 通用环的锥度和旋度

通用环是一个圆柱体，两端呈收敛状，距圆柱体轴线距离为R_a，被称为通用环的设计半径。在衬砌环定位时，管片之间不需作任何相对旋转，这种拼装顺序使衬砌可以遵循半径为R_a的曲线。R_a值必须小于定线最小半径R_c，这是因为当TBM沿定线移动时，即使在最小半径区段，也会发生偏离。而衬砌环应能有助于TBM回到正确的轨迹，并修正其半径值可能小于定线最小半径R_c的曲线，哪怕是在最短的区段。

值得一提的是，衬砌环旋转时，其角度只能是纵向连接件间角距的倍数，同时由于接头之间的连续性，要真正完全旋转是不允许的。

图5.59为衬砌环示意图，重点是衬砌环相对于k的位置，k为封顶块所在位置，其平均长度接近水平直径。

图5.60和图5.61分别示出了不允许的衬砌环拼装顺序和允许的衬砌环拼装顺序展开图。

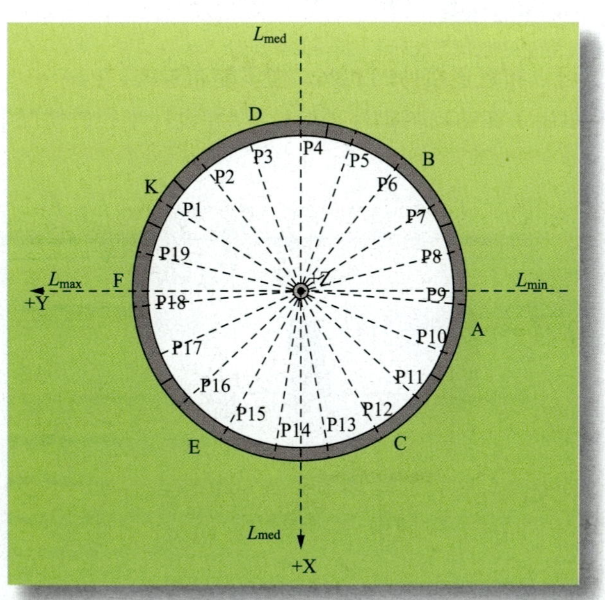

图5.59 相对于封顶块位置的衬砌环示意图

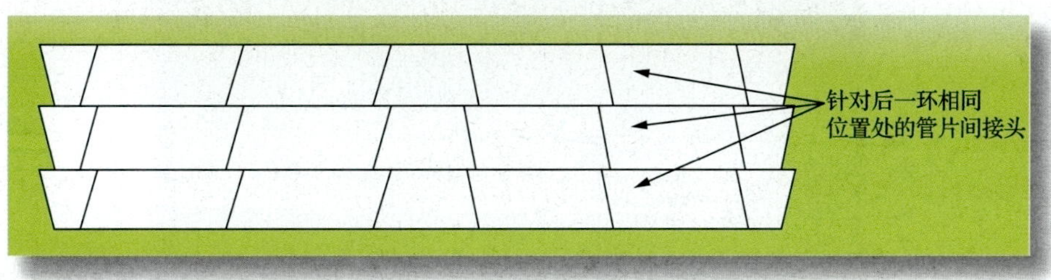

图5.60 不允许的衬砌环拼装顺序（展开图）

图5.61 允许的衬砌环拼装顺序（展开图）

为了按正确顺序进行拼装，TBM操作手应能利用定位矩阵以便正确旋转管片。应注意的是，定位矩阵要遵循定线并防止在结构上形成铰接。

下面是定位矩阵举例：

位置	P1	P2	P3	P4	P5	P6	P7	…
P1	x	0	x	0	0	x	0	…

注：X：允许位置；0：不允许位置

在连接件P1上可以布置连接件P3和P6，但不能布置P2、P4……

最后，图5.62示出了在给出衬砌环平均长度L和设计半径的情况下，如何确定锥度值ΔL。

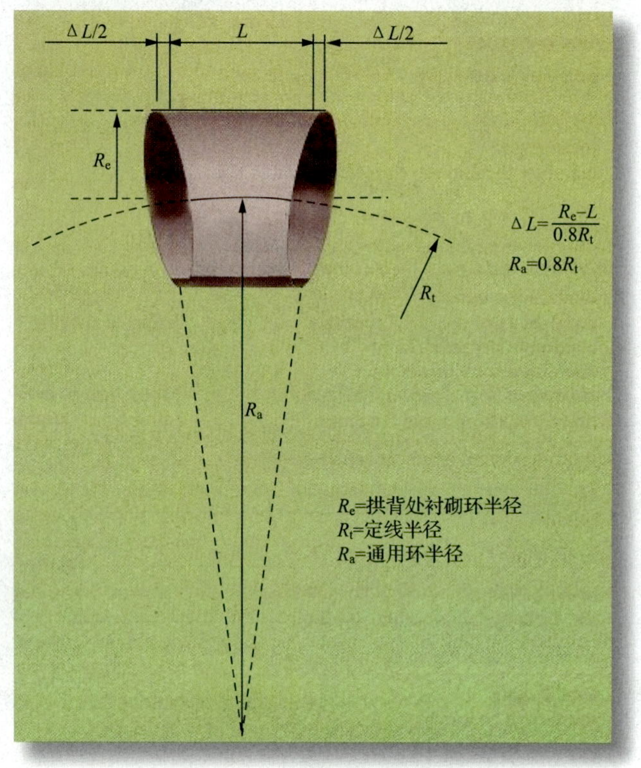

图5.62 锥度值的确定

5.3.5 设计标准与结构验证

一旦按5.3.4章中规定的步骤预先计算出衬砌结构几何尺寸，就有必要对结构尺寸计算、所有构件特性值的规定和衬砌施作速度或设计阶段的施工设计等方面进行验证。

对于整体衬砌环以及其组成部分的管片，都必须在考虑下列施工条件下对其进行验证：

◆ 单块管片：

- 预制：
  - 脱模；
  - 搬运；
  - 存放。
- 运至盾尾。
- 衬砌环拼装。
- TBM掘进。

◆ 整体衬砌环：
- 纵向注浆。
- TBM退缩。
- 下列构件的长期稳定性：
  - 环；
  - 管片；
  - 接头。

为了收集全部相关信息，必须获得下列有关TBM的主要特性：

◆ 开挖刀盘：
- 开挖直径。

◆ 盾构：
- 总长；
- 直径（在刀盘后面和尾部）。

◆ 推进系统：
- 千斤顶数量；
- 撑靴数量；
- 撑靴尺寸和面积；
- 相对于衬砌环平均半径的千斤顶偏心距；
- 活塞杆的最大行程；
- 最大总推力；
- 正常工作条件下及异常工作条件下每个千斤顶撑靴的最大作用压力。

◆ 管片吊装系统（管片送料器和拼装机）：
- 真空装置（起吊区域的几何尺寸）；
- 机械装置（起吊点）。

◆ 注浆系统：
- 注浆点；
- 最大注浆压力。

◆ 后配套系统（包括重型运输车辆）：
- 总长；

- 轴承数量；
- 每个轴承的荷载。

5.3.5.1 预制阶段施加的作用力

按规定，对预制厂生产的每块管片均应进行检验。下面将概述在每个阶段施加的作用力及其相应的结构方案。

（1）脱　　模

◆ 作用力应考虑下列要素：

- 自重；
- 因混凝土未完全凝固以及水蒸气产生的湿气导致的荷载增加；
- 脱模期间紧贴模具的黏附力；
- 因动力振动影响导致的质量力增大。

可采用的静力方案（图5.63）就是将弯曲梁（弧面朝下）放置在两个支座上，相对于所采用设备（通常采用带真空提升设备的拼装机），这明显是一种保守的方案。

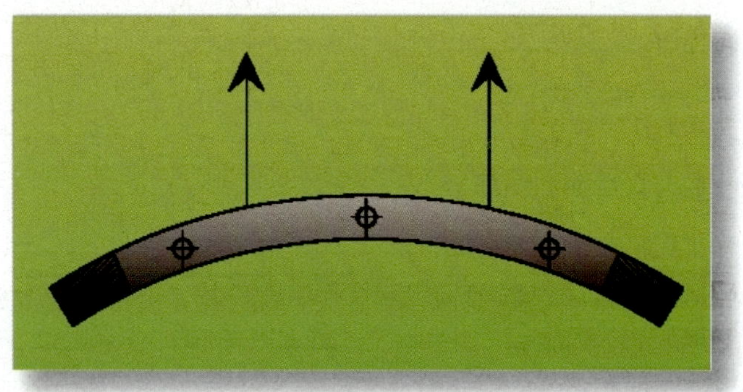

图5.63　保守的脱模静力方案

应进行的主要检验是初裂检查，其结果应能确定脱模前混凝土所应达到的最小强度值。一般来说，这种检验不能用于确定所需的钢筋数量。

（2）初 步 存 放

当管片从模具上取出之后，就可根据预制厂要求开始堆放管片。

若在脱模之后立即使用，或者在到达最终存放阶段以前就要使用管片，那么可将此确定为初步存放阶段。

◆ 应考虑的作用力为：

- 自重；
- 因混凝土未完全凝固以及水蒸气产生的湿气导致荷载增加；
- 因动力振动影响导致的质量力增高（假设比脱模检验时采用的作用力大50%）。

采用的静力方案（图5.64）就是将弯梁放置在两个支座上，弧面朝上，承受放置在其上的一块管片重量所产生的荷载。

（a）初步存放

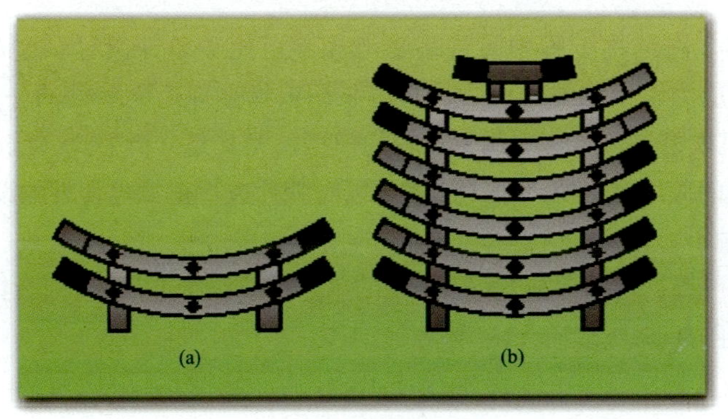

（b）最终存放

图5.64 两种不同存放的静力方案

在这种情况下，应进行的主要检验仍然是初裂检查，其结果可以确认脱模时所施加的强度值没有造成管片损坏。根据该检验结果，还应明确规定支承点的几何尺寸。

（3）最终存放

在这种情况下，唯一的作用力是自重，而且其静力方案与前面的一样，但是梁将承受构成整体衬砌环的所有管片重量所产生的荷载。当然这是一种极限情况，它取决于衬砌环的空间和尺寸要求。

对此应进行的主要检验是初裂检验和剪切检验，其结果应有助于确定施工操作所需管片强度并避免损坏风险。支承点几何尺寸的确定应更慎重。考虑到内外侧支承点，管片应有一定程度的提升（约5～10 m），以便在堆放管片时考虑适当地放置一些隔板。

5.3.5.2 来自TBM的作用力

TBM在工作面上施加的进行开挖和掘进作业所需作用力会全部转移到衬砌环上。因盾构导向需要，会将不同压力值施加到每组千斤顶上，总的情况是下面部分作用力更大一些，以抵消下倾的自然趋势，这主要是由刀盘重量造成的。

不应低估的另一个主要因素是管片平均半径会使千斤顶系统产生偏心作用。这绝非偶然，因为这是TBM自身结构或TBM中心线与隧道轴线之间逐渐产生偏移的结果。

鉴于所施加的压力对结构尺寸和管片损坏造成极大的影响，应尽量进行严格的验证，因此，对于典型工作条件应采用最大偏心率、最大压力值进行验证。

尤其应进行下列验证：

- 接触压力；
- 径向拉应力；
- 环向拉应力。

众所周知，在结构工程中有许多参考模型可用于验证梁（预制的预应力混凝土）端部处预应力锚索的锚固性。计算可采用以弹性理论为基础的分析公式或通过2D或3D计算机模型进行。这些用于比较的模型，尤其是分析公式（Leonhardt，1975年）和2D模型的应用已表明：采用前者足以对管片进行正常与合理的设计。

（1）接触压力验证

该项验证可根据欧洲标准2第6.7条中的单点加载程序进行。如下列不等式成立，则验证结果符合要求：

$$F_{sd} \leqslant F_{rdu} \leqslant F_{max} \tag{5.4}$$

及

$$F_{rdu} = A_{c0} \cdot f_{cd} \cdot \sqrt{\frac{A_{c1}}{A_{c0}}} \tag{5.5}$$

式中符号意义可参考图5.65。

- F_{rdu} ——千斤顶推力在极限状态时的最大荷载；
- F_{sd} ——活塞杆作用力的最大极限状态荷载；
- F_{max}——直接与混凝土质量相关的最大可承受荷载，而与加载区的几何尺寸无关；
- $A_{c0} = b_0 * l_0$；
- $A_{c1} = b_1 * l_1$；
- B_0和l_0 ——加载区的量值；

  B_1和l_1 ——荷载分布区的量值。

（2）所诱发的拉应力验证

从相互垂直的两个方向对分析计算进行验证是非常必要的：

①径向，沿其厚度与千斤顶撑靴相交；

②环向，沿其展开图与撑靴相交。

图5.66示出了管片内拉力的分布情况。

从图5.67可以看出，拉力Z应根据应力区的衬砌加筋进行取值，而应力区又可以根据图5.68中的曲线图来确定。

这些拉力应根据衬砌规范取值，同时也可利用数值模型推导获得。

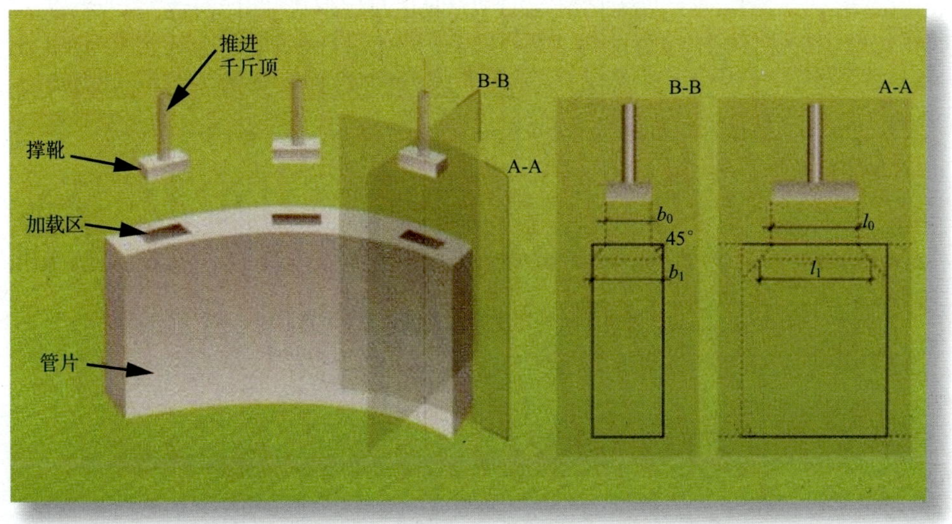

图5.65 掘进机推力作用下单块管片的几何尺寸确定

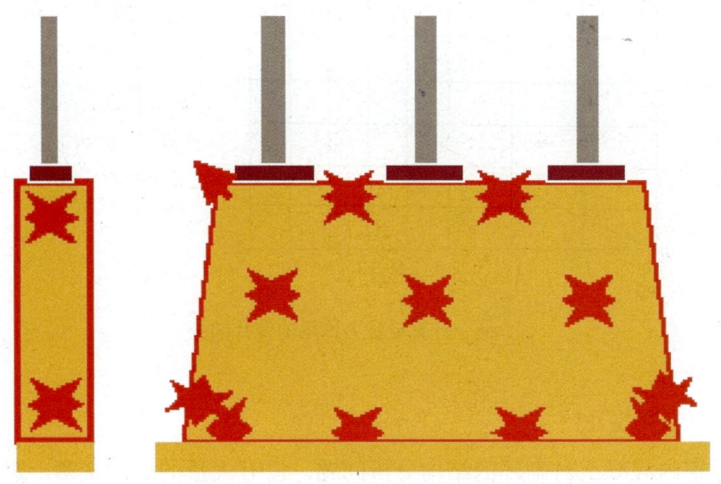

图5.66 作用于管片内的拉力分布

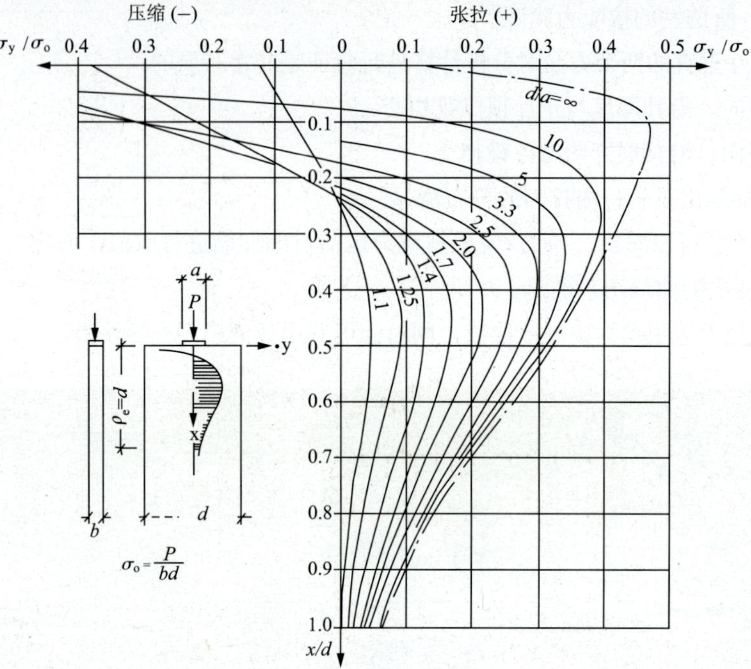

图5.67　作用于管片内的拉力Z计算

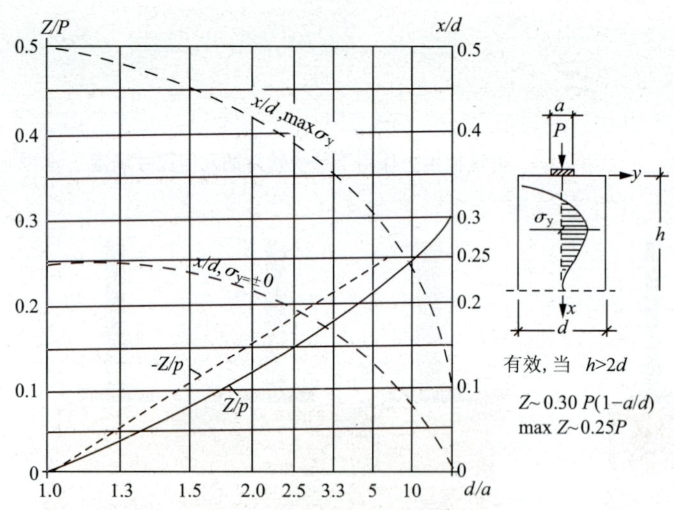

图5.68　计算受拉力作用的管片部分

5.3.5.3　长期稳定性

关于隧道内混凝土衬砌环的结构分析问题，已有大量的探讨文章。对此有3种方法可确定衬砌环内的应力，简述如下：

（1）分析方法基于围岩特性以及衬砌力学特性（刚度、惯性等）并在整个土压荷载分布于结构的条件下确定作用于衬砌上的作用力。最常用的方法（Duddeck等，1982年）考虑了围岩上不同衬砌的限制条件。此类方法给出了不同角位置上的最大轴向力N以及弯矩M。

（2）一维元素数值法可以利用作用于衬砌上并被认为是最适合的荷载和地层内荷载来确定地层－结构相互作用特点，并为法向和切向弹力赋予合适参数（图5.70）。

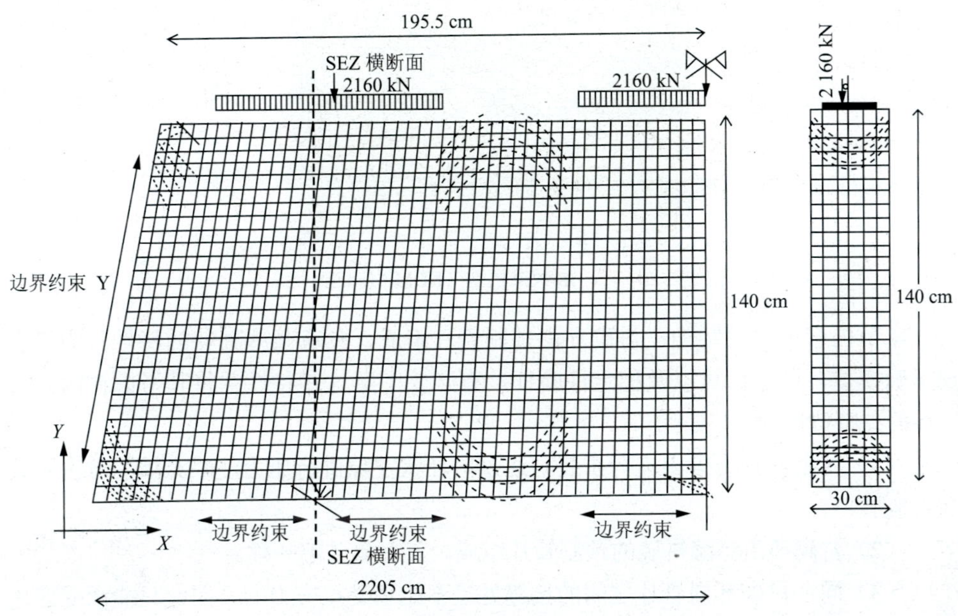

图5.69 通过数值分析确定拉力

（3）2D 或 3D 数值法可用可接受的近似值模拟从盾尾脱出的那一刻起有关衬砌长期稳定性的所有现象（图5.71、图5.72）。

这3种方法都可以不同程度地研究衬砌结构承受荷载并趋于长期稳定的现象。如果研究更多的是涉及项目的前期阶段，那么就越有必要利用复杂、耗时的模型进行优化。

采用盾构掘进隧道的逻辑步骤简要示于图5.73。

图5.73示出了由隧道的5个区段显现出来的逐渐变化的地压条件，表达如下：

0区段：地层处于实际、原位地压条件（作用压力为P_0）；

1区段：原位应力从P_0降至P_s（为隧道掘进机施加于工作面的压力）；

2区段：内压力进一步减小，收敛作用因盾壳的存在而停止；

3区段：地层及衬砌（脱离TBM后）承受来自于纵向注浆压力的荷载；

4区段：待纵向注浆浆液凝固后则达到长期稳定条件。

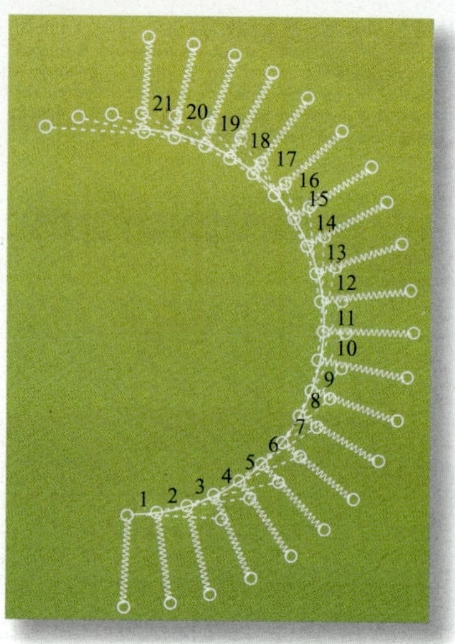

图5.70 层状梁模型（BBM Model）

本节内容可以总结为：衬砌环由预制管片组成，具有某些独特的特性。为了实现正确模拟、尺寸计算以及稳定性验证，有必要了解这些特性并将其考虑在内。衬砌环的独特特性为：

（1）衬砌环在盾构内进行拼装，通过向环状空隙进行压力注浆充填的方法将其插入地层。

（2）衬砌环由错缝拼装的预制管片组成，就好象砖墙一样。

（3）同一衬砌环内管片之间的接缝处是不能承受拉应力的，因此只能承受变化较小的压力弯曲状态。

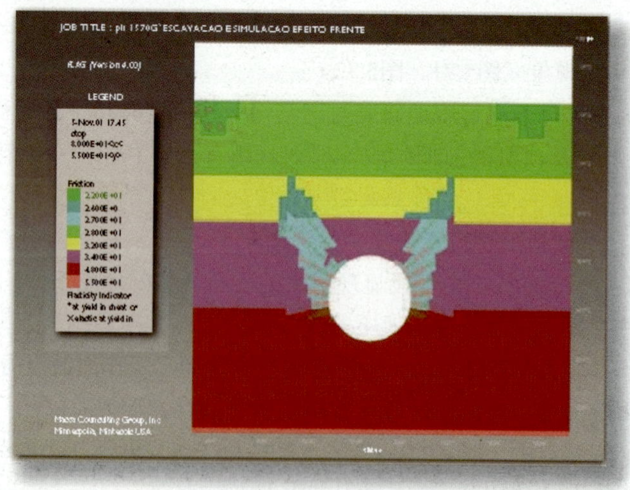

图5.71 2D有限差分法（FDM Model）

地层松弛及施加TBM工作面设计压力后的位移量级等高线图

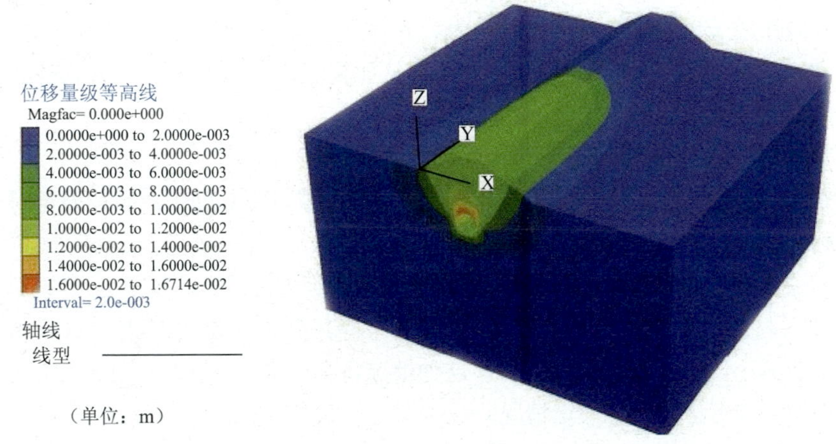

图5.72 **3D有限元法**（FEM Model）

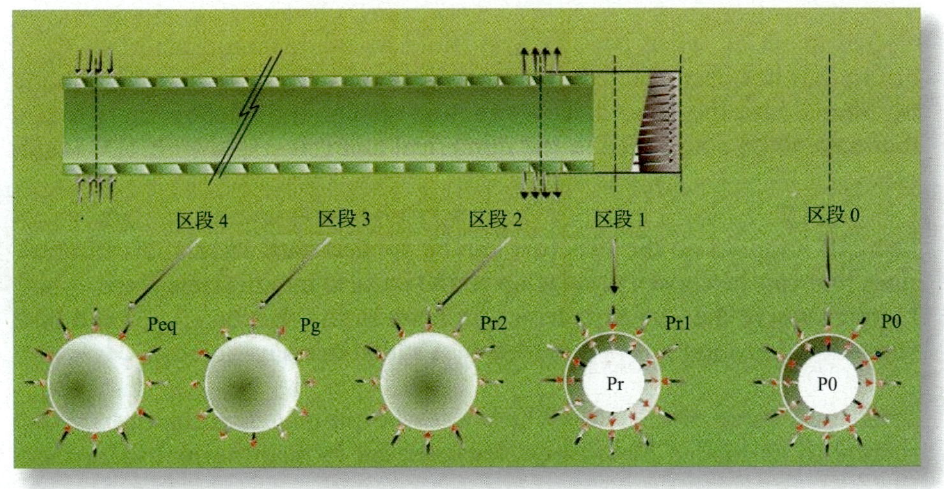

图5.73 **数值分析的逻辑步骤**

总的来说，衬砌只有在地层中才是稳定的，因为它是在使用盾构进行掘进的条件下装配的。在以常规方法掘进的圆形隧道中装配同样结构的管片衬砌环肯定会是不足和不稳定的，因此，验证过程应将所有条件都考虑进去。本节的后面部分对这两个特殊方面进行了考虑。

纵向注浆压力效果

纵向注浆压力值（第5.4节）一般与以下方面有关：

（1）开挖面的压力值；

（2）注浆系统。

纵向注浆压力平均值总是比施加于工作面的压力高，而最大值与最小值之间的变化又取决于注浆系统，无论怎样，必须保证瞬时压力值的最大分布均匀度和最小振幅。

从结构计算观点看，注浆压力实际上可通过结构-地层组合视为是同时作用于结构和反方向作用于地层的径向流体静压力。

这种效应具决定性作用，因为当衬砌环从盾构脱离出来的时候，衬砌环必须被注浆流体强迫压入地层中，注浆的作用是：

（1）完全充填衬砌环空隙；

（2）对衬砌环施加一个完全将其包围的外部荷载以便有助于消除或限制衬环上的非对称荷载（弯矩减小或消除）；

（3）在边界处挤压地层，消除可能已产生的任何空隙。

当注入材料由液体向固体转化时，应该保持其静力平衡，因此，不应减小体积，也不能减小渗入到地层中的压力。这种情况将会引出以下在1D、2D、3D元素数值分析中所必须考虑的两个假定情况：

（1）施加于结构上的荷载可以是径向分布形式，并相对于自然原位应力状态选择荷载值。

（2）应考虑衬砌环从盾构脱出这一阶段，而且结构和地层必须承受径向压力。

在衬砌环安装期间，允许结构加载应力，这一点必须进行模拟。应力的特点为高法向应力、小弯矩，这是与所考虑结构类型相适应的最合适应力。

衬砌环的惯性

衬砌环既不拥有与厚度恒定的实际圆柱体一样的挠曲惯性，也不具有与纵向接缝呈直线排列的衬砌环相同的挠曲惯性。挠曲惯性是确定作用应力和应变的重要指标，特别是影响接缝的应力、应变，其数值取决于衬砌环内的管片数量以及与衬砌环相互作用的地层类型。

因为各种衬砌环都在不停旋转，所以要模拟某个确定位置（例如在厚度减小或特殊界面处）处的接头情况是不实际的。

使用日本隧道协会推荐的方法来模拟这种特殊结构是很有成效的，它能明确考虑降低的抗挠刚性并确定作用于管片和接头处的弯矩值。

图5.74示出了模拟原理：

- 被认为是独特的衬砌环具有高挠曲惯性区和低挠曲惯性区的特点，即分别在接头处和管片处。
- 衬砌环安装序列应是一衬砌环中的接头与前后衬砌环中的管片相匹配。
- 这种结构允许将相邻管片接头处无法承受的过大弯矩传递至前后衬砌环。

通过下列步骤可对上述情况进行数值分析：

（1）根据系数ξ修正衬砌环的弹性模量；

（2）计算压力特性值；

（3）修正弯矩值，根据相同的ξ系数分别提高和减少管片和接头的弯矩值（法向力保持不变）。

$E_a=(1-\xi)\times E_c$

$M_j=(1-\xi)\times M_c$

$M_s=(1+\xi)\times M_c$

E_a = 衬砌环的虚模量；

E_c = 混凝土模量；

M_c =由分析推导的弯矩；

M_j = 接头处弯矩；

M_s = 管片弯矩。

作为围岩刚性和管片数量的函数，参数ξ在0.3～0.5之间变化。

结构验证

当接头应力已知，可用第5.3.5.2节所提到的有关千斤顶作用力的方法来进行验证，因为接头可以被看作是承受确定区域内作用荷载的混凝土外表面（图5.75）。

数值分析必须考虑具有小弯矩、高法向力的这样一个阶段，其与特殊管片结构类型相匹配。

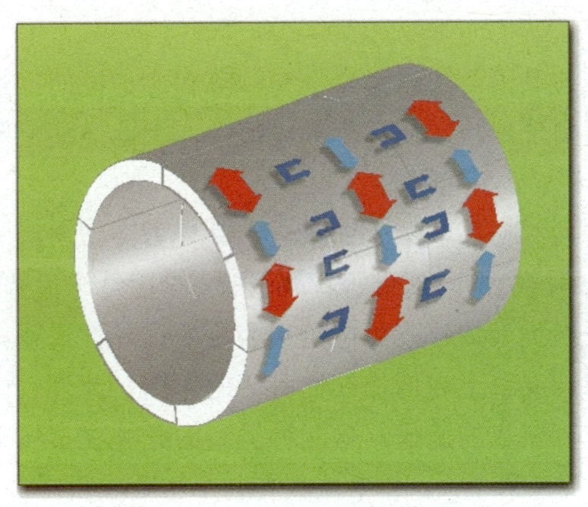

图5.74 管片衬砌的挠曲惯性

管片截面应作为标准加筋的混凝土截面进行计算。

钢筋笼一般由以下部分组成：

- 在内弧面和外弧面设置的最好是电焊的钢筋网；
- 在周边处增设钢筋，以抵抗盾构推力（长边）以及与同一衬砌环管片间接头相一致的转换力（短边）；
- 局部（锚栓、连接器以及吊装点）的特殊加筋。

就通用衬砌环而言，可以注意到，管片的所有主要尺寸是不相同的，但是可对钢筋笼进行标准化，这得益于钢筋覆盖层厚度的改变。

避免这种情况的方法是采用两种钢筋笼：一种是用于中等～最大宽度管片的钢筋笼；另一种是用于最小～平均宽度管片的钢筋笼。

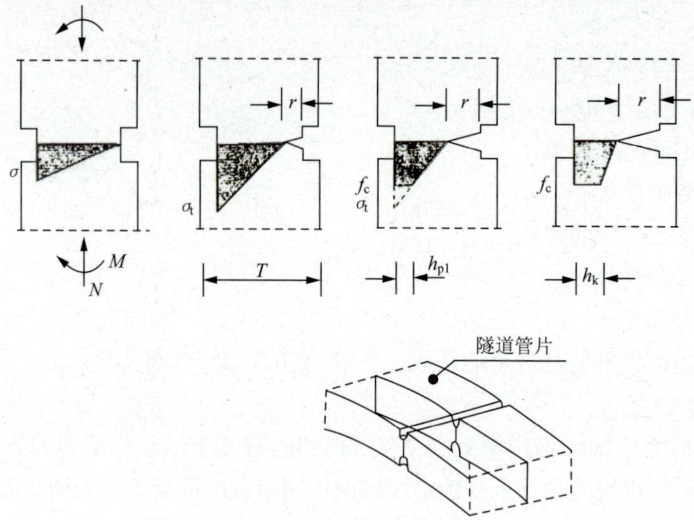

图5.75 管片接头验证方案（de Waal，1999年）

5.3.5.4 纤维加劲管片

最近开发了纤维加劲混凝土构件标准化计算程序，同时通过降低钢筋笼的复杂性或完全不用钢筋笼实现加快预制过程的可能性，因此应研究利用纤维作为混凝土管片衬砌唯一加劲材料的实际可能性。

研究结果表明，从制作和成本方面来看，最佳方案似乎应为混合型，即通过采用传统钢筋获得管片的抗挠性，其余所需钢筋则完全由纤维代替。

关于所使用的纤维类型，还不可能给出明确的指导性说明，因为必须考虑新型材料，也就是纤维加劲混凝土在增加韧性方面的作用。此外，必须对纤维的材料构成（钢或是塑料）进行初步的选择。这两种类型的纤维在市场上都有销售而且从理论上讲是可用的，尽管直到今天，钢纤维仅在几个工程项目中进行了试用。

5.3.6 预 制 过 程

本节内容主要阐述预制过程，即与作为隧道衬砌组成部分的管片构件预制有关的几个方面。

5.3.6.1 材　料

隧道管片衬砌主要组成部分为：

- 混凝土（包含水、水泥、集料以及外加剂）；
- 钢筋。

根据适当标准选择材料类型，即混凝土以及钢筋。另外，针对混凝土组分应考虑以下方面：

水　　泥

如果能确保抵抗侵蚀性地层，应优先选择不含添加剂的快硬水泥，这种水泥的耐用性仅受蒸汽养护的有限影响。

集　　料

集料尺寸应与管片、模具凹槽、钢筋布置和连接件插口等的几何精度相适应。一般推荐最大尺寸为25～30 mm。

外加剂

假如混凝料中缺少细粒土，则推荐掺入额外的粉煤灰或矿粉（石灰石）。当然必须对其来源进行核查。

推荐使用标准的减水增塑剂以提高和易性和强度并充分填充钢筋间的空隙。

5.3.6.2 预制工厂

衬砌的耐久性主要是在预制工厂形成的，工厂应该具有以下基本要素：

- 高效；
- 整个生产期间坚持质量并保持质量。

隧道中所使用管片的预制过程是生产周期的一部分，这个过程需要较高的工业化水平以及对各工序的良好控制。

这一过程的目的是制造能满足隧道掘进速率的高质量管片，通过某种装配线最终生产出衬砌环。

这一过程主要由以下各项构成：

（1）骨料存放区。如果可能的话，骨料存放区应该避免受到大气作用的影响。

（2）拌和站。包括自动化测量系统以及对拌和数据的记录。

（3）模具系列：

①其位置和锅炉成一直线，以此形成旋转式传送装置；

②与蒸汽分配设备固定在一起。

（4）钢筋笼组装区。

（5）可使管片免受大气作用影响的初步存放区。

（6）厂房外管片最终存放区。

旋转式传送装置（现今频繁使用的）特别有效，因为采用合适液压千斤顶可将“模板”从一处移动到另一处，如此一来就可以在相同位置进行重复的操作。这样，可优化原料的供应过程，减少所需设备和劳动力。

5.3.6.3 模　　具

在工厂应对模具给予特别的保护，其一般应满足3个基本要求（图5.76）：

- 提高模具的可使用性和坚固性，以保证所生产管片的误差小于毫米；
- 模具侧边的连接必须紧密以避免浆液溢出和保持设备良好的可重复性，即使在要求大量重复使用的情况下。

- 模具四边和模盖须开合自如以缩短其准备工作和拆卸时间，当构件尺寸较大时，借助于液压缸采用专门开发的机械设备。

图5.76　典型模具示例

5.3.6.4　生产周期

预制管片制作的基本操作程序可以归纳如下。

模具的准备

在进行新一批次的浇筑之前，需进行以下基本操作：

- 精确地清理前一批次浇筑所剩下的余渣，包括模具以及机械设备，以便机械设备能够移动侧边模板和模盖；
- 模板内侧涂抹润滑油；
- 设置需置于混凝土构件中的所有附件（用于TBM加固系统的连接件或螺栓的螺母）。

扣环的施工

与此同时组装钢筋笼。钢筋笼明显是弯曲的，其半径是由隧道内弧面半径及钢筋覆盖厚度推导而来。

为了避免对内外弧面处的钢筋进行机械轧制常常使用这样一种系统，即在钢筋笼捆扎支架上直接捆绑钢筋，然后通过压力把钢筋挤压进支架内，并捆绑焊接在一起，由此得到弯曲的形状。

当从支架中取下钢筋笼时，可能会出现一个严重问题，即因为钢材的弹性，弯曲的钢筋笼会有伸直的可能性，估计其曲率半径会比设计的曲率半径小。加之制作缺陷的原因，在管片中央处，外弧面侧钢筋覆盖厚度过大，而内弧面侧钢筋覆盖层厚度过小（图5.77）。

钢筋笼放入模具中

通过桥式吊车将钢筋笼放入模具中，并借助于垫片将其定位以确保/控制管片四周的钢筋覆盖层厚度。

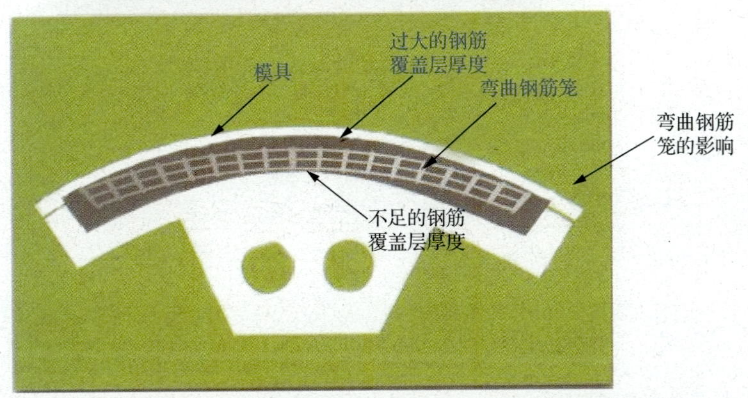

图5.77 由钢筋笼几何尺寸缺陷引起的钢筋覆盖层厚度变化

关闭模板门

关闭所有侧边模板，确保配件到位且必须被浇筑混凝土所遮盖，但不能与钢筋接触。

浇筑与凝固

浇筑是从模具中心上部孔口处（即管片外弧面一侧）进行的。振捣与浇筑作业同时进行，以保证模具所有部分都填满水泥。

抹平作业

振捣期间，由于上部孔口的几何形状，一般会形成气泡。气泡会使管片外弧面形状极不规则。这种情况会产生问题且难以消除：由于仅仅只在隧道拱背上，这一负面影响不会造成很严重的问题，只不过是外观美学问题，但是会消耗大量的TBM盾尾刷润滑油，润滑油较为昂贵而且污染严重。此外，还会使盾尾刷受到异常磨耗。为了解决这一问题，除了研究合适的配合比和采用合适的添加剂以外，还应规定，一旦浇筑的混凝土开始凝固时就应打开上部模板，对新鲜混凝土表面进行抹平。

蒸汽养护循环

蒸汽养护循环将遵循采用蒸汽快速凝固工艺的典型管片预制步骤。为了解这一过程，简单介绍下列步骤（图5.78）：

- 将浇筑有新鲜混凝土的模具放入锅炉中；
- 通过可控制的加热步骤（20～25℃/h）进行加热；
- 在恒温（55℃～60℃）下进行养护作业；
- 通过可控制的降温步骤（约20℃/h）进行冷却；
- 炉外冷却；
- 从模具中取出预制管片。

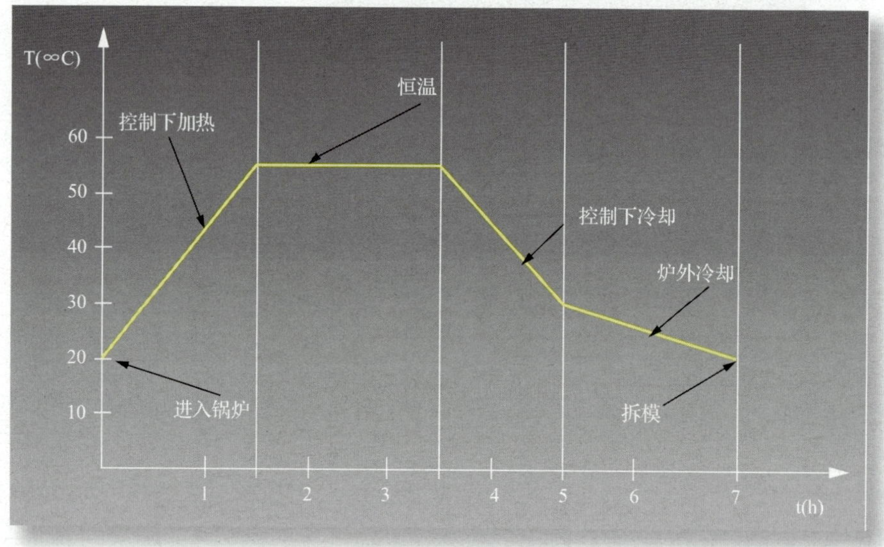

图5.78　典型的蒸汽养护循环

从模具中取出预制管片及进行翻转

通常是采用真空升降机将管片从模具中取出以减少管片受损风险。有时在刚取出管片之后（根据采用的设备情况）即可通过特殊机械翻转管片（图5.79）。

图5.79　从模具中取出并翻转管片

其他配件就位

一旦在工厂翻转管片并加以保护免受大气影响之后，就可以安设衬垫和沥青垫块，以及可能的封孔物。

存　放

存放一般分两个步骤：

首先是存放在工厂里，防止受到大气影响，并且存放时间至少要24～48 h，需注意的是，管片重叠堆放不能超过2块以上；然后是堆放在库房里，使管片在这里完全硬化（一般为28 d），同时按顺序堆放，以便符合设计时预定的几何形状。

5.3.7 衬砌环监测

衬砌环监测是更综合、规模更大的作业部分之一，是城市隧道监测的一部分，这在本书其他章节已有介绍。无论如何，由于衬砌环是特殊的构件，较之传统开挖法，重视机械化隧道开挖法的某些特殊方面非常重要。

监测的目的是确定开挖稳定性，确认所设置结构的安全系数（特别是第一阶段和最终衬砌），同时确认设计假定，以便能采取措施应对所遇到的情形（亦即将先前制定的应对措施付诸实践）。

在传统开挖方法中，实现上述目的都是将仪器安放在结构物中并记录自工作面起逐步设置在结构物上的仪器读数。而对于机械开挖法，这些操作将特别困难，由于后配套障碍，几乎无法操作。

了解监测项目的主要因素之一就是能够确定工作面地带开挖过程的影响（会出现扰动）与支护结构反应之间的联系。

应监测的第一个参数是收敛值，该值很容易获得且可用于解释从其他设备中获得的数据。该参数实际上并不比机械法开挖中的其他参数更重要，甚至在离开挖面较远的地方也很容易以一定的系统特性和精度获取。因此，这几乎与开挖、纵向注浆及其凝固没有任何关系，但前提是达到稳定性以后。

鉴于此，机械开挖法隧道最终衬砌上仪器数据的读取方式实际上与传统方法开挖期间的读取顺序相反。

开挖稳定性的控制包括监测机械参数和对地面的影响（现有建筑物的沉降和位移）。

支护结构的稳定与安全性验证是在开挖完毕且达到稳定以后进行，即通过量测断面监测管片钢筋应力、混凝土应力以及衬砌拱背上的接触应力等。

根据这一观点，针对预制混凝土管片衬砌的仪器布置和监测方案应满足下列目的：

- 根据设计假定，从压力和变形方面监测衬砌目前和最终的状况；
- 获得更多的关于影响衬砌的外部作用力的程度和分布情况，以及管片内部荷载情况。

图5.80示出了两个典型的结构物监测断面，从中也可获得有关地层位移的信息，以建立完整的数据库。

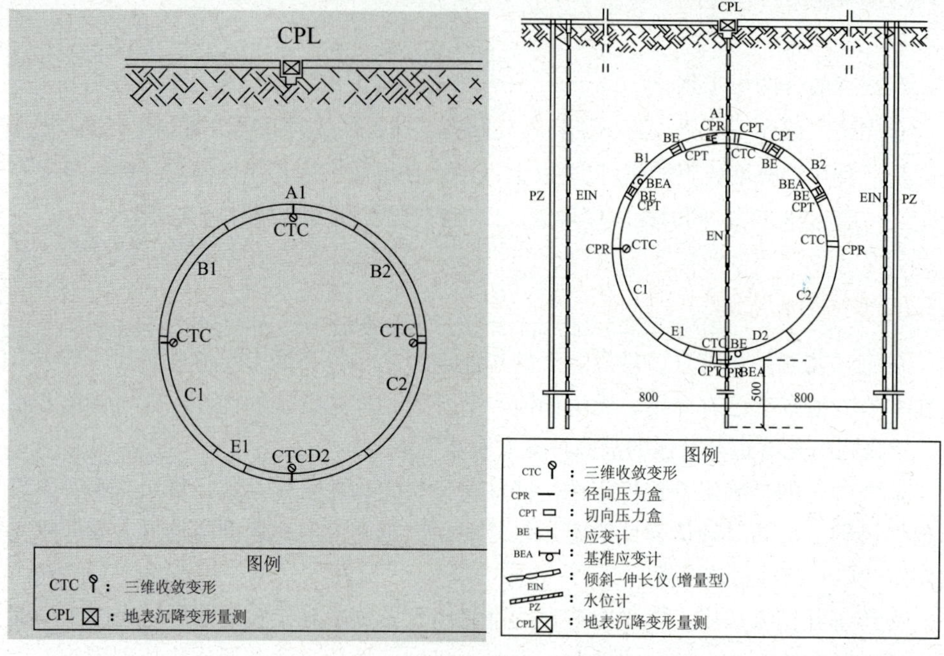

图5.80 当前所采用的特别监测断面

必须强调的是，对在预制工厂浇筑期间埋入的混凝土仪器进行管理很困难。在预制工厂就应布置和安设这些仪器，在管片运入洞内以前的整个期间应重复进行读数，以便采取措施防止因错误原因造成的风险。因此，至少应在下列时间进行数据读取，以验证基准值：

- 刚从模具取出后；
- 置于堆放场以前；
- 运至洞口以前；
- 衬砌环安装以前；
- 安装完毕后；
- 从TBM尾部脱出后；
- 纵向注浆完全凝固以后一天时间内。

5.4 尾部空隙回填

采用现代TBM开挖的圆形洞室最小直径与预制混凝土衬砌外径之差（即尾部空隙）一般为150～370 mm，这取决于盾构尺寸和所通过的最小曲线半径。

对衬砌周围空隙进行回填是隧道获得成功必不可少的，是实现下列基础性功能的关键作业步骤：

- 减少隧道上方的地表沉降。如果不用砂浆对空隙进行适当回填，地层将向空隙位移，结果会出现沉降。一般情况下尾部空隙体积（每立方米隧道）是隧道内体积的3%～16%。如不进行有效回填、封堵空隙，可能出现严重地表沉降。
- 保证衬砌和地层之间均匀接触。地层荷载作用在衬砌上，同时也可抵抗变形；对尾部空隙进行密实回填将防止产生非均匀荷载。
- 在盾构掘进期间使衬砌环保持在适当位置。如果衬砌环被流体砂浆包围，根据阿基米德定律，衬砌环会向上漂浮，这会导致在环向接头处产生错台，而且衬砌表面不平顺，造成衬砌损坏。
- 承受由TBM后配套转移到衬砌上的荷载。
- 在因衬砌损坏或错台而使衬垫失效的情况下减少渗水及围岩细颗粒流失现象。

总之，通过注浆进行有效回填可使沉降减到最小，使衬砌环在盾构掘进期间保持在适当位置，同时保证埋入地层中的结构物长期稳定。

回填方法可根据注浆混合物进行分类。

5.4.1 方　　法

从方法论的观点看，可将实践中采用的注浆法分为三大类，按年代列出如下：

- 通过混凝土衬砌中的孔洞进行径向注浆；
- 直接通过盾构进行纵向注浆，与TBM同时作业；
- 通过盾构进行纵向注浆，采用双组分注浆系统，与TBM同时作业。

传统方法是通过隧道衬砌中的注浆孔进行注浆：在管片上预留配有螺蚊连接件的孔洞，在衬砌环安装期间用堵塞物堵住。另一可选方法就是采用与管片成为一体的单向塑料阀。

上述方法在引进现代化的加压式掘进机以前已得到了充分应用。采用敞开式盾构时，对不稳定地层，通过压缩空气或地层处理使之达到稳定。加压式TBM可对工作面施加很大的工作面支撑压力，只有很小部分或没有压力传递到尾部空隙。

在注浆孔越过盾尾密封刷位置以前，不能通过隧道衬砌环进行注浆，其结果是在注浆以前，不稳定地层就很可能塌落到衬砌上，从而产生严重沉陷。从开挖影响区域内结构的沉降控制和风险管理的角度看，此方法的效果不是很有效（图5.81）。

为克服这个问题，通常的做法是在盾尾壳体中设置注浆管，并在盾尾壳体末端设注浆点（图5.82）。采用这一方案时，注浆可与盾构机械掘进作业同时进行，这样使得环形空隙仅仅是一个“虚拟空隙”。

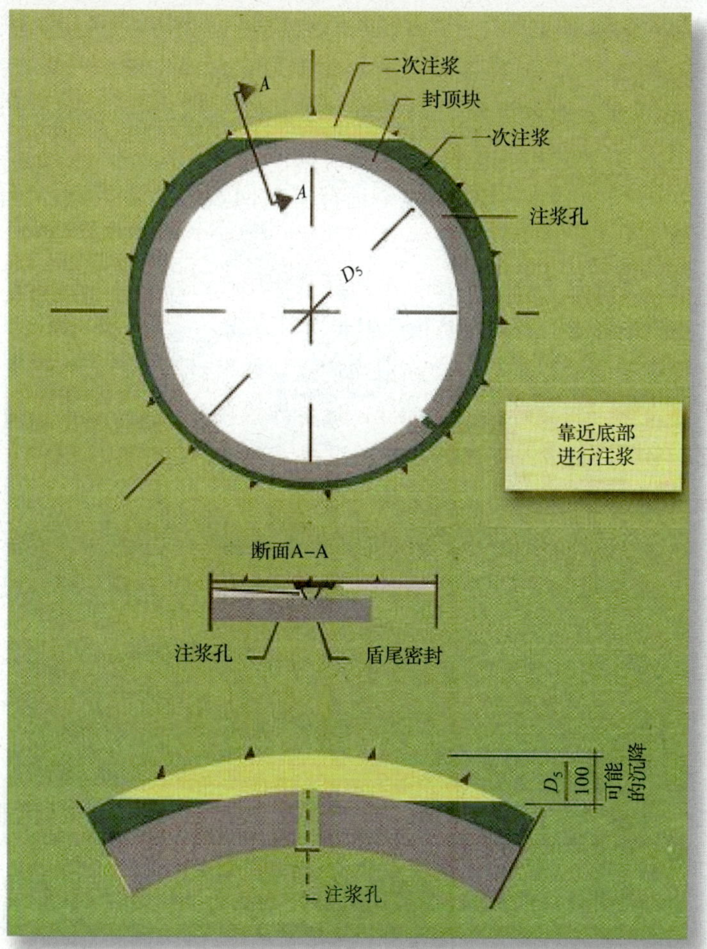

图5.81　通过衬砌进行的径向回填

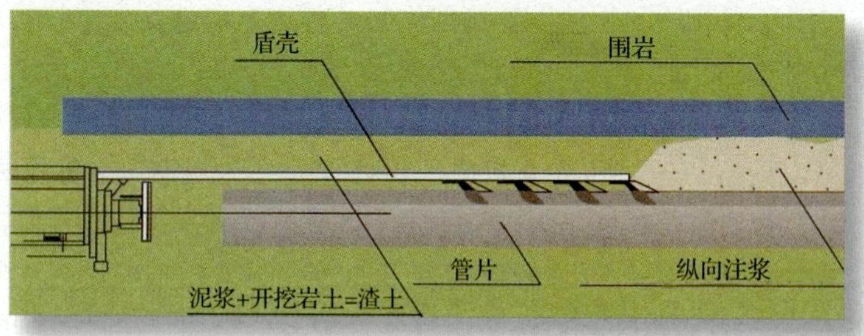

图5.82　纵向注浆系统

1982年在修建日本大阪地铁4号线时，首次采用了回填注浆与盾构隧道开挖同时作业的施工方法，有效降低了沉降。

对于泥水盾构或土压平衡盾构开挖作业，在TBM掘进期间连续进行回填注浆以形成整体防水系统。借助位于后配套中的两台或更多的砂浆泵并通过止于钢丝刷上方并沿盾构尾部周边布置的6根管道进行注浆。注浆是在盾构边缘即直接在最终衬砌的预制管片外拱背上进行（图5.82）。

每组注浆管线通常都有一根预留管道，以便在主管线发生堵塞，即发生砂浆料堵塞的情况下进行分流。采用双管线系统使得在清洗和维护堵塞管期间也能满足标准操作条件。

上述注浆方法在世界很多地区，如在亚洲、欧洲和美洲等都得到了采用，有效减少了由于盾构隧道开挖引起的沉降。在城市地区机械隧道开挖中建议预留注浆管道。

5.4.2　混合物设计

下一步就是优化回填材料的特性。如今，从砂浆混合物角度来看，可对下列术语进行定义：

- 惰性灰浆：混合物中没有水泥成分；
- 灰浆：混合物中有少量水泥成分；
- 水泥基灰浆；
- 双组分灰浆。

砂浆必须能有效支撑衬砌，同时防止衬砌在TBM掘进期间产生移动。尤其是，砂浆应防止衬砌因砂浆本身和水的流体压力而产生浮动。通过利用其流变性从而达到此目的的灰浆已变得越来越普遍。

目前的双组分灰浆采用的是液体A（水泥、黏土和/或膨润土、水、缓凝剂）及液体B（水活性添加剂）：将两种液体混合搅拌后，几秒钟后灰浆呈现出半固体状（塑性状态），并可保持0.5 h左右。

然后砂浆开始变硬，在1 h内抗压强度一般可达到0.05～0.1 MPa。对于特殊工程要求，可规定凝胶和凝固时间。如果两种液体通过一根管道注入，则管道常常会因液体凝固时间过短而发生堵塞。因此，注浆系统应额外装备两套装置，一套装置用于在浆液进入尾部空隙时混合两种成分的浆料，另一套装置用于清洗管道（图5.83）。

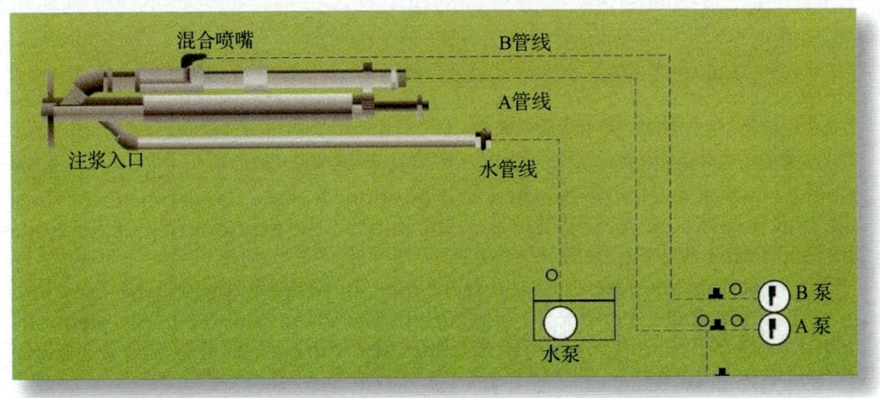

图5.83　采用双组分灰浆系统进行同步注浆的设备示意图

在欧洲，采用这种回填注浆方法的例子很多，如Botlek（荷兰）铁路隧道（1998～2001年）。在施工中，采用日本研制的双组分灰浆料进行了试验，灰浆是通过预置在衬砌中的专门孔口直接注入的。还有热那亚地铁线路（1993～1994年）、那波里地铁线路（2005年至今）及Castellanza铁路隧道（2005～2006年）等工程也通过盾构进行了双组分粉灰浆混合料的注浆作业，所采用的注浆系统与图5.83中所示的类似。

在这种情况下，注浆系统通过在隧道衬砌上快速而均匀地形成支撑作用而使隧道掘进作业更加有效（即使注浆系统存在堵塞风险），从而更好地控制注浆及沉降。

注浆过程需要大量灰浆，即每个衬砌环需要几立方米。料仓、搅拌机等预制场所需设备一般布置在隧道洞口外面。

浆料通过轨道式或其他输送装置输送到注浆点，然后送入注浆泵。浆料输送也可采用泵送方式。

5.4.3 注浆性能要求

在作业开始和实施期间，注浆作业的潜在延迟会对灰浆特性产生消极影响（预期的凝固过程、流动性损失、将来的抵抗力减弱），并在盾构内部的循环管线中出现离析现象，这一障碍可能导致一系列严重后果。因此，必须对灰浆混合物设计进行全面研究，以达到相应的力学特性。

回填灰浆混合物的正确设计应考虑各种参数，即涉及下列3种主要应用范围：（1）与所注灰浆和易性有关的应用方面；（2）沉降控制和衬砌与掘进机械的相互作用确定所注入灰浆的效果；（3）经济性考虑，在满足性能要求的理想混合物条件下采用当地廉价的材料。

针对灰浆的可泵性有以下要求：

- 在储存和输送期间保持较强的和易性；
- 在储存和注浆期间混合物具有很高的稳定性，特别是混合物不应受到离析现象的影响；
- 注浆时混合物能自由流动；
- 即使距离很远，混合物通过狭窄管道时具有很好的可泵性。

为了避免因堵塞或注浆系统不能正常工作，所有这些要求对进行有效的隧道开挖非常重要。

为了进行有效回填，混合物必须满足下列要求：

- 应能充分回填盾尾空隙；
- 一旦灰浆完全凝固，材料可轻微变形；
- 材料具有轻微耐磨性；
- 为避免注浆期间周围地层中的细颗粒流失，灰浆料的渗透性应很低；

- 材料应能抵抗冲刷作用；
- 考虑到TBM掘进模式，与注浆时间表相符的较短凝固时间。

除上述要求以外，凝固时间对进行有效的注浆回填将产生很大影响。采用慢凝灰浆对进行有效的隧道开挖具有很大的实际效益：如采用慢凝灰浆，将大大降低灰浆管线和管道堵塞风险以及临时停机时对盾尾密封装置的损坏风险。但应考虑某些限制条件。

Bezuijen等人根据阿基米德定律提出了有关浮力的研究结果，这些结果已得到证实，并在现场实例中对灰浆产生的浮力进行了测量。在初期注浆时，衬砌环顶部和底部间的压力梯度非常接近于将灰浆看作是稠度为2190 kg/m^{3}的液体时所得到的压力。在大约11 h以后压力梯度差不多等于衬砌环被水包围时所施加的压力。此项研究表明了施加在衬砌上的浮力是很大的。同时该项研究还确定了为抵抗浮力在灰浆中应达到的屈服应力评估方法。

如果灰浆在注浆后8～10 h或更长时间后开始凝固，可能会出现更危险的情形，其中之一是衬砌环上浮（亦即在盾壳和TBM后面的前几环衬砌环间会立即出现错位）。实际上这种位置偏移的主要后果是在盾构上部密封刷上出现异常压力，同时在底部衬砌环与盾构密封刷接触处可能有灰浆流出。这反过来会导致工作腔室压力损失，从而出现上述不稳定性风险。

此外，替换损坏的盾构密封刷需进行专门的维修作业，从时间和空间上看，这是一项非常复杂和繁重的工作。同时还可能破坏相邻管片之间的纵向注浆体，其结果会影响隧道的防水效果和最终衬砌的整体稳定。

如果凝固时间与TBM掘进速度不是很吻合，则在衬砌上可能形成不可预见的超载，这在管片上会引起额外的弯矩，它作用在与开挖轴线平行的平面上。

管片衬砌具有连续梁的性能，它可承受因注浆压力产生的分布荷载。如果灰浆凝固很慢，则连续梁会在液体中发生自由变形，仅在其端部处才受到限制，其中的一端由已经凝固的灰浆提供支撑，另一端由掘进机械提供支撑。

由于所发生的情形在设计阶段很难预测，因此可能会对衬砌产生严重的结构破坏。为了减少衬砌上的作用力和弯矩，必须限制被非凝固灰浆所包围的衬砌长度。

TBM后面的垂直梯度（作用在衬砌上的荷载）是最高的，因为这里的灰浆稠度和屈服应力最低。

所施作的灰浆会影响作用于衬砌上的荷载，尤其是影响与衬砌轴线垂直方向上的荷载分布。重要的是未支护衬砌部分（此处主要是浮力）的长度应尽可能短，以减少衬砌上的力矩，同时降低盾尾壳体上和灰浆已凝固的最末端衬砌环上很高的垂直作用力。这可通过下列3种不同途径来达到：

（1）灰浆应具有相对较高的初始剪切应力。在所注入灰浆的初始剪切应力很高的情况下，未凝固灰浆的抗剪强度应足以防止隧道衬砌向上移动。

（2）下层土和灰浆应允许灰浆快速固结，从而提高灰浆的允许剪切应力，因此应限制衬砌未支护部分长度。

（3）所采用的灰浆应快速凝固，因此也应缩短衬砌未支护部分长度。

上述3种方法适用于砂层中的隧道开挖，但在黏土层中开挖时，第二种方法不适用，因为黏土的低渗透性会阻止灰浆固结。

综上所述，灰浆特性及土壤特性会影响紧接TBM后面的衬砌荷载分布。因此，选择灰浆时必须考虑现场土壤特性和所规定的灰浆特性（屈服应力、渗流参数和硬化参数）。

为了对隧道开挖进行正确的风险管理与风险控制，必须进行沉降估计。灰浆流变特性与以下几点关系密切：（1）混合物与周围土壤的渗透性；（2）灰浆凝固后的可变形性；（3）凝固及进一步固结时的体积损失。

根据在砂土层隧道工程进行的现场测量，Bezuijen 和Talmon（2004年）等指出，可对因渗流引起的体积损失进行量化。根据Verruijt提出的公式（1997年），其最大为导致注浆层减小的被注浆地层体积的5%，注浆体积的损失反过来将导致压力不断降低。

至于凝固混合物的强度特性方面，一般未要求具有较高的特性。一旦注浆完成，灰浆就会受到周围下层土的约束限制，在这种情况下，处于压缩应力状态下的灰浆料不太可能开裂。

然而，在特殊情况下，例如在进行深埋隧道开挖期间或地应力很高的情况下，也许会对回填灰浆特性提出严格要求。

从上述观点看，3～10 MPa一般能保证达到满意的结果。但应特别注意在注浆阶段和未凝固期间的灰浆抗剪力，因为这一参数会导致衬砌环漂浮：很高的黏度特性会提高注浆混合物的抗剪强度。由于内摩擦力，灰浆作为宾汉流体（非牛顿流体）可抵抗浮力作用。

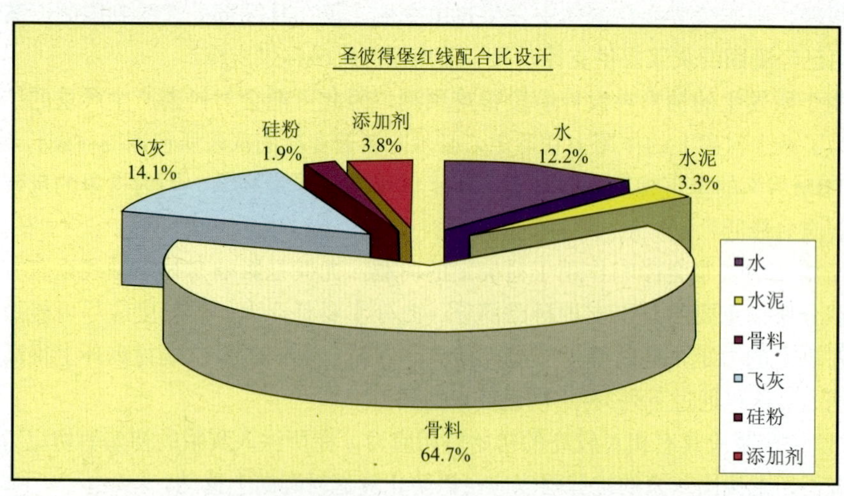

图5.84　水泥基灰浆混合比设计（AV— Penetrazione nodo di Bologna）

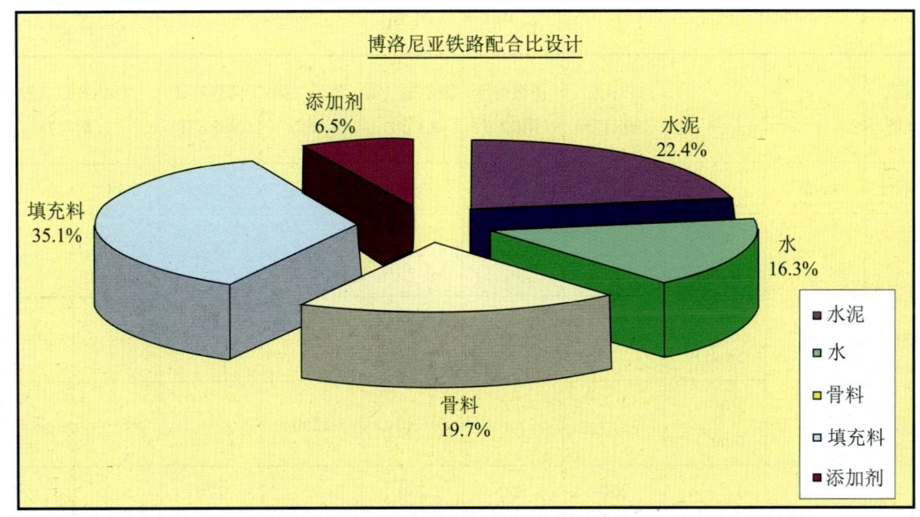

图5.85 双组分水泥灰浆混合比设计（Castellanza铁路隧道）

实践中采用的混合比范围很大（见表 5.20），这表明可采用不同方法达到同一目的。快凝水泥灰浆对快速提供短期强度有明显作用，在TBM掘进期间可使衬砌环保持固定。但是，这种灰浆的缺点是要求不断冲洗注浆管，同时经常出现管道堵塞风险。

表5.20 回填注浆混合比设计举例

隧道案例			EOLE（第8.1节）	圣彼得堡（第8.2节）	波尔图（第8.3节）	都灵（第8.4节）	博洛尼亚（第8.6节）	CASTELLAZA（附录7）	
成分			无水泥	低含量水泥	中等含量水泥	中等含量水泥	高含量水泥	双组分	
水泥	kg/m^3		—	70	200	220	370	成分A	成分B
水硬石灰	kg/m^3		—	—	60	—	—	341	—
硅粉	kg/m^3		—	40	—	—	—	—	—
飞灰	kg/m^3		400	300	120	380	—	—	—
活性飞灰	kg/m^3		200	—	—	—	—	—	—
填充物	kg/m^3		—	—	—	—	580	—	—

续上表

隧道案例			EOLE（第8.1节）	圣彼得堡（第8.2节）	波尔图（第8.3节）	都灵（第8.4节）	博洛尼亚（第8.6节）	CASTELLAZA（附录7）	
膨润土	kg/m^3		40	—	—	—	—	43	—
集料	kg/m^3	（0～2mm）	—	—	—	—	880	—	—
		0～5mm）	1000	1380	1530	—	—	—	—
		0～6mm）	—	—	—	1250	—	—	—
水	L/m^3		250	260	230	—	270	812	—
添加物	%	增塑剂		4.1	2	250	3		
		缓凝剂			0.1	4			
		加气剂					4		
		稳定剂						5	
		胶凝剂						4	
		硬化剂							70

目前对砂浆的潜在特性已有所认识。采用这种砂浆的主要问题是如何使混合物易于泵送，具有很长的有效凝固时间，并且一旦注入衬砌环周围空间，就可使衬砌环固定就位。比较理想的是，这种灰浆是由非常便宜、当地就能获得的均质材料制成。

5.4.4 回填过程控制

回填注浆是一个涉及多个技术参数的动态过程，必须对这些参数进行监测并与设计值作比较。注浆过程的监测与控制（目的是使潜在风险降至最低）包括下列3个主要方面：

（1）灰浆体积控制

注浆量必须与根据单循环掘进计算出来的理论空隙体积吻合：

$$V_{void}=\left(\frac{D_{exc}^2}{4}\cdot\pi-\frac{D_{ex-LIN}^2}{4}\cdot\pi\right)\cdot L_{ring} \tag{5.6}$$

式中 V_{void}——空隙体积；

D_{exc}——开挖断面直径；

D_{ex-LIN}——衬砌断面直径；

L_{ring}——衬砌环长度（与隧道轴线平行）。

系统检测回填注浆体积对控制地表沉降非常重要。

回填开挖断面和衬砌外弧面之间空隙的理论注浆体积（用上述公式表示）就是在考虑开挖刀具未磨损，而且是对整个衬砌环长度进行评估的情况下计算整个开挖面积与衬砌外弧面面积之差。

注浆量随以下因素发生变化：（1）实际掘进行程；（2）混合物/地层土的渗透性；（3）扩挖刀具的磨耗（减小开挖直径）等。由于线路走向，事实上实际掘进行程相对于理论值有几公分之差。再考虑注浆阶段砂浆流动性情况下土壤的渗透性会提高注浆量，此外，刀具磨损则会降低总的注浆量。

如果砂浆体积大大高于理论值，这说明出现了超挖，或者是砂浆泄漏到周围地层的既有自然孔洞中。

（2）回填注浆压力控制

应检查最终压力是否与设计参考值保持一致，其与侧限压力有关。

如今对注浆系统不仅要进行体积控制，还要进行压力控制。比较理想的是应能测量注浆区（盾尾空隙）的砂浆压力。然而，由于实际原因，只有在盾构内的注浆管道中或混凝土管片中才能进行压力测量。

回填注浆应与掘进作业同时进行，而且应遵循掘进规范中规定的步骤。尤其是，为了遵循设计阶段预定的压力值，掘进机的掘进速度应与回填作业相匹配。

在下一个开挖循环即将开始之前，必须泵入砂浆以回填盾构后面出现的空隙。

对每个均质地层中的隧道段，在规定最小和最大压力值时应考虑工作面支撑压力。在进行回填注浆的情况下，所记录的不同压力值是由盾构周边上不同的注浆喷嘴位置所造成的。压力值是根据一定深度处的岩石静荷载计算值及孔隙水压（如果存在水压）进行估算的。

如果在开挖期间出现任何一个极限值被超过的情况，可取的做法是通过钻孔取芯观测以检查回填砂浆的最终质量。

一旦完成一个开挖循环，在开始新一轮开挖循环以前，必须继续进行回填注浆直至达到每个喷嘴的规定压力值，对此可采用自动注浆控制系统。

为了防止管片承受超压力，泵送设备必须装备安全阀，当超过设定的最大压力值时，安全阀可自动停止注浆。压力不当既可能是因为注浆产生的不正确衬砌环位移（主要是6台注浆机的压力不平衡）所引起，也可能是由于回填不充分所致。

（3）检查灰浆特性是否符合设计参数

合理的做法是在使用前通过试验确定砂浆特性。在实践中得到应用的一些有效试验如下：

- 粒径曲线；
- 立方体试验，可获得凝固混合物的最终抗压强度；
- 离析试验；

- 压力作用下的渗流性；
- 混合物的和易性；
- 漂浮性（为了测量灰浆的实际效果，应测量紧接盾尾后面的几环衬砌在盾构推进前后的水平位变化）；
- 采用黏度计进行测试，以确定和控制灰浆总体质量。

如未满足上述任何条件，比较适宜的做法是进行第二阶段及第三阶段注浆，以正确控制地表沉降并进行长期稳定性评估。

第6章

隧道施工控制

"即使正确选择了机器，如果没有进行正确管理和操作控制，那其糟糕情况无异于机型的错误选择。"（BTS/ICE，2005）

这一章将对隧道掘进计划，即PAT的运用进行详细介绍。主要从计划的更新和执行着眼，对PAT 在泥水盾构和土压平衡盾构下的施工控制进行了讨论，并对其集成的实时监测系统进行了总结。

6.1 PAT的更新与执行

6.1.1 施工风险评估

如第2章所述，风险分析与风险管理构成了设计与施工方法的主要原则，这也是此书的主线。第2.3.1章节也对"风险记录卡"进行了定义，这对施工控制阶段同样重要，而且应在实际施工开始之前完成包含有"施工风险"的"风险记录卡"的编制。

因此这部分将介绍与各种类型TBM相关的风险识别方法，特别是相应的风险降低措施，这将使城市地区隧道开挖的各种风险降低到一个可接受的残余风险水平。

一般而言，有必要说明在城市修建隧道时可能遇到的主要危险：工作面坍塌、坍塌冒顶以及危及隧道沿线既有地面结构物安全和稳定性的地表沉降。相关风险将使整个工程处于危险状态，并对社会、经济和各个方面产生灾难性的影响。

隧道设计应对克服这些潜在损坏的必要应对措施有所预见，使危害尽量保持在尽可能低的水平（参见2.4节）。在施工阶段，执行设计规定的理论原理很重要。

如果选择了适当的开挖方法且施加恰当的工作面压力（参见5.2节），那么地面沉降可降低至一个可以接受的水平。如果对开挖量进行严格控制，那么工作面坍塌的情况就可避免，即使在不稳定情况下也同样可以避免。如果控制不力，那么就必须进行地层加固或对可能遇到风险的结构进行特别保护（参见5.1.8节）。

对此，有些关键问题必须得到解决。

怎么样才能确保压力保持在适当水平？如何保证开挖量和渣土重量的定期及准确控制？如何监测参数变化趋势？如何判读监测数据？如何应对紧急情况？何时决定是否停止TBM 施工及从地面采取补救/加固措施以及如何进行？

对于所有问题，答案只有一个，那就是必须在施工阶段实施风险分析与管理，并保证一系列降低施工风险的操作步骤全部到位。

如果制定正确的管理和控制程序且遵照执行，即使存在潜在的工作面坍塌危险，也可以采取事先确定的应对措施，从而避免最坏的情况发生（图6.1）。

图6.1 隧道坍塌图片

隧道施工中事故发生的原因非常复杂，但是缺乏对TBM 的控制是一个主要因素，地质和水文情况的复杂性也是工作面塌陷的潜在原因之一。但是，从“潜在”到“实际”塌陷这个过程中，有必要认识到这是因有些人忘记了对开挖应进行适当控制造成的。通常对开挖渣土料的不充分控制和超挖都将造成冒顶坍塌，不过，如果对开挖量进行严格控制，超挖本身不足以造成大的损害。

如今所拥有的技术手段，特别是所有开挖和监测参数及记录（就象飞机的“飞行记录器”）的可获得性使其能提供非常重要的数据，以此能够有目的和有效地解释“具体发生了什么”。其目的是通过施工数据和监测读数的分析、解释和管理，使其能在可能的最短时间内采取应对措施，以免造成象飞机坠毁那样的毁灭性事故，也不用根据“黑匣子”去调查原因了。

6.1.2 PAT的更新

第2.6节对隧道掘进计划（PAT）概念和执行方式进行了定义，它是首次用于葡萄牙波尔图地铁中的特殊设计/施工控制程序的首字母缩写。因此在葡萄牙语中，取名为“Plano de Advance da Tuneladora”。

PAT这一概念结合了“概率设计”和“动态设计”的原理。实际上，PAT代表了一个完美的螺旋形过程：设计→施工→设计调整→再次精心设计→继续施工→再次设计调整（图6.2）。

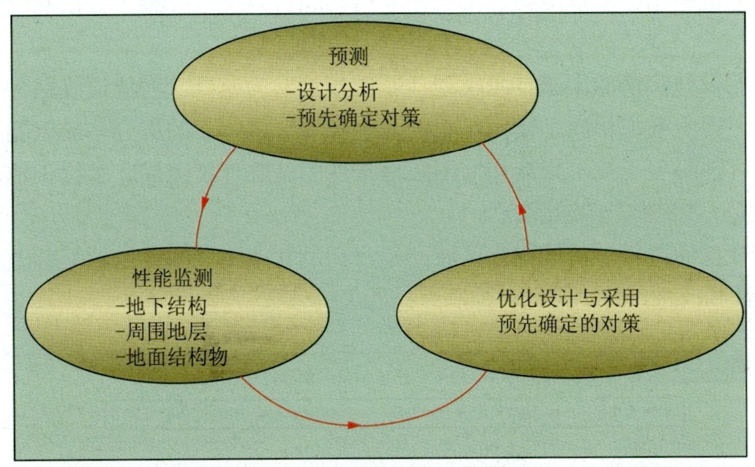

图6.2 反复循环设计原理示意

PAT成为一个联系地下工程设计与施工的动态工具，特别是针对城市环境中的机械化隧道施工。本书作者根据其在各个工程中的应用经验对PAT进行了不断的改进。

PAT的主要目的就是为了验证并最终修正那些能完全控制开挖并在设计阶段确定下来的主要参数。TBM开挖过程中所获数据的收集与分析能对设计假定的正确性进行评估（特别是关键参数），这些设计假定是针对实际开挖中遇到的不同地质、土工技术和水文地质条件制定的。这些数据将与地表监测仪器读数进行在线实时比较。

对于所有在城市环境下进行施工的工程，首先应限制开挖引起的沉降（因工作面塑性化和开挖轮廓与预制衬砌之间的环状空隙造成），而且不影响地面既有结构物。

开挖过程中，工作面支撑和衬砌回填的有效程度由沉降反应值所决定，而沉降反应值通过适当的仪器站对其进行连续监测（图6.3）。

对此，可特别表述为：

- 工作面压力的正确评估和正确施加主要通过所谓的“预沉降”那部分的沉降值反映出来，即工作面抵达监测站下方前测得的沉降值。
- 沉降平衡（直到最终稳定）取决于衬砌周围环状空隙的正确回填，因此必须通过压力和注浆量来对其进行控制，它不再取决于工作面压力。同时应注意，实际上还有一部分沉降被定义为“生理”沉降，这与通常的TBM斜截锥形状有关，可造成盾构上方的地面沉降（除了掘进速率之外，还取决于地层的短期脆性或塑性特性）。严格来讲，此“生理性体积损失”的百分比仍与预沉降现象有关。预沉降值较大很可能意味着地层扰动较大，这会导致盾构上方的沉降要比在未受扰动地层中的沉降大。

在详细设计中，利用数值模拟和分析法计算工作面压力（参见第5.2节）。设计方案的制定也利用了从以前类似工程中获得的经验以便选择施工方法和分析、控制施工。

以初始设计阶段的土工技术模型（基础模型）为基础，将隧道线路分为几个同类的区段，即为施加相同工作面压力的几个长度。进一步的细分一般以隧道沿线将开挖地层可预测土工技术特点和周围环境条件为基础（覆盖层、水位、地表或较深处荷载以及干扰结构物存在情况）。

随着开挖的进行，从试掘进区域开始，在所获施工期间数据的基础上对基础模型进行验证和改进，特别是针对控制开挖的关键参数。

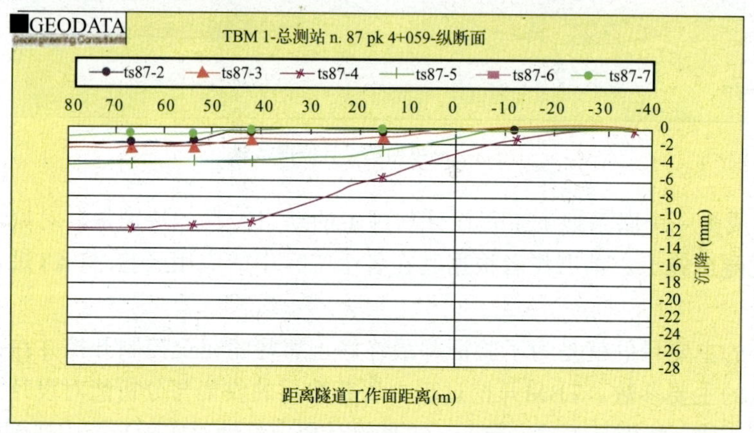

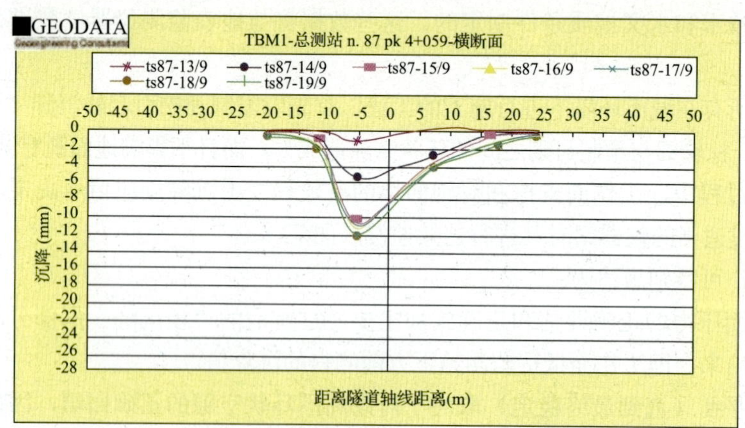

图6.3 **Nodo di Bologna** 项目：**87**号测站沉降记录

这项工作（或过程）构成了PAT，即在下一个区段开挖前提前实施此计划。此计划涉及隧道区段的确定，其长度（最好恒定，大约300 m）是根据所遇地层条件的复杂性和多变性以及所预计的TBM掘进速率而事先确定的。

有时，因沿线结构物的原因而使PAT区段的长度增大或缩短。

6.1.3 PAT的执行

除了作为一种设计和施工控制方法外，PAT的特点还在于其是一种物理性的“硬拷贝”文件，即通常的技术报告，描述了所有导致修改及本身进行修改的必要条件，连同附有（通常）一张表示相关区域土工力学纵断面并包含所有需要信息的综合图表。

如果将每一纵断面与其相邻的纵断面结合起来，最后则为每一完工隧道纵断面提供了整个施工过程历史记录。

PAT计划通常由负责工程实施的设计单位/咨询公司准备，并与承包商一起共同确定和选择所认可的应对措施。然后在定期的技术会上与工程师进行讨论并由工程师审批，以在采取所认可的行动前简化和加快合同所要求（如果有）的审批程序。在特殊情况下（例如第8.3节中的波尔图地铁工程），可能会每天召开技术会。

6.2 开挖控制：泥水盾构/水力盾构（SS/HS）

这部分介绍了采用泥水盾构或水力盾构技术进行隧道开挖的主要技术方面以及进行正确施工所需的控制、管理程序。

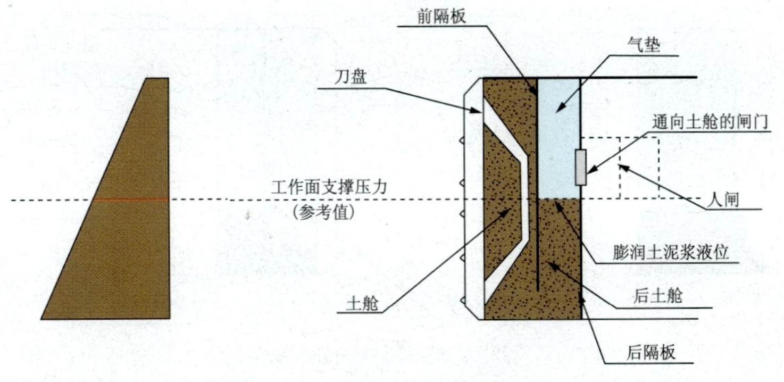

图6.4 水力盾构示意图

6.2.1 监测与控制

监测的参数为：

（1）工作面支撑压力（参考值在图6.4中示出）：通过压缩空气压力进行控制。

（2）固体弃渣量：作为排土量与挖土量之差、密度量测值及舱内泥浆液位的一个函数加以确定。

（3）泥浆特性：密度、屈服值、黏度和过滤材料质量/泥饼厚度（在处理站实验室进行检验）。

（4）管片注浆：对管片周围区域回填期间所记录的体积和压力进行控制并通过与注浆泵相连的传感器进行自动检测。

6.2.1.1 舱内气压控制

舱内压缩空气具有几方面的作用。首先它对通过泥浆传送至工作面地层的压力进行调节，从而控制工作面稳定性，至少部分控制了地表沉降。另一方面，它是舱内压力条件下进行维修操作的必要工具，因为除了为维修人员提供呼吸所需空气外，它是向工作面施加压力的唯一手段。

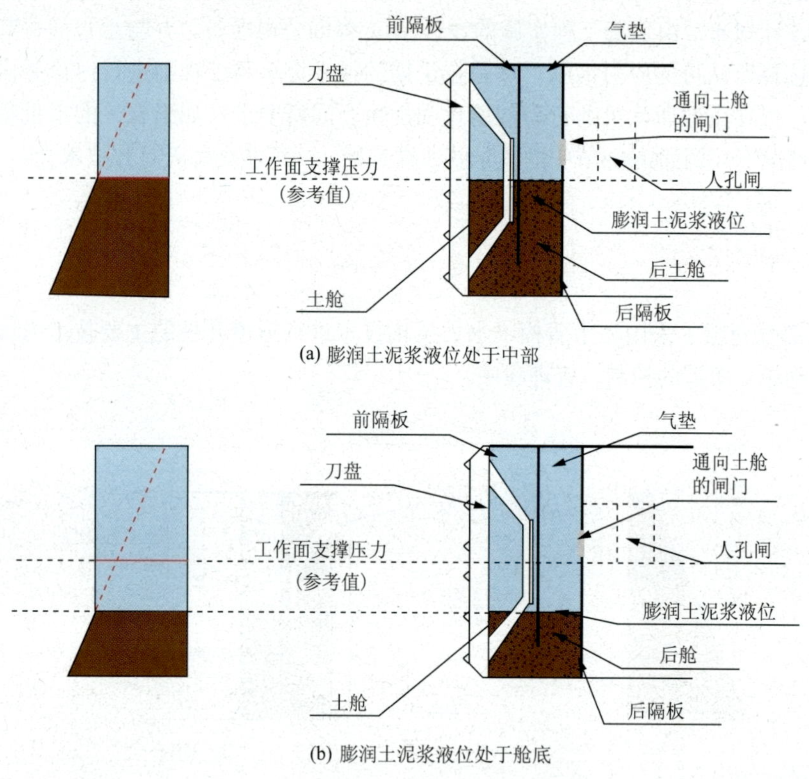

图6.5 压缩空气工作面支撑压力

图6.5（a）与（b）相比较表明：固定压缩空气压力值，即表示固定泥浆能向工作面地层施加作用的平均压力值。

在进行刀盘控制和维修的停机期间（例如更换滚刀），检修人员将进入加压状态下的土舱，这时不能降低压力，否则就存在工作面不稳定或增大地表沉降的潜在风险。

根据所要求的维修类型，土舱可降至各种空舱水平，而且在任何情况下，都可将泥浆液位降至高压舱闸门的水平位（参见图6.6）。除非有必要在土舱的最低部分进行工作（泥浆抽吸区），否则没必要将土舱完全排空，另外也建议不要这样操作，除非绝对必须这样。

通过规定压缩空气自动调节系统的压力极限值来固定参考压力。这个参考压力可在非常准确的限制范围内进行调节（可微调至5 kPa甚至更小）。当压力超过极限值时，这个系统将打开排气阀，让空气排放出去直到达到压力要求值为止。当压力变小时，压缩机主供压回路上的阀门将打开，压力迅速回到当初水平。系统必须保持良好的平衡以避免波动太大或太长，导致不稳定。这一通过压缩空气进行控制的系统部分代替了进浆管线上的输入泵和出浆管线上的输出泵的控制作用，这在日本的“泥水盾构”中使用过。不过，如图6.7所示，通过泵控制进、出泥浆非常重要。实际上，如果获得压力平衡时膨润土浆液位与参考液位不一致，那么需要对其进行进一步的调查。

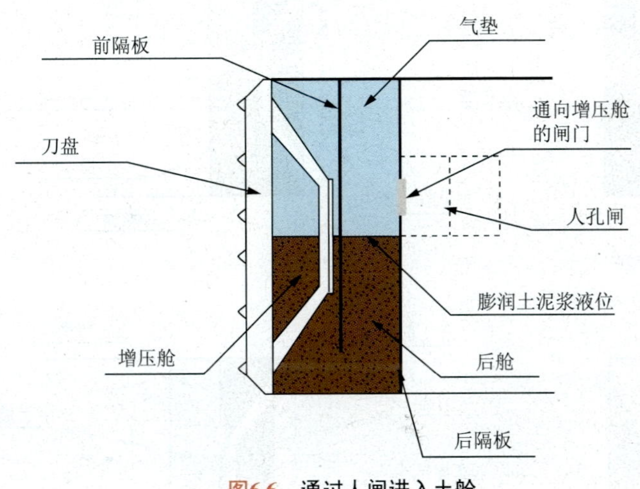

图6.6　通过人闸进入土舱

6.2.1.2　泥浆液位控制

根据图6.7（a）、（b）和（c），后舱中的膨润土泥浆液位被定义为泥浆-空气交界面距开挖舱底部的距离。参考压力（即舱内压缩空气压力）等同于此液位下泥浆施加在工作面的压力。如果液位发生变化，空气调节系统将启动以将泥浆-空气系统压力维持在参考水平值上。如果液位增高，那么所能获得的空气量降低，压力增大，此时调节阀将打开，将压力重新调整至平衡值。这样，该调整系统就将土舱-空气压力值保持在一个恒定水平。但是通过泥浆施加到工作面的压力又将出现什么情况呢？图6.7（b）表明，通过泥浆施加在工作面的压力因关系式（$\delta p=\delta h\times\gamma$）而增大了，式中$\delta h$为泥浆液位增量，$\gamma$为泥浆密度。相反，如果泥浆液位降低，系统通过要求输入必要的数量而使空气压力保持恒定，但是工作面上的压力将降低，其范围由液位降低值与泥浆密度的乘积决定。

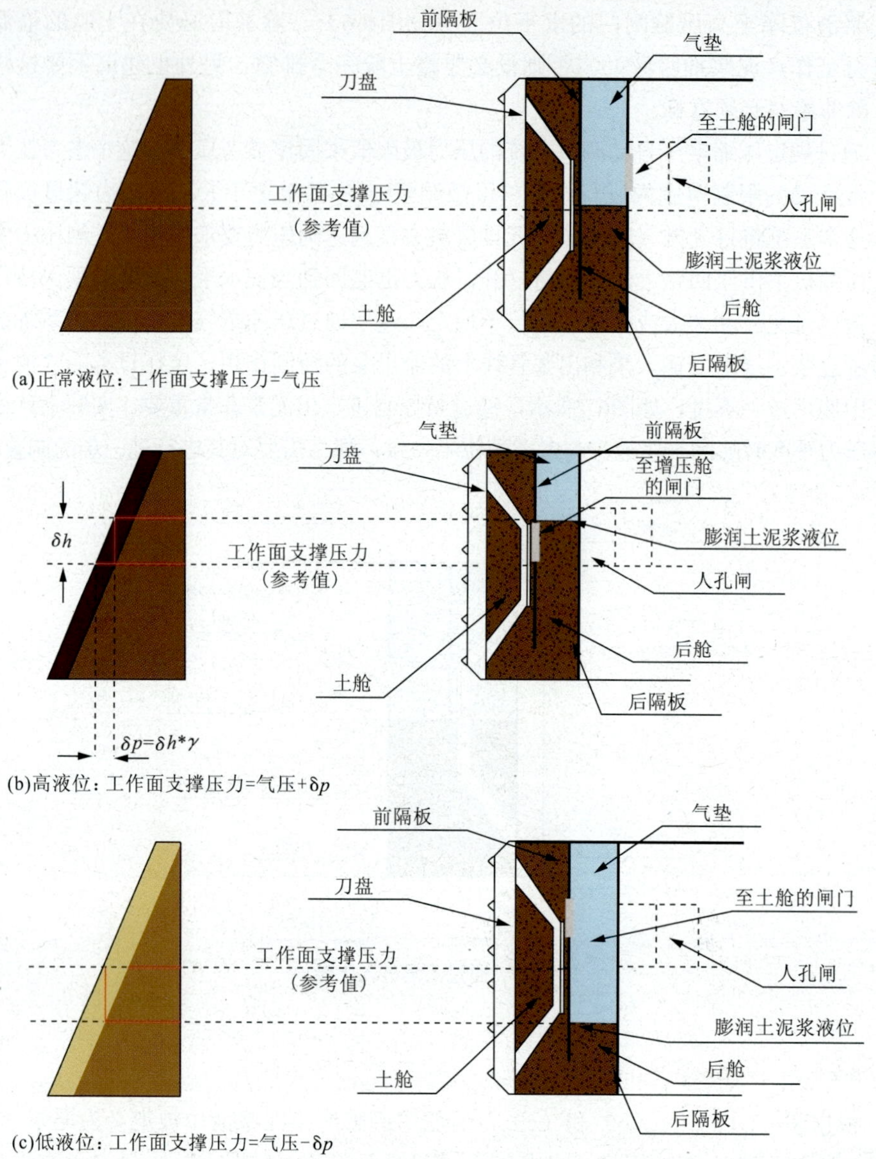

图6.7 土舱中泥浆液位的控制

因此主要应对空气压力和土舱中的泥浆液位同时进行控制。所需调节分别通过进浆或出浆回路中的输入/输出泵来完成，方式分为自动、半自动或手动。在使用泵时应按照以下注意事项进行：

（1）当要求对膨润土浆液位增高作出反应时，仅在输出泵上进行操作会导致危险性的结果。增大输出量，并将其液位重新调节至参考液位，从而增大被泵送出去的渣土数量。如果液位升高，一个可能（危险的）原因是工作面坍塌，那么结果就可能是渣土侵入到土舱，泵出量的增大很可能促使这一危险性事故的发生。

（2）降低泵入速率也可能产生相同的效果（即降低膨润土泥浆液位）。但是调节泵入量所需的时间比输出的反应时间长得多，其原因在于，输出泵位于TBM 的后配套系统上，其反应几乎是立即性的，而供应泥浆的输入泵可能位于距工作面几公里远的地方，所需反应时间将更长（图6.8）。

膨润土浆液位变化对系统稳定性也有副作用。为此应注意“土舱-刀盘”系统不是静态的。刀盘在缓慢转动（一般在城市环境下和软岩条件下约为1 r/min），也可以反转。在一些情况下刀盘必须反转以减小旋转效应，结果是对泥浆液位产生动态影响。另外，泥浆被泵入舱内再连同弃渣一起挤出，其数量变化不定，导致泥浆紊流。以上各方面导致泥浆液位摇摆不定（有些情况可能比较严重），从而引起工作面压力在±25 kPa 之间变化（参见图6.9，此图示出了来自圣彼得堡工地的一些参数，在第8.2节中对其进行了讨论）。

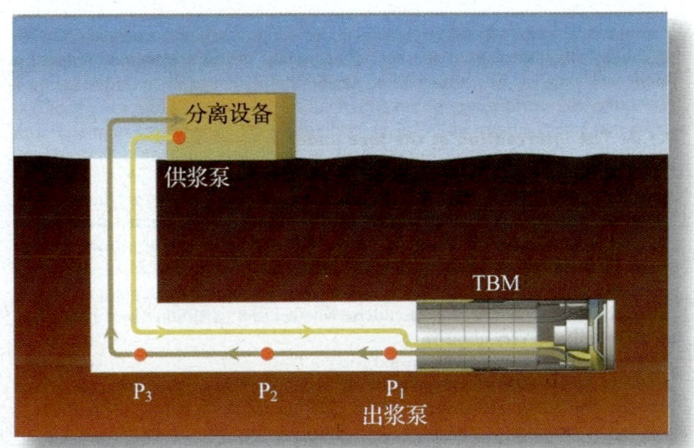

图6.8　水力盾构系统中的泥浆回路示出了供浆泵和吸浆泵及其线路

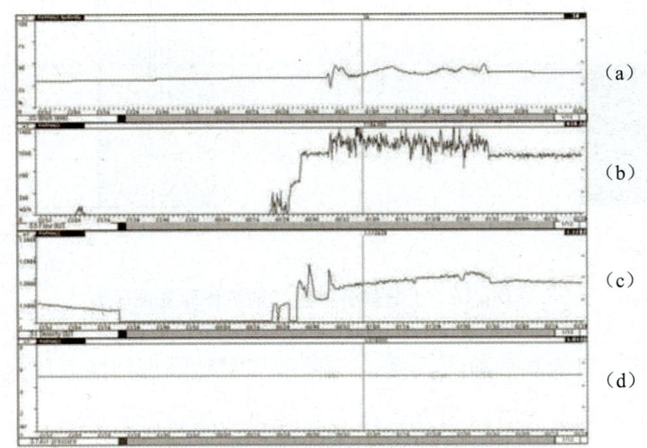

图6.9　圣彼得堡工地所采用泥浆盾构的开挖参数

（a）膨润土浆液位（b）出浆量（c）流出浆液密度（d）气压

在确定参考值和允许操作范围时，必须考虑上述各方面。值得注意的是，实际上这些波动变化会使更为严格的气压控制（通常低于5 kPa）变得无效，而这是它与其他系统相比所具有的一个特殊优势。

6.2.1.3 压力状态下进入工作面——高压舱及其使用

采用“闭胸式”盾构机施工时，工作面处于压力状态下。对于那些只有穿过土舱才能接触的部件，其维修和修理就成了一个问题，因为土舱必须保持一定压力以确保正确的工作面支撑和地表沉降控制。

有时需要频繁地进入：无论是软岩刀具还是硬岩盘式滚刀，其关键在于开挖刀具的控制和更换。如果地层的耐磨性较大，那么就有必要每周更换几次。典型的例子就是波尔图地铁隧道，它穿过变质和退化的花岗岩，一些滚刀和镐的更换频率为每天一次。实际上土压平衡盾构并没有使这个问题得到一定的解决。

在土舱内，必须由压缩空气代替膨润土浆，在先前形成的滤饼作用下将压力传递到工作面。然后根据要求的维修类型，通过泵入更多的压缩空气将土舱部分或全部排空，并将压缩空气增加至土舱后部已有的空气压力水平。

图6.10示出了土舱后部上面部分所要求的确保施工安全的空气压力值。拱顶传感器测得的空气压力值必须高于相同传感器位置处的泥浆压力，因为空气压力不是静水压，但是在土舱后部的上面空气压力是恒定的。简言之，所要求的空气压力应等于或高于前舱中膨润土浆液位处的泥浆压力。

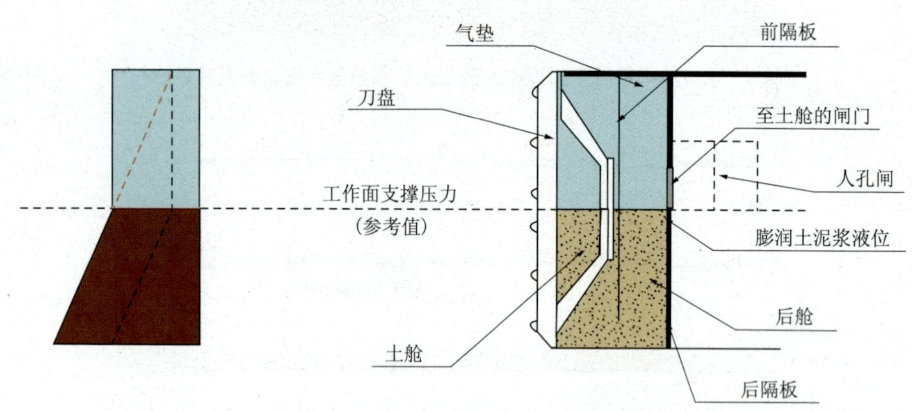

图6.10 土舱部分排空时的工作面支撑压力

工作人员入口为高压舱或人闸，一种带气密性隔板门的双层气密性罐体，允许工作人员进入，其进入时间和方式在安全法律、法规中有规定（包括加压和降压时间）。人闸必须为双层，救援队能在任何时候和任何施工阶段接近受伤工人（参见图6.11）。通常还有第二个隔间，为单层，用于运送材料。

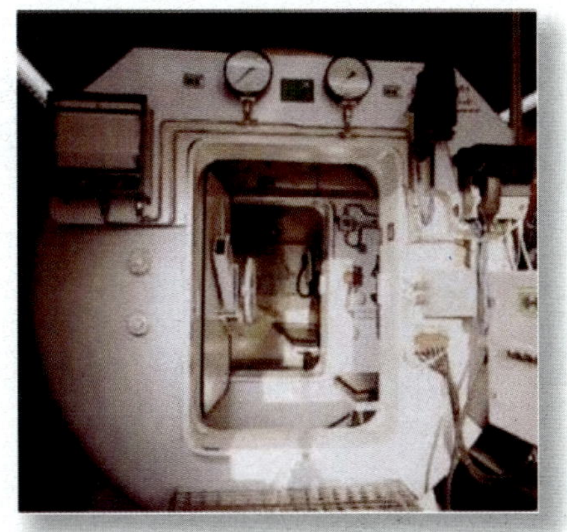

图6.11　安装在海瑞克盾构机上的人闸

对于大型的机器，所有设施都可以做成成对的（两个供工作人员使用的舱室和两个用于材料的舱室），这也成了最近几年的一种通常做法。

最近几年，出现了在6 bar高压下进入土舱的情况（例如在易北河隧道和Westerschelde 隧道中），因此须求助于真正的专业人士和潜水员。为了避免频繁的升压和降压循环，这些工人以周班制生活在高压条件下，可通过加压的梭车被运至隧道中以及从梭车到加压舱，这样无须经历那些在时间上可能与隧道掘进完全不匹配的操作程序（针对每种情况）。

6.2.1.4　开挖渣料数量控制

采用机器开挖不允许对工作面进行任何目测（特殊情况除外，例如维修），其结果便是可能出现一种比较危险的情况，即不知超挖多少。例如地层不稳定甚至坍塌（因工作面压力不够或在水位线以下，或存在不连续的松散透镜体），岩土渣料进入到土舱，其数量高于理论值（=开挖断面积×进尺速率）。为了保持平衡，系统将要求更高的排土量，这样的话，即使是超挖量不增大，也可能迅速导致坍塌冒顶。

因此，控制排土量并使其符合理论值很关键，这样就能在开挖期间进行调整以避免此类事故的发生。因为这是一个水力系统，所以TBM 操作人员能随意自如操作的工具就是测量进、出浆量，由此可以知道排浆口处的混合浆液量，它等于与水混合的超挖渣土量。为了计算干料的数量，应知道进出浆料的密度。

因此有必要在相关的管线上安装两套密度和流量测量系统，并通过进一步计算对此加以推导。

$$Q_{ba}+Q_{ex}=Q_{be}+Q_{f} \tag{6.1}$$

式中（参见图6.12）

Q_{ba} =进浆量；

Q_{be} =排浆量；

Q_{ex} =开挖渣土的进入量；

Q_f=浆液渗出的损失量。

这种方法最早用于那不勒斯LTR线所采用的Voest Alpine水力盾构中，后来在进行了进一步的研究和试验后又用于巴黎的EOLE项目（参见第8.1节），现在已广泛用于现代泥水盾构中。

根据Bochon和 Rescamp 等人1997年提出的理论，可采用下列公式计算排出干料的数量（P_{ms}）：

$$P_{ms}=\sum_t[(\gamma_{be}-\gamma_w)/(1-\gamma_w/\gamma_s)\cdot Q_{be}]-\sum_t[(\gamma_{ba}-\gamma_w)/(1-\gamma_w/\gamma_s)\cdot Q_{ba}] \quad (6.2)$$

式中

γ_{ba}=进浆密度；

γ_{be}=出浆密度；

γ_w=水密度。

或在几个步骤后，作为排浆量的一个函数加以计算：

$$P_{ms}=\sum_t[\gamma_s\cdot(\gamma_{ba}-\gamma_{ba})/(\gamma_{ba}-\gamma_s)\cdot Q_{be}] \quad (6.3)$$

而且该方法已成为控制开挖总体稳定性的一个主要工具。

实际上，这一现象非常复杂，针对每一种情况，每次都需要对计算进行修正，且要考虑既有水位（包括原位地层中的水量）和通过高渗透区域或地层裂缝时可能造成的泥浆损失。

图6.12 和以下相关公式说明了泥浆流量与土舱中渣土量之间的平衡。因渗入到地层造成的泥浆损失量可计算为：

$$Q_f=Q_{ba}+Q_{ex}-Q_{be} \quad (6.4)$$

式中Q_{ba}和Q_{be}值由流量计测得（方程6.4），Q_{ex}为理论开挖渣土量。为了对开挖过程进行有效的控制和管理，在开挖期间需多次将实际值与理论值进行比较，而且操作人员应调整参数变化趋势（参见第6.3节，类似于采用土压平衡盾构开挖时的排土量控制）。

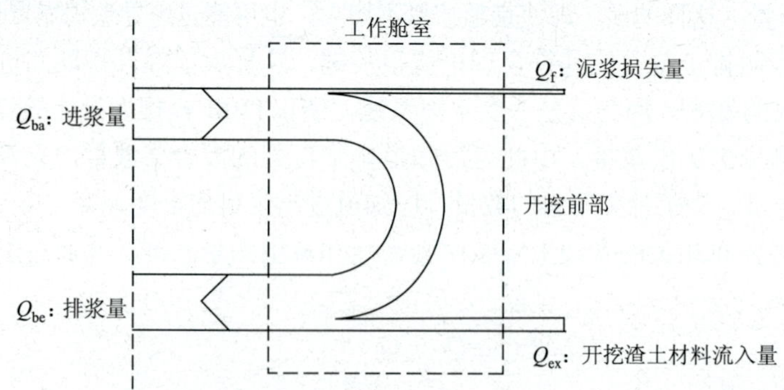

图6.12 进入土舱内的泥浆量平衡（根据Bochon和Rescamp，1997年）

在控制开挖参数和监测数据时，使一段时间内或开挖长度内的数据变化趋势处于控制之下将比绝对单个数值的调整更有用和更有效，这对“开挖渣土量”而言特别重要。如果将根据Bochon和 Rescamp（1997年）的公式计算出来的“开挖干料重量”相对于开挖长度的关系绘制成图表，那么这一图表或曲线将给出宝贵的提示。图6.13曲线产生了很大倾斜，这说明两件很危险的事情：（a）开始出现从工作面流入到周围围岩的泥浆损失，接下来是开挖渣土的损失；（b）泵出系统开始出现堵塞情况，例如抽吸处有孤石或沿管线的第一段出现了堵塞。

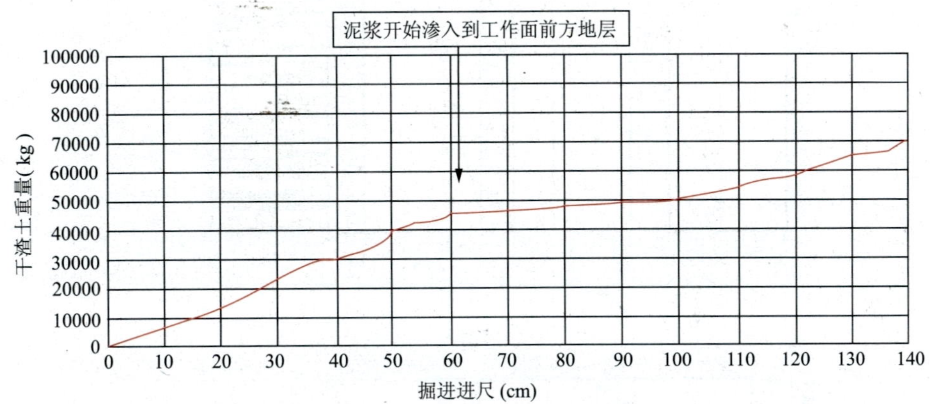

图6.13　开挖渣土重量记录数据图

反过来，如果曲线突然升高，这不常出现但是结果更糟糕，它表示可能出现固体材料突然侵入土舱的意外情况，即工作面可能开始变得不稳定，具有坍塌的危险，或者至少是开始出现超挖。

6.2.1.5　主要开挖参数的交叉控制

图6.14 示出了Voest Alpine水力盾构的一些开挖参数值，该盾构被用于圣彼得堡工程中。

在图上部：

- 前部压力=土舱中测得的泥浆压力；
- 气压=后舱中测得的气压（参考值）；
- 干渣料=泵送系统排出的累积干料数量计算值；
- 渗漏量=膨润土浆潜在损失计算值（在通过数字所示的举例中算法可能是错的，因此结果也是错误的）。

采用以上参数，就可能控制工作面支撑压力。

在图下部：

- 进浆量=泵入土舱的泥浆量；
- 进浆密度=泵入泥浆密度；
- 出浆量=从土舱泵出的混合物量（泥浆＋弃渣）；
- 出浆密度=泵出的混合物密度（包括弃渣）。

采用以上参数，可计算出干渣料数量。

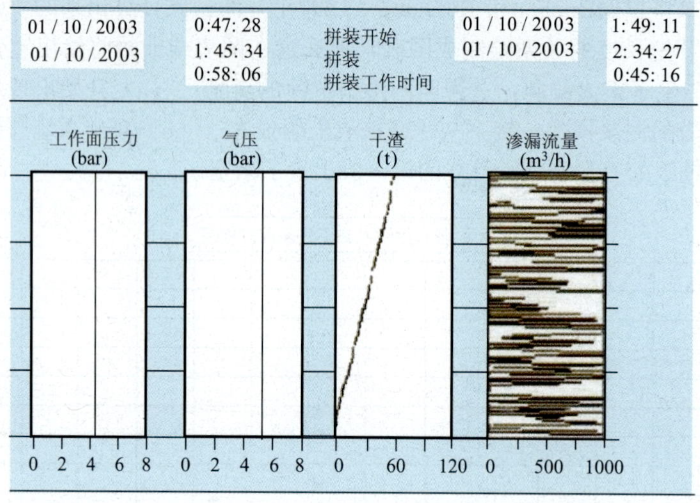

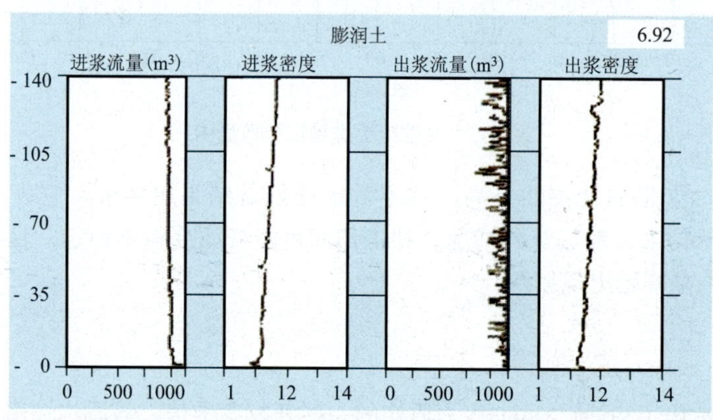

图6.14 在圣彼得堡工程中测得的Voest Alpine水力盾构的一些开挖参数值

如前所述，开挖过程的控制、管理非常复杂，下面将对其复杂性进行说明。在城市地区施工时，规范要求体积损失（造成地表沉降的原因，参见第5.1节）不能超过0.5%～0.7% 这个范围，但是采用现有仪器测得的基础参数的精确性却非常低，针对此情况所选参数直接与体积损失相关，例如前面讨论过的排土量的量测值。通过4次量测数据处理后获得的这一参数的测量精度，受到测量源精度的影响，而且还受可能出现的系统错误影响，例如水位和/或朝外部方向的损失。在这些情况下，体积损失的量测精度几乎不到5%，因此采用测量精度低一个量级的仪器不可能测得和/或保证体积损失小于0.5%。另一个精确测量困难的例子是在因泥浆液位波动（几乎不可控制）造成20 kPa 范围内的压力变化时要求进行精度为2 kPa的气压测量。

本书的主要目的是要说明：借助于大量的实例（来自于引用的工程案例），通过对施工过程控制和管理很关键的参数交叉控制，以及专家对其数值特别是其发展趋势的正确判释，便可实现所要求的精度，而且可通过有效的工具和方法进行过程管理，其中PAT为最终的综合方法。

6.2.2　开挖过程中的典型管理程序

以下为控制参数超过阈值情况下所应运用的典型管理程序。假设在整个开挖过程中，应能获得与表6.1中所列控制参数相关的所有设备、充足的备件甚至包括互换零件设备，而且所有这些都应在开挖前进行检查。另外，负责使用、监测和设备维修的人员应接受正确和持续的培训。

（1）土舱压力降低

这表明出现了膨润土浆损失。此时调节系统将增大压缩空气流量，通过进浆泵和/或出浆泵必须将膨润土浆液位校正到先前的数值。如果这些措施都不能解决问题（即重新设置正确的压力），那么这时就处于报警状态。

（2）土舱压力突然升高

这表明开挖渣土可能进入到了土舱。系统通过释放压缩空气对此作出反应，此时必须立即恢复膨润土浆液位并使其保持在控制之下，同时应对渣土体积进行检查：渣土体积必须等于或小于理论值。如果这种情况继续下去，那么必须实施报警程序。实际上高压会损坏尾部密封系统（将来还会出现压力损失失控）和轴承密封，具有机械损坏风险，特别是当机器在压力限值下工作时。高压也可能对工作面稳定性造成危险，因为它可能增大地层的孔隙压力。

（3）土舱泥浆液位下降

泥浆损失和接下来的相关压力损失可能由地层裂隙、古井、开口压力计和未密封钻孔造成。在这种情况下，泥浆液位可能降至隔板底部以下，此隔板将土舱分为前后两个部分，而进入到前面部分的上层、紧靠开挖面并支撑泥饼的空气可能会消散。当压缩空气因地层的渗透性较低而为恒定或保持恒定时（无渗漏），这种情况是可控的。通过采取一些特殊措施可使开挖继续进行：减小出渣量并向土舱供给更稠密的膨润土浆。另一方面，当遇到渗透率较高的砂质土或泥土时，空气开始泄漏，工作面变得不稳定，因此须实施报警程序。

通过自动压缩空气调节系统将额外的空气压入土舱。而且必须将泥浆液位提高至正确水准，否则侧限压力就不够（参见图6.10）。因此，应采取正确的措施：通过进浆泵增大流量，如果必要，则降低出浆泵的流量。如果泥浆液位还没恢复，那么将出现警戒状况。

表6.1　控制参数及相关控制系统

控制参数	控制系统
工作面压力 压缩空气压力 土舱中的泥浆液位	TBM 自动系统 用于进浆和出浆的自动泵送系统
泥浆质量 黏度、屈服值、密度、泥饼厚度	现场实验室
渣土数量与质量	双测量系统（密度和流量）和处理站的观察
管片注浆	注浆泵、压力计和自动控制系统

（4）土舱泥浆液位升高

自动调节系统释放空气。泥浆液位必须回复到正确值，否则压力会升高（参见上面的第二步程序和相关报警条件）。

（5）排土量小于理论值

为此有必要检查是否遇到了低密实的土层或土舱出口及出浆沿线遇到了障碍物（例如孤石）。如果为后一种情况，就必须确定障碍物所处位置并对相关的管线部分进行清洁（TBM 暂时停止工作）。否则，就用安装在土舱出口附近的高压水喷嘴对障碍物进行清理。在某些情况下，利用支线回路也可使泥浆流动得到逆转。但是碎石机（土舱内可能有，也可能没有）对高压水喷射操作而言是一个障碍，而且孤石尺寸连同土壤稠度等原因会致使量测无效，因此可能要求进入土舱。最好的控制措施就是对影响范围内连续注浆的参数进行验证。

（6）排土量高于理论值

对土舱中的压力和泥浆液位进行交叉检查为强制性的，以验证工作面的稳定性。实际上，这种情况可为坍塌冒顶现象提出警告。它甚至可能导致坍塌冒顶事故的发生和加大事故的影响程度。为此必须立即降低掘进速度和出浆泵的流量，可能的话增大进浆泵流量。如果情况继续下去，就必须启动报警程序。

（7）通过盾尾刷造成膨润土浆损失

在高压作用下膨润土可能会泄漏入隧道：此时必须立即阻止膨润土漏入隧道，而且应在管片周围进行注浆以平衡盾尾刷附近的膨润土压力（图6.15）。一般注浆压力应高于泥浆压力，TBM掘进速度根据注浆量进行控制，这样在TBM 掘进期间可确保准确回填。

报警状态

如上所示，当土舱中压力、泥浆液位或排土量超过预先设定的限值且操作者不能控制时，即进入报警状态。最糟糕的就是工作面可能出现坍塌，形成一个空洞，需要用土舱中的膨润土替代塌陷的岩土材料来填充这一空洞。

避免空洞延伸至地表的对策是从地表或隧道内部采取行动。一般而言，这些现象的发展过程非常缓慢。因此，只要迅速发现这些现象，就能在其发展成为灾难之前阻断其发展。

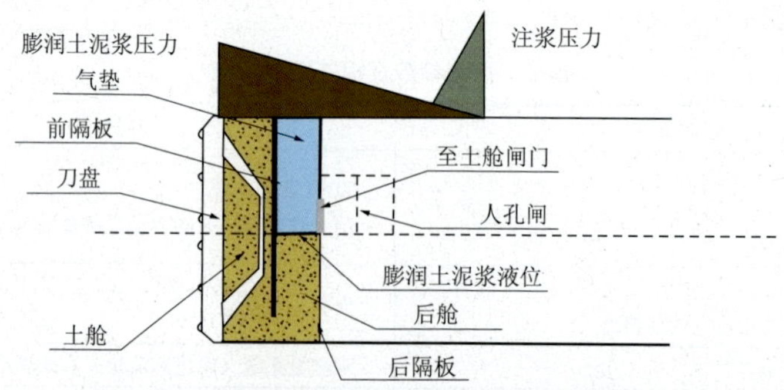

图6.15 盾尾空隙处注浆压力与工作面处膨润土浆压力比较

当不太可能或很难从地表实施减缓措施时（即通过地层处理改良地层条件），唯一可能的就是采用膨胀性的注浆材料（例如聚氨酯和树脂）填充空洞。如果进行加压注浆，那么必须对材料特性的正确性进行调查。除此之外，还应采取第5.1.8节所述的措施。

附录5 介绍了现场采用泥浆盾构施工时实施“风险管理计划”的实例。

6.3 开挖控制：土压平衡盾构（EPBS）

6.3.1 功能原理

称之为土压平衡盾构的开挖方法，其原理是工作面支撑由开挖渣土本身（通过适宜改良的）来实现。隔板将隧道与盾构前面部分隔开，而此部分为刀盘工作区域，因此形成了所谓的“开挖舱室”或“土舱”。

其原理是通过控制排土量并测量所形成的土压，在土舱中形成渣土“累积”，从而确保其保持在稳定性计算（参见图6.16和图6.17）所要求的水平上。渣土通过螺旋输送机从土舱中排出，这是控制和调节排土量的一个工具。渣土的改良处理通过在刀盘前面工作面处的注浆来完成。注浆材料通常为泡沫剂、膨润土和/或聚合物，其目的是形成一种尽可能均匀的“面团”，能够控制土内的操作压力，以及在排渣时更好地利用螺旋输送机。在盾构后部安装预制管片衬砌环，对土层与衬砌环之间的环状空隙进行接触注浆回填（纵向注浆，详情参见第5.4节）。

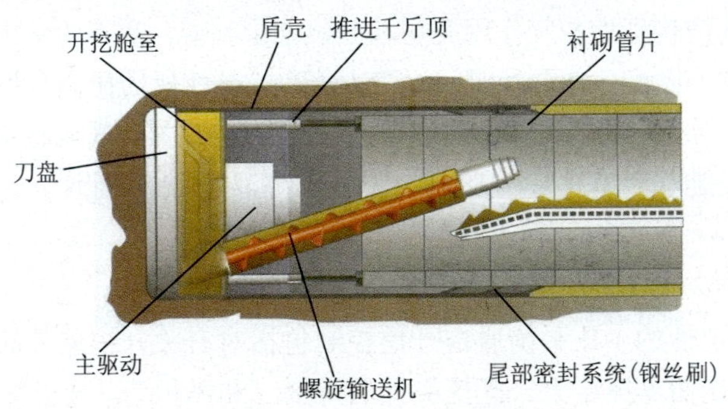

图6.16 开挖期间土压平衡盾构主要部件工作原理示意图

开挖过程还受环境条件和设计有关各方面因素的影响，因此应对开挖系统的特性进行考虑，后面将对此进行详细介绍。

附录6 给出了土压平衡盾构的的典型开挖程序，它以Nodo di Bologna 项目为例进行说明（见第8.6节）。

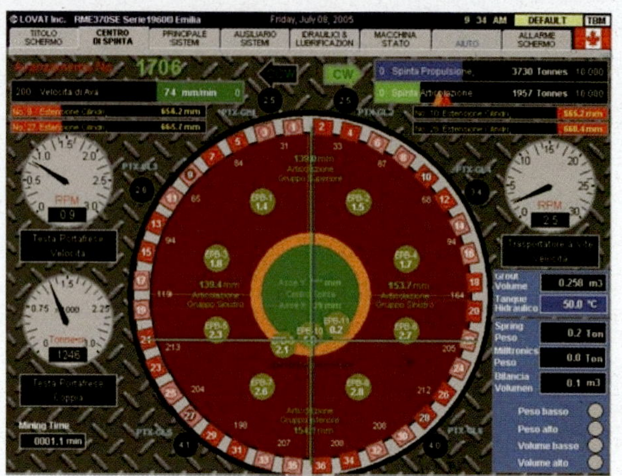

图6.17　土压平衡盾构开挖期间控制参数屏幕显示

6.3.2　开挖过程管理

6.3.2.1　试掘进阶段的开挖控制

在开始开挖前和试掘进的初始阶段，对整个系统的测试很重要，特别是：

- 在土压平衡盾构开始掘进前，对于机械、电力、液压和安全系统，有必要进行总的测试（根据设计阶段制定的测试程序）。
- 在开挖初始阶段，针对隧道试掘进段（典型长度为50～200 m）制定进度计划很重要，使土压平衡盾构小组成员能对以下方面进行微调：
  - 关于采用各种添加剂并根据地层局部变化进行地层改良处理的正确方法；
  - 土压平衡盾构开挖相互作用类型和原位地层反应，重点为滚刀布置（滚刀与地层的适当匹配、净开挖时间、贯入速率、开挖所需扭矩和掘进推力）；
  - 主要开挖参数控制系统微调（土舱中的压力传感器、螺旋输送机刻度尺、体积量测设施、回填注浆压力计、地层和土舱注入水测量计）。

6.3.2.2　正常开挖阶段的开挖控制

涉及地层稳定性的土压平衡盾构开挖控制包括对有关开挖进程的主要参数进行分析与控制：工作面支撑压力、开挖渣土的重量（和体积）、土舱中渣土材料的表观密度和衬砌后面回填注浆的体积与压力。这些参数与基础设计阶段初步确定的参数和后来在PAT中进行更新/调整的参数有关。以下部分介绍了这些参数在开挖控制中的应用情况。

1. 工作面支撑压力

此参数用于确保土压平衡盾构掘进和停机期间工作面的稳定性。支撑压力是通过开挖舱室（土舱）中开挖下来的并经适当改良处理过的渣土向工作面施加的。在设计阶段，对拱顶或隧道中心线处的参考值（通过开挖舱室中的相关传感器进行量测）和相关操作范围进行了定义（参见第5.2节）。在隔板中安装6～8个传感器，用于控制稳定压力（参见图6.16）。如果压力低于限值，操作人员将降低螺旋输送机转速（即降低出渣量），从而有利于渣土料在土舱中的堆积，并由此增大压力直至其达到安全值为止。最终目的是使土压值保持在安全范围内（参见图6.18）。

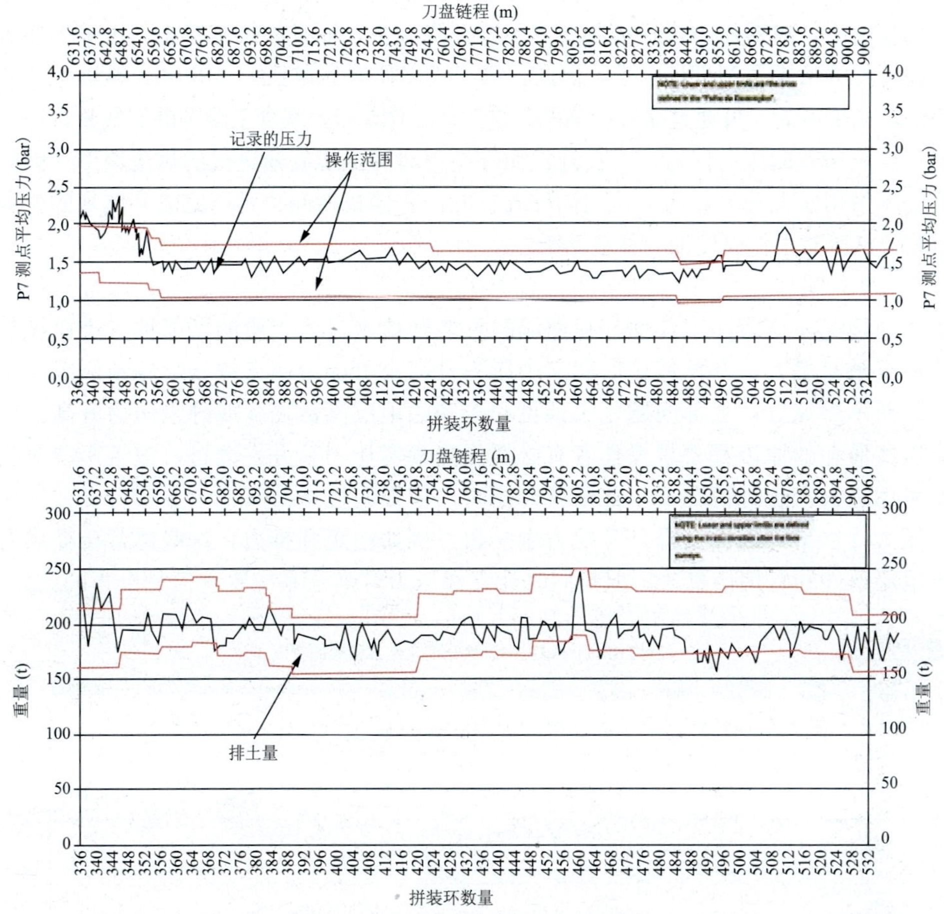

图6.18　工作面压力和排土重量平均值

开挖之前有必要实施以下控制措施：

（1）通过压缩空气和/或膨润土泥浆和/或已知密度液体来校正压力传感器。

（2）验证压力传感器各水平位处的压力梯度。

（3）验证其他参数传感器：螺旋输送机的转速、土压平衡盾构瞬时掘进速率、液压千斤顶的平均总推力、通过有意配置的刻度尺测量排土的重量。

开挖期间，应进行的其他方面的重要控制包括：

（1）因操作条件变化引起的压力变化验证：相应掘进速率下螺旋输送机的转

速，反之亦然；在螺旋输送机稳定转速下，作为总推力函数的压力变化，以及作为推力和土舱压力函数的扭矩变化值。

（2）开挖舱室中的压力（例如在拱顶传感器处测得的平均值）总是控制在设计规定范围内。

（3）在停机期间（因安装衬砌环或维修），舱室中的渣土将因重力作用而存在固结的趋势，进而将固体物与气体状和更轻的物质（例如泡沫中的空气）分开。在这种情况下，应对压力进行控制使其不会下降太多，而且如果有必要，可采用注入膨润土的方法来达到设计水平。因此，第二级工作面支撑系统（SFSS）被证明是有用的。如果可能，可通过靠近拱顶的一排气阀（图6.19）减少土舱中的空气量。为了便于停机期间的压力保持，可在开挖循环结束时降低螺旋输送机的排渣速率（因此会使压力稍微上升）。为了达到同样的目的，在停机期间也可以完成几厘米的特殊行程，从而对工作面施加一种被动压力。

（4）同样还是在停机期间，在某些情况下也会出现压力升高（而不是减小）的情况，这表明工作面存在坍塌的可能性或水进入土舱的可能性（进而推断舱室未被充满）。开挖停止后舱室中压力升高也可能表明支撑压力的预测因以下原因而不够充分：局部问题、未预见和未知的地层参数变化或静水压力升高。所有这些潜在的原因都要求操作者有必要提高参考压力值并在改进、完善PAT时将其考虑进去。这种情况下，在重新开挖时，应强制性地对其他参数实行交叉控制（压力计水平、表面沉降、开挖力学参数，例如扭矩和推力，这些通常会提供有关地层条件的有用信息），但是同时让支撑压力升高至系统要求值是恰当的。

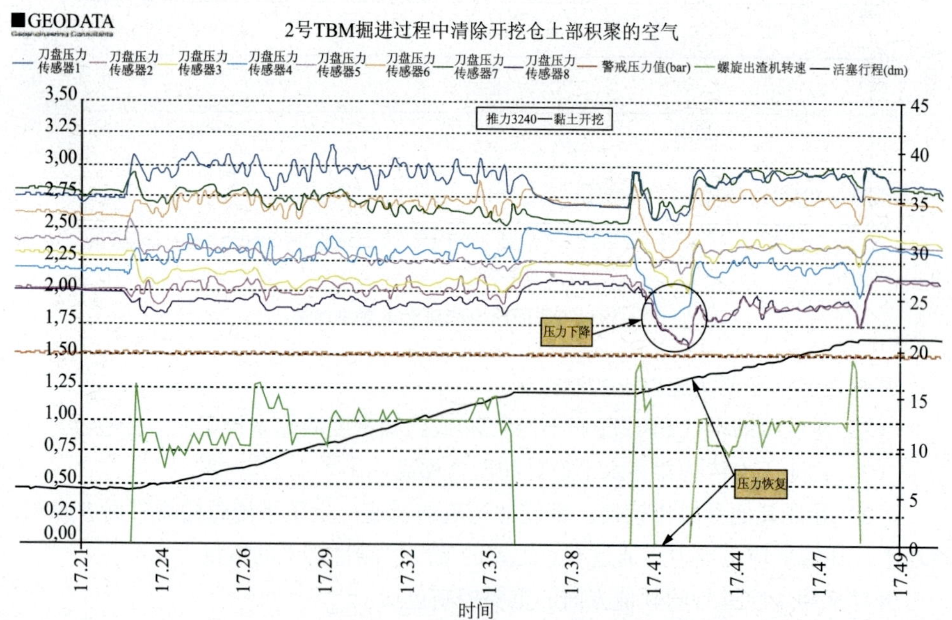

图6.19 EPB压力下拱顶处空气排泄效应实例

显然，控制参数值的发展趋势比控制单个值更有效，因为有必要对事件进行尽可能的预计。

维持舱室内压力的主动、自动系统就是将膨润土泥浆通过前面所述的第二级工作面支撑系统（SFSS）注入土舱内（Babendererde等，TETC，2005年）。

迄今为止所分析的控制及保证工作面稳定性的系统可被看作是被动的，因此操作者应对控制参数变化作出反应并采取相应对策，将参数间接变回到要求水平值。为了提高安全性，当压力值低于最低限值时，至少可通过注入一定量膨润土泥浆到舱室的主动管理方式（或正面方式）对“工作面-支撑压力”参数进行控制管理，将压力提升到要求水平。这种方法，虽然能够手动实现，但是将其变通为自动形式也是非常容易的，因为它已在波尔图地铁中（图6.20）和Nodo di Bologna高速铁路地下通道的大部分地段采用（图6.21）。

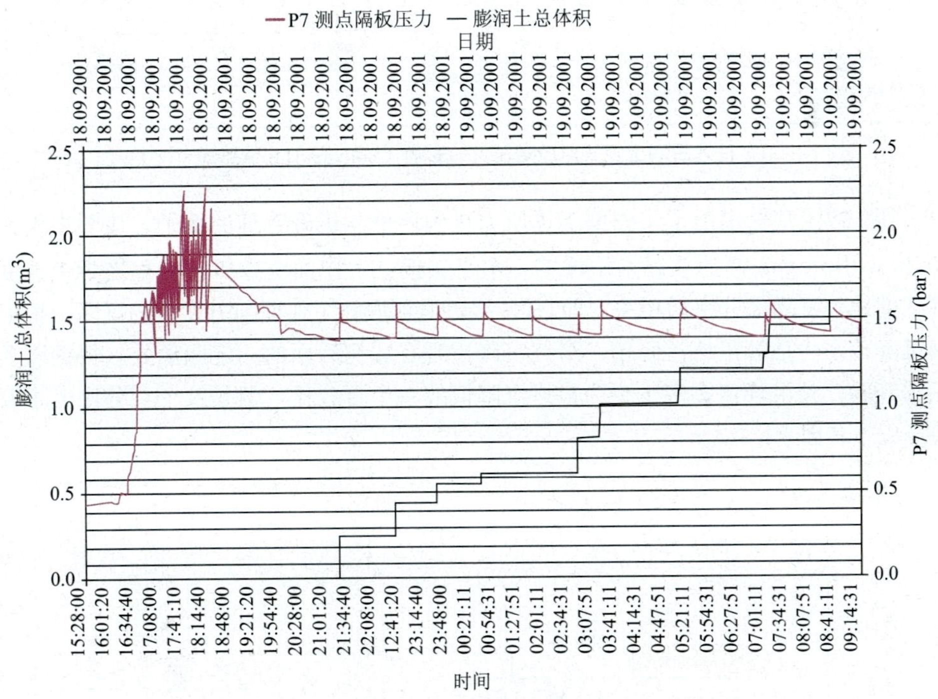

图6.20 注入少量膨润土泥浆的压力趋势图（波尔图地铁）

在防止开挖结束时、衬砌环安装期间或维修期间的压力下降方面，所采用系统已被证明是有效的。

应注意到，如果按照前面所述规定舱室必须保持满仓的话，那么每次干预作业所消耗的膨润土泥浆量仅为几十公升。因此，相对这些机器的标准配件而言，该设备（在一些土压平衡盾构上现已作为标准配备）的额外投资确实是适中的，且其效率非常高，也非常有效。

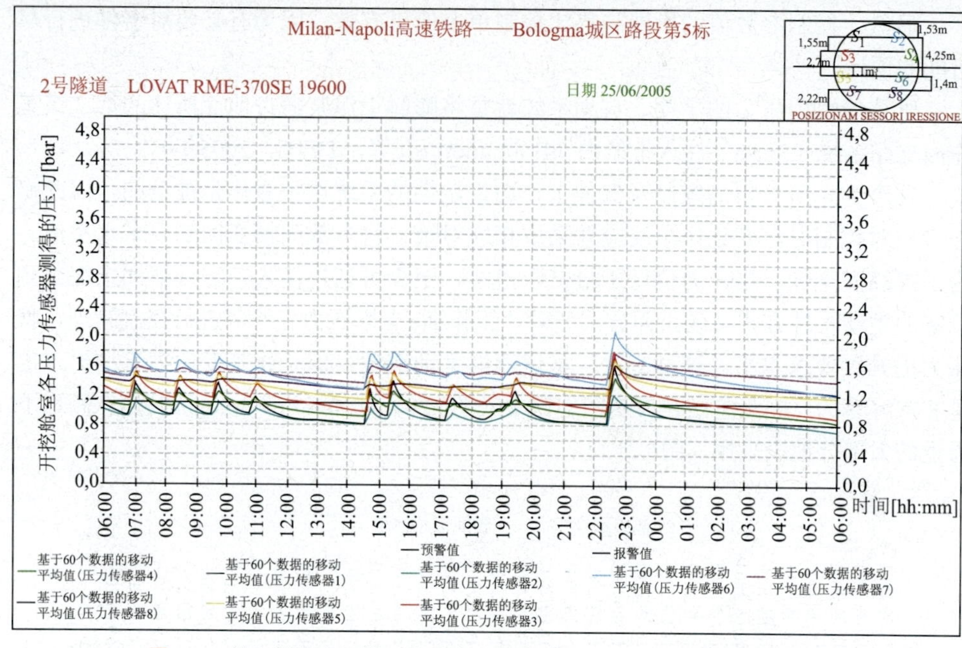

图6.21 注入膨润土泥浆对舱室压力的影响（Bologna H.S 铁路地下段）

图6.22清楚标示出了工作面支撑压力正确评价与正确管理的例子。该图表仅为Nodo di Bologna 高速铁路地下段的一个小实例。工作面支撑压力与称之为“预沉降”的地表沉降部分密切相关，即TBM 接近监测段时工作面前方发生的沉降。根据预沉降范围可估算最终沉降值，最终沉降出现在盾构后面的一定距离处。根据以上工程经验，预沉降值多多少少为最终沉降值的一个百分比，但是这个百分比大小取决于以下各因素：

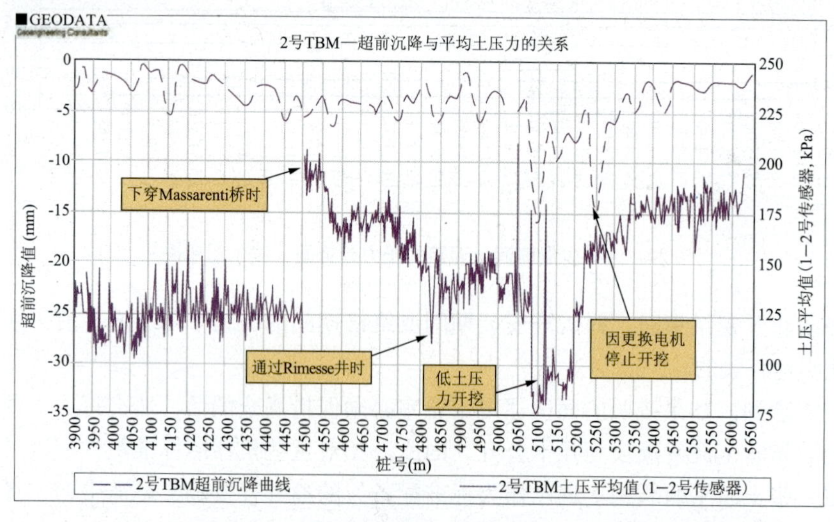

图6.22 舱室压力对控制预沉降的影响（Bologna 高速铁路地下段）

- 地层类型：为黏性地层还是松散地层，与相当于盾构长度、到达注浆回填点为止的过渡段的自稳性有关（因刀盘轮廓、盾构几何形状和圆锥形结构造成的“生理性”体积损失）。
- 开挖进尺速率：它对是否能尽快实现有效回填注浆，从而减小“传递”到地表的沉降（由监测仪器测得）有着影响作用。进度的延后及停工通常造成工作面与盾尾之间区域的沉降增大。

2. 排 土 重 量

测量排土体积需要一些特别校准的设备。目前最有效的方法是在土压平衡盾构的输送皮带上装一刻度尺，此输送皮带将弃渣从螺旋输送机转运至隧道出渣系统，不管它是连续的皮带输送装置还是渣车。在这种情况下，可以测得排土重量并能持续进行测量。通过时间累积可得出瞬间排土重量和排土重量累积值（图6.23）。通过对岩土材料原位密度的评估，可推算出它的体积并将其与理论值相比较，表示有效开挖的渣土量。这种控制方式可避免超出理论值范围之外的开挖（超挖）。

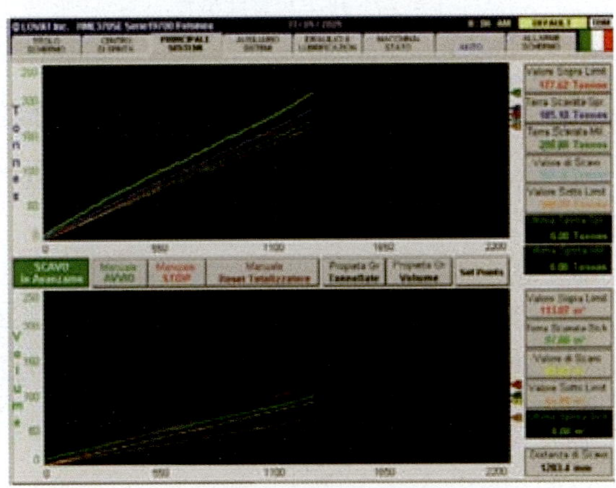

（a）累积排土重量正常趋势

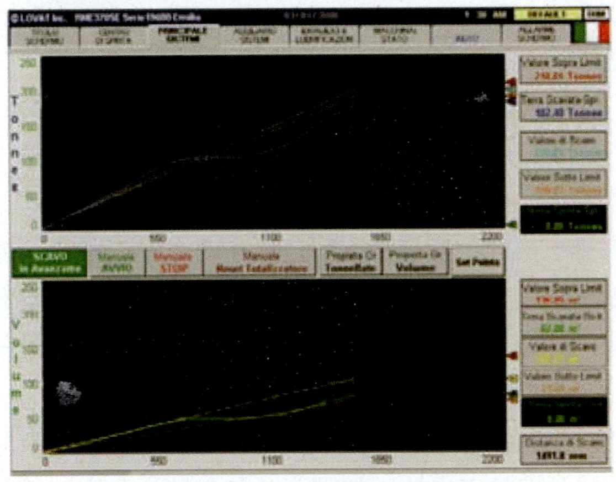

（b）累积排土重量的异常趋势：过小排土情况

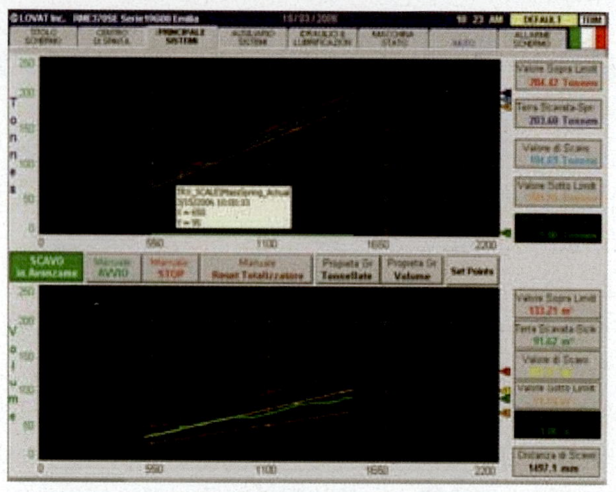

（c）采用螺旋输送机控制排土量的例子

图6.23　排土量管理示意

开挖期间，对排土重量实施的控制措施有：

（1）对刻度尺的校正。利用一已知重量进行动态和静态校正，验证刻度尺功能性是否与其他机械部件的活动有关（例如刀盘旋转和/或推力油缸）以及是否在停止开挖时（例如当舱室被排空时）存在不能记录其重量的风险。

（2）验证相同螺旋输送机转速下排土重量与进尺速率的关系（开挖期间）。

（3）验证排出材料重量与螺旋输送带相同转速下进尺速率的关系（开挖期间）。

（4）通过定期观察和控制工作面改良渣土对原位材料密度进行评估。

（5）对测量改良剂中掺加水的水量计进行校正，对开挖循环期间测量被泵送至工作面处水量的仪表进行校正。

图6.23（a）、（b）、（c）示出了TBM操作手对排土重量进行管理的3个例子。对图中线条颜色说明如下：

- 浅蓝：理论趋势；
- 红色和橙色：较高和较低的限制值；
- 蓝色：实际（测得）的重量值；
- 绿色：实际（测得）的体积值。

图6.23（a）为排土量的一般趋势，其范围在两个限值之间。图6.23（b）示出了某点排土量低于理论值（过小排土）。为此要求操作手尽量调整结果，很可能是提高螺旋输送机转速。图6.23（c）示出了开挖循环初始阶段的过量排土情况。为此操作手应在循环结束前将其恢复到正常的限值范围内。

3. 开挖舱室中渣土的表观密度

这一参数可表明开挖舱室中渣土的稠度（与以液体和空气成分为特征的改良处

理效果有关），以及提供足够工作面支撑压力的能力，同时它也可以有效说明土舱的填充率。

对舱室中的土压和螺旋输送机的排土量进行联合控制使其能确保工作面的稳定性。不过，当确定舱室被有效满填时，不出现坍塌问题的可能性会更大。实际上，如果舱室内充满了其密度与排出渣土一样的渣土料，那么即使工作面不稳定也不会引起较大的损坏，因为渣土料不可能在工作面范围移动。

上述问题并不是一个小问题。改良剂的使用包括在开挖舱室内注入大量的空气，例如空气可将其与起泡剂分开并在舱室上部形成“气垫”，这时在拱顶测得的压力值将给出一个不真实或者说不全面的信息：这里有压力，但是这不能保证舱室被填充满。只有通过控制使舱室内渣土材料的表观密度一直高于最小限值，才能确保舱室被有效填充满。这一最小密度值相当于能将有效压力传递至工作面的材料密度。而且，如果舱室没有被完全填充，即使排土量等于理论值，一些渣土材料仍可能进入到土舱，这就意味着对排土体积的控制不真实，会导致失真信息，并对城区环境中的隧道开挖产生非常危险的后果。

利用安装在土压平衡盾构隔板上至少3个不同位置处的压力传感器，并根据不同位置传感器测得的压力值的比率及其间的垂直距离可计算出压力梯度或表观密度（图6.24）。

土舱中压力梯度这个问题很复杂，它受许多参数影响，例如空气-砂-水混合物的屈服应力（Bezuijen 等，2005年），但这里只作为土舱本身的填充指数。

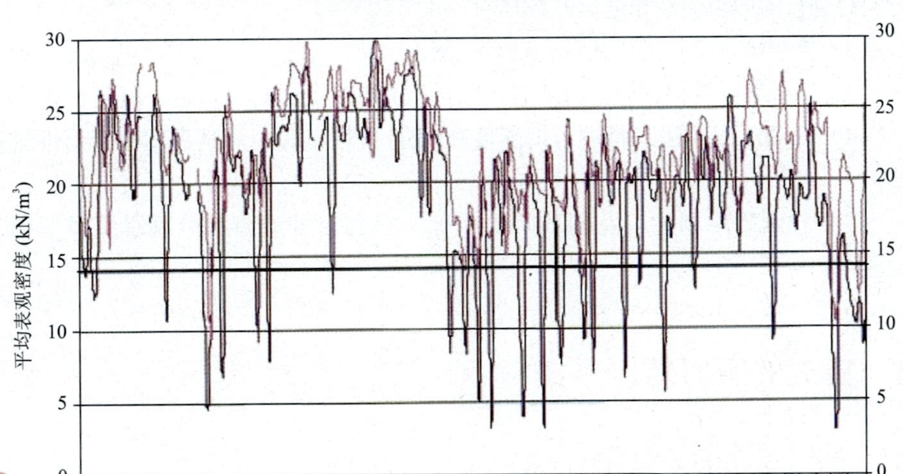

图6.24 舱室内表观密度的平均计算值

这种控制渣土材料密度的方法最初用于波尔图地铁中并被证明为一种简单、有效的方法。这种方法不会给操作人员带来麻烦（已忙于压力和体积/重量的控制），是系统功能正常的一种表征。另外，该系统反应敏捷，操作人员可安全介入，例如，螺旋输送机转速降低能使表观密度值很快高于限值。如果干预不成功，可采用另外一种方法，即通过一合适的阀门将过量空气从土舱上层部分排出。

4. 预制衬砌回填

对预制衬砌环与开挖断面之间的空隙进行充填可为周围地层提供支护，而且进一步防止隧道衬砌变形，从而防止额外的地层损失和潜在地表沉降（参见第5.4节）。在每个循环中，注浆回填都是在距工作面一个盾构长度的衬砌环处进行，即前一个循环刚完成的衬砌（参见图4.13）。同一衬砌环开挖与回填间的时间间隔（与土压平衡盾构的掘进速率密切相关）对盾构上面地层的短期稳定性很关键，特别是在存在超挖的地方（掘进速率越高，衬砌环回填的空隙稳定性获得越快）。

在开挖开始之前，有必要进行以下控制措施：

（1）校正回填混合物流量计（即泵冲程计数器）和压力表（计算压力计与注浆点之间的预计压头损失）；

（2）有关回填有效性的压力趋势验证（通过将压力升至最高值并在确定的进尺速率下测量回填量）。

开始开挖后，应进行以下方面的控制措施：

（1）注浆操作与开挖同时进行并按预计步骤进行（特别是须调整进尺速率，使其与同时进行的回填注浆相适应）；

（2）控制最终注浆量使其符合设计范围；

（3）进行钻孔取样试验（可能时，在拱顶和仰拱处进行）以检查填充有效性；

（4）现场对回填注浆料进行坍落度和/或扩展性试验，对其稠度和变形性进行评估；

（5）验证盾尾刷（以及刷环间的空隙）得到充分油脂润滑以避免回填期间浆液流入。

6.4 集成的实时监测系统

6.4.1 实时监测的必要性

城市隧道工程中的残余风险可在施工期间采用PAT法进行控制（第2.6节），即采用PAT 法可在理论上确保各方施工按控制程序进行。但是，如第6.1节所述，施工期间，继每一计划隧道段掘进完成后，需要不断审查和更新每一份隧道掘进计划（PAT）。需要指出的是，为更新PAT，其中反馈施工情况的一个重要资源就是综合监测系统所生成的数据，包括控制面板上记录的TBM性能参数。

监测方案的一个主要目的就是核查设计假设并检查监测参数是否存在不正常趋势。针对每个参数规定两个阈值，即报警和注意限值（参见5.1.9节和5.1.10节）。一旦达到注意阈值，就应让所涉各方更加小心控制施工过程以使其保持在报警限值以下。一旦超过报警限值，就应决定是否立即采取相应预先制定的对策。显然，施工期间的监测对城市地区隧道施工残余风险的控制起到了很重要的作用。

前面章节已针对监测内容及如何监测这一主题进行了介绍，以下是有关这些章节及监测方面的简要总结：

（1）第5.1.9节：根据详细的BCS 和BRA结果，监测隧道引起的实际地层位移和相关影响程度；

（2）第5.2.3.2 节：鉴于开挖工作面潜在不稳定性是形成风险或造成财产和/或地面基础设施严重损坏的主要原因，须监测和调整工作面支撑压力；

（3）第5.3.7节：监测隧道结构，包括其应力-应变特性和与TBM及周围地层的相互作用；

（4）第5.4.4 节：鉴于低效率和不及时或无效的盾尾空隙回填是造成不稳定和损坏的另一主要原因，须监测和控制回填过程；

（5）第6.2.2 节：泥水盾构开挖的监测和控制；

（6）第6.3.2 节：土压平衡盾构开挖的监测和控制。

除非制定了精心策划的战略计划并及时实施，否则针对城市隧道工程综合监测计划所生成的数据量将非常庞大以致不能处理。另外，为了适应风险管理的需要，从监测中获得的数据必须迅速处理，最理想的方法就是在现场进行处理并以易于理解的形式提交，能立即对决策制定起到作用。

因此，有必要进行实时监测并要求结果具有可及性，以便对残余风险和城市环境隧道施工期间不可预见事件进行有效管理。

6.4.2　实时监测与其他工程信息相结合的必要性

为了判断情况背后的真相，对“报警”状态下的监测数据进行准确判释要求能够立即获得项目其他信息：针对有问题的某一隧道区段的PAT设计方案、相关区域的全部现场调查资料及相同区域的TBM 性能记录等。如果这些信息没有适当的组织性、有序性，那么立即获得所有潜在相关数据的要求有可能使整个项目组织陷入混乱状况。

而且，与其他施工项目相比较，除了监测数据外，城区隧道工程不可避免还会产生更多、更复杂的信息。就一般的项目管理和风险管理而言，对如此大量信息的有效管理以确保其可获取性和准确性是一个重要的管理任务。信息不准确或缺失很容易导致项目延误、不经济、做出错误或具有风险性的决策，甚至出现隧道段施工故障或建筑物坍塌。曾经出现过这样的情况，即当TBM 开挖前部已过了建筑物之后，承包商和工程师突然发现建筑物开始倾斜或加速下沉。这时就存在坍塌风险，但没有相应措施可立即采取以避免这种情况。如果能获得更好和更及时的信息，也许这个问题就可能被发现并在早期认识到，这样就可采用补救措施及时终止倾斜或沉陷，从而避免较大损坏。项目的设计和控制很大程度上都取决于准确和及时的信息，以及有效利用这些信息的能力。同时，将大量未经归纳的信息交给经理会使其感到迷茫并影响决策的制定。

一般而言，随着项目的进展，所涉各方所采用的信息类型和范围也会相应变化。重要信息列表如下：

- 包括施工前和施工期间的现场调查数据；
- BCS数据；
- BRA结果；
- 不同阶段形成的设计文件，包括图纸和规范说明；
- 规划和设计期间的中间分析结果；
- 施工进度计划和成本估算；
- 记录在控制面板上的TBM 性能数据；
- 其他施工记录，例如施工现场活动和检验记录；
- 来自各种监测活动的数据；
- 质量控制和保证记录；
- 健康、安全计划和记录；
- 按时间顺序排列的项目信函文件和备忘录；
- 每个组织机构的现金流和采购账目；
- 法律性的契约和规章文件。

这些信息中的部分信息随着项目的进行而有所改变。整个项目期间累计起来的监测数据就是所有信息量增加的一个典型例子。随着时间的推移，工作面不断向前推进，监测读数也稳步增加，而新增一个监测断面将使管理的仪器数量突然上升。某些信息在某一阶段很重要，但在后来却可忽略不计。例如根据BRA 结果安装在关键建筑物上的所有仪器，当TBM位于建筑物下和离开建筑物时，其监测数据并没有出现任何超出报警限值的情况。其他还包括规划设计或结构分析数据库，在施工或运营期间一般不会使用这些数据库，但是也许在项目后期有必要进行补充分析，以解释变更原因。在这种情况下，档案信息储存或恢复很重要。即使在施工完成之后，历史记录也许对运营期间的利用很关键，在设施出现故障或规划其他类似工程时可利用这些数据判定相关责任。

为了有效管理这些城市环境下隧道项目所产生的大量数据，了解这些数据的特性也是很有用的。许多表征和/或记录隧道进程的参数都是一维的，并可简单地与里程数联系在一起。但是表示隧道影响区域的参数一般都是三维的，例如开挖前方周围的沉降槽。多数施工记录和项目相关信函都与隧道段的位置和项目进展的时间顺序有关，因此，实际上所有的数据都是四维的：空间三维，时间一维。

另外一个重要方面是信息的准确性和可利用性。项目信息中可能会有大量错误的信息源。数值通常是取靠近小数点最近的一个数字或者是相当于精确度的值，很少能够非常准确地知道实际值。存在一些不确定性是不可避免的，谨慎的决策者应对不同类型信息的不确定性和导致错误结论的可能性有所了解。

不准确也可来自各种抄录错误。印刷错误、不正确的仪器数据读取或其他记录和计算错误都可能汇集在用于工程控制的信息组中。尽管努力检查并人工去除错误，但完全剔除这些错误实际上是不可能的。不过通过采用计算机核查程序可使这种错误减至最少。

四维数据在项目所涉各方中的传递和流动对于一个协作性的工作环境来说是非常重要的，因为在此环境下，许多专业人士的工作涉及项目的各个方面，同时也分享信息资源，而且数据对制定决策很关键。因此，如果不能保证信息的实时可及性和完整性，就可能造成额外的风险。

显然，城市隧道工程风险管理的成功要求数据透明并有一个合作的工作环境，这通常很难实现。合作的工作环境应能为共享数据文件或数据库、追踪决策和通过有效措施进行的信息传送提供便利条件。将上述实时监测与其他重要工程信息相结合，通过恰当设计的计算机系统，有利于这些条件的形成，是实现高效、有效风险管理不可缺少的一个工具。

如果所有各方都同意，那么实施与PAT 方法论配套的RMP可减少甚至排除承包商无理索赔的可能性。因此为工程创造一个和谐的合作环境是非常必要的。关于创建这种和谐环境的最佳合同模式，本书附录分别进行了介绍。

最后应指出，当因信息不准确或信息缺失造成成本较大时，因信息生成、储存、转换、恢复和其他信息处理也会产生很大的成本。除了增加秘书工作成本和计算机等设施成本外，信息归纳和审核通常要求项目经理对此特别关注，而项目经理对于所有工程项目而言也许是最缺乏的资源，因此了解项目信息范围并寻求最佳项目信息组织方法是非常有用的。

6.4.3　目前的通常做法及其缺点

施工项目有关信息如此之多，因此进行正常的组织管理很重要，以避免出现混乱。20世纪80年代初期，当微型计算机首次引入施工行业时，就打算将项目信息归纳成一系列具有不同目的的数据文件。一份数据文件是由针对单一运用系统而安排和确定的一组记录文件所构成。这种数据文件的使用并不容易，那时因可及性和存取问题而不太普遍。

20世纪90年代后期，引入个人计算机之后，投入了大量精力开发数据库系统，以便于项目信息的归纳和管理。现在也可以针对人工处理进行相同的信息归纳和管理，但是很繁重、乏味。以计算机为基础的信息系统在数据/文件检索方面具有很大优势，而且大多数情况下降低了整个成本。

一般，数据库包括已经存储的、项目组所使用的操作信息及一系列应用程序（或用户界面）。根据储存数据的内容和定义，这些储存信息有明确的相关关系，而这些相关关系本身可当作是数据库的一部分。

从功能来看，数据库有三个主要部分：数据库管理程序（DBM）、大量预先设定的用户界面（或应用程序）和数据库管理器。

用户不必考虑数据储存的细节，因为其内在表示方式和处理是由DBM 控制的，该软件程序负责数据存储、维护、处理和检索。通过向DBM 发布指令，用户可以检索或存储数据。引入DBM的目的就是为了让用户不再关注数据是如何储存和处理的。同时，众多需求不同的用户可通过访问DBM而使用同一个数据库。通常用户可通过一种特殊查询语言来使用DBM。例如，用户可请求DBM报告某一天沿隧道一给定区域处所有监测仪器的读数。所要求的DBM性能包括使用户能够方便地读取、储存数据并保持数据完整性和安全性。

预先设定的用户界面是用户查看数据库的工具。在数据库存储的全部信息中，某一特定用户的查询也许仅仅是整个数据库的一个子集。特定查询也要求对数据库信息进行特定的转换或处理。例如，查看一选定位置的沉降槽情况和随时间演变情况的用户界面（或子程序）也许仅仅包括该处地表沉降观察点的列表，即使原始数据库包括了沿整个隧道线路的所有沉降观察点。就子程序而言，数据库中不存在其他的数据。DBM提供了一种将特殊外部模型或视图转化为全部数据模型的方法。不同用户可采用完全不同的方法查看数据，但是数据可集中储存且不需要彼此分别拷贝。用户界面提供了一种格式，通过这种格式可检索任何所需信息。数据库用户可以是操作者或其他应用程序，例如显示沉降槽的程序。

最后，数据库管理人员可以是单人或一组人员，负责数据库的维护和设计，包括核准对储存信息的存取。不可轻视数据库管理者的作用，特别是在拥有大量用户的组织机构中，数据库管理人员对数据库系统的成功起着举足轻重的作用。

现在，可针对项目在一系列商业性数据库管理系统中选择一种管理系统，而且通常有必要对用户界面进行定制以适应特殊项目需求，有时甚至是开发新界面（如果所选数据库系统为一开放式系统）。

很早以前，人们就认识到将每项工程信息与其在三维物理空间的位置联系在一起的重要性。但是，仅仅是在最近几年，通过将地理信息系统（GIS）作为通用用户界面才使得在数据库中保持其空间关系成为可能。现在（2007年），城市隧道项目施工信息管理的总体情况可总结如下：

- 采用了计算机数据库，但通常不集中，即相同工程中采用的不同数据库之间彼此不能“对话”或仅限于一定程度且比较困难。
- 在施工期间采用数据库管理监测数据的情况仍然很少，但使用电子表格的情况比较普遍。仅在最近几年，少数工程公司和相关单位才开始在GIS平台上开发出一种集成监测系统，它可通过因特网进入系统，但没有现成的商业化产品。
- 文件管理系统，例如Bentley的Projectwise 和Hummingbird的PowerDocs，开始为某些承包商和业主所采用。其他各种软件的用途各不相同，例如Primaver Project Planner（3P）。
- TBM 制造商为每台TBM配备了由数据库支持的机载系统，可以记录并将所有相关TBM 操作及性能参数存档，但是它们全部为封闭式系统而不是按照通用规范开发的。
- 除了传统的通话方式、书面报告、规范说明和图纸外，项目沟通也通过E-mail和封闭计算机网络进行。

从风险管理的观点来看，目前城市隧道项目数据管理的主要缺点在于缺乏实时监测数据与其他重要项目信息集的整合。而且，对于城市地区采用“城市机械”进行的机械化开挖，其安装在TBM 上的“黑匣子”仅为部分“飞行记录器”，因为它没包括/记录其他相关信息，特别是那些反映隧道开挖对周围环境影响的信息，这可能会影响到TBM 的性能和/或其操作。

显然，对于机械化开挖隧道工程，为实现更佳的经济性以及便于完成城市地下施工项目的风险管理任务，系统整合非常必要。

6.4.4 创新方法

在了解现代信息技术需求及能提供新的可能性后，自然会寻求创新以克服上面讨论的通常做法的缺点。

源自于需求的创新方法，它将实时监测与所有其他相关项目信息结合为一个整体，确保在精心设计的、采用传统方法或“城市机械”的城市隧道施工期间对残余风险进行高效和有效管理。

实现创新方法的四个主要方面为：

（1）相关和集中的数据库；

（2）地理信息系统（GIS），它允许将每条信息不仅与时间，而且通过地理参照点与信息源位置联系起来；

（3）因特网和/或内部网，通过预先设定的不同类型用户界面访问储存在集中数据库中的数据；

（4）商业化的、功能强大并拥有开放体系的文件管理系统，允许与上述3个技术进行信息交换。

简要说明数据库关系模型对用户是有用的，在这一概念模型中，数据库中的数据被归纳为一系列数据“关系”或“表格”，通过数据字典中定义的方式相互关联起来。表格行中的数据与列中的特定属性构成了相互关系。根据关系数学理论得出的“关系”这个术语，为这类数据模型提供了理论框架。这里的“关系”和“数据表”是可互换的。关系数据库模型的一大优点是每一关系中的属性数量和行的数量可按要求扩展。当定义其他项或需要其他项时，其相关数据可方便地作为另外一行录入数据库。而且，新的关系可按需要进行定义。因此，数据库组织的关系模式在应用时可相当灵活。预计在一段时间内应用系统将发生根本变化，因此，灵活的系统是非常需要的。利用关系数据库模型可轻松实现这种灵活性。模型还具有其他优点，感兴趣的读者可通过互联网查询许多有关这个主题的免费出版物。

决定上述创新方法成败的，还有其他一些重要方面，包括以下内容。

所有有关监测的设计都要求转化为相关施工技术规范，所针对的问题是：

- 监测什么（涉及设计和施工事宜）？
- 如何监测？
- 如何管理和利用监测所产生的数据？

监测责任是由针对每个工程制定的风险管理政策确定的，一般指由处于最有利位置的那一方负责管理残余风险，特别是：

- 就传统合同而言（承包商负责施工），一般是业主/雇主直接负责实施监测方案，不过也可以指定一专业分承包商作为其代表实施监测，而且有时设计者会被任命为分包商负责实施监测。在这种情况下，业主指定的工程师将负责监测数据的判释和检测结果的使用。
- 对于设计和施工总包合同，按照合同规定，一般是总承包商负责执行监测计划，有时还会负责监测数据的解释和利用。但是，在很多时候业主都可能有一个小组（在其项目组织中）专门监督承包商监测作业的实施情况并帮助承包商处理关键事务。

在集成设计或管理的环境下，数据库系统的用途是显而易见的。在这些系统中，大量的应用程序可共享普通的存储信息，按各程序需要从中央数据库中提取数据。信息请求通常是通过这样的方式进行的，即将针对数据库管理系统而预先确定的函数调用包含在应用程序中。来自程序的结果被储存在数据库中，可为以后的程序所使用而无需专门的转换程序。另外，通常有一系列预先设定的用户界面，用户可直接对数据库进行查询。

但是应指出，数据库系统的最大优点可归结为所有项目信息都可能储存在一个数据库中。但从来没有达到过这一目标，既不可能实现，也不可能令人满意，其技术和非技术原因包括以下几点：

- 信息需求的连续变化。随着项目的进行，信息类型和要求的详细程度都将发生很大变化。例如，确定新的PAT所要求的基本数据也许与以前的完全不同，这取决于地面基础设施的有无及其类型。
- 数据库规模的不经济性。尽管不断增加计算能力和数据储存介质的储存容量，但是当数据库变得越来越大时，要找到要求的信息也变得越来越无效和不经济。
- 不适合计算的数据。总有一些比较混乱的信息不能按储存在数据库中的要求轻易定义或格式化。
- 过分集中化数据处理的劣势。在一超级计算机上建立大型数据库对项目所有信息进行处理很费钱，也很不可靠。目前的计算机技术表明，采用大量的服务器，甚至在各个工作的各点布置服务器比采用一个集中化超级服务器（计算机）更具成本优势。例如，储存有TBM操作和性能数据的机载服务器本身就是一个数据库系统，独立于项目现场使用的其他数据库。将数据分配在一定数量服务器上不仅具有成本优势，而且还有存取优势以及所要求的一定冗余度，并增大了可靠性，即使出于数据整合的目的，也许有必要编写特别的协议，以允许服务器之间进行数据交换。
- 项目涉及许多机构，通常情况是不管其他信息是否集中化，每一机构都需要保持其自身的记录。即使在同一个公司内，工程地理信息的分散也可成为有利因素。例如在托里诺地铁1号线施工中，有必要组织不同的队伍对各TBM开挖段（共3个标段）施工进行监理，参见第8.4节。
- 不同的用户观点。鉴于项目涉及许多机构，因此在确定单个数据管理方案时，不同用户组与应用系统之间不可避免会存在一些折衷。也许对其中一个小组而言是好的组织机构，对另一个则毫无用处。一个典型事例就是针对文件管理系统的采用而定义搜索界面。

最后，应该强调的是，对于RMP本身的执行，应尽可能早地启动综合监测系统，特别是考虑到对于很多参数而言，施工前的长期本地监测对理解隧道施工对周围城市环境的真实影响很重要。

6.4.5　GDMS系统

按照前面所述的创新方法，近年开发出了一种称之为Geodata Data Management

System（GDMS）的集成系统，并不断得到改善。开发的系统原型被应用到波尔图地铁工程（1999年）C、S、J线和都灵地铁1号线（2000年，参见图6.25）的施工管理中。在这两个工程项目中，区间隧道都采用土压平衡盾构开挖。随后，在2003年圣地亚哥地铁（智利）也采用了这种系统以便于其4号线的施工，它采用新奥法进行施工。2004年，GDMS 经调整后功能更强大，在马来西亚的SMART项目施工中，使用者操作起来更方便（参见第8.5节）。

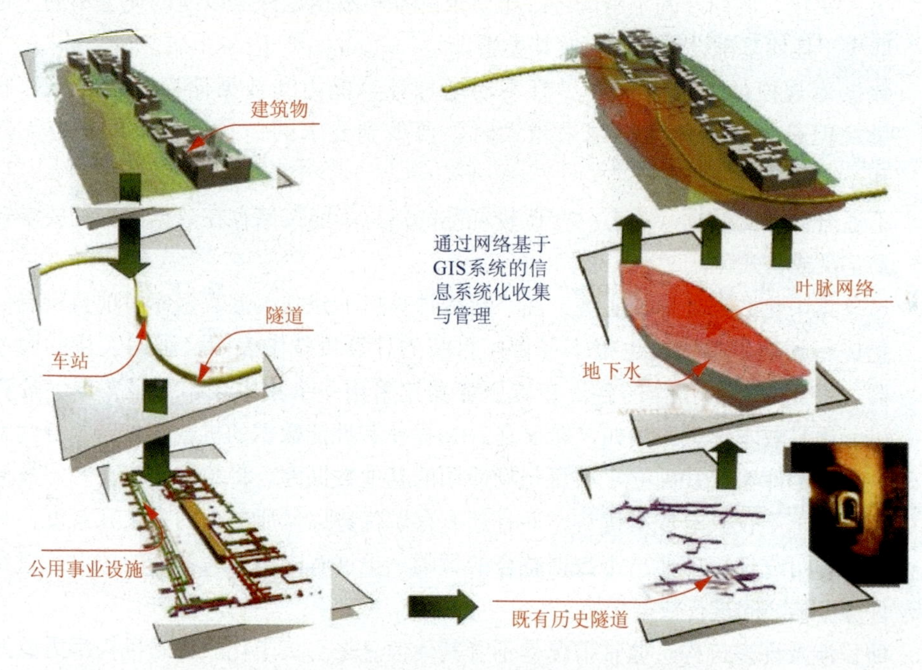

图6.25　2000～2006年间都灵地铁采用GDMS进行数据管理示意图

GDMS的演变表明：良好的信息组织管理通常要求储存新的数据类型并作为标准管理工具提供关于这一信息的新视图。

采用集成信息系统，例如GDMS，要求特别小心，以确保生成程序能完成要求任务。因此，一般来说，要求掌握各种详细资料，以使计算机系统成为一个针对长期指南和记录保存程序或数据解释程序的可接受选择方案。从一开始就认识到多学科方法是GDMS 成功开发所必须的。另外，也有必要咨询专家，甚至是其他行业在应用类似系统方面有丰富经验的专家，而且，很快认识到细节处理对系统有效性影响很大。

除上述创新方法外，为开发GDMS制定了以下标准/原则：

（1）针对用户的设计简洁性

使用简洁性被认为是影响系统成功应用的一个关键因素。因此，在进行系统及相关用户界面设计时，应遵循最小惊奇原则，尽可能持续、预期地保持与用户的交流。

（2）开放式系统结构与模块设计

在GDMS中，预计综合的工程和商业数据库将在整个项目寿命期间支持各种不同功能。

（3）系统适应未来变化的灵活性

这是涉及设计和实施的一个重要问题，因为施工阶段本身就包括设计和施工重叠功能，特别是采用PAT 法时，施工期间，项目相关人员，甚至是所涉公众必须能够实时获得各种监测数据。例如在圣地亚哥地铁工程，系统使用时一般要求有新的数据报告或视图，实际上，建立了沿横断面和纵断面的沉降槽初始视图（一系列2D图）。但是系统在圣地亚哥地铁的早期应用经验表明，对于某关键隧道段，沉降等值线图及其随时间演变图常常更为有用。另外一个例子是其在一新项目中的应用，业主也许已有他自身喜好的文件管理系统或GIS程序。在这种情况下，有必要用业主所用的模块来替换GDMS中的相应模块。有关灵活性的另外一个很重要的方面就是用户可以按照自身需求使视图个性化。

另外，开发GDMS 须遵循的关键步骤是明确定义基本功能要求。实际上，要求系统至少能执行以下任务：

- 参照地理位置，将给定项目区域的所有信息（公用设施网、交通和建筑物等）和项目自身基本数据（例如定线、车站、竖井、工地、地质模型和不同时间所测压力水平等），包括施工期间所进行的额外调查信息收集到一数据库中，并在一结构良好且具独特性的参考系统中对其进行归纳管理。
- 收集所有有关建筑状况调查和建筑风险评估的信息并确定其地理位置。
- 收集施工期间的所有信息（例如额外调查、土工技术和结构监测数据以及记录在作业报告中的工程进展情况等）并确定其地理位置和进行归纳管理。
- 对手动和/或实时获得的土工技术和结构监测数据进行数据管理，绘制标准视图，进行读数与限值比较，找出不利趋势并通过SMS、e-mail等自动向预先选定的负责人发送报警信息。
- 直接与设置在TBM上的数据库进行通信，该数据库包含了TBM 操作和性能记录。
- 直接与文件管理系统数据库进行通信。
- 制定所有收集信息的确认条款。
- 分析、提取和比较作为地理位置函数的数据，这可对信息进行更正和交叉检查（例如TBM 参数与地质情况、建筑物监测值与TBM参数、监测读数与注意限值及报警限值、压力水平波动与开挖进尺等）。
- 按照用户要求，半自动化地编制实际报告。
- 能够记录竣工图和后来的历史情况，这对于设备整个寿命期间的使用和维修中特别有用，因为采用这种方式，在需要改建或进行维修时能从数据库调取这些图纸。

图6.26 示出了GDMS模块和功能结构。

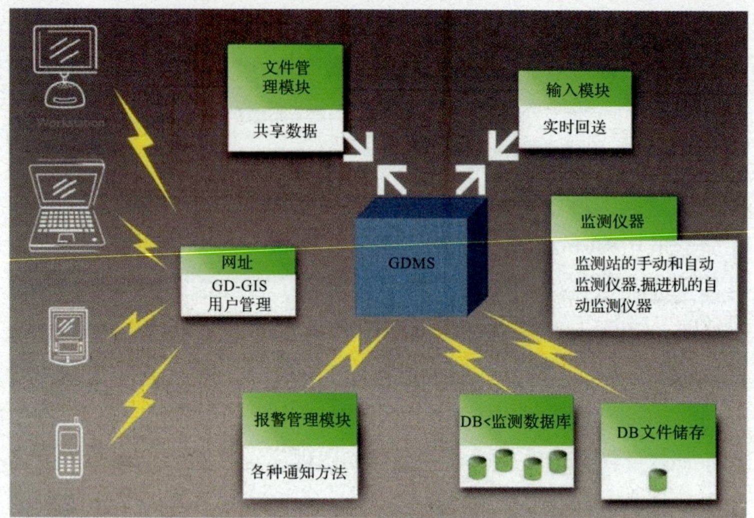

图6.26 GDMS模块设计示意

6.4.6 GDMS 应用实例和创新方法的发展趋势

如上所述，GDMS最初开发出来后首先应用于波尔图地铁和都灵地铁工程中，然后进一步开发并应用于其他具有挑战性的城市隧道工程中，最近的工程是SMART工程（参见第8.5节）。

实时监测与其他工程信息有效管理相结合的优势已得到证明，例如都灵地铁项目（Fornari等，2005年）和博洛尼亚高速铁路连接工程（Marchinni等，2007年）。其趋势是此系统正成为成功控制城市地区采用现代“城市掘进机”或传统方法进行的隧道施工所不可缺少的工具。

实际上，GDMS系统是一个计算机辅助风险管理工具，是针对未来不断具有挑战性且知识、信息密集型的城市隧道工程施工开发的。如果所有开发类似系统的工程公司都联合起来，那么在不久的将来就有可能建立一个相应的行业标准。

第7章

健康与安全

7.1 总的考虑

7.1.1 TBM安全要求

CEN TC 151委员会（欧洲标准委员会技术分会）第4工作组制定了欧洲共同体有关TBM（隧道掘进机）的安全规范。目前正式生效的有4个关于不同类型隧道掘进机的欧洲规范（EN）。相关规范列于表7.1。

TBM制造商必须提供技术手册，其内容应包括根据EN规范相关信息进行的全面风险分析。对于未在欧洲规范中明确规定的具体情况，以前的国家法律法规仍然是重要的参考资料。

为了有效选择隧道掘进机及其配套设施，承包商应提供有关施工－设计方案、场地限制条件等技术信息。一个好的施工－设计方案是正确选择隧道掘进机及确保整个工地安全的重要基础。

目前（2007年），应用于城市环境的隧道掘进机直径范围为4～15 m。这些掘进机可以堪比一套复杂的工业设备，但它们在设备的灵活性、材料的困难性、人员的进入性及作业环境方面存在着差异。所有这些特征增大了紧急情况下的风险水平。其结果是，隧道掘进机不足以满足目前的安全规范要求。TBM的风险分析应参照具体作业情况，即城市环境和制定相应对策的目标。EN 12236规范强调了这样一个概念："在关于具体条件和使用场地（如地层类型和当地安全条件）方面必须确保施工方和用户之间相互沟通的关系。"

7.1.2 TBM的选择与调整

风险分析必须考虑所有与TBM使用有关的灾害，其在任何情况下要少于在传统的矿山型环境下发生的灾害（图7.1）。

表7.1 欧洲有关隧道掘进机的规范

机器类型	规范	生效日期
用于硬岩的敞开式隧道掘进机及无杆式竖井掘进机*	EN 815	1997年5月
隧道机械——掘进机，连续式掘采机、冲击式平巷掘进机——安全要求	EN 12111	2004年7月
隧道机械——压力区的进入——安全要求	EN 12110	2004年7月
隧道机械——盾构，推进式掘进机、螺旋式钻孔机、衬砌管片拼装机——安全要求	EN 12336	2005年5月

注：*是指用于竖井的TBM，而不是采用螺杆推进的提升式钻机（反井钻机）。

图7.1 **R.Guttuso作品：硫磺矿山（1953年），收藏于“Mario Rimoldi”**
当代及现代美术馆（位于意大利科尔蒂纳丹佩佐的Ampezzo Rules）

关于“深层次”作业条件的信息源应成为设计资料。设计者应接纳所有必要的信息，且在欧洲范围内所谓的“安全设计协调人”将结合现场环境条件进行初步风险分析。

如果遵循E.S.R.程序，则制造商应在掘进机上加贴CE标志。1996年前的掘进机也必须遵守这些步骤。如果旧机器翻新的话，则同样被视为是新机器，也要遵循相关指令性法规（89/392/CEE、91/368/CEE、93/444CEE、93/68/CEE）。

组装的机器应作为单一的机器就其整体性进行修正，然后主管部门将对“TBM＋后配套系统”进行认证并批准颁发CE标志。相同的程序也适用于未经改进的二手掘进机。

7.2 作业环境

7.2.1 设计与安全

在城市环境采用土压平衡盾构或者泥水盾构进行掘进，机器管理程序及预制管片衬砌拼装后实施的配套作业会极大地影响掘进作业。因此必须采取正确的机器管理程序，包括机器的维修保养。简短地说，TBM作业场地的安全性是以下因素共同作用的结果：

- 完善及详细的隧道设计；
- 正确选择用于隧道施工的TBM；
- 正确选择开挖工具和设备；
- 按照设计参数进行掘进作业；
- 监测设计参数和地层效应；
- 根据监测结果动态地修正掘进参数。

如果不按照设计规定进行掘进作业，安全管理人员有责任下令停止掘进作业并向设计人员咨询以弄清缘由。

7.2.2 作业阶段的风险分析

TBM的作业阶段（作业循环）示于图7.2中。在掘进循环中每一阶段都是复杂的，包含了众多的人员、设备和施工活动。作业循环越复杂，潜在的灾害就越大。不过，由于惯常的施工活动是循环、重复的，因此可以很好地对灾害事故进行确认。灾害和相关风险是与单一的施工活动或多个平行施工活动有关联的。

即使是施工作业处于TBM的不同位置处，作业循环中的主要施工阶段仍属于同一时间段。组装、拆卸和临时维修均是无循环性和具较少代表性的施工活动，主要取决于场地、地层条件和TBM进度，因此需要特别加以监测。

作为例子，两个作业阶段的施工活动和相关灾害汇于表7.2中。对于不同作业阶段，灾害可能会重复发生，因此可以采取相同的降低工人危险的对策。承包商和掘进机制造商应首先对TBM作业环境进行风险分析，然后针对用户需求进行设计要求的分析，以便从安全的角度“量体裁衣”制造掘进机。

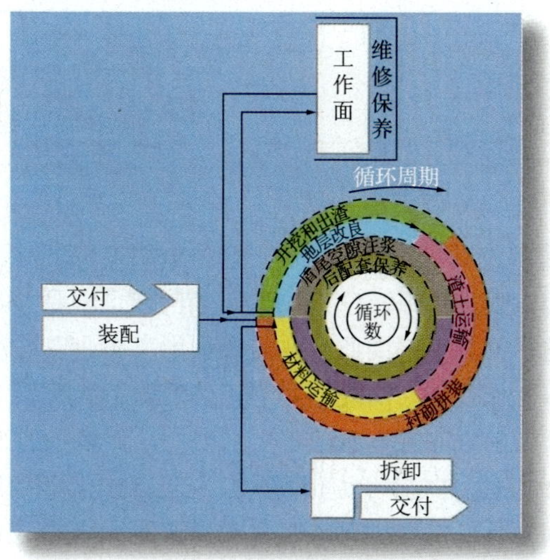

图7.2 TBM的作业循环

表7.2 机械化隧道工程的施工作业及灾害

开挖：危险源	产生的危险
开挖（气闸关闭）	噪声、振动、机械移动、压力管断裂
出渣（列车停下、皮带输送机运行）	机械移动、渣土掉落、皮带断裂
采用聚合物、泡沫等进行地层处理	压力管断裂、危险源
盾尾密封注浆	压力管断裂、危险源
后配套设备维修保养	压力管断裂、危险源、电器部件拉伸、使用手工工具
作业方面	通道狭窄、光滑，作业位置不舒适，运输计划不均衡且有中断，温度升高，某些区域通风不良，某些区域通风过多，地层中及通道上的障碍物，亮度不够的照明系统，火灾
环境方面	水灾、瓦斯、土壤因碳氢化合物或泄漏物受到污染，噪声，粉尘，氡辐射
衬砌拼装：危险源	**产生的危险**
管片运送至拼装处	重型材料的移动、提升和运输时受到破坏，缺失列车制动系统
拼装机的移动	重型材料的移动、提升和运输时受到破坏
管片的定位和插入	重型材料的移动、连接系统受到破坏，压力管断裂，作业位置不舒适，作业位置过高，通道狭窄和光滑，噪声
后配套设备维修保养	压力管断裂、过敏源、电器部件拉伸、使用手工工具、焊接烟雾
列车的驶入/驶出	在狭窄空间运输、照明系统亮度不够、误操作、无制动系统、引导处的能见度差
作业方面	通道狭窄、光滑，作业位置不舒适，运输计划不均衡且有中断，温度升高，某些区域通风不良，某些区域通风过多，地层中及通道上的障碍物，亮度不够的照明系统，火灾
环境方面	
噪声、粉尘、氡辐射	

7.3 关键工序

7.3.1 组装和拆卸

在运送TBM重型部件穿过城市街道前，必须就街道宽度对于部件尺寸的适应性进行深入研究和实地检查运输路线。TBM的组装同样也需要大的空间，但在城市环境中不可能总是有这样的场地，因此有时需要利用离作业现场较远的空地进行部件的预组装。作业阶段和作业空间的规划对于正确的施工组织和工人安全都是至关重要的。能够获得非常大的空间并不意味着更加安全，而较小的组装空间常常需要进行严格的规划和更加合理的布局，以遵循这样一个原则：“组织即意味着安全”。

重型及大型金属部件的组装、吊入竖井和地面装卸等使得工人们暴露在与这些作业相关的风险中。组装计划要求对机器部件（体积和重量）和组装说明（表7.3）

有一个十分清楚的了解。组装设计方案包括正确选择相关设备和辅助工具，以便能够到达所有的作业场地。事实上，工人需要进入很多的作业场地，如焊接作业场地、锚固作业场地、定位作业场地、吊装物或金属部件的固定作业场地等。TBM的形状阻碍了从上部进入到大多是弯曲的部件或盾壳中的金属部件内，其中工人所遭受的主要风险是金属部件的掉落。因此，重要的是要提供小型升降机以便可以进入到后配套设备中；提供脚手架以便进入升降机不能到达的地方；提供栏杆用于人行通道的保护；在不能采取其他保护措施情况下，提供吊索和缆索用于防止掉落。

为了吊起吊装物，需要确定挂钩点并检查吊车的稳定性。人员必须在保护范围之内进行作业。同时应将作业程序和监测设备提供给吊车司机，因为他们不可能看到吊装物抵达组装竖井底部时的情况（图7.3）。

表7.3　TBM组装过程中的主要危险和对策

主要危险	主要对策
施工现场的障碍物和空间	验证吊装路线、制定范围
吊装重型物	检查吊车稳定性、作业人员位置分析、良好的通信
狭窄的通道	规划和组织
高位作业	正确选择辅助工具、特殊的人员保护装置

图7.3　在竖井底部进行TBM组装

7.3.2　开挖和出渣

如果在盾构拱背处形成一个空洞，则必须加以确定并快速充填。空隙的快速充填可通过膨胀性材料注浆来实现，通常是采用双组分的聚氨酯树脂。对这些地下注浆材料的管理必须十分仔细，因为在火灾事故中接触和吸入其中的一些组分是有害的，这些材料可能会产生有害气体。小心翼翼进行开挖控制和监测（参见第6章）可以减少甚至取消注浆需求，因此也就可以使工人避免遭受火灾和化学污染的风险。

在采用土压平衡盾构的情况下，首先通过螺旋输送机将作业腔室或增压室中的渣土运出，然后通过皮带输送机运送至后配套设备处。在某些情况下是通过皮带输送机直接将渣土送至洞门处。所有的皮带输送机应加以保护，以防止偶然接触到皮带输送机及被夹入到辊子中，最好是采用保护罩。设置紧急停车开关是必需的，但还不够。与皮带输送机运渣相关的危险和对策示于表7.4。皮带输送机保护装置示于图7.4中。

如果必要的话，可以将开挖下的渣土运送至地面的临时渣场，如果渣土因添加剂（如泡沫、聚合物、膨润土）而受到污染的话，则在此处进行处理。在狭窄空间因接触和吸入添加剂可能引发地下施工人员的过敏症，因此应通过评估其有害作用，从而选择这些添加剂。

表7.4　与皮带输送机有关的主要危险和对策

主要危险	主要对策
因充填注浆材料引起的化学风险	开挖监测 选择材料 适宜的设备和程序 避免在TBM中储存
因开挖用添加剂引起的化学风险	了解过敏特性 医学咨询
皮带输送机	采用网格保护皮带

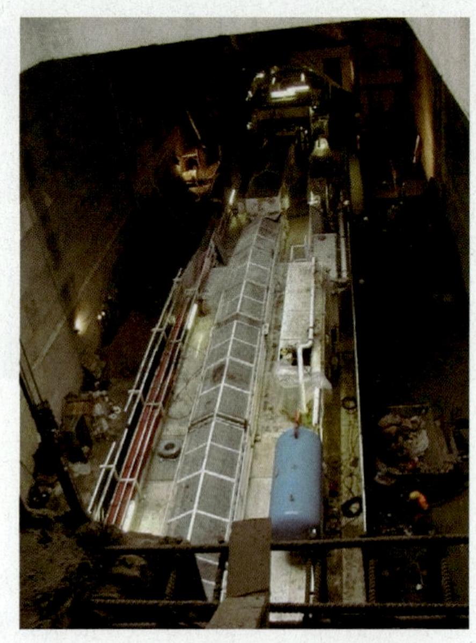

图7.4　皮带输送机的保护装置

7.3.3 运 输

渣土（如果不采用皮带输送机）、管片、注浆料、备用件及工人的运输采用有轨列车进行，隐含以下风险：

- 在洞内、TBM内及调度区发生脱轨。
- 人员和材料的超载。
- 火灾和烟雾。
- 作业场地污染

在朝着TBM驶入洞内的方向上，列车驾驶室内司机的能见度将降低和受到阻碍，这是有轨运输系统的一个特性，因此需要在机车驾驶室内补充设置摄像机和监测仪器。但是，尽管使用了这些仪器，操纵人员的可见度仍然存在不确定性。因此司机必须熟悉照明良好的沿线作业点，而且在列车运行过程中应提供音响信号。

列车进入TBM后配套需通过交通信号灯加以控制，在某些情况下建议在整个线路上设置交通信号灯，以便司机安全前行。列车速度是一个需要加以控制的重要参数，其取决于轨道的质量、倾斜度及运送的装载物。最后，重要的是要有一个正确的制动距离，特别是当接近开挖面时。在列车、TBM和地面车站之间保持良好的通讯也是必要的。

一般是采用特别的车辆来运送工人。城市隧道的特点是具有一系列的入口，因此距TBM的距离一般小于1 000 m。针对这种入口，建议沿金属舷梯设置加以防护的人行通道，以降低超载引起的风险（表7.5、图7.5）。如果不行的话，则必须确保有足够的距离（50～70 m）以避免人车相撞。

表7.5 与铁路运输有关的主要危险和对策

主要危险	主要对策
司机朝向TBM的视线较短	在后面的列车上设置摄像机
	标明作业点
	交通信号灯
	紧急制动系统
通道的坡度	自动制动车辆
	围栏、机械缓冲器
工人超载	人行通道
	高视距的人员保护装置
装载物的总体大小	卡规检查通过

图7.5 人行通道

7.3.4 衬 砌

如果工人未在保护区域或者没有严格遵守操作程序，那么管片吊装及拼装会产生较大的风险。一块混凝土管片的重量有好几吨，只有有效地确定作业位置和组织好安全操作程序，在盾构内一定高度处的管片拼装作业所造成的后果才可能仅局限于材料受损方面。因此建议对在几秒钟内将吊装物吊离地面约几厘米的力学和气动吊装效进行测试。在保护区进行操作并检查其他工人所处位置的拼装工人将能够起吊和拼装管片。在拼装时，管片被吊在一个较高的位置，由工人通过锚固连接螺栓来设置管片。

在接近拼装机的过程中会产生许多与管片发生碰撞的事故，将运输道路与作业区和人行道分离将避免发生此类事故。

选择管片与拼装好的管片环的连接方法对施工组织和TBM结构本身会产生较大的影响。采用自动化的连接装置可以省去在较高位置通过作业平台和通道所进行的锚固作业。

一系列的主要灾害及管理潜在风险的对策汇于表7.6。

7.3.5 维修保养

维修保养作业可分为以下三种类型:

- 沿隧道及在地面作业场地设置相关设施。
- TBM的机电设备维护。
- 更换部件及维修开挖刀盘。

前两项是例行作业，如果在列车运输过程中或者与其他作业（如盾尾注浆）同步实施，则需要进行特别的监测。

对于土舱的进入及相关准备工作应进行仔细的分析。用以更换部件和刀盘维护的腔室是一个狭窄、光滑的空间，作业人员具有掉落到金属障碍物上的风险。尽管通过气压或泥水压实施了开挖面支撑，但开挖面局部坍塌的危险依然维持在一个较高的风险水平。加压的环境限制了工人的停留时间及其抗疲劳度，但工人的工作包括了组装重型金属构件及使用手工工具（表7.7、图7.6）。所有进入土舱的行动及土舱中的施工作业仅局限于那些经验丰富的人员。由于在超气压条件下进行作业，因此作业工人需进行医学检查。在一些特殊情况下，如果是处在泥水压下则进入泥水盾构土舱仅局限于使用水下设备的工人，他们均经历了在没有可见度情况下进行作业的培训。在城市环境中这种情况并不常见。由于埋深较浅，工作压力很少超过2～3 bar。

表7.6 与衬砌设置有关的主要灾害和对策

主要灾害	主要对策
管片掉落	吊钩设备的性能
	管片接合的控制
	远程控制
管片运输	隔离通道及作业平台
高位施工	选择连接装置
	作业位置的人体工程学

图7.6 安装气闸

表7.7 与维修保养有关的主要灾害和对策

主要灾害	主要对策
在压力下作业	经验丰富的人员 急救运输和医学处理
高处作业	平台及吊索 腔室维持半满
刀盘移动	阻止转动 维修队承担任务

对于气压为大气压1～3倍的“城市掘进机”的维修保养，必须确保满足以下条件：

- 具有超气压下作业资质、经验丰富的人员。
- 保证刀盘不转动。
- 在土舱设置一个移动滑梯。
- 布置吊钩点，便于安全吊运。
- 当在一个较高位置进行作业时土舱不能完全空仓，以减小人员或材料的掉落高度。
- 关闭滑门（如果有的话）。
- 具备救援吊索、起重装置，用以将受伤人员从腔室底部吊起并转移到高压仓中。
- 在掘进机内设置带有担架的机车。
- 在入口处启动应急高压仓并派送健康的工人。

在某些情况下，维修保养作业也要求工人到达刀盘前端的外面部分（图7.7）。在这种情况下，应对开挖面周围的固结区进行事先的地层处理，以便能够收回刀盘而不至于引起坍塌。对此必须制定并发布特殊的作业程序，同时要进行广泛的地层位移监测。

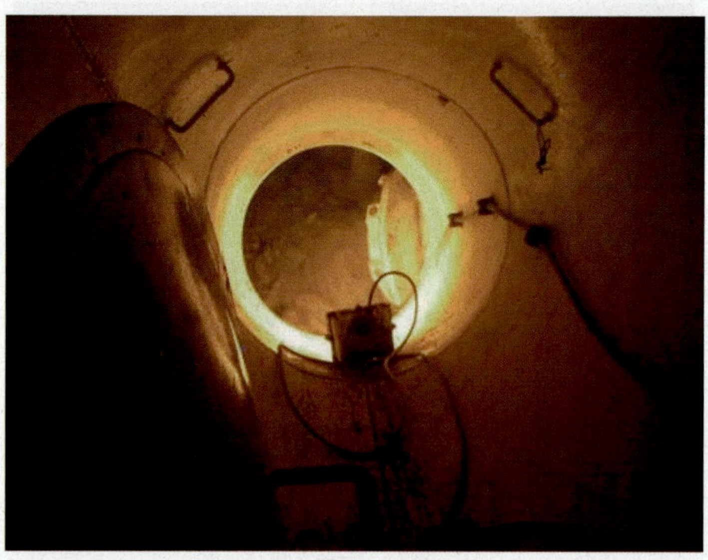

图7.7 从气闸看到的景象

7.4 其他的关键因素

7.4.1 噪声

TBM作业场地的一个特点是由各种相互关联的声源产生并累积在一起的噪声：设置于后配套的设备、开挖作业、材料运输等。狭窄的作业空间更加剧了这一问题。因此建议采用有效措施来降低噪声的扩散及最大限度地降低对工人的有害影响。TBM制造商必须公布在作业区所产生的最大噪声水平并按照2000/14/EC规范在TBM机器上加贴CE标志。

降低声源处的噪声是TBM制造商的责任。对此，可通过诸如在TBM及后配套合理布置电动设备、液压设备、二级风机、皮带输送机引擎、料斗等结构性的措施及正确设计机械和液压驱动系统来达到这一要求。

降低噪声影响必须通过以下措施才能达到：

- 机器隔音，或使用带有吸声器的机械。
- 作业室或休息室的隔音。

制造商负责评估作业环境中声辐射水平，而承包商必须负责评估不同作业中的声压水平（dBA）并决定需要采取何种措施来降低风险，例如：

- 对于特种作业采用人员保护装置。
- 在噪声强度较高的地方进行人员调整（减轻痛苦）。
- 派人对噪声强度和频率进行监测。

表7.8给出了考虑不同作业阶段和位置，在TBM周围测量到的典型噪声值（估计的dBA值）。

表7.8 估计的TBM范围内的声压水平值（dBA）

作业	拼装机	后配套的下部平台	后配套的上部平台
开挖	>85.0	<85.0	<85.0
开挖和出渣	>85.0	<85.0	<85.0
衬砌	<85.0	<85.0	<85.0
注浆	<85.0	<85.0	<85.0

注：来自都灵地铁测量结果（2002～2005）。

7.4.2 通风

地下通风系统的设计及设置必须考虑地面的运转环境。城市环境的一个特点是有一系列的空气污染物，如细颗粒粉尘、烟尘、可燃气体等，这些污染物将会导致超过环境污染的警戒水平，特别是在冬季的几个月时间里。如果隧道是从污染区吸取空气并引入到一个狭窄的环境中，那么在工人试图抽取或稀释施工作业所产生的污染物的地方，污染物浓度将会急剧增大。出于这一原因，进风口的设置应远离交通、红绿灯或重型车辆的停车场。粉尘及烟尘常常聚集在地面上，因此进风口应设置在高出地面4～5 m的地方。

TBM配风系统的结构构造非常关键。即使主风站尺寸设计正确，由工人临时凑合而成的配风系统也不能确保作业条件安全。配风系统应由制造商进行正确设计，移动偏差可能会造成向其他区域供风。控制室及其他固定位置需要独立的、可调节的通风系统。出渣皮带上的气流应避免过快，因为会吹干渣料，导致扬尘。在TBM安装过程中，应考虑以下几方面：最小的人员需求（3～4 m^3/min）；稀释、抽走柴油引擎（一般是机车）产生的烟尘所需要的风量；控制所有人员、设备，特别是电动设备产生的热量所需要的风量。需要注意的是，应定期检查风管，以避免沿隧道线路风管撕裂及风量损失。

7.4.3 粉　　尘

总的来说，粉尘因其粒径关系在肺部具有异常的活性，因此粉尘具有极大的危害性。细颗粒粉尘的直径小于100 μm。对于城市隧道工程来说，粉尘的直径在0.1～100 μm，特别重要的是，粉尘在空中具有悬浮性。隧道的开挖面是产生粉尘的主要源头。粉尘从开挖面向周围扩散是有限的。在采用土压平衡盾构的情况下，渣土将从土舱中排出，而在土舱中水、聚合物和泡沫（具有将支撑压力传递到开挖面的作用）将捕获粉尘颗粒并将其黏附在渣料中。在采用泥水盾构的情况下，出渣是水力作用过程，因此粉尘颗粒仍然受限制地保留在运渣系统中。

沿后配套系统会有一些小的粉尘产生源：湿的渣料从皮带上掉落，因暴露在气流之下而变干燥，从而被释放到空气中。一部分的粉尘掉落到后配套机架上，其余的则沿着隧道飞扬，落在边墙上及料车运输线路上。当料车通过时就会扬起粉尘。因此有必要控制掘进机设备及隧道沿线上这些小的粉尘源。冲洗平台和作业通道应是例行的公事。

粉尘以不同方式危及健康和安全：

- 由运输工具扬起的成片粉尘会降低能见度，特别是紧急情况时。
- 粉尘可以携带其他污染物，如氡、碳氢化合物等。
- 有毒粉尘的长期积存，对呼吸系统的物理作用及生化作用都是有害的。

对于有毒粉尘需要采取一系列的干预措施：

- 避免产生污染物。
- 截获在源头处不能阻止的污染物。
- 为工人提供封闭的工作间。

- 提供特别情况下的人员保护装置。
- 进行频繁的或持续的监测。

仅仅靠设计监测及抑尘系统来完全捕获有害粉尘是不够的，必须从选型开始即考虑整个的开挖系统。例如，在粉尘产生量及尘土运送方面，泥水盾构比土压平衡盾构更为有效。通风系统可以采用加压式和/或负压式，以满足要求和适应作业环境。

7.4.4 烟雾和多环芳烃

多环芳烃（polycyclic aromatic hydrocarbon）是含碳有机物不完全燃烧的产物。多环芳烃将主要是在低温下工作的热引擎所产生的微细颗粒黏附在一起。这些颗粒因其粒径太小而可能被吸入，而多环芳烃可以通过呼吸进入到肺中。由柴油车排放的烟气和颗粒也包含一些含有亚硝酸盐基NO_3的衍生化合物。这些化合物与多环芳烃相比具有更强烈的致癌性。特别是对于象隧道这样的狭窄空间，多环芳烃及烟气颗粒的严重危害性迫使要采取在7.4.3节中所述的有关粉尘的处理程序。在机械法开挖中，用于人员和材料运输的柴油机车是唯一的微细颗粒和禁忌性废物产生源。如果TBM作业场地通过直接供风而保持洁净的话，那么机车司机是唯一的在洞内运输过程中饱受这些烟气颗粒的人员。因此必须关闭司机室并设置空气过滤系统，特别是在地下线路过长的情况下。

7.4.5 其他危害

在城市地区，遇到危险气体的风险通常限于发现有气囊或气罐、气管漏气。因此必须在TBM前部设置一系列气体（如CH_4、CO、O_2、SO_X）传感器（图7.8）。不过，在地质勘查过程中就应始终调查天然气是否存在，并针对开挖机械及配套设备的选择加以适当的考虑。

氡（Rn-222）是一种惰性气体，是在放射性同位素——铀衰减过程中产生的。氡具有水溶性，因此可在离发生源很远的地方发现氡。如果氡溶解于地下水中，则它会穿越岩石裂缝并聚集在冲积地层和岩溶区中。长期吸入氡及其衰减元素会极大地增大暴露人群患癌的风险。

在地下开挖中会频繁地遇到氡，因此必须在TBM及隧道沿线设置放射量测定器检测氡的含量。针对氡的主要控制措施是向隧道供风。新鲜的、未被污染的空气将会溶解并携带出有害气体。

在城市隧道工程中，极少会遇到有害废物和被污染的土壤，这取决于隧道的埋深。这些废物可能包括：有机物、重金属、已用电池、泄漏油等。沿所选定线进行的设计之前的地面勘察应包括对可能存在的有害废物进行调查并确保其出现概率较小。项目经理和承包商应制定相应的应急处理预案。

图7.8 甲烷探测仪

7.5 突发事件

在城市施工现场，由于与急救站和保护城市安全的消防部门建立有接口，突发事件处置程序的组织具有较有利的条件。对此可以会同消防队共同制定防火及急救组织程序，这样可以由受过训练且有经验的人员来负责消防安全。另外，救援队伍可在几分钟之内到达现场。同时要求组织召开情况通报会，以便通过采用正确的、在现场准确标识的应急设备来缩短介入时间。施工现场必须配备自有设备和经验丰富的人员，以便及时采取灭火和救援行动。

7.5.1 火　灾

隧道内发生火灾始终被视为是“最为危险的事件”。首先是必须避免火灾发生，但在火势蔓延的情况下，重要的是要立即通过监测系统和快速灭火行动将大火扑灭。

对此，必须评估以下几方面问题：

- 火源：电动机、可燃物和可燃性设备。
- 在不同作业循环过程中，掘进机里面及隧道沿线的工人数量、位置和作业时间。
- 隧道内交通工具的数量、位置，火灾荷载换算值及运行持续时间。
- 估计紧急情况下的人员输送速度。
- 估计急救的响应时间。
- 其他应考虑的问题：如通风系统关闭、温度上升等。

在机械化开挖现场，较为频繁出现的火源是列车、机车，由于有油箱，其火灾荷载较为集中。为了能够立即将火扑灭，必须对机车进行仔细的维修保养，并对司机进行正确的灭火培训。同时必须在机车上配备自动防火装置和灭火器。为此建议配备司机所用的泡沫灭火器。

由于烟雾的释放，隧道内的火灾对于TBM上的作业人员是非常危险的。出于这一原因，应进行仔细的风险评估，并提供用于等待救援的安全场地。在城市施工现场，车站/竖井间的距离较近（入口距离<500 m），因此隧道内火灾风险局限在TBM的出口通道（车站或竖井）。灭火人员可以极快地到达火灾现场，而配备自救装置的作业人员可以不用等待灭火人员的到来而从洞内撤出。在电动的TBM上还应安装温度感应器，通过液压油温度和皮带输送机的监测可以向作业人员报警。所有这些系统均应集成在一起。

7.5.2 救　　援

对于每个作业阶段、每个作业区域必须确保能够实施急救行为。TBM应设有一列服务用列车，并配备担架运输装置。如果不能设置双线铁路，则应沿隧道线路设置机动的转辙机。

对于7.3.5节所指出的超压条件下的作业，必须特别重视其救援行动的组织。呼吸器、防火衣、手推车、担架等救援设备必须堆放在离TBM最近的入口，以便能够快速拿取。TBM作业人员应进行自救训练并配备防烟面具，以便能够步行到达最近的出口。服务竖井应配备用于垂直起降担架的设备。另外需要按照整个救援程序（从抢救土舱中的受伤人员到将伤员送到地面救护车上面）进行实战演练（图7.9）。

图7.9　救援演练

第8章

典型工程案例

这部分内容共包括6座隧道工程案例（本书作者参与了部分隧道的修建），其目的是为本书前面章节中讨论的一些主题提供更详细的信息。

表8.1列出了各案例中的信息来源。

表8.1 工程案的信息来源

章 节	案 例	参考资料
8.1	法国巴黎EOLE工程	Bochon 等，1997
8.2	俄罗斯圣彼得堡地铁	Grasso等，2004 国际隧道和隧道工程，2002
8.3	葡萄牙波尔图轻轨地铁	Gaj等，2003
8.4	意大利都灵地铁线	Carrieri 等，2004，2006 Grabdori等，2005
8.5	马来西亚吉隆坡Smart工程	
8.6	意大利博洛尼亚高速铁路线	Minguez等，2005 Marchionni等，2007

8.1 巴黎EOLE工程

8.1.1 工程特点（表8.2）

表8.2 工程特点

位置	法国巴黎
名称	EOLE—Est Ouest Liaison Express Gare Nord Est—Gare St. Lazare Condorcet
施工周期	1994～1997
业主	SNCF—Societe Nationale des Chemins de Fer Francais
承包商	J.V. Lodigiani S.p.A.—DCG—Desquemenne et Giral Co.
咨询及施工监理	Geodata S.p.A.

8.1.2 概　　述

EOLE工程为“Reseau Express Regional（R.E.R.）”东线的一部分，是巴黎周边地区东西两端之间的一条新通讯枢纽（图8.1）。

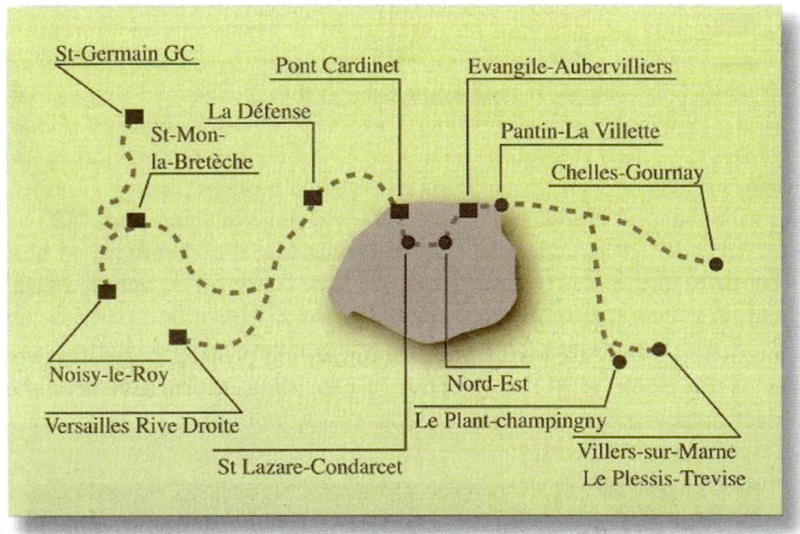

（a）总体布局

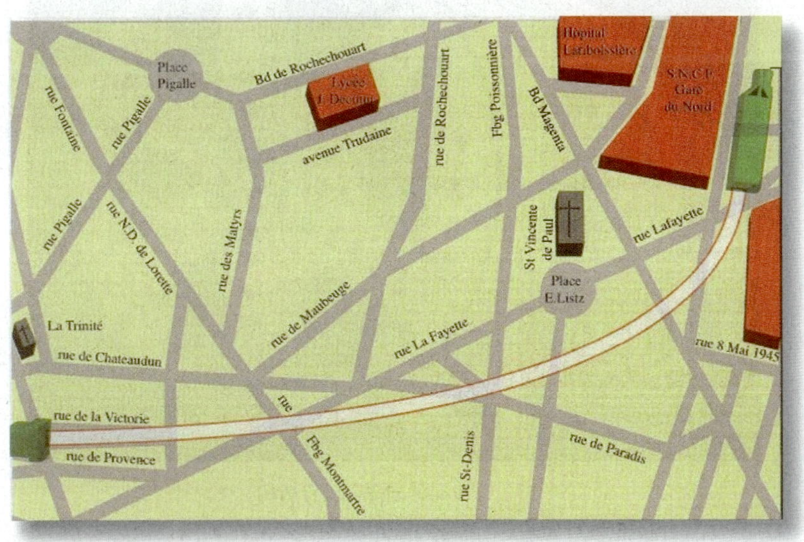

（b）详细平面图

图8.1　**St.Lazare和Nord Est车站以及相关隧道平面图**

隧道定线预定为一座双孔隧道（图8.2），长1 700 m，位于地面下约30 m处，设有两个地下车站，一个是“Magenta车站”，另一个是“Condorcet车站”。隧道采用水力盾构开挖（图8.3），始建于1994年，历时3年，于1997年完工。

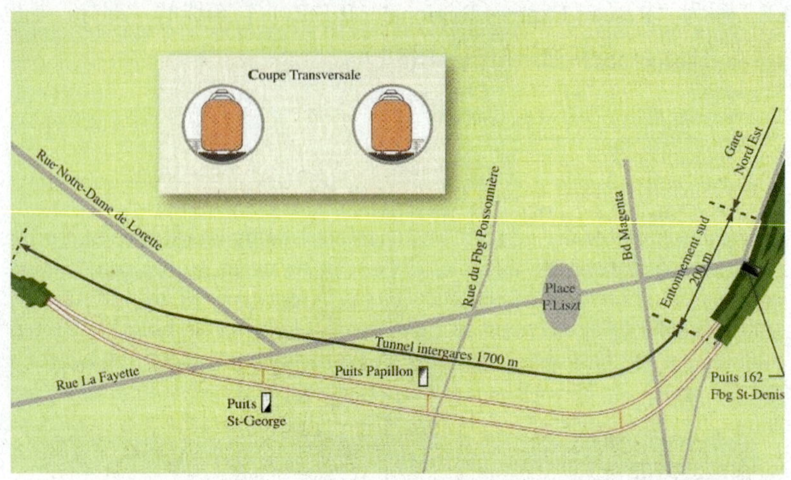

图8.2 EOLE双孔隧道平面图及其断面

图8.3 Voest Alpine水力盾构

第一座隧道施工进展顺利，没遇到任何大问题。然而，当开挖穿过深褐色的“sables de Beauchamps”地层时，由于黏土堵塞了刀盘和土舱，遇到了一些困难，尤其是在吸泥区更是如此。在开挖第二座隧道期间发生了坍塌冒顶，造成正在重建的建筑物出现开裂。修复工程至少用了6个多月。最后判定承包商不对此类事故承担责任。

8.1.3　隧道特点（表8.3）

表8.3　隧道特点

类型	双孔隧道
长度	2×1.7 km
覆盖层	20～30 m
直径	7.4 m
衬砌类型	管片
衬砌环类型	通用环
厚度	35 cm
管片数量	5+1
衬砌环长度	1.4 m
连接件	CONEX

8.1.4　环境和地质条件

就整体变形而言，其地层地质特点为连续的第三纪构造，受地壳活动轻微干扰。隧道定线穿过不均匀的各种地层（图8.4）

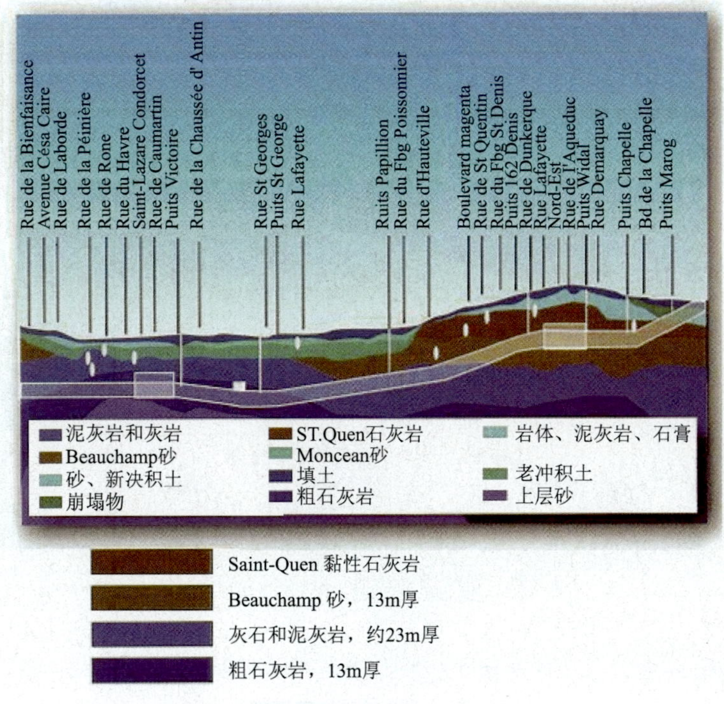

图8.4　**EOLE隧道沿线地质剖面图**

从水文地质观点来看，隧道定线遇到了两种不同的地下水位：第一个水位在Beauchamp砂岩中，其上是黏质层，而第二个水位则与粗糙石灰岩中的储水层有关。

8.1.5 开挖方法

因材料性质、水位以及安装设备可用空间减少，导致设计者选择双孔隧道而放弃了大直径的单孔隧道方案，因此，大大降低了在复杂城市环境中开挖隧道的潜在风险。

在这种市区范围内，最棘手的问题是开挖期间工作面的稳定性控制。

由于以下原因，选择了水力盾构：

- 按规定标准保持施加在工作面上的反压力；
- 工作面混合地质条件；
- 地下水位；
- 可直接在开挖腔室进行维修操作。

难于设置和管理排出泥浆的处理/分离设施是膨润土泥浆使用中的一个棘手问题（膨润土与开挖渣土材料相混合）。在这种情况下，将分离设施设在距洞口1 km远的地方，然后通过直径为300 mm的复杂管道系统与之相连（图8.5）。

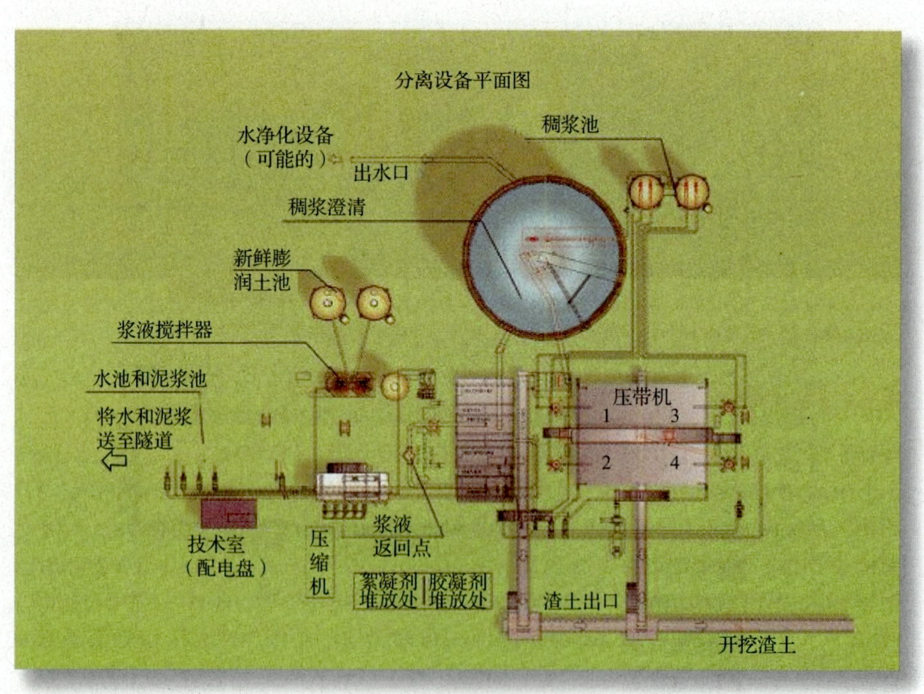

图8.5 分离设施平面图

8.1.6 TBM数据（表8.4）

表8.4 TBM数据

生产商	Voest Alpine
型号	PDS 740—OS / RM
TBM类型	水力盾构
刀盘直径	7.385 m
功率	3 200 kW
最大推力	60 000 kN
最大扭矩	5 500 kN・m
TBM盾构长度	7.39 m
后配套系统长度	90 m

图8.6示出了这台水力盾构刀盘的形状。

图8.6 水力盾构刀盘

8.1.7 关键因素

该项目的一个重要技术就是在掘进期间系统利用探测钻孔，探测孔系穿过刀盘直接进行钻凿（图8.7）。

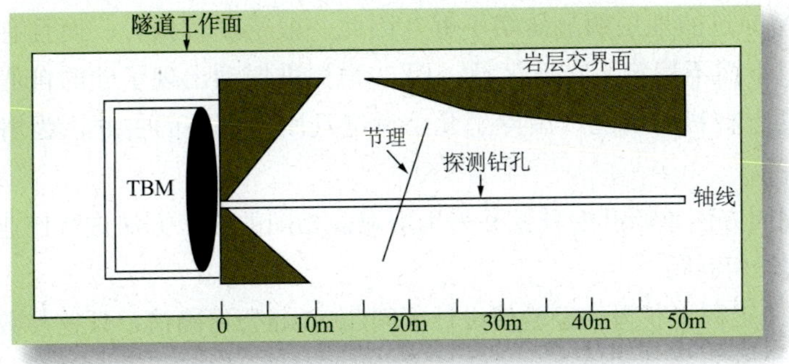

图8.7 探测孔和利用地质雷达确定的地层情况示意图

系统钻凿了55 m长的探测孔，同时记录下有关钻孔作业的所有数据，这样就可以对机器的掘进参数进行最佳校正（反压力值、膨润土黏性以及密实度等）。

将特殊的地质雷达放入探测孔中，这样就可以对距探测孔约5m半径范围内的地层进行勘测。按照这种方式作业，就可以了解在开挖工作面前是否有一些洞穴和/或地质条件很差的地层。

该隧道工程的困难之处在于将穿越极不均匀地层进行开挖，对水力盾构有诸多限制。这些地层包括：（1）黏性黏土；（2）泥灰基岩中变化不定的岩块；（3）减压带；（4）因白垩岩分解形成的空穴。遇到的主要问题是：开挖一座与计划中永久通风竖井相连的试验竖井。

极不均匀的地层是这项工程面临的真正挑战。在钻凿第一个钻孔期间，必须要面对的第一个问题是Beauchamps板岩结构中黏土的黏性。通过对盾构机械上控制渣土材料流量的部分进行改进解决了黏性黏土的问题，改进的目的是使材料易于通过从而避免堆积，尤其是在死角地带。由于对盾构刀盘进行了特殊的设计，其他工段的开挖，例如称之为“marnes et caillasse”（有泥岩、石灰岩和砾石的混合地带）的交互地层，则没有遇到什么问题，甚至在开挖“calcaires grossiers”（石灰岩高达300 kg/cm^3）地带时也进展顺利。

在钻凿第二个钻孔期间，当一切情况似乎都了如指掌并在掌控之中时，发生了冒顶坍塌，对rue Papillon地区正在重建中的建筑物造成了危害。地层处理和注浆大约需要6个月，以便为重新开始隧道开挖创造必要的条件。事实上，这座隧道在开挖和完工后便没有出现任何新问题。

安装在TBM操作台上用于量测和记录开挖参数的现代化设备系统能帮助查出上述坍塌事件的责任方。对进浆、出浆流速及泥浆密度进行量测，可反算出从土舱排出的干燥渣土材料数量，并与理论的干燥开挖渣土材料数量进行对比。这是继第一次成功地将这种方法应用于开挖那不勒斯地铁LTR区间隧道后，第二次采用该方法。施工联营体方及其咨询顾问都能证明：从土舱排出的固体渣土材料量甚至比理论上的建议开挖量多不到1 m^3，反过来说，排土量小于开挖渣土量。实际上，TBM穿过的地层明显压实不够（因此一般密度较低），而且有浮砂且因在地下水位以下而不稳定。在此区域，因TBM掘进振动出现了砂的自然压实并从上覆层抽吸岩土材料的情况，废弃了几个世纪且回填极差的古井，为坍塌提供了其他必要条件。

采用相同方法重新开始开挖并采用坍塌前相同的施工方法进行作业，直到完工没有再出现任何问题。

从EOLE工程上获得的经验使设计顾问Geodata公司确信：开挖参数控制的意义可能比PAT的初步基础工作——“搜寻风险源”的意义更大、更重要。

8.2　圣彼得堡地铁

8.2.1　工程特点（表8.5）

表8.5　工程特点

位置	俄罗斯圣彼得堡
名称	1号地铁线
施工周期	2002～2003
业主	Peterburgskij Metropoliten
总设计方	Lenmetrogiprotrans研究院（LMGT）
承包商	Metrostroi
分包商	联营体：Impregilo S.p.A.& NCC
分包商的咨询顾问和设计者	Geodata S.p.A.

8.2.2　概　　述

在设计—施工总包模式下，分包商Impregilo（意大利）—NCC（瑞典）联营体在2002年组装了一台直径为7.4 m的Voest Alpine Poly盾构，用来重建1号线Lesnaya与Muzhestva车站之间800 m的区段（图8.8），该工程于20世纪70年代初开通运营，1995年关闭，当时地下水和泥土通过逐渐受损的衬砌持续涌入，使问题变得更加严重以至无法控制。原用于巴黎EOLE工程、经改良的TBM必须承受高达5.5 bar的静水压力并且要穿过双孔隧道沿线非常复杂的软土地层。

图8.8　圣彼得堡地铁1号地铁线（从北到南的红线）

20世纪70年代初，原开挖的两孔地铁隧道位于地面下约65 m处，大约500余米长的地层采用了地层冻结技术，并且这两孔隧道采用了上下重叠方式以限制冻结地层范围。

经过长期综合研究，决定采用机械化施工法开挖两座新隧道来重建这一地铁段。根据既有地铁车站的固定位置和限制条件，预先确定了这两座新隧道的埋深和定线，根据限制条件可以在地铁隧道运营线路和高程的允许范围内移动定线（图8.10）。在这些条件的限制下，首先将隧道定线尽可能远地移向一侧，以避开受原隧道开挖扰动的区域，其次是尽可能抬高隧道定线，以便降低潜在静水压（在60 m的深处）。不过，并排布置的新建隧道的底部仍然位于地下约55 m处，即潜在静水头为5.5 bar。

TBM的设计及采用螺栓连接的加有密封衬垫的预制钢筋混凝土管片衬砌的设计要满足有关复杂地层条件的挑战。Geodata公司为Impregil/NCC联营体设计衬砌。TBM的刀盘、密封装置以及增压部分由Voest Alpine公司按最高规格进行更新。

8.2.3 隧道特点（表8.6）

表8.6 隧道特点

类型	双孔单线隧道
长度	2×790 m
断面	69.5 m^2
直径	7.4 m
衬砌类型	管片
环的类型	通用环
厚度	40 cm
管片数量	5+1
环的长度	1.4 m

8.2.4 环境和地质条件

圣彼得堡地铁线大部分是在涅瓦河三角洲下的地层中穿过，大部分为质量良好、坚硬、过度固结和层状的黏土。

然而，在红线的Lesnaya 和Ploshchad Muzhestva车站之间部分（图8.8），穿越很深的古老冰川运河，被饱和的冰川沉积物所充填，包括极细的亚黏土和砂。尽管对这些地质条件和土工技术条件都很了解，但就使用TBM而言，仍然有相当多的不确定性。因此，启动了详细的现场调查计划以查明旧隧道最初失败的原因，从而为新隧道的设计和施工提供详细信息。

新建详细地质模型（图8.9）针对隧道衬砌设计和隧道工作面所要求支撑压力的准确预测，清楚地示出了地层结构和土工技术特性的变化，掌握这些情况是工程成功的关键。

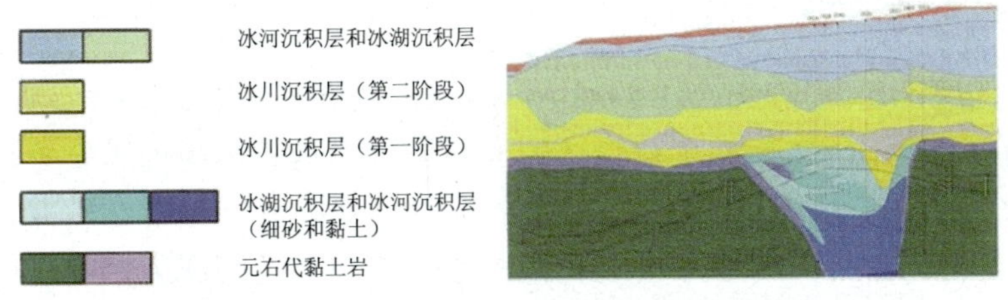

图8.9　**Lesnaya 和Ploshchad Muzhestva车站之间工段地质剖面图**

现场调查表明河谷埋深至少为122 m，因此拟建隧道定线将遇到低塑性黏土、粉砂和细砂，它们通常呈晶体状或薄层状，位于古河谷中。

8.2.5　开挖方法

采用加压的隧道掘进机被认为是重建新隧道最安全和最经济的方法。结果，俄罗斯总承包商Metrost和Impregilo—NCC联营体联合进行了隧道施工，后者负责穿越古河谷隧道段的施工。联营体建议采用一台由Voest Alpine制造、直径为7.4 m的盾构。

这台盾构机通过一个70 m深的进入竖井进行始发，该竖井紧挨着Lesnaya车站，然后掘进到位于Ploshchad Muzhestva车站的接收洞室，在这里TBM掉头完成第二次掘进。

新隧道只有中间部分实现了机械化隧道施工（图8.10，图中下面部分说明了旧隧道和新隧道之间的关系）。与既有1号线相连的两座连接通道采用传统方法施工。

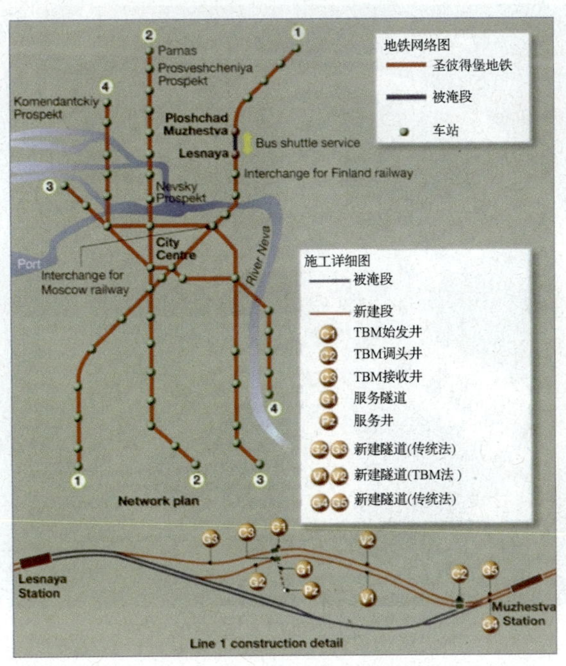

图8.10　**隧道定线平面图**

8.2.6 TBM数据

这台掘进机是一台直径为7.4 m的Voest Alpine泥水盾构（表8.7和图8.11），最初是为巴黎的EOLE地铁工程建造的，而且针对地铁隧道的关键条件进行了改进。改进后的TBM能对付更高的静水压力，这些改进包括在尾部密封安装第4排钢丝刷、主传动轴承上增加唇形密封、增加新的高压人闸和新的重载盘式滚刀。

表8.7 TBM特点

生产商	Voest Alpine
型号	PDS740—OS / RM
TBM类型	Poly盾构
刀盘直径	7.385 m
功率	320 kN
推力（最大）	60.000 kN
扭矩（最大）	5 500 kN・m
盾构长度	7.395 m

图8.11 水力盾构刀盘（Eole工程所用的同一台盾构）

通用衬砌环由5块管片和1块封顶块组成，每一管片宽1.4 m、厚350 mm。这些管片仅用CONEX塑料销钉连接，其特点是有两道衬垫作为整体的亲水性密封件。

在对泥浆系统进行初步测试后，TBM隧道工程于2002年2月初开始施工，2003年5月初第一次掘进到Ploschad Muzhestva，比预计时间稍晚。得益于开挖第一座隧道的经验，返回掘进只用了3个月的时间，于2003年11月27日贯通。

在繁重的作业条件下，TBM进展极其顺利，既没有泥浆压力系统的问题，也没有尾部空隙注浆系统的问题。尾部密封和主轴承密封都令人满意。

因为对俄罗斯来说，隧道衬砌技术是一项新事物，而且对深埋河谷中衬砌早期性能仍然有一些担心，因此对预制管片衬砌进行了广泛检测。在制作管片期间，对两座隧道的各10个衬砌环都安装了振弦应变计。为了观察衬垫的特性和效果，对管片之间的接头进行了精确的检测，量测表明衬砌仍受压而且应力变化仍在设计值范围内。管片接头闭合完好，因此隧道衬砌仍具水密性。此外，总计安装了18个压力计以监测孔隙压力相对于泥浆压力的变化。结果表明：当TBM通过时，孔隙压力增高，然后又回落至平衡值。

为了给通过实时监测进行的TBM开挖过程控制提供相关参考值，进行了广泛的参数数值分析，以了解开挖与周围地层之间的相互作用，包括在工作面和工作面前方地层（图8.12）。

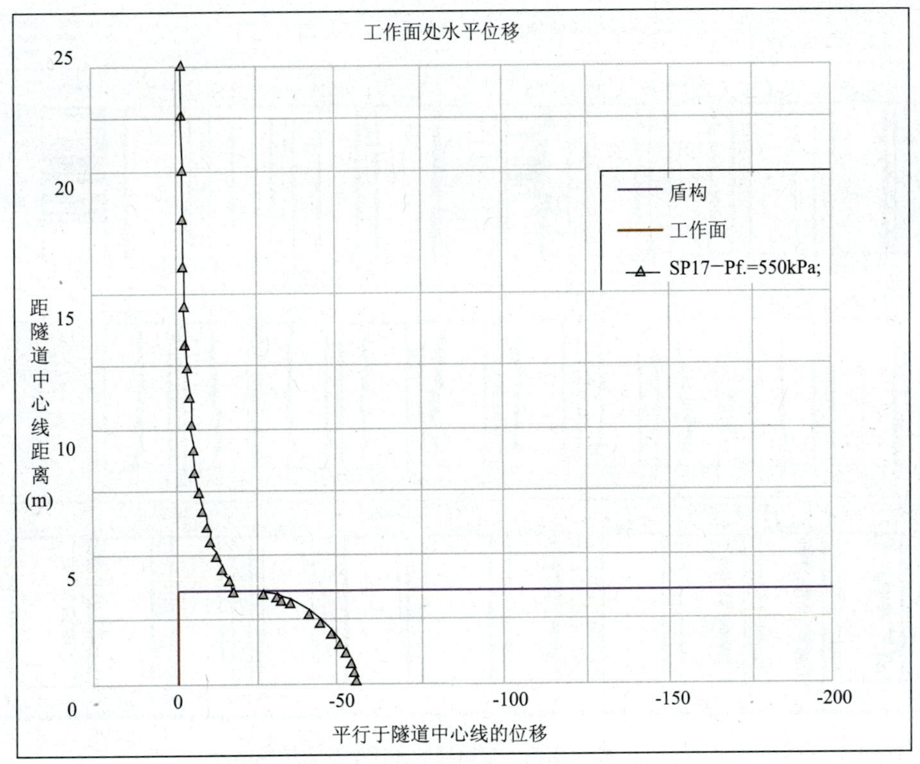

图8.12　工作面水平位移(mm)

8.2.7 关键因素

（1）设计阶段

- 隧道工作面稳定性；
- 非常重要的地质条件；
- 工程限制条件；
- 管片衬砌性能；
- 沉降预测。

（2）施工阶段

- 隧道施工和TBM监测；
- 监测系统；
- 施工后调查。

8.2.8 风险管理

风险管理计划参见附录5。采用GDMS监测系统（见第6.4节和图8.13、图8.14）。

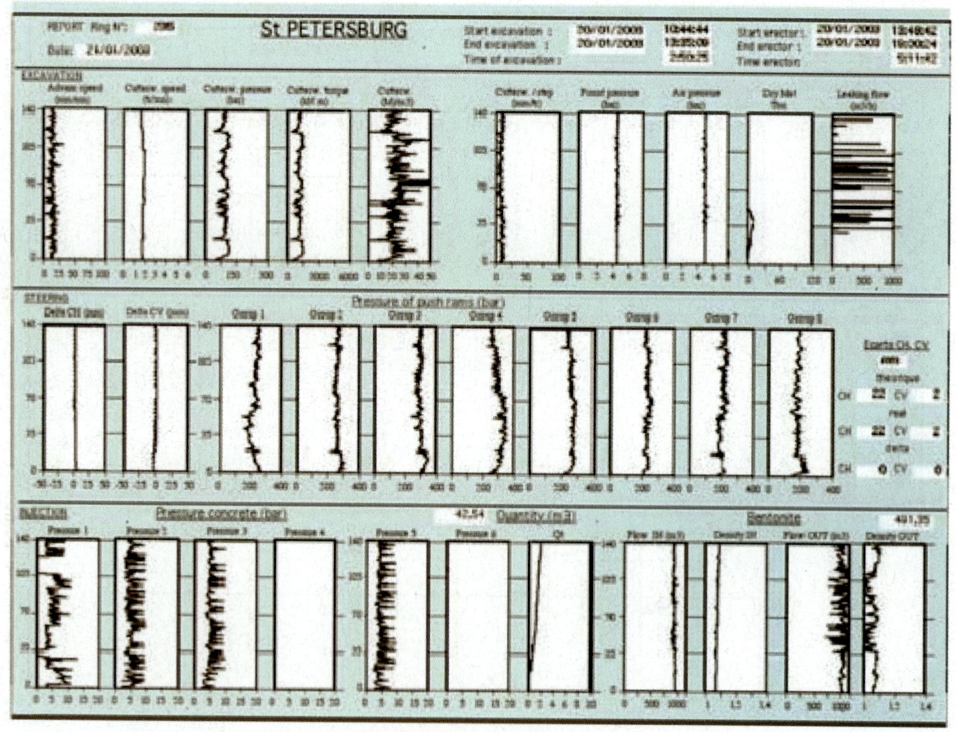

图8.13　水力盾构一个循环的开挖参数记录实例

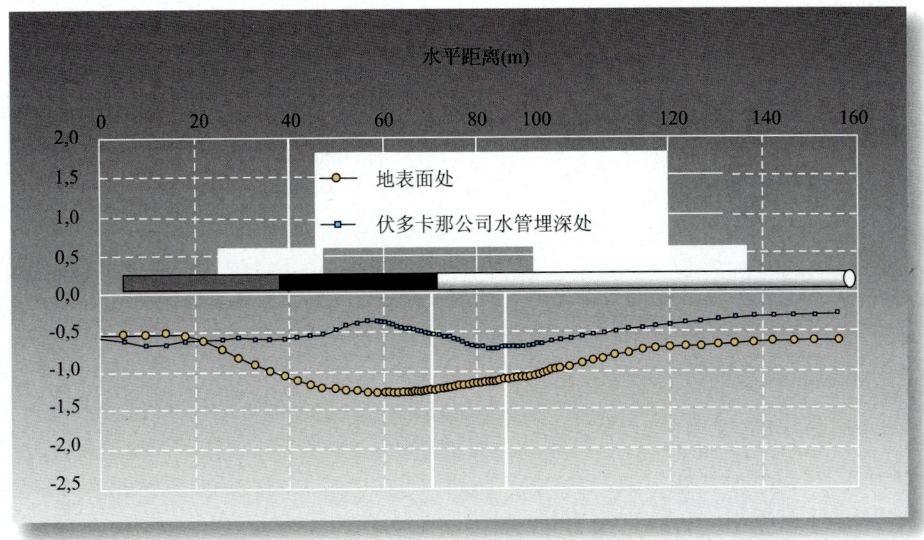

图8.14 不同深度进行的沉降量测实例

8.3 波尔图轻轨

8.3.1 工程特点（表8.8）

表8.8 工程特点

位置	葡萄牙波尔图
工程周期	2000～2003
名称	C线—S线
业主	Metro de Porto
总承包商	MORMETRO 联营体：Soares da Costa， Somague & Impregilo（负责土木工程）和Transmetro
Geodata 的工作	地质－土工技术特性，隧道设计，建筑风险评估，现场工程服务

8.3.2 概 述

波尔图地铁是一条70 km长的轻轨系统，位于波尔图中心，包括一条20 km长的新线和一条50 km长的既有线路（图8.15）。该地铁的地下部分由2座隧道组成（C线长2.5 km，S线长4 km），分别用2台直径为8.7 m和8.9 m的海瑞克土压平衡盾构开挖。2座隧道位于市中心，设有10个车站（图8.16和图8.17）。

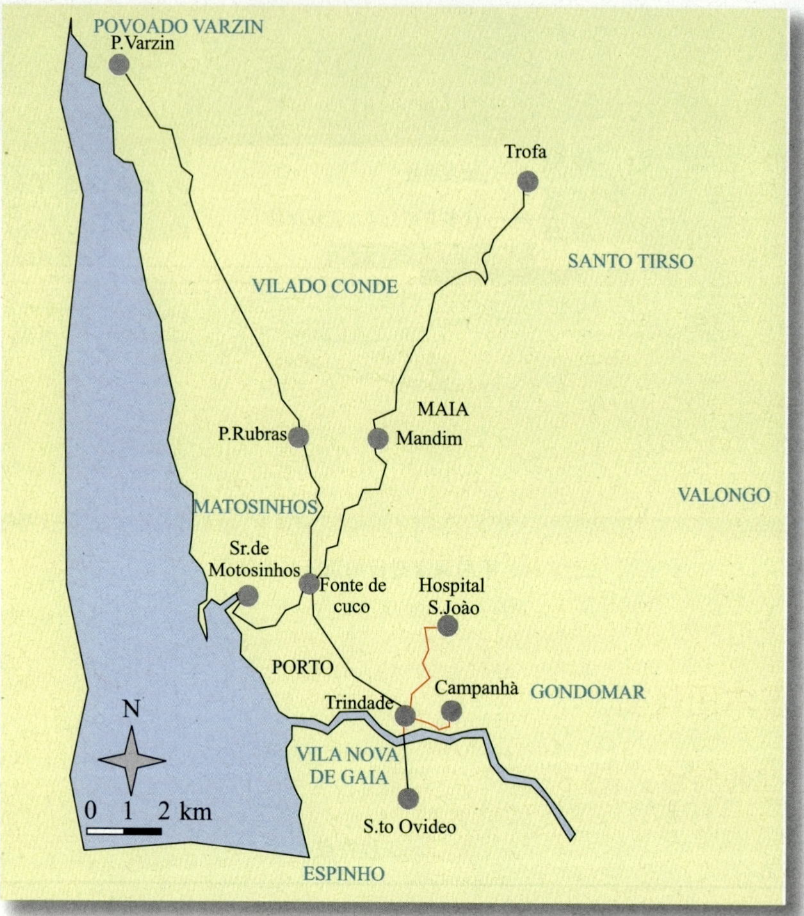

图8.15　波尔图地铁总规划图

图8.16　波尔图地铁系统中央部分

图8.17　TBM贯通前的Aliados车站图

由葡萄牙的Soares da Costa和Somague及意大利的Impregilo 共同组成的TRANSMETRO联营体承担了该项目的土木工程部分，选用两台土压平衡盾构开挖隧道。

施工联营体与意大利的Geodata公司签订了包括地质一土工技术特性调查、隧道设计、建筑物风险评估的技术服务合同，Geodata公司与英国的Mott McDonald公司联合，在施工期间提供驻地工程服务。

8.3.3　隧道特点（表8.9）

表8.9　隧道特点

隧道总长	C线：2.5 km S线：4.0 km
覆盖层（最小～最大）	3～30 m
完工后内径	C线：7.8 m S线：8.0 m
开挖断面	C线：60 m^2 S线：62.7 m^2
衬砌类型	管片衬砌
环的类型	通用环
厚度	30 cm
管片数量	6+1
衬砌环的长度	1.4 m

图8.18 波尔图花岗岩岩芯样品

8.3.4 环境和地质条件

该地层由属于“Granito do Porto”构造的粗颗粒花岗岩组成（图8.18）。由于有几处地下水源，所以风化的花岗岩上常常能发现冲积土。花岗岩的风化程度不同，从新鲜的岩石到残积土，这说明了土工技术条件的高度变化性（图8.23）。风化花岗岩局部呈现出亚稳结构，这可能会增加坍塌的可能性，它取决于流失/浸出残积土的高孔隙率和黏结强度的降低。因此，地层具有弹性－脆性－塑性特点，如果没有对隧道工作面进行适当支护或没有控制超挖的话，可引起地面突然塌陷，而且无任何警示信号。

地下水位一般随着地表地形变化。在该地区有大量的旧井和“minas”（旧的、小的、手工开挖的输水洞）。这些旧井和“minas”影响地层的水文地质特点，因此地下水不仅在孔隙地层和裂缝中流动，而且还沿着“minas” 等沟渠流动。

区间隧道和地下车站的施工与人口稠密的市区环境相冲突，受到影响的地区有两千余栋建筑物，包括诸如市政大厦一类的许多重要历史建筑。位于市中心历史建筑群下的两个隧道区段，其最小覆盖层一般为3～4 m，TBM必须在这些敏感的建筑物下进行掘进。地下水位在隧道上方10～25 m处。

8.3.5 开挖方法

C 线隧道首先于2000年6月进行开挖，但是不久施工被迫中断，因为在2000年10月、11月和2001年1月发生了3次大坍方。为了克服这些导致TBM停机9个月的最初困难，在2001年针对设计和施工阶段采用了一种全新的方法。

C线隧道于2002年10月完工。S线隧道掘进始于2002年6月，在2003年10月底成功贯通。

由于极其易变和不可预料的地质情况以及地面条件的限制，当2001年9月恢复施工时，根据情况要求全部采用闭胸式掘进模式来操作土压平衡盾构。

大多数车站采用明挖法施工（图8.19和图8.22）。

图8.19　采用明挖法施工车站实例

8.3.6　TBM数据（表8.10）

表8.10　TBM数据

制造商	Herrenknecht
TBM类型	EPB
刀盘直径	8.740 m
压力（最大）	3 bar
推力（最大）	70 613 kN
扭矩（最大）	12 900 kN · m
贯入率（最大）	80 mm/min
推进千斤顶数量	36
灌浆管线数量	6
注浆管线数量	6

在一个明挖基坑中组装和发进这两台盾构（图8.20和图8.21），这个明挖基坑相当于靠近车站的引道。

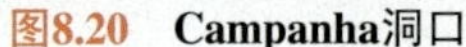

图8.20 Campanha洞口

图8.21 波尔图的第一台Herrenknecht 盾构刀盘

此外，在最初500 m开挖期间出现意外事故后，而且由于非常严格的安全要求，随后对原机械结构进行了特别的改进，使其安全性更高，整体性能更好：只要压力低于一定的水平，膨润土将被自动泵送至开挖腔室，这样建立起一个主动的二级工作面支撑系统（SFSS），可保证合适的工作面支撑压力。

为了处理流动性渣土和无法控制的支撑压力波动，在螺旋输送机后面安装了应急双活塞泵（EDDP）。

为了交叉检查第一台平衡器所量测的渣土重量，在传送带下面安装了第二台平衡器。

8.3.7 施工现场组织和参考资料

（1）平均效率

平均日进尺：5环管片=7 m；

最高日进尺（2002年2月6日）：13环管片=18.2 m；

最高周进尺（2002年10月7～13日）：56环管片=78.4 m；

最高月进尺（2002年5月）：148环管片=207.2 m。

（2）作业时间

TBM每周作业6天，每天作业24 h。

每天几乎用一个工班的时间在高压条件下进行刀盘维护作业。

8.3.8　关键要素

最初发生意外事故后，作为隧道复工和成功完成的必要条件，确定了三个关键要素：

- 为每一段隧道制定详细的掘进计划（PAT），以便在每段隧道实际开挖前，与隧道工程有关的所有参数和设计问题能得到有效的解决。
- 实施包含隧道所有阶段的作业程序，确保TBM在受控制和安全的方式下进行作业。
- 在承包商与设计者之间成立一个监督小组，对设计和施工进行管理。

设计方法——隧道掘进计划（PAT）。

设计解决以下主要问题：

- 确定正确的TBM作业参数，以使工作面及体积的损失达到最低；
- 评估可预见的沉降槽范围和形状；
- 评估可接受的建筑物变形极限；
- 确定预防及补救措施。

图8.22　Alliados车站

图8.23　开挖期间遇到的波尔图典型花岗岩示图

为了处理波尔图地铁工程出现的这些问题，PAT设计方法涉及的隧道工段较短——200 m～1 km，而且包括以下各文件：

- 有关地质调查及其说明报告；
- 有关建筑物风险的评估报告；
- 有关地下结构和地面建筑的监测报告及监测图（图8.27和图8.28）；
- 有关TBM作业参数的评估报告；
- 标明TBM作业参数地质剖面；
- PAT的总结报告。

每段工程结束后，在反分析文件中总结经验，这样有助于后面隧道工段的施工达到最佳效果。因此在后来的施工中加强了这方面的工作。

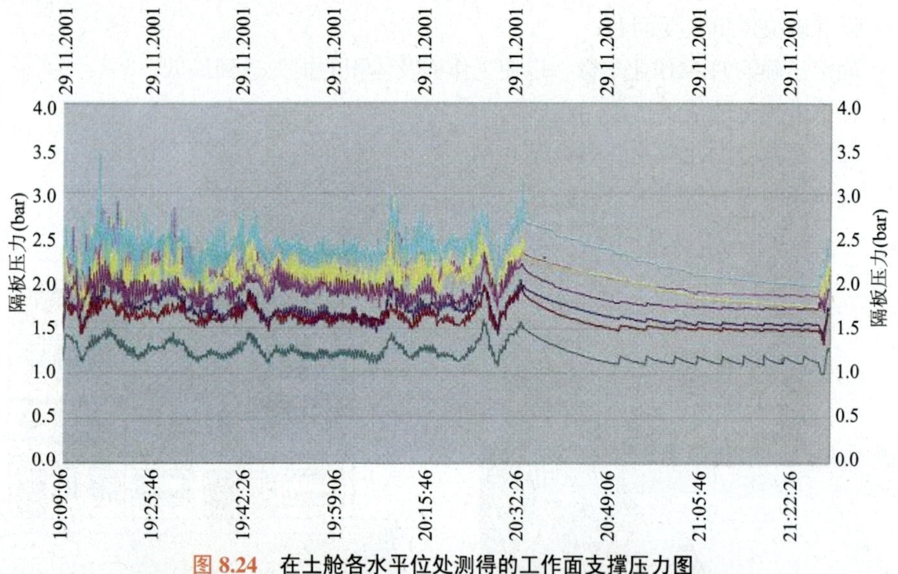

图 8.24 在土舱各水平位处测得的工作面支撑压力图

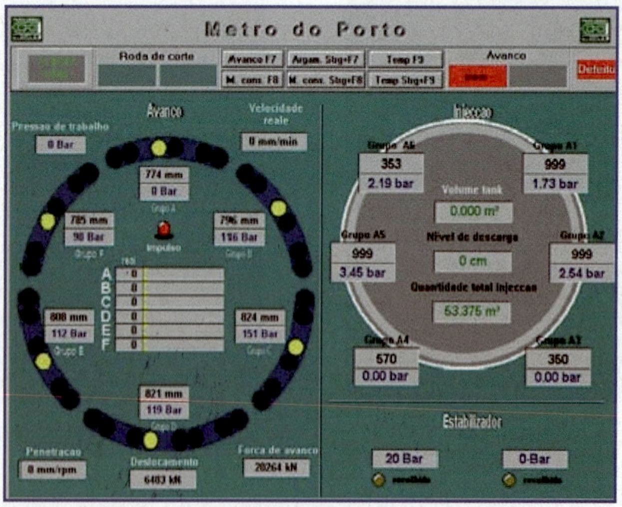

图 8.25 显示各控制参数的操作台屏幕（一）

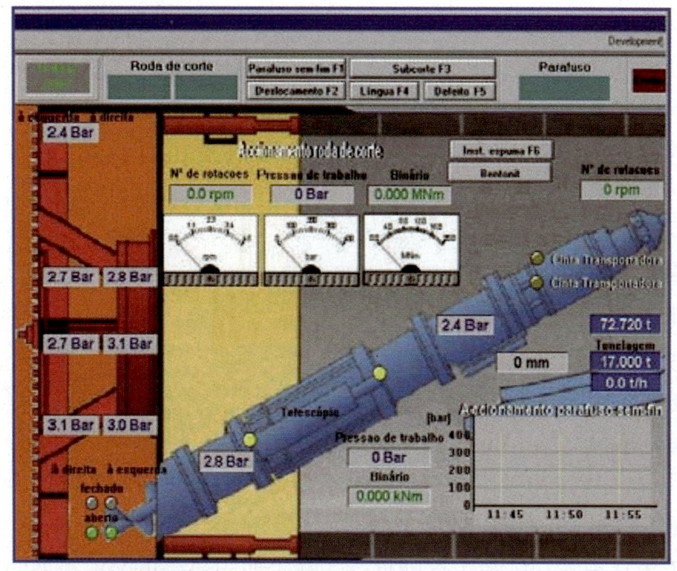

图8.26　显示额外控制参数的操作台屏幕（二）

对此需重点强调以下几点：

（1）除传统设计信息，例如地质评估和结构计算等外，还应为实时监测确定一组TBM 作业参数，参见图8.24～图8.26。特别是“TBM作业参数评估报告”应包含下列参数参考值和相关操作范围：

- 工作面支撑压力；
- 工作腔室渣土表观密度；
- 每一衬砌环开挖的渣土重量；
- 纵向注浆压力和体积；
- 额外膨润土浆注浆体积和压力。

（2）根据PAT对作业参数进行总结，然后以“开挖表”的简明形式传送给TBM工班。

（3）继实时监测和反分析工作后，根据实际情况，不断修改开挖表，这样PAT就可以作为实时文件，一直保持最新内容。

（4）PAT的实施以及不断更新证明了它是一个非常有效的工具，因为TBM提前得到了地质情况和设计参数以及有关量测设备和监测的要求。

8.3.9　TBM作业程序

为了保证以持续和可控制的方式进行TBM作业，有必要为TBM工班提供有关土压平衡盾构业标准的具体信息，以确保TBM作业人员充分了解土压平衡盾构的作业方式以及隧道工程对周围环境的影响（地层和建筑物）。

为此，联合承包商和设计者对作业工序进行了认真和详细的制定，包括以下关键工作：

- 掘进与工作面支撑（保持工作面具有足够支撑压力的标准作业）；
- 压力以及处理异常情况的特殊措施；
- 初步纵向注浆；
- 二次径向注浆；
- 衬砌环拼装；
- 修复损坏管片；
- 超前探测钻孔；
- 刀盘养护（包括高压工作）；
- 校正重量刻度尺。

作业程序包括由TBM操作手为正确进行隧道作业而发出的实际指令，也包括在有问题的情况下需要激活的信息流。

经隧道工程管理者和驻地工程师批准，在定期的简要情况汇报期间，即向值班工程师、TBM操作手以及值班工长介绍和讲解这些作业程序。在许多情况下，根据前面隧道段的施工经验，要对这些程序进行修改和更新。

经过最初一段时间的勉强接受后，这些作业程序得到了充分的应用，在减少“人为错误”造成的不当操作方面，证明其非常有用。

PORTO METRO

波尔图地铁测量结果反分析

PAT:3-4　　断面:Pk 14 20　　地质条件 :A

数据				沉降槽			
隧道断面	A	[m]	59,4	沉降槽影响范围	i	[m]	15,20
距隧道轴线埋深	z	[m]	19,0	最大极限变形	l_i	[m]	-38
K值	k	[-]	0,8	下垂区	l_s	[m]	38
体积损失	V_P	[%]	0,7	沉降槽体积	V_s	[m³/m]	0,4158
距隧道轴线距离	D	[m]	-	最大位移	S_{max}	[m]	0,01091

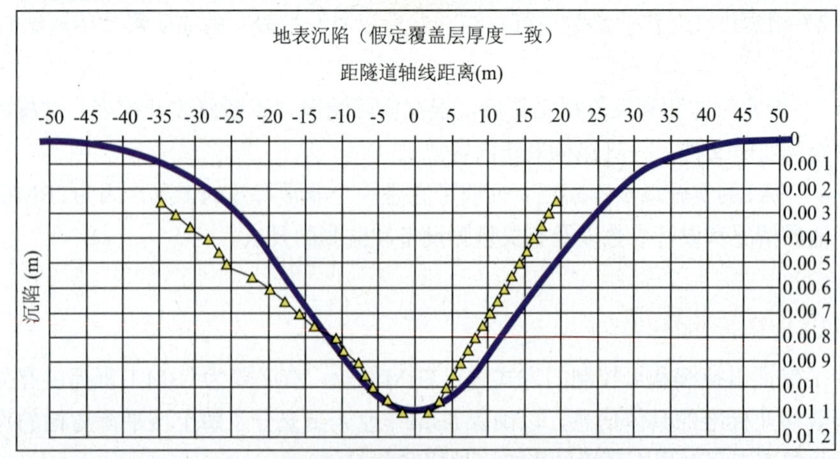

图8.27　理论与实际地表沉降值对比

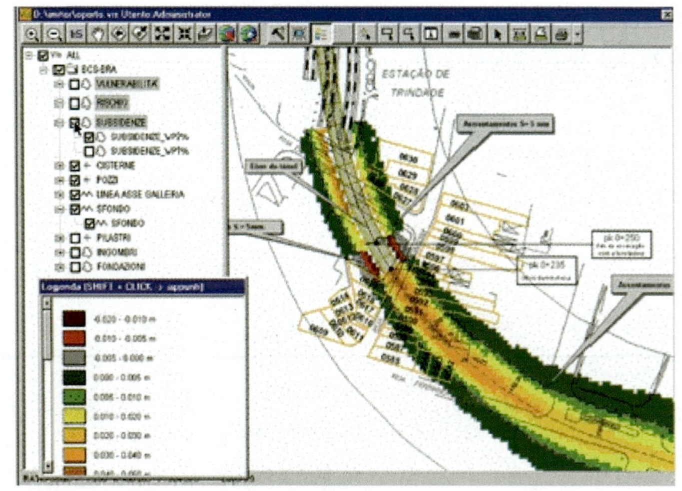

图 8.28 说明开挖影响地表沉降范围的隧道工段

8.3.10 TBM监督小组和每日的监理工作

由来自承包商和设计公司的专家组成的工作组负责施工作业的管理和监督，这些专家娴熟的技能与TBM良好的性能完美地融为一体，符合了安全性高、质量高以及总造价最优的要求。设计者代表作为驻地工程师的一员，其工作是提供工程设计方案、进行工程监理和提供现场技术支持。承包商代表的精力主要集中在掘进作业和现场组织方面，而设计者代表的精力主要集中在工程监理（即根据合同和设计方面的责任，确保工程安全和质量达标）及持续判断TBM与地层之间的相互作用方面，这对项目成功而言很有用。

设计者代表的工作任务可归纳如下：

- 岩土工程师起着设计管理者的作用，提供土工技术设计和风险评估。
- TBM工程师对TBM数据记录系统自动记录下的数据进行连续分析和判释，研究TBM的特性，识别所遇地层情况，因此能有效预测隧道工程对周围地层和建筑物的影响。每掘进完一段隧道后，TBM工程师要编制一份具体的TBM性能反分析报告，提供有关系统缺陷以及适当的改进建议说明。
- 监测工程师管理整个监测系统，包括地中及地表的土工技术监测设备以及建筑物监测设备。与TBM工程师一样，监测工程师需对地层和建筑物对隧道施工的响应进行说明，需根据必要性审查数据读取频率并最后提出有关反分析结果。
- 地质人员在设计阶段和施工期间提供详细的岩体地质特性。通过每天的工作面地质素描和超前探孔结果说明，地质人员能比较准确地对预测的地质条件进行调整，使TBM作业参数的输入数据达到最优化。由于需要在高压环境下工作，现场应有两位地质人员（一位来自承包商，一位来自设计方），以保证在任何情况下每天对工作面进行地质素描。

除了监督小组外，还需要一支10人组成的设计队伍（包括工程师、地质人员和绘图员）来编制和提供具体设计文件。

8.4 都灵地铁1号线

8.4.1 工程特点（表8.11）

表8.11 工程特点

位置	意大利都灵
施工周期	2001～2006年
工程名称	都灵地铁1号线（Tratta Deposito-Porta Nuova
业主	GTT S.p.A （都灵运输集团）
设计者	Systra（法国），GEODATA（意大利）
承包商	Grandi Lavori Fincosit, Grassetto,
	Seli, Rodio, Co. Ge. Fa.， V.I.P
工程师	SYSTRA & Geodata

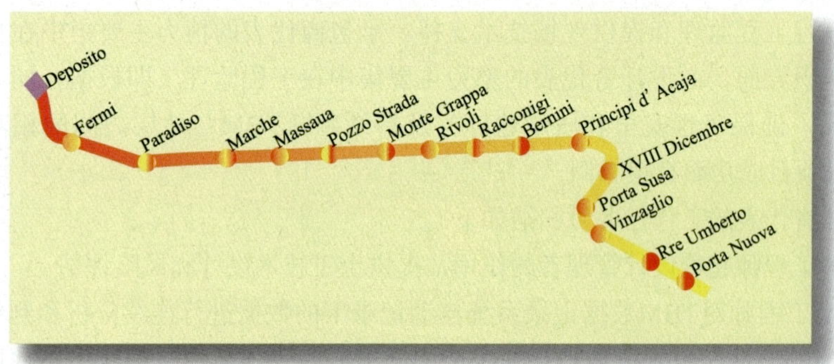

图8.29 都灵地铁1号线第一工段线路布置图

8.4.2 概　　述

都灵地铁1号线是都灵及郊区公共运输开发计划的一部分。它是以VAL系统（Véhicule Automatique Léger）为基础的全自动、无人驾驶地铁线路。近20年来，VAL系统在法国的一些城市（巴黎、里尔、图卢兹和雷恩）已得到成功运营，但这是首次在意大利运行。1号线分成4段施工：

第1段长9.5 km，已投入运营。整段地下线路从都灵以西的Collegno镇下面穿过，沿Corso Feancia，最后止于Porta Nuova 铁路车站。

第2段长3.7 km。从Porta Nuova站到Lingotto地区，共设有6个车站。预计2009年完工。

第3段和第4段将是1号地铁线通向郊区的西线延伸段和南线延伸段。

图8.30　采用管片衬砌的都灵地铁TBM隧道

第1段隧道施工始于2000年11月，于2005年12月完工。

该段隧道为单孔双线隧道，直径为6.8 m，除Deposito到 Fermi站区间用明挖回填法施工外，该隧道采用TBM开挖，并用预制钢筋混泥土管片进行衬砌（图 8.30）。

15个车站宽约17 m、长56 m，侧式站台用明挖回填法修建。站台标高的平均深度约17 m（图8.31和图8.32）。

图8.31　从地面开挖车站

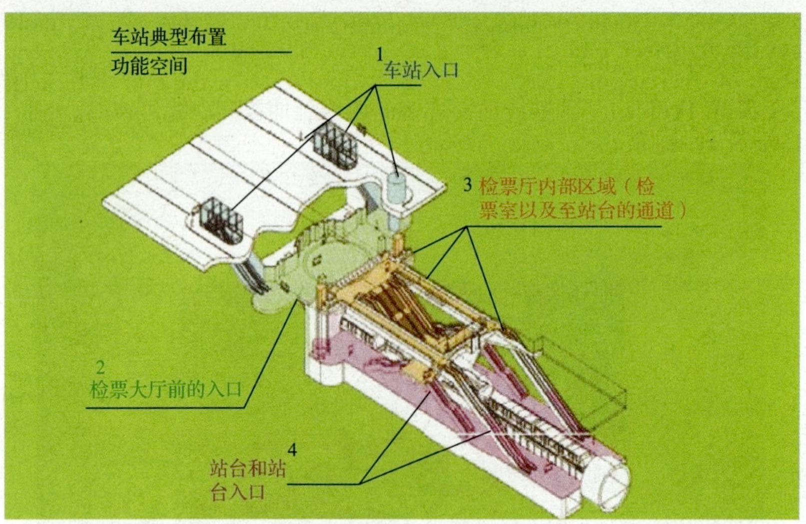

图8.32 都灵地铁车站典型布局

8.4.3 隧道特点（表8.12）

表8.12 隧道特点

隧道总长	8 km
掘进直径	7.8 m（第3、4标段），8 km（第5标段）
覆盖层（最小一最大）	3～30 m
衬砌类型	管片衬砌
衬砌环类型	通用环
厚度	25 cm（第3、4标段）
	30 cm（第5标段）
管片数量	6＋1
衬砌环长度	1.5 m
接头连接	螺栓

8.4.4 环境和地质条件

都灵市约80%位于半平坦平原上，由阿尔卑斯山峡谷末端处的多拉里帕里亚（Dora Riparia）河和斯图拉一迪兰佐（Stura di Lanzo）河连续冲积扇组成，这些冲积扇平原由河流一冰川作用的沉积物构成，至少其表层部分因河水流经该地区而发生了改变。

1号线的第1工段完全在河流一冰川作用的沉积层及河流作用的沉积层上部进行开挖（图8.33和图8.34）。这些沉积层呈现出水平和垂直不连续面（透镜体），粒径分布不均匀，黏度也各异。黏度最高的砾岩层是都灵的典型地层，被称为“布丁状”地层。

从水文地质的观点来看，都灵地下地层是由一组相互重叠的岩层组成，在这种岩层中浅表性地下水位很明显。在第1工段隧道的中部出现了区间隧道与地下水流相互干扰的情况。

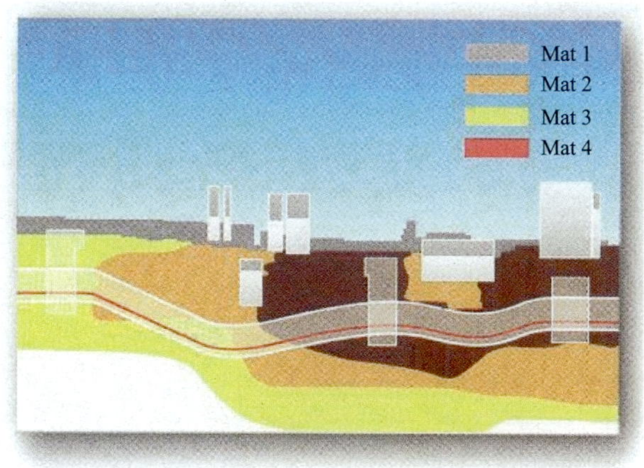

单元1：表土

单元2：松散至弱黏结性的砾石及砂、圆石、石块

单元3：弱至中等黏结性的砾石皮砂、卵石、石块

单元4：中等至强黏结性的砾石及砂

图8.33　隧道沿线的4个土工技术单元

图8.34　都灵地铁所处的土层

8.4.5 开挖方法

区间隧道工程分为以下几段：

第3标段：从Fermi车站到Pozzo Strada车站（约3 600 m）；

第4标段：从Pozzo车站到Principi di Acaja车站（约2 650 m）；

第5标段：从Principi di Acaja车站到Porta Nuova车站（约2 900 m）。

第3、4和5标段隧道采用土压平衡盾构进行开挖。根据地质情况和承包商的责任对土压平衡盾构或泥水盾构的可使用性进行了比较，最后选择了土压平衡盾构。表8.11给出了TBM的详细说明。

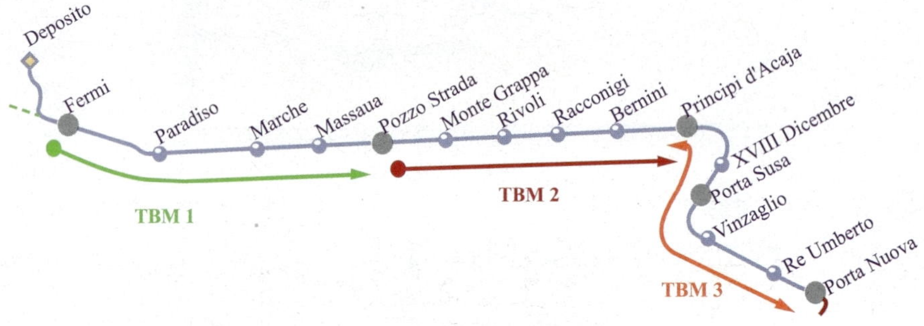

图8.35 第1工段划分成第3、4和5标段

图8.36 LOVAT土压平衡盾构

第3、4标段使用的TBM是LOVAT生产的新机器（图8.36），第5标段使用的TBM是NFM翻修过的二手机器，曾经用这台机械成功地开挖了米兰铁路支线，后来还用来开挖了意大利Calazo附近的一座铁路隧道（Monte Zucco隧道）。

8.4.6　TBM数据（表8.13）

表8.13　**TBM数据**

生产商	LOVAT（第3、4标段），NFM（第5标段）
TBM类型	EPB RME 306系列 20600（第3、4标段）
	EPB 1331056型（第5标段）
功率	2 100 kW （Lovat），2 000 kW（NFM）
推力（最大）	76 000 kW （Lovat），2 000 kW（NFM）
扭矩（最大）	20 400 kNm（Lovat），15 000 kNm（NFM）
盾构长度	10 m（Lovat），9.1 m（NFM）
后配套长度	98 m（Lovat），100 m（NFM）

8.4.7　施工现场组织和TBM性能

每台TBM掘进都有两个竖井：一个是始发井，一个是接收井，如图8.38所示。每台TBM都要贯通并通过沿途的各个车站。

盾构平均开挖速度如下（图8.37和图8.39）：

- 第3标段（Lovat TBM）：7.4 m / 天= 220 m/月；
- 第4标段（Lovat TBM）：10.0 m / 天= 300 m/月；
- 第5标段（NFM TBM） 7.7 m / 天= 230 m/月；
- 最高掘进进尺（最好的一天）：37.5 m。

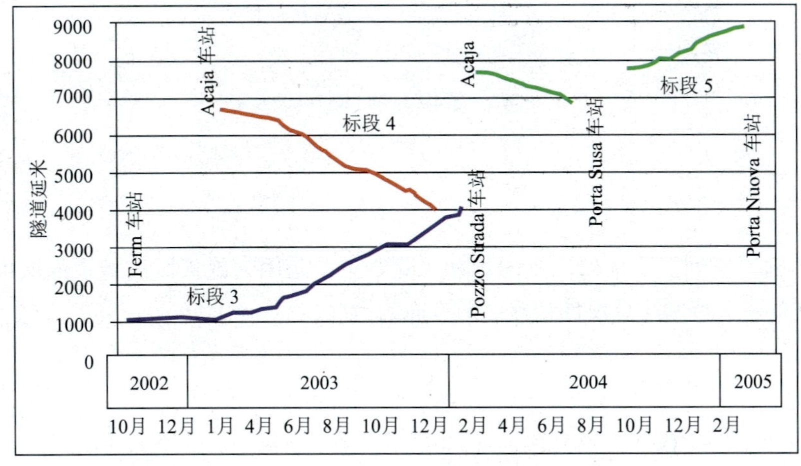

图8.37　**第3、4、5标段的完工周期**

图8.38 土压平衡盾构到达接收井

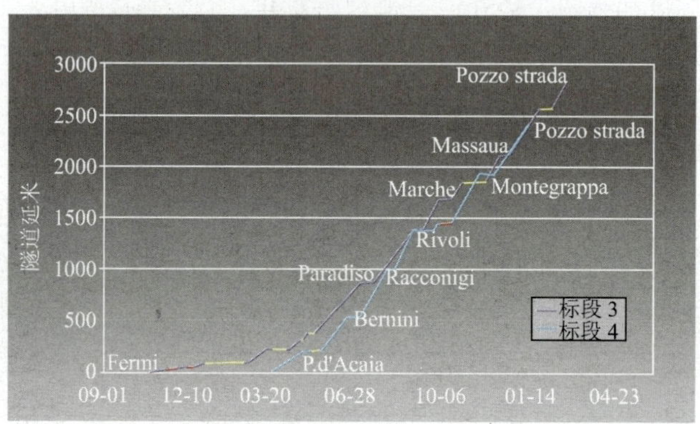

图8.39 第3、第4标段的TBM掘进效率

8.4.8 关键因素

隧道施工遇到了一系列严重困难和风险，主要是因为施工区内棘手的城市环境问题，这就要求特别注意设计和施工两方面的情况。

8.4.8.1 风险评估

（1）设计阶段

TBM需从5～6层高的重要建筑物下面穿过，即在对沉降敏感的大型基础设施下面掘进通过（地下铁路线，例如16世纪的Cittadelle防御隧洞一类的重要古迹等）。

（2）施 工 阶 段

沿城市主要街道施工期间要特别注意公共安全。

- 开挖面和洞室的主动支护。
- 地层的粒径分布状况是现有TBM技术无法解决的（图8.24）。
- 好的基岩中大块孤石的出现与处理。
- 切削刀具的磨损（由于石英含量高）。

（3）时 间 因 素

必须在2006年初举行的都灵冬奥会之前完成地铁线施工，是一个主要的约束条件。

（4）风　　险

- 对财产造成损失。
- 地面基础设施和地下公用事业设施的损坏。
- 根据ALARP（尽可能合理的）原则，确定、量化和处理可能出现的工期延误情况。

8.4.8.2 风险管理

在设计和施工阶段，通过实施以GIS-WEB为基础的监测系统来对已辨识风险进行管理（图8.40）。

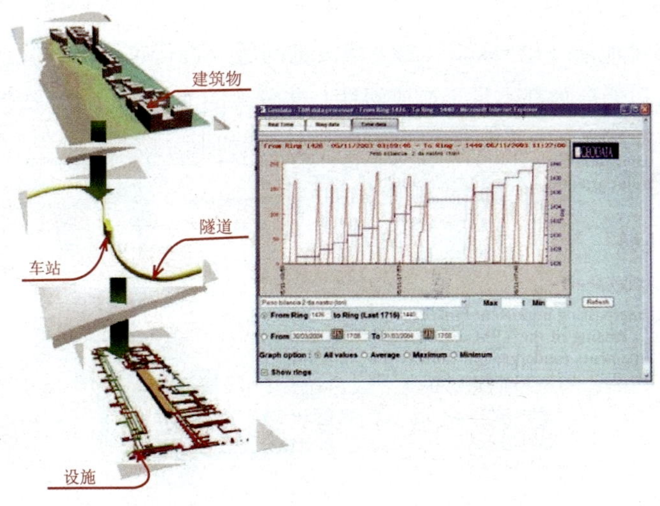

图8.40　都灵地铁工程中集成监测系统实例

（1）CDMS的应用

对所有现场调查和设计数据进行管理。

通过相关平台可实时获得成千上万的相关地质监测观察结果，以便核查：

- TBM每一循环的开挖进尺；
- 地表沉降；

- TBM性能参数。

上述所有信息对工程师做出更好的施工决策是十分重要的。

为了控制施工作业，安装有一套由3千多台仪器组成的复杂监测系统。

（2）监 测 系 统

监测系统有助于对现场情况和设计的预期情况进行连续对比。此外，预先确定的防范措施是与所监测的参数有关联，以便控制潜在的危险情况，保证人身和结构安全。

根据设计，对以下的参数进行了监测和记录：

- 地下结构中的应力、应变和位移；
- 地表和地中应变；
- 环境数据（例如地下水位）；
- 既有建筑物和人工制造物的位移（图8.41）；
- 隧道掘进机开挖参数。

通过安装1D及3D观测用光标，对位于区间隧道上方的重要历史建筑进行连续监测，隧道开挖期间采用电子水准仪评估角变形，用3轴振动仪监测振动，其读数频率与隧道监测设备所采用的一样。

（3）特殊土壤改良

为研究都灵地层（第5标段）的土壤改良问题，进行了许多试验。试验结果显示，注入泡沫和聚合物都不足于形成塑性、非分离的渣土。因此，决定研究另一种方案，通过注入含有岩石粉末的混合液来补充泡沫和聚合物。

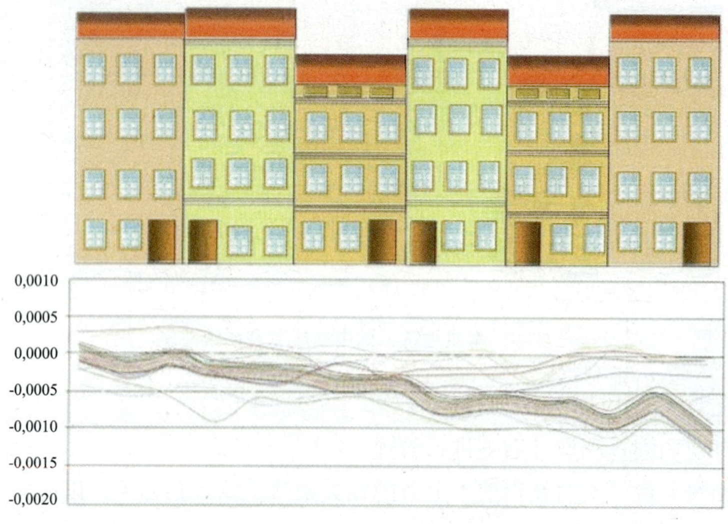

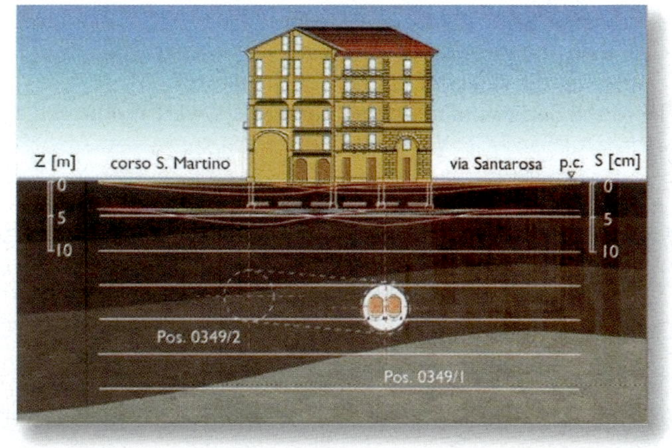

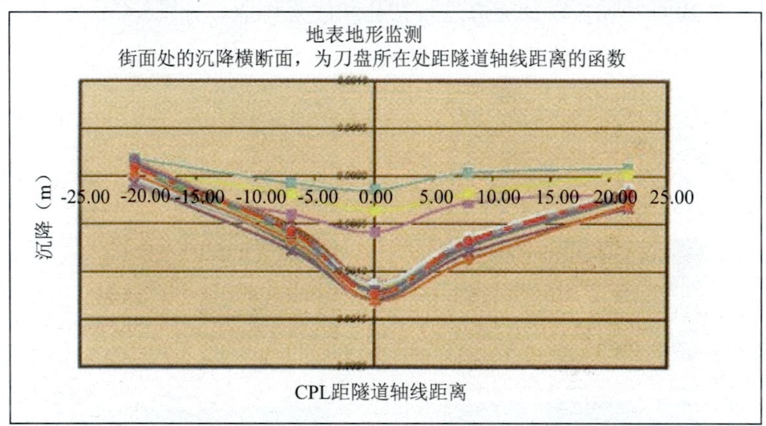

图8.41　都灵地铁工程中地面结构沉降监测

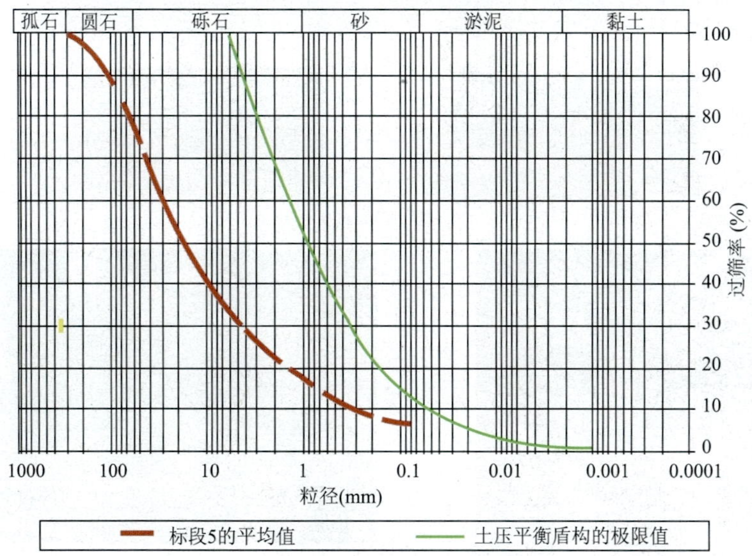

图8.42　都灵地铁工程土壤颗粒分布

为了制作稳定的混合物，考虑了下面几种主要情况：

- 采用的填料，其细度模数和粒径尺寸能够填补自然冲积岩土材料的级配曲线。
- 所采用的聚合物能够稳定混合物和满足沉积区域的环境要求。
- 混合物黏度适合通过刀盘旋转接头小导管进行泵送。

（4）地 层 加 固

在沉降可能对既有结构物造成危害风险的地方，实施了土壤改良方案。通过低压注入水泥法，改善地层特性和减轻隧道工程引起的变形影响。

根据隧道与原来既有结构物之间的相互位置以及现场的可接近性和现场地面利用类型，选择不同的注浆形式（图8.43）。

该工程包括在TBM进出车站的附近进行全断面水泥注浆。考虑到环境和地质条件，从地面和/或服务竖井以及隧道进行钻孔和注浆作业，如图8.43所示。

图8.43 在都灵地铁进行的地层加固

8.5 马来西亚吉隆坡的SMART工程

8.5.1 工程特点（表8.14）

表8.14 工程特点

位置	马来西亚吉隆坡 （图8.44）
工程周期	2004～2007年4月
工程名称	SMART （雨水处理和公路隧道工程）
所有者	马来西亚政府排水灌溉部和公路管理局
业主	MMC—Gamuda联营体（承包商和特许经营者）
Geodata 的工作	土工技术及结构监测以及基于GIS平台工具（GDMS）的TBM数据管理系统

图8.44 吉隆坡市中心

8.5.2 工程概述

吉隆坡的SMART工程是为了急于解决该市肆虐的洪水问题而建的，当Llang河洼地流域的气候条件造成河水流向与Ampang河交汇处的地面时，就会引发洪水（见图8.47）。该问题已造成南面主干道高峰期交通拥挤。该项目的关键工程是一开挖内径为12.8 m的隧道，当雨水滞留时，该隧道既作为排水通道将洪水引向市区周围，远离市中心，同时可作为汽车通行的双层收费通道（图8.45和图8.46）。

隧道下面一层以下的水道将一直保持开启状态，当滞留在隧道里的洪水上升时，设在公路两端的两组封水闸门将保护公路。在强暴雨情况下，将关闭该隧道，同时打开防水闸门，使洪水通过用于交通的隔层流走。

图8.45　运营隧道示图

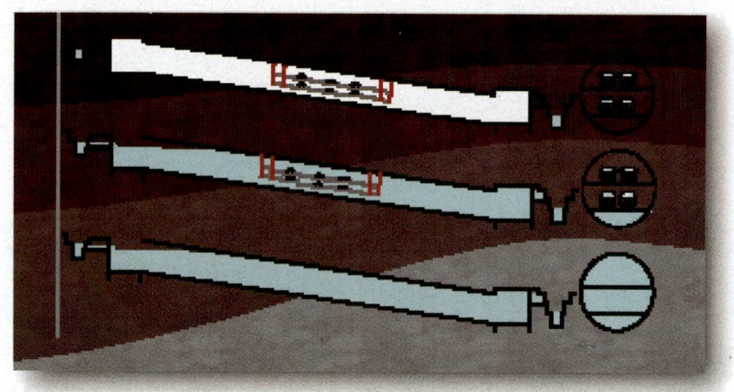

图8.46　SMART隧道三种运营模式模拟图

8.5.3　设计标准

（1）防洪及引洪

总的洪水滞留容量：	300万 m^3；
隧道深度：	一般在地面下24～31 m；
隧道覆盖层：	平均为隧道直径的1～1.5倍；
内部作业压力：	2 bar；
强暴雨：	概率为100年一遇。

（2）中央收费公路

通行能力：	3 km双层通道，每层两车道；
通行速度：	50 km/h 高速公路；
与上下公路相接的应急通道：	9处，每隔250 m区间；
公路隧道环境：	最大为2.5 bar的防水性。

8.5.4 隧道特点

长度：	9.7 km；
开挖方法：	两台海瑞克混合型盾构和明挖法；
衬砌类型：	管片衬砌；
TBM 1开挖北侧：	5.2 km北段到Klang 蓄水池；
TBM 2 开挖南侧：	4.1 km南段到Kerayong 蓄水库。

具有双重功能的隧道可将把流经市中心的两条主要河流交汇处的洪水引走，同时其中心段为双层公路，以缓解进入市中心的南面公路干道的交通拥挤。

在正常情况下或在降雨量低的情况下启动模式1，这样就不需要把水引入隧道。

中度暴雨时启动模式2，将洪水引入公路隧道较低部分的旁道中，公路隧道仍然保持交通运营。

大暴雨时将启动模式3，关闭隧道，因此整个隧道将用于洪水分流。众多的监测站将确保在自动放水闸门开启之前有足够的支配时间。

图8.47 SMART工程总图

8.5.5 环境和地质情况

主要制约因素如下：

- 市区环境。
- 隧道上方覆盖层几乎是隧道直径的0.8～1.8倍。
- 地下水位高。
- 地质条件不均质，含有喀斯特石灰岩、冲积沉积物和废矿渣。

8.5.6 开挖方法

约90%的隧道是用两台泥水盾构进行开挖，剩余部分则用明挖法开挖。这两台直径为13.2m 的TBM（图8.49）是世界上直径最大的机械。它们从隧道的中部开始朝两个方向工作。每台海瑞克 TBM长约70 m，重2 500 t。安装的混凝土管片厚500 mm。在这种情况下，用泥水盾构进行开挖证明是正确的选择，是非常成功的（图8.48）。

未用土壤填塞的空穴对该工程造成很大的风险。因此，分离站备有2 000 m^3膨润土，可用来弥补一些渗流到地层结构中的膨润土浆损失。

图8.48　SMART工程隧道贯通

8.5.7　TBM数据（表8.15）

表8.15　TBM数据

制造商	海瑞克
TBM类型	混合盾构
刀盘直径	13.26 m
盾构压力（最大）	3 bar
功率	8 200 kW
推力（最大）	94 500 kN
扭矩（最大）	24 400 kN·m
贯入度（最大）	50 mm /min
盾构长度	10.24 m
泥浆循环流速	2.40 m^3 /h

图8.49　两台海瑞克混合盾构（直径13.26 m）中的一台

8.5.8　关 键 因 素

业主认为结合TBM监测，连续进行土工技术和结构监测是必要的。

监测数据的实时可获取性被证明对施工工序的管理是很有效的，尤其是在施工方法明确规定并针对一系列异常情况制定了防范措施时（风险管理操作协议）。

利用Web-GIS原理开发的GDMS（地质数据管理系统）系统，能够在统一的模块化平台框架中处理来自不同信息源（监测、现场调查、建筑物勘察、机械性能以及地层处理等）的信息（图8.50）。

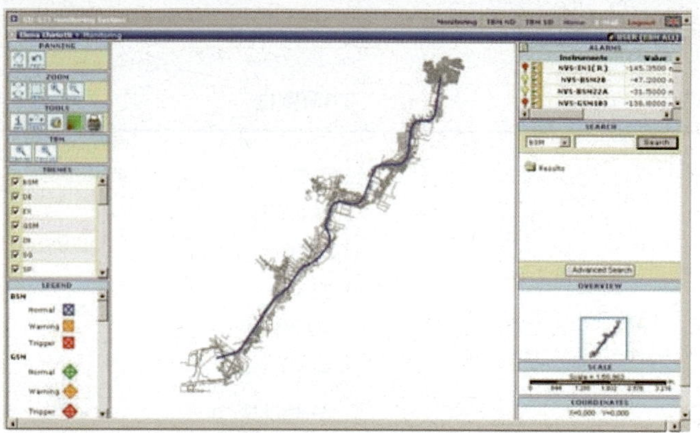

图 8.50 用于吉隆坡SMART工程的GDGMS监测系统主窗口

地质数据管理系统（GDMS）如图8.51～图8.53所示。

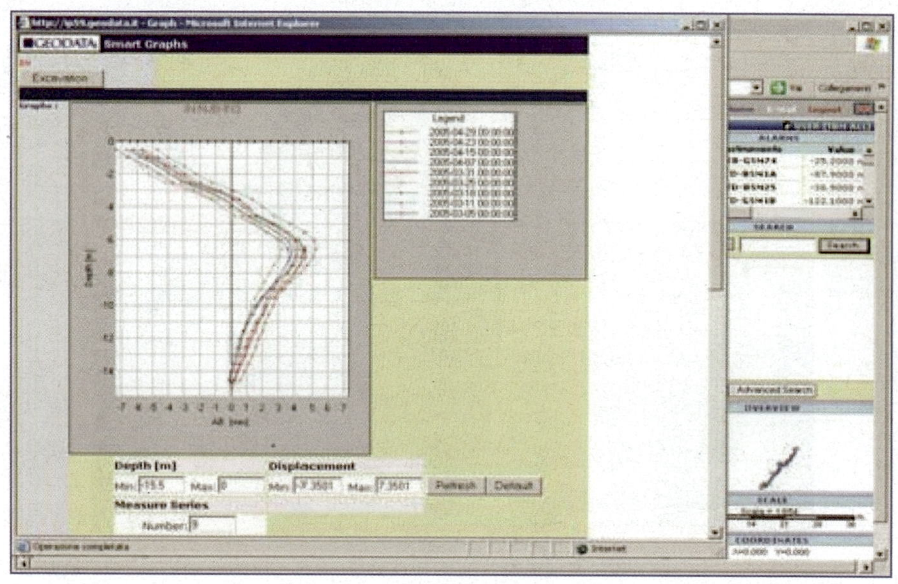

图8.51 某隧道段不同深处位移时程图

GDMS平台是完全模块化的，专门进行监测数据管理的模块被称之为GD-GIS。它以GIS（地理信息系统）技术为核心，由数据库和程序组成一个整体，可与所要求的以及在项目地质参考数字地图上的区域目标相连（图8.50）。

GD-GIS 的目标包括：

- 在进行隧道工程（建筑物、基础结构等）之前，收集有关地质参考资料及有关现场情况的地理信息并对其进行组织管理。
- 收集有关地质参考资料和施工过程（开挖进度、监测数据、勘察数据等）产生的数据流并对其进行组织管理。

- 验证所收集的信息。
- 根据事先确定的分项关键词，可以查询和分析所储存的数据（例如，检索某种地层的土工技术性能数据、一定时间内某一区域内地下水位波动数据等）。
- 审查和对比不同类型的数据（例如，基本地质模型与实际地质条件的对比，地表监测数据与地中监测数据的对比，监测数据与建筑物状况的对比，TBM操作技术参数与地层监测特性的对比，收集的测量结果与参考报警限值的对比，预定的设备计划与设备安装的对比等）。
- 为数据自动报告提供一种方便、可靠的工具。

在SMART工程中，Geodata的任务就是提供GDMS系统，对项目产生的大量实时数据进行处理。

采用标准的查询对话框和借助地理接口可检索数据。数据可以用时间或位置（距开挖面的距离）关系图或用表格形式（便于下载）显示，并且可用等高线图表示（沉降量测），见图8.51和图8.52。

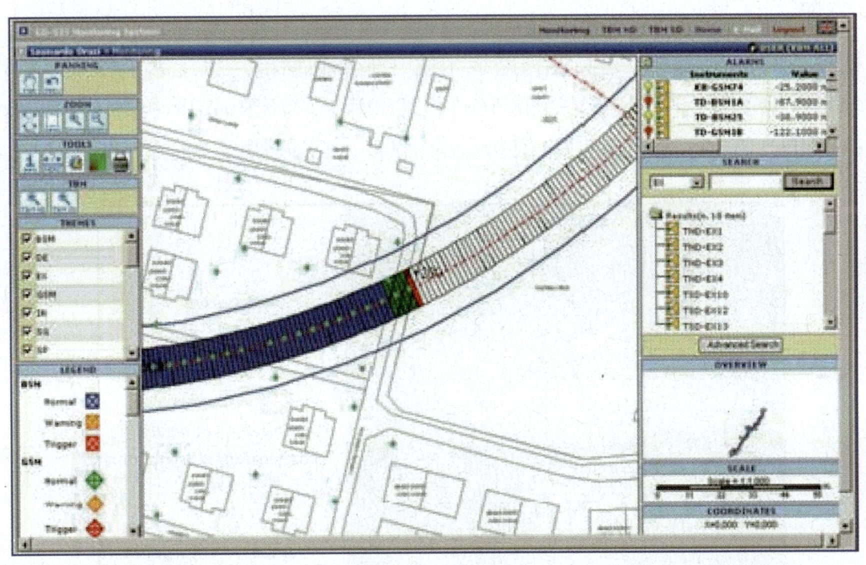

图8.52　**图8.50的放大图，显示（1）工作面位置，（2）已拼装环及待拼装环**

随着Web-GIS监测系统应用而引入的创新功能包括：

- 用户定制管理（不同的用户具有不同的操作权限），甚至对于地理基础数据也是如此（保留数据所有权）。
- 在远程服务器基础上提供同步技术支持服务，以处理可能出现的故障或局部系统故障。
- 可根据要求采用不同的数据过滤器绘制沉降等高线图。

8.6 NODO DI BOLGNA高速铁路线

8.6.1 工程特点（表8.16）

表8.16 工程特点

位置	意大利博洛尼亚
施工周期	2003～2006年
名称	Nodo di Bologna 高速铁路
业主	TAV.REIS S.p.A
设计者	Italferr S.p.A
承包商	San Ruffillo联营体（Acciona-Ghella-Salini）
Geogota的工作	咨询顾问
监测	Golder 联合公司
TBM监测	Stone（意大利，米兰）

8.6.2 概　　述

横穿博洛尼亚市的新建高速铁路线米兰—那不勒斯段，位于繁华的市区，预计大部分将在地下开挖（图8.53和图8.56）。2000年， 与S.Ruffillo联营体（Accіona-Salini-Ghella）签定了修筑该工程第5标段的合同，该工段从博洛尼亚市下面穿过。

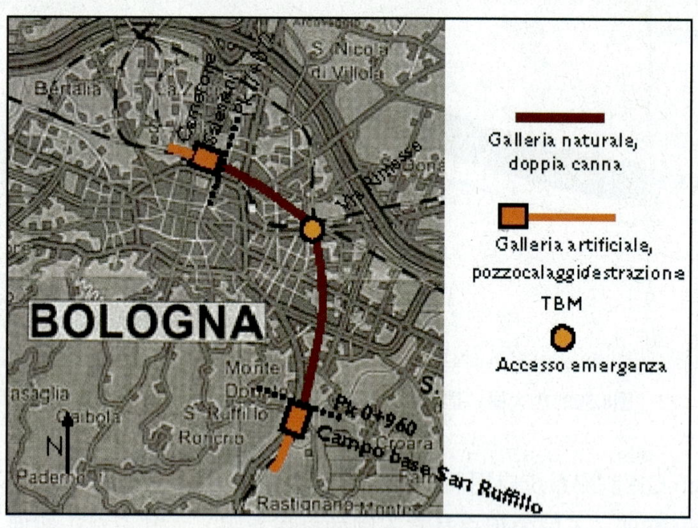

图8.53 “Nodo di Bologna”工程示意图

该工程始于该市南面的Szvena桥北桥墩（K0＋000），止于新中央车站（K7＋375）。它包括下面几个主要结构：

- 明挖回填隧道和始发竖井（供TBM用），双线，从KM 0＋000到K0＋958（图

8.54和图8.56）。

- 两座土压平衡掘进隧道（“Pari”和“Dispari”隧道），单线，直径为9.4 m，从K0＋958到K7 ＋075。
- 在K4＋820的应急竖井（Via Rimesse竖井）和在K6＋857的一座通风竖井。
- 运输井（TBM的出口和“博洛尼亚停车场），从K7＋075到K7＋235。
- 暗挖隧道，双线，从K7＋235到K＋350，连接运输竖井与中央车站。
- 第1台土压平衡盾构于2003年开始开挖，第2台于2003年11月年开始开挖。两台TBM在2006年5月底完成开挖作业。

TBM开挖作业分为两个不同的时间段进行：

（1）2003年7月～2004年10月：从K0＋980到K3＋050（第1台TBM）以及从K0＋980到K2＋440（第2台TBM）。

（2）2005年5月～2006年5月（开挖终点：K7＋375）。

图8.54　隧道南洞口概况

图8.55　准备作业的第二台Lovat TBM

2004年10月，当第1座隧道开挖了32%和第2座隧道开挖了23%的时候，土工技术的复杂性、合同的制约性以及沉降问题使得开挖被迫停止。

在争议审查委员会帮助下，于2005年5月解决了停工问题。当重新继续开挖时，在负责盾构开挖作业控制的咨询顾问（Geodata Spa）的协助下，在TBM参数和对地面影响方面，承包商建立了严密、广泛的监测系统。

8.6.3 隧道特点（表8.17）

表8.17 隧道特点

隧道总长	6 112 m
隧道中心线间距	15 m
覆盖层（最小～最大）	15～21 m
开挖直径	9.4 m
开挖面积	69.81 m^2
衬砌类型	管片衬砌
衬砌环类形	通用型
厚度	40 cm
管片数量	6+1
衬砌环长度	1.5 m
接头	螺栓

这两座隧道始于博洛尼亚南面的S.Ruffillo区。从K0＋960到K1＋500，隧道在一座发电厂和刚刚建成的一座商场下面穿过。从大约K1＋500到K7＋075，隧道定线从意大利一条干线铁路（博洛尼亚－佛罗伦萨铁路线）下穿过，该铁路线位于8～12 m高的路堤上。隧道平均覆盖层厚度为15～21 m（在路堤底部），在隧道的前100 m路段，其最小覆盖层是5 m。

8.6.4 环境与地质条件

地层情况非常不均质，由软的海底黏土、砂和冲积沉积物（主要是砾石）组成。

在隧道定线的最初部分（K2＋150处），隧道在地下水位下的海成黏土和松散的黏质沉积物（上新世黏土和黄色的更新世砂岩）中进行开挖。在隧道定线的第二部分，隧道在Savena河沉积物中开挖，这些沉积物主要由砾石和细砂含量较高的砂层（黏土和粉砂透镜体）组成。

根据主要地层情况把隧道分成9个“均质”的区段（表8.18），即使实际上这些区段比当初想象的更不均质。

开挖地层的非均质性是一个重要问题，因为就地面沉降反应和机器性能而言，沿隧道定线的开挖条件变化较大。

图8.56 博洛尼亚周边环境

表8.18 隧道沿线按照土工技术特性确定的区段

按土工技术特性确定的区段	区段位置（起止里程）	长度（m）	地层类型				
			砾岩和粉砂砾岩	粉砂	黏质粉砂	粉质黏土	地下水位
1	0+960～1+800	840		×	×	×	是
2	1+800～2+150	350		×	×		是
3	2+150～3+400	1250		×			
4	3+400～4+200	800		×			
5	4+200～4+600	400	×	×			
6	4+600～5+350	750		×			
7	5+350～6+100	750			×		
8	6+100～6+800	700				×	
9	6+800～7+072	272				×	是

注：×为确定参考土工技术参数以计算所需工作面支撑压力而考虑的地层类型。

8.6.5 开挖方法

为了把对地面的影响降低到最小程度，业主采用了机械开挖法（土压平衡盾构、泥水盾构或混合盾构），即对地层改良需求和对地下水干扰最小的施工技术。出于以下考虑，承包商选用了两台土压平衡盾构：

- 地质和土工技术条件（变化的地层情况）；
- 施工联营体中两个最重要公司在类似地下工程中的相关经验（Acciona公司在马德里及巴塞罗那的隧道工程，Ghella公司在巴伦西亚及加拉加斯的隧道工程）；
- 涉及泥浆处理和处理厂的环境问题。

这两座隧道的定线大部分是平行的（至K6+650处），它们之间的中隔墙宽度仅为5.6 m。两座隧道之间的最小距离是开挖所面临的最重要挑战之一。

出于对乘客的安全考虑，以及覆盖层很小（1～1.5倍直径）、直径为14 m的双线隧道构造会对既有基础结构、公用设施和地面建筑造成危险的不均匀沉降，因此业主和设计者（TAV S.p.A.和Italferr S.p.A.）采用了双洞隧道方案。

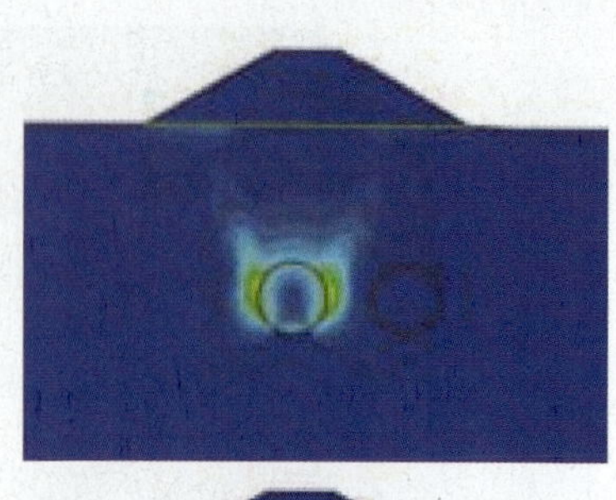

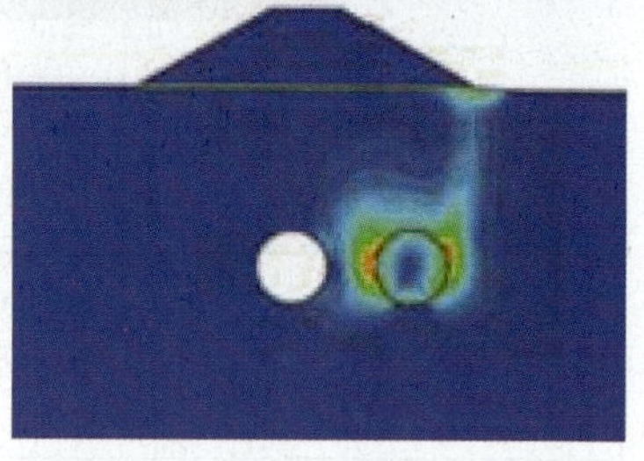

图8.57 在既有隧道附近用盾构开挖第2座隧道时的地层塑化影响

开挖施工表明：因两隧道间距离太小，第2台土压平衡盾构所开挖地层受到第1座隧道开挖的干扰较大，其土工技术特性更差。鉴于这个原因，当开挖第2座隧道时，土压平衡盾构开挖期间，有必要采用更严格的控制参数和更高的开挖控制标准（图8.57）。

8.6.6 TBM数据（表8.19）

制造商	LOVAT
TBM类型	土压平衡盾构（RME－370SE）
刀盘直径	9.4 m
最大压力	3.5 bar
推力（最大）	10 000 kN
扭矩　（最大）	24 000 kN・m
最大贯入率	80 mm/ min
推进千斤顶数量	36
注浆管线数量	6
泡沫注浆管线数量	8
盾构长度	10.7 m

8.6.7 现场施工组织和TBM性能

上述两个开挖阶段期间2号TBM性能情况汇于图8.58。表8.20列出了两台TBMs的平均掘进效率。

表8.20 TBM数据

平均掘进效率	8.2环/天（TBM1） 9.33环/天（TBM2）
两台TBM的最高日进尺：	25环（37.5 m/天）
最高月进尺：	612 m（第1台TBM，2006年3月） 635 m（第2台TBM，2006年4月）
最高月进尺（两台掘进机一起）	1 182 m（2006年4月）

第1阶段：每天作业24 h，每周5天。

第2阶段（2005年5月重新开挖后）：每天作业24 h，每周7天，没有任何停机计划（除保养和维修外）。

在最后3个月，两台掘进机的掘进效率达到了3 200 m（两座隧道）。

在严格遵照设计规范，按土压平衡盾构模式作业，土舱始终填满渣土且其拱顶处压力控制在1.5～1.8 bar情况下，获得了较高的掘进机效率。

Geodata的工作任务和责任是对以下残余风险进行管理：

- 在隧道的第一部分已出现两次坍塌情况下沉降有可能增大的潜在风险。
- 因两隧道间距较小而造成的开挖影响。
- 预计将沿隧道定线从许多障碍物（建筑物、桥梁等）下面穿过。

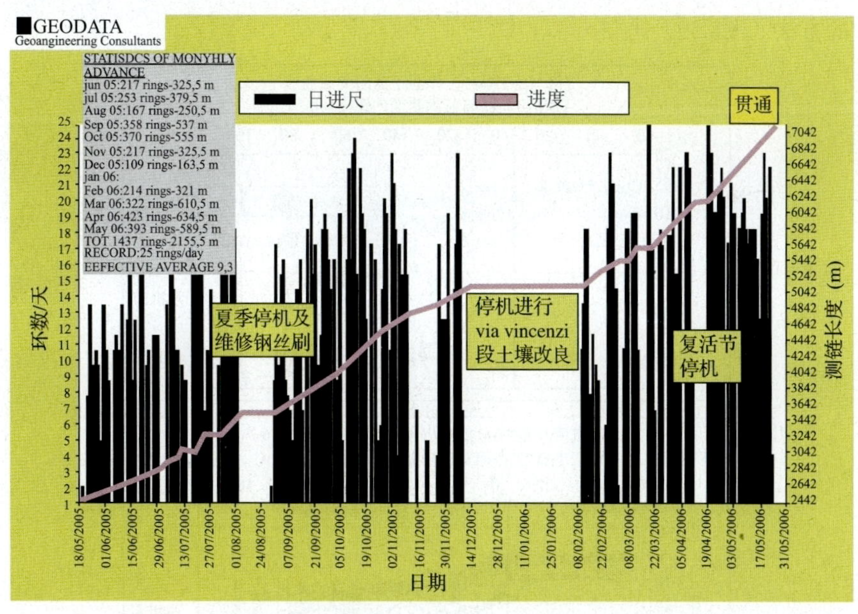

图8.58 “Nodo di Bologna”高速铁路线第2台TBM掘进效率

8.6.8 关键因素

（1）开挖控制系统

以下因素对于重新开挖和严格的开挖控制是很重要的：

- 针对每台TBM和每掘进300 m路段制定详细的隧道掘进计划（PAT），这样在开挖前所有有关隧道的参数和设计问题都得到了解决。隧道每开挖300 m，咨询顾问将对TBM主要参数、土工技术情况及其对地面影响进行反分析，以验证所采用及建议的控制值是否合适。在考虑到与既有地面结构相互影响的情况下，咨询顾问还将为下一个30 m进程确定开挖程序和TBM参数。
- 咨询顾问公司的驻地隧道工程师收集所有开挖参数，确保隧道所有开挖阶段都遵守作业程序，并确保TBM以适当方式进行作业。开挖期间控制的主要参数是：作面支撑压力、渣土表观密度、排渣量、尾部空隙注浆量和压力。
- 成立技术小组，审查和分析 TBM开挖的日报告和周报告、操作条件范围、记录参数以及一些大事件。

（2）监 测 系 统

为了把所有需要的实时信息快速地输入网络平台（GIDIE—Golde Associates Srl）的专用数据库中，开发了一种专门的监测系统，以便了解各开挖阶段土壤特性和潜在受影响结构物的响应并确定是否应采取对策。

一共连续记录了近200个土压平衡盾构参数（每5 s记录一次）并传送（通过专门的工程项目网站进行实时传输）给业主和咨询顾问。事实上，与开挖参数相比，地表沉降反分析被证明是评价地层对TBM开挖响应和两台TBM前后掘进的相互影响最有效的方法（图8.59）。

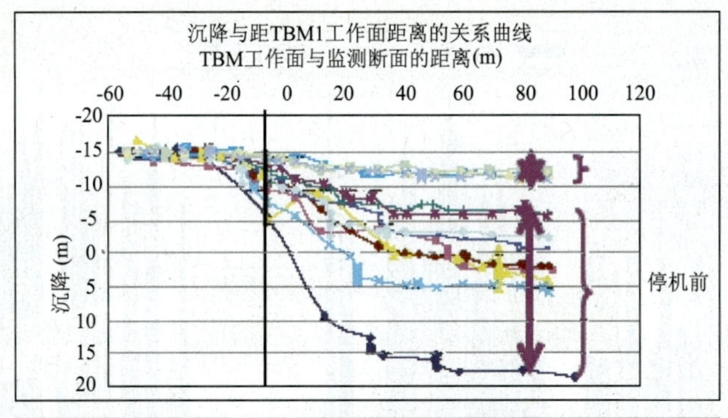

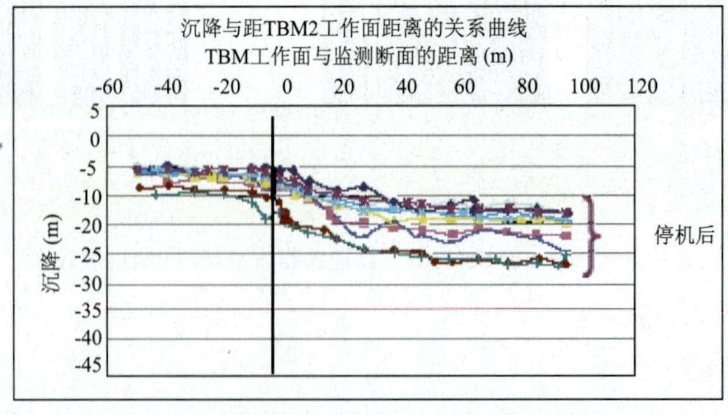

图8.59 沉降量测示意图

开挖控制的咨询顾问对沉降数据进行连续分析并根据盾构压力校正体积损失和沉降，同时考虑短期停机/长期停机问题，见图8.60～图8.63。

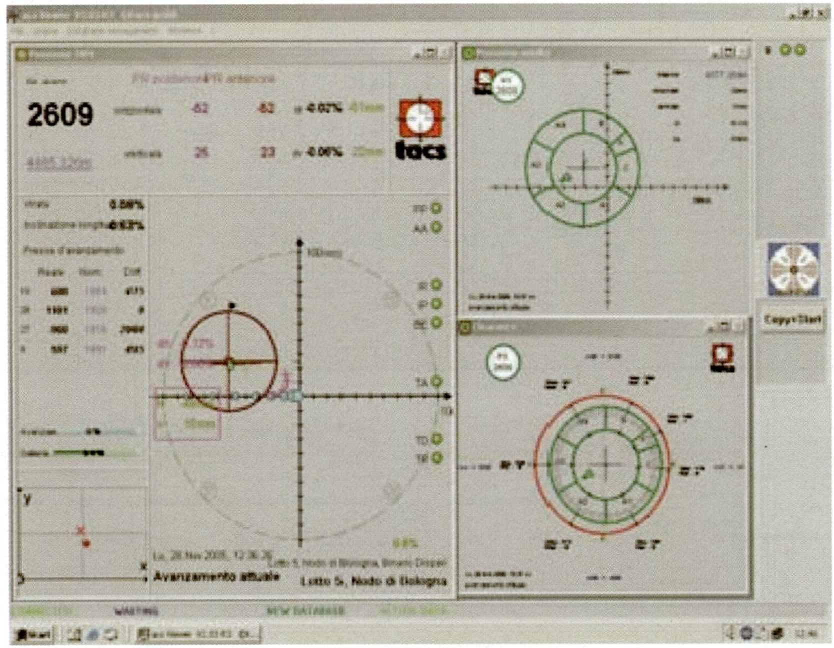

图8.60　TACS导向系统屏幕

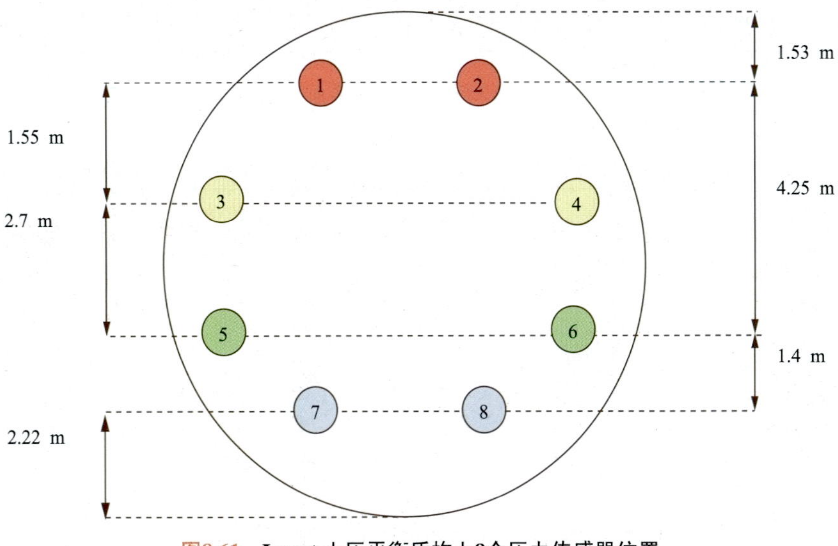

图8.61　Lovat 土压平衡盾构上8个压力传感器位置

针对TBM开挖进行更严格的控制明显减少了地表沉降，最大值为2 cm，体积损失值约为1.2%，鉴于大多数开挖在粒状土层中进行，因此这一结果已较为满意。

（3）补偿注浆作业

因为要在运营铁路线下面开挖双孔隧道，因此必须采取一系列保护措施，以便将隧道工程对相邻结构，尤其是对铁路桥梁的影响降低到最小。这些措施包括对潜在损坏风险相对较大的地方进行固结注浆和补偿注浆来主动控制沉降的传统保护方法（图8.64）。

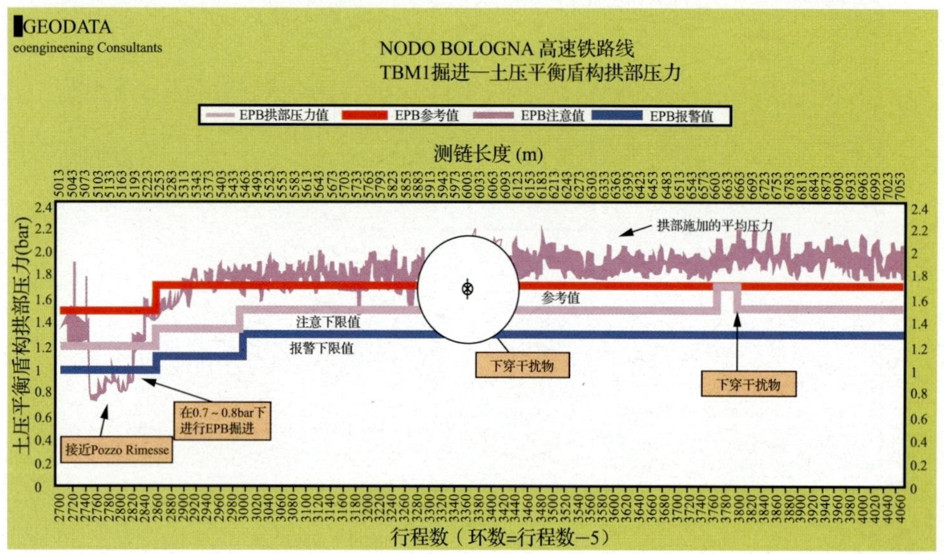

图8.62 记录的压力值及其下限和上限值

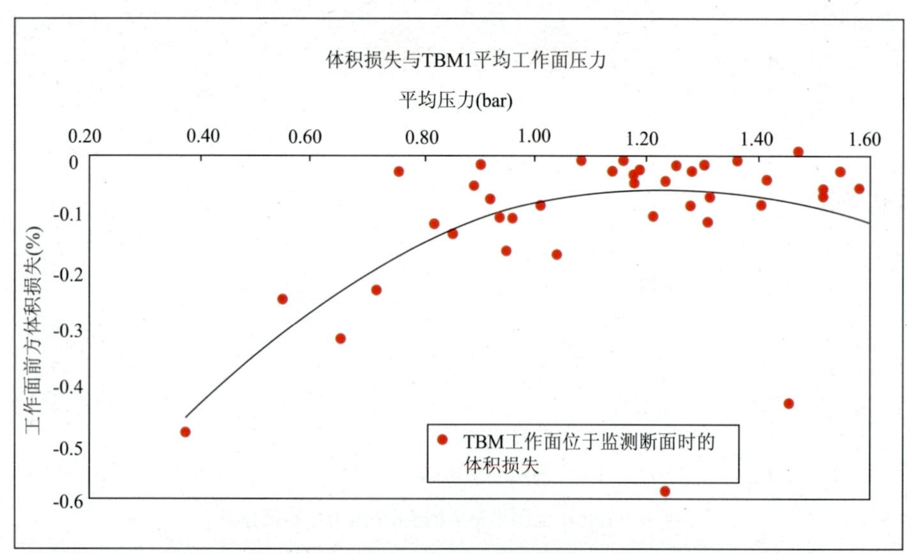

图8.63 初始体积损失与工作面平均压力的关系

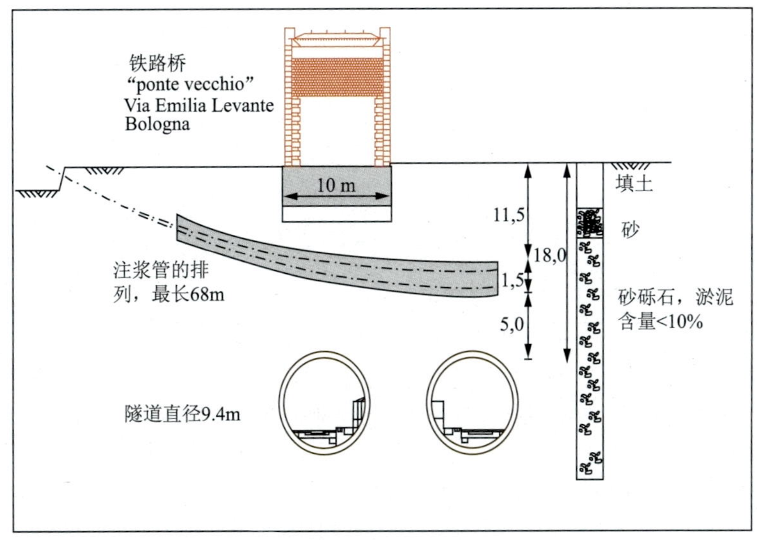

图8.64　下穿“Via Emilia 桥”时的补偿注浆系统示意图

其中一个重要的结构是称为“Ponte Vecchio”的砖砌铁路桥，该桥穿过市内一条重要街道（Via Emilia Levante）。在TBM穿过期间，通过控制注浆量和压力（通过适宜的注浆阀管进行注浆）并且严格控制盾构的开挖参数来限制桥墩的不均匀沉降。

参考文献

[1] A.F.T.E.S.: Les Joints d' étanchéité entre voussoirs. Tunnels et Ouvrages Souterrains. No. 155 (Suppl.) (1993), pp.164-166.

[2] A.F.T.E.S.: Working Group no.7-Temporary Supports and Permanent Lining. Considerations on the usual methods of tunnel lining design. Tunnel et Ouvrages Souterrains. No. 90 (Suppl.) (1988), pp.337-357.

[3] A.F.T.E.S.: Working Group no.18. Recommandations Relatives a la Conception, le Dimensionnement et l' execution des revètements en voussoirs préfabriques en béton armé installés à l' arriere d' un tunnelier. (1998).

[4] A.F.T.E.S.: Synthèse Eupalinos 2000. French National Project on Mechanized excavation in Heterogeneous Ground – Earth Pressure Balance Shield: Theme B1 "Control of the Confinement by Earth Pressure" : Laboratory Studies on Reduced Models. 1998-2001, n.11 (Reports) (2001).

[5] A.F.T.E.S.: AFTES Recommendations Concerning Slurry for use in Slurry Shield TBM. (2001)

[6] Feddema, A., Moeller, M., van der Zon, W.H. and Haschimoto, T.: ETAC Two-Component Grout

[7] Field Test at Botlek Rail Tunnel. Proc. Int. Symp.: Modern Tunnelling Science and Technology, Kyoto, 2001.

[8] Agostinacchio, M., Campa, D. and Olita, S.: La Progettazione delle Strade – Guida alla Corretta Applicazione del D.M.5/11/2001. EPC Libri, Testo depositato presso la storica Biblioteca: "Trinity College Library" dell' Università di Dublino, 2002.

[9] Anagnostou, G. and Kovari, K.: The Face Stability of Slurry-Shield-Driven Tunnels. Tunn.Undergr.Sp.Tech 9(2) (1994), pp.165-174.

[10] Anagnostou, G. and Kovari, K.: Face Stability in Slurry and EPB Shield Tunnelling. In: R. J. Mair and R.N. Taylor (eds): Geotechnical aspects of underground construction in soft ground, Int. Symp. Balkema, London, 1996, pp.453-458.

[11] Anagnostou, G. and Kovari, K.: Face Stability Conditions with Earth-Pressure-Balanced Shields. Tunn. Undergr. Sp. Tech. 11(2) (1996), pp.165-173.

[12] Aristaghes, P. and Autuori, P.: Confinement Efficiency Concept in Soft Ground Bored Tunnels. Proc: World Tunnel Congress. Amsterdam, 2003, pp.909-913.

[13] Atkinson, J.H. and Potts, D.M.: Stability of a Shallow Circular Tunnel in Cohesionless Soil. Géotechnique 27(2) (1977), pp.203-215.

[14] Attewell, P.B. and Woodman.: Predicting the Dynamics of Ground Settlement and its Derivatives Caused by Tunnelling in Soil. Ground Eng. 15(8) (1982), pp.13-22.

[15] Attewell, P.B. and Taylor, R.K.: Ground Movements and their Effects on Structures. Chapman and Hall, 1984.

[16] Babendererde L.H. Developments in Polymer Application for Soil Conditioning in EPB-TBMs. In: J. Negro and Ferreira (eds): Conf. Proc.: Tunnels and Metropolises. Balkerna, 1998, pp.691-695.

[17] Babendererde, S., Hoek, E., Marinos, P. and Silva Cardoso, A.: Geological Risk in the use of TBMs in Heterogeneous Rock Masses – The Case of "Metro do Porto" and the Measures Adopted. Course on

Geotechnical Risks in Rock Tunnels, University of Aveiro, Portugal, April 16-17, 2004.

[18] Balthaus, H.: Standsicherheit der Flüssigkeitsgestützten Ortsbrust bei Schildvorgetriebenen Tunneln. Festschrift Heinz Duddeck. Institut für Statik, TU Braunschweig (1998), pp.477-492.

[19] Balthaus, H.: Tunnel Face Stability in Slurry Shield Tunnelling. XII ICSMFE: (1989), pp.775-778.

[20] Barla, G.: Scavo di Gallerie in Prossimità Della Superficie. Atti V M.I.R. Conferenze di Meccanica e Ingegneria delle Rocce, 1994.

[21] Bezuijen, A., Talmon. A. M., Kaalberg F.J. and R. Plugge.: Field Measurements on Grout Pressures During Tunnelling. Geotechnical Aspects of Underground Construction in Soft Ground: 4th Int. Symp. IS TC28 Toulouse, Specifique, Lyon, 2002.

[22] Bezuijen, A. and Talmon, A.M.: Grout Pressure Measurements During Tunnelling. Proc.: World Tunnel Congress. Amsterdam, 2003.

[23] Bezuijen, A. and Talmon, A.M.: Grout Pressure Around a Tunnel Lining, Influence of Grout Consolidation and Loading on Lining. Proc.: World Tunnel Congress. 30th ITA Assembly, Singapore, 2004.

[24] Bezuijen, A., Joustra, J.F.W., Talmon, A.M. and Grote, B.: Proc.: World Tunnel Congress. 31st ITA Assembly. 291-296, Istanbul, Turkey, 2005, 809-814.

[25] Bochon, A., Rescamps, Y. and Chantron, L.: La Détection des Anomalies d' excavation au Tunnelier a Pression de boue: mèthode mise au point sur le chantier EOLE, 1997.

[26] Borghi, F.X., Mair, R.J.: Soil Conditioning under London. T&T International 9(6) (2006), pp.18-20.

[27] Boscardin, M.D. and Cording, E.J.: Building Response to Excavation-induced Settlement. J.of Geotechnical Eng. 115 (1) (1989), pp.1-21.

[28] Bracegilder, A., Mair, R.J., Nyren, R. J. and Taylor R. N.: A Methodology for Evaluating Potential Damage to Cast Iron Pipes Induced by Tunnelling. In: R.J. Mair and R.N. Taylor (eds): Geotechnical Aspects of Underground Construction in Soft Ground. Balkema, London, 1996, pp.659-664.

[29] Broere, W.: Tunnel Face Stability and New CPT Applications. Ph.D Thesis – Technical University of Delft. www.library.tudelft.nl, 2001.

[30] Broms, B.B. and Bennmark, H.: Stability of Clay at Vertical Opening. ASCE Journal of the Soil Mechanics and Foundations Division. SM1 (1967), pp.71-94.

[31] BSI 6164.: Code of Practice for Safety in Tunnelling in the Construction Industry. British Standard, 2001.

[32] BTS/ICE.: Closed-face Tunnelling Machines and Ground Stability – a Guideline for Best Practice. Thomas Telford Publishing, 2005.

[33] Burland, J.B., Broms, B.B. and DeMello, V.F.B.: Behaviour of Foundations and Structures. Proc.: IX ICSMFE. Tokyo, State-of-the-Art Report, Session2, Vol.2, 1977.

[34] Burland, J.B. and Wroth, C.P.: Settlement of building and associated damage. Proc. Conf.: Settlement of Structures, State-of-the-art Review Paper – Session V. Cambridge, 1974a, pp.611-654.

[35] Burland, J.B. and Wroth, C. P.: Allowable and Differential Settlements of Structures, Including Damage and Soil-structure Interaction. Proc. Conf.: Settlement of Structures, Discussion – Session V. Cambridge. 1974b, pp.763-811.

[36] Canale, S., Nicosia, F. and Leopardi, S.: Analisi critica delle problematiche inerenti alle infrastrutture viarie – Quaderno no. 93, Università degli Studi di Catania, Facoltà di Ingegneria, 1997.

[37] Candeias Portugal, J., Portugal, A. and Santo, A.: Excavation Induced Building Damage. Geotecnia – Revista da Sociedade Portuguesa de Geotecnia. 107 (2006) pp. 109-132 (in Portuguese).

[38] Caquot, A. and Kerisel, J.: Traitè de Mecanique des Sols. Gauthier-Villars, Paris, 1956.

[39] Carranza-Torres, C.: Computation of Factor of Safety for Shallow Tunnels using Caquot' s Lower Bound Solution. Technical Report for Geodate, Turin, 2004.

[40] Carrieri, G., Crova, R., Grasso, P. and Guglielmetti, V.: 2004. Torino metro line 1, the tunnels excavation of the first section. Proc.: Mechanized Tunnelling: Challenging Case Histories. Turin.

[41] Carrieri, G., Fornari, E., Guglielmentti, V. and Crova, R.: Torino Metro Line 1: Use of Three TBM-EPBS in very Coarse Ground Soil Conditions. Proc.: World Tunnel Congress and 32nd ITA Assembly. Seoul. No: pita06-0196, 2006.

[42] Centrum Ondergronds Bouwen (COB).: Parameterset voor de predicties. Technical Report K100-W-004, 1996.

[43] Cherubini, C. and Orr, T.L.L.: Considerations on Applicability of Semi-probabilistic Bayesian Method to Geotechnical Design. XX Convegno Nazionale di Geotecnica, Parma, 1999.

[44] Chiriotti E., Marchionni. V. and Grasso, P.: Porto Light Metro System, Lines C, S and J. Interpretation of the Results of the Building Condition Survey and Preliminary Assessment of Risk. Methodology for Assessing the Tunnelling Induced Risks on Buildings along the Tunnel Alignment. Normetro-Transmetro, Internal technical report (in Italian and Portuguese), 2000.

[45] Chiriotti, E. and Grasso, P.: Porto Light Metro System, Lines C, S and J. Compendium to the Methodology Report on Building Risk Assessment Related to Tunnel Construction. Normetro-Transmetro, Internal technical report (in English and Portuguese), 2001.

[46] Chiriotti, E., and Grasso, P.: The control of Risks for Mechanised Tunnelling in Urban Areas. Proc: XXI SIG – National Geotechnical Congress, L' Aquila, Italy (in Italian), 2002.

[47] Chiriotti, E., Grasso, P. and Xu, S.: Analyses of Tunnelling Risks: State-of-the-art and Examples. Gallerie, n.69, 2003.

[48] Chiriotti, E., Grasso, P., Gaj, F. and Giacomin, G.: Risk Control for Mechanized Tunnelling in Urban Areas. Proc.: IX National Geotechnical Congress, Aveiro, Portugal, 2004.

[49] Chiriotti, E., Avagnina, N., Grasso P. and Tripoli, G.: Compensation Grouting for Safe TBM Tunnelling Beneath Low-cover. Proc.: 5th Int. Symp. Geotechnical Aspects of Underground Construction in Soft Ground. Amsterdam, 2005.

[50] Clayton, C.R.I.: Managing Geotechnical Risk. Improving Productivity in UK Building and Construction. Institution of Civil Engineers, London. Thomas Telford Publishing, London, 2001.

[51] Cording, E.J. and Hansmire, W.H. Displacements Around Soft Ground Tunnels. Proc.: 5th Pan American Conf. Soil Mechanics and Foundation Engineering, Buenos Aires, (4), 1975, pp.571-633.

[52] Cornejo, L.: Instability at the Face: Its Repercussion for Tunnelling Technology. Tunn.&Tunn. April. (1989), pp.69-74.

[53] Davis, E.H., Gunn, M.J., Mair, R.J. and Seneviratne, H.N.: The Stability of Shallow Tunnels and Underground Openings in Cohesive Material. Géotechnique, 30 (4), (1980), pp.397-416.

[54] Dawson, E.M., Roth, W.H. and Drescher, A.: Slope Stability Analysis by Strength Reduction. Geotechnique 49 (6), (1999), pp.835-840.

[55] De Waal, R.G.A.: Steel Fibre Reinforced Tunnel Segments for the Application in Shield Driven Tunnel Linings. Delft University Press, 1999.

[56] DIN 4126.: Ortbeton-Schlitzwände. Konstruktion und Ausführung, 1986.

[57] Duddeck, H. and Erdmann, J.: Structural Design Models for Tunnels. Tunnelling 82, Proc.: 3rd Int. Symp. Institution of Mining and Metallurgy, 1982, pp.83-91.

[58] Dunnicliff, J.: Geotechnical Instrumentation for Monitoring Field Performance. John Wiley, Chichester, 1988.

[59] EFNARC.: Specification and Guidelines for the Use of Specialist Products for Soft Ground Tunnelling. European Federation for Specialist Construction Chemicals and Concrete Systems, Surry, UK, 2005/ http://www.efnare.org/publications.html

[60] Einstein, H.H., Xu, S., Grasso, P. and Mahtab, M.A.: Decision Aids in Tunnelling. World Tunnelling, 1998a.

[61] Einstein, H.H., Indermitte, C.A., Descoeudres, D., Grasso, P., Mahtab, M.A. and Xu, S.: Creating the Basis for

Risk Assessment in Tunnelling. The Decision Aids for Tunnelling, DAT. Conf: Reducing Risk in Tunnel Design and Construction, Basel, 1998b.

[62] EN 1997-1.: Eurocode 7 – Geotechnical Design – Part 1: General rules, 2004.

[63] EN 1998-5.: Eurocode 8 – Design of Structures for Earthquake Resistance – Part 5: Foundations, Retaining Structures and Geotechnical Aspects, 2004.

[64] EN ISO 14688-1.: Geotechnical Investigation and Testing – Identification and Classification of Soil – Identification and Description, 2002.

[65] EN ISO 14689-1.: Geotechnical Investigation and Testing – Identification and Classification of Rock – Identification and Description, 2003.

[66] EN ISO 14688-2.: Geotechnical Investigation and Testing – Identification and Classification of Soil – Part 2. Principles for a Classification, 2004.

[67] ENV 1997-3.: Eurocode 7 – Geotechnical Design – Part 3: Design Assisted by Field Testing, 1999.

[68] EUPALINOS.: Synthese du Theme C, Injection de bourage derriere le voussoirs de revetement, 2000.

[69] EUROCODE 7: European Committee for Standardization. Part 1: Geotechnical Design, General Rules, 4th version, 1993.

[70] EUROCODE 2.: Designers' Handbook to Eurocode 2. In: A.W. Beeby and R.S. Narayanan (eds): Part 1.1: Design of concrete structures. Thomas Telford, 1995.

[71] European Standard, EN 12336.: Tunnelling Machines – Shield Machines, Thrust Boring Machines, Auger Boring Machines, Lining Erection Equipment – Safety Requirements, 2005.

[72] Everton, S.: Under Observation. Report on the BGS/ICE Ground Board. Ground Eng. (1997), pp.26-29.

[73] Ferrovie dello Stato (FF.SS.).: Circolare del 23-07-1990 – Sagome – Profili minimi degli ostacoli, 1990.

[74] FPS (Federation of Piling Specialists).: Bentonite in Support Fluids in Civil Engineering, sammanstalld av Ball D.J., Hutchinson M.T., Jefferis S.A., Shotton, Stansfield L. ochWills, A.J., Tillganglig: www.fps.org.uk, 2006.

[75] Gaj, F., Guglielmetti, V., Grasso, P., and Giacomin, G.: Experience on Porto-EPB Follow-up. T&T International (2003) pp.15-18.

[76] GD (GEODATA): Internal Reports and Specifications of Projects, Turin, 2006.

[77] Grandori, R., Ciamei, A., Busillo, A., De Biase, A. and Perruzza, P.: Construction of the Turin Metro Line 1 Tunnel – Injection of Fines into the Cutterhead Chamber Extends the Ground Range of Application EPB TBMS. RETC (2005), pp. 220 – 252.

[78] Grasso, P. and Xu, S.: Significance of Predefined Counter Measures in Observational Design. 14th Christian Veder Kolloquium, Graz, 1999.

[79] Grasso, P., Mahtab, M.A., Kalamaras, G. and Einstein, H.H.: On the Development of a Risk Management Plan for Tunnelling. Proc.: World Tunnel Congress. Sydney, 2002a.

[80] Grasso, P., Chiriotti, E. and Xu, S.: Reduction and Shearing of Residual Risks Associated to Mechanised Tunnelling in Urban Area Through the Use of a Tunnel Advancement Protocol. Proc.: XXI SIG – National Geotechnical Congress, L' Aquila, Italy (in Italian), 2002b.

[81] Grasso, P., Chiriotti, E. and Xu, S. (eds): Riduzione e condivisione dei rischi residui in tunnel meccanizzato in ambito urbano. Atti XXI Convegno Nazionale di Geotecnica, L Aquila, Italy, 2002c.

[82] Grasso, P., Xu, S., Del Fedelel, M., Russo, G. and Chiriotti, E.: Particular Failure Mechanisms of Weathered Granite Observed During Construction of Metro Tunnels by TBM. Proc.: World Tunnel Congress. Amsterdam, 2003.

[83] Grasso, P., Morino, A. and Chiriotti, E.: Sharing of Real-time Monitoring Data with WEB-GIS Based System. Proc.: XXI SIG – National Geotechnical Cong, Monitoring of works during construction and exploitation, Bologna (in Italian), 2004.

[84] Grasso, P., Xu, S., Pescara, M., Russo, G. and Repetto, L. (eds): A Methodology for the Geotechnical Design of

Long High-Speed Rail Tunnels Under the Conditions of Uncertainty. ITA-sponsored 2006 China International Symposium on High Speed Railway Tunnels, Beijing, 2006.

[85] Grasso, P., Chiriotti, E., Xu, S. and Kazilis, N.: Use of Risk Management Plan for Urban Mechanized Tunnelling Projects: from the Establishment of the Method to the Successful Practice. Proc.: World Tunnel Congress and 33rd ITA Assembly. Prague, 2007, pp. 1535-1540.

[86] Guglielmetti, V., Grasso, P., Gaj, F. and Chiriotti, E.: The Control of Face Stability when Excavating with Epbs Machine in Urban Environment. Gallerie e Grandi Opere Sotterranee Anno XXIV (67), (2002) pp. 21-34.

[87] Guglielmetti, V., Grasso, P., Gaj, F. and Giacomin, G.: Mechanized Tunnelling in Urban Environment: Control of Ground Response and Face Stability, when Excavating with an EPB Machine. Proc. World Tunnel Congress. Amsterdam, 2003.

[88] Herrenknecht, M. and Maidl, U.: Applying Foam for an EPB Shield Driven in Valencia. Tunnel 95 (5), (1995), pp. 10-19.

[89] Horn, N.: Horizontaler Erddruck auf senkrechte Abschlussflächen von Tunnelröhren. Landeskonferenz der Ungarischen Tiefbauindustrie, 1961, pp.7-16.

[90] ITALFERR: Prescrizioni tecniche per la progettazione, 2004.

[91] Jaki, J.: The Coefficient of Earth Pressure at Rest. J. Soc. Hungarian Arch. Eng. (1944), pp. 355-358.

[92] Jamiolkowski er al.: Design Parameters for Soft Clays. SOA, VII ECSMFE, Brighton, 1979.Jancsecz, S. and Steiner, W.: Face Support for a Large Mix-Shield in Heterogeneous Ground Conditions. Tunnelling 94, London, 1994.

[93] Janscecz, S.: Modern Shield Tunnelling in the View of Geotechnical Engineering: A Reappraisal of Experoences. Proc.: 14th ICSMFE, Hamburg, 1997, pp. 1415-1420.

[94] Kanayasu, S., Kubota, I. and Shikibu, N.: Stability of Face During Shield Tunnelling – A Survey on Japanese Shield Tunnelling. Underground Construction in Soft Ground. Rotterdam, Balkema, 1995, pp. 337-343.

[95] Kovari, K. and Bosshard, M.: Risks in Tunnelling: Analysis and Procedures Relating to the Zimmerberg Base Tunnel. Tunnel 6 (2003) pp. 10 – 31.

[96] Kovari, K. and Ramoni, M.: Urban Tunnelling in Soft Round Using TBMs. Int. Cong.: Mechanized Tunnelling: Challenging Case Histories, Turin, 2004.

[97] Krause, T.: Schildvortieb mit flüssigkeits-und erdgestützer Ortsbrust. Doctorate Thesis. Technischen Universität Carolo – Wilhelmina, Braunschweig, 1987.

[98] Lancellotta, R. Geotechnica. In: Zanichelli (ed): Bologna, 1987.

[99] Langmaack, L. and Feng, Q.: Soil Conditioning for Epb Machines: Balance of Functional and Ecological Properties. Proc.: World Tunnel Congress and 31st ITA Assembly. Istanbul, Turkey, 2005, pp. 729-735.

[100] Leblais, Y., Andre. D., Chapeau. C., Dubois, P., Gigan, J.P., Guilaume, J., Leca, E., Pantet, A. and Riondy, G. (eds): Settlements Induced by Tunnelling. AFTES Recommendations, 1995.

[101] Leblais, Y., Leca, E. and Mauroy, F.: Déplacement verticaux liés au creusement au tunnelier a pression de terre (EPBM) – Cas du Métro de Lille – Ligne 2: Lots 1 et 3 A.F.T.E.S. – Journée d' étude internationales de Chambery, 1996.

[102] Leca, E. and Dormieux, L.: Upper and Lower Bound Solutions for the Face Stability of Shallow Circular Tunnel in Frictional Material. Géotechnique 40 (4) (1990), pp. 581-606.

[103] Leonhardt, F.: C.a. & c.a.p. calcolo di progetto & tecniche costruttive Edizioni tecni-che ET Milano, 1997.

[104] Maidl, B., Herrenknecht, M. and Anheuser, L. (eds): Mechanised Shield Tunnelling, Berlin, Ernst and Sohn, 1996.

[105] Maidl, U. and Cordes, H.: Active Earth Pressure with Foam. Proc.: World Tunnel Congress, Amsterdam, 2003, pp. 791-797.

[106] Maidl, U and S. Hintz, S.: Comparative Analysis between the Support of the Tunnel Face with Foam (EPB) or

Bentonite (Slurry Shield) in Dutch Soft Ground. Proc.: World Tunnel Congress, Amsterdam, 2003, pp. 773 – 778.

[107] Mair, R.J., Taylor, R.N. and Burland, J.B.: Prediction of Ground Movements and Assessment of Risk of Building Damage Due to Bored Tunnelling. In: R.J. Mair and R.N. Taylor (eds): Geotechnical Aspects of Underground Construction in Soft Ground, Balkema, London. 1996, pp. 713 – 718.

[108] Mair, R.J. and Taylor, R.N.: Bored Tunnelling in the Urban Environment. Proc.: 14th ICSMFE, Hamburg, 1997, pp. 2353 – 2385.

[109] Malavasi, G. & Al: Studio della tecnologia di sistema – Scenario di riferimento – Metropolitana di Roma – Linea D – Studio di Fattibilità, 2005.

[110] Marchionni, V. and Guglielmetti, V.: EPB – Tunnelling Control and Monitoring in a Sensitive Urban Environment: the Experience of the "Nodo di Bologna" Construction. Proc.: World Tunnel Congress and 33rd ITA Assembly. Prague, 2007.

[111] Milligan, G.W.E.: Lubrication and Soil Conditioning in Tunnelling, Pipe Jacking and Microtunnelling: A State-Of-The-Art Review. Geotechnical Consulting Group, London, UK. www.civil.eng.ox.ac.uk/research/pipejack/soilcond.html, 2000.

[112] Milligan, G.W.E.: Soil Conditioning and Lubricating Agents in Tunnelling and Pipe Jacking. Proc. IESUC, London, U.K., 2001, pp. 105 – 114.

[113] Minguex, F., Gregori, A. and Guglielmetti, V.: Best Practice in EPB Management, T&T International. NOV. 05, (2005).

[114] Mohkam, M. and Bouyat, C.: Le soutènement liguide – dispositif de simulation d' un bouclier à pression de boue, Int, Congr, AFTES: (1984), pp. 85 – 95.

[115] Mohkam, M. and Bouyat, C.: Research Studies for Slurry Shield Tunnelling. The 4th Int. Conf. Inst. Of Mining and Metallurgy (1985), pp. 235 – 241.

[116] Mohkam, M. and Wong, Y.W. (eds): Three Dimensional Stability Analysis of the Tunnel Face Under Fluid Pressure. Numerical Methods in Geomechanics. Rotterdam, Balkema, 1989, pp. 2271 – 2278.

[117] Murayama, S., Endo, M., Hashiba, T., Yamamoto, K. and Sasaki, H. (eds): Geotechnical Aspects for the Excavating Performance of the Shield Machines. The 21st annual lecture in meeting of Japan Society of Civil Engineers, 1966.

[118] Netzel, H. and Kaalberg, F.J.: Settlement Risk Management with GIS for the Amsterdam North/South. In Alten et al. (eds): Challenges for the 21st Century (1). Balkema, 1999, pp. 129 – 136.

[119] New, B.M. and O' Reilly M.P.: Tunnelling Induced Ground Movements; Predicting their Magnitude and Effects. The 4th International Conference on Ground Movements and Structures, invited review paper, Pentech Press, Cardiff, 1991, pp. 671 – 697.

[120] Nicholson, D., Tse, C.M. and Penny, C.: The Observational Method in Ground Engineering: Principles and Applications. (R185) CIRIA, 1999.

[121] Nishitake, S.: Advanced Technology Realize High-Performance Earth Pressure Balanced Shield. Franchissments souterrains pour l' Europe. Rotterdam, Balkema. 1990, pp. 291 – 302.

[122] O' Rourke, T.D. and Trautmann C. H.: Buried Pipeline Response to Tunnelling Ground Movements. Proc.: Europipe 82 Conf. Switzerland, paper 1, 1982, pp. 9 – 15.

[123] Peck, R.B.: Deep Excavations and Tunnelling in Soft Ground. Proc.: 7th International Conf, Soil Mechanics and Foundation Engineering, Mexico, State-of-the-art volume, State-of-the-art Report, 1969, pp. 225 – 290.

[124] Peila, D., Oggeri, C. and Borio, L. (eds): Behaviour Assessment of Conditioned Soil for EPB Shield Application using the Slump Test. A Laboratory Research Test. TUSC. Politecnico di Torino, 2007.

[125] Pelizza, S.: Interview with ITA President. Tunn. Undergr. Sp. Tech. 11 (2) (1996), pp. 135 – 139.Rankin, W.J.:

Ground Movements Resulting from Urban Tunnelling: Predictions and Effects. Eng. Geol. Of Underground Movements (1988), pp. 79 – 92.

[126] Quebaud, S., Sibai, M. and Henry, J.P.: Use of Chemical Foam for Improvements in Drilling by Earthpressure Balanced Shield in Granular Soils. Tunn. Undergr. Sp. Tech. 13 (2) (1998), pp. 173 – 180.

[127] Reda, A.: Contribution a l' etude des problemes du creusement avec bouclier a pression de terre. Thése de Doctorat. Institut National des Sciences Appliquées, Lyon, 1994.

[128] Reilly, J.J., Isaksson, T. and Anderson, J.: Tunnel Procurement-Management Issues and Risk Mitigation. Proc.: 10th Australian Tunnelling Conference. Melbourne, 1999.

[129] Repetto, L., Tuninetti, A., Guglielmetti, V. and Russo, G.: Shield Tunnelling in Sensitive Areas: a New Design Procedure for Optimisation of the Construction-Phase Managament. Proc.: World Tunnel Congress and 32nd ITA Assembly. Seoul, Korea, 2006.

[130] Ribacchi, R.: Recenti orientamenti nella progettazione statica delle gallerie. Atti XVIII Convegno Nazionale di Geotecnica, 1994.

[131] Rocscience.: A 2-D Finite Element Program for Calculating Stresses and Estimating Support Around the Underground Excavation. Geomechanics Software and Research, Rocscience Inc., www.rocscience.com, Toronto, Ontario, Canada, 2007.

[132] Russo, G.: Evaluating the Required Face-Support Pressure in EPBS Advance Mode. Gallerie e Grandi Opere Sotterranee (71) (2003), pp. 27-32.

[133] Selby, A.R.: 1988. Surface Movements Caused by Tunnelling in Two-Layer Soil. Eng. Geol. Of Underground Movements, Nottingham (1988), pp. 71-77.

[134] Shirlaw, J.N., Richards, D.P. Ramond, P. and Longchamp, P.: Recent Experience in Automatic Tail Void Grouting with Soft Ground Tunnel Boring Machines. Proc.: World Tunnel Congress and 30th ITA Assembly. Singapore, 2004.

[135] Terzaghi, K.: Theoretical Soil Mechanics. John Wiley & Sons, N.Y., 1943.

[136] Thewes, M. and Burger, W.: 2005. Clogging of TBM Drives in Clay – Identification and Mitigation of Risks. Proc.: World Tunnel Congress and 31st ITA Assembly, Istanbul, 2005, pp. 737 – 742.

[137] Tresca, H.: On the Flow of Solid Bodies Subjected to High Pressures [J]. C. R. Acad. Sci. Paris. 59: (1864), p. 754.

[138] U.I.C.: Fiches no. (1986), pp. 505 – 506.

[139] UNI 7360: Metropolitane. Distanze minime dagli ostacoli fissi dal materiale rotabile e interbinario, 1974.

[140] Van Hasselt, D.R.S., Hentschel, V., Hutteman, M., Kaalberg, F.J., van Liebergen, J.C.G., Netzel, H., Snel, A.J.M., Teunissen, E.A.H. and de Wit, J.C.W.M.: Amsterdam' s North/South Metroline. Tunn. Undergr. Sp. Tech. 14 (2) (1999), pp. 191 – 210.

[141] Verruijt, A.: A Complex Variable Solution for a Deforming Circular Tunnel in an Elastic Haft Plane. Int. J. Numer. Anal. Meth. Geomech. 21 (1997), pp. 77 – 89.

[142] Vinai, R., Peila, D., Oggeri, C. and Pelizza, S.: Laboratory Tests for EPB Tunnelling Soil Conditioning. Proc.: World Tunnel Congress and 31st ITA Assembly. Prague, 2007, pp. 273 – 278.

[143] Walz, B., Gerlach, J. and Pulsfort, M.: Schitzwandbauweise, Konstruktion, Berechnung and Ausführung. Technical report, Bergische Universität Gesamthochs, 1983.

[144] Xu. S., Mahtab, A. and Grasso, P.: The Use of Some Decision Making Tools in Tunnelling. Gallerie e grandi opera sotterranee, no. 49 (in Italian and English), 1996.

[145] Xu, S., Grasso, P., Guglielmetti, V., Mahtab, A. and Guillermou, B.: Towards the Development of a Self-Compensating Tbm for Reducing Ground Settlement. Proc.: World Tunnel Congress. Amsterdam, 2003.

附录1

TBM的类型和特点

1 定义和分类

针对本书的目的，有必要对各种隧道工程机械进行概述，但重点是介绍城市地区最可靠的施工机械类型。

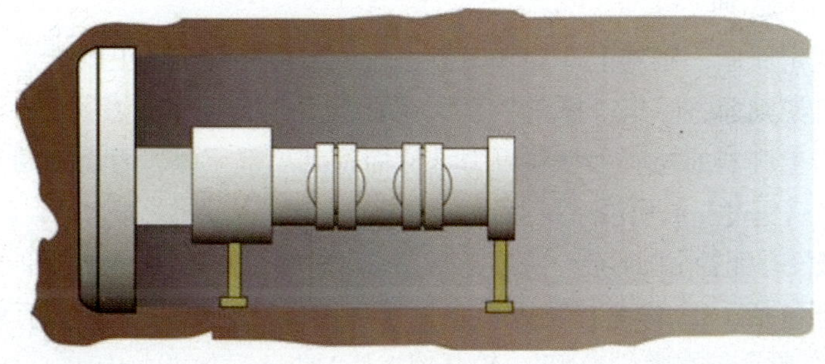

附图1.1

在地下工程科学与技术领域里，对隧道工程机械（TM）的定义和分类还没有达成共识。

“日本隧道协会”率先提出了根据能否进行全断面或部分断面开挖的开挖模式来划分TM，然后根据有否有切削刀盘并在支承系统（撑靴或纵向推进千斤顶）基础上对TM作进一步划分。目前，对于所有具有全断面切削刀盘的隧道掘进机械都采用了隧道掘进机（TBM）这一术语。

德国、奥地利和瑞士的隧道工程协会于1996年采用了一种分类方法，其中只考虑了采用全断面切削刀盘开挖岩石的机械。

法国隧道协会（Association Francaise Travaux En Souterrain: AFIES）建议根据开挖期间机器所能提供的支护类型进行以下分类：开挖洞室及工挖面均无支承的隧道掘进机械（开敞式掘进机械）；开挖洞室有支承的隧道掘进机械（护盾式掘进机械）；开挖洞室和开挖面均有支承的隧道掘进机械（具有工作面支撑压力的护盾式机械）。

本书所采用并在后面章节中简要介绍的分类法，是以国际隧道协会（ITA）第14

工作组“机械化开挖”和意大利隧道学会（SIG：Societa Italiana Gallerie）制定的分类法为基础，即根据机械所能提供的支护类型及其所能掘进的地层类型来划分隧道掘进机械。

如AFTES和ITA中的分类一样，本书中的TBM术语涉及所有具有全断面刀盘的掘进机械。

下面将列举最常见的一些TBM类型。

2 硬岩隧道掘进机械

2.1 无护盾TBM

典型的硬岩掘进机械：这种TBM用于开挖“良好”和“非常好”的岩石，需采用传统方法开挖时施作的初期支护系统（岩石锚杆、喷混凝土、钢拱等）。

（1）作 用 原 理

在与隧道定线同一轴线上，旋转刀盘通过一组连接到机架上的推进千斤顶挤压工作面，而机架则通过一组“撑靴”紧顶在岩石上。切削刀具（一般为盘式滚刀）切入岩石后产生剧烈的拉应力和剪应力，从而将其局部压碎。刀盘中的专用料斗可收集渣土，然后通过一级出渣系统运走。

这种机械没有配备全圆盾壳，一般只是在刀盘后面安装一个小型的顶部安全护盾。

作业循环包括：1）撑紧撑靴以稳定机械；2）开挖与推进千斤顶有效冲程相等的长度；3）撑靴重新撑紧；4）新一轮开挖。

（2）主 要 部 件

- 刀盘（配备盘式滚刀）和一级出渣系统；
- 推进千斤顶；
- 一对或一对以上支承垫（撑靴），以撑紧隧道周边岩石；
- 发动机、驱动齿轮和其他电子、机械和液压设备。

根据固定部件类型，可进一步将无护盾TBM划分成主梁型或凯氏方机架型。

（3）主要适用范围

“非常好”到“中等”质量的岩石。

2.1.1 特殊的无护盾TBM

2.1.1.1 扩孔掘进机（RBM）

（1）作 用 原 理

这种扩孔机是一种可以扩宽（扩大）轴向导坑（一般用TBM开挖）的隧道机

械。RBM的作用原理和作业循环与无护盾TBM一样。

（2）主要部件

- 其上装有切削工具的旋转扩孔刀盘和一级出渣系统；
- 推进千斤顶；
- 位于导坑内及扩孔刀盘对面的两对撑靴；
- 发动机、驱动齿轮和其他电子、机械及液压设备。
- 该机械没有配备全圆护盾。

RBM的特殊类型是向下扩孔机，这种机械用于竖井开挖，可从上往下进行轴向导井扩孔，而轴向导井一般采用提升式钻机开挖（如下）。

（3）主要适用范围

“优质”到“中等质量”的岩体，自稳时间为中度到高度。

2.1.1.2　提升式钻机

（1）作用原理

提升式钻机是一种用于竖井开挖的隧道机械，它能够从下往上扩挖采用钻机钻凿的小直径导洞。

在与开挖竖井同轴线上旋转的刀盘，通过导向孔操纵的钻杆的拉动而顶压开挖面，通过刀具的切削形成裂缝和碎块，其机理与无护盾TBM 一样。碎渣落入竖井底部，然后收集运走。

（2）主要部件

- 旋转刀盘（配备盘式滚刀）；
- 为刀盘提供扭矩和拉力的钻杆；
- 位于竖井外的主机架为钻杆提供动力，进行开挖。

（3）主要适用范围

“非常好”到“中等”质量岩石。

2.2　单护盾TBM

当需要立即用预制衬砌支护隧道时，可采用这种典型“地层”或“软岩”机械。

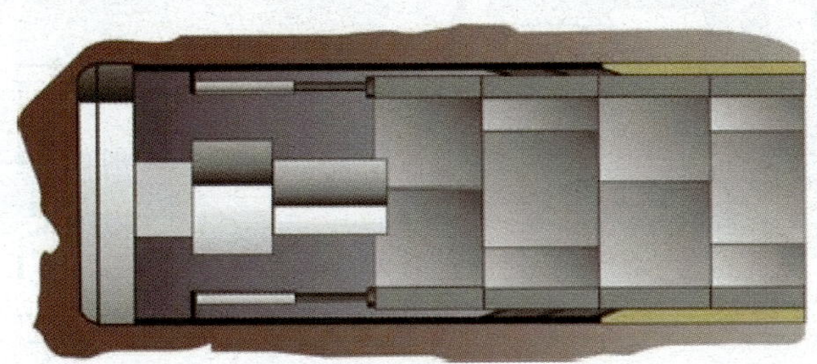

附图1.2

（1）作用原理

其开挖系统与无护盾机械类似，但开挖推进则由预制管片提供支承反力，管片构成隧道衬砌。对这种单护盾TBM，直接在刀盘后面装备全圆护盾。作业循环包括：1）开挖等同于推进千斤顶冲程的长度；2）拼装混凝土管片衬砌和缩回千斤顶；3）新一轮开挖。

（2）主要部件

- 旋转刀盘（通常配备盘式滚刀）和一级出渣系统；
- 圆柱形或轻微锥形的护盾，盾壳可以是整体的或铰接的（盾壳由2～3个部分组成，便于形成曲线）；
- 推进系统由位于盾构内的一组纵向液压千斤顶组成，顶着隧道衬砌向前推进。

（3）主要适用范围

“良好”到“不良”岩石。

2.3 双护盾TBM

下列资料摘自罗宾斯公司的工程目录：

年代：1972；

工程名称：Orichella；

国家：意大利。

工程承包商SELI需要一种能保护在破碎地层中作业的工人并在施作隧道衬砌的同时进行快速掘进的TBM方案。为了满足工程需要，罗宾斯公司开发出双护盾TBM。

这就是双护盾TBM的由来，它诞生于20世纪70年代初，由SELI S.p.A和罗宾斯公司共同研制而成。该种机械已被证明是一种非常灵活的机械，特别适于混合岩层条件。

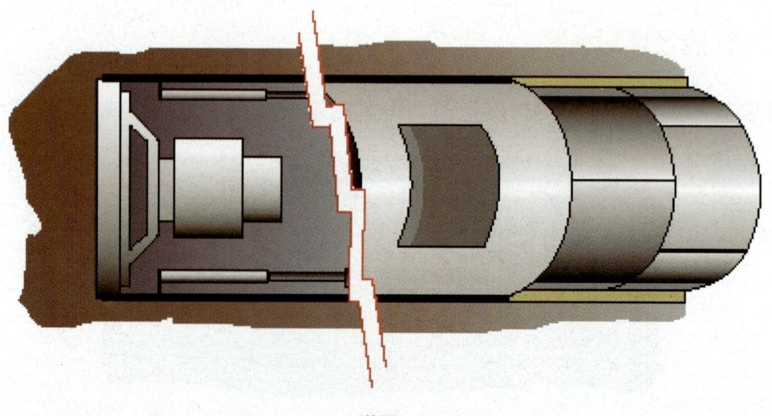

附图1.3

（1）作用原理

与单护盾TBM类似，由于有伸缩部分顶压地层支护系统或采用撑靴装置这样的双重/多个纵向推进系统，因此这种机械可进行连续循环作业。较之单护盾TBM，该种机械更加通用，因为在开挖期间即使不施作隧道衬砌或不安装衬砌管片，该种机械也能向前掘进，这要视地层稳定性条件而定。在任何情况下，该种机械都能保证作业循环时间较短，亦即达到快速掘进。

（2）主要部件

- 旋转刀盘（配备盘式滚刀）和一级出渣系统。
- 圆柱形或轻度圆锥形护盾。
- 双重/多个推进系统，一般包括：
  - 一组纵向千斤顶；
  - 顶压隧道边墙以支承千斤顶推力的一组撑靴。

（3）主要适用范围

从“非常好”到“不良”的均质岩石。

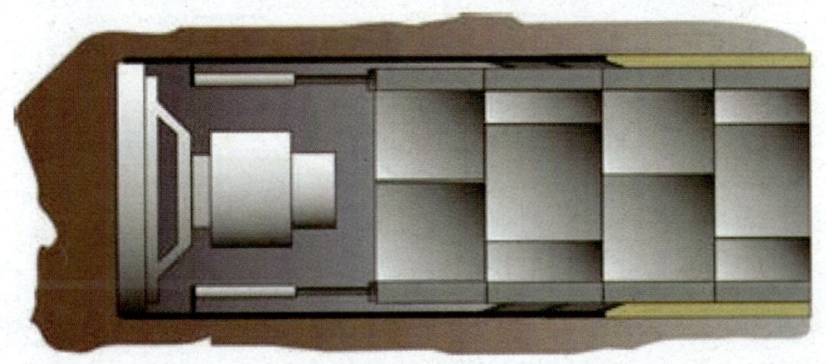

附图1.4

3 软岩隧道机械

3.1 机械支护的闭胸式盾构

（1）作用原理

这种机械支护的闭胸式盾构是直接在隧道工作面后面配备了全圆护盾的TBM。借助可移动壳体和通过专用液压千斤顶顶压工作面，刀盘起着双重作用：既作为刀盘，又支撑隧道工作面。碎渣通过可调孔口或料斗排出，然后转运至一级出渣系统。

（2）主要部件

- 旋转刀盘（配备叶片式和齿形切削刀具）和一级出渣系统；
- 包含所有主要机械部件的圆柱形护盾；
- 纵向推进千斤顶。

（3）主要适用范围

软弱岩层、黏性或局部黏性地层，一般为自稳地层。无地下水。

3.2 压气闭胸式盾构

（1）作用原理

在压气闭胸式盾构中，旋转刀盘充当开挖工具，工作面支护则通过能充分平衡地层静水压的压缩空气而得以保证。加压开挖腔室中的碎渣通过球阀型旋转料斗排出，然后传送至一级出渣系统。

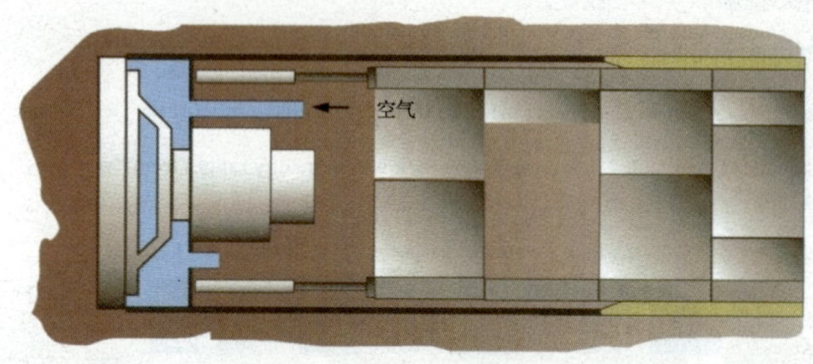

附图1.5

（2）主要部件

- 旋转刀盘（配备叶片式和齿形切削刀具）；
- 包含了机器所有主要部件的圆柱形护盾，前端部分用隔板封闭，确保罩住刀盘的开挖腔室（加压）与容纳机械部件的其他区域（未加压）分开；
- 纵向推进千斤顶。

（3）主要适用范围

无自稳能力以及具有中低渗漏性（$k \leqslant 10^{-4}$m/s）的地层。有地下水。向开挖面喷射膨润土泥浆可局部降低渗漏率。

3.3 泥水盾构（参见第4.4节）

3.3.1 泥水盾构（SS）

（1）作用原理

由刀盘支承开挖工具，工作面支撑压力由泥浆（膨润土或黏土悬浮液）提供。隔板把工作腔室与隧道分开。泥浆悬浮物被泵送至开挖腔室，然后渗入地层形成滤饼，亦即不渗透泥膜（在细颗粒地层中）或不渗透带（在粗颗粒地层中），以保证将工作面支撑压力传递至开挖面。

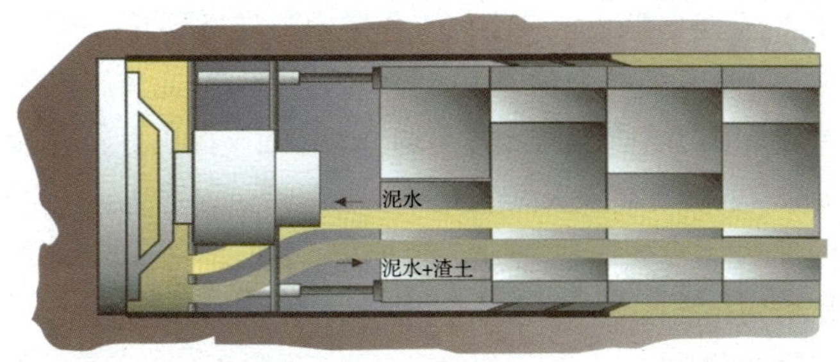

附图1.6

开挖碎渣由天然渣土和膨润土浆或黏土泥浆组成，由此产生的混合物从开挖腔室泵送至（液压出渣）分离站，从而保证部分膨润土浆/黏土泥浆的循环使用。分离站一般位于地面。

（2）主要部件

- 刀盘（盘式滚刀、叶片式或齿形刀具）；
- 包含机器所有主要部件的护盾，前端用隔板封闭，保证护盾与含刀盘的开挖腔室（加压）隔离；
- 纵向推进千斤顶；
- 泥浆和渣土分离系统（一般位于地面）。

（3）主要适用范围

自稳能力有限的软岩。从颗粒角度看，泥水盾构主要适用于由砂和淤泥砾石组成的地层开挖。开挖腔室中的碎石机可将任何不能通过液压出渣系统的石块粉碎。在有岩石的情况下，采用盘式滚刀还可使掘进机械开挖岩石。在淤泥和黏土含量较高地层中可添加聚合物。另外适用于有地下水存在的情况。

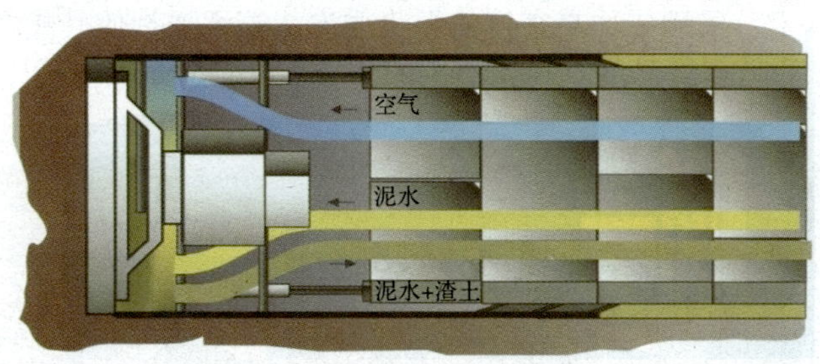

附图1.7

3.3.2　水力盾构（HS）

（1）作用原理

与上述泥水盾构一样，不同之处在于支撑压力传递至工作面的方式。

在水力盾构中有两个隔板，一个将工作腔室与隧道隔开，另一个将工作腔室隔成两部分，其下面部分是连通的。中间腔室的上面部分充满压缩空气（气垫），通过与压缩空气机和阀门控制系统相连可调节工作面支撑压力，这与水力回路无关（提供膨润土泥浆和排出泥浆及天然渣土）。

（2）主 要 部 件

与上述泥水盾构相同。

（3）主要适用范围

与泥水盾构相同。

3.4 土压平衡盾构（参见第4.5节）

3.4.1 土压平衡盾构（EPBS）

（1）作 用 原 理

由刀盘支承开挖工具，工作面支护由开挖渣土提供，它通过平衡排出渣土和开挖渣土体积以及借助盾构上的推进千斤顶保持开挖腔室处于一定压力状态之下。开挖碎渣经螺旋输送机从开挖腔室运走，通过改变旋转速度可控制压力。

（2）主 要 部 件

- 刀盘：随切削轮辐旋转；
- 护盾：与上述闭胸式泥水盾构类似；
- 纵向推进千斤顶。

（3）主要适用范围

含地下水和自稳能力有限或无自稳能力的软岩。土压平衡盾构的典型适用范围是淤泥和砂质黏土。采用诸如高密度的泥浆或泡沫等添加剂使其能在砂质砾岩或砾岩地层中进行开挖。利用盘式滚刀可使机械在岩石中开挖。

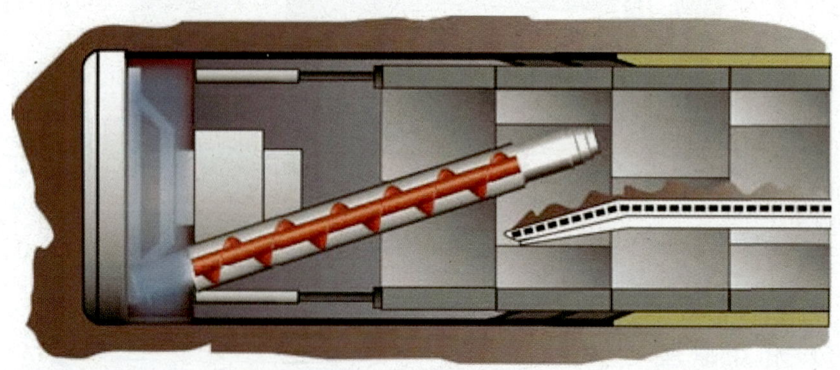

附图1.8

3.4.2 特殊土压平衡盾构

（1）DK盾构

刀盘的几何形状不同于土压平衡盾构，该种盾构的中央刀具较轮辐上的刀具凸出，因此形成一个凹洞。

（2）双圆断面盾构（DOT盾构）

这是两台部分相互贯穿的土压平衡盾构，它在同一平面上同时作业，形成双孔隧道。

（3）灵活断面盾构隧道施工法

为多个旋转刀盘的土压平衡盾构，能够开挖非圆形断面。

（4）椭圆形开挖断面盾构法

圆形刀盘和辅助刀具相结合的土压平衡盾构，能开挖椭圆形断面。

（5）三重圆形断面盾构隧道

包括三台盾构，通过土压或泥浆压力平衡进行操作，可开挖设立地铁车站的大型断面。

（6）垂直及水平方向连续掘进的隧道掘进机械

这是一种泥水－压力平衡的掘进机械，它由开挖竖井的主盾构组成，且包括罩住第二台盾构的球形接头。当主盾构达到适当深度时，球形接头旋转90°，然后第二台盾构开始进行隧道开挖。

（7）水平急曲线隧道掘进机械

与垂直及水平方向连续掘进的盾构相似，可用于开挖两条呈直角相交的隧道。

（8）双孔盾构技术

这是一种装备有两个同心圆盾构的掘进机械。大盾构开挖大断面隧道区段，而小盾构则连续开挖剩余的小断面隧道区段。

附录2

新世纪的TBM制造商

1 LOVAT

这是一家加拿大公司，成立于1972年，可为隧道施工提供隧道工程设备的设计、改造、生产、装配和试验等一条龙服务。

该公司完全由Lovat家族掌控，现已生产300余台TBM，遍布世界26个国家，设备直径从0.75～15 m不等。

Lovat可生产硬岩TBM（从单护盾到双护盾）、软岩TBM（开敞式、半闭胸式、土压平衡盾构和泥水盾构）、顶管和微型隧道工程机械等。

附图2.1　在博洛尼亚铁路系统中作业的直径9.4 m LOVAT土压平衡盾构

2　Herrenknecht

Herrenknecht（海瑞克）是一家研制、生产和销售各种隧道工程机械的股份公司，拥有员工1 449人，总营业额达3.84亿欧元（2003年）。其高技术产品几乎可用于所有地质条件，开挖直径介于100～18 000 mm之间。

Herrenknecht（海瑞克）公司高水平的员工队伍遍布世界各地，这保证了他们能够亲临施工现场并给予技术支持，从而使TBM设备得到了有效利用。

附图2.2　**在Galleria Quattro Venti工程中采用直径7.97 m的Herrenknecht土压平衡盾构**

3　NFM

法国NFM技术公司提供掘进机最新技术，适于各种地质条件，没有掘进限制，最高直径达15.5 m。主要有土压平衡盾构、BENTON′AIR®泥水盾构、单护盾或伸缩护盾硬岩TBM、双模式盾构等。

迄今为止，NFM技术公司为世界范围内的基础设施项目提供了40余台机械。其中大部分已达到世界先进水平，包括多项世界记录（加的斯、香港、哥本哈根、马德里等）。

附图2.3 在米兰铁路系统中采用直径8.03 m的NFM土压平衡盾构

4 WIRTH

德国维尔特（WIRTH）公司成立于1895年，是生产重型钻凿设备的龙头企业之一，自1965年起开始生产和提供隧道掘进机。

维尔特机器用于全世界的隧道掘进项目，可开挖各种隧道：从最小直径的排水隧洞到水力发电厂的压力隧洞、电缆隧洞以及公路隧道。

该公司提供的TBM直径从1 m到15 m以上，根据其各自特点适用于各种地质条件：硬岩、混合岩层以及软岩或软弱地层。

附图2.4 在英法海峡隧道铁路连接线上采用直径8.17 m的维尔特土压平衡盾构

5 Robbins

自1951年Robbins公司生产第一台TBM以来，一直为地下开挖领域的客户提供设备的设计、生产、销售和租赁服务。

Robbins公司的主打产品是直径1.6～12.87 m的隧道掘进机（TBM）。在专门研究硬岩TBM的基础上，该公司还设计和销售其他各种设备并为高效使用TBM提供配套服务。

Robbins公司与SELI公司（意大利罗马）为“双护盾掘进机”的发明者。

Robbins公司已经生产了250多台隧道掘进机。

附图2.5 开挖Venaus探测隧洞的Robbins硬岩TBM

6 其他制造商

在城市地区机械化开挖设备的供应市场上，扮演主角的远非只有欧洲和美洲国家，日本（主要是川崎、小松和三菱公司）一直以来并在今天仍然占据非常重要的位置。

从20世纪60年代至今，作为土压平衡盾构技术的创立者，日本公司已巩固了作为东方市场领头人的地位。

日本公司生产的TBM种类齐全，包括“城市机械”，适用于岩石到软弱地层等不同地质条件，其在欧洲市场上的地位也得到不断提升。

附录3

城市城区隧道工程的土工技术调查

1 目　　标

最佳隧道方案的选择必须以这些信息为基础，即沿隧道定线的障碍物情况和不利条件以及沿隧道轴线（和隧道轴线上方）的土工技术（地质、力学和水文）条件。

在对有利位置的选择进行初步分析后，应沿隧道轴线进行系统的地质、水文地质和土工技术调查。如果施工将下穿建筑物、铁路路基、停车场和其他隧道或在其附近进行，那么必须特别小心。另外还应对地下充填空洞、换填土和旧建筑物的碎石、垃圾和旧基础设施给予特别小心。

本附录的目的首先是概括隧道可能碰到的各种潜在土工技术方面的情况，其次是确定现场、实验室及施工期间所实施的调查技术，以获得初步设计方案、设计调整方案的输入数据。

本附录讨论的土工技术情况及其调查与本书的以下章节有很大关系：

（1）第2.2节：列出了地质、水文地质相关风险参考表；强调了在现场和实验室进行适当（及充分）调查的必要性；土工技术数据的更新被看作是对未遇见条件作出反应的一种需要。

（2）第5.2节：工作面支撑压力的设计与开挖地层类型有很大关系，它最终构成土舱中渣土材料的主要部分。开挖地层土工技术特性数据的准确性（和定期更新）对工作面支撑压力计算和为隧道稳定性数值分析提供输入数据是非常必要的。

2 相 关 方 面

一般而言，地下结构的施工蕴含着设计结构与周围土壤或岩体之间存在一种复杂的相互作用。具体来说，隧道开挖要求从地层学和力学特性方面（剪切强度和刚度）完整、准确地定义周围区域的地质和土工技术条件。这不仅对最终衬砌的正确设计和开挖面及时支护措施有必要，也对既有结构物保护措施的正确选择非常必要。

2.1 地质方面

大部分重复出现的地质问题都是由附表3.1中所列的一些地质特点造成的。

首先可建立地层的“地质参考模型”，并建立数据库，其次是采用统计法和专业判定法通过数据分析对参数进行量化（设计输入参数）。

数据库的建立一般涉及文献搜索、现场调查（钻孔勘察和地球物理量测）和实验室试验以获得地层的岩土力学特点。对设计参数的量化（考虑精确度要求），一般要求在设计和施工期间收集数据详情。

附表3.1 地下土木工程可能遇到的地质特点

地质条件	具体地质特点
岩性学、地质构造和地质力学	岩性型的矿物质和结构特点 完整岩石和岩体的结构特点
地质、结构及构造地质学	小规模的结构 区域规模的地质构造 温度流和热梯度 地震活动性 区域规模的垂直位移 原位应力条件
沉积学	矿物质学特点 沉积物成因、构造和结构特点
水文地质学	水文地质网络特点（范围、边界条件、补给水源、地下水流模式等） 喀斯特地区 瓦斯气体 循环流体特点（天然性质、化学、温度等）
地形学	边坡变形现象（洞口区、隧道沿线、边坡下方及平行于边坡走向的地方） 地表沉积物土工技术特点 出露地表沉积物的确定、其侧向界线和与基岩的接触情况

2.2 土工技术方面

对地层特性的判释是以施加在土壤和岩体上的力为基础的，因此有可能在进行充分的试验和调查（现场和实验室）情况下定义沿定线的土工技术情况（断面）。

土壤源自经河流、波浪、风或冰搬移后沉积的颗粒层。根据构成颗粒的类型，可对沉积物进行简单分类：碎屑沉积物为那些作为破碎颗粒直接源自母岩的沉积物，而非碎屑沉积物则是新形成的矿物质，这些矿物质来自于化学溶解或有机活动的沉淀。

对作为连续介质的土壤进行力学分析，可定义土壤的两大特性：力学强度和刚度，这是土工技术设计的基本因素。

力学强度用土壤所能承受的最大抗剪强度表示，它既是地平面处固体颗粒摩擦力（与侧限荷载成正比）的函数，也是因粒间连接（一般与过度固结程度和/或黏结程度成正比）所产生的黏结力的函数。土壤强度一般用Mohr-Coulomb 方程式表示，其所表示的抗剪强度是黏结力、摩擦角和法向应力的一个函数。

因其自身重量，原位土壤承受自然应力状态，这些应力被称之为静地应力。在平行平面层和水平地层中沉积物均匀的大多数情况下，垂直力和水平力构成了主要应力形式。垂直力和水平力为地层深度、密度的函数，同时水平应力还是泊松比的函数。

附表3.2 列出了机械化隧道工程设计所需的主要地质和土工技术参数，确定了参数名和使用符号。附表3.3 列出了参数与相关变量组之间的相应关系。

从土工技术观点来看，城市环境下的机械化隧道开挖涉及一些潜在关键因素。

（1）判 释 困 难

因地层学和土工技术方面的复杂性，在隧道设计和/或施工期间可能会出现判释困难。最重大的困难是出现非均质开挖面（混合工作面），即在保持土舱中工作面支撑压力方面存在困难。

（2）挤压性或膨胀性地层

挤压性地层通常指因周围应力梯度作用发生位移而侵入到隧道中的岩石。开挖期间，当隧道工作面开始闭合时，挤压的影响立刻变得很明显。膨胀性是指在有水存在的情况下，因黏土成分（蒙脱石和千枚岩以及高岭石）严重膨胀导致土壤对应力变化的一种反应。挤压和膨胀都是与应力、应变有关的现象，在膨胀情况下，体积将随时间而增大。

（3）土层流动与液化

当土壤颗粒可自由移动的时候，例如在有松散砂石的情况下，可能出现土层流动现象，在干燥状态和有水的情况下都是如此，而且当土壤受到隧道活动干扰时可能会引起液化。因隧道工作面地层损失、盾尾空隙的无效充填、涌水进入以及盾构所处地层的不良控制等都可能造成沉降现象。沉降出现后，有可能对既有结构物（建筑物和公共设施）造成损坏。在循环载荷下（通常在地震或人为引起的振动情况下），一些主要为砂质颗粒、覆盖层较小的饱和土壤可能会遭受液化（惯性力的失去和抗剪强度的瞬时消失），同时会出现地层坍塌和应变向地表传递的现象。

（4）黏 附 性

在以细颗粒为主的土壤中，特别是在有黏性矿物质材料时（高岭土、千枚岩和蒙脱石），黏附现象（黏附特性）可能会对开挖刀具、腔室壁和出渣设备造成影响。

附表3.2 机械化施工隧道设计的相关地质和土工技术参数

力学特性	黏附力（c_U、c'） 摩擦角（φ_U、φ'） 变形模量（E_L、E_S）
沉积学特性	矿物含量（即石英和黏土）（MC） 颗粒级配（GSD） 孔隙率（n） 层间（IB）
水文特性	天然水含量（W_n） 饱和度（S） 渗透系数（K）
指数特性	Atterberg（阿氏）限度（W_L、W_P） 塑性指数（I_P） 稠度指数（I_C） 活性指数（I_A） 密度（ρ_w、ρ_s、ρ_d）

附表3.3 地质和土工技术参数及其对机械化施工隧道的影响

土压力	c_U、φ_n、φ_U、φ_w、P_w（E_t、E_S）
沉降	c_U、c'，φ_U、φ'、E_t、E_S、n、S
隧道工作面稳定性	c_U、φ_U、GSD、n、IB、K、（E_U、E_S）
可开挖性	c_U、φ_U、GSD、IB、I_C、I_P
蚀变/风化	MC、GSD、IB、W_n
出渣，渣料存放	P_S、GSD、W_n、φ'、S
黏附力	MC、W_n、W_L、W_P、I_P、I_C、I_A、GSD
分离性	GSD、MC、IB、I_P、I_C
耐磨性	MC、GSD、n、IB

注：附表3.2和附表3.3 中所列符号定义：

c_U—不排水黏附力，c'—有效黏附力，φ_U—不排水摩擦角，φ'—有效摩擦角

φ_n—天然摩擦角，E_t—切向弹性模量，E_S—正切弹性模量，MC—矿物含量，GSD—颗粒级配，n—孔隙率，IB—层间，W_n—天然水含量，S—饱和度，K—渗透系数，W_L—液性状态下的阿氏限度，W_P—塑性状态下的阿氏限度，I_P—塑性指数，I_C—稠度指数，I_A—活性指数，P_W—水密度，P_S—土壤颗粒密度，P_d—排水密度。

2.3 水文地质方面

地下水的存在是表征地下土壤特征的重要因素之一。如果在隧道水平位置处遇到水，那么在设计和施工阶段因水的存在隧道开挖将明显受到限制。从技术和环境的观点来看，分别采用定性和定量法对地下水进行研究很重要。

技术分析必须包括渗水土的固有特性，即对孔隙含水层系统进行研究是必要的。当已知相关水动力参数（控制地下水流）、几何特点（水工结构）和流场时，可认为能够很好地定义含水层系统。

孔隙含水层系统中的地下水循环由渗透率K（用m/s表示）和孔隙类型所控制，这里仅指饱和区域内循环重力水的径流。

可利用以前的研究和文献说明对水工结构进行定义，但必须辅之以现场调查，包括连续取芯和压力计观察。

当有必要定量评定隧道施工对含水层的干扰时，特别是预计将使用数值模型时，下一步工作就是确定含水层系统的渗透率和其他水动力参数。

从环境的观点来看，首先有必要确定水资源的实际状态，其次是评估由隧道开挖引起的潜在恶化情况。在第一种情况下，可进行特定的主题研究，这通常由地方水资源管理机构进行，而且这些信息可通过专门的地球化学勘察作业进行整合、更新。然后可通过确定含水层固有和综合的脆弱性，甚至通过更复杂的方式，例如采用能模拟含水层定性演变的径流模型对隧道造成的干扰情况进行评估。

3 现场及实验室调查

针对机械化隧道的设计和施工，为获取有关地质、水文和土工技术变量（和参数）数据而进行的调查，要求使用一些相关工具并制定现场和实验室观察和/或试验计划。有关机械化隧道工程的调查包括以下方面：现场调查、实验室试验和施工期间调查。

3.1 现场地质和土工技术调查

调查的主要类型涉及地质构造钻孔勘察，倾向于进行连续记录，它可通过直接核查所截取的岩性类型以地层学知识对地下土壤进行研究。

在钻孔期间，也可进行土壤取样，而且这些土样可送至实验室，对这些钻孔土芯进行大量的土工技术试验。

最能反复和快速进行的钻孔试验为动态贯入度试验（SPT，确定土壤力学强度和刚度的标准贯入度试验）、压力计测定试验和膨胀计测定试验（MPM和DTM，主要是确定弹性特征）及灵敏度（schistometric）试验（十字板剪切试验，用于测定不排水抗剪强度）。

渗透性试验和可能的地球物理调查（特别是重建岩石层位布局的地震法和声波法）也可在钻孔中进行。

最后，还可在专门的垂直孔中进行一些土工技术试验而无须进行钻凿。这些试验包括静力针入度仪测试试验（CPT，对地下土的地层重建和土工技术特性而言都是非常可靠的）、动力针入度仪测试试验（例如DPSH，与SPT类似）和平板载荷试验（PLT，确定调查地层的弹性特征）。

现场调查与试验使得能够在有效自然条件下（应力状态、含水量等）对土壤进行调查，保证试验结果具有较高的可靠性。特别是对于细颗粒沉积层，情况更是这样，尽管仅采用现场试验不可能得到全部的土工技术特性（大多数可进行的试验都是从总应力方面，即在不排水条件下进行土工技术分析）。因此，在这些情况下，有必要进行粉砂和黏土的无扰动取样并进行相关实验室试验。

3.2 现场水文地质调查

钻孔再次成为进入地下土的关键手段且对获得水工结构知识非常重要。试验必须进行连续取芯，以准确确定水文地层界限。

对压力计观测而言，钻孔水位的测量，即使在钻孔期间也特别重要：考虑到后续的衬砌，对其记录进行合理调整可使地下水只进入到未施作衬砌的钻孔部分中（通常从1～3 m），这样可对各深度处的最佳稳定压力水平进行评定（在钻孔暂停期间）。

特别是在初期阶段，可进行地球物理调查，以便结合地质构造钻孔，了解水工结构并确定任何含水层水平位。对于不同位置，应根据岩性确定最合适方法。但是考虑到城市地区可能的调查深度（一般最深为30～40 m）和地下水引起的敏感性，最常用的是电层析成像技术。

如果其为“开口管”式，在钻孔期间和安装压力计之后均可通过钻孔中的特定试验估算渗透性。也可在一些测井中进行渗透系数试验，但不是非常有用。

在钻孔期间，可在钻孔未衬砌的限定区段进行Lefranc 试验（针对可变和恒定载荷两种情况）、lugeon 试验和几乎所有的重锤（slug）试验，这些试验都可被当作是渗透性试验。在所有情况下，这些试验都可估算渗透性，但仅限于钻孔未覆盖部分，通常对整个含水层渗透性而言并不重要。

抽水试验是在通常必须严格管理的测井中进行的，测井的最小直径为250～300 mm，配备有一定数量的检测压力计，根据交叉布置形式，压力计设置在测井上。试验中通过多个排泄步骤进行排水，每次都是恒量排放，最后一次要持续一段时间（通常为36 h）。在排放结束时，检查测压管水位（水跃试验）。所有的压力记录通常是自动进行，测量时间间隔则事先设定好。

3.3　实验室土工技术试验

实验室土工技术试验可以对土壤的物理特性和塑性特性进行定量确定并可按此进行分类。可确定的主要参数包括天然密度、含水量、颗粒成分和阿氏（Atterberg）限度。

为了估算力学强度参数，实验室试验应采用三轴压力盒进行。这一试验可按3种不同方式进行：未固结不排水（UU，确定不排水抗剪强度）、固结不排水（CU，可获得有效应力和总应力的破坏包络线参数）和固结排水（CD，仅确定有效应力参数的破坏包络线）。

在考虑不同破坏条件下，通过适当的校正可将三轴试验结果与直接剪切试验（Casagrande 剪切箱试验）结果结合起来。

弹性特性可通过先前的这些试验推导得出，也可通过压缩试验（edometric test）直接获得。采用这种方法，也可获得土样的固结系数和渗透性。另外，也可以测试单轴抗压强度以估算不排水抗剪强度。

最后，可根据要求进行专门试验以确定特定特性。实施频率较高的为有关土壤膨胀系数评估的试验，用于评估与膨胀相关的压力变化。附表3.4 列出了水文地质模型输入所需进行的调查。

附表3.4　重建地质参考模型所需进行的调查

地质	
地质与地形学	地形学、摄影测量法和照片判读、遥感、区域性/详细的岩性、结构和地形勘察/研究
岩石/土壤特性（类型、结构、组织）	详细岩性、结构和地形勘察/研究、钻孔
岩石断层/节理特点描述（类型、结构）	详细的岩性、结构勘察/研究、钻孔（有记录和无记录等）
风化程度及深度	详细的岩性和地形勘察/研究、钻孔、地球物理方法（微重力及雷达勘测）
喀斯特现象特点（类型、几何形状、填充物和水）	详细的岩性、结构和地形勘察/研究 洞穴勘察/研究 钻孔 地球物理方法（微重力和雷达勘测）
洞室、填充物的位置和几何形状	洞穴勘察/研究 钻孔 地球物理方法（微重力和雷达勘测）
水文与水文地质	
水文条件	地形学、摄影测量法和照片判读 区域/详细水文研究
水文地质条件	地形学 摄影测量法和照片判读 区域性/详细的水文地质勘察/研究 钻孔
水热条件、瓦斯	区域性/详细地质勘察/研究 钻孔
地震活动	区域性/详细的地质构造勘察/研究 历史数据研究与解释

附表3.5 列出了与城市区域机械化隧道工程有关的特定现场试验和实验室试验（“实验室/现场”代表实验室和现场试验，“R”代表岩石/岩体试验，“S”代表土壤试验）。绝大部分试验的程序和方法是按ASTM（美国测试与材料标准协会）、AASHTO（美国国家公路和运输行政人员协会）、ISRM（国际岩石力学学会）和其他组织的要求进行严格的标准化。在最近的欧洲规范中可找到对这些标准的综合说明（见参考文献）。

附表3.5 特定地质和土工技术现场与实验室试验

应力状态	
横向/竖向应力比	带侧向压力控制的压缩试验（S/R）[实验室] 带侧向变形控制的三轴试验（S/R）[实验室] 膨胀试验（R）[实验室]
固结度	压缩试验（S）[实验室]
指数特性	
单位体积重量	密度试验（S/R）[实验室]，伽马密度计（R）[现场]
含水量、饱和度和孔隙率	实验室指数试验（S/R）[实验室]
塑性指数	Atterberg（阿氏）限度确定（S）[实验室]
粒度特性	粒径/沉积分析（S）[实验室]
活性	矿物学分析（S）[实验室]
残余强度	残余强度试验（剪切、三轴试验）[实验室]
变形性、弹性常数	平板载荷试验（R）[现场]，定向膨胀计试验（S/R）[现场]，单轴－三轴抗压试验（S/R）[实验室/现场]，P-S波测量（S/R）[实验室/现场]，变形测量（伸长计、收敛计和沉降仪）（S/R）[现场]
可压缩性（固结指数、固结压缩性指数）	压缩试验[实验室]
黏性常数	扁千斤顶法（R）[现场]，长时间平板载荷试验（R）[现场]，蠕变荷载试验（S）[实验室]，循环膨胀试验（S/R）[现场]，变形测量（S/R）[现场]
膨胀性	膨胀试验（S/R）[现场]，压缩试验（实验室）
其他特性	
耐磨性	耐磨性（R）[实验室]，Cerchar 试验（R）[实验室]，耐磨性（挪威技术学院）（R）[实验室]，LCPT试验（S/R）[实验室]
硬度	硬度（R）[实验室]，施密特锤击试验（R）[实验室]，LCPT试验[实验室]，锥构刻压仪试验（NCB）[实验室]，冲压试验（科罗拉多矿业学校）[实验室]，落锤试验（挪威技术学院）实验室]，洛杉矶磨损试验（S/R）[实验室]
可钻性	筛分试验[实验室]，可钻性试验[实验室]
矿物学和岩相学特点	矿物学分析（S/R）[实验室]，岩相学分析（S/R）[实验室]，物理－化学分析（S/R）[实验室]
对水的敏感性和可溶性	矿物学分析（S/R）[实验室]
对温度、湿度变化的敏感性	矿物学分析（S/R）[实验室]，加热试验（S/R）[实验室]，冻结试验（S/R）[实验室]
力学特性	

续上表

抗剪强度	Casagrande 剪切箱试验（S）[实验室]，直接剪切试验（R）[实验室]，现场直接剪 切试验（R）[现场]，三轴试验（S/R）[实验室]，剪切计/十字板剪切试验（S）[现场]
单轴抗压强度	单轴抗压试验（S/R）[实验室]，点荷载试验（R）[实验室/现场]
抗拉强度	直接抗拉试验（R）[实验室]，劈裂拉伸试验（R）[实验室]，点荷载试验（R）[实验室/现场]
附着性	矿物学分析S/R）[实验室]，Atterberg（阿氏）限度（S）[实验室]
水文地质特性	
渗透性	钻孔期间的观察（现场），渗透性试验（Lefranc，Lugeon）[现场]，灌注试验[现场]，抽水试验[现场]，压缩试验[实验室]
测压管水位，水力梯度	测压计（封闭/敞开式）[现场]
水流	现场测量（隧道内，水泉）[现场]
水的物理化学特性	含盐量、侵蚀性、硬度、pH值和温度等

3　施工期间调查

使用TBM进行隧道施工不能连续、直接对隧道工作面进行观察，因此一般采用间接法对隧道工作面前方地层条件进行评估。通过这些间接方法，可推导出土壤/岩体的主要特性，因为TBM 性能参数的变化通常与土工技术－地质力学的变化有关。鉴于这一原因，TBM 必须配备适当的仪器设备。

收集到的数据必须储存在动态数据库中（以地理信息系统为基础），持续更新并传至由熟练工程地质人员组成的小组对其进行判释、推断和预测。对于TBM 开挖的隧道，能够用附表3.6 中列出的方法对隧道工作面前方的地层情况进行调查。

附表3.6　隧道工作面前方调查

岩性调查、岩芯回收、水测量、孔隙鉴别和特点描述	
	水平或倾斜岩芯回收钻孔* 定向岩芯回收钻孔* 水平或倾斜破坏钻孔（确定钻孔速率、钻头上压力和钻探泥浆压力及扭矩）
工作面/边墙的沉积性/地质构造素描（类型、结构和组织）**	
测井	
	伽马射线测井 中子测井 地电测井 地质雷达
隧道工作面的地球物理法	
	地质雷达 地震波法

注：*在有/无防水设备情况下，钻杆均应为铝制类；

** 当TBM 停止开挖时。

附录4

确定工作面支撑压力的12种分析法主要因素

4.1 Horn法（1961年）

该方法为三维破坏模型的基础，模型由一个位于下部的楔块（具有光滑表面）和上部的筒仓组成（附图4.1）。

此模型未对实际应用提供指标，但是已有人将其作为进一步开发的基础（参见方法4.9 和 4.10）。

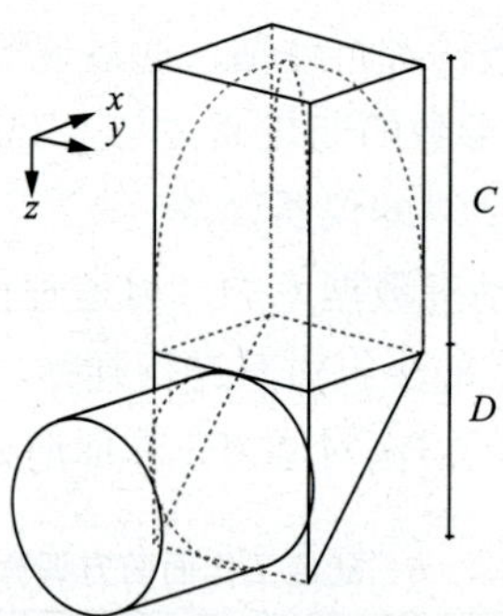

附图4.1　根据Horn法的隧道工作面稳定性模型

4.2 Murayama 法（1966年）

作用于受压楔块上（abd）上的土壤重量（q_B）按泰沙基（1943年）理论进行计算，破坏面呈对数螺线型（附图4.2）。

工作面稳定性要求所作用的重力力矩（q_B+W）与阻力力矩（施加在隧道工作面上的力P和沿破坏面的剪切强度）之间保持一种平衡。

这一方法旨在迭代搜索土体载荷（solid-load）宽度B，据此可确定更加不利的荷载条件和最大稳定压力P。

基本方程式为：

$$P=[W\times l_w+q_B\times B_1\times(l_B+B_1/2)-c\,(r_d^2-r_a^2/(2\tan\varphi)]/(2R\times I_p) \quad (附4.1)$$

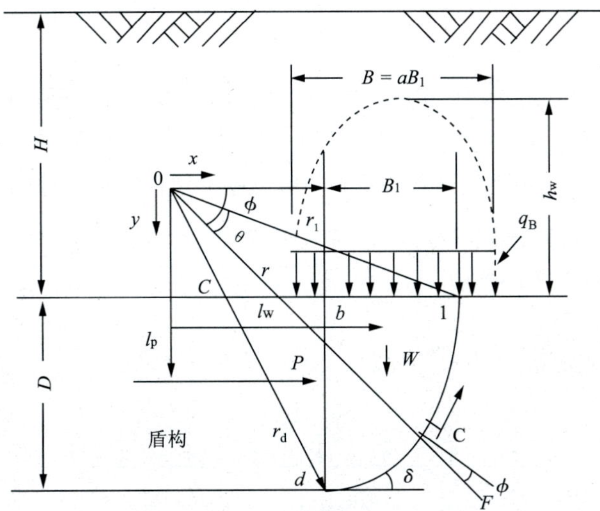

附图4.2　**Murayama** 法隧道工作面稳定性模型

4.3　BROMS & BENNEMARK 法（1967年）

该法提供了黏性不排水岩土材料中未支护洞室稳定性分析关系式（Tresca 标准，1864年）。稳定性比率N定义为：

$$N=(q_s-\sigma_T)/c_u+(C+R)\cdot\gamma/c_u \qquad (附4.2)$$

式中，γ=土壤密度，c_u=不排水黏结力。

根据经验，不稳定性条件与$N\geqslant 6$这个数值有关。因此，最小稳定压力σ_T为：

$$\sigma_T=\gamma\cdot(C+R)+q_s-N\cdot c_u，其中N\approx 6 \qquad (附4.3)$$

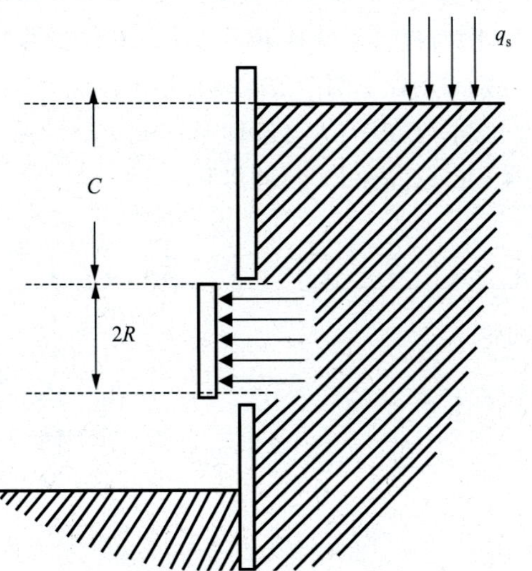

附图4.3　**BROMS & BENNEMARK**法隧道工作面稳定性模型

4.4 ATKINSON & POTTS 法（1977年）

不连续排水土壤中开挖工作面最小支撑压力的确定要考虑两个极限条件：（1）$\gamma=0$，$q_s>0$；（2）$\gamma>0$和$q_s=0$。式中，γ=土壤密度，q_s=过载。对于第二种情况，提供了两种下限解法。此解法与覆盖层没有关系，一般可提供具有较大安全性的结果。

$$S_{min}=[2k_p/(k_p^2-1)]\times\gamma\times R \qquad \text{（附4.4）}$$

式中 $k_p=(1+\sin\varphi)/(1-\sin\varphi)$；

R——半径；

φ——土壤摩擦角。

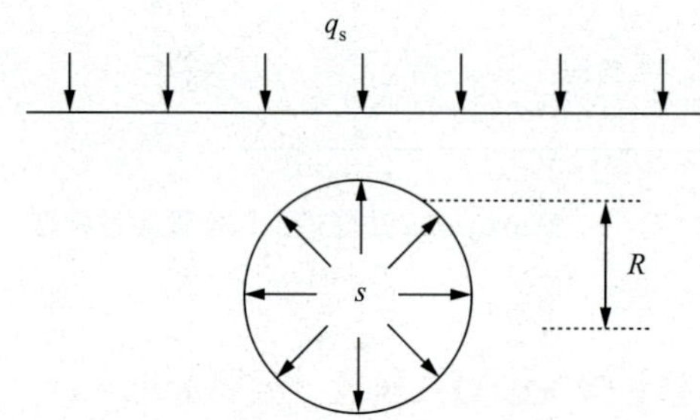

附图4.4 **ATKINSON & POTTS 法隧道工作面稳定性模型**

4.5 DAVIS等人的方法（1980年）

这种方法能对黏性土壤中半径为R的隧道进行稳定性分析，其刚性支护构件设置在距工作面一定距离处（P）。通过图表提供一般情况下的上限和下限解法，而且对两种特定情况进行了分析：$P=\infty$（附图4.5（b））和$P=0$。后一种情况对于护盾式TBM开挖特别有用，同时提供了两种下限解法，其作为参考应力状态模型的函数（圆柱形或球形）。分别采用以下两个公式计算稳定性比率N：

$$N=2+2\ln(C/R+1) \quad \text{（圆柱形）} \qquad \text{（附4.5）}$$

$$N=4\cdot\ln(C/R+1) \quad \text{（球形）} \qquad \text{（附4.6）}$$

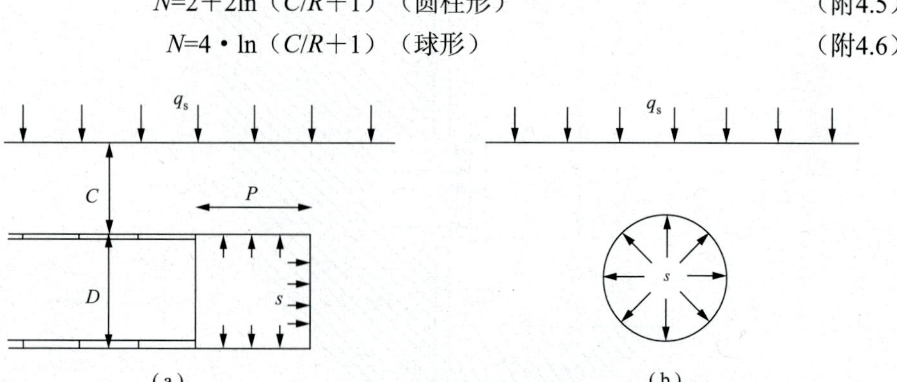

附图4.5 **DAVIS等人所提方法的载荷示意图**

4.6　KRAUSE法（1987年）

该方法针对附图4.6（a）、（b）、（c）中不同破坏机理提供了最小支撑压力。

破坏面为1/4圆的模型给出了稳定压力最大值：

$$S_{min}[max]=(1/\tan\varphi)\cdot(D\times\gamma'/3-\pi\cdot c/2) \qquad (附4.7)$$

在多数情况下，采用半球形模型（图4.6（c））所得到的结果更接近实际：

$$S_{min}=(1+\tan\varphi)\cdot(D\cdot\gamma'/9-\pi\cdot c/2) \qquad (附4.8)$$

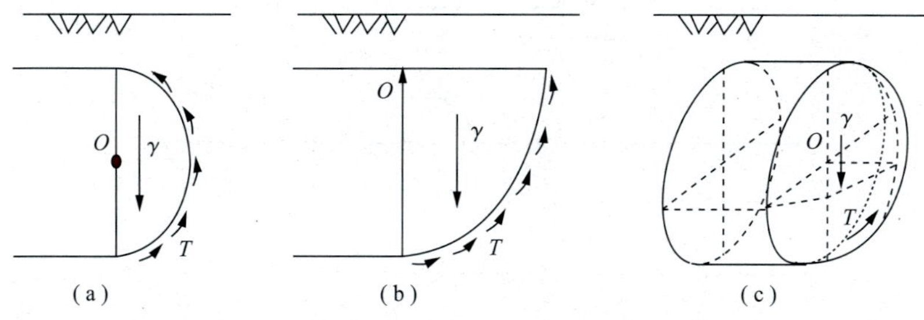

附图4.6　**Krause法中隧道工作面不稳定性的各种假设**

4.7　MOHKAM 法（1984、1985、1989年）

此方法采用了基于极限平衡理论的3D 数学法，它通过变量分析确定3D破坏面和作用于模型每一点的相对应力状态。在将刚性支护构件安设前的未支护长度考虑进去的情况下，对两种破坏机理进行了假设：一种涉及工作面（附图4.7（a）和（b）），另一种涉及隧道边墙（附图4.7（c）），分别沿破坏面，呈对数螺线形和圆柱形。

作用于楔块上的荷载基于泰沙基的拱效应。

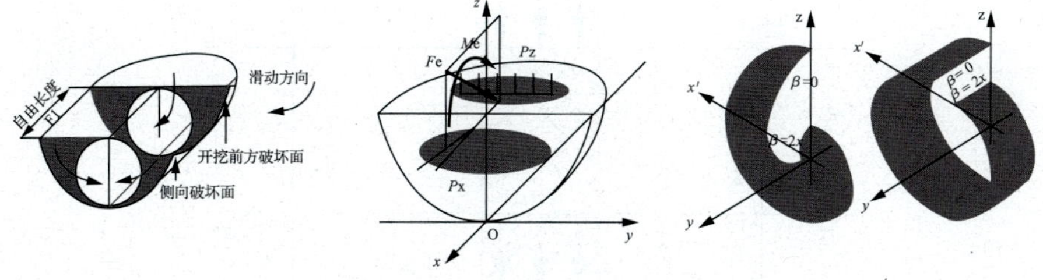

附图4.7　**Mohkam 法中假设的破坏机理**

4.8　LECA & DORMIEUX 法（1990年）

此方法以3D 模拟的上、下限定理为基础，分别通过动力法（cinematic method）和静力法得出上限值（+）和下限值（−），由此对工作面支撑压力进行乐观和悲观预测。在干燥条件下，工作面支撑压力σ_T为（Ribacchi，1994年）：

$$\sigma_T = -c' \cdot \mathrm{ctg}\varphi' + Q_\gamma \cdot \gamma \cdot D/2 + Q_s \cdot (\sigma_s + c' \cdot \mathrm{ctg}\varphi') \quad \text{（附4.9）}$$

式中Q_γ、Q_s =无量纲系数（来自诺模图），为H/a和φ' 的函数；a=隧道半径；H=隧道轴线上方地层厚度。

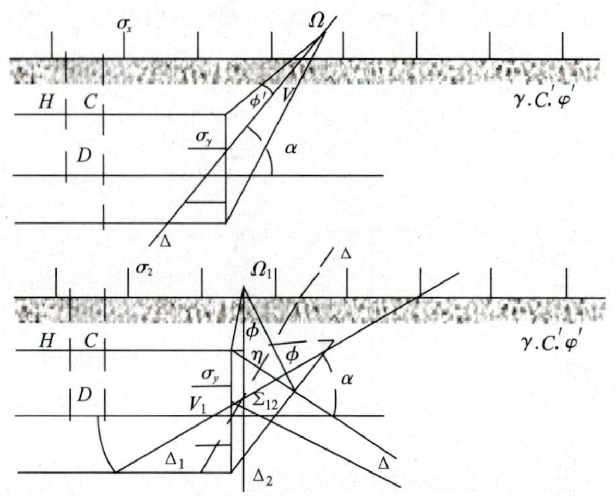

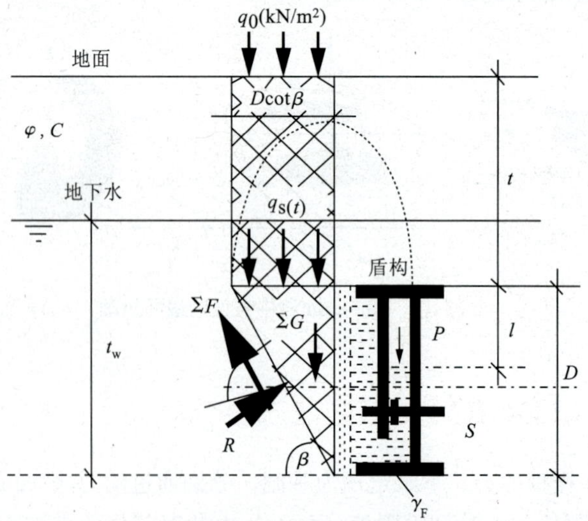

附图4.8 LECA & DORMIEUX 法中隧道工作面稳定性模型

注：第三种破坏机理指浅埋隧道中所谓的“爆裂”（此种情况中，σ_T非常大以至盾构前方地层隆起）。

4.9 JANCSECZ & STEINER 法（1994年）

根据Horn 模型（1961年），附图4.9 中示出的三维破坏示意图由一土体楔块（较低部分）和一土体筒仓（较高部分）组成。根据泰沙基解法计算来自筒仓并作用于土体楔块的垂直压力。

附图4.9 JANCSECZ & STEINER 方法

三维土压系数k_{a3}被定义为：

$$k_{a3}=(\sin\beta\cdot\cos\beta-\cos^2\beta\cdot\tan\varphi-K\cdot\alpha\cdot\cos\beta\cdot\tan\varphi/1.5)/(\sin\beta\cdot\cos\beta+\sin^2\beta\cdot\tan\varphi) \quad (附4.10)$$

式中$K\approx[1-\sin\varphi+\tan^2(45+\varphi/2)]/2$；$\alpha=(1+3\cdot t/D)/(1+2\cdot t/D)$

4.10　ANAGNOSTOU & KOVARI 法（1994 &1996年）

4.10.1　土压平衡盾构解法

这一方法，后面称之为A-K法，是以筒仓理论（Janssen，1895年）和Horn 提出的滑动机理三维模型（1961年）为基础，是在排水条件下及土舱中稳定性水压与有效压力之间存在差异的情况下进行分析的。如果土舱中的水压与地层中的水压之间存在一定差异，就会出现失稳渗流力，因此要求工作面具有较高有效压力。但是在强制性水文地质平衡条件下，如果承受这一渗流力，则总稳定压力低于要求压力。有效稳定压力σ'为：

$$\sigma'=F_0\cdot\gamma'\cdot D-F_1\cdot c'+F_2\cdot\gamma'\cdot\Delta h-F_3\cdot c'\cdot\Delta h/D \quad (附4.11)$$

式中F_0，F_1，F_2，F_3为根据诺模图推导出的无纲量系数，为H/D和φ'的函数。

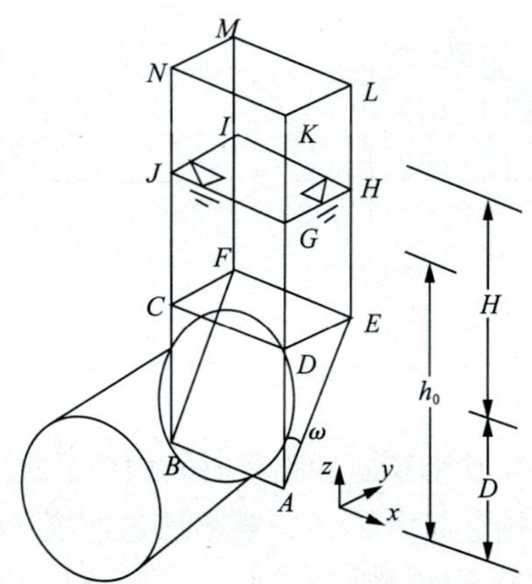

附图4.10　ANAGNOSTOU & KOVARI 法中隧道工作面稳定性模型

注：原分析分别考虑了棱柱体和楔块（隧道水平位）的k_0数值为0.8和0.4。

如果土舱中渣土材料呈液态，即$\sigma'=0$，则通过上述方程式求解Δh，可获得平衡所需水压。

4.10.2　泥水盾构解法

在采用泥水盾构的情况下，工作压力p_b必须大于外部水压p_w，以避免水涌入土舱。稳定压力或者说德尔塔压力Δp取决于膨润土泥浆在土壤中的渗入程度。Δp的最小值与工作面上不渗水泥膜（滤饼）的形成有关（附图4.11（a））。根据这种假设，提供一些图表用于估算Δp值，它是剪切阻力、水头和隧道深度等参数的函数。而在工作面有膨润土泥浆渗透（e）的情况下，所施加的工作面支撑压力的稳定作用因以下系数要比在“泥膜”情况中的小。针对渗有膨润土泥浆的楔块部分及全部饱和情况，这一系数分别等同于：

$$[1-e/(2D\tan\omega)],\quad e<D\tan\omega$$

$$\text{或者}[D\tan\omega/2e],\quad e>D\tan\omega$$

上述方程中使用的符号在附图4.10 中示出。

根据泥浆和土壤特点，可计算滞流梯度$f_{so}=\Delta p/e_{max}$，式中e_{max}是针对Δp赋值的最大渗透值。

德国标准DIN4126 还提出了以下经验公式：$f_{so}=2\tau_f/d_{10}$。式中τ_f为膨润土泥浆的抗剪强度；d_{10}为土壤的典型颗粒尺寸，由粒径分布确定。

在细颗粒土壤中，渗透的风险较小，但在粗颗粒土壤中，风险增大。根据A-K法，这种风险主要出现在盾构停机期间，此时，滞流梯度降低，而且安全系数F也随之降低。

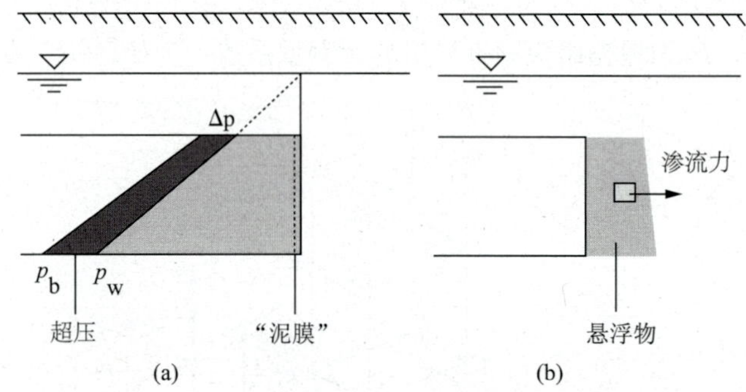

附图4.11 泥膜与过滤渗透模型（泥水盾构解法）

提出了一些计算有关工作面稳定性临界时间的关系式，这些关系式为泥浆和土壤特性的函数，包括开挖掘进速率（v）。临界掘进速度（v_{cr}）也可计算，在临界掘进速度下泥浆渗透值决定临界滞流梯度（$f_s=f_{scr}$，因此$F=1$）。一般来说，关系式的v/k值越高（这里k为孔隙介质渗透性），可达到的渗入深度就越小。

4.11 BROERE法（2001年）

Broere 指出了当前分析法中的一些重要限制，同时找到了一种可将以下相关特点考虑进去的解法：

- 工作面地层的不均匀性；
- 垂直荷载评估时的土壤成拱效应；

- 在超孔隙水压下支撑介质渗入隧道工作面的效果。

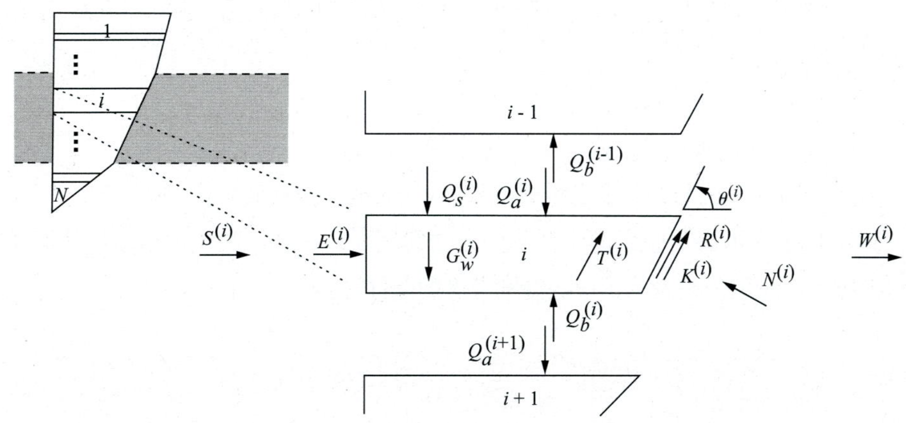

附图4.12　**Broere 法中多层楔块模型的符号定义**

通过确定一系列土工技术特性值并计算作用于每一均质层、每一分界面和沿滑动面作用的相关重量及力，可对因不同分层土引起的地层不均匀性进行分析。

Broere（2001年）指出：针对均匀土层中单个滑动楔块的简化情况，其结果与Waltz（1983年）和Jancsecz（1994年）得出的结果一致。

根据泰沙基理论和离心试验结果，楔块上方的圆柱土体部分不作为荷载作用于楔块。

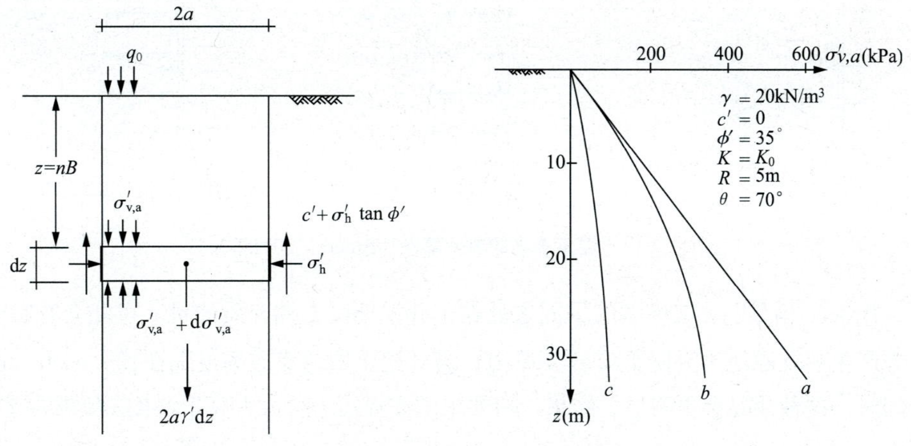

附图4.13　**根据泰沙基理论确定拱形土柱中作用于土条上的力**（Broere，2001年）

对于最高值$z=t^{(i)}$的“i”层，提出了关于分层土的以下公式，其范围是$t^{(i)} \leqslant z < t^{(i+1)}$：

$$\sigma'^{(i)}_{v,a}=\frac{a\gamma'^{(i)}-c'^{(i)}}{K^{(i)}\tan\varphi'^{(i)}}\left(1-e^{-K^{(i)}\tan f'^{(i)}\frac{z}{a}}\right)+\sigma'^{(i-1)}_{v,a}(t_i)\cdot e^{-K^{(i)}\tan f'(i)\frac{z}{a}} \tag{附4.12}$$

附图4.12 和附图4.13 对方程式中的符号进行了解释。

针对松弛长度“a”进行了各种假设，最后假设楔块宽度等于隧道直径，由此得出下列等式：

（a）$a=\infty$（无成拱效应）；

（b）$a=R$（二维成拱效应，R=隧道半径）；

（c）$a=R/(1+\tan\theta)$（三维成拱效应，θ为滑动面角度）。

附图4.13 中示出了应用这三种不同方法的例子。另外，为了评估沿楔块面作用的水平应力，还用公式表示了一些特别考虑的条件。

4.11.1 假设不同成拱作用下的垂直应力分布（Broere，2001年）

Broere 模型主要涉及在渗透性土层情况下支撑介质渗入隧道工作面的效应。如前所述（A-K法），取决于土壤的渗透率和支撑介质密度，可能会出现不同的渗滤机理（附图4.14）。

应注意，渗透模型既可针对泥水盾构，注入膨润土泥浆，也可针对土压平衡盾构，注入聚合物泡沫。

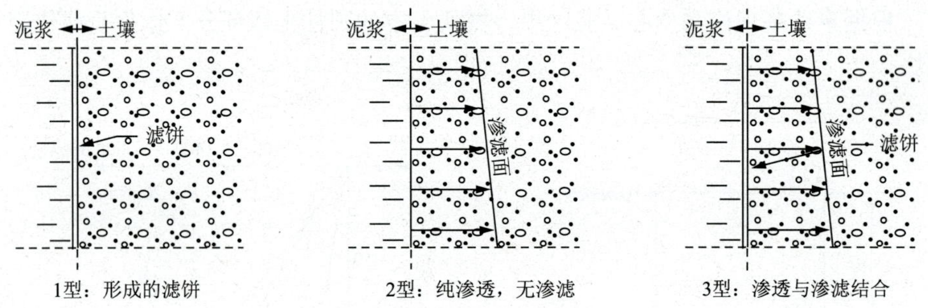

附图4.14 泥浆渗滤的典型事例（Broere，2001年）

Broere 模型与A-K模型的不同之处在于开挖期间支撑介质的贯入可能会在TBM前方产生超孔隙压力并降低有效支撑力。当开挖土壤的渗透率范围在10^{-5}～10^{-3}m/s之间时，这种情况会更明显。结果，所要求的支撑压力会大大高于A-K法预测的支撑压力。

使用以下公式可计算隧道工作面顶部zt的有效支撑压力（s'），其中考虑楔块角度θ，并将$s'_{(zt)}$值最大化：

$$s'_{(zt)}=[G_s-P_s+G_w+K'+2T'-2P_T+S'_{dev}]/Z \quad \text{（附4.13）}$$

式中G_s =楔块上覆土力；P_s =因超孔隙压力形成的上浮力；G_w =楔块有效重量；K' =

沿滑动面的有效黏结力；T' =楔块滑动面上形成的摩擦力；P_T =因超孔隙压力造成的剪切力降低；S'_{dev}为偏支撑力；Z为（$\varphi-\theta$）函数的一个参数。

已知泥浆密度，加上楔块远端的总孔隙压力便可计算出总的支撑压力，即

$$s_{(z)}=s'_{(z)}+P_{(w(z),\ z)} \tag{附4.14}$$

式中z为考虑的深度，w（z）为楔块相应宽度。

现在，超孔隙压力Δs可定义为支撑压力与静孔隙压力p_0之差。

Broere 推导出评估渗浆地层孔隙压力分布的特定方程，其是支撑压力、静止孔隙压力、时间和土壤特性、渣土特性的一个函数。

在荷兰三座隧道施工期间（两座采用泥水盾构，一座采用土压平衡盾构），由COB（荷兰Onderground Browen中心）支持进行的地表监测项目验证了超孔隙压力预计值与实测值吻合较好，隧道工作面前方约30m处的情况证实了这一点。

4.12 CARRANZA-TORRES（2004年）整合的CAQUOT-KERISEL法（1956年）

一般认为，基于塑性上、下限边界法则的统计容许解法比极限平衡法更加严谨。其中，我们可提及一下Caquot 法（Caquot 等，1956年）。这些解法是针对2D圆形隧道断面推导出来的，但可很容易地扩展，从而考虑3D球面几何形状。

Caquot 模型考虑了在浅埋圆形（圆柱体或球体）洞室拱顶上方岩土材料出现破坏时的平衡条件，其单位重量γ，剪切强度则由Mohr-Coulomb 参数c（黏结力）和φ（摩擦角）确定，而开挖前垂直应力分布呈静岩压状且水平应力和横向应力之比为1。隧道内部可施加支撑压力P_s，而超载q_s（来自基础结构或路基）则作用于地表。针对附图4.15 所示的情况，Caquot 法将内压力值P_s定义为最小值或临界压力值，低于此值隧道将发生坍塌。针对干燥条件的Caquot广义解法（包括安全系数，F_S）可由下列方程表示，此方程由Carranza-Torres推导得出（2004年）：

$$\begin{aligned}\frac{P_S}{\gamma a}=&\left(\frac{q_S}{\gamma a}+\frac{c}{\gamma a}\frac{1}{\tan\varphi}\right)\left(\frac{h}{a}\right)^{-k\left(N_\varphi^{FS}-1\right)}\\&-\frac{1}{K\left(N_\varphi^{FS}-1\right)-1}\left[\left(\frac{h}{a}\right)^{-K\left(N_\varphi^{FS-1}\right)}-1\right]-1\frac{c}{\gamma a}\frac{1}{\tan\varphi}\end{aligned} \tag{附4.15}$$

式中a=隧道半径；h=地表以下轴深；k=说明开挖类型的参数（1=圆柱体隧道，2=球状洞室）。应注意，该方程仅在给定的Mohr-Coulomb参数导致出现洞室即将坍塌的极限平衡状态时才有效。一般而言，岩土材料的强度大于洞室极限平衡状态时的强度。

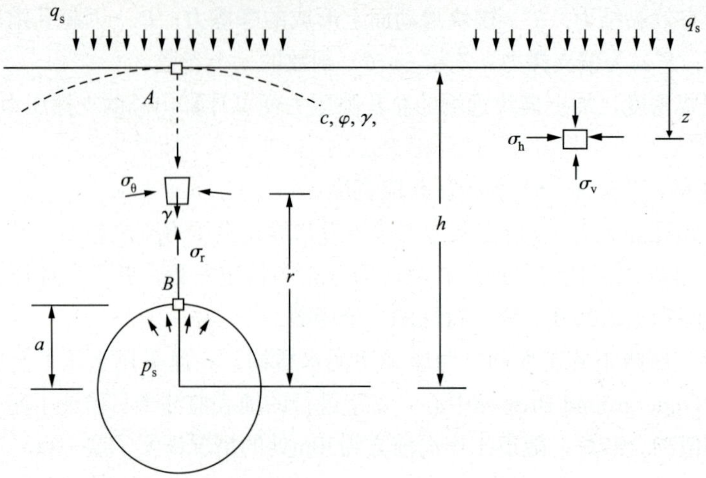

附图4.15 **CAQUOT–KERISEL解法基本示意图**（Carranza-Torres，2004年）

安全系数Fs被定义为实际Mohr-Coulomb参数与临界Mohr-Coulomb参数之比，用下列方程表示（强度折降法，Dawson 等，1999年）。如附图4.16所示，这种方法假设Mohr-Coulomb参数呈比例降低。

$$N_\varphi^{FS} = \frac{1+\sin\left(\tan^{-1}\dfrac{\tan\varphi}{F_S}\right)}{1-\sin\left(\tan^{-1}\dfrac{\tan\varphi}{F_S}\right)} \qquad F_S = \frac{C}{C^{cr}} = \frac{\tan\varphi}{\tan\varphi^{cr}} \tag{附4.16}$$

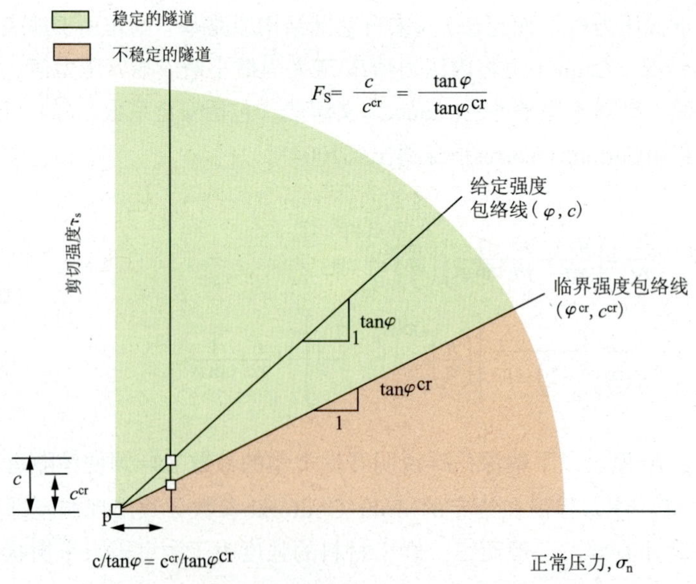

附图4.16 **强度折减法**（Carranza-Torres，2004年）

对于隧道工作面的稳定性分析，作者提出了一种考虑隧道工作面三维效应和可能的未支护距离L的方法，如附图4.17所示。

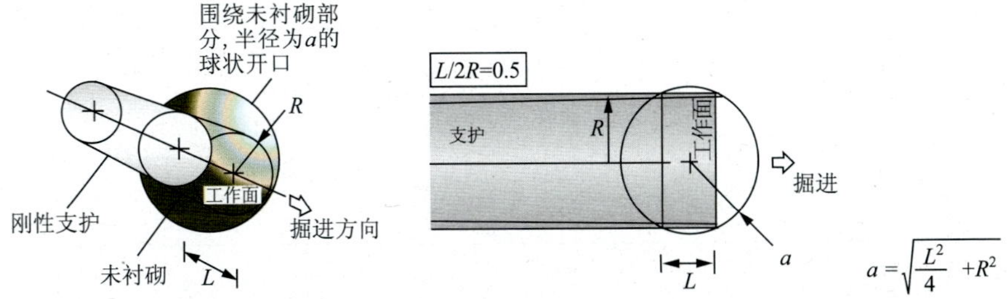

附图4.17　针对工作面稳定性分析，计算修正的隧道半径（Carranza-Torres，2004年）

附录5

采用泥水盾构的隧道工程风险管理计划实例

1 前 言

此附录是为采用泥水盾构进行开挖的隧道工程提供风险管理计划或方法。此计划涉及有关圣彼得堡地铁1号线项目的地层和施工条件，这在第8.2节中已有介绍。

根据问题的出处，将相关风险分为四大类：

（1）土壤；

（2）衬砌；

（3）资源；

（4）既有结构。

下面将对风险管理计划的应用进行概述，其结果按风险类别列表。这4个表的每一个表又分为A、B两部分，以获得纵向表格形式。A 部分涉及事件（灾害）、背景（主要特点）和风险评估（事件发生可能性、结果或影响以及初始风险等级（高、中、低）的函数）。B部分涉及事件的探测、减缓措施确定和减缓措施实施后残余风险等级的重新评定。

在这一点上，重申减缓措施与对策之间的差别是有益的。减缓措施是由一系列预先确定的、在项目各阶段中系统实施的措施组成，其目的是根据可接受性标准，通过针对出现概率和/或影响程度采取措施来降低每一种不可接受的初始风险。减缓措施实施后所剩风险被称为残余风险。而另一方面，对策是在设计阶段确定的，施工期间根据预先制定的对策启动标准（当关键参数达到了预先确定的阈值时）而将采取行动。

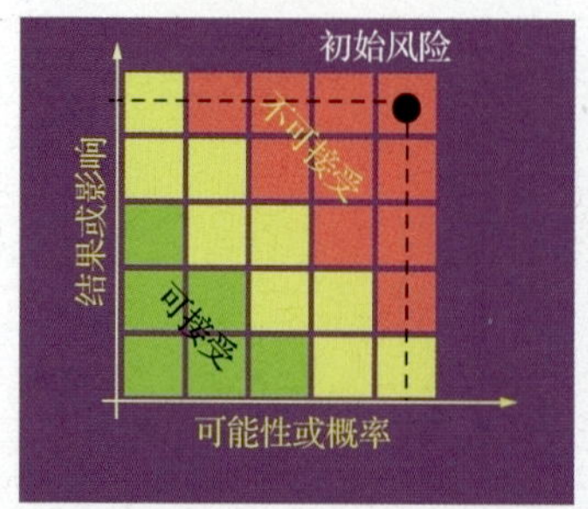

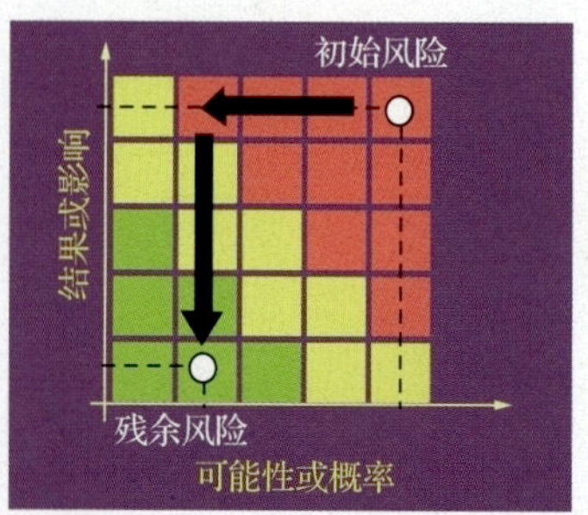

附表5.1A　风险类别：土壤

编号	事件或灾害	背景（主要特点）	风险评估		
			发生可能性	结果或影响	初始风险
1	相对于砂层液化的工作面稳定性	具有特性变化的不连贯含水砂层，受到冰川作用影响的古老河谷底。如果没有其他液化原因，工作面不稳定的可能性较低，其后果影响较大	低	高	中
2	相对于砂质透镜体的工作面稳定性	高密度砂和/或高固结砂，以厚的条带（几米）或薄透镜体的形式出现在黏土或淤泥层中。不稳定性包括工作面稳定性损失、地表沉降和/或一些设施变形及坍塌冒顶、未预见的体积损失等。这种自然土壤的出现可能性较高，其结果影响大	高	高	高
3	相对于高压力的工作面稳定性	超过5.5bar的TBM前部最大操作压力是测得的较高压力的主要源头。前部压力的选择主要根据水文和岩土力学条件。这种事件发生可能性较低，其结果影响较大	低	高	中
4	相对于从黏土层过渡到砂层的工作面稳定性	这种过渡很少发生在近垂直地层，更多出现在近水平地层。密实泥质板岩层与夹入黏土层中的砂质地层之间的近水平过渡带通常遇到。在冰蚀谷内部区域，通常会发现过度固结黏土与砂质透镜体或砂沟之间的过渡	中	低	低
5	开挖渣土卡住刀盘	因开挖地层之间的差异（特别是黏性土壤），TBM的刀盘可能被卡住。这种情况可被看成是一种潜在的可能性，但同时通过已安装在机器中的一些防护设备可将不良影响减至最小	高	低	中
6	发现孤石	在冰碛（morenic）土中很容易发现孤石，根据地层厚度情况呈现不同尺寸并随着深度加深而减少。如果沿隧道定线靠近冰碛层水平位较低部分开挖隧道拱顶，那么出现孤石的情况仅限于隧道横断面上部，遇到较小孤石的可能性较高，较大孤石的可能性较低	高（低值）/低(高值)	中（低值）/高(高值)	中

续上表

编号	事件或灾害	背景（主要特点）	风险评估		
			发生可能性	结果或影响	初始风险
7	发现人工障碍物	现场勘察期间在隧道定线深度处钻凿的钻孔可被认为是人工障碍物，因为刀盘前面的泥饼很容易跑到钻孔孔穴中，导致出现泥浆和压缩空气失衡的情况。如果不能避免这种情况，工作面就会变得不稳定。这些钻孔由钢制材料穿孔而成，对刀盘损坏有很大影响。突然遇到这些障碍物的可能性较小，但是如果出现这种情况，会因土舱压力急降及工作面不稳定造成较大的影响	低	高	中

附表5.1B 风险类别：土壤

编号	风险事件的探测	减缓措施（对策措施）的确定	残余风险 *
1	TBM贯入速率、侧限压力、返回泥浆密度控制、分离设备处的渣土、含水量确定、地表沉降控制、测斜仪和伸长计量测值将表明问题出现的地方及相关范围	自然液化本身不能被排除，也不能加以控制。对于这种情况，除了严格执行质量控制程序，风险分析原则不考虑对特定源头实施适当减缓措施	中
2	土舱中的泥浆侧限压力、测量固体的排土料、泥浆水位、渣土密度、贯入速率、地表沉降控制、压力计水位变化、安装在地表的测斜仪和伸长仪未预料的测值以及管片衬砌注浆量	各种不同方案包括从地表或从开挖隧道对土壤采取干预措施。如果标准步骤不足以防止工作面的局部不稳定性，那么将采用泥浆代替渣土壤充填形成的洞穴。管片注浆期间，通过充填剩余孔隙可减小其残余风险，并要考虑监测注浆量和相关压力因素。为TBM配备高压喷浆机（6～10 bar防护设备）	中
3	土舱中的泥浆水位和泥浆侧限压力、测量固体排土料、贯入速率、地表沉降控制、压力计水位变化和安装在地表的测斜仪和伸长仪未预料的测值	压力较高是因为水及/或土壤因素，因此必须采取行动直接减少这些因素。地层也必须进行固结处理，目的是为了改善土壤的力学特性，降低有关渗透率。另外一种降低压力的办法是通过设置减压井降低地下水位	中
4	泥浆处理设备处记录的弃渣材料成份、主轴承每侧设置的探测器泥浆水位、泥浆流量参数（密度随时间的变化、流量）、扭矩	TBM 和泥浆循环参数的连续监测、施工小组与后续作业小组之间的良好合作以及隧道掘进期间的经验积累	低

续上表

编号	风险事件的探测	减缓措施（对策措施）的确定	
5	相对于有关掘进速率，与开挖渣土理论值的差异、泥浆返回循环中的欠压、回浆泵中的最小流量、最小密度（含水量增高）、扭矩增大、主轴承每侧探测器上的泥浆水位	这种现象很可能出现在工作面中心，为避免这种现象，有必要减小开口、降低转速并安装注水和/或聚集混合物的管道。这些是专为水力盾构设计的润滑剂和清洁剂。另外也安装了其他的喷射机，以便通过膨润土压力喷射清洁镐刀	中
6	检查工作面是否存在孤石的一种可能方法就是操作者的敏感性和经验，他们了解TBM的一般特性，例如振动、噪声、不匀称的掘进或停止。如果孤石卡住回浆管道，可探查到土舱中压力和膨润土浆水位立即上升。在隧道工作面前方采取地球物理法是其他合适的措施	因配备了碎石机，TBM 能对付中～小尺寸的块体（大约500～700 mm）。如果碰到较大孤石，安装喷水和膨润土喷射装置还不够，而是要进入到刀盘前部进行人工碎石。在采取后一种减缓措施的情况下，必须考虑安全性要求（即工作压力最大3bar）和土壤的处理	中
7	如果机器将横穿（切）已安设有一些仪器的钻孔，那么相关读数将反映出这一情况	勘测钻孔采用塑料或铝质套管，必须记录所有设在隧道定线内的钻孔，而且必须在TBM始发前进行清孔和仔细堵塞	中

注：（*）减缓措施实施后的残余风险可分为中、低两个等级。处于低水平的残余风险为可接受风险。如果为中等程度即为不可接受（参见本书正文第二部分），那么在施工期间，当关键参数达到预定警告限值时，应采取预先确定的对策措施。

附表5.2A　风险类别：衬砌

编号	事件或灾害	背景（主要特点）	风险评估		
			发生可能性	结果或影响	初始风险
1	管片几何尺寸的错误安装	管片拼装及与前一环管片的连接都采用conex连接件形式，这样能确保抗拉力和抗剪力，从而保证正确的安装，误差也最小（最大10 mm）。错误的安装可能出现在两个时段，即拼装器安装衬砌环后和衬砌环周围注浆完成后。在任何一种情况下，其结果都将影响混凝土和/或钢筋上的应力以及接头处的衬砌水密性。出现这种风险的可能性介于可能和不可能之间，但结构方面风险较大	中	高	高

续上表

编号	事件或灾害	背景（主要特点）	风险评估		
			发生可能性	结果或影响	初始风险
2	衬砌环成椭圆形	异常地层特性或不对称约束压力可能导致达到和超过预定变形限值。在存在砂流且其曲流路线可能与隧道定线近乎平行的地方可能会出现这种情况。设计时考虑这一因素可使这种可能性变得很小，但是其后果是非常严重的	低	高	中
3	衬砌环浮动	如果灰浆在注浆后的大约8～10 h内开始硬化（在这一特定情况下其硬化可通过避免内部材料流动的性能来加以识别），那么这种可能性就很小。否则，这种位置偏差（衬砌轴线与隧道轴线之间的差异）的第一结果是对上部盾尾刷造成不正常的压力影响，同时底部流出的膨润土浆将与环状密封刷接触：这可能会导致土舱压力损失，从而造成上述不稳定性风险	低	低	低
4	管片水密性	预制管片设计中对混凝土配比和养护过程的恰当确定能够保证管片的水密性。进行专门的实验室试验对安装的管片进行验证，因此沿隧道的所有管片不应出现渗漏。但是由于一些潜在的条件不可能保证100%不渗漏，因为：（1）实验室试验总是定时进行的，而在每一工业生产过程中其数值和质量总有些偏差；（2）逃脱了目视检查的失控操作导致裂缝出现；（3）隧道埋深处的高水压。它介于可能与不可能之间，但是因为这种风险影响很小，所以整个风险等级都较低	低到中	低	低
5	接头水密性	从结构和水密性来看，接头部位是最脆弱的。在项目开发阶段预先确定的水力条件和安装顺序应能克服任何涌水流入隧道的风险。为了提高安全系数，必须采取预防措施降低漏水风险，这种漏水情况并不是以后才出现，后果也不可忽视。另外还有一个双系统防护体系：外拱背附近的水力膨胀型材（致力于长期作用）和两衬垫间的一圈膨胀润滑油脂（致力于短期作用）	中	中	中

续上表

编号	事件或灾害	背景（主要特点）	风险评估		
			发生可能性	结果或影响	初始风险
6	管片承受超应力	隧道的长期（永久）稳定性主要基于正确的最终衬砌，因此必须将可能导致预制管片中产生不适当应力的外部荷载风险考虑进去，必须选择一个适当的安全系数。由于问题的严肃性和后果的严重性，施工过程须考虑能监测管片承受应力情况和前面管片真实状态的措施	低	中	低

附表5.2B　风险类别：衬砌

编号	风险事件的探测	减缓措施（对策）的确定	残余风险*
1	通过目测控制此现象的发生	严格的安装步骤，对管片注浆及施加压力的连续控制，特别注意人工操作、conex连接件的质量控制及混凝土的抵抗性，选择有经验的后续作业小组和设计者。采取特殊行动，例如在必要的时候采用特殊混合物进行管片注浆或者安装钢肋	中
2	坚持逐段进行地形检查，对隧道全段进行监测。另外还在预定段安装专门仪器（地表标志、压力盒、应力计），对几何条件和应力情况进行测量	不能合理找到减小风险的措施。对所发现问题的补救措施在于以物理方式阻止衬砌的椭圆化。为此，现场须备一系列圆形钢肋以便紧靠衬砌环内弧面迅速进行安装，通过千斤顶迫使其顶紧衬砌	中
3	这一风险很快会被施工组人员发现，原因在于排出的膨润土浆压力较高。地形观测将准确确定衬砌的绝对位移，位移效应因盾构机机体会受到暂时的、物理性的限制	将采取一般减缓措施（修改注浆方案）。但从另一方面来看，操作步骤——此种情况下针对灰浆特性（包括避免管道堵塞和因水造成的灰浆冲失）所采用的——应与这，一独特条件相适应，以使风险处于较低水平	低
4	发现此种事件的唯一方法是在其实际发生时通过目测加以确定。实际上，在隧道周围进行注浆期间不可能监测到任何问题，相反，此操作的结果是形成了一些有利条件，例如细小的、胶凝性的成分将可能贯入并封闭穿过管片的既有水流通道	一旦通过生产现场的管片控制确定了将来可能出现的问题，则减缓措施限于采用树脂和/或防水油漆进行表面处理，如特别步骤中所述。而且，甚至是在使用期间也可对管片内侧表面进行局部修理。因此，主要影响在于成本和质量控制水平	低

续上表

编号	风险事件的探测	减缓措施（对策）的确定	残余风险*
5	在问题实际发生前无法监测。进行管片周围注浆时，一些细小成分能穿过第一道防线，但不会立即反应，而到达第二道防线（油脂）时，相反，油脂会遇水便膨胀，从而阻止进一步的流入隧道。因此，这种现象仅在后期出现（如果有的话）	可采取三方面措施： （1）在损毁接头后面进行局部注浆。（2）安装一应急圆形钢肋及防水薄膜层，此防水层将牢牢位于漏水接头和钢肋拱背之间。另外还设想采用一配有防水密封材料的成型钢板，通过锚杆固定到衬砌上。（3）对衬砌内侧表面和沿损坏接头进行直接修理，并直接堵塞水流通道	中
6	必须在所监测管片内部安装仪器设备，以便探测风险，并建立外部荷载与衬砌特性的关系式，通过内插法或外插法，对反分析结果进行修正和检验	当高于预测值时，监测小组将立即对后续小组的作业进行干预并跟踪仪器读数的变化。当这种情况继续时，应通知设计者，并与项目管理人员一起采取正确的措施。 立即采取的行动是用钢肋加强横断面。作为限制性对策，可进行局部固结注浆，在衬砌钻孔并灌注水泥浆以改善那一区域的土壤特性	低

注：（*）减缓措施实施后的残余风险可分为中、低两个等级。处于低水平的残余风险为可接受风险。如果中等程度即为不可接受（参见本书正文第2章），那么在施工期间，当关键参数达到预定的注意阀值时，就应采取预先确定的对策措施。

附表5.3A　风险类别：资源

编号	事件或灾害	背景（主要特点）	风险评估		
			发生可能性	结果或影响	初始风险
1	TBM	必须考虑TBM前部和护盾部分的机电故障风险。在软岩或黏性地层中，盘式滚刀不能适当旋转并有断裂、损坏可能，因此必须特别小心。由于在不同地层中通常发现黏土含量较高，因此发生这种情况的可能性介于可能和不可能之间，因盘式滚刀修理比较困难，所以风险等级为中等。那些安全方面的设备，例如向工作面施加反压力并保持某些数值恒定的设施，必须对其进行反复检查，而且在必要时须安装应急设施，现场应准备备件。操作人员必须参照发给他们的技术文件保持适当的泥浆水位和空气压力。启动前必须检查所有部件，在第一轮操作完成后将再次进行检查	中	中	中

续上表

编号	事件或灾害	背景（主要特点）	风险评估		
			发生可能性	结果或影响	初始风险
2	管片注浆系统	这一点与衬砌环周围注浆系统故障风险结果有关。注浆系统为自动程序控制，此程序也给出每台注浆机的压力及其注浆量信息。风险可能涉及以下方面：（1）机械故障；（2）缺少动力；（3）灰浆混合料供应不足或不合适；（4）注浆实施延后；（5）注浆压力不当。注浆开始期间和灌注期间的滞后可对灰浆特性和盾构内部的循环管线生不良影响，造成严重问题。不合适的压力也可能造成衬砌环因注浆发生不正确位移或未充分进行回填注浆	低	低	低
3	TBM后配套系统及服务设施	后配套系统包括6节车厢，安装的辅助设备有：油脂泵送系统；管片灰浆灌注泵送系统；主要及应急照明系统；冷却系统；辅助通风系统；库存区和泥浆循环回路处理系统；电缆卷筒和公共设施；风管和电缆防水设施；消防系统；高、低压柜；变压器；管片门架起重机；管片皮带传送带。在考虑以下方面的情况下：（1）相关供应商应确保隧道开挖和衬砌安装的所有设施；（2）机器启动前，应进行所有相关试验（单独和整体）；（3）按预先确定程序并根据行动措施及相关责任进行日常控制和标准维修；（4）现场应准备所有可预见备件，风险等级为低级	低	中	低
4	泥浆循环及排土系统	此系统必须提供足够压力以实现隧道工作面上土压、水压平衡。与效率有关的限制条件有：TBM 掘进速率（排出并处理的渣土量），处理装置效率（适当密度的泥浆量）和管径（泥浆输送管的适当出渣速度）。预计标准出渣量为900 m^3/h（混合有泥浆的渣土），极端情况下为1 000 m^3/h。通过了解有关进浆管线的进浆量、土舱中的泥浆量和回浆管中渣土量信息，对泥浆循环线路的所有操作阶段进行严格管理。结果是整个系统都进行严格控制，无论手动还是自动，而且还安设了紧急设施。这意味着意外事件破坏施工进程的可能性较小	低	中	低

续上表

编号	事件或灾害	背景（主要特点）	风险评估		
			发生可能性	结果或影响	初始风险
5	泥浆生产与泥浆处理装置	此装置处理的材料量为900 m³/h，但必须保证其峰值1000 m³/h。由于外部限制（几何形状、泥浆和土壤特性、TBM进尺速率），至少要设定计大约25%的富余量。泥浆产量必须充足，不能限制TBM掘进要求，这当然是指涉及泥浆的所有后续步骤，从生产本身（干膨润土储存料仓、拌和设备、新鲜泥浆存放池和一级泵）到针对回收的适当处理（旋流设备和其他处理设备）。这意味着按照高峰期，例如TBM最高掘进速率和渣土的最高细颗粒来确定处理设备的规模。而且此设备由两个独立的部分构成，这样可以保证开挖进程，即使速度降低以及部分处理设备损坏时。因此，唯一的风险是一些故障或误操作造成的结果	中	中	中
6	人为错误	拥有高水平专业知识和丰富经验的人员是限制任何操作错误的保证。在动员阶段，对当地作业人员进行仔细挑选。经验表明：错误和引发事故通常出现在组织不力，机器陈旧，缺乏维修，人员因工作条件艰苦、工期紧张而变得厌倦时	低	低	低
7	缺乏资源	可能的资源缺乏包括：人员、机械、材料（管片附件、检测仪器）、消耗品（电、水和膨润土）以及第三方（管片制造商和专业公司）。可以说每种情况都可能发生（风险级别可假设为从低级到中等，且易于及时辨识，减缓措施几乎是自动的	高	低	中

附表5.3B　风险类别：资源

编号	风险事件的探测	减缓措施（对策措施）的确定	残余风险
1	机器某一部分不能工作，警示灯为红色	减缓措施的确定（例如针对事件的探测）为一标准化程序，这里不再重复上述降低滚刀磨损风险所采取的行动	中

续上表

编号	风险事件的探测	减缓措施（对策措施）的确定	残余风险
2	如果一些注浆机的压力低于程序值，将向操作者自动报警，操作者可降低其流速。通过循环操作流程和传感器可检测到衬砌环浮动，局部灰浆量和压力值的错误风险也减至最小	独立发电机可轻易消除缺电造成的风险。为了实现正确混合比设计，必须进行综合研究与试验。为避免不恰当注浆压力，除循环操作流程外，还须安装报警传感器。如果检测到有衬砌环浮动风险，可以很方便地优先进行上部管道注浆。针对风险的控制对策为：（1）体积：注浆量必须与理论的衬砌环空隙体积联系起来；（2）压力：检查最终压力是否与设计参考值一致，它与侧限压力有关；（3）检查灰浆是否符合设计特性	低
3	机器某一部分不能工作，警示灯为红色	在后配套、开挖前各部件的预先检查、现场派驻专业机修队伍、预计并提供充足备件等方面进行良好的现场组织管理	低
4	当采用密度计、压力传感器、流量计和电位探测器探测到的土舱和泥浆循环回路不正常时，警示灯为红色	进行连续的压力、密度监测，进行黏度、过滤性、屈服值和pH值的实验室试验并记录在控制面板上。沿泥浆循环线路并在开挖前部安装特定的密度计进行自动量测。因地层材料不同而造成的进浆孔出浆密度差异将提供有关开挖渣土和可能源自开挖面的涌水方面的信息。压力传感器将同时监测土舱顶部压力和回浆管线中的压力。进出舱室的泥浆量将通过流量计进行验证。通过这一措施，可进行开挖渣土量分析和出渣速度的验证。舱室内的泥浆水位必须通过电位探测器进行控制和测量且必须保持恒定。通过有关注意阀值和报警阀值的彩色LED指示灯，可进行目测。如果显示其水位值较低，此监测系统将探测出工作面异常的泥浆渗漏或/和超挖情况	低
5	泥浆处理部分出现机械问题，警示灯为红色	必须拥有一个装备良好并进行泥浆参数试验和调整的实验室。有必要事先通过仔细试验对将用于制备膨润土泥浆的水的特性进行验证，从而验证其含盐量和pH 值等	中
6	未预见的事件	操作前，相关人员将通过两期学习/提高/更新课程得到正确的指导。必须拥有良好的组织管理以预见任何违反纪律的情况。监测系统将立即对预先确定的责任人和相关部门提请注意。这可确保额外的控制和避免可能的人为错误。针对每个特定项目应用全新的硬件和软件系统	低
7	重新检查现场机构组织流程图、相关责任和施工第一阶段所要求资源	以下提供了针对资源缺乏而制定的减缓措施：针对意外事件具有灵活反应的机构组织流程图，在工厂和现场进行测试的充足备件，管片辅助部件（例如密封衬垫、conex连接件、导杆、灰浆和各种部件），仪器，市场研究报告和订单，运输，直接影响TBM的供应商，即电力、水和压缩空气供应商	中

注：（*）减缓措施实施后的残余风险可分为中、低两个等级。处于低水平的残余风险为可接受风险。如果中等程度即为不可接受（参见本书正文第2章），那么在施工期间，当关键参数达到预定的注意阀值时，就应采取预先确定的对策措施。

附表5.4A 风险类别：既有结构物

编号	事件或灾害	背景（主要特点）	风险评估		
			发生可能性	结果或影响	初始风险
1	既有排污管、水管等	隧道和既有排污管之间的冲突可造成严重沉降。隧道开挖将引起不可避免的垂直沉降，其分布和范围随隧道至地表深度的不同而发生变化。因此，排污管周围土壤将遭受沉降影响，其数值大小将根据其发展情况发生变化。必须在结构物可靠基础上对位移和张力进行预测和验证。同样，集水井也可能发生沉降，从而造成与相邻管线的连接处产生位移，这是不允许的。另一个风险是形成冒顶坍塌，这将破坏排污管并使沉降传播至地表。在这种情况下，其补救措施为由专业队伍迅速从地表进行灌浆或压力注浆以尽快充填空洞	低	高	高
2	周围区域既有建筑物	隧道开挖影响区内的既有建筑物是一个主要问题。相关分析包括：作为建筑物基础的地层土壤特性；每个建筑物的基础类性和技术水平。必须阐明每段的地表沉降纵断面、地表旋转角度、地表结构灵敏度、结构物和建筑物的力学及物理特性。根据有关建筑物的设计数据和既有信息可得出这样的结论：引起的沉降不影响任何结构物，因此发生的概率是不可能的。总之，在极端不利的条件下（如前所述，加之体积损失/工作面不稳定，可能导致形成直通地表的冒顶坍塌），其后果值得注意	低	高	中
3	道路清空与可进入性	在项目实施过程中，必须清空地表公共设施。目前与工程期间发生的风险有关的问题是，这些工程将占用隧道定线之外的相邻区域（超出监测区部分），以便进行钻孔、安装仪表等。与此相关的风险可确定为：进行额外监测；为提高隧道稳定性进行的地层改良；针对建筑物/公共设施进行地层改良；降低地下水压的释压井系统、建筑物和公路的相关维修、修理工作	低	低	低

附表5.4B　风险类别：既有结构物

编号	风险事件的探测	减缓措施（对策措施）的确定	残余风险*
1	水平仪和变形测量仪将直接安装在排污管上面，对此应勤量测并协同读取其数据。在一安全的专用房间进行数据收集和记录，甚至安装有外部可见报警标志，以对检测到的报警值给予报警。另外还将在地表安装增量测斜仪－伸长仪和压力计，并将其测值与管道上的测值进行交叉核对。最后对TBM 参数和隧道特性进行分析以便全面了解情况。当开挖工作面距管道垂直距离约50 m时将开始进行量测，当TBM位于排污管下面时将测量作业增大至最大频率，然后再降低	土壤中的沉降扩散大约持续3天，因此应通过对量测结果的推断来作出每一项决定。针对下一次掘进，应对预防措施进行研究或实施预防措施。实际上可根据第一次开挖积累的经验，确定是否需要进行地层固结。在这种情况下，可以进入第一座已掘进隧道，进行钻孔和注浆作业而不会干扰地面公共设施。地层改良工作可从以下几个地方着手：（1）通过TBM从隧道内进行，但这会影响隧道进度；（2）从地面进行，则将出现施工干扰公路、公共设施和建筑物的情况。一种折衷方法是从竖井采取固结注浆预防措施。从TBM 操作的观点来看，工作面前方的塑性降低、盾构机体周围的塑性降低和盾壳上方的体积损失（沉降分量）等毫无疑问都是通过盾尾的纵向压力注浆进行控制的	中
2	沿隧道水平定线在地表安装各种仪器。房屋墙上的固定点、与基准点相连的地表地形点、横断面中水平位量测、Increx伸长计、测斜仪和压力计，其测量值将实时与TBM参数和隧道开挖性能相结合，以进行必要的相互关系确认或设计假定修正。如果对隧道/地表特性相互作用没有较深的了解，就不可能预计到突然的坍塌。	显然从隧道内部着手采取行动更有利。对于工作面稳定性已介绍了相关方案和相关资源。根据测得的数字（设计文件将明确各种注意阀值和报警阀值）采取不同的措施，此时要停止机器工作并保持开挖前部稳定。地表连续监测将确定是否作出其他决定（包括因安全原因，人员从房屋撤离）。鉴于这一原因，必须再次强调所涉各方应通力合作。从地表采取措施特别不妥，被认为是最极端的对策	中
3	在工程第一阶段重新检查现场机构组织及责任制	最终采取的适当减缓措施与房屋内或四周的局部修理作业有关，因关闭相关道路或通道，存在人员暂时疏散和行人及车辆局部分流的情况	低

注：（*）实施减缓措施后的残余风险可分为中、低两个等级。处于低水平的残余风险为可接受风险。如果中等程度即为不可接受（参见本书正文第二部分），那么在施工期间，当关键参数达到预定注意阀值时，应采取预先确定的对策措施。

附录6

土压平衡盾构典型开挖程序

1 前　　言

此文件规定了正确使用土压平衡盾构进行掘进所必须执行的操作步骤、开挖控制和面对异常情况所需进行的操作步骤。

此文件适用于隧道每一个开挖循环，包括预制衬砌环拼装和纵向回填注浆。

土压平衡盾构开挖程序的主要参考文件为：

- 招标设计技术文件（TD）；
- 最终施工设计技术文件（特别是与隧道相关部分）；
- 土压平衡盾构操作手册。

制定开挖程序所需的设计数据为：

- 招标设计技术文件中的数据；
- 特殊条件（SC），也称之为特殊应用条件（CPA）下所预计的全部控制程序；
- 承包商在获得合同后进一步调查的数据，如果有的话；
- 土压平衡盾构技术数据；
- 盾构开挖和施作衬砌中积累的经验数据。

另外，应能获得有关以下这些特定情况的数据：

- 开挖工作面支撑压力，由临时充填开挖腔室（土舱）的开挖渣土施加该压力，由安装在后隔板上的压力传感器进行监测；
- 衬砌背后回填注浆的注浆压力和体积；
- 沿隧道线路轴线的平面图和纵断面图；
- 开挖工作面支撑压力和衬砌背后注浆压力为承包商必须在适当施工设计中确定的设计数据，施工设计文件应提交工程师审批。

2 组织机构与资源

2.1 人　　员

工程各类关键人员的作用如下所述：

（1）项目经理（PM）负责对正在进行的工程进行管理和监督并对工程技术和/或管理方面作出规定（和说明）。

（2）安全经理（SM）负责项目相关文件的流转（现场）。他将对有关的各种活动进行风险评估，制定安全计划并根据不同的现场需求不断调整安全计划。负责工人培训和人力资源信息及其职权范围内所需的其他法律程序。同时也收集和保管所有证书和用户手册，在必要时对现场装置和设备进行管理。

（3）隧道经理（TM）（或隧道主管，TS）直接向项目经理报告并负责整个地下工程的计划、预算和执行，负责准备工作和所需补给。

（4）土压平衡盾构主管（或机器主管，MS）直接向隧道经理汇报并负责对所有雇用人员和隧道开挖设备进行管理。监督管理生产和设备维修，与车间技工班长（WMM）一起制定计划，在其指导下进行维修，并确保换班时相同工种人员之间交班记录的准确交接。

（5）工班主管（SS），每个作业班次一名，在机器主管的监督下负责完成以下操作：

- 与开挖严格相关的施工活动组织；
- 预制衬砌管片环的拼装；
- 衬砌背后的注浆回填。

（6）土压平衡盾构机操作员（MO）负责以下操作：

- 工作面支撑压力控制；
- 开挖腔室排出的渣土重量和体积控制；
- 根据机器主管的指令对开挖地层进行改良处理；
- 对异常开挖情况进行控制。

（7）拼装操作人员（EO）根据机器主管提供的位置情况负责预制衬砌环的正确拼装。

（8）衬砌回填操作人员（LO）负责以下部分：

- 浆液供给控制；
- 注浆压力控制；
- 注浆量控制。

2.2 装置和设备（土压平衡盾构的组成构件）

组成土压平衡盾构及其后配套系统的主要装置和设备为：

- 刀盘；
- 开挖腔室或土舱，临时容纳从工作面开挖下的渣土，对工作面具有支撑作用；
- 螺旋输送机：从开挖前腔室运走渣土（渣土＋添加剂）；
- 皮带输送机刻度尺：提供每一开挖循环累积重量以及输送机瞬间重量；
- 压力传感器：提供工作面支撑压力值，例如开挖腔室中的土压；
- 预制管片拼装机：为预制管片定位，从而进行衬砌环拼装。

2.3 土压平衡盾构的监测与参数控制

控制对象包括以下相关人员所进行的活动：

- 地表监测与沉降测量（监测室）。
- 盾构开挖数据编绘（盾构控制室）。
- 对盾构数据和监测数据进行对比分析（设计咨询顾问），以进行开挖循环情况判释和详细设计。如果在隧道掘进期间出现异常情况，设计咨询顾问必须向隧道经理和项目经理提出建议。在情况比较严重时，他可强制要求机器操作人员遵从相关程序，甚至在必要时要求盾构停止作业。
- 日常报告（机器主管助理，MA）。

2.4 使用的材料

用于地层改良处理、盾尾润滑和回填注浆的主要材料有：

- 利用表面活性泡沫剂处理工作面处地层和/或开挖腔室内和/或螺旋输送带机中的渣土，其目的是降低：
  - 地层塑性与黏性；
  - 刀盘扭矩；
  - 土舱中渣土的渗透性；
  - 螺旋输送机扭矩；
  - 刀盘磨擦力。
- 膨润土一般用于：
  - 使开挖工作面不渗漏压缩空气，从而能清空土舱以进行高压下的维修操作；
  - 在短期或长期停机期间保持土舱中的设计压力；
  - 补偿自然地层可能的粒径级配缺失。
- 在膨润土中和/或泡沫中添加聚合物以稳定混合物。
- 盾尾油脂，泵送至盾尾与衬砌表面以及相邻尾刷之间的空隙处，以增大其抗浆液渗透能力。
- 水泥灌浆，用于填充预制衬砌拱背与开挖面空隙处。

3 操 作 步 骤

3.1 背　　景

土压平衡盾构开挖隧道的原理为利用开挖下并进入到开挖腔室或土舱中的渣土在施加压力之下对工作面进行撑，确保开挖渣土与排土之间的平衡，并施加额外的机器推力。

腔室内的渣土将处于这样一个压力水平，即与周围环境、地层土工技术特性、相对于隧道轴线水平标高的水位、渗透水水力梯度、地层渗透性和其他潜在障碍物等条件相适应。

在施加到盾构驱动刀盘旋转的推力作用之下，在工作面处地层因此被切断，切削下的渣土继而进入到开挖腔室内，从这里通过螺旋输送机按要求数量排出，这样可对渣土材料进行压缩直到达到要求压力为止。此压力将对工作面起到支撑作用。

在开挖的同时，盾构从已拼装好的衬砌环中间滑行移开，然后对衬砌环拱背与开挖面之间的环状空隙以适当的压力进行纵向注浆回填，其体积至少等于环状空间的理论值。注浆嘴置于盾尾壳体中，借助于几环密封刷防止浆液（朝内）渗入，在密封刷里面（密封刷内和密封刷之间）连续泵送适当的油脂。

在开挖期间，必须排出进入腔室的渣土，即排土量为理论值加上所有在工作面或腔室内注入的添加剂量。通过螺旋输送机控制排土的体积量极为重要，这样能够在排土量大于理论值（超挖）和小于理论值（欠挖）的情况下进行控制。相关内容参见第4章和第6章。

3.2　正常条件和异常条件的确定

正常开挖条件是指土压平衡盾构开挖特性参数都在“注意”阈值范围内的所有条件（第6章中有定义）。正常条件也包括在开挖腔室内进行维修后重新开挖所固有的条件。

异常条件与以下方面有关：

- 压力条件下通过螺旋输送机涌水；
- 刀盘扭矩的突然波动；
- 刀盘被卡；
- 开挖腔室中的非正常压力值；
- 开挖腔室中渣土密度的突然和明显变化；
- 由螺旋输送机排出的渣土重量超过“注意”限值；
- 衬砌背后注浆压力不足和/或注浆量不足。

3.3　开挖参数控制

土压平衡盾构主管或机器主管（MS）通过检查开挖控制参数及其注意限值和报警限值，以此验证隧道掘进条件是否属于正常（参见第3.4节）或非正常（参见第6节）。

通过传感器和传感设备验证的参数为：

- 工作面支撑压力（腔室传感器测出的土舱压力值）；
- 衬砌拱背与开挖断面之间环状空隙回填注浆压力与体积；
- 渣土材料重量，以及相关注意限值和报警限值。

机器主管MS还必须对刻度尺进行标定验证，按要求的时间间隔对螺旋输送机排出的弃渣土重量进行验证，并保证其读数是可靠的。

当所有机械或电力检查正常以及上述参数检查完毕后，即可开始开挖。

如果其中一个开挖控制参数高于注意限值（后面将进行定义），监测室必须立即通知机器主管，机器主管将对当班员工发出指令。如果控制参数达到报警值，必须停止开挖，直到采取必要应对措施时为止。

同样，在纵向回填期间，如果没有达到强制性的注浆量和/或压力值，那么衬砌作业人员应立即通知机器主管，机器主管将作出相关决定。

3.4 正常条件下的隧道掘进作业

构成施工循环的三个主要操作步骤为：开挖、衬砌背后注浆回填（与开挖同步）及预制衬砌环拼装。

3.4.1 开　　挖

机器操作人员依次执行以下初步操作程序：

- 启动开挖操作所需电机和液压组；
- 启动泡沫和/聚合物和/或膨润土喷射设备，直接喷射到工作面和/或开挖腔室和/或螺旋输送机内；
- 启动刀盘旋转直到其达预计转速为止；
- 对推进油缸进行加压。

随着螺旋输送机的启动，开始进行土舱内的控制排土。通过调节转速（在零和最大值之间变化，一般为12～18 r/min）进行排土量控制，其目的在于保持土舱中工作面支撑护压力设计值。

机器操作人员将根据盾构的贯入速率（与开挖量成比例）调节螺旋输送机转速，以保持设计压力，从而使螺旋机排出的渣土与进入开挖腔室的渣土量（自然土料＋添加剂）相匹配。

操作人员的任务就是通过干预措施尽可能保持这样一种平衡条件，干预措施将在后面进行介绍。

通过调节分为各个组的推进千斤顶压力来设定土压平衡盾构的方向和位置。盾构的控制系统以图表和数字的方式连续显示相对于隧道线路轴线的盾构轴线位置，为操作人员提供连续的参考。

导向系统还可提供盾尾轴线上的某一点和靠近刀盘的另外一个点的三维坐标，显示盾构轴线相对于理论位置在垂直和水平方向上的倾斜度，以及相对于盾构自身轴线的盾构旋转角度。另外，机器操作人员能立即发现在垂直断面上刀盘中心偏离（水平和垂直）隧道理论中心的情况。操作者还能观察到盾尾中心偏离此处理论中心的情况。导向系统可以图表和数字形式显示出相对于理论轴线盾构在垂直、水平方向上的倾斜趋势并计算所要求的校正曲线，并显示出相对于此曲线的盾构位置。

隧道实际轴线控制将通过定期地形勘察进行，以验证其在允许误差范围内。

当推进油缸伸出至循环极限长度（等于衬砌环纵向尺寸）时，机器操作人员将中止改良材料进入地层（除非有必要注入膨润土以保证维持设计压力值），降低刀盘转速直到停止为止，降低油缸推力和螺旋输送机转速直到停止为止，然后关闭螺旋输送机后闸门，从而终止开挖阶段。

3.4.2　衬砌背后注浆回填

这一过程对于水力盾构和土压平衡盾构来说都是很普遍的。

在整个开挖阶段以及TBM掘进期间，都要进行衬砌背后注浆。通过后配套系统的双料泵，浆液穿过注浆管线（通常为6根）被注入，注浆管线尾部穿过一系列钢丝刷（通常为3排），钢丝刷沿盾尾内周安装，通过这些钢丝刷连续注入专用油脂。浆液注入直接在盾尾处预制衬砌环外拱背上进行。安装在盾尾的注浆管线数量是双倍的（各配一备用管线），因此如果使用中的一根注浆管发生堵塞，浆液可分流到备用注浆管中使其继续进行并对堵塞管线进行清理。

控制注浆量对控制地表沉降来说很重要。在使用新滚刀的理想条件下，理论注浆体积等于开挖断面积与衬砌环外弧面面积之差再乘以衬砌环长度。

实际注浆量为这些变量的函数，如理论值与实际开挖长度间的微小差异（几厘米）、线路趋势（直线或曲线、超挖或无超挖）、开挖地层特性及渗透性、边刀磨损和注浆特性（特别是流动性）。最重要的变量为滚刀磨损和地层渗透性，前者将导致注浆量减少，而后者可能根据注浆流动性而增大注浆量。

浆料搅拌车应备足各批次浆液，要足以保证所需最大注浆量，确保搅拌叶片有规律地旋转，确保底部无前次搅拌遗留的固体残余物，避免影响浆液泵送。

衬砌背后注浆应（通常也是）通过所有管线进行，管线的位置通常是上部（12时位置处）1根，右上及左上部（14时、22时位置处）各1根，右下部及左下部（16时、20时位置处）各1根，最后1根在底部（18时位置处）。管道被堵时，必须将开关立即转换到备用管线。在衬砌环出现漂浮现象时（上浮直到捣毁上排密封刷子）应特别加以注意，这时应避免对底部管线泵送浆液。

在开始开挖前，就应开始注浆泵送，以使盾尾不出现空隙。

机器操作人员与衬砌作业人员的活动应严格协调，在各作业阶段应保持不间断的通信。

如果因消耗量大于理论值而使注浆量不够，那么应停止开挖工作面，并在进行下一步掘进前制备额外数量的浆液。

开挖一旦完成，注浆泵将连续工作直到每个位置管线都达到最小参考压力时为止。泵送系统必须配备一最大压力阀，当达到最大压力安全限值时应通过此压力阀关闭注浆泵。衬砌回填操作人员负责整个操作。

在专门准备的设计文件中应提供每一隧道段的最小、最大压力值和工作面支撑压力值。对于回填注浆，应分别为各注浆点提供不同的压力值，这些压力值也是静土压和水力荷载的函数。

3.4.3 预制衬砌环拼装

土压平衡盾构导向系统配备了相应软件，能计算衬砌环的最佳位置，以确保隧道实际轴线和理论轴线的吻合在设计误差范围内（根据通用环原则）。拼装预制衬砌环按以下步骤进行：

- 机器操作人员向盾构计算机输入数据，以此评估衬砌拼装位置；
- 计算机提供有关封顶块位置的输出数据，据此确定安装顺序；
- 当开挖循环完成时，预制衬砌管段按正确顺序放置在供应架上，等待拼装机将其拼装到最终位置；
- 机器操作人员通知拼装机操作手有关衬砌环的拼装位置，拼装机操作手从封顶块对面的管片位置处开始拼装衬砌环；
- 当拼装机接触到管片时，对应于管片安装位置的推进油缸同时缩回；
- 紧挨前面已拼装但未固定的管片进行下一管片拼装，当螺栓凹孔排直时进行锚固；
- 前面缩回的油缸又重新伸出直到与拼装管片接触为止；
- 其他所有管片重复同样步骤，彼此用螺栓固定并与预制衬砌环固定在一起；
- 封顶块最后安装，用一根螺栓将其与前面的衬砌环固定在一起；
- 最后（如果预先规定）对基底预制块进行定位，以此作为轨道支承构件。

如果采用列车运送渣土，从开挖循环一开始就将列车放置在后配套区域，同时需要：

- 配备所需数量的车厢（空的）运送渣土，车厢位于后配套传送带下面区域。皮带的灵活性和/或双向旋转性能使车厢完全装满渣土。
- 一节灌浆车（配备搅拌器），为注浆混合物容器供应浆液。
- 三节用于管片运输的平车，位于管片装卸区。开挖期间，将管片从平车上卸下，然后置于拼装机附近的进料器上。
- 一节供料平车。

开挖循环一旦完成，列车可回到洞门/竖井处卸渣，然后进行新一轮材料装载。

4 机器停机

土压平衡盾构可能会因各种情况停机，例如因程序方面的原因（维修、控制）

和意外事件（破裂或地质原因）。在任何情况下，停机可分为两类：

（1）土舱未预计排空而出现的停机；

（2）因任何自然原因而出现的停机，包括土舱部分或全部排空。

针对不同的停机情况，根据隧道是否在地下水位以下，分别采用以下程序。

4.1　未排空开挖腔室情况下的停机

4.1.1　低于地下水位

机器操作者在设计文件规定的压力条件下完成最后掘进。

即使刀盘上有液压控制防洪闸门，也没有必要关闭它（例如一些土压平衡盾构上就配有防洪闸门）。

即使在停工期间，机器操作人员仍应留在盾构机器上并验证工作面压力是否保持在预先确定范围内。如果因正常减压而使压力低于注意限值，又没有自动设备，那么操作者应泵送膨润土浆直到压力水平回到参考值为止。每次都需重复这一操作步骤，应特别注意压力值永远不能低于报警限值$P_{警戒值}$。

通过刀盘转动并推动盾构紧靠工作面而开始重新启动TBM，此时螺旋输送机不旋转，以此增大土舱中的压力直到达注意限值为止。只有这时才能启动螺旋输送机，然后可重新进行开挖。

4.1.2　高于地下水位

停机前，所有操作都应该按原定指示进行，除了最后一个工班的作业，这时可将一定数量的膨润土灌注到土舱中，或者是增加一定数量的泡沫和聚合物，以便保持停机时所需压力。

同样，机器操作人员将在土舱中注入膨润土（如果不是自动的）以补偿腔室中的渣土压力下降，每次都应接近注意限值。另外，即使刀盘上有液压控制防洪闸门，也没有必要关闭它（针对一些土压平衡盾构配有防洪闸门的情况）。

按上面所述步骤重新启动TBM。

4.2　排空开挖腔室情况下的停机

4.2.1　低于地下水位

如果需要在开挖腔室中进行作业，那么机器操作人员将开始混合膨润土和泥土，以尽可能获得一种均匀和不透水的“面团状”物。如果一旦在螺旋输送机出口处发现有膨润土的痕迹，那么必须关闭刀盘的防洪闸门（如果有的话），然后逐渐排空土舱使其压力水平达到要求值。为了保证工作面的稳定性，对于因土舱排空而形成的空隙将按详细设计中规定的压力值用压缩空气逐渐填充。对于刀盘维修作业，此时应采用高压闸室。

如果有防洪闸门，应保持此门关闭以便为进入土舱的工人提供额外安全。

重新启动意味着采用膨润土混合物和/或砂、水及膨润土混合物填充腔室，逐渐让压缩空气通过排气阀排出腔室，同时控制压力不降低到注意限值以下。然后打开防洪闸门（如果有的话），开挖重新开始。

另一种方案是地层比较稳定时，可打开防洪闸门（如果有的话）开始进行开挖，同时不排出渣土（即螺旋输送机停止工作），然后打开空气排出口的安全阀，用渣土逐渐代替填充土舱的空气。

两种方案的选择根据地层条件及承包商、设计咨询公司和工程师之间的协商加以确定。

然后打开螺选输送机闸门，当上部传感器测得的压力高于参考压力时开始出渣。

4.2.2 高于地下水位

即使是在地下水位以上进行开挖，如果对地层稳定性不能确定，则应采取前面相同步骤。

如果地层稳定性得到了确认，那么操作可按以下步骤进行：

在详细设计文件规定的开挖压力条件下，由机器操作人员完成最后的推进工作。

关闭防洪闸门以后（如果有的话），在机器停机的同时螺旋输送机将继续工作，排出腔室渣土，以达到进行刀盘维修作业所要求的最佳压力水平。

采用砂、水和膨润土的混合物完全充填腔室空隙，直到达到最小压力限值，再重新开始掘进。

然后打开防洪闸门（如果有的话），开始开挖，将进入土舱的渣料与砂和膨润土泥浆混合，并保持螺旋输送机关闭以保持压力。在开挖进行期间，当压力达到平均参考水平时，打开闸门，通过排出混合渣料进行出渣，这样给天然渣土留出空间。

4.3 长时间停机

如果因任何原因停机将持续几天时间，那么在开挖最后阶段（如果停机是有计划的）或者通过执行临时决定，机器操作人员将在土舱中混合膨润土泥浆和渣土（以得到一种膨润土成分较多的“面团状”物），使工作面稳定并防水。一旦在螺旋输送机出口处发现混合有渣土的膨润土痕迹时，关闭闸门，继续开挖直到循环结束。在最后一个循环完成并等待几小时（取决于衬砌背后回填注浆料的凝结时间）后，土压平衡盾构将向前推进几厘米（例如5 cm），并在盾尾注浆管中注入膨润土泥浆（而不是水泥砂浆），以填充因短距离推进形成的相对较小空隙。其目的是为了防止浆液凝固在密封刷上，从而损坏密封刷。

然后关闭防洪闸门（如果有的话），而且在整个停工期间必须保持关闭状态。

在长时间停机期间，必须进行控制以确保腔室压力不降低到注意限值以下，如有必要可进一步进行膨润土注浆。

如前所述，重新开始施工。

5. 控制计划

开挖期间进行的控制包括以下操作和参数：

（1）工作面支撑压力；

（2）开挖腔室的渣土密度；

（3）注浆压力和体积；

（4）开挖渣土材料重量与体积；

（5）地层改良处理。

第6章介绍了开挖期间对异常情况或潜在危险情况的控制。

5.1 工作面支撑压力

在下面各方面基础之上，计算施加到开挖腔室以支撑隧道工作面的压力：

- 招标设计（TD）数据和合同规定（特别是有关特殊条件，SC）；
- 隧道沿线土工技术特性均质段及相关特性（特别是影响隧道的地层及隧道拱顶上方地层）；
- 隧道沿线的特殊条件和潜在干扰物；
- 采用土压平衡盾构开挖所积累的经验（操作条件、盾构参数、岩体变形反应，例如体积损失和沉降）；
- 详细设计文件中关于“各均质地段采用土压平衡盾构施工时施加于隧道工作面压力”的特别说明。

以上各方面将组成最终特别文件（PAT）的一部分，并提供隧道各段的$P_{工作面}$值及其限值（注意值$P_{工作面-注意}$和报警值$P_{工作面-报警}$）。

隧道掘进计划（PAT）将为前方大约300 m处的下一段提供土舱压力参考值、注意值和报警值，并为土压平衡盾构所处的100 m地段内提供土舱压力参考值、注意值和报警值。在土压平衡盾构开挖期间所获得的实际工作面掘进经验基础上，将针对下一隧道段修改隧道掘进计划（PAT）。

通过确定$P_{工作面}$限值，相应的压力可确保在任何情况下拥有足够的安全系数。

需要注意的是，处于控制下的$P_{工作面}$值是安装在隧道拱顶附近传感器的读数值（附图6.1中的传感器1和2）。

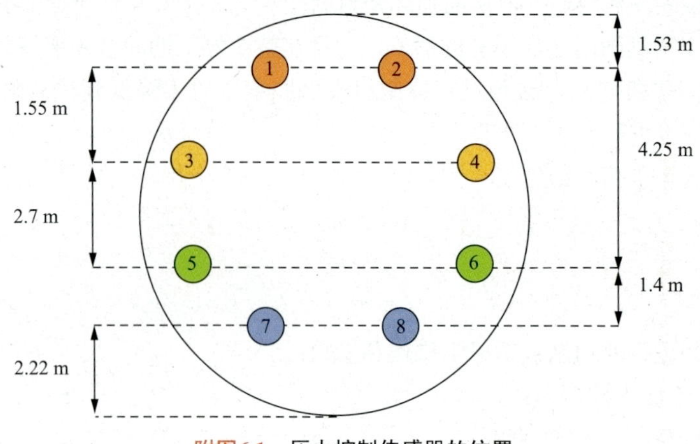

附图6.1　压力控制传感器的位置

当$P_{工作面}$值在注意限值以内时，机器操作者可自动控制盾构掘进（按照其采用的方式），以保证正确的开挖步骤（通过调节螺旋输送机转速和盾构掘进速率来保持设计压力）。如果不能使$P_{工作面}$值保持在注意限值内，机器操作人员将立即通知机器主管，然后参照“异常开挖条件”进行操作，这部分已在第6章中作了讨论。在整个隧道开挖期间，机器操作人员对$P_{工作面}$值的控制将是一个连续的过程。

5.2　开挖腔室中的渣土密度

因开挖腔室中的“土壤－泡沫－空气混合物”是密度变化的材料，尽管$P_{工作面}$值可能与设计值一样，但仍不能保证对工作面的支撑。因长时间停机，开挖腔室上部可能形成空隙，另外因其自身重量和泡沫气体部分向上飘移的缘故也会造成渣土下沉。

因此有必要验证开挖腔室各个位置处的渣土材料表观密度γ是适当且恒定的。因此，通过将一对传感器之间的压力差值（$P_{sup\text{-}sensor}-P_{inf\text{-}sensor}$）除以这一对传感器之间的距离（$\Delta h_{sup,\text{-}inf}$）可获得$\gamma$值：

$$\gamma=(P_{sup,\text{-}sens}-P_{inf\text{-}sens})/\Delta h_{sup,\text{-}inf}\ (\mathrm{kN/m^3}) \qquad (附\ 6.1)$$

例如，为了证明腔室上部渣土材料密度至少为

$$\gamma=15\ \mathrm{kN/m^3}$$

假设：

$$P_{sup\text{-}sens}=1.25\mathrm{bar}$$

而且$\Delta h_{sup,\text{-}inf}$=1.55m（附图6.1），那么在下方传感器测得的压力必须为：

$$P_{\text{inf-sens}}=1.25+(1.55\times 15)/100=1.48\ \text{bar}$$

机器主管为每一开挖过程结束时检查腔室渣土密度的责任人。

5.3 注浆压力和注浆量

在开挖循环结束时，如果没有达到强制性要求的注浆回填量和/或压力，那么衬砌回填操作者将继续泵送浆液直到达到最大压力时为止，即使在衬砌环拼装期间。如果在重新开挖前还没达到最大压力值，那么衬砌回填操作者将通知负责采取必要程序的机器主管，如果必要的话，将延长下一轮开挖循环的开始时间并通知隧道经理。

如果每一循环的注浆压力都是在达到预计最大值之后又降至最低值，那么浆液灌注程序就是正确的。

泵送系统必须要能调节每分钟的泵送循环数，以便能与土压平衡盾构的贯入速率保持一致。

通过安装在注浆管上的传感器对注浆压力进行测量，传感器靠近注浆管与盾构的连接处。注浆压力和注浆量通过PLC 传送给衬砌回填操作者并显示在控制面板监视器上，这样就可对这两个参数进行连续控制。衬砌回填操作者可调节每分钟的泵送循环数，而根据隧道经理的指示，最大、最小注浆压力被定义为开挖参数。

如果注浆量与预计值有差异，那么必须立即通知机器主管 ，如果差值太大以致超出了最小、最大限值，那么机器主管将通知隧道经理。例如，如果理论注浆量为6.6 m^3，那么当注浆量低于5.8 m^3 或大于7.6 m^3时，必须立即通知隧道经理。用于填充衬砌外拱背与开挖断面之间环状间隙的注浆浆量明显大于理论值可表明，存在超挖或浆液朝天然洞穴渗流这两种情况。

如果超过了上限或下限值，那么必须钻取一个或两个岩芯以证明衬砌是否得到正确回填。如果钻孔取芯在地下水位以下进行，那么须特别小心。因此，如果认为钻孔勘查有必要且得到工程师的同意，那么将通过预制管片中的既有孔进行二次注浆。

5.4 开挖渣土的重量、体积控制

通过螺旋输送机对开挖腔室的排土量进行控制很重要，因为它能显示出可能的超挖或欠挖情况。

刚好位于螺旋输送机出口下方的刻度尺可测量由螺旋输送机排出的渣土量（t/h）。通过安装在控制面板上的PLC计算每次掘进行程的累积重量。对此，必须将这一重量值与理论值相比较，理论值是由开挖横断面积乘以开挖长度和天然地层相对密度（$\gamma_{原位}$）推导而来。如果主刻度尺发生故障，那么需在同一皮带上安装备用刻度尺，只有在主刻度尺出现不正常重量时才考虑备用刻度尺上的读数。加入土舱中进行改良处理的添加剂重量也应加以考虑。

在与工程师共同参加的定期会议上，承包商应提议将$\gamma_{原位}$值作为计算参考值，且应在传送皮带收集的渣土粒径结果和密度测量值基础上进行联合确认。

机器操作人员通过PLC可随意获得瞬时累积重量值和每一循环结束时的总重量值，这样可对开挖渣土材料进行实时控制。如果累积重量超过了注意限值，那么机器操作人员将通过调节螺旋输送机转速或土压平衡盾构贯入速率或同时调节这两者，使其处于正常值范围。

如果注意限值状况持续下去或达到报警限值，机器操作人员应立即停止开挖并通知隧道经理和项目经理。在这种情况下，应参考第6章中的指令说明。开挖渣土重量控制是机器操作人员的责任。

5.5 地层改良处理控制

开挖期间，采用泡沫、聚合物和膨润土对地层进行改良处理。

根据地层类型和所采用泡沫类型按不同比例混合水、表面活性剂和空气，最终得到泡沫。地层改良的程度取决于F.I.R（泡沫注入率）：每立方米开挖区域泡沫注入量（用百分比表示）。但是，泡沫特性源于F.E.R（泡沫膨胀率），即空气体积与液化阶段体积之比。另一参数“剂量”是指表面活性剂在水中所占百分比。机器主管可在他认为有必要修改地层处理范围时验证这些参数。地层处理控制以对螺旋输送机排出渣土的目测为基础。

可在泡沫中添加聚合物以增强化学稳定性，保证在需要的时候使泡沫特性持续更长时间，特别是降低地层吸收泡沫水的影响作用（在地层含水量较低的情况下）。在特殊情况下可部分采用膨润土代替泡沫来改良地层。

隧道经理负责选择地层处理类型，而机器主管将督察每个工班遵守这些指令。

6 异常条件下的开挖控制

如果出现任何不正常或异常情况，机器操作人员必须立即通知负责正确执行本节规定程序内容的机器主管。机器主管必须向项目经理通报有关按程序执行的情况。

以下条件将被认作为不正常或异常情况：

（1）压力条件下水穿过螺旋输送机涌入；

（2）刀盘扭矩的突然波动；

（3）刀盘被卡；

（4）开挖腔室中不正常压力值；

（5）腔室中渣土密度的突然明显变化；

（6）超挖和欠挖，达到报警水平；

（7）衬砌拱背没达到参考压力值和/或注浆量。

在上述任何条件下开挖都应遵循以下操作步骤，而且在任何情况下都必须与负责隧道开挖控制的设计咨询顾问协商一致。

6.1 通过螺旋输送机的涌水

隧道开挖地段可能位于地下水位以下和/或松散砂透镜体以下，如果位于两个低渗透性地层之间，可能会形成悬浮水位。在这种情况下，开挖腔室的水力荷载就可能突然上升，而高的水力梯度导致水渗入盾构头盘和土舱中，并使得螺旋输送机压力升高，其结果是水在压力下从螺旋输送机后闸门溢出。当细小颗粒也被带入土舱时，情况会变得非常危险。

位于螺旋输送机后闸门下方的第一节输送皮带上的摄像机使机器操作人员能立即注意到这种事情。这时，操作人员必须立即通知机器主管，机器主管负责正确应用此程序并应通知隧道经理。其操作顺序如下：

- 如果在向工作面注水，立即停止注水；
- 关闭螺旋输送机水密性后闸门；
- 加强地层处理（提高掺入的泡沫比例，减少泡沫膨胀并通过增加更多聚合物的方式增大表面活性添加剂含量）；
- 停止螺旋输送机工作并继续开挖，以尽量增大土舱中的渣土密度，同时控制压力不增高太多；
- 打开后闸门后，试着重新启动螺旋输送机；
- 如果涌水继续进入，那么直接在螺旋输送机底部注入聚合物或膨润土，直到渣土达到塑性稠度为止。

所有这些活动都要记录在开挖报告中。

6.2 刀盘扭矩的突然波动

在正常情况下，开挖参数保持恒定值，不会发生突然变化。这些参数的突然变化或波动可能意味着工作面变得不稳定，或者表明地层的地质和力学特性突然发生了变化。刀盘扭矩是表明出现这类情况的主要参数。

机器操作人员提请机器主管注意控制这类事件，而机器主管负责正确实施相关程序，其步骤如下：

- 保持工作面压力恒定；
- 使刀盘转速减为<1 r/min；
- 将土压平衡盾构贯入速率降低到<20 mm/min；
- 因贯入速率降低，螺旋输送机转速也要降低，从而保持恒定的工作面压力。

如果还有问题，那么操作人员就会停止开挖，而且机器主管将通知隧道经理。

6.3 刀盘被卡

刀盘被卡可由各种原因造成，例如工作面出现垮塌而不稳定、滚刀或其他工具堵塞盾构刀盘以及工作面或土舱中渣土材料改良处理效果较差等。

这是一个危险的现象，必须立即通知隧道经理和工地最高级别的经理。如果没有全部卡死，还可以旋转一定程度，那就可能是由大块岩体或渣土中的破碎金属块（在刀盘内）造成的。在这种情况下，通过隔板可以听到其撞击金属块的声音。如果是这种情况，必须停止工作，然后在得到项目经理同意后，安排人员进入开挖腔室。如果刀盘被完全卡住，且没有迹象表明是由大孤石或其他外部材料造成，那么按下列步骤进行：

- 停止螺旋输送机工作并关闭其后闸门。不要排空开挖腔室，而且在必要时且表明腔室压力降低的时候，向工作面注入膨润土。
- 与隔板附近的工人进行联络以注意可能来自隔板的噪声，卡堵可能是由还没有装卸的岩块或金属器件（刮刀或其他破碎部件）引起的。
- 如果不能解除刀盘的卡堵，那么将刀盘退后10～15 mm，然后按顺时针和反时针方向交替旋转。
- 如果还没能消除卡堵现象，通过泡沫喷射器直接向工作面灌入膨润土。
- 再将刀盘向后退10～15 mm，并尝试再次旋转刀盘。
- 如果仍然不能消除卡堵，那么施加“最大的超扭矩”。
- 如果甚至后一种方法也不行，那么必须停止所有操作，而且事先得到通知的项目经理将有责任召开由承包商技术人员和设计咨询顾问以及工程师代表参加的“技术协调会”。

所有采取的行动和步骤、灌入材料数量及卡堵期间各种活动所需时间都必须记录在“开挖作业报告”中。

6.4 开挖腔室中不正常压力值

工作面支撑压力的突然变化可能是扭矩增大或刀盘卡堵的报警信号。以下操作将解决这一问题：

（1）在压力增高情况下：

- 刀盘转速降至<1 r/min；
- 降低推力，因此贯入速率v_p< 10 mm/min；
- 泡沫流量增加20%，同时不增加螺旋输送机的排渣量；
- 通知机器主管。

（2）在压力减小情况下：

- 注入膨润土以重新恢复设计支撑压力值；

- 如果压力仍然不增高，那么就停止开挖，关闭螺旋输送机闸门；
- 继续注入膨润土和聚合物，直到达到设计支撑压力为止。

当采取了上述行动并遵循了上述程序时，注入材料量和各种活动所花时间必须记录在“开挖作业报告”中。

6.5 土舱中渣土密度的突然变化

土舱中渣土密度（表观密度）必须保持在接近预计值（14 kN/m^3）水平。为此，可利用设置在不同高度处的一对传感器的压力差计算表观密度（参见5.2节）。

在管片拼装期间，机器主管应注意估计不同高度处的压力差。如果$P_{sens.3,4}$ 和$P_{sen1.2}$传感器之间的压力差小于0.22 bar，那么应向腔室中注入膨润土，同时打开泄气阀，以验证如果拱顶中有空气和/或泡沫，是否有必要将其排出。

6.6 超挖和欠挖

如果发现超挖且超过注意限值，那么必须进行以下操作：

- 通知机器主管；
- 降低螺旋输送机转速；
- 将刀盘转速降至< 1 r/min；
- 降低推力和贯入速率，如果开挖循环完成且没出现问题，将其细节记录在开挖报告中。

如果达到超挖报警限值，必须立即停止开挖，然后通知项目经理。通过技术协调会，项目经理将选择采用的干预措施类型。

如果达到欠挖报警限值，那么必须通知机器主管，他再通知隧道经理。

此时应停止开挖。需要注意的是，发生欠挖的一个潜在原因是对原位密度的错误估计。这可能很危险，因为这表明在最坏的情况下地层原位特性可能已发生变化。

6.7 衬砌回填注浆压力值及注浆体积不充足

如果每次泵送循环中注浆压力水平都按规律在达到预计最大值后再降至最小值，那么注浆程序就是正确的。

泵送系统允许调节每分钟的泵送循环数，以与贯入速率相匹配。如果后者太高，那么即使在开挖循环完成后也必须继续注浆，直到达到设计压力为止。

针对以下三类情况，衬砌回填人员和机器操作人员必须保持持续的联系：

（1）注浆压力和灌注量低于正常值：必须增大每分钟的泵送循环数，直到达到要求值为止。

（2）注浆压力低但注浆量正确：增大每分钟的泵送循环数，直到达到要求值为止。如果压力没有升高，那么就降低推力，然后降低贯入速率。如果压力仍然没有升高，停止开挖，继续注浆直到达到要求压力为止。

（3）注浆压力达到要求，但注浆量低于正常值：检查注浆管线，防止其被堵塞。如果只有一根管线被堵，那么浆液将分流到备用管线（共有6根管线）。同时清理被堵管线，除去堵塞物。进行这些操作时开挖施工不中断。有关注浆量和注浆压力的数据应记录下来。

针对其质量和数量应将上述情况记录在“开挖报告”中。

通过安装在靠近盾尾内表面注浆管线上的传感器对注浆压力进行测量。注浆压力和注浆量显示在控制盘上，衬砌回填人员可获得这些数据并通过PLC 传送至监视器，这样可对这两个参数进行持续地控制。衬砌回填人员也能调节每分钟的泵送循环数，根据隧道经理的指令，注浆压力最小值和最大值被确定为开挖参数。

附录7

意大利机械化隧道工程经验

7.1

罗马地铁A线	隧道工期
Colli Albani-Termini及Termini-Flaminio 区段	1970-1980年

附表7.1　工程概况

位　置	罗　马
名称	Metro di Roma Linea A Tratta Colli Albani —Termini e Termini —Flaminio
业主	Comune di Rome（Ente Concedente）Intermetro（Concessionaria）
设计者	Intermetro-Sefer
承包商	Fiat Impresit（Colli Albani stretch）;Metroroma（Termini —Flaminio stretch）

附图7.1　开挖A线隧道的TBM机械

1 概　　述

罗马地铁A线始于城市南部的“Anagnina”站，穿越“Colli Albani”和“Termini”，然后向西北延伸至“Flaminio”站，由此往西，最终抵达终点站“Ottaviano”。在“Termini”站，A线从地铁B线下面穿行。A线沿线共设立22个车站，车站平均间距约670 m。

地铁隧道基本上下穿主要街道，轨道水平面距地面约8 m，在这种情况下施工采用明挖回填法。较深地段采用机械化隧道开挖法：单线双孔隧道，直径为5.5 m，断面24 m^2。

2 隧道特征

附表7.2　工程特征

Colli Albani—Termini		
项目	数值	单位
长度	2×4 370	m
开挖直径	5.44	m
衬砌类型	预铸衬砌管片	
衬砌厚度	0.30	m
管片数量/每环	5+1	
衬砌环长度	1.00	m
衬砌环连接件	螺栓	
Termini—Flaminio		
项目	数值	单位
长度	2×2 500	m
开挖直径	5.5	m
衬砌类型	预制衬砌管片	
衬砌厚度	n.a.	m
管片数量/每环	4+1	
衬砌环长度	n.a.	m
衬砌环连接件	螺栓	

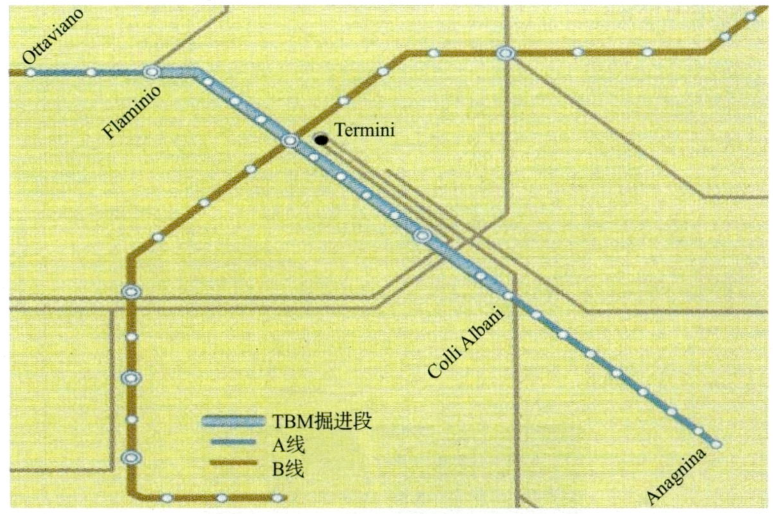

附图7.2 **A线布置图**

附图7.3 **隧道断面**

3 地质环境条件

从线路南端至“Colli Albani”站，隧道开挖的地层主要是硫化沉积层（火山灰，某些地段为凝灰岩）及充填有断裂带的冲积层。

从“Colli Albani”站至“Ponte Lungo”站，隧道是在凝灰岩和蓝色黏土中进行开挖。由不同种类材料形成的断裂面引发了一系列施工问题，要求通过注浆加固地层，使其不渗透。从“Barberini”站至“Flaminia”站，地层是蓝色黏土。

隧道是在水位以下进行开挖。由于蓝色黏土的渗透性很低，因此只是在硫化沉积层开挖区段出现了渗水。

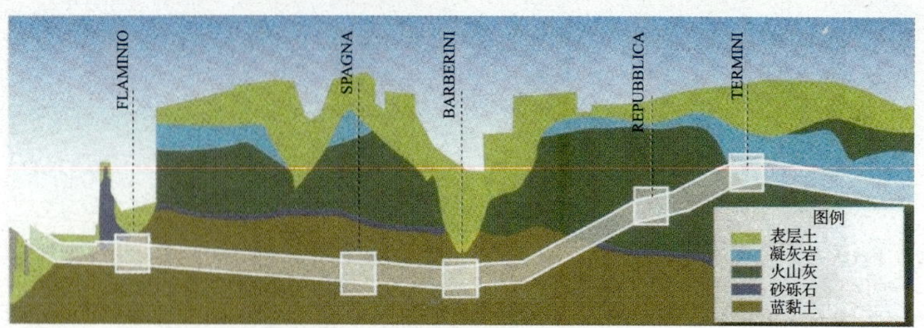

附图7.4 A线地质剖面图

附图7.5 运营中的A线

4 现场施工性能

附表7.3 现场施工效率

平均开挖速度	12.5 m/d
最佳月进尺	5.44 m
最佳日进尺	40 m

7.2

罗马地铁B线	隧道工期
Termini—Rebibbia延伸段，Termini-Lecce区段	1981年

附表7.4　工程概况

位置	罗马
名称	Metro di Roma Linea B Prolungamento Termini-Rebibbia
业主	Comune di Roma （Ente Concedente）Intermetro （Concessionaria）
设计者	Intermetro
承包商	Girola

附图7.6　开挖B线隧道的TBM

1　概　　述

位于市中心的B线，即“Laurentina”站—“Termini”站，是罗马第一条地铁线路，自1955年起投入运营。

“Termini—Rebibbia”延伸段全长7.9 km，共22个车站，其中10个站位于B线上（站间平均距离为750 m）。

在修建“Termini—Rebibbia”延伸段时，遇到了不同地质类型，因而采用了不同的施工方法。尤其是“Termini站—Lecce广场”段，采用机械开挖法成功修建了单线双孔区间隧道。

2 隧道特征

附表7.5 工程特征

长度	2×1 800 m
衬砌类型	预制衬砌片

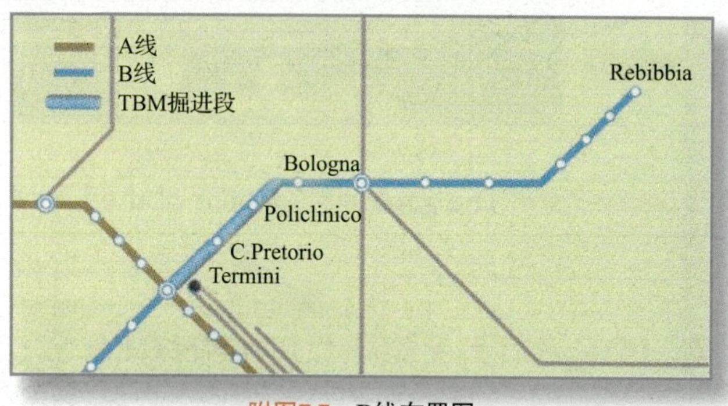

附图7.7 B线布置图

3 工程环境

附图7.8 隧道断面

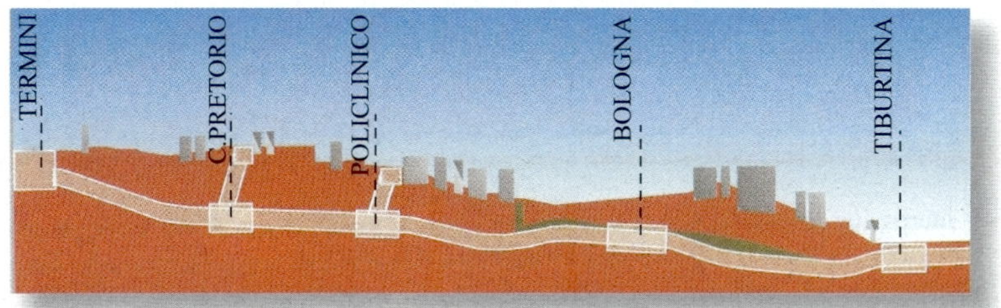

附图7.9　B线剖面图

附图7.10　运营中的B线

7.3

罗马铁路环线	隧道工期
Aurelia隧道	1981～1983年

附表7.6 工程概况

位 置	罗 马
名称	Galleria ferroviaria “Aurelia”
业主	Ministero dei Lavori Pubblici Ufficio Nuove Construzioni Ferroviarie
承包商	Ferrofir JV （Astaldi，Dipenta，Lodigiani，Sogene Lavori）

附图7.11 开挖“Aurelia”隧道的TBM

1 概 述

罗马日益繁忙的交通现状迫使当局采取措施改造绕城高速铁路（ERR）并修建通往Fiumicino国际机场的高速铁路连接线。

ERR的最重要组成部分是圣彼得诺站和部分已竣工隧道之间，最终将Maccarese站和Smistamento站连接起来的“Aurelia”隧道。

2 隧道特征

附表7.7 工程特征

长度	2 246 m
开挖直径	10.64 m
衬砌类型	预铸衬砌管片
衬砌厚度	0.50 m
管片数量 /每环	8+1（封顶块）+1（基底块）
衬砌环长度	1.25 m
衬砌环连接件	螺栓

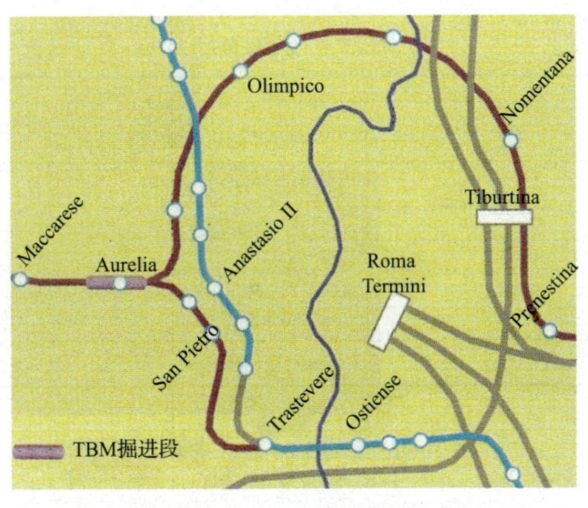

附图7.12 铁路环线布置图

附表7.8 现场施工效率

平均开挖速度	6 m/d

3 地质条件

“Aurelia”隧道穿越城市建筑物地区下面，埋深为20～30 m，但有一部分区段埋深较浅，为4 m。

隧道通过了不同地层条件。最初1 km线路大概是水密性黏土，其余的1.5 km位于含水壤土和黏性砂土中，夹层为壤土性黏土。

隧道完全是修建在地下水位以下，隧道拱顶水压为0.5～1.0 bar。某些地段为扁豆状矿体，处于次级受压水位，水压高达3 bar。

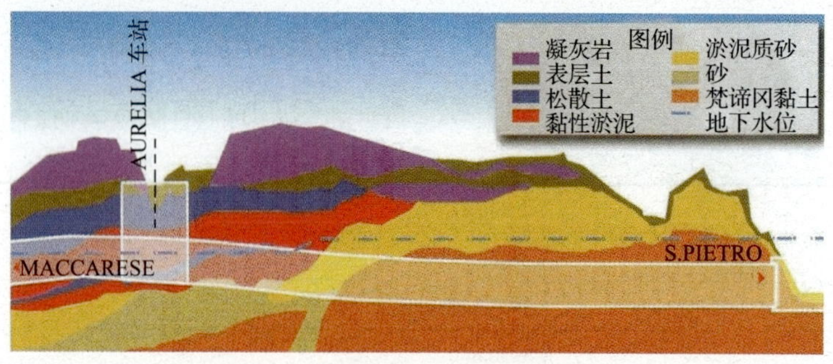

附图7.13 “Aurelia”隧道地质剖面图

4 TBM数据

附表7.9 TBM数据

制造商	Bade Theelen（德国） Voest Alpine（奥地利）
类型与型号	水力盾构HDS1064OS
刀盘	星形，六条轮幅
安装功率（电力）	1 600 kW
推力（最大）	64 000 kN
转矩（最大）	4 500 kN·m
盾构长度	8.6 m
其他信息	拼装机可提升高达7 t的荷载。新近研制的尾部密封部件：紧固在尾部的橡胶片和应急密封系统

5 现场组织和实施

一般的出渣系统包括两台蟹爪式装载机、链式输送机、传送带以及带电源箱的后配套、管片起重机和管片输送机。

开挖是在黏土中进行，没遇到问题，工作面未进行任何支撑，同时尾部密封部件性能良好，能抵御砂浆渗流。

在开挖了1 035 m以后，盾构停止了开挖，目的是使机械转换为水力盾构模式。该作业用了3个月。

7.4

那不勒斯西部污水管	隧道工期
Bagnoli污水管出口隧洞	1987～1989年

附表7.10　工程概况

位置	Bagnoli
名称	Collettore fognario Napoli Ovest. Emissario di Bagnoli
业主	坎帕尼亚
设计者	CO.RI.（Consorzio Ricostruzione）
承包商	Lodigiani

附图7.14　开挖隧道的TBM

1 概　　述

Bagnoli污水管出口隧洞是由CO.RI.（Consorzio Ricostruzione）设计的。计划在“Edilizia Residenziale”-Legge219/81特别项目范围内提高城市西部污水管处理能力，以适应地区都市化需求。

污水管应接收来自帕多瓦的经由一对涡流竖井的压力洪水，然后通过较短汇合处后，继续经由Cinthia流入Bagnoli处的地中海。

Bagnoli污水管出口隧洞于1991年4月竣工，1993年9月新的污水系统投入使用。

2 隧道特征

附表7.11 工程特征

长度	2 600 m
开挖直径	6.49 m
衬砌类型	预制衬砌管片
衬砌厚度	0.30 m
管片数量/每环	6+1
衬砌环长度	1.20 m
衬砌环连接系统	螺栓

附图7.15 Bagnoli地区示意图

3 地质环境

Bagnoli污水管出口隧洞主要是在砂土和火山灰地层中进行开挖的，同时伴随一些砂砾层（火山砾）。

整个开挖都是在地下水位以上进行的。覆盖层厚度为7～20 m，最大坡度为0.3%，最小曲线半径为200 m。

4　TBM数据

附表7.12　TBM数据

制造商	FCB-Kawasaki
类型与型号	机械盾构
刀盘	8个轮幅（滚刀），123个切削齿头，2把超挖刀具
安装功率（电力）	800 kW
推力（最大）	36 000 kN
转矩（最大）	1 770 kN·m
盾构长度	6.44 m
其他信息	环形管片拼装机、通过起重机控制管片、后配套设备——7台拖车

附图7.16　在Bagnoli隧洞中工人正在作业

5　现场组织和实施

附表7.13　TBM数据

第一阶段掘进速度（平均）	8.17 m/d
第二阶段掘进速度（平均）	13.10 m/d
总掘进速度（平均）	11.20 m/d
最大掘进速度（每日）	16.80 m
最大掘进速度（每周）	84.0 m
其他信息	采用3台皮带输送设备的出渣系统，每台皮带输送机的功率为7.5 kW，输送量：320 t/h

附图7.17 后配套系统示意图

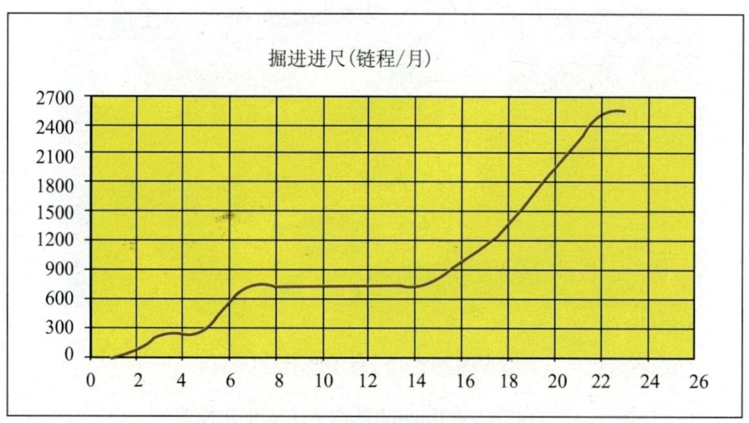

附图7.18 **TBM**特性

7.5

那不勒斯快速电车轨道线路（LTR）	隧道工期
Lala-Mergellina区段	1989年

附表7.14　工程概况

位置	那不勒斯
名称	Linea Tranviaria Rapida（LTR）
业主	Ansaldo Trasporti（纳波里）
承包商	Lodigiani

附图7.19　开挖LTR隧道的TBM

1 概　　述

在20世纪80年代，连接那不勒斯东西部地区的现代化快速电车轨道线路Linea Tranviaria Rapida（LTR）得到了很大发展。LTR快速电车轨道线路的第一设计方案预想到了“Pizzale Tecchio”站和“Ponticelli”站之间的连接线，该连接线从地下到地面是混合车道或高架桥。有隧道的区段长5.5 km，为双线断面，其中4 km采用明挖回填技术修建，1.5 km采用机械盾构法（水力盾构）修建。

从“Politecnico”站到“Lala”站的几座新隧道共1.6 km，是采用明挖回填技术开挖的，其中“Lala”站—“Mergellina”站约250 m，是采用水力盾构法开挖的。该区段将是那不勒斯地铁6号线的一部分，通过5.8 km的区间隧道和8号车站将“Mostra”站和“Municipio”站连接起来。

2 隧道特征

附表7.15 工程特征

长度	1 570 m
开挖直径	9.25 m
衬砌类型	预制衬砌管片
衬砌环长度	1.70 m
衬砌环连接系统	螺栓

附图7.20 在LTR线上运行的列车

3 地质环境

那不勒斯的典型地层主要是由该地区的火山活动引起的沉积层。沉积材料被凝固成凝灰岩或呈松散状态（火山灰）。

在LTR快速电车轨道线路“Lala”—“Mergellina”区段的特殊情况下，开挖是在城市密集建筑物下面的火山灰地层中进行的，而且通常是在地下水位以下。

最小曲线半径为600 m，最小埋深为8.5 m。

附图7.21　**LTR线路选线**

4　TBM数据

附表7.16　**TBM数据**

制造商	Voest Alpine（奥地利）
类型与型号	HDS925OSS水力盾构
刀盘	2把仿形刀具，一把中央刀具
安装功率（电力）	525 kW
推力（最大）	72 000 kN
转矩（最大）	45 000 kN·m
盾构长度	8.75 m
后配套设备长度	87 m

附图7.22　因施工而引人注目的**Plebiscito** 广场

5 现场组织和实施

附表7.17 TBM数据

最佳日掘进速度	5.1 m/d
开挖区段	247 m/d

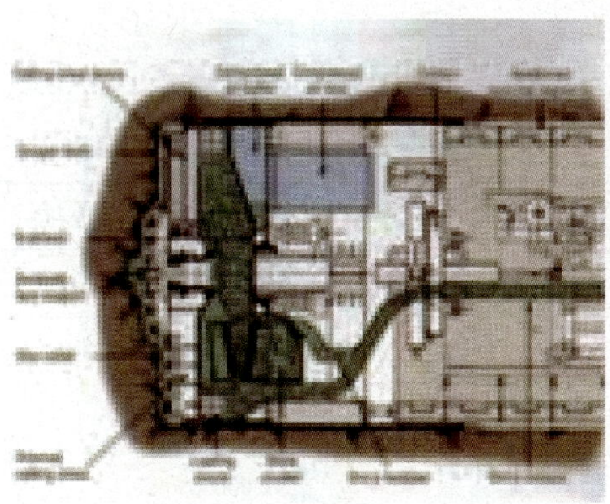

附图7.23 水力盾构操作示意图

7.6

米兰铁路连接线	隧道工期
Garibaldi-Villapizzone区段	1992～1994年

附表7.18　工程概况

位置	米兰
名称	Passante Ferroviario di Milan
业主	Regione Lombardia，Comune di Milan
设计者	MM Metropolitana Milanese
承包商	Passante JV（Torno，Cogefar，Impresit，Lodigiani，Tettamanti，C.M.B.，Collini Progetti e Costruzioni）

附图7.24　开挖Passante隧道的TBM

1　概　　述

“Passante Ferroviario di Milan”是从“Certosa”站（西北部）到“Porta Vittoria”（东南部）穿越米兰全城的地下铁路，它包括采用不同隧道开挖技术修建的几座隧道，以及连接“Passante”站与米兰城市交通网的几个车站。

采用得最多的隧道开挖技术是明挖回填法（被称为“米兰施工法”），但是由于地面建筑林立和浅地表下的众多障碍物，还采用了其他隧道开挖技术。

特别是“Villapizzone”站—“Porta Garibaldi”站，由于地面基础设施（尤其是现有地铁线路），某些地段采用了机械化隧道开挖技术。

2 隧道特征

附表7.19 工程特征

长度	3 860 m
开挖直径	8.03 m
衬砌类型	预制衬砌管片
衬砌环类型	通用长菱形
衬砌环厚度	0.30 m
管片数量/每环	6+1
衬砌环长度	1.2
衬砌环连接系统	塑料销钉

附图7.25 米兰纵贯铁路示意图

3 地质环境

开挖地层是典型的夹有淤泥砂土的米兰砂砾层并且位于在地下水位以下。隧道覆盖层为4～16 m，平均为8 m。最小曲线半径为360 m。

附表7.20 **TBM数据**

制造商	NFM（三菱公司授权）
类型与型号	土压平衡盾构（EPBS）
安装功率	1 600 kW
推力（最大）	55 100 kN
转矩（最大）	13 500 kN·m
盾构长度	10 m
后配设备长度	70 m
其他信息	采用挤压混凝土进行回填

附图7.26 在米兰施工现场的TBM安装

4 TBM数据

附表7.21 TBM数据

作业循环	每天3班，每周7天
出渣系统	列车
掘进速度 （最佳日进度，第二区段）	24 m
平均掘进速度（月进度）	468 m
平均掘进速度 （施工天数）	14 m/d

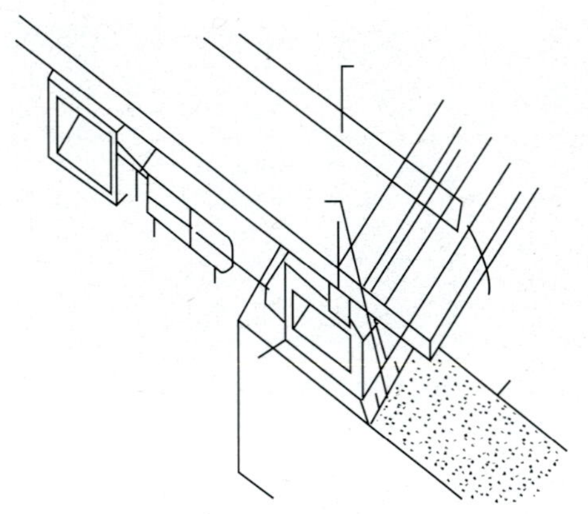

附图7.27 挤压混凝土作用原理

5 现场组织和实施

附图7.28 竣工隧道

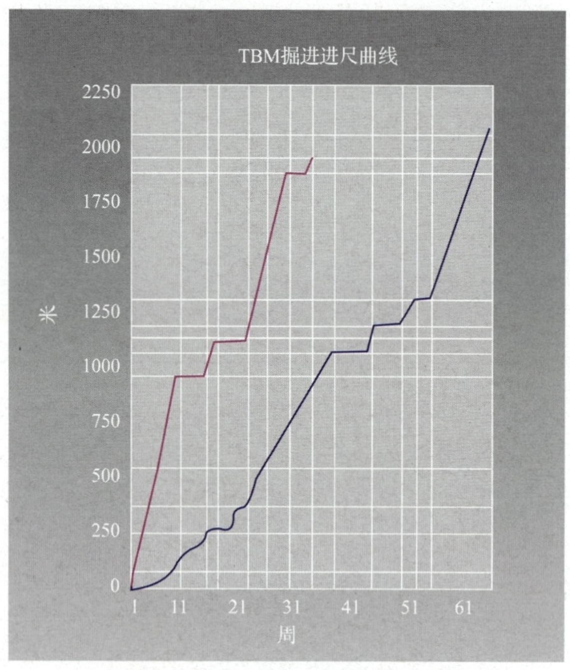

附图7.29 米兰铁路TBM开挖进度曲线

7.7

罗马地铁A2线—Attaviano —Battistini延伸段， Attaviano—Valle Aurelia区段	隧道工期 1991～1999年

1 概　　述

罗马地铁A线Attaviano—Battistini延伸段约5km长，包括“Aurelia Cornelia”、“Baldo degli ubaldi”及“Valle Aurelia”等3个车站，约900 m的单孔双线隧道（开挖断面为87 m^2）以及约3 100 m的双孔单线隧道（开挖断面为35 m^2）。

在“Battistini”—“Valle Aurelia”区段的所有隧道均是采用机械隧道法修建的。从“Battistini”站到“Aurelia Cornelia”站，采用TBM开挖了900 m单孔双线隧道，开挖直径为10.55 m；从“Aurelia Cornelia”站到“Valle Aurelia”站的双孔单线隧道是采用同样的TBM开挖的，但开挖直径为6.70 m。由于开挖直径不同，不得不选择可开挖整个区段的可变式掘进机械。

隧道是从“Battistini”站以及从“Valle Aurelia”站的特殊人工结构开始进行开挖的。

2 隧道特征

附表7.22　工程概况

位置	罗马
名称	Metro di Roma-LineaA Prolungamento Attaviano- Battistini
业主	Comune di Rome（Ente Concedente），intermetro(Concessionaria）
设计者	Intermetro
承包商	Condo-Metro JV（Condotted’acqua-Metroroma）

附图7.30　抵达隧道终点的TBM

附表7.23　工程特征

长度	900/3 100 m
开挖直径	10 m，64/6 m，60 m
衬砌类型	预制衬砌管片
衬砌环类型	通用管片
衬砌环厚度	0.45/0.30 m
管片数量/每环	8＋1/6＋1
衬砌环长度	1.2/1.20 m
衬砌环连接系统	螺栓

附图7.31　竣工隧道

3 地质环境

罗马地铁Attaviano—Battistini延伸段位于高度都市化地区，覆盖层厚度为5～30 m。

从Battistini站到Aurelia Cornelia站之间的区段，隧道是在淤泥黏土中进行开挖，局部区段夹有细砂。从“Aurelia Cornelia”站到“Valle Aurelia”站之间的区段，隧道穿越淤泥砂土、砂质黏土、蓝色黏土和近代沉积层等。沿整个定线地下水位变化不定，但无论在哪种情况下，地下水位都是在隧道拱顶上方。

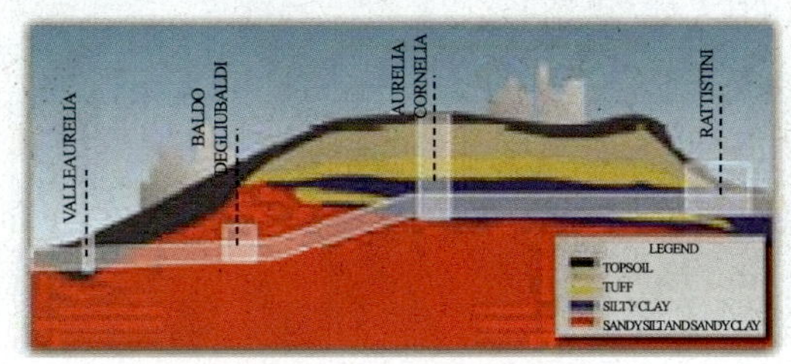

附图7.32 A线延伸段的地质剖面

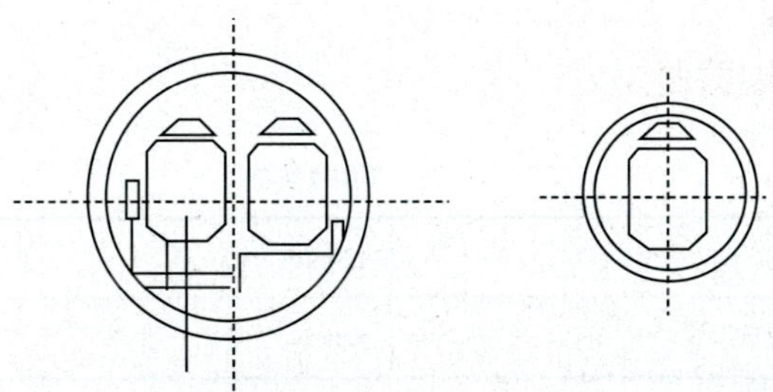

附图7.33 采用可变TBM开挖的不同直径的两座隧道

4 TBM数据

附表7.24 TBM数据

制造商	Voest Alpine（奥地利）
类型与型号	水力盾构HDS 1064/660-OS
刀盘	HDS 1064：仿形刀具：2×0～30 mm（拱顶），2×10 mm（仰拱）
推力（最大）	80 000～30 000 kN
转矩（最大）	4 000～3 000 kN·m
盾构长度	6.91 m

附图7.34　后配套系统示意图

5　现场组织和实施

附表7.25　**TBM参数**

掘进速度（最佳日进度）	12 m/d
平均掘进速度（工作天数）	6 m/d

附图7.35　刀盘示意图

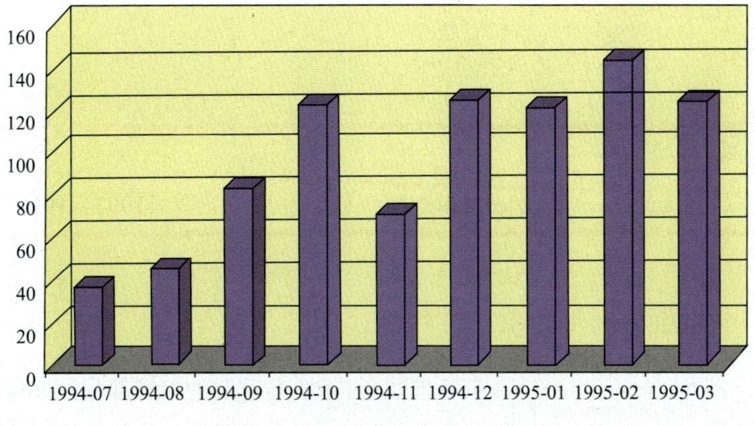

附图7.36　单孔双线隧道施工月进度

7.8

热那亚地铁1号线——	隧道工期
Principe—Caricamento —Grazie延伸段	（1993）1998～1999年

1 概　　述

Principe—Caricamento—Grazie延伸段是1号线最重要的组成部分，该地区具有重要的历史意义。

在1998年1月14日，即停工很长一段时间以后，Comune di Genova通过决议，允许Ansaldo Trasporti恢复隧道施工。

该决议包括改造全长1 787 m的地铁区段，它是分别于1990年和1992年修建的总长为3 040 m的Brin-Dinegro和Dinegro- Principe区段的延伸。

该工程还包括改建“Darsena”站和“S. Giorgio”站及新建“Principe”站。

2 隧道特征

附表7.26　工程概况

位置	热那亚
名称	Metro di Genova Linea 1 Tratta Principe—Caricamento —Grazie延伸段
业主	Comune di Genova（Concedente） Ansaldo Transporti（Concessionaria）
承包商	MetrogenovaJV（Impregilo，Astaldi，Carena，Coopsette，Gepco-Salc，ICLA，Lombardini，SCI costruzioni）

附图7.37　开挖隧道的TBM

附表7.27 工程特征

长度	1 787 m
开挖直径	6.29 m
衬砌类型	预制衬砌管片
衬砌环类型	通用管片
衬砌环厚度	0.30 m
管片数量/每环	6+1
衬砌环长度	1.20 m
衬砌环连接系统	塑料销钉

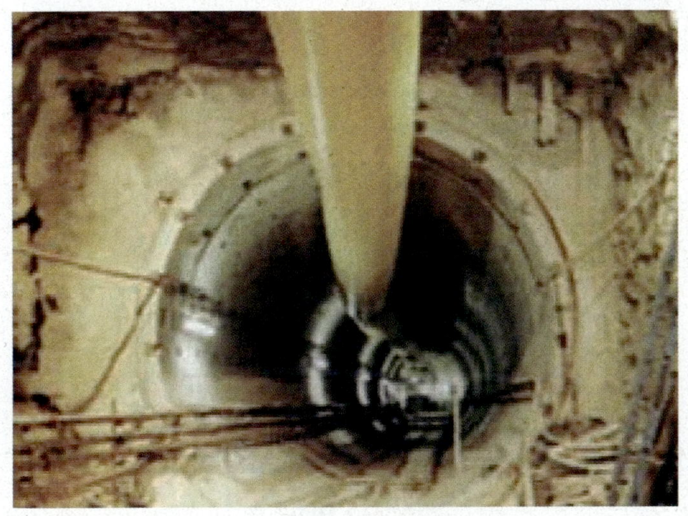

附图7.38 热那亚地铁隧道开挖现场

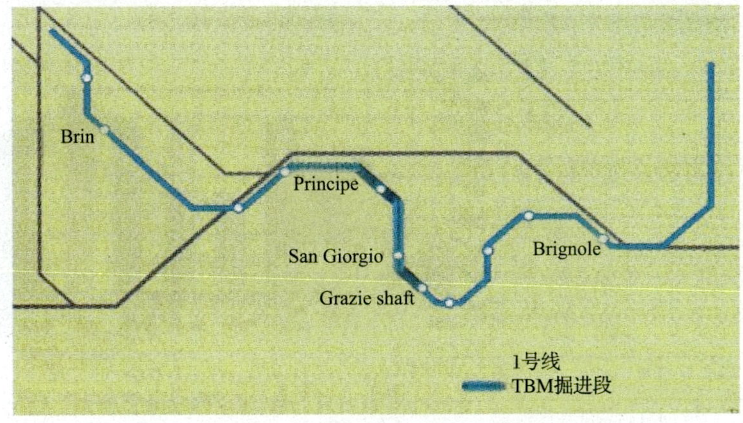

附图7.39 热那亚地铁1号线选线

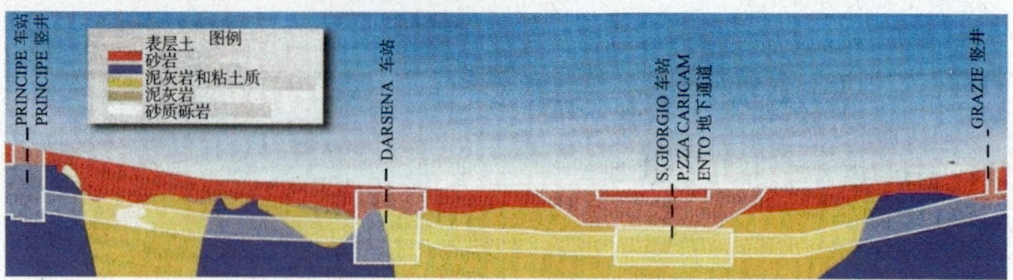

附图7.40 热那亚地铁地质剖面

3 地 质 环 境

隧道主要穿越黏土泥灰岩，在地下水位以下。有限的隧道区段是在砂砾脉石地层的砂泥石和泥灰岩中进行开挖的。

附图7.41 TBM刀盘

4 TBM数据

附表7.28 TBM数据

制造商	James Howden-Wirth
类型与型号	土压平衡盾构
刀盘	滚刀和切刀
安装功率	2 150kW
推力（最大）	3 879 kN
转矩（最大）	n.a.kN・m
盾构长度	7.95 m
后配套长度	145 m

附图7.42 热那亚地铁管片衬环

7.9

米兰地铁1号线—— Petro-Rho Fiera 延伸段	隧道工期 2003～2005年

1 概 述

在Fiera新线开工典礼上，米兰市政府着重介绍了修建米兰1号线“Petro-Rho Fiera ”延伸段的目标。

“Molino-Dorino”—“Rho Fiera”（Pole新会展中心）区段始于“Molino-Dorino”站，然后抵达Pole区。预计将与未来的地区铁路系统和高速铁路线路实现连接。

地铁1号线长2.1km，经由“Pero”（1.1km）和“Rho”（1.0km）两个镇，包括“Pero”和“Rho”两个站。

2 隧道特征

附表7.29 工程概况

位置	米兰
名称	Metro di Milano Linea 1 Prolungamento Petro-Rho Fiera
业主	Comune di Milano
设计	Metropolitana Milanese S.p.A
承包商	Torno

附图7.43 开挖1号线延伸段隧道的TBM

附表7.30 工程特征

长度	1 120 m
开挖直径	6.60 m
衬砌类型	预制衬砌管片
衬砌环类型	通用管片

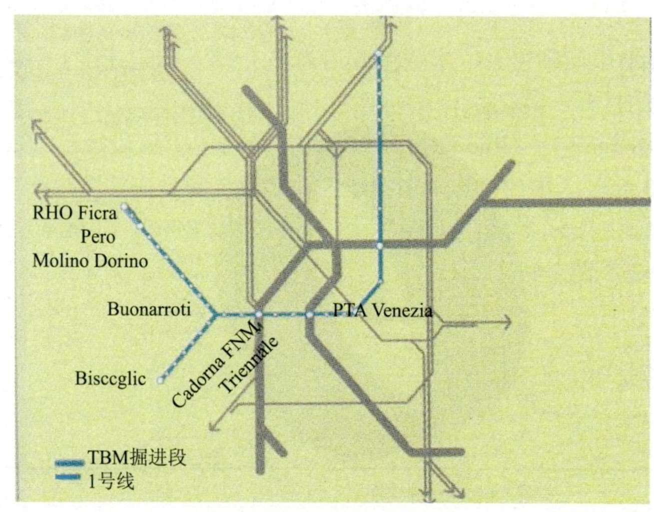

附图7.44 米兰1号线地铁布置图

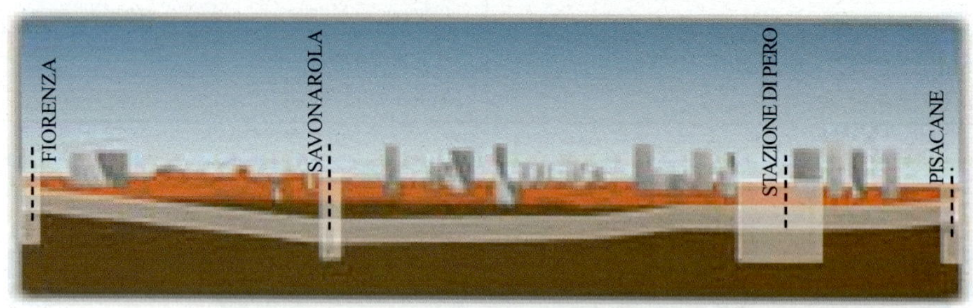

图 7.45 地铁1号线剖面图

3 地质环境

米兰1号线延伸段的所有地区都是由冰河沉积层组成。

这些沉积层（地质单元名称：冰河地层）的厚度为50～60 m，并且由砾石、砂石及淤泥脉石组成，局部地段含有黏土。在颗粒粒径分布进行研究以后，将开挖地层分为两类：粗颗粒地层（A类——蓝色分布区）和细颗粒地层（B类——红色分布区），见图4。

在1号线延伸段整个地区，地下水位在不同的地方，其变化非常明显。

4　TBM数据

附表7.31　地质参数（粗颗粒地层）

干燥密度	17～18 kN/m^3
排水黏结力	0 kPa
排水摩擦角	32°～33°
杨氏模量	75（z<10 mm）MPa 100（z>10 mm）MPa
泊松比	0.25～0.30　—

附表7.32　**TBM数据**

制造商	Lovat
类型与型号	土压平衡盾构
刀盘	40把滚刀，38把齿刀，68刮刀
推力（最大）	45 000 kN
制造商	Lovat
转矩（最大）	n.a.kN·m
盾构长度	9.0 m
后配套长度	67 m

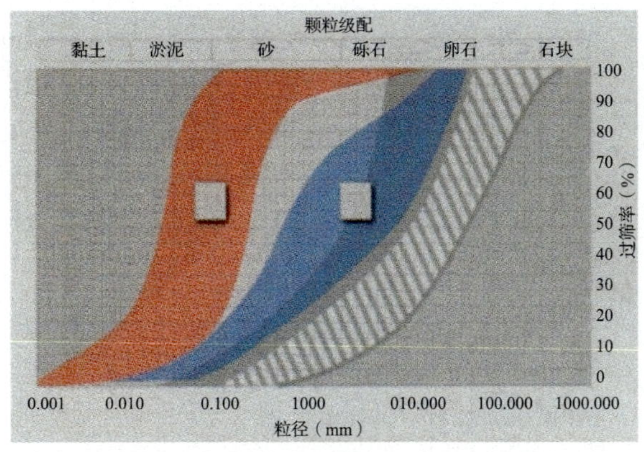

附图7.46　开挖土壤的颗粒粒径分布曲线

5 现场组织和实施

附表7.33 现场施工效率

平均掘进速度 整个线路南段（日历天数）	12.5 m/d
平均掘进速度 Pero Pisacane（工作天数）	12.5 m/d
最佳日进度	16 m

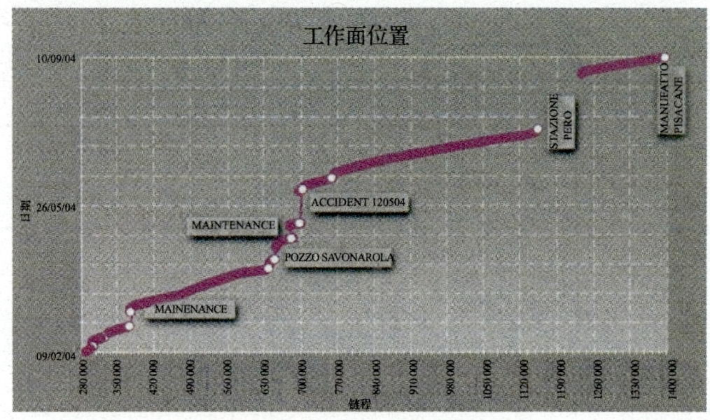

附图7.47 米兰TBM的性能

7.10

罗马—维特博（Roma-Viterbo）铁路—	隧道工期
“Quattro Venti”隧道	2002年

1　概　　述

“Quattro Venti”隧道是罗马—维特博（Roma-Viterbo）铁路线路最重要的组成部分。该隧道位于“Roma Trastevere”站与“Roma S.Pietro”站之间的城镇西南部。

“Quattro Venti”隧道穿越城市密集地区，位于Monteverde和Trastevere区之间，人口十分稠密，隧道沿线的地面和地下分布着许多重要的基础设施。

附图7.48　开挖“Quattro Venti”隧道的TBM

附图7.49　“Quattro Venti”隧道的地质剖面

2 隧道特征

附表7.34 工程概况

位置	罗马
名称	Galleria “Quattro Venti”
业主	Rete Ferroviarie Italiane（R.F.I）
设计者	Italferr
承包商	Quattro Venti JV（Astaldi-Impregilo）

附表7.35 工程特征

长度	2 200 m
开挖直径	7.97 m
衬砌类型	预制衬砌片
衬砌环类型	通用形
衬砌环厚度	0.33 m
管片数量/每环	6+1
衬砌环长度	1.50 m

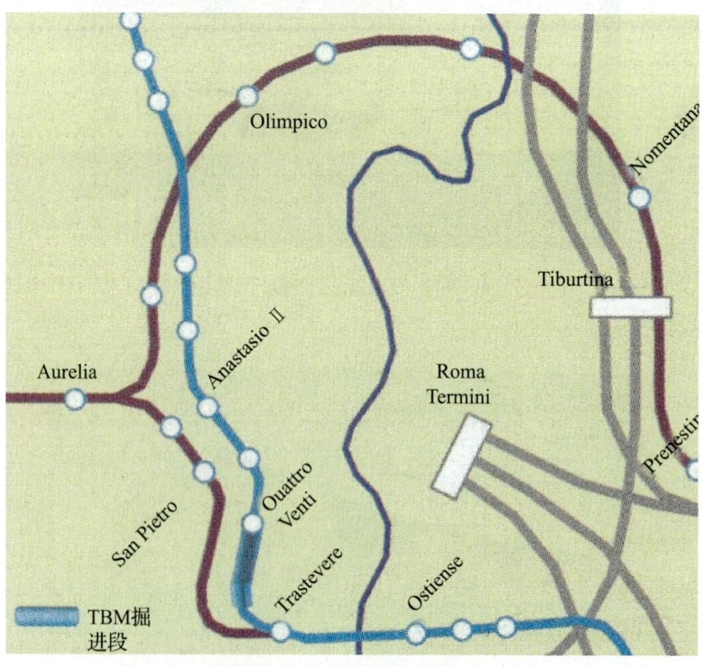

附图7.50 铁路环线布置图

附图7.51 隧道图

3 地质环境

隧道开挖的第一段300 m地层的地质条件非常复杂：火山沉积层（凝灰岩和火山灰）、淤泥－黏土冲积层和大陆沉积层（砾石、砂土和黏土）等。通过该地段以后，开挖地层主要由过度固结的海洋沉积层（Vatican黏土）组成，然后是带砂粒晶体的淤泥和黏土。

在第一个300 m地段，地下水位位于隧道拱顶，压力为1～1.5 bar，而在隧道其他部分，砂土中的水处于压力状态，压力为3～3.5 bar。

在第一个300 m地段，平均覆盖层为16 m，在第二个地段平均覆盖层约40 m。

附表7.36 **TBM数据**

制造商	Herrenknecht
类型与型号	土压平衡盾构
刀盘	104把切刀，12把刀具
安装功率	220 kW
推力（最大）	61 500 kN
转矩（最大）	15 000 kN·m

附图7.52 拼装示意图

4 现场组织和实施

TBM在凝灰岩中以“开敞式”操作，在“Vatican黏土”中以“半开敞式”操作，在砂土中以“闭胸式”操作，在工作面为混合地质的地段， 土压平衡盾构采用了聚合泡沫。

附表7.37　现场施工效率

平均效率	8.2　环/d（TBM1） 9.3　环/d（TBM2）
最佳日进度（TBM1和TBM 2）	25　环（37.5 m）
最佳月进度	612 m（TBM1，2006年3月） 635 m（TBM2，2006年4月）
两台TBM的最佳月进度	1 182 m（2006年4月）

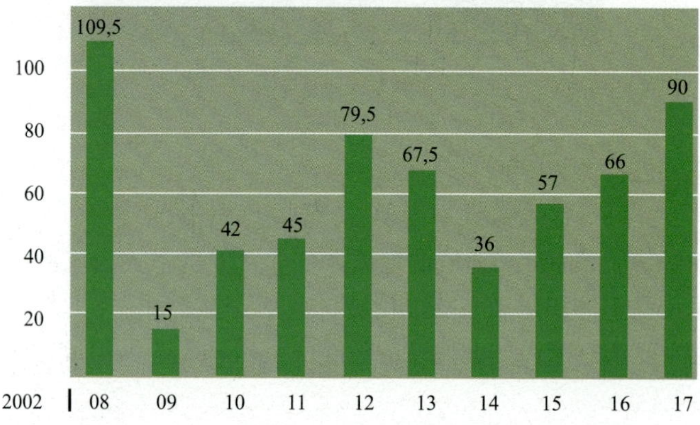

附图7.53　在“Quattro Venti”隧道中记录到的开挖进度

附图7.54　“Quattro Venti”隧道现场和竖井

7.11

那不勒斯地铁1号线——	隧道工期
Garibaldi-Dante 延伸段	2004～2008年

1 概 述

在城市交通规划中，那不勒斯地铁1号线路具有城市交通主轴线的地位，它是众多已建通道的换乘线路。

在“Museo”—“Colli Aminei”整个延伸段沿线，线路坡度约为5.5%，曲线半径较窄（差不多160 m）。除“Colli —Aminei”站与“Piscinola”站之间的5 km高架桥外，线路大部分在地下穿行（大多数为双孔隧道）。全部车站都在地下，深度为－47 m。现在的1号线长13.3 km，而整个环线有25 km长。

“Garibaldi”—“Dante”之间的“浅埋延伸段”长3.5 km，沿线有5个车站（Toledo、Municipio、Universita、Duomo、Garibaldi），可使地铁与那波里中央铁路车站和Circumvesuviana连接起来，然后通过未来的通道与2号线（FS）实现连接。

浅埋延伸段的5个车站于1999年开工（除“Garibaldi”站是2000年12月开工以外），预计2008年完工。

2 隧道特征

附表 7.38 工程概况

位置	那不列斯
名称	Metro di Napoli Linea 1 Tratta Garibaldi-Dante
业主	Comune di Napoli（Concedente） Metronapoli（Concessionaria）
设计者	Metropolitana di Napoli
承包商	GTB JV（Impregilo，Della Morte）

附图7.55　开挖那不勒斯1号线的TBM

附图7.56　采用TBM开挖的延伸段布置图

3　地质环境

在表层土下面直至10 m深处以及更深处，连续自然地层是由Campi Flegrei 火山活动形成的沉积层：火山爆发形成的材料凝固在顶部（凝灰岩），或者处于松散状态（火山灰）。

穿插于岩石构造层的近乎垂直的断裂构造被称为“scarpine”。地下水位在Toledo街水平面以下4.5 m。

最初900 m隧道段是在均质颗粒砂土中开挖的，且在地下水位以下，然后是在密实或断裂凝灰岩中开挖，大部分也是在地下水位以下。

4　TBM数据

附表7.39　工程特征

长度	2×4 000 m
开挖直径	6.76 m
衬砌类型	预制衬砌管片
衬砌环类型	通用管片
衬砌厚度	0.33 m
管片数量 /每环	6+1
衬砌环长度	1.20 m
衬砌环连接系统	塑料销钉

附图7.57 竣工隧道

附表7.40 TBM数据

制造商	Herrenknecht
类型与型号	土压平衡盾构 S-238（Odd Tube） 土压平衡盾构 S-239（Even Tube）
刀盘	136把切刀，2把防形刀
安装功率	1 200 kW
推力（最大）	41 000 kN
转矩（最大）	7 300 kN · m
盾构长度	8 m
后配套长度	77 m
其他信息	采用双组分浆料进行回填

附图7.58 从TBM开挖腔室看到的凝灰岩

5 现场组织和实施

作业循环：每天3班，其中2班开挖，1班维护，每周工作5天。隧道作业人员：每台TBM有13人。

TBM开挖：从洞口/竖井。出渣系统：侧卸车辆。

附图7.59 TBM后配套系统

附表7.41 现场施工效率

掘进速度（最佳日进度）S-238	20.4 m
平均Garib.-Duomo（日历天数）S-238	5.8 m/d
平均Garib.-Duomo（工作天数）S-238	9.3 m/d

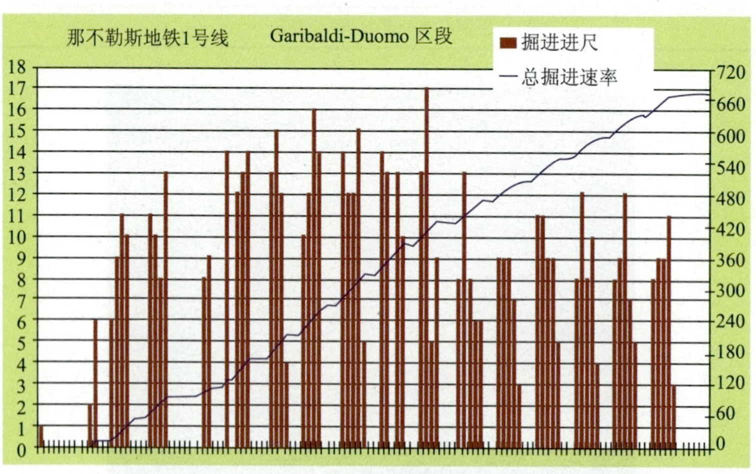

附图7.60 TBM进度

7.12

米兰北方铁路Castellanza隧道

隧道工期

2004～2006年

1 概 述

Castellanza双孔隧道是连接米兰和Malpensa机场铁路线路的一部分，包括1.855 m长的双孔隧道，坡度为15%，最大覆盖层为16 m，穿越Castellanza市政府和Olona河。

采用Wirth土压平衡盾构机械进行开挖。连接1号隧道孔洞和2号隧道孔洞的4条横通道是采用传统隧道施工方法修建的，8座通风井（也是安全出入井）是在地层加固以后开挖的。

在进行隧道开挖以前，必须加固Olona桥墩基础（公铁两用桥）下面的地层。

2 隧道特征

附表7.42 工程概况

位置	Castellanza
名称	Galleria Ferroviaria di Castellanza
业主	Ferrovie Nord Milano
设计者	Metropolitana Milanese
承包商	Strabag，Torno internazionale，Romagnoli

附表7.43 工程特征

长度	2×1 855 m
开挖直径	8.16 m
衬砌类型	预制衬砌片
衬砌环类型	通用型
衬砌厚度	0.30 m
衬砌环连接系统	螺栓

附图7.61 开挖Castellanza隧道的TBM

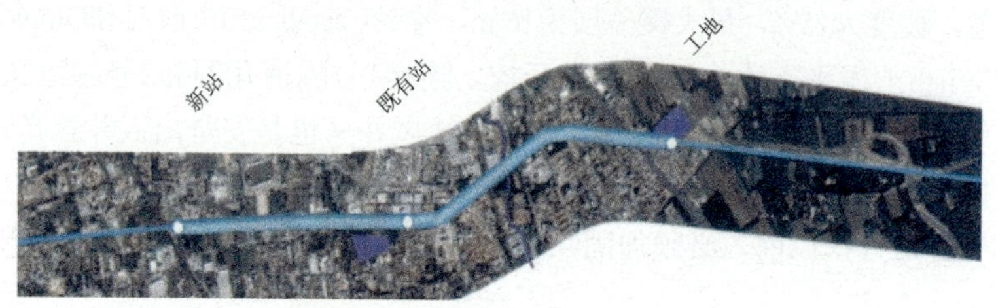

附图7.62 Castellanza隧道布置图

3 地质环境

开挖是在砂土和砾石冲积层中进行的。

土壤特性是，在1～10 m深的浅表层中，其渗透性为中～高度，在底部更密实地段，其渗透性较低。因此，在下穿Olona河时，在开挖地层中出现了细颗粒材料，包括淤泥和砂子。

4 TBM数据

附表7.44 TBM数据

制造商	Wirth Gmbh
类型与型号	TB 816 H/DS
安装功率	1 500 kW
推力（最大）	63 075 kN
转矩（最大）	13 245 kN·m
其他信息	采用双组分灰浆进行回填

附图7.63　竣工隧道

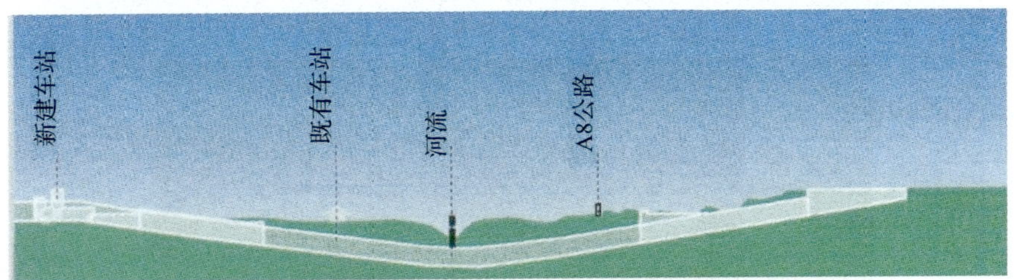

附图7.64　Castellanza隧道剖面图

附图7.65　刀盘

5　现场组织和实施

出渣采用皮带传输系统。预计的渣土体积大约为200 000 m^3。

附表7.45 现场施工效率

平均掘进速度 （日历天数）	9.7 13.8 11.7	（1号隧道） （2号隧道） （两座隧道）
平均掘进速度 （施工天数）S-238	14.6 20.3 17.0	（1号隧道） （2号隧道） （两座隧道）
最佳日掘进速度	34 m	

附图7.66 TBM始发井

7.13

布雷西亚地铁	隧道工期
Prealpino-S.Eufemia标段	2003～2010年

1 概述

布雷西亚属于高度都市化地区，小汽车运输正日益剧增，从而导致了空气污染并影响了交通运输的有效性。

为了改善公共服务，应落实城市运输系统改造方案，修建地铁将是改进布雷西亚公共交通的主要手段，如今只有20%的居民乘坐地铁。

地铁将采用电力自动驾驶系统。

2 隧道特征

附表 7.46 工程概况

位置	布雷西亚
名称	Metrobus Brescia
业主	Comune di Brescia- Brescia Mobilita
承包商	Astaldi，Ansaldobreda，Acciona infraestructures

附表7.47 工程特征

长度	6 000 m
开挖直径	9.15 m
衬砌类型	预制衬砌管片
衬砌环类型	通用管片
衬砌厚度	0.35 m
管片数量 /每环	6+1
衬砌环长度	1.5 m
衬砌环连接系统	塑料销钉

附图7.67 开挖布雷西亚地铁隧道的TBM

附图7.68 布雷西亚地铁布置图

附图7.69 存放在布雷西亚地铁施工现场的管片

3 地质环境

冰河沉积层与淤泥黏土和砂土淤泥交替存在，并伴有中等颗粒～细颗粒砾石及少量鹅卵石，砂石和砾石以及淤泥脉石鹅卵石，中等颗粒～细颗粒砂土淤泥晶体，并伴有砾石。

从TBM始发井到“Stazione FS”站都受到了地下水位的干扰。

覆盖层为6.5～16.0 m。

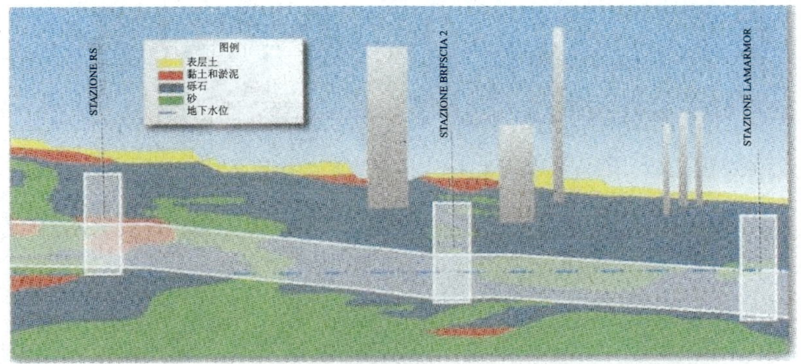

附图7.70 布雷西亚地铁地质剖面图

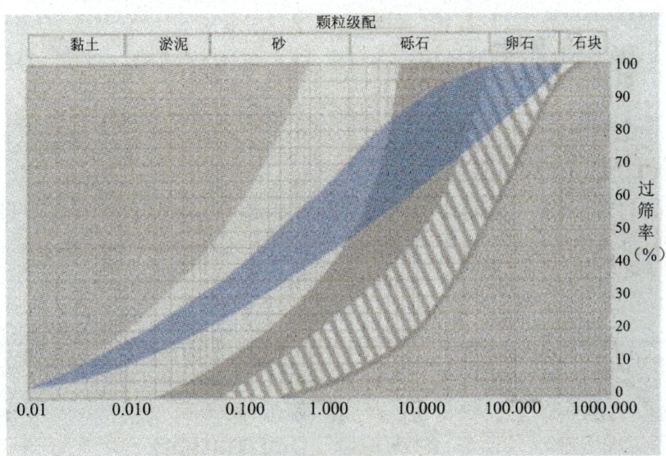

附图7.71 开挖地层颗粒粒径分布曲线

4 TBM数据

附表7.48 **TBM数据**

制造商	Herrenknecht
类型与型号	土压平衡盾构 S-260
刀盘	刮刀、齿刀、圆盘滚刀、铲斗
安装功率	3 000 kW
推力（最大）	81 895 kN
转矩（最大）	12 620 kN·m
盾构长度	8.75 m
后配套系统长度	114 m

附图7.72 后配套系统示意图

5 现场组织和实施

作业循环：每日3班，每周5天。隧道作业人数：每台TBM13人，TBM掘进作业10人。竖井作业采用龙门吊。出渣系统采用的是螺旋输送机、皮带输送机、渣车。

附表 7.49 现场施工效率

平均掘进速度（日历天数）	6.9 m/d
平均掘进速度（施工天数）	18 m/d
最佳日掘进速度	22.5 m

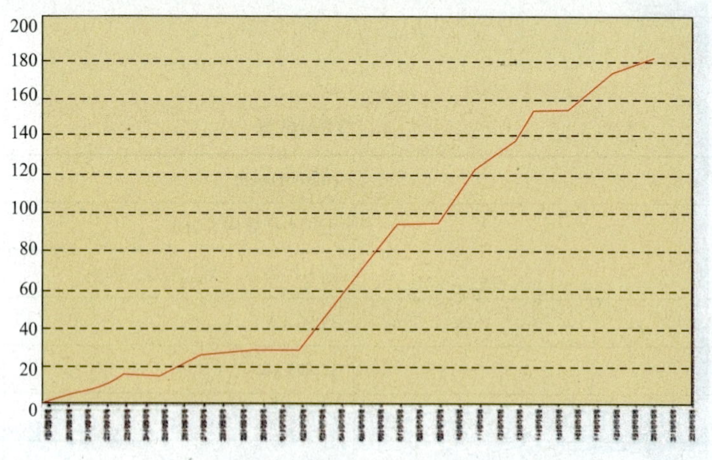

附图7.73 在布雷西亚地铁施工现场的TBM掘进进尺

合同与施工

吉安尼·阿尔贝托·阿里戈尼
（FICE，FCIArb，DRBFM，Englaw/Ladiniabau 意大利）

“任何一项工程都存在风险。但能对风险进行管理并将其降到最低水平，同时可以分担、转移或识别风险。风险是不可忽视的。”

米哈伊尔·拉萨姆，1994年

1 前　言

在技术人员眼里，本报告的主题“合同”直接涉及法律问题，因此大多数工程师和学者会下意识回避该问题。但文中谈及了即使不是大多数也是很多人非常熟悉的“施工问题”。作者的意图在于阐述根据合同进行施工的特点。大多数的基础设施工程（包括城市隧道）实际上都是按照合同规定的程序进行修建的，因此本文竭力避免枯燥的“法律术语”。

任何合同都涉及三方主要参与者：业主（拥有者/发起人）、工程师（设计者）和承包商（施工者）。此外还涉及一些其他部门，对此不同时代有不同的含义：如政府、管理者、政治家、行政主管部门/机构、银行（财政部门）、保险公司、供应商（主要是TBM制造商）、专业分包商等。

本报告在所提倡的所有各方参与技术及风险管理、交流与协作等方面取得了“巨大”突破，对此读者会有明显感觉。与目前的“一对一”（各利益方之间常常是敌对的）合同格式相比，这种理想化的模式刚刚处于摸索之中，因此目前只能通过施工实践所采取的合同格式来实施这种模式。

对专业读者而言，本报告将是在施工以及处理施工问题方面具有丰富经验的优秀工程师的一个总结。但结果并非如此，对那些不通晓合同的人而言，确实令其吃惊。米哈伊尔·拉萨姆先生是一个非常优秀的英国法官，英国政府赋予他审查合同条款的重任，特别是一些可缓解对抗性的方法与手段以及涉及司法及仲裁程序的追索权问题。通过将其转变为合同争议程序，这种判决程序减少了法庭负担，但却未能降低争议的程度。在世界上的其他地方情况也没有好转。

问题的根源在于目前所采用的合同模式，而不是合同本身所固有的“原罪”问题，实际上合同的采用往往反映了使用者的态度。各方总是尽量避免各自风险并竭力根据其实力从合同中获取最大利润。

在城市地区修建隧道这种对环境要求非常严格的情况下，常常会导致荒谬的想法，即发包前进行设计所必需的工程地质勘测费用很少超过工程总造价的1%，而索赔一般超过总造价的10%～20%，在某些情况下这一比例会更大。如果在施工合同中执行本报告建议的有关技术管理方面固有的“合作步骤”，则索赔方面的费用会少得多，但到目前为止，没有人这样做。

根据这一令人震惊的、持续发生的情况，在合同关系、合同格式以及按合同施工等方面都必须有类似的“巨大突破”。优秀的工程师和有经验的法律制定者通过专门的合同形式和避免争议的手段努力寻求缓解对抗情形的补救措施。全世界的合同形式和种类如同语言一样变化万千，但都不能说尽善尽美。尽管目前有各种避免争议的手段，但争议仍然不断发生。

英明的工程师AL Mathews早在20世纪80年代初就建议成立使各方保持合作态度的争议审查委员会（DRB）。该主张取得了极大成功，这可通过按上述程序办理的案例数量的增多来加以证实，但同时也证明争议数量也相应有所增加。其他可选的争议解决手段，如仲裁、调解以及目前采用较多的法院判决等也有实施。但是所有这些努力都未能解决目前合同形式中所隐含的“对抗态势”这一固有的根本问题。

近年来正努力改变这种情形，通过引入其他合同执行机制，比如“伙伴关系”与“联盟”，目的是采取协作的方式，并在合同中构建有关成本和工期方面的奖赏机制。之所以采用这些形式，是因为这一理念能保证参与者之间开展合作以及具有创新意识的团队协作并在业主、首选设计者及承包商之间建立一种长期关系，但这不能保证经济上最有利的投标（MEAT），因为这意味着要进行初期选择，实际上不可能在候选承包商之间实现“竞争性”目标。

但是这一理念的本质是很好的。“隧道尽头终将见到光明”。2006年2月，英国土木工程师协会（ICE）出版了一种目标成本合同格式，它似乎融合了“联盟”的所有积极要素，保留并适当地采纳了传统的ICE格式以及最重要的竞标程序。长期以来梦想的“协商合同”已成为现实，而且在“按合同施工”过程中，其可作为期待已久的对本书提出的技术协作和风险管理合作问题的一个满意答复。希望业界的开明人士能意识到其潜在作用，同时希望国际咨询工程师协会（FIDIC）也能效仿这种做法，在某种意义上讲这是“回到其源头”，但同时也具有创新思想。

2 合同类型——目前状况

在国际上，隧道工程合同特点是通过独特方法解决项目商业可操作性问题。每个大型项目都要求“进行特别的资格预审”，通常由业主谨慎筛选并邀请参加“资格预审”。投标文件只能给予通过了资格预审的承包商，对个别合同，应了解各承包商的特殊能力和关键技术。即使要求公开招标，比如在欧盟，仍然可以进行预先筛选，从而确保严格的预审条件。

强调投标人范围可能比较敏感。在预审和投标审查两个阶段都要进行这样的评估，同时应考虑下列几个方面：

- 特定项目的技术竞争力和经验；
- 与专业设计者的协作及其相互关系；
- 基于公司财务决算的当前财务状态；
- 团队凝聚力；
- 现有工程量；
- 过去的索赔起诉案例；
- 以往合同纠纷和不履行合同情况；
- 在工期及预算范围内完工的记录。

必须区分竞争性投标合同与协商合同的差别。一般说来，前者应用最为广泛。一般情况下，它是所有公共投资项目所要求的合同形式，因为这种合同形式的价格较低且具有竞争力，同时可以保证纳税人公正、有效地支付资金。但是存在这样一种趋势，即在大多数合法环境下（通常是先前受到显著的、扭曲的政治影响），行政管理部门倾向于发包给“最低价投标人”，而没考虑投标人对此进行相应报价的技术和其他结构要素的难度性。

正确的做法应是评估报价的各个方面，详细了解其技术能力、人力资源和专业经验情况，包括对所有问题进行面对面的提问与答复，分析投标人拟愿承担的风险范围和情形，这就是在欧盟范围称之为经济上最有利投标（MEAT）所要遵循的程序。对业主而言，经济利益不单单是根据报价评估，而很可能是根据项目的最终支出进行评估，包括技术、成本和时间等方面。

在竞标合同范围内，可采用总价合同（合同规定的金额）或单价合同形式。后者的形式为：

- 单一费率表；
- 工程量和价格清单（又称数量清单——BoQ）。

总价合同是最古老的合同形式，在美国仍然很受欢迎。土木工程按惯例是在进行招标以前必须由工程师/设计者完成工程的全部准备工作。主要前提条件是在招标时必须清楚知道要修建什么工程。不主张修改方案，因为修改总价合同会非常的费时费力，更不用说地下工程是变化无常的。

单一费率表计价合同是基于列出所有可能实施的工程项目综合清单，不考虑其数量，只与最终数量有关。对于大多数工程项目都不建议采用这种合同形式，因为不考虑数量，所以投标人几乎不可能制定准确的时间进度表并得出实际的间接成本。

工程量和价格清单（又称数量清单——BoQ）合同是最普遍采用的形式。它以将实施的所有工程项目为基础。清单中列出准确数量以反映业主和设计者对预期工程的认识。通过采用单个的费率并根据工程的变更、增加来调整费率和工程量，最终以实际情况来确定合同额。该类合同的优势是：

（1）按完成的实际工程量向承包商支付合同款；

（2）在公平支付原则下，如果需要，可任意变更工程；

（3）投标书的裁定相对比较简单，因为要求所有投标人都在同一基础进行报价以便进行比较；

（4）通过详细而准确的清单，投标人能清楚地了解工程情况；

（5）大多数承包商都非常熟悉这种合同形式及其管理模式，因此可以公平、合理的形式对工程进行报价。

大多数不断进取的管理部门似乎逐步在弃用严格的竞标合同而采用协商合同形式，在协商合同格式下同时还会考虑诸如设计比选和价值工程等要素。最初其仅作为弥补紧急情况（战后重建、自然灾害等）的成本补偿合同（成本加利润，即成本＋按百分比计算的酬金或成本＋固定酬金），这使其背上了承包商可能在最短时间内赚大钱的坏名声。上述新的合同格式虽未得到广泛认可，但在本附录最后一节将看到其光明的前景——源于利益共享条款这一目标概念，并进行了以下改进：

（1）成本＋固定酬金＋分享利润。

（2）成本＋变动费用：

a.考虑成本单一目标；

b.考虑成本和工期双重目标。

第一种方式将向成本控制最低的承包商给予奖励。就整个经济性而言，最根本的是概预算应尽可能准确。如果承包商的施工成本低于目标概算，结余部分则由业主和承包商分享；如果超过了目标概算，则无额外的利润分享可言。在因政治性决策或发生预期之外情况（无初期规划）而部分需要同时进行设计和施工情况下，通过确定“保证最大工程费用”（GMP），该合同形式可用于“快速路径”法（fast-track procedure，即边设计、边施工方式)中，如果地层条件具有不确定性并需要进行适当的调查，则这种合同模式不宜用于隧道工程中。

第二种方式是一种改进的合同模式，特别是采用双重目标结构的合同。它满足所有土木工程合同的基本要素，并激励承包商经济、快速地完成工程项目。按成本目标合同形式管理时，低于目标成本完成工程的承包商将获得成正比的金钱奖励，相反，当成本超过目标值时，承包商将承受相应损失。双重目标合同形式对低于目标成本以及提前完工的项目提供了独特的金钱激励（分别操作），而对于超过目标成本和工期延后的承包商将进行经济惩罚。无论是对于成本参数，还是时间参数，承包商获得回报的比率高于承包商赔偿业主的比率是非常有用的。

设计施工总包合同（D&B）是由协商合同演变而来的。在此类合同中，业主不再直接作为开发者而是委托大公司或联营体或财团以其名义进行设计和施工。这种方法适用于目前很多倾向于“不干预”的管理者，并且从理论上讲有利于获得最新设计技术和实际经验的相互协同作用，适于承包商管理模式。但是由于在这样的冒险中公开竞争受到限制，所以难以保证获得具有最佳经济效益的方案。最大限度地限制勘察工作而后来针对“未预见灾害”进行索赔的倾向（其实通过适当的、费时的前期勘察大多可以探明这些“未预见的灾害”）使得预算飞涨，因为补救措施一般来说比预防计划的实施更为困难和费钱。

EPC“交钥匙”合同是协商性的“功能规定合同”的进一步演化。在这类合同中，某一机构要求建设具有指定特性的设施，并借助于拥有技术、实际经验和一定资源的集团从头开始修建这些设施，并保证其具有所规定的功能。这通常适用于工业设施，对此市面上的公司拥有权威的专利加工设备，而城市隧道工程与这种情况迥然不同。

最近出现了一种适用于基础设施建设，包括城市地区基础设施建设的合同形式，被称为“建造－运营－转让”合同（BOT），及其进一步演变的“建造－拥有－运营－转让”合同（BOOT）形式。设计工作可由业主或开发商来完成，如果最终的业主希望避免最初的资金开销和在设计方面引发的争论及长期的、在城市地下工程中更为严格的勘察工作，设计工作也可委托承包商来完成。由承包商提供资金是进一步的要求（对于BOT合同），其最终演变形式是通过一定年数的特许经营权收回由银行以承包商名义进行的投资。

最后一种方法通常融合于项目融资（PF）模式（或称PPP—公私合营）中，即整个项目由投资集团进行开发，该集团包括“渴望”投资的银行、保险公司等。在政府和政治家们推卸为所需市政设施制定规划和筹措资金（这些资金最终还是由纳税人支付）的责任时，这些投资者就应运而生。这些投资人将此看作是一次投资的机遇，他们不想面对风险也不想赔本。但与此相反，在制定PF方案时，很少进行足够的地质勘察，以此来确认风险、采用适当措施降低风险并对残余风险作出评估。因此，由该模式的性质所决定，无论这些风险在施工中最终是否发生，在报价时针对所有潜在风险通常都留有足够的余地和充足的应急准备金。

其结果是，按照这种模式修建的基础设施造价要比普遍不实行这种模式国家的工程造价高（如西班牙、美国）。在一些特殊的情况中这种模式是允许的，例如德国统一后国家财政承担了易北河4号隧道工程的额外资金，但不能理解的是为什么公众要因政府采购不当而为基础设施建设付出为正常造价2～3倍的费用。据了解，欧洲的一些项目发起人允许PF项目的最终用户获得经济回报。这样一来，在某些情况下也会通过不同财团之间的竞争来尽力实施具有“竞争性”的项目融资。当然，风险准备金的降低是有限的，不过，报价会在一定程度上有所下降。

然而在现实中所面临的困惑是，如果一个项目要力图尽可能低地降低风险（ALARP），那么在给出合理的设计前必须进行长期详尽的勘察和研究（长达数年）。在城市环境中这更是强制性的要求。另外，由政府及行政当局出面筹集资金更容易一些。相反，作为私营PF投资者的合伙人（银行、承包商等）都力图使其投资安全（如今并不缺少资金，但资金回报非常少）并努力避免不必要的风险。但是，正如以上所述，将风险降到最低是不可能的。从各个工程项目实例得出的事实是：PF项目的造价是常规同类项目的2～3倍。热衷于PF项目的欧洲人应该看一看马德里地铁工程模式（在后面将提到“提前实施中央协调”的优点），通过比较伦敦的PPP项目以及意大利和欧洲的PF项目案例可以了解良好的公共管理如何为公民节约资金。

3 环境和公共方面的影响

全世界都已认识到环境的重要性并对此比较敏感，甚至在世界人口最多的国家——中国，现在也强调绿化的必要性。城市地区的环境是最脆弱的，例如地面空间和地下空间通常拥挤不堪，对于那些古代文明城市，通常是对地下空间采取多层利用。在这样的环境中TBM必须小心翼翼地作业，以避免成为谚语所说的“瓷器店中的蛮牛”。

愈来愈稠密的城市人口正在成为引发环境问题的最重要因素，作为修建于其“后院”的隧道工程的最终利益相关者，公众的期望当然是必须修建基础设施，但应尽量避免影响城市居民的正常生活和私有财产。这一理念必须深植于开发商、设计者和承包商的思想中。

在20世纪，明挖回填法是修建地铁的主要施工方法，虽然明挖回填法带来的巨大影响是暂时的，但随着TBM技术的巨大进步，如今在西方这被认为是不可想象的做法。部分公众对最近波士顿的“Big Dig”工程持否定态度，这主要是因为除了高昂的成本以外，它还对城市环境造成了长时间的破坏。即使是对地铁车站或施工竖井入口等这些有限的结构物，所有参与各方都必须将其看成是临时工业设施，在噪声、尘土、交通、消除公害方面加以严格限制，并在其四周进行打围。这种做法始于拥挤的香港，并很快被全世界所接受。

读者不得不思考所谓的“公用设施”到底带来多少麻烦，表面上看似乎是干扰了人行道、街道和其他地面部分，一个接一个的公益项目不断开发，却没有进行明显的协调。未来的正确规划是要求采用“共同沟”——一种供所有公用设施使用的小型隧道，同时最重要的是相关主管部门的规划应具有前瞻性并做到相互协调开发。幸运的是，在过去20年，无论是对于标准隧道工程还是微型隧道工程，技术都起到了很大的作用，在机械化隧道工程中也取得了几年前根本不可能达到的技术进步，因此克服了城市居民普遍存在的“避邻”自私心理。然而不管公民义务的概念有多好，但这种情绪仍然占据着内心。在了解这一情况后，所有参与各方从工程一开始就必须努力协调，以使选择的施工方案能够遵循影响最低的基本原则。

上述研究不能只局限于机械化施工隧道本身及其对所有地面建筑物的潜在影响方面，还必须考虑可施工性方面，比如：安全性（隧道内和隧道外，即地面）、场地建设、物流、消除噪声和干扰或使其降到最低、减少污染、渣土类型及其处理以及其他潜在因素，如项目位置。这些方面最好是通过业主、工程师与设计者在可行性研究阶段的协作来实现，所有主要参与方将因了解彼此需求和专有技术以及项目自身需求而分享利益，这样既不会采取“象牙塔”式的闭关自守态度，也不会担心泄露“公司秘密”。

正如前言中所说，除主要参与者外，还有其他重要参与者，他们在环境和公共影响方面起着非常重要的作用。在面对地方政治家和具有政治派别（有时是反对派）的地方当局（省、地区、镇各级）的“特殊”利益时，对于国家级的基础设施，政府不能放弃对那些表面上不关紧要问题的最终决定权。过去已多次证明，这会极大破坏项目有计划地开发，造成的结果是由“最终用户”，即地方和全国的纳税人承担工程项目成本和时间方面的责任。在与地方当局和相关机构，无论他们代表的是省或镇，以及环境部门、特殊利益团体或压力团体等打交道时，以及在处理“健康与安全”以及“防火”方面问题时都同样必须考虑公共利益。

上述所有机构代表的是公共利益，但在面临城市隧道工程建设时，这些“公仆们”通常是：

（1）没有从一开始就掌握充足信息并认真编制完整的环境影响报告（EIR）；

（2）因这一情况经常发生，所以对此重要步骤的执行也很马虎。

只是后来在施工时，一些机构才相继对那些也许早在编制EIR阶段就应解决的专业问题提出质疑。例如在伦敦Jubilee线延伸段工程中，相比实际勘测和设计所花的时间（技术经理与相关人员交流），而不得不花更多的时间来获得许可证、道路通行权和相关授权。在意大利的大型高速铁路城市下穿隧道工程中，地方当局和机构在EIR阶段后的资金筹措缓慢，导致开工延迟两年，而且因推迟提出的所谓施工期间防火安全要求要全部改变场地设施，从而迫使大量变更实施方案，这在世界范围内是史无前例的。

这里并不是说反对这些措施，而是说这些措施要求提得太晚：相关机构提出这些要求的时间应该是在EIR阶段，使得所有参与者不是在开工3年后才了解这些影响因素。比较合理的是，这些公仆应在早于EIR阶段的时候就考虑这些“最后关头”才思考的问题。这样公众就能从节约成本和时间方面得到更大实惠。

对此可列举出世界各地的一些例子：迎合“特殊利益”的做法对有序的项目开发带来了负面影响。因工程师和承包商的承诺是通过合同获得的，所以具有同等约束力、负责任的且强制性的承诺应成为项目开发过程的一部分，并且相关机构和管理当局应事先做出这些承诺。因此，对施工问题的重新考虑应根据合同进行，但不是进行一对一的谈判，而是所有“利益相关者”为了最终的公众利益进行集体协商。

将上述问题与施工的合同问题结合起来可能受到质疑，然而，遇到意外情况所发生的事故对工程的破坏影响最大，无论是自然因素还是人为原因，而在城市地区人为原因更多一些。ICE将后者纳入“人为阻碍”范畴中，例如，开挖过程中的考古发现就属于这一类，它导致开挖停止，工期无法控制，曾遭遇此类情况的人对此很熟悉。根据经验，在前面章节强调的官僚主义问题的的确确也是一种“人为阻碍”，它在成本和时间方面造成的影响比前面提及的不可预见情况所造成的影响要大得多，其后果各不相同：如果所有的利益相关者事先进行协商（马德里地铁模式），那么与伦敦、意大利或欧洲其他工程实例相比，地铁单位长度的造价可能会减半或更低，这样的结果使许多的机构和主管部门应严肃地反省他们目前的做法和将来的策略。

附图1 Nodo di Bologna工程两台TBM最终贯通

4 风险分摊与管理

4.1 风险分类

在城市地区的地下工程中可能遇到的风险有以下几种。对由业主（监督下）设计的项目，有关设计和工程地质勘测的责任，按惯例在现有合同中明确规定由业主承担（如果是业主内部负责设计），但在单独的设计合同中，如有而且适用的话，那么将强调设计者的责任。为此，可将风险分为下列针对业主并标示为E和针对设计者并标示为D的两大类：

- 地质风险——与通过勘测获得的信息量多少有关：
  - 有限的勘测和勘探（E和/或D）；
  - 不适当的现场和/或实验室试验（E和/或D）；
  - 不适当的参考模型（E和/或D）；
  - 对岩石和土壤特性的了解（E和/或D）；
  - 对水文地质条件的了解（E和/或D）；

- 可利用的资源和设备（E和/或D）；
- 现场可进入性（E和/或D）；
- 没有系统的工作面地质素描图（E和/或D）；
- 缺少地质数据和施工参数的结合（E和/或D）。

● 设计风险——与设计很难适应所遇土工力学条件、不良施工条件、设计者经验及合同局限性等有关：
- 设计者经验（E和/或D）；
- 未完成对风险情况的预测（E和/或D）；
- 未充分制定应对措施（E和/或D）；
- 所提设计方案的可施工性（E和/或D）；
- 针对实际地层条件的设计灵活性（E和/或D）；
- 衬砌荷载条件（E和/或D）；
- TBM操作参数定义（E和/或D）；
- 监测控制不充分（E和/或D）；
- 不恰当的极限值（E和/或D）；
- 不可预见的不利自然条件和人为阻碍（E）。

● 施工风险（Ⅰ）——与选择不当或工业化程度不高的施工技术、出现失稳、承包商经验不足以及合同限制等有关。按惯例这些风险在合同中应规定由承包商承担（用括号中的C标示）：
- 试掘进阶段（C）；
- TBM与地层条件不适应（C）；
- 大型机械故障（C）；
- 后勤保障不充分（C）；
- 承包商经验缺乏（C）；
- 缺乏员工培训（C）；
- 缺少TBM参数控制（C）；
- 缺少TBM参数研究（C）；
- 超前钻探不充分（C）；
- 采取的程序不恰当（C）。

上述风险主要是从设计角度而言，还应从下列合同观点对其他风险进行评定。

● 施工风险（Ⅱ）——与地下开挖和周围环境之间的潜在影响有关，包括现场干扰和可进入性，以及按惯例归于主要参与者一方或其他方（括号中C为业主，E为承包商）的其他责任：
- 现场可进入性（E）；
- 合同文件中的模棱两可和相互矛盾（E）；
- 图纸和相关说明的延迟提供（E）；

- 投标评估不充分（C）；
- 资源和设备的可获得性（C）；
- 劳动力提供方面存在问题（C）；
- 材料工艺试验和取样的质量（C）；
- 工程缺陷（C）；
- 现场作业保险与安全（C）；
- 工程的管理（C）；
- 对人员和财产造成的损坏（C）；
- 不利自然条件（E）；
- 人为阻碍（E）；
- 由他人使用和占用工程（E）；
- 不可抗力（暴动、战争、入侵、敌对行动、内战、革命、起义、列强侵占、放射性物质）（E）；
- 妨碍交通（C）；
- 对毗邻房产的干扰（C）；
- 对既有设施的干扰（C）；
- 将破坏降到最小程度（如果不可避免）（C）；
- 噪声、干扰、污染（C）；
- 尽可能避免对道路、桥梁、铁路、设施等的破坏（C）；
- 文物、古建筑、珍贵物品或古代文物的发掘（E）；
- 不能移交工地的所有权（E）；
- 工期推迟和延长（E/C）；
- 为加快完工所采取的措施（E）；
- 变化、变更、增加和删减（E）。

● 商业和财务风险——与社会和政治方面的限制、责任不清、诉讼和安全有关，这些责任一般由主要参与者一方或其他方承担（括号中E表示业主，C表示承包商）：

- 不能提供所需安全性（C）；
- 工程转让——禁止（E）；
- 整个工程的转让和分包——禁止（C）；
- 业主违约（即破产、破产接管、清算等）（E）；
- 承包商违约（即破产、破产接管、清算等）（C）；
- 合同文件的模棱两可和互相矛盾（E）；
- 从现场撤离物资和承包商设备——禁止（C）；
- 工程、人员、财产、设备的保险（C）；
- 法令、条例、许可证、专利证、通知等（C）；

- 新制定的（投标后）规章和细则（E）；
- 不能移交工地的所有权（E）；
- 工程延期（E/C）；
- 违约金（C）；
- 工时（C）；
- 法定假日和休假（C）；
- 工人罢工（C）；
- 按规定分期付款（E）；
- 融资承诺（E/C）。

上述内容（当然不完全）概述了合同执行过程中最常在施工期间出现的风险类型。合同的每一方本能上都想将尽可能多的风险转嫁到其他各方。在当前通行“不干预”做法的趋势下，业主试图对设计方或承包方采取这种做法。但与此相反，大多数成功的工程项目表明，工程目标是通过“公平的合同”实现的。所谓“公平的合同”，其特点就是在确定合同各方所能对付的危险和事故的前提下以明智、实际的风险分担为基础。这正如建筑业领域最具经验的高级法官之一所言：“咨询顾问（针对于业主）很容易错误地觉得其雇主的最大利益就是将每一项风险都转嫁到承包方。他或许试图通过拟定特别条款进行自我辩解，以颠倒过去不利于他的每一项仲裁裁决或法院判决。如果他这样做的话，那他就只不过加重了业主的问题。”（Ian McKay爵士，IIRC，1986年）

4.2 与地质有关的设计风险

关于正确的风险分摊和管理问题导致产生了谁应当承担设计及伴随的现场地质调查的责任问题。为了尽量不让业主参与所开发项目，已设想出一些替代方法以实施所谓的“功能规定”合同。对此，由承包商承担设计、工程施工及功能性要求等方面的责任，从总体考虑如何完成这些工作。这类合同或者是设计施工总包合同或者是EPC（设计、采购、施工）交钥匙合同。

但是，世界范围内所采用的大多数合同是“设计（或方法）规定”合同，此类合同就测量、材料、公差、质量保证等方面向承包商给出每一步的工作指令：业主编制设计方案并承担相应责任，而施工方法、工艺、采购等则是承包商的职责。

这就使得事先在责任分配上造成了很大的差别，地质及设计方面的风险属于业主（及其设计方），施工风险（I）则落在承包商身上。

无论谁负责设计，都应承担现场地质调查的责任。除了逻辑性因素外，以下因素也构成了一个强制性的动因。对于工程项目来说，如果地质条件的获得等同于更为普遍的购物交易，那么没有哪位购买者愿意购买不知晓其质量、数量和适用性的商品。同样，对于工程项目所在的地层，其地质条件可能不适合于所设想的目的。

因此，从主张知晓所购为何物的角度出发，也应要求进行充分的现场调查。当然，如果现场调查显示其地质状况不适宜，而当时又没有其他更好的替代方案，那么就必须知道应事先采取何种措施，以使地层条件适宜于现有工艺技术，或者可能的话要求技术提供方改进其工艺，以适应现有地质条件。

同样，在没有正确了解现场条件和岩土特性的情况下就编制设计方案的设计者可能存在疏忽大意。不言而喻，设计必须是合理的。合理性被定义为建立在推理论证基础之上或者由推理论证推导而来。如果地下工程的设计没有建立在充分了解现场的基础上，那么就将其定义为非合理化设计，即没有以推理论证为基础，而是建立在推测和不适当的臆测之上。另外一个确定业主负有现场调查责任的强制性原因是，通过一些工程案例，地下地层情况被确定为是工程预算编制中一个最重要的变量，而预算的准确性是业主所负的财务方面的职责。

总之，由业主负责选择场地并应在征地（及线路选择）之前积极主动地弄清其是否适合于工程目的。由业主确定按照适合于现场地质条件的设计方案修建构筑物，而现场地质条件需要通过充分调查才能查明。业主追求项目开发的经济效益，但如果现场条件的恶化超出了经验丰富的承包商合理的可预见性范围，那么他还应当从承包商的费用中得到一笔“横财”吗？虽然大部分现场地质条件通过进一步的和更好的现场调查而得以掌握，但现场地质条件很难说处在承包商控制之下，因此业主最终所做的现场调查结果是既不坏也不好，因为他最终付出的代价不会比事先了解情况所付出的代价大。

最早于1978年在“隧道工程——改进合同实践”报告中提出了这类建议（CIRIA-UK，1978年），“在传统合同实践基础上考虑了施工各方之间的风险分担和降低不确定性的方法，直接反对退缩到防御态势这一倾向”（摘自Alan Muir Wood爵士，隧道工程：通过设计进行管理，2000年）。在USNCTT出版物“地下工程土工技术现场调查”（1984年）中进一步就所有工程的最低要求提出了建议，特别是考虑了调查费用（1%）和索赔额（12%～20%或更多）之间的不同量级（作为基建费用的百分比）。尽管前者稍有增加，但22年来总体情况却没有变化，现在的项目开发者并没有从前辈所犯的巨大错误中吸取教训。

USNCTT（1984年）出版物建议：“进行有效及彻底的现场调查并应将全部信息告知投标人，这对业主而言是最有利的。……合同文件和合同起草程序应能在施工之前和施工当中针对不确定、未知的地质作用或地质条件提供解决办法，而不是在施工以后。通过在施工前运用风险基线（或岩土数据）能及时认同施工期间的施工变更和费用调整，如果地质状况发生了实质性的变化。”进一步掌握和落实这一建议又花了13年的时间，其间，ASCE的两本出版物（DRB，1989、1991年）也继续推动这种观念，再次摘引Alan Muir Wood爵士的话，“19年后在美国以‘地下工程土工技术基线报告’为名重新采用了CIRIA于1978年提出的这一概念（ASCE，1997年）”。

GBR（土工技术基线报告）为“土工技术设计总结报告”的最新发展，该报告作为整体的一部分被纳入到合同文件中。引用上述ASCE出版物的观点，“GBR的首要目的是针对地下工程施工期间预计可能遇到的岩土条件在合同中加以陈述。这种合同中的陈述被视作为基线。与基线一致或稍微不利的岩土条件的相关风险由承包商承担，而与基线相比更为恶劣的岩土条件的风险则由业主承担……。后一种结论来自于土地属业主这一理念。如果岩土条件比基线表中所述的更为恶劣，则业主应当支付额外用于对付恶劣岩土条件的费用。”

GBR被以下各方所采用：

- 设计者，作为编制施工费用概算的基础，包括特殊意外情况的补偿费，用于业主确定项目预算。
- 投标阶段的投标人，作为预计的地下条件和承包商所承担土工技术风险的合同说明。
- 承包商，用于选择施工方法和机具。
- 施工期间的承包商和业主的施工经理，用于确定地下地质情况并识别施工过程中不一致的现场条件。
- 合同各方，用于解决所遇地质条件比基线报告中所列更为恶劣的相关争议。

后一条有助于消除任何合同争议中关于“何为经验丰富的承包商所不能合理预见的岩土条件或障碍物”的持续争论。

但在这一点上必须给予重要的警示。根据环境状况，在通过充分调查并采取必要措施后所确定的灾害风险被降低到所有各方所能接受的水平上，构成了所确定灾害的残余风险。工程案例表明，尽管最佳的调查行动已成功将风险降低到尽可能低的水平（ALARP），但仍未完全消除风险。这种情况在有关地层条件和特性所引起的意外事件中，特别是在城市敏感的地下环境中已得到了反复验证。无论通过地质调查在最终设计阶段获得了多么深入和全面的了解，甚至是最完美的“假设”，也不能保证事先知道地下地层的复杂反应。Terzaghi（泰沙基）很早以前就认识到了这一事实：“遗憾的是，土壤是天然的，不是人为的，而大自然的产物总是非常复杂的。”（Terzaghi，1936年）。

当进入最终设计阶段时，即使经验丰富的设计者所做的设计方案已达到了“实际可施工的”水平，但设计任务仍没有完结，特别是在敏感的城市隧道工程中。这仅是“不断重复和互动程序”最为重要的第一步，通过从地层对于人类行为的反应所获得的反馈信息将进一步延续这一过程并持续进行优化。“成功项目的开发过程可以比喻成一条收敛的螺旋线，其形象地阐明了这一进程的互动特性及参与各方在朝着最佳目标的设计进程中应经常保持交流与沟通。”（Muir Wood，2000年）。为此必须持续监控相关参数及地层特性，且相对于原始模型进行判释，同时应调整设计方案，以与之相适应并确保安全掘进。正如将在后面看到的，在众多事故案例中，因未对预警信号给予重视，人为错误也起着相当大的作用，由此造成对城市地区的损害是不允许的。因此，鉴于地层条件及偶然性原因，隧道开挖和衬砌的设计进程并不是在合同发包时就结束了，而是要通过施工过程中的风险管理计划持续加以验证直至项目结束。

4.3 其他设计风险

到目前为止，风险分析主要集中在地质风险：场地、地层及现场调查的责任归属等方面，但还有一些方面属于设计风险。在前一类风险中，基于业主“拥有”土地而项目开发位于其中的理念，这些风险通常被划归于业主（雇主），特别是当设计由其自己的设计人员完成时。

对于由“业主设计的”的项目，也开始呈现出这样一种倾向，即业主倾向于雇佣外部设计人员。在这种情况下，调查的充分性和正确性以及适宜参数选择的责任和相关风险都落在了外部设计者身上，不过对此有这样一条附带条款，即业主不应对现场可进入性强加限制条件，对于所要求的调查程度强加经济和/或时间方面的限制条件（合理的）。如果风险转移到外部设计者，那他不能仅局限于自己的判断，因为这可能对其专业工作产生较大影响。如果业主决定单独进行长期地质调查而不受设计者控制，那么又可能产生责任方面的冲突，即要么由业主，要么由现场地质调查分包商承担最终责任，其中任何一种情况都不可能通过合同方式约定地质调查程序。如果雇佣外部设计人员，则他必须负责现场地质调查。

如果业主决定采取设计施工总包的合同形式（或者也尝试“快速路径”法），那又是一番情景：“有关地层条件”的决策责任全都落在了承包商身上以及相应落在其设计者身上。不过，即使需要较长一段时间进行彻底充分的地质调查，业主也将会不明智地缩短调查时间和/或对这些调查活动施加时间上的压力，但在设计施工总包合同竞标时将出现这种情况，即没有哪家承包机构有时间（有时长达数年）进行彻底的调查活动，仅能进行有限的调查。由于有这些限制，因此承担的风险较高，而且不可预见费用也较高。基于“尽可能降低风险”原理，这又是一条不宜提倡的途径。

现在谈一下列表中的其他设计风险（除了未预见的恶劣物理条件和人为障碍），在第一种情况中所有其他风险都属于设计者。只有在“内部”设计情况下，这些风险才又落在业主身上。在其他任何情况下，如果设计者是独立的公司，不管是由业主还是承包商所雇佣，他们都倾向于将尽可能多的风险推卸给设计公司。尽管如此，提出这样的警告还是应该的：如果设计者犯下错误（而且有可能是非常严重的），如果其间设计公司倒闭了，那么专业责任险的赔付实际上并不是较好的补救办法（也并非没有限制）。

这就是为什么在城市隧道设计中没有比设计者经验更好的补救方法，设计者的经验应是第一位和最重要的。高级设计职员根据经验能够知晓设计的方方面面及TBM开挖技术所适宜的机械参数和作业参数，这是非常有实效的。因此，不管设计者是为业主工作（确定最终设计方案）或者为承包商工作（设计施工总包合同中的类似工作或传统合同方式下为承包商制定详细施工设计方案与管理方案），所提出设计方案具有可施工性是特别重要的。

正如前面所强调的，城市地区机械化隧道工程的设计也应贯穿于TBM整个施工过程，这是设计者所要求的，不管他是由业主或者由承包商雇佣。只有当开挖结束时才停止设计。因此由承包商雇佣的设计顾问主要承担掘进风险辨识、风险预测、参数及阈值确定、监控、对策制定以及使设计方案适应实际情况的责任。业主的设计人员也有类似的管理任务，尽管对此没有责任，但起着专家评审的作用，以增加把握性。设计顾问负责的其他风险预防工作是确保制定详细的施工程序——隧道施工手册，并确保严格、不折不扣地遵循这一程序，以合理避免由承包商作业人员所犯的“人为失误”。

附图2 **都灵地铁1号线**（车站和区间隧道的连接处）

4.4 合同所确定的施工风险

在合同框架下，由合同确定分摊给业主或承包商的职责及相应风险。与施工相关的风险类别分为施工风险（Ⅰ）和（Ⅱ）及商务和财务风险。进行前述这种类别划分的原因在于合同只处理第二类和第三类风险，没有特别涉及到第一类中的任何一项风险。通常的做法是承包商负责施工方法、施工工艺和资源等方面，而其中的风险归于第一类。下面将依此对读者不太熟悉的“由合同规定的风险类型”进行简要分析。

由于业主是施工场地的拥有者，因此其职责是在合同规定的时间内提供场地及三通一平。如果无法做到，则意味着认可承包商由此产生的费用和工期延误。

由于业主是合同的起草人，其相关文件应可以相互印证：由纠正这些文件的不确定性和差异性所产生的费用和/或延误（如果有的话）应赔偿给承包商。

由于业主（通常）负责设计和工程监理，因此在提供图纸和发布必要指令方面造成的延迟应计入业主的账上。同样计入其账上的还有因永久性工程（即构筑物）设计错误或不当所造成的费用和误工。临时性工程通常由承包商设计，因此相应的责任由承包商承担。

错误评估标书的风险理所当然由承包商承担：他应当在自己踏勘现场和周边环境的基础上以及在自己获取或从业主那里获得所有相关信息基础之上编制标书并知晓其正确性和充分性，以承担所有合同规定的义务。由于施工方法、工艺、资源获取通常是承包商的责任，因此与资源获取（包括人力、物力）、质量、工艺、缺陷、安全、构筑物的管理、人身财产伤害等相关风险由承包商承担。

正如前面所述，拥有土地的业主应承担地层物理条件或人工障碍物可能发生变化的风险以及比经验丰富的承包商所预计的更加麻烦的风险。合同进一步规定了所谓的“预计风险”，对此承包商没有承担额外损失和损坏结果的义务，包括其他人使用和占用构筑物。其他预计风险有时总的被定义为因“不可抗力”造成的风险，包括暴动、战争、内战、革命、起义、叛乱、放射性物质等。

既然人身财产安全和伤害为承包商的责任，那么与交通、毗邻地产、既有公用设施（天然气、电力、水、污水主干线）、受影响的道路、桥梁、铁路等发生冲突所引起的风险及噪声、干扰、污染等引起的风险理应计在承包商的账上。在这里应提出警告，城市地区人口越来越多，而且当地主管部门绝不容许干扰其环境、公用设施、地面设施、财产及他们本身。因此在项目开发的设计阶段，业主及其设计者必须在现场的平面布置图和实施细节中将这些环境因素和这些要求考虑进去，而不是仅提供总的工程规格，让承包商自己进行施工设计。这一工作常常遇到一些实际的实施问题，因此应在EIR阶段尽早处理。

在城市环境，特别是在进行多层土地利用的情况下，施工过程中文物古迹的发掘风险常常是存在的，仅由一起文物发掘所造成的施工中断即是一个恰当的例子。承包商必须小心施工，向业主通报文物发现情况并向业主移交文物古迹所在的现场部分，然后由业主承担相应的费用和时间方面的责任。在项目开发和设计阶段即进行可能的文物调查要好于以后停工进行文物发掘。

如果施工进度出现延误，则可分为以下三类：

（1）可补偿的——即在合同框架下应由业主承担责任的误工，如因延迟交图、延迟征地、意外情况、暂时停工、方案变更等造成的误工。业主必须评定并准予延长合同工期（并在单独条款的规定下评定超支的费用）。

（2）不可补偿的——即由承包商因不履行其合约部分（如进度低于预计进度）

或因TBM性能低下等方面，换句话说，因列于施工风险（Ⅰ）中的所有风险而独自承担责任的误工。在合同框架下承包商有义务采取必要措施将延误的进度抢回来，因为不延长合同工期是合理的（当然也包括超支费用）。

（3）中立的——即不应由业主或承包商承担责任的误工，例如罢工即属此类情况。因此业主必须准予延长工期，但承包商必须承担因停工造成的额外费用。

如果承包商有权要求延长工期的那些工程出现误工，那么在过去是不允许业主要求承包商在延期内提前完成工程，即要求加快施工进度。但近来的少数合同格式已开始包含有关加快进度完成工程的特别条款，当然前提条件是承包商能够并同意这样做，同时认可对此所给予的公正补偿。

业主有权通过工程师下令进行为完成工程和/或改进构筑物功能所必需的和有价值的变更。变更包括质量、形式、特征、类型、位置、尺寸、标高或线路方面的增删、替代、改造及改变等或者在规定的工序、方法、工期等方面的变化。对于业主，与其说这是一种风险，倒不如说是一种根据已获知的实际情况调整原始方案的机会，对于承包商则是一种甚至是在没有特殊的“价值工程”条款情况下根据自身经验和所采用的方法及机具提交作业优化建议并呈请批准的机会。

4.5 合同所确定的商务和财务风险

涉及合同但很少属于业主方的风险有：工程的转让（合同所禁止的）、不能履行合约（如破产、破产接管、债务清偿等）。类似风险是存在的，并常常出现在承包商方面（因此在招标前需要进行适宜的资格预审筛选）：合同转让，分包整个工程（这两种情况都是禁止的），缺少所要求的抵押金，诸如破产、财务清算、债务清偿等不能履行合约的行为等。合同应明确指出在发生这种基本的不能履行合约的情况时应向其他合同方补偿的办法。

禁止承包商撤走用于施工的现场材料和机具。承包商应以业主的名义签订适宜的保险合同，保险内容包括工程建筑、可能的人生财产伤害、自身人员和机具的损害。由于保费包含在所报的标价中，因此最终计入业主的账上。近来在复杂工程中所出现的倾向是，业主自己购买包含工程建筑、业主自身、承包商和分包商、第三方责任的综合险，而让承包商仅对其自身人员安全和机具投保。

承包商必须遵守法令（与责任和费用相关的）、法规、规章制度、特许权、专利、费用、通告等，招标后实施新的规章制度所造成的后果则是由业主承担的风险。劳动力资源的雇佣是承包商的责任，因此必须遵守法定工时、工资标准、假期、请假等相关规定并承担罢工的风险。承包商将遇到的另一个风险是“不可补偿的”的误工，从而不能按时完成作业。对此，“损失赔偿金”是适用的，这相当于业主因推迟完工可能遭遇到的损失部分的概算。

财务常常是合同签订的一个关键方面。在许多情况中财务成为承包商最为重大的风险。在合同期内，规定按工程进度每月进行付款审核，因此合同总额变成了业主向承包商的应付款。在投标时，承包商必须计算项目的现金流量以及直至盈亏平衡点时项目所需预留资金。如果出现业主延迟付款的情况，正如已多次发生的那样，那么承包商还要承担保证其正常运转和向工程提供资金的额外负担，这是承包商所不愿面对的风险。由于“现金流是承包商维持生命的血液”（Lord Denning），因此合同事先规定了以到期利息形式由业主赔偿的条款，但关于什么是严格意义上的应付款问题常常会引起争议。从案例看，特别是当赔偿金额巨大且多次出现应收款回收延迟时，财务费用构成了一个最大的风险，而且在许多工程项目中成为承包商的实际负担。

就此讨论了合同现金流方面的财务问题，但还有另外一个问题，即业主和承包商双方都低估了现金流量的问题。情况的变化及其他风险因素会直接影响到施工进度，而绝大部分预算是以施工进度为基础的，这些预算反过来会影响到业主为能及时提供所需资金而进行的现金流评估，另外也影响到承包商为正确评定其费用支出比率而对现金流的评估。招投标时，在业主和承包商评估项目预算所采用的确定性方法中，“原罪”都是固有存在的。

在对费用超支、公共工程（包括众多城市公共工程）系统性低预算方面进行了重要研究（以Flyvbjerg等人的研究最为著名，2002、2003年）后，提出了许多的批评，并要求开明的主管部门在今后能够借助于“费用预算估价程序（CEVP©）”提供一个预算范围（Reilly等，2002、2004年）。 在面对当今进一步改进风险管理的需求时，为意外和/或风险支付补偿费（以费用百分比表示）是不够的，而且不能说明潜在费用和时间效应随时间的演变情况，而这一点对于建立可靠的现金流是必需的。很久以来，Einstein、MIT、EPEL、Geodata（Einstein等人，1992年；Grasso等人，2002年。详细情况请参考本书其他章节）就已联合开发了一种确定隧道工程风险的有效工具——隧道工程决策辅助（DAT）系统。通过地质、施工模型及模拟技术，该系统可以确定费用和工期的概率范围，而费用和工期是地质条件、地质变化性、设计方案、施工参数和其他不确定因素影响的结果。利用这种工具，业主可以针对整个项目更好地进行费用和工期评价，而各个承包商可以针对自己的标书/合同更好地进行费用和工期评价。因此双方可以建立更加可靠的、概率性的预算和工期范围及相应的现金流量。

虽然有处理上述各种风险的不同措施，但在城市地区修建隧道工程的所有人员理应牢记的一个基本概念是，由于特殊环境和人的因素应将风险保持在尽可能低的水平（ALARP）。对于进一步强调本文其他地方所讨论的问题，必须采取以下关键步骤：

- 选择合适的开挖技术（最重要的）；
- 从项目一开始的风险减缓目标（业主和设计者）；
- 掘进风险的辨别和认识（所有各方）；

- 人员竞争力和经验（所有各方）；
- 组织机构和责任（所有各方）；
- “特别”程序的制定和实施；
- 关键指标的辨识；
- 持续实施控制和监测；
- 预防措施（需要时所采取的）；
- “适宜的”合同（业主）；
- “团队协作”和“共同目标”意识（所有各方）。

5 “按合同进行施工”的观点

各种合同类型的简要分析表明，在英语国家存在多种选择方案，在一些国家，这些方案被作为法律纳入到由一些专业团体所颁布的国家标准格式中。行政主管部门有可能照搬这些标准格式，但在每个行政主管部门渴望进行适宜性“制定”的情况下通常也出现了一些修改的版本，可是这违背了所有那些经验丰富的国标起草者的建议，即避免出现尽可能多的修订版本，版本修订的风险最终破坏了公平建立和制定合同格式的精神。

在其他不像英语国家那样制定有国标的国家中，各个主管部门及地方部门都制定了不同的合同格式，以至发展到各省均制定了各自的合同格式。如果因语言因素而加重了这种情况的话，那么全世界的合同类型实在是比语言种类还多，尽管“工程量和单价清单”合同形式运用最为广泛，且具有明确的条款、条件和适用性。不过，研究所有这些合同可以看出，除了那些包含“联盟”过程的合同格式外，几乎没有一种合同格式符合互动式合作、合同各方协作签订合同这样一种创新思想。特别是对于城市地区，从技术方面看，本书所提出的这种创新思想正成为一种必然。

因目前合同签约中的对立状态，而且业主将尽可能多的风险推卸给其他各方的倾向以及将项目管理仅仅看作是行政管理的态度会使这一情况更加恶化，因此改变这种合同模式是必然的。为避免将这些观点看作是“革命性的”，可从Alan Muir Wood爵士所表达的类似观点中找到一丝自我安慰（见《隧道工程：通过设计进行管理》，2000），他认为，自20世纪80年代初期这种情况就逐步恶化。所有这一切似乎都始于那个时代的“撒切尔主义”，加之大西洋另一侧政府采取的“不干涉做法”。而那时土木工程师协会以及国际咨询工程师联合会（其对应的国际组织）在经验丰富的工程师尽职尽责的管理下已长期保持了“公正签订合同”的传统，并具有勇于创新的宽大胸怀，工程师的独立性得到了业主和承包商的尊重和认同。尽管这种合同格式不能被称为具有合作性，但工程师的态度至少是这样的。这种情况不可能再有了，因为工程师的作用也逐渐被商业考虑所驱使，正如下面所述。

随着法律人士的积极参与，“项目管理”取而代之成为了一种时髦。“鼓励这样一种趋势似乎变成了时髦，即制定偏袒一方的、过于复杂的合同文件，并将业主的敌对态度更多地体现在承包商一方，迫使其对一悲观结果进行低价竞争。工程师受到压制而处于一种卑屈地位，其所有职责被分化和减少……由此造成的被广泛认同却又极少加以正确分析的结果是：在缺少必要的项目各方通力合作的情况下，工程项目的经营最终大大低于最佳经济效益……这种受到律师推波助澜影响的、由对抗性合同所造成的直接诉讼后果应立即减少。”（Muir Wood，同上）。尽管Latham的报告较早指出了这一点，但对这一劝告却没人加以理睬。其报告认为（未被重视），通过培育合作而不是对抗，可以达到30%左右及以上的经济效益。遗憾的是并没有出现情况反转的趋势，一些合同（如FIDIC）的近期版本实际上包含了更加严厉的条件。

这一情况因对项目管理的看法仍然没有得到改进。管理被看作是行政管理，管理手段的控制被理解为官僚机器，而没有被看作是一种将项目管理成功的各种因素融合在一起的艺术。“将项目管理看作为行政管理的人认为，工程是通过指令加以控制并分单元实施的，每个单元关心的是所确定和记录的一个特殊工程方面。行政性管理试图管辖工程的每个方面以避免产生变化，否则有可能与工程的其他方面发生冲突。行政性管理是远程控制的，虽然可以避免技术性争论，但由于缺少对技术的理解和组织结构的不恰当，而无法进行互动式管理，而且如果没有预先的积极参与，对于变化的结果也起不到有效的作用。”

“（这样一种看法）主要来自于墨守成规的项目管理方法，其论点是，只有通过精确定义每一种事务或撇开其他事务单独处理某一种事务的方式，才能保障参与各方的利益……而与此相反，项目成功的本质是，必须认同参与各方应当在一定程度上分享优化过程中所隐含的项目成功所带来的利益，而不仅仅是依赖于通过削弱其他参与各方的利益而占有更大的利益，这会导致损害整个项目……（专业工程师）应确保业主的利益以及公共利益（股东、社会及环境方面影响后果），应当抑制众多政客和金融人士的短期市场价值观。”（Muir Wood，同上）。

在“私营化”和管理部门“不干预”的趋势下，过去15年间合同格式及合同契约的演变反而倾向于有利业主逐渐推卸风险：

（1）通过采用设计与施工总包合同格式，与设计和地质调查有关的所有风险都落在了承包商及其设计者身上。

（2）通过实施要求承包商提供资金和设计方案的BOT和DBOT合同模式，使得资金筹措问题留在了后一阶段，而且将项目发包给总承包商，使得业主也能够避免直接进行项目管理、协调和监督。

（3）通过采用BOOT合同模式，甚至是特许权人自己投入资金，然后在一定的特许年限内通过征收费用进行补偿。

（4）通过进一步推动近来有关项目融资的流行倾势，将业主先前的所有责任都推给了私营企业家。

即使是采用常规的合同格式，在面对不确定因素时业主还是倾向于强加过于严格的条款及转嫁风险，而这些不确定因素部分是由业主的处事方式及敌对本性所造成的。正如Muir Wood所强调的，为工程项目带来麻烦的一些典型特征包括：

- 将风险强加给承包商，而不是进行充分的风险分析和风险控制。
- 项目的构成情况和功能标准不明确。
- 缺少对项目可行性的保证（通过专家审查）。
- 事先未与管理部门和其他行政部门协商一致。
- 有关施工的现场调查不充分而且未将现场调查看作是参与方可用的项目资源。
- 企图依靠法律所强加的商业关系，而不是依靠建立在双方信任基础上的专业关系。

另外还要注意，国际金融机构和开发银行与他们通过强加条件所造成的上述某些缺陷是脱不了干系的。

没有无风险的施工，而且在给定的环境和人员条件下没有哪处的工程施工风险高于及更难于城市地区的隧道工程。本书已经展示了所要求的技术风险管理计划（RMP），通过风险管理计划可以将风险降低到尽可能低的水平（ALARP）。不过所有这些程序都牵涉到费用和时间，对于风险管理计划及可能的残余风险必须考虑费用和时间方面的限额。业主及承担其相应责任的设计者或承包商不应忽略这一点，对此，应评估其财务结果并加以补偿。在面对一系列技术及财务风险时，那些理应承担责任的各方已另辟蹊径，反过来推卸掉了所应承担风险的责任：

（1）其中一条途径是借助于保险，业主、承包商和设计者都将保险作为最易获得和最便宜的管理工具，对此将在以下内容详细讨论。

（2）另外一条途径（在BOT、BOOT和项目融资中）是确保所有各方（发起人、承包商、设计者、银行/金融机构、保险公司）都许可在总价中留有足够的不可预见费，使得在出现最坏的危险事故时至少能够抵偿财务风险。实际上不可能让总承包商事先进行长时间的、为探明和正确评估风险所必需的土工技术调查，这使得情况变得比较糟糕。实际上该方法将所有的实际成本和感知成本（不管是否发生）都转移到了公共纳税人身上，因此公众不得已成为了项目发起集团经济效益的保险人。

如此吹捧的保证公共投资人和私营部门双赢的方案实际上伤害到了公共纳税人利益。因此，在那些常常采用这些程序的国家中，采用这种方案修建的基础设施单位长度成本较之其他国家飞涨了2～3倍。

现在是该扭转这种趋势的时候了，特别是对于应事先充分调查、了解、量化和尽可能降低风险的城市环境。业主及其管理人员需要深入到设计和施工过程中，应恢复过去的良好惯例："技术问题先于合同问题"。"甩手不干"管理方式不应有容身之处，这只会妨碍协作性团队的相互配合。所有参与者应首先具备的特殊技能是：对将要发生的问题应未雨绸缪作好准备，而不是等问题发生时再作出反应，这样会花更多的费用。正如附图3所示，由于设计和施工存在反复特性，因此必须采取积极主动的方法，在参与各方之间保持持续的沟通。本书已表明，特别是在城市地区的机械化隧道工程中，“黑匣子”方法，即事后再调查风险事件的做法不应再被采纳。

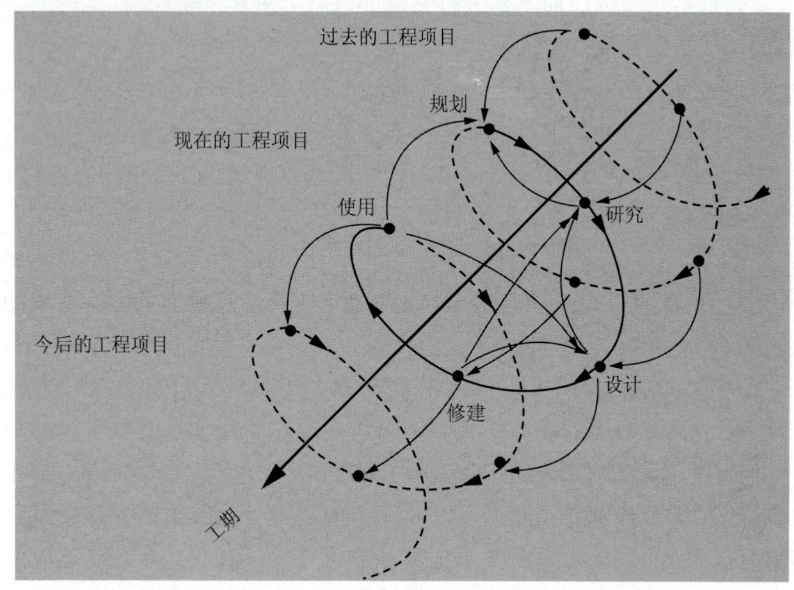

附图3 设计和施工的反复特性（Muir Wood，2000年）

遗憾的是，正如前面所看到的，目前更愿意采用“一对一对抗”的合同格式，而不是“团队协作”的合同格式。为了纠正这种看法，业界杰出的工程师、作者、开明的法律人士和管理者都付出了大量辛勤的劳动。最近，作为阻止大型项目成本剧增（集中体现在英法海峡隧道、大贝尔特海底隧道、伦敦朱比利地铁延长线、波士顿中央干道工程）的补救措施，华盛顿洲交通部门（WSDOT）取而代之推行了“插手管理”的方式，实施新的成本预算方法，包括成本的确认和风险的评定。这种成本预算确认方法（CEVP©）在本书所提倡的风险管理计划（RMP）方向上迈出了很大的一步。美国联邦交通管理局（FTA）已在全国范围内采用了这种方法。这一事实证明了这种观念的内在价值，这种观念是由积极主动的管理部门采纳创新者（D.MacDonald，J.J.Reilly，2002年）的革新性观念而进一步提出的。

另外试图扭转敌对观念的做法是引入“合作”的概念。“合作”的方法最初运用在美国的石油、炼油和发电业，后来逐渐用于建筑业。建筑业协会（CII）对其的定义是：“合作是两个或多个组织为了达到特定的商业目的而长期承诺使各自的资源效益最大化。合作各方的关系是建立在信任、为了共同目标奉献及对每一方各自期望值和价值观充分理解的基础之上。期望收益包括提高效益、提高成本效益、增加创新和持续改进产品及服务质量的机会。”

在设计和施工总包项目中，由此形起所有参与各方通过组织的形式而努力付出，以促进沟通及找出更有效的协同工作办法。尽管主要的专业学会都赞同这样，但缺点是这种方式是自发形成的。这一变化过程证明了应将其纳入到既有合同格式中，以减缓对抗的状态。不过，虽然鼓励各方进行合作，但还是没有建立起合作关系，也没有将标准合同转变成合作性合同，而这正是编著本书的目的所在。“当下，在大型地下工程中的合作毫无疑问只限于那些不过分依赖由商业银行提供资金或主要受自身财务状况掌控的业主（主要是私营公司），随之而来的是对风险分摊、法律关系和脱离于工程的管理等方面的曲解。”（Muir Wood，同上）。

项目“联盟”是由英国石油公司于20世纪90年代初期提出的一种观念，以便在北海海上油气田开发中显著提高效能。在成本和时间上，预算额和实际支出都有显著节省，其中成本可节约22%左右。后来该方法运用在了建筑业中（澳大利亚在这方面走在了前列），尽管也总是要面对巨大的困难，但在时间和成本上的节省情况还是比较好的（没有出现成本和工期超预算的情况），不过没有达到上述那样的水平。

“项目联盟”是业主和一家或多家服务提供商（设计方、承包商、供货商，例如TBM供应商）作为一个整体团队进行工作，以在合同框架下交付一项具体的工程，其商业利益则直接与实际的项目支出挂钩（Jim Ross，2003）。

在传统合同格式下，风险和责任都分摊给合同各方，在其各自的职责管理出现问题时各自承担相应的商业和法律后果。而在联盟的合同格式下，参与各方变成了一个团队，针对项目交付和所有相关风险承担集体责任，并分摊项目的收支费用，而项目的收支取决于项目的实际支出（成本）是否低于或高于他们共同承诺需要实现的预先商定的目标值。时间上的节省也要特别加以说明，因为大部分的成本一般是随时间产生的，因此节省的时间会反映在较低的支出成本上。在联盟中也依然存在风险的分配，但不是通过法律责任，而是通过奖赏/风险分配方式进行。联盟方式所提倡的本质上是“目标－成本－合同”的一种改进模式。

在具体的安排中还有一些隐含的内容。目标结算成本是由所有各方共同制定的，因此需要完全的透明度，在项目执行工程中也要完全透明地公开账本和进行审计监察。所有各方的补偿分成3部分：

（1）全部偿付项目的直接支出，包括项目本身的日常开支；

（2）支付包含共同开支和利润的酬金；

（3）根据实际结果公平分摊赢利/亏损费用。

非业主参与方的最大风险是第3项中的亏损额有可能等同于第2项中的酬金，即仅针对第1项进行补偿（零开支和利润）。对于联盟的方式存在这样的批评说法，即在没有价格竞争的情况下由参与方确定的目标值不能确保业主获得经济上最为有利的报价。但是，如果目标值有丝毫的水分，那么参与方将会在声誉和今后的业务上损失更多。另外，参与各方也需放弃相互追究责任（通常会有这种情况）的法律权利，以便为联盟提供适当的商务基础。

由于集体分担风险，参与各方更加意识到潜在风险的存在及采取更加有效的风险管理措施的必要性。这一过程旨在参与各方之间建立长期持久的关系，但这要求在各个层面上的参与和承诺，在思想观念上从传统的对抗转变成整合和联合。在常规投标过程中缺少价格竞争的情况似乎要求更加谨慎选择参与方及加强项目实施前和实施中各个方面的核查和平衡。

从上面的例子中可看出，最近才试图努力避免敌对的态势，但这种做法在业界的推广还很有限。联盟的形式看起来似乎最接近于本书所提倡的合作性合同的观念，其最严重的不利之处是似乎很难在竞价性的投标中得以实施。正如我们将在后面所看到的，土木工程师协会（ICE）已在目标成本合同形式中采纳了联盟这种理念。这种合同格式具有所熟知的ICE合同格式的优点并允许采用通常的竞价式投标程序，而这些ICE合同格式经历了50多年的尝试、检验和定期修订，这给予了正确采用作者所提倡的合作性合同模式以极大的希望，为此将在最后章节中加以讨论。

6　保险和其他误解

在按照合同进行隧道的施工中，保险是为不同参与者提供抵御风险的必要工具。因此在上半个世纪中，业主通常是让承包商负责工程的安全和管理，但也要求他投保，以防出现任何不利情况（包括他自己造成的），而工程的错误设计（如果有的话）却被排除在投保范围之外（不包括承包商施工的临时工程）。这是因为设计者（无论是业主的内部设计者或者是业主委托的外部设计者）对此负唯一责任，而且必须通过设计者“专业责任险”进行承保。由业主代表或工作人员造成的损坏原本不是承包商的保险责任或工程的保险责任，但几十年来所表现出的一种趋势是，以承包商和业主的名义联合投保，所以也包括了后者所造成的损失。

承包商还必须对以下方面进行投保：

（1）“第三方责任”（TPL），即因工程施工和承包商活动可能对人员和财产造成的损坏；

（2）“社会安全”，为承包商自己的工作人员可能发生的事故、伤残和养老金投保；

（3）“机器设备”，为机器设备在工作中可能造成的损坏进行投保。

上半个世纪以来，这些险种都是通用的，没有引起保险公司太大的抱怨，直至21世纪初。

这之后开始盛行这样一种趋势，即业主将隧道工程风险推卸给承包商和设计者。在城市地区隧道设计方案选定之前，对于因隧道施工引起地面沉降所造成的“小的”（但对居民和房主而言非常烦恼）建筑物损坏，一些业主选择了“不采取任何措施”的方式，而这样的决定可能被公共管理部门所“容忍”。因此，在设计施工总包合同模式下，一旦将设计责任转移到私人承包商，则不再是可行的，而且触发阈值定得更低，处于更为敏感的水平。业主推卸给承包商最严重的风险责任涉及到地层条件，这可能会有带来灾难性后果的风险。无论是否会对高层建筑、铁路路堤、天然气管道、电力管道、污水管道、交通繁忙的干道、繁忙的商业购物中心造成多么严重的损坏，只要承包商通过“承包商全风险保险”对这些风险通通进行投保，那么对于保险公司来说，这意味着与先前相比要下更大的赌注。

另外还应注意城市地区隧道工程的一些普遍性规律：

- 盛行设计施工总包合同模式；
- 施工计划安排紧张（部分采用“快速路径”法）；
- 因上述两个原因，缺少长期的充分地质调查；
- 单边合同条款；
- 对所获工程限制联合施工；
- 承包商之间残酷竞争；
- 工程设计仍然基于假设和不充分的地质调查；
- 施工方法风险极高；
- 第三方（如受影响公众）的索赔意识更强；
- 第三方责任呈指数增长；
- 延期交付的BOT项目隐含“寿命周期”问题。

隧道高额赔付案例的发生率较高，从按过去事故发生水准确定的保险费中不能获得足够的收入，而且还必须为隧道维修及以后的损坏支付赔偿金，由此保险公司得出这样的结论，即业主的态度驱使合同缔约方使用保险作为“最廉价的风险管理工具”。2006年在韩国首尔召开的国际隧协（ITA）大会上所举案例表明，过去的12年间，在都市地区发生了13起大的灾难性事故（总共19起事故），特别是在过去的5年中事故呈跳跃式发生，在总计为8亿欧元的损失额中这些重大事故的损失金额大约为5亿欧元（如果对那些尚未准确计算的损失进行估算并包含在内的话）。值得注意的是，在这13起事故中有6起为TBM事故：这些事故大多为隧道坍塌，其中8起事故的原因在于施工技术存在问题，3起事故的原因在于设计有误。对于所有这些项目，因事故造成的工期延误平均为19个月。

这样的工期延误与其他方面有着相当大的关联性，因为事故不仅会产生额外的重建和复原费用，而且还会因投保延迟完工（DSU）险和利润损失（LOP）险导致产生高额的后续费用（对于现代的私营项目发起人），在BO（O）T项目融资中，参股银行要求通过保险对这两种险进行投保。更为严重的情况在于，“人为错误”是这些事故的主要原因，因为错误的设计也是因此而产生的，无论错误是出现在评估阶段还是因不充分地质调查造成的，而评估和地质调查对合理设计都很重要。

一个关键性的、有时归咎于人为错误的是TBM“操作手”。其实这是一种误称，操作手的名称是针对装载机或其他通用设备，而不是针对价值数千万元的设备，特别是在城市地区，操作人员对于许多方面和可能的后果都是至关重要的。因此，对于这些负有极大责任的人员，现在该是所有参与方从专业的角度加以极度关注的时候。像列车司机和飞行员一样，在允许操作TBM之前应核实其过往的相关记录。在如此利害攸关的情况下，应建立持证上岗制度，以审核其作为TBM操作人员的资质。

特别是对于城市环境，在所有合同执行过程中“实际上岗持证”概念应延伸到关键人物。风险管理的能力是项目经理和隧道经理的首要职责，他们必须出示相关经历证明，以证实他们有能力作为“风险管理者”，能够运用风险管理计划（RMP）程序并具有在异常情况时与设计咨询顾问相互沟通的技能。

遗憾的是，正如发生的灾难性隧道火灾事故案例所证实的一样，“与人有关的风险”更加随意且很难控制。无论采取了多么严格的程序控制，人还是会犯错误的。汽车行业试图开发“安全反应汽车”（因为目前开发仍然针对“主动性反应设备”），以排除个人的不可控制性。TBM制造业也应采用同样的理念，以尽可能开发“傻瓜型”机器和配套设备。这并不是一个奇异古怪的概念，因为现已设置了众多的探测器、传感器、摄像机等用于“帮助控制”。问题在于，TBM操作人员有如此多的工作任务要做，有如此多的信号要探测，所以些许的自动化帮助都是受到欢迎的。自动化伺服系统就是其中的一个例子，像自动探测超挖、自动探测盾壳周围的泥水注浆以降低“生理性”潜在体积损失、盾尾空隙尺寸的实时形状探测、开挖腔室的自动补偿加压等。

后者有些已装配到一些制造商的土压平衡盾构机上，而且也是本书其他章节所建议安装的设备，以补偿停机情况（不论时间长短）下的压力下降。与整个机器相比，其成本几乎微乎其微，而且相当于人工操作时人员重复劳动的费用。因此这些应成为所有土压平衡盾构机的标准配件。对于城市隧道（特别是地铁工程中，车站反而成为了障碍物）来说，TBM的性能似乎不再是至关重要的，因此对于TBM制造商来说最为适宜的是运用R&D技术来帮助控制和管理人为风险。

如果进一步分析历史案例，那么正如本书所论及的，灾害的发生和发展（无论大小）常常伴随有提前的报警信号，这些报警信号是在事故发生时悄然而至的。这或许是因真正的人为错误或对信号关联性的忽略造成的。对此可进一步证明的是，在重大事故发生后，虽然没有更换人力资源，但一般不会再发生类似事故。为防止这类事故的发生，持续实施本书所提倡的风险管理计划应是最安全的保险。如果实施这一计划，那么对报警信号予以关注就有可能避免发生后面的灾害。隧道工程保险公司现在所提倡的类似风险管理计划（RMP）也得出了相近的结论，对此将在下面内容进行详细阐述。在航空业，当事故发生后要对“黑匣子”进行调查以确定可能的失事原因。在城市隧道工程中，由于要求苛刻且后果具有灾难性，因此甚至考虑“飞行记录器方法”都是不允许的。风险管理计划（RMP）即是一种“领航器”，能够掌控隧道沉降槽并避开风险。

对于保险公司及其雇主，如果继续延续上面所指趋势，那么隧道工程，特别是城市地区的隧道工程将很快变得无法保险，除非极大地提高保险费率且实施实质性减免税并在不同程度上限制实际保险范围。作为替代方案，通过实施“隧道工程风险管理实践联合规范”还是能够继续具有可保性，只是采用完全相反的方法，特别是从技术角度看。该联合规范是英国隧道协会（BTS）、英国保险协会于2002年发起，2006年1月由国际工程保险协会（IMIA）和国际隧协（ITA）共同签署的倡议。该规范旨在为隧道工程建立有关风险评估和风险管理的最低标准并明确参与各方的责任。如果采用这一规范，那么将意味着会进行正确的地质调查和设计审核并将实施适宜的风险管理程序，由此将会避免上述13起城市隧道工程重大事故中6起事故的发生。IMIA还提出了总结性的告诫：“复杂的组织机构、过多的合同法律条款及分散的责任并不能弥补公平合同、公正价格及愿意承担必要责任且经验丰富的人员参与所带来的好处。”（Boston，2006）。

附图4　波尔图地铁C线Alliados车站

7 ICE目标成本合同版本

也许，这不仅仅是巧合，2006年初，施工过程的不同参与者开始提倡采用相对于流行模式（将所有风险强加于当事一方）不同的方法。在世界各地，特别是在那些盛行敌对态度、风险转嫁和法律观点的地方，已经开始尝试通过“合作”、“联盟”的方式将施工合同转换成更加合作性的模式，尽管存在上述突出缺点。一些开明人士，如Michael Latham爵士和 Alan Muir Wood爵士就理应发生的这种改变表达了自己的观点并提出了相关告诫。

当保险公司宣称特别是城市地区的隧道施工实际上“无法投保”时，面对这一突发境况，对财务问题非常敏锐的企业家们就会发现关键时刻来临了。为此要求世界各地在自愿基础上（自愿性极小，因为方案是“不可保险的”）实施风险管理实践规范。英国在2002年较早地看到了这一需求。

这或许是另外一个巧合，土木工程师协会（ICE）自那以后感觉到了业界要求进行创新的迫切性及必要性，因此在2006年2月编订和发布了一种与其现有合同不同的合同格式，其不同之处在于它既不类似于先前的合同，但又采用相同的模块（因此也是为人所熟悉的）。作者认为这是一种勇敢的尝试，通过回到“公正合同”的起点来扭转当前盛行的推卸风险的观点，因为当事者似乎不再重视公正这一特点，而ICE和工程师就曾因此而闻名。

虽然ICE声称是在现有合同框架内来满足编制这种合同模式的确切需求，但感到还需要进一步努力，以在今后建立起涉及业主、设计者、工程师、承包商、专业供货商（如TBM）在内的合作性合同模式。对于城市地区的机械化隧道工程，这似乎是一种理想的模式。通过改进老的目标成本合同概念，同时避免不履行“成本加利润”这一概念，其似乎将需求和任务结合起来，而这一切在先前是不能结合在一起的：

- 公平地预防、分担和管理风险；
- 甚至是多阶段的包括资格预审的竞价投标；
- “熟悉的”ICE合同语言、格式、定义和条款（如果适用的话）；
- 相关当事方从早期阶段即进行建设性的沟通；
- 通过分享专家意见和对风险进行管理积极主动地进行协作；
- 通过“风险表”确认相关责任；
- 建立预警程序；
- 确定工作成本偿付标准；
- “公开账本”的管理和审计；
- 针对所有收益，鼓励公平地分摊收支费用；
- 最大限度地减少潜在争议，并采用ADR替代方案；
- 有效的团队协同工作，以实现共同的成功目标，摒弃对抗的观念。

为避免给人以附和的印象，作者宁愿让ICE文本进行自我说明（根据ICE指南条文说明）并为读者给出总的概念，即使在适当时加入了自己的解释和综合概括的意思。

（1）概　　述

ICE的目标成本合同条款鼓励所有各方进行相互协作和积极主动的团队工作，其目的在于使所有各方尽可能优化设计和施工方案并降低成本。为此需要采取更为开放的控制和管理形式，使得能够尽早共同识别、管理相关风险及机会。合同起草应考虑当前情况并认识到承包商可能会在考虑施工技术、工序以及材料选择情况下，在设计阶段进行加价。

该合同的使用将促进：

- 承包商及早参与到项目开发中，特别是在以下方面：

—了解业主要求；

—设计和可施工性；

—施工工序和材料选择。

- 业主和设计者及早参与到以下方面：

—施工技术和方法；

—分包商的选择和采购；

—在考虑场地的特殊作用和可能的团队整合情况下进行场地规划并将其作为一种工业设施进行运转；

- 通过适当的股份安排激励设计者；
- 风险的管理和分配；
- 在所有各方认可的“风险表”中确定风险归属权归最能控制风险的一方，这样可以降低风险准备金且不需要在承包商的目标成本中列出不可预见费。

（2）原　　理

- 由投标人提交费率、标价和施工计划以确定：

—实施价值工程的机会；

—风险和风险归属权；

—酬金。

- 业主可以采用一阶段或两阶段投标程序。采用一阶段投标程序时，投标即为最后的目标成本报价。采用两阶段投标程序时可以允许先提交初始报价，然后经历一段时间的项目开发和磋商之后，在先前施工计划基础上确定最终的目标成本。
- 业主、工程师和承包商应作为一个整体团队进行工作。因此业主是从承包商的实际经验中获益，而承包商是从价值工程和风险管理所要求的紧密合作中获益。
- 业主和承包商将分摊最终实际费用中的赢余和超支，除了：

—业主所保留的风险；

—涉及费用但不足以引起目标成本改变的风险（如罢工、恶劣天气）。

- 向承包商支付总成本，其包括承包商进行工程施工所应发生的费用及酬金。任何缺陷工程的改建费用（如果该费用不属于不被承认的费用）也是总成本的一部分。

- 目标成本低于“标准标书”的总价应是业主的期望。对于承包商，这应反映在因良好的现金流、激励机制、认可的风险归属权和共同风险管理而降低了不确定性。双方有共同的目的，促使降低总成本。
- 承包商的酬金包括经常性开支、利润、折旧费、保险费和财务费用等。不直接用于工程的所有资源包含在酬金中，而不是总成本中。
- 总成本项目应根据工程设置，可通过同期的合同记录加以测算，可根据要求自由获得这些财务数据并由工程师进行审计（“公开账本”透明化，但应保护隐私）。

（3）共同利益

- 由于确定了适宜的目标成本、股权安排及得到认同的风险归属权，成本支出更加明晰。
- 激励承包商将总成本保持在目标成本之下，触及其股利。
- 激发承包商加强自我检查，降低成本及最大限度地减少缺陷。
- 通过分担体系和流程可以降低项目团队规模（及相应成本）。
- 旨在确保适宜、实际可施工性的设计流程。
- 共同、有效的操作流程以尽早确定、规避和管理风险。伴随而来的是建立起针对变化的共同认可的管理程序，而不管其原因。因此，避免因索赔准备、评估、谈判而耗费无用的时间和费用是大家的共同目标，对于项目利益也是如此。

通过鼓励进行更开放、更协同的控制和管理，该合同模式使其可能获取上述这些利益。承包商还应建立内在机制，以减少以下方面的准备金：

- 现金流——因为付款额是与费用额一致的（现金流资金包含在酬金中）；
- 风险——通过及早、共同辩识风险归属权，减缓和管理风险。

（4）分担责任

目标成本合同版本能使业主、设计者、工程师、承包商通过以下方式承担各自的传统责任：

- 承包商的工作深入到以下方面：

—业主的要求；

—设计方案的可施工性；

—施工系统和材料；

—早期项目开发；

—业主风险的协同管理。

- 业主、设计者、工程师的工作共同深入到以下方面：

—施工技术/方法；

—采购策略和分包商选择；

—场地建立和运转（构建业主/设计者/工程师/承包商协同作战的团队还可降低重复劳动和一对一的人数，从而进一步节省目标成本）；

—承包商的风险管理。

（5）降低成本的激励政策

激励承包商降低成本是有关赢余/超支的股利分配政策中的内在内容。经常性开支和利润是酬金的一部分并以目标成本为基础。通过参与股利分配的形式，整个采购链也可引入降低成本的激励政策。

（6）与其他合同（ICE合同和其他合同）的不同之处

目标成本合同要求参与方以不同于其他合同格式的方式处理项目管理问题，特别是ICE的合同版本规定及/或鼓励：

- 在相互信任的精神下协同工作；
- 共同参与风险管理和利用改进的机会（有效实施“价值工程”）；
- 通过相关的条款变更，优化目标成本价值；
- 公开账本的费用管理和审计；
- 支付已完工工程的费用（按照总成本所确认的）；
- 根据总成本低于或高于目标成本的情况分摊赢余/超支；
- 针对修补工程的平衡法（纠正缺陷）；
- 坚信最终总成本将在原定目标成本范围内或低于原定目标成本。

与先前的目标合同格式相比，本合同版本极为重要的增值运作方式是将“协作联盟”与“竞标”融合在一起。

（7）风险管理

为了有效地确定目标成本并有效地管理合同直至合同结束，必须建立将所有可预见风险进行归档的“风险记录表”。对于风险必须确定其归属权并进行协同管理，以最大限度地减少成本、时间和目标成本调整幅度。虽然合同规定了该由谁承担何种风险，但要强调的是应公开地对这些风险进行归档并评估其对工程的潜在影响。风险分担管理原则不能改变总的方案，仅仅是促使及早认识这些问题及其可能的后果，并研究相应的减缓措施。这样的机会使其能考虑新的想法和工作方式，这对于合同双方都是有好处的。

（8）向承包商付款

向承包商付款是基于已发生成本加上标书中列出的酬金。这一点与常规的“工程量和单价清单合同”（也包括ICE的合同版本）的测算基础有很大的差异。

对此，为了提高工作效率，应共同协商决定成本的记录、控制和审核体系，以最大限度降低重复劳动并尊重“账务公开”的透明度。从一开始就应协商决定月报的格式和内容及总成本相对于目标成本的审计、监督程序。

（9）小　结

采用这种合同格式的基本不同点在于：

- 不论是总价还是百分比数，承包商的利润增加了，而对于业主来说，最终的合同成本（总成本+酬金）也降低了。
- 在成本降低中存在的双方利益使得能够降低重复劳动并鼓励协作以提高效率。
- 已交付工程所发生成本的透明化，这对于降低成本、对于后续工程和项目都是必需的。
- 尽可能地减少有关承包商的风险条款——业主应承担起承包商不能最佳控制的那些风险。

目标成本合同版本背后的原则意味着团队的利益处在相互帮助之中，以最大限度地降低以不同形式产生的成本和损耗。任何的效率低下都应被视为是整个团队的失败。

8 结　　语

在城市地区，最终的“利益相关者”，即公众及与其紧密相关的环境，不能容忍发生任何事，除了水平尽可能低（ALARP）的风险和损害。根据所分析的风险情况，显而易见，所有当事人必须相互合作以达到这样的结果。将所有风险推卸给当事一方的观点主要是由目前采用的相互对抗的合同模式和某些人的思维定式所造成的，这一观点目前导致风险达到了极高的水平。如果这种趋势继续持续下去，那么就无法对这些风险进行投保，而且这种观点导致了成本剧增，从而反过来将风险转嫁到了纳税人头上。这不是一个双赢的局面，而且保险公司对此发出了严重警告。要使参与者像一个团队一样进行合作，目前所采用的合同格式已证明是几乎不适宜的，更多开明的管理者已经开始采用新的方式（其中一些有局限性），以使所有参与者共同实施为许多人士、保险公司和本书所提倡的风险管理计划。2006年初，ICE（具有杰出工程传统的一个专业团体）已经设想了一种新的合同格式，这种新的合同格式有可能满足绝大部分公众和专业人士的需求和要求。

ICE目标成本合同版本并不是能解决所有问题的灵丹妙药，但它在“竞标条件下签订合作性合同”的方向上迈出了巨大的第一步。另外一个优点是，其内在的理念有助于在所有各方之间建立起长期关系和相互信任，这最适合于城市隧道工程和地铁工程。合同并没有被视为是一次性交易，而是一个接一个项目开发的起点，尽管仍然存在着竞争。这一点甚至对于所有TBM制造商（实际上全世界没有多少TBM制造厂商）也是更为重要的，因为他们在R&D中的作用和投入从同样重要的早期阶段起即能得到认同并能以合同的方式融入到团队当中，这样就为所有当事人的长期合作奠定了基础。为此可能会提出这样的疑问，即如何保持竞争的精神，其答案在于确保真正的竞争性投标和确保贯穿全过程的保密道德规范。最终结果将由从低成本工程中获益的终端用户和纳税人来评议。

ICE合同格式当然是针对英国使用的，因此具有迎合英国实际情况的特性。对此必须进行改进以适应各个国家的需求。在适应国际性工程和MDB资助工程的前提下，希望这种合同格式能及时得到FIDIC的认可。对于众多未采纳强制性的相互对抗合同模式的国家，例如拥有21世纪最大的城市（国家）基础设施市场的中国，由此可以构建起公正的权利平衡和与其文化相近的团队协作。对于西方国家，则其成为呈指数增长的风险、成本、争议的真正解决办法。

专题报告参考文献

[1] ARGE 4th Rohre Elbtunnel, 2004. The 4th Tube of the Elbe Tunnel. Hamburg: ARGE.

[2] Arrigoni, G.A., 1988. Unforeseen Physical Conditions – Risk Management. Dunedin: IPENZ.

[3] Arrigoni, G.A., 1993. Better Risk Management through the Disputes Review Board (DRB).Milan: SIG – in Gallerie e Grandi Opere Sotterranee.

[4] Arrigoni, G.A., 1994. Design and Construction of Underground Works – International Standard Norms ( ) Practices. Milan: SIG – in Gallerie e Grandi Opere Sotterranee.

[5] ASCE, 1989. Avoiding and Resolving Disputes in Underground Construction – Successful Practices and Guidelines, New York: ASCE. www.asce.org

[6] ASCE, 1991. Avoiding and Resolving Disputes During Construction – Successful Practices and Guidelines. New York: ASCE. www.asce.org

[7] ASCE, 1997. Geotechnical Baseline Reports for underground construction – Guidelines and Practices. New York: ASCE. www.asce.org

[8] BTS/ABI, 2003. The Joint Code of Practice for Risk Management of Tunnel Works in the UK. London: BTS. www.britishtunnelling.org

[9] CIRIA, 1978. Tunnelling – Improved Contract Practices. London: CIRIA.

[10] DRBF, 2004 (+ updates). DRB/DAB Practices and Procedures. Seattle: DRBF. www.drb.org

[11] Einstein, H.H. & Vick, S.G., 1974. Geological model for a tunnel cost model. New York: RETC ASCE.

[12] FIDIC, 1987 (updated to 1996). Conditions of Contract for Works of Civil Engineering Construction, 4th edition. Lausanne: FIDIC. www.fidic.org

[13] FIDIC, 1999. Conditions of Contract for Construction. Lausanne: FIDIC. www.fidic.org

[14] FIDIC, 1999. Conditions of Contract for Plant and Design-Build. Lausanne: FIDIC. www.fidic.org

[15] FIDIC, 1999. Conditions of Contract for EPC Turnkey Projects. Lausanne: FIDIC. www.fidic.org

[16] Flyvbjerg, B., Holm, M.S. & Buhl, S., 2002. Underestimating Costs in Public Works Projects – Error or Lie? Chicago: APA Journal.

[17] Flyvbjerg, B., Bruzelius, N. & Rothengatter, W., 2003. Megaprojects and Risks – An Anatomy of Ambition. Cambridge: University Press.

[18] Grasso, P., Mahtab, M, Kalamaras, G& Einstein, H.H., 2002. On the Development of a Risk Management Plan for Tunneling. Sydney: ITA W.T.C. Proceedings.

[19] ICE, 2001. ICE Conditions of Contract – Design and Constrict, 2nd edition. London: ICE. www.ice.org.uk

[20] ICE, 2003. ICE Conditions of Contract – Measurement Version, 7th edition. London: ICE. www.ice.org.uk

[21] ICE, 2006. ICE Conditions of Contract – Target Cost Version, 1st edition. London: ICE. www.ice.org.uk

[22] ICE. 2006. ICE Conditions of Contract – Target Cost Version Guidance Notes. London: ICE. www.ice.org.uk

[23] IMIA (WG 48), 2006. ALOP/DSU coverage for tunneling risks? Boston: International Association of Engineering Insurers. www.imia.com

[24] ITIG, 2006. A Code of Practice for Risk Management of Tunnel Works. International Tunnelling Insurance Group (ITIG). www.imia.com

[25] Latham, M., 1994. Constructing the Team: Final Report of the Government/Industry Review of Procurement and Contractual Arrangements in the UK Construction Industry. London: HMSO.

[26] McKay, I.L., 1986. Resolving Disputes in Construction Contracts. Auckland: IIRC.

[27] MacDonald, D., Reilly, J.J. & Sangrey, D., 2002. Forum on Washington State Mega – Projects. Seattle: WSDOT.

[28] Matyas, R.M., Mathews, A.A., Smith, R.J. & Sperry, P.E., 1995. Construction Dispute Review Board Manual. New York: McGraw – Hill.

[29] Muir Wood, A., 2000. Tunnelling: Management by ‘design’. London: Spon.

[30] Reilly, J.J., McBride, M., Dye, D. & Mansfield, C., 2002. Guideline Procedure “Cost Estimate Validation Process (CEVP)”. Seattle: WSDOT.

[31] Reilly, J.J. & Brown, J., 2004. Management and Control of Cost and Risk for Tunneling and Infrastructure Projects. Singapore: ITA W.T.C. Proceedings.

[32] Reilly, J.J. & Arrigoni, G.A., 2005. Management and Control of Cost & Risk for Tunneling and Infrastructure Projects, in China Perspective. Beijing: CSRME/YRECC.

[33] Ross, J., 2003. Introduction to Project Alliancing. Sydney: Alliance Contracting Conference, www.pci.d2g.com

[34] USNCTT, 1984. Geotechnical Site Investigations for Underground Projects. Washington DC: USNCTT.

[35] Wannick, H.P., 2006. The Code of Practice for Risk Management of Tunnel Works. Seoul: ITA W.T.C. Proceedings.